Springer-Lehrbuch

Weitere Bände siehe
www.springer.com/series/1183

Peter Flaschel • Gangolf Groh
Hans-Martin Krolzig • Christian Proaño

Keynesianische Makroökonomik

Zins, Beschäftigung, Inflation und Wachstum

Dritte, überarbeitete Auflage

Springer Gabler

Professor Dr. Peter Flaschel
Fakultät für Wirtschaftswissenschaften
Universität Bielefeld
Bielefeld, Deutschland

Professor Dr. Hans-Martin Krolzig
School of Economics, Keynes College
University of Kent
Canterbury, Großbritannien

Dr. Gangolf Groh
Fakultät für Wirtschaftswissenschaften
Universität Bielefeld
Bielefeld, Deutschland

Asst. Prof. Dr. Christian Proaño
The New School for Social Research
New York, NY, USA

ISSN 0937-7433
ISBN 978-3-642-27423-7
ISBN 978-3-642-27424-4 (eBook)
DOI 10.1007/978-3-642-27424-4

Die Deutsche Nationalbibliothek verzeichnet diese Publikation in der Deutschen Nationalbibliografie; detaillierte bibliografische Daten sind im Internet über http://dnb.d-nb.de abrufbar.

Springer Gabler

Gedruckt auf säurefreiem und chlorfrei gebleichtem Papier

Springer Gabler ist eine Marke von Springer DE.
Springer DE ist Teil der Fachverlagsgruppe Springer Science+Business Media
www.springer-gabler.de

Vorwort zur dritten Auflage

Mit der '*Great Recession*, bei der alleine in den Vereinigten Staaten von Dezember 2007 bis Juni 2009 ein Rückgang des realen BSP von 5.1% und der Verlust an 7.5 Millionen Arbeitsplätzen (von denen bis jetzt, Ende 2011, nur insgesamt 1.4 Millionen wiedergewonnen werden konnten) zu verzeichnen war, ist die keynesianische Stabilitätspolitik wieder in das Zentrum der öffentlichen Diskussion gerückt. Die weltweite Implementation keynesianischer Politikempfehlungen durch Regierungen und Zentralbanken in Reaktion auf die globale Wirtschafts- und Finanzkrise hat – nach der Dominanz monetaristischer und neoliberaler Angebotspolitiken der letzen drei Jahrzehnte – das Friedmansche Wort des '*we are all Keynesians now*' wieder in Erinnerung gerufen. Politiker und erst recht Wissenschaftler sollten jedoch bedenken, dass Keynes' (1936) 'Allgemeine Theorie der Beschäftigung, des Zinses und des Geldes' mehr als nur den Charakter einer krisenbewältigenden *deus ex machina* hat. Entstanden im Umfeld der *Great Depression*, der größten ökonomischen Krise des zwanzigsten Jahrhunderts, ist sie weiterhin die 'Allgemeine Theorie', die auch den korrekten theoretischen Ausgangsrahmen für den Normalfall von Konjunktur und Wachstum in einer modernen Volkswirtschaft liefert. Gerade im Hinblick auf das Zusammenwirken von Real- und Finanzmärkten ist sie unverzichtbar, wie die gegenwärtige Finanzkrise und der anfänglich sorglose Umgang mit ihren Auslösern wieder demonstriert hat.

Die dritte Auflage unseres makroökonomischen Buches ist in ihrer grundsätzlich keynesianischen Ausrichtung unverändert geblieben. Seit seiner ersten Auflage in 1996 hat dieses Buch die Bezeichnung 'Keynesianismus' nicht nur im Titel geführt, sondern im Unterschied zu vielen, auch renommierten Textbüchern, die die Kritik am Keynesianismus hervorgebracht hat, auch konsequent auf die Inflations- wie Wachstumstheorie angewendet.

Die in der zweiten Auflage eingeführte inhaltliche Aufspaltung in Grundlagen- und Fortgeschrittenenmaterial haben wir weiter fundiert. Die Grundlagenkapitel stellen den keynesianischen Ansatz im Wesentlichen für die kurze Frist dar. In ihrer graphisch orientierten Darstellung sind sie methodisch dem Lehrbuch von Blanchard in seiner Rückkehr zum grundlegenden Hicksschen

IS-LM Modell sehr ähnlich, welches mit großem Gewinn begleitend gelesen werden kann, da es unsere Analysen der keynesianischen kurzen Frist, der monetaristischen mittleren Frist und der neoklassischen langen Frist in ihrer Reichweite sehr gut empirisch aufarbeitet. Die Fortgeschrittenenkapitel erweitern die Modelle des temporären makroökonomischen Gleichgewichts dann zu einem integrierten Ansatz einer keynesianische Theorie der mittleren und langen Sicht.

Wir haben mit dieser dritten Auflage die Gelegenheit genutzt, eine Reihe verbliebener Mängel zu beseitigen. Kapitel 2 ist etwas von mathematischem 'Ballast' bereinigt worden, um es für das Bachelorstudium eingängiger zu gestalten. Kapitel 3 und 4 stellen die traditionelle Lehrbuchanalyse in fokusierter Form dar und bieten eine kompakte und dennoch umfassende Einführung in den theoretischen Kern der oft sehr breit formulierten 'marktrelevanten' Textbücher. Kapitel 5 und 6 sind im Wesentlichen unverändert geblieben und zeigen, wie keynesianische Analyse im Grundsätzlichen Inflations- und Wachstumsproblem zu behandeln hat. Sie sind im Kern für ein Masterstudium intendiert. Kapitel 7 ist deutlich überarbeitet worden und führt in seinen späteren modellorientierten Teilen den Leser in ein Studium sowohl der neukeynesianischen Theorie wie auch eines gereiften Keynesianismus ein.

Alle der jetzt vier Autoren haben an der Entstehung und Weiterentwicklung des Buches maßgeblichen Anteil gehabt, als Studierende, Lehrende (auch seinerzeit studentische), Forschende und enge Kollegen. In diesem Sinne ist dieses Buch generationsübergreifend und zeigt vielleicht auch dadurch, dass der Keynesianismus weit mehr als nur ein Produkt der Zwischen- und Nachkriegszeit ist.

Peter Flaschel, Bielefeld
Gangolf Groh, Bielefeld
Hans-Martin Krolzig, Canterbury
Christian Proaño, New York

Januar 2012

Vorwort zur zweiten Auflage

Wir haben mit der ersten Auflage dieses Buches zu zeigen versucht, dass in ihrer Zeit stilbildende Lehrbücher der Makroökonomik, wie das von Dornbusch und Fischer (1995), Barro und Grilli (1994) und Mankiw (1994),[1] in den damals vorliegenden Auflagen, keine integrierte Darstellung der Makroökonomik von Unterbeschäftigung, Inflation und Wachstum bereitstellen und damit als problematische Einführungen in diesen Themenkomplex angesehen werden müssen. Zudem wird in diesen Büchern die keynesianische IS-LM Theorie von Output, Beschäftigung und Zins mehr oder weniger peripher behandelt (bei Barro und Grilli letztlich nur in einer Art Appendix), und es wird in der mittleren Frist die Rolle von Realzins-Effekten nur in verkürzter oder verstümmelter Form behandelt, um sicherzustellen, dass Inflationsprozesse so ablaufen, dass monetaristische Vorstellungen über Geld und Inflation deckungsgleich mit denen der keynesianische IS-LM Theorie bleiben (obwohl dies modellorientiert gesehen nicht zutreffend ist). Und in der langen Frist gilt plötzlich die neoklassische Wachstumstheorie, wo weder Geld noch Unterbeschäftigung noch Inflation eine Rolle spielen. Die Konsequenz dieser separierten Sichtweise ist, dass alle drei Fristen der Makroökonomik stets stabile Anpassungsmuster aufweisen und Realzins- (sog. destabilisierende Mundell-Effekte) und Reallohn-Wirkungsketten (die Lohn-Preis-Spirale) einfach ausgeblendet bleiben, somit gesamtwirtschaftliche Probleme eigentlich nur durch rigide Nominallöhne in der kurzen und mittleren Frist entstehen können.

In der Zwischenzeit hat Olivier Blanchard (2006, 4te Auflage) ein bemerkenswertes Lehrbuch publiziert, das IS-LM Analyse und darauf aufbauende Lohn-Preis-Dynamik wieder ins Zentrum der Modellierung rückt und das eine sehr lebendige Vielfalt von aktuellen Wirtschaftsanalysen liefert. Im Vorwort zur vierten Auflage schreibt Blanchard zum theoretischen Gerüst seines Buches diesbzgl.:

---

[1] Eine interessante Alternative zum Ansatz von Mankiw findet der Leser bei Abel und Bernanke (2005), vgl. hierzu auch Hall, Taylor und Papell (2005).

> The book is built on one underlying model, a model that draws the implications of equilibrium conditions in three sets of markets: the goods market, the financial markets, and the labor market. Depending on the issue at hand, the parts of the model relevant to the issue are developed in more detail while the other parts are simplified or lurk in the background. But the underlying model is always the same. This way, you will see macroeconomics as a coherent whole, not a collection of models. And you will be able to make sense not only of past macroeconomic events, but also of those that unfold in the future (Blanchard, 2006, xiv).

Wir werden in unserem Buch auch in dieser Hinsicht zeigen, dass dies in Blanchards (2006) Buch nicht realisiert wird,[2] da er bei der mittleren Sicht, der Inflationstheorie, bei der Stabilitätsanalyse endogene Inflationserwartungen ausblendet und damit einen wichtigen (destabilisierenden) Feedback-Mechanismus, den sogenannten Mundell-Effekt, der parallel zum Keynes-Effekt seine Wirkung durch den Realzins-Kanal in der Investitionsfunktion entfaltet, ausblendet. Dies geschieht durch die extreme Annahme statischer Inflationserwartungen, eine Annahme, die noch mehr als adaptive Erwartungen, den Keynesianern seit Friedman (1968) immer als äußerst naiv vorgehalten wurde. Und was die lange Sicht und die Wachstumstheorie angeht, so verwendet auch Blanchard hier – wie allgemein üblich – das neoklassische Solow Modell des Wirtschaftswachstums, welches bei allem Wohlwollen nicht als IS-LM fundierte keynesianische Theorie des Wirtschaftswachstums angesehen werden kann, da es weder keynesianische Geldnachfrage noch Investitionsverhalten der Firmen enthält, sondern stattdessen rein realwirtschaftlich formuliert ist und von der von Keynes negierten Gültigkeit des Sayschen Gesetzes ausgeht (d.h. kein Koordinationsproblem zwischen Investitionstätigkeit der Firmen und Sparverhalten der Haushalte kennt). Blanchards Buch ist deshalb genau wie seine oben genannten Vorgänger von der Modellstruktur her gesehen eine nicht überzeugende 'Synthese' aus keynesianischer IS-LM Theorie (wo der Realzinseffekt sehr betont wird), monetaristischer Inflationstheorie (wo der Realzinseffekt fehlt) und neoklassischer Wachstumstheorie (wo alle keynesianischen Problemfelder ausgeblendet sind und einfach nur noch Vollbeschäftigung herrscht). Modellorientiert gesehen ist es deshalb im Wesentlichen eine neue Variante des Dornbusch und Fischer Analyserahmens, die zwar die extremen Positionen von Barro und Mankiw wieder relativiert, aber eben in keiner Weise als integrierte Sicht von Beschäftigungs-, Inflations- und Wachstumstheorie angesehen werden kann.

Analytisch gesehen ist damit kein einheitliches Modell in Blanchards Textbuch präsent, das auf seinem IS-LM Modell der kurzen Sicht korrekt aufbaut, auch nicht in verbaler Form. Insbesondere wird nicht thematisiert, dass – auch unter nichtpathologischen Bedingungen – also in der Nähe des Steady State der Wirtschaft, die Inflationsdynamik des privaten Sektors, ohne Zutun der

[2] Dies wird in der 5ten Auflage des Buches auch so nicht mehr behauptet.

Geldpolitik, instabil und insbesondere zyklisch akzelerierend sein kann, also Lohnrigiditäten oder der Anker einer aktiven Geldpolitik notwendig sind, um solche Prozesse nicht in einer Deflationsspirale oder einer Hyperinflation münden zu lassen. Darüberhinaus ist auch der balancierte Wachstumspfad von Blanchards Modellwelt durch eine monotone Anpassung der Kapitalintensität an diesen Pfad gekennzeichnet, etwas was im IS-LM Wachstumsmodell, insbesondere in dieser Trivialität, nicht gezeigt werden kann. Auch dort ist im Allgemeinem sowohl Fiskalpolitik als auch Geldpolitik notwendig, um nicht nur den Realzinskanal, sondern auch die Reallohnanpassung unter Kontrolle zu halten.

Blanchards Buch, wie praktisch alle Textbücher zur Makroökonomik, ignoriert somit völlig, dass nicht nur in pathologischen Situationen, sondern auch im Normalfall des Wachstumsprozesses monetärer Ökonomien, zentrifugale Kräfte insbesondere an den Güter- und Arbeitsmärkten präsent sein können und in angemessener Form auch auf dem Niveau eines Textbuches vermittelt werden müssen, damit Probleme der Wirtschaftsdynamik auf der gesamtwirtschaftlichen Ebene korrekt erkannt werden können. Stattdessen sind alle Wirtschaftsprozesse, die Unterbeschäftigung, Inflation und Wachstum betreffen, von der Behandlung pathologischer Situationen abgesehen, monoton konvergent und damit von der Wirtschaftspolitik bestenfalls in ihrer Konvergenz zu unterstützen, jedenfalls aber nicht abzuändern.

Trotz aller Kritik ist unter den vorhandenen, ins Deutsche übertragenen Textbüchern Blanchards Lehrbuch sicherlich mit Gewinn mit unserem Lehrbuch kombinierbar (oder umgekehrt unser Lehrbuch zur Ergänzung und Vertiefung der Blanchardschen Analyse verwendbar), da es nicht wie Mankiw von der Dominanz des neoklassischen Solow Models ausgeht und den Rest, also insbesondere die keynesianische IS-LM Analyse als nur kurzfristig relevante Störung dieses realen Angebotsmodells weiter hinten abhandelt. Bei Blanchard ist keynesianische Güter- und Geldmarkttheorie wieder im Kern der Abhandlung (auch wenn ihre Implikationen für die mittlere und lange Sicht des Wirtschaftsgeschehens nicht echt herausgearbeitet werden). Zudem ist die andere Zielsetzung seines Buches, detaillierten Kontakt zur Empirie der Vergangenheit und Gegenwart herzustellen, in exzellenter Weise ausgeführt. Im Fazit sind deshalb das hier vorgelegte theorieorientierte Textbuch und das Buch von Blanchard Komplemente, die gerade durch ihre Kontrastierung eine wirklich integrierte Sicht und Interpretation gesamtwirtschaftlicher Prozesse und ihre Anwendung auf reale Fragestellungen ermöglichen sollten, weit weg von den Standardmodellen, die die stark neoklassisch orientierten Lehrbücher von Mankiw und in extremer Form von Barro und Grilli zu vermitteln getrachtet haben.

Die zweite Auflage unseres Lehrbuchs ist im Hinblick auf das oben Erörterte neu gegliedert worden. Der erste Teil ist nun durchgängig als 'intermediate Textbook' konzipiert und stellt deshalb unsere integrierte Sicht der Analyse von Unterbeschäftigung, Inflation und Wachstum nur in Ausblicken dar. Die volle Synthese bleibt dem zweiten Teil vorbehalten, der als 'advanced' angesehen werden muss.[3] Nichtsdestoweniger werden Studierende von Anfang an darauf vorbereitet, dass die Makroökonomik nicht so einfach ist, wie es uns ein monetaristisches Basismodell (oder seine Pseudo-IS-LM Fassung) hinsichtlich Inflationsprozessen glauben machen wollen und dass erst recht das Solow Modell des nichtmonetären Vollbeschäftigungswachstums keine dem Gegenstand des Buches, keynesianische Beschäftigungs-, Inflations- und Wachstumstheorie zu integrieren, angemessen Wachstumstheorie zur Verfügung stellt.

Darüberhinaus enthält das Buch zahlreiche Übungsaufgaben und Beispiele von Multiple-Choice Klausuren (die unser Ko-Autor Christian Proaño als Student zu erleiden hatte und als Tutor unterrichtete), die sich unseres Erachtens über die zehn Jahre seit Erscheinen der ersten Auflage dieses Buches im Wesentlichen bewährt haben, da sie einen – leider unerbittlichen – objektiven Maßstab zur Beurteilung von richtig oder falsch liefern, auch wenn natürlich fehlgeleitete Lernstrategien, wie das Auswendiglernen von Tabellen der komparativ-statischen Analyse, dadurch nicht verhindert werden können.

Wir hoffen sehr, dass die zweite Auflage dieses Buch wieder dazu beiträgt, den üblichen Kanon der makroökonomischen Vorlesung sinnvoll zu ergänzen und dass insbesondere damit erreicht wird, makroökonomische Wirkungsmuster den Studierenden korrekt und auch lebendig zu vermitteln, so dass weder reine Angebotstheorien noch reine Nachfragetheorien es leicht haben, wirtschaftspolitische Zusammenhänge zu vereinseitigen. Da dieses Buch eher für knappe, konsistente Modellierungen (intermediate oder advanced) anstelle von verbal breiten, unter Umständen aber zu viel Konkretheit und Vielfalt anstrebenden Texten steht, ist es anders als andere Lehrbücher in gewissem Ausmaße bestrebt, Wirkungsketten der Makrotheorie abstrakt-logisch offenzulegen. Dies mag zunächst als schwieriger gelten, zahlt sich im Fortgang der Analyse aber dadurch aus, dass Annahmen und Implikationen letztlich leichter isolierbar, nachvollziehbar und verbindbar werden, als wenn sie von einem Geflecht weiterführender Aussagen partiell überdeckt werden.

Bielefeld,
Juli 2007

Peter Flaschel
Gangolf Groh
Christian Proaño

[3] Weitere Lehrbücher dieser Art (oft aber mit deutlich anderer Ausrichtung) sind Blanchard und Fischer (1989), Karakitsos (1992), Leslie (1993), Scarth (1996), Hens und Strub (2004), Romer (2005) und Carlin und Soskice (2005).

Vorwort zur ersten Auflage

Dieses Lehrbuch zur keynesianischen Makroökonomik hat sich zum Ziel gesetzt, die gesamtwirtschaftliche Analyse der mittleren und langen Sicht und damit die Grundlagen einer monetären Konjunktur- und Wachstumstheorie in konsequenter und dennoch möglichst elementarer Weise durch sukzessive Erweiterungen aus der üblichen keynesianischen IS-LM-Analyse der kurzen Sicht zu entwickeln. Es unterscheidet sich damit unseres Erachtens in signifikanter Weise von (fast) allen anderen Lehrbüchern zur Makroökonomik – im Hinblick auf die genannte Vorgehensweise wie auch im Hinblick auf eine Reihe damit erzielter Ergebnisse über die mittel- und langfristige Entwicklung von Marktwirtschaften. Dies verdeutlicht insbesondere der Vergleich mit drei prominenten Darstellungen der Makroökonomik in den Lehrbüchern von R. Dornbusch und S. Fischer (1995), von R. Barro und V. Grilli (1994) sowie von G. Mankiw (1994), die trotz oft gegenteiliger Ausrichtung alle drei bei der Entwicklung dieses Lehrbuches einen wichtigen Referenz- oder Ausgangspunkt abgegeben haben.

Unsere Darstellung steht grundsätzlich im Einklang mit dem Lehrbuch von Dornbusch-Fischer (1995), was die Modellierung der kurzen und mittleren Sicht betrifft. Wir verwenden dieselben Annahmen wie dieses Buch, allerdings ohne dessen unzulässige Vereinfachung der Analyse der mittleren Sicht, bei der Realzinseffekte künstlich in nominelle Effekte und nachgelagerte Inflationseffekte zerlegt werden, um einen asymptotisch stabilen Anpassungsprozess im privaten Sektor wie im monetaristischen Inflationsmodell gewährleisten zu können. Wir werden in diesem Buch zeigen, dass ohne diese Vereinfachung eine Reihe interessanter Phänomene für die mittelfristige Entwicklung einer Volkswirtschaft aufgezeigt werden können, die bei Dornbusch und Fischer unbeachtet bleiben. Darüberhinaus ist die lange Sicht unseres Modellrahmens durch eine Fortsetzung der Analyse der kurzen und mittleren Sicht gegeben und nicht, wie dies bei Dornbusch und Fischer geschieht (und generell üblich ist), durch einen plötzlichen Wechsel des Modellrahmens hin zum neoklassischen Wachstumsmodell mit der ihm eigenen Analyse der kurzen, mittleren und langen Sicht.

Dieser Kontrast (und aus unserer Sicht Widerspruch) in der üblichen Darstellung kurz- und langfristiger Modellanalyse findet im Lehrbuch von Mankiw (1994) eine besonders prägnante Darstellung. Hier übernimmt die neoklassische Wachstumstheorie die Rolle des grundsätzlichen Referenzrahmens, der lediglich weiter hinten durch eine keynesianische Analyse der kurzen Sicht auf Basis des konventionellen IS-LM Modells ergänzt wird. Grundsätzliches Problem ist hier, dass Mankiws Analyse der kurzen Sicht des neoklassischen Wachstumsmodells (mit einer keynesianischen Sparfunktion) die Geldmarktanalyse der weiter hinten dargestellten kurzen Sicht verschweigt und damit eine Inkonsistenz zulässt, die eigentlich dem Anspruch der modernen Makroökonomik fremd sein sollte.

Diese Inkonsistenz versuchen die Lehrbücher von Barro (1990) und von Barro und Grilli (1994) zu vermeiden, indem sie sich weitgehend auf den sog. Markträumungsansatz der makroökonomischen Theoriebildung beschränken und das IS-LM Modell nur noch als historischen Anhang präsentieren. Komplette Mikrofundierung ist ein Muss dieses Ansatzes und dies heißt, dass stets alle Budgetrestriktionen und Zielfunktionen der unterstellten repräsentativen Wirtschaftssubjekte spezifiziert und ausgewertet sein sollten. Eine derartige Vorgehensweise ist jedoch spätestens bei der Analyse von Unterbeschäftigung bei Barro und Grilli nicht mehr präsent, so dass dieser Modellrahmen in der von diesen Autoren vorgelegten Form als inkonsequent angesehen werden muss, unabhängig davon, ob Arbeitslosigkeit unter das Markträumungsparadigma subsumiert wird oder nicht.

Im starken Kontrast zur Einseitigkeit dieser im Wesentlichen von Barro konzipierten Lehrbücher schreibt Barro (1994) in einem Aufsatz für das Eastern Economic Journal (S.4):

> We have available, at this time, two types of internally-consistent models that allow for cyclical interactions between monetary and real variables. The conventional IS/LM model achieves this interaction by assuming that the price level and the nominal wage rate are typically too high and adjust only gradually toward their market-clearing values. The market-clearing models with incomplete information get this interaction by assuming that people have imperfect knowledge about the general price level.

Dies scheint Raum zu lassen für eine keynesianische Theorie der mittleren und langen Sicht (was heute keine Selbstverständlichkeit mehr ist). Zu zeigen, dass eine solche Theorie auch auf Lehrbuchniveau möglich ist, ist die Aufgabenstellung, die wir uns mit diesem Text gestellt haben, allerdings ohne unzulässige Vereinfachungen und auch ohne ein Zusammenfügen von Theorien, die nicht miteinander kompatibel sind.

Aus diesem Anspruch heraus ergibt sich zwangsläufig, dass dieses Lehrbuch kein auf das Grundstudium beschränktes Lehrbuch sein kann. Der Intention nach ist es als studienbegleitender Text ausgelegt, der aber dennoch in vieler Hinsicht Inhalte des Grundstudiums darstellt und deshalb etwa zur

Hälfte für diese Zwecke geeignet ist. Auf dieser Basis sollte dann im Hauptstudium die notwendige Vertiefung und Ergänzung der Materie mittels der weiterführenden Abschnitte dieses Lehrbuchs erfolgen. Wir haben uns dabei bemüht, andere Denk- und Vorgehensweisen in diesen Text zu integrieren und mit dem von uns gewählten Ansatz zu kontrastieren.

Nicht unerwähnt lassen wollen wir an dieser Stelle das Lehrbuch von U. Westphal (1994), welches unseres Erachtens gewinnbringend mit dem hier vorliegenden Text verbunden werden kann. Dieses Lehrbuch zeigt exemplarisch, dass empirisch orientierte Darstellungen der Makroökonomik zu Ergebnissen gelangen, die mit den unsrigen verwandt sind, auch wenn der empirisch orientierte Ansatz eher (naturgemäß) zu einer Vielfalt von makroökonomischen Strukturvorstellungen führt, statt sich in einem engen, in sich abgestimmten Modellierungsrahmen für die kurz-, mittel- und langfristigen Analyse gesamtwirtschaftlicher Prozesse zu bewegen.

Da dieses Lehrbuch in einer bestimmten Denktradition konsequent sein möchte und andere Lehrbuchansätze – so hoffen wir – begründet kritisiert, muss es natürlich auch für die Kritik von anderer Seite offen sein. Wir würden uns über alle Stellungnahmen zum hier vorgestellten integrierten Ansatz zu einer keynesianischen Theorie der kurzen, mittleren und langen Sicht sehr freuen, in der Hoffnung, dass damit eine gelungenere zweite Auflage dieses Buches ermöglicht wird.

Unser Dank schließlich gilt insbesondere Dr. Matthias Raith und Dr. Klaus Reimer, die dieses Lehrbuch in Teilen kritisch gelesen und zu seiner Klarheit beigetragen haben und Frau Müller-Schäfferling, die aus unseren beiden Handschriften ein Latex Dokument erstellt hat. Für alle verbleibenden Mängel in Konzeption und Ausarbeitung dieser keynesianisch orientierten Makrotheorie tragen natürlich die Autoren dieses Buches die Verantwortung.

Bielefeld,
Juni 1996

Peter Flaschel
Gangolf Groh

Inhaltsverzeichnis

Vorwort zur dritten Auflage v

Vorwort zur zweiten Auflage vii

Vorwort zur ersten Auflage xi

1 Einleitendes 1
1.1 Methodische Vorbemerkungen 1
1.2 Ein frühes theoriegeschichtliches Beispiel makroökonomischer Modellbildung 3
1.3 Das Märkte/Sektoren-Schema der heutigen makroökonomischen Theoriebildung 10
1.4 Keynesianische Theorie der Beschäftigung, des Zinses, der Inflation und des Wachstums: Eine systematische Einführung . 15
1.5 Variable und Parameter der Makrotheorie 21

Teil I Grundlagen der Makroökonomik

2 Präkeynesianische Makroökonomik. Darstellung und Kritik 25
2.1 Das neoklassische Basismodell des temporären Gleichgewichts . 25
2.1.1 Wirtschaftspolitik: so einfach? 25
2.1.2 Arbeits- und Geldmarkt im neoklassischen Basismodell 40
2.1.3 Das Saysche Gesetz 51
2.1.4 Das Gesamtmodell. Komparative Statik 56
2.1.5 'Freiwillige' (und friktionelle) Arbeitslosigkeit 60
2.1.6 Fazit 66
2.2 Die Keynes'sche Kritik des neoklassischen Basismodells 66
2.2.1 Says Gesetz 66
2.2.2 Ein Keynes–Modell 73
2.2.3 Eine Modifikation des Keynes'schen Basismodells 77

2.2.4 Fazit 81
2.3 Zur heutigen Bedeutung präkeynesianischer Makroökonomik .. 82
2.3.1 Analyse der kurzen Sicht: Unterbeschäftigung 82
2.3.2 Analyse der mittleren Sicht: Inflation 86
2.3.3 Analyse der langen Sicht: Wachstum 87
2.3.4 Walrasianische Markträumungsansätze 89

3 Keynesianische Beschäftigungstheorie: Die kurze Sicht 97
3.1 IS–LM–Analyse als Verallgemeinerung walrasianisch/ neoklassischer Makroökonomik 97
3.2 Ein einfaches IS-LM-Modell mit Staatssektor 101
3.2.1 Anhang 1: Wertpapierkurse und Geldnachfrage 117
3.2.2 Anhang 2: Zur Stabilität des IS–LM–Gleichgewichts ... 122
3.3 Komparative Statik I: Multiplikatoreffekte und Fiskalpolitik .. 123
3.4 Außenhandel 134
3.5 Komparative Statik II: Geld- und Fiskalpolitik 138
3.6 Außenhandel und Kapitalverkehr 146
3.7 Wechselkurserwartungen und überschießende Wechselkurse ... 155
3.8 Probleme keynesianischer Globalsteuerung 161
3.8.1 Permanenteinkommens–Hypothese und Multiplikator–Effekte 161
3.8.2 Lebenszyklus–Hypothese und Vermögens–Effekte 163
3.8.3 Das Barro-Ricardianische Äquivalenztheorem zwischen Steuer– und Schuldenfinanzierung 165
3.8.4 Wirkungsverzögerungen und Stabilisierungspolitik 167
3.8.5 Fazit 169
3.9 Diverse Zusatzüberlegungen 170
3.9.1 Geschäftsbanken und endogenes Geldangebot 170
3.9.2 Die alte neoklassische Synthese 174
3.9.3 Nichtwalrasianische Rationierungsmodelle 178
3.9.4 Volkswirtschaftliche Gesamtrechnung im IS–LM–Modell der offenen Volkswirtschaft 181

4 Konventionelle Analysen von Inflation und Wachstumsprozessen 187
4.1 Textbuch-Inflationstheorie 188
4.1.1 Stabile Marktprozesse 188
4.1.2 Geldpolitisches Versagen 191
4.1.3 Akzelerierende Inflation 194
4.2 Textbuch-Wachstumstheorie 195
4.2.1 Kapitalakkumulation 195
4.2.2 Natürliches Wachstum 197
4.3 Ausblick: Die keynesianische Theorie der Beschäftigung, der Inflation und des Wachstums 199

Teil II Makroökonomik für Fortgeschrittene

5 Keynesianische Inflationstheorie: Die mittlere Sicht 203
5.1 Output, Inflation und Inflationserwartungen: Grundbausteine . 204
5.1.1 Der Monetarismus und die Quantitätstheorie des Geldes 205
5.1.2 Die Lohn–Phillipskurve 210
5.1.3 Der Output–Beschäftigungs–Zusammenhang: Okuns Gesetz 215
5.1.4 Aggregiertes Angebot und die Preis–Phillipskurve 218
5.1.5 Inflationserwartungen 220
5.2 Das monetaristische Basismodell 225
5.2.1 Kurz-, mittel- und langfristige Implikationen des monetaristischen Basismodells 230
5.2.2 Monetaristisches und neoklassisches Basismodell: Ein Vergleich 238
5.2.3 Neuklassische Makroökonomik 240
5.3 Die IS-LM-Variante des monetaristischen Basismodells 246
5.3.1 Die dynamische AD-Kurve (DAD) und der Keynes-Effekt 246
5.3.2 Die dynamische AS-Kurve (DAS) und der Output–Inflation–Tradeoff 248
5.3.3 Die 'keynesianische' Form des monetaristischen Basismodells 249
5.3.4 Inflationserwartungen und Realzinseffekte: Der fehlende Mundell-Effekt 252
5.3.5 Fazit 255
5.4 IS-LM-Analyse der mittleren Sicht: Das IS-LM-PC Modell 256
5.4.1 Das korrekt erweiterte IS-LM-Modell: Lohninflation und Inflationserwartungen 256
5.4.2 Dynamische Analyse des IS-LM-PC Modells 258
5.4.3 Dynamische Analyse des IS-LM-PC Modells mit einer 'geknickten' Lohn-Phillips Kurve 261
5.4.4 Moderne Geldpolitik: Direkte Zinssteuerung 269
5.4.5 Kurz- und Langfrist-Zinsen im IS-LM-PC Modell 274
5.4.6 Fazit 282
5.5 Die NAIRU und der Verteilungskonflikt 283
5.5.1 Definitionen der NAIRU 283
5.5.2 Eine alternative Sicht des Lohn–Preis–Sektors 284
5.5.3 Monetaristische Dynamik bei nichtmonetaristischem Steady State 288
5.5.4 IS-LM-PC Dynamik und die nichtmonetaristische NAIRU 292
5.5.5 Fazit 295

5.6 Mittelfristige Analyse kleiner offener Volkswirtschaften 296
5.6.1 Überschießende Wechselkurse im IS–LM–PC Modell ... 296
5.6.2 Verzögerte Outputanpassung und Wechselkursdynamik . 306

6 Keynesianische Wachstumstheorie: Die lange Sicht 315
6.1 Wachstumstheorie im Gefolge von Keynes' 'Allgemeiner Theorie' 315
6.1.1 Harrod– und Domarsche Wachstumstheorie: Akzelerierendes Wachstum und persistente Depression . 316
6.1.2 Solowsche Wachstumstheorie 321
6.1.3 Fazit: Textbücher – Endstation Solow–Modell? 325
6.2 Das IS-LM-PC Modell als Wachstumsmodell 325
6.2.1 Bekannte Strukturen und neue Aspekte 325
6.2.2 Das IS–LM–PC–Wachstumsmodell in intensiver Form .. 329
6.2.3 Steady-State-Analyse 331
6.2.4 Stabilitätsanalyse 336
6.2.5 Fazit 341
6.3 Lohn- und Preisdynamik: Die Reallohn–Wirkungskette 342
6.3.1 Problematische Aspekte des IS–LM–PC Wachstumsmodells 342
6.3.2 Eine allgemeine Fassung des Lohn–Preis–Sektors 344
6.3.3 IS-LM-PC Dynamik: Eine erneute Betrachtung 346
6.3.4 Faktorsubstitution im IS-LM-PC–Modell 349
6.4 Reale Konjunkturzyklen und endogenes Wachstum 352
6.4.1 Die neoklassische Theorie realer Konjunkturzyklen 352
6.4.2 Keynesianische Theorie realer Konjunkturzyklen: Ein Ausgangspunkt 356
6.4.3 Endogenes Wachstum im neoklassischen Wachstumsmodell 362
6.4.4 Endogenes Wachstum im IS-LM-PC Modell 367
6.4.5 Fazit 373

7 Ausblick: Gereifter Keynesianismus 375
7.1 Keynes' 'Notes on the Trade Cycle' 377
7.2 Neoklassische Synthesen: Keynes und die Klassik 379
7.3 Textbook-Keynesianismus: Das logische Versagen der alten neoklassischen Synthese 381
7.3.1 Das Modell der alten neoklassischen Synthese 381
7.3.2 Intensive Form und Steady State Bestimmung 384
7.3.3 Neoklassische reale Wachstumsdynamik 385
7.3.4 Nominelle Anpassungsprozesse und die Methode der rationalen Erwartungen 387
7.3.5 Schlussfolgerungen 388
7.4 Der Neu-Keynesianismus: Determiniertheits-Analysen der Neuen Neoklassischen Synthese 390

7.5 IS-LM-2PC Ungleichgewichtsanalyse: 'Baseline' Szenarien 394
7.5.1 Die Lohn-Preis Spirale im dynamischen AD-Modell 395
7.5.2 Das gereifte keynesianische AD-AS Modell 398

Teil III Übungsmaterialien

8 Übungsaufgaben 409
8.1 Übungsaufgaben 1 409
8.2 Übungsaufgaben 2 412
8.3 Übungsaufgaben 3 416
8.4 Übungsaufgaben 4 418
8.5 Übungsaufgaben 5 421
8.6 Übungsaufgaben 6 423
8.7 Übungsaufgaben 7 425
8.8 Übungsaufgaben 8 428
8.9 Übungsaufgaben 9 432
8.10 Übungsaufgaben 10 434
8.11 Übungsaufgaben 11 436
8.12 Übungsaufgaben 12 439

9 Multiple-Choice Klausuraufgaben 443
9.1 Multiple Choice: Ein eindeutiges Klausurprinzip 443
9.1.1 Vorbemerkungen 443
9.1.2 Multiple-Choice Klausur 445
9.2 Multiple Choice Klausurbeispiele 453
9.2.1 Version 1a (1996) 453
9.2.2 Version 1b (1996) 459
9.2.3 Version 2a (2006) 465
9.2.4 Version 2b (2006) 469

Literaturverzeichnis 475

Sachverzeichnis 481

1

Einleitendes

1.1 Methodische Vorbemerkungen

Ökonomische Theoriebildung kann *partial*– oder *total*analytischer Natur sein, und sie kann als *Mikro*– oder *Makro*theorie firmieren.

Partialanalyse kann sich auf eine einzelne Firma, einen Industriezweig oder den gesamten Sektor der Unternehmungen beziehen und betrachtet damit Segmente einer ganzen Volkswirtschaft auf unterschiedlicher Aggregationsstufe. Partialanalyse wird in der Regel versuchen, das Verhalten von Wirtschaftssubjekten, hier von Firmen, darzustellen und (bei empirischem Bezug) zu erklären. Sie betrachtet oder postuliert für das von ihr analysierte Wirtschaftssubjekt Ziele (Zielfunktionen) und Mittel (Restriktionen), innerhalb derer diese Ziele verfolgt werden können, und sie versucht über unterstelltes Optimierungsverhalten, geplante Aktionen der Wirtschaftssubjekte herzuleiten und zu verstehen.

Totalanalyse versucht demgegenüber bekanntes oder neues Partialwissen zu einem Ganzen zusammenzusetzen und das Ergebnis der Interaktion der Teile herzuleiten sowie unter Umständen die Rolle des 'Ganzen' für das Verhalten der Teile zu durchdenken. Totalanalyse kann (wie auch Partialanalyse) kurz–, mittel– und langfristiger Natur sein, sie kann also temporäre gesamtwirtschaftliche Gleichgewichts– oder Ungleichgewichtslagen zum Gegenstand haben (Kurzfristanalyse), sie kann eine partielle Veränderung dieser Kurzfrist–Positionen in der Zeit untersuchen (was hier als mittelfristige Analyse bezeichnet werden soll), und sie kann versuchen, langfristig gültige Wachstumsgleichgewichte zu bestimmen (sog. Steady–State–Analyse), um die herum die Wirtschaft schwankt oder denen sie sich sogar annähert. Totalanalyse kann schließlich auch (als allgemeine Gleichgewichtstheorie) die genannten Sichten in einem Schlag behandeln und die Ergebnisse wirtschaftlichen Handelns über alle Sichten hinweg wie aus einem Guss bestehend bestimmen.

Mikro– und Makrotheorie können als Partialanalyse oder als Totalanalyse Anwendung finden, wobei Mikrotheorie in der Regel die obige Ziel–Mittel–Analyse als Fundament aufweist, während Makrotheorie (auch heute noch zumeist und insbesondere in der Lehrbuchliteratur) partialanalytisch gewonnene Einsichten über Determinanten ganzer Aggregate (sektorale Nachfrage– und Angebotsfunktionen) zum Ausgangspunkt nimmt, um die Interdependenz dieser Determinanten beim Abstimmungsprozess zwischen diesen Aggregaten zu erfassen und daraus ihre Gleichgewichts– oder Ungleichgewichtswerte zu errechnen. Mikrofundierung ganzer Sektoren (weg von nur partialanalytisch gültigen Aussagen über dieselben) und auch die Analyse von strategischem Verhalten repräsentativer Wirtschaftssubjekte ist heute für viele im Bereich der Makrotheorie arbeitende Wissenschaftler ein 'Essential' geworden und für manche sogar ein 'Muss', ohne dass sie makroökonomische Analyse nicht mehr akzeptieren wollen. Dieser Typ 'Makrotheorie' wird als 'mikrofundierte Makrotheorie' bezeichnet, während Makrotheorie, die hinsichtlich ihrer Sektoren und deren Verhaltensweisen auf diversen partialanalytischen Einsichten beruht, in diesem Kontext als 'ad hoc' gilt.

Es ist hier nicht der geeignete Platz, um über die Sinnhaftigkeit von makro ad hoc Annahmen zu streiten (oder auch über die Sinnhaftigkeit von mikro ad hoc Annahmen), da Makrotheorie in diesem Buch ja erst noch entwickelt werden soll. Positiv gewendet kann man sagen, dass es in der Makrotheorie wie in der Mikrotheorie Traditionen gab und gibt, auf gewissen akzeptierten (eben tradierten) Annahmen aufbauend neuartige Ergebnisse herzuleiten und somit bekannte Strukturelemente in neuer Weise zu kombinieren und in dieser Kombination auszuwerten. Ein Vorteil der ad hoc mittels gewissen Verhaltensgleichungen operierenden Makrotheorie ist hier, dass sie schneller zu Gesamtbildern oder –modellen gewisser Volkswirtschaften aus kurz–, mittel– und langfristiger Sicht vorstoßen kann, da eben nicht jedesmal ein aufwendiger Optimierungs– und Aggregationsprozess z.B. für den Firmensektor in Gang gesetzt werden muss, um sauber mikrofundierte Gesamtbilder der Volkswirtschaft zu erhalten. In Umkehrung des Schlagworts der 'mikrofundierten Makrotheorie' könnte man hier von einer 'makrofundierten Mikrotheorie' sprechen, da in diesem Kontext möglichst vollständige und allgemein nachvollziehbare (mathematische Methoden benutzende) Beschreibungen gesamter Volkswirtschaften und ihrer Entwicklung in der Zeit zu erstellen sind. Diese vollständigen Beschreibungen liefern einen Referenzrahmen, den Mikrotheorie dann zum Ausgangspunkt nehmen kann und den sie untermauern wie auch in Frage stellen mag.

Dieses Buch liefert einen solchen vollständigen, in sich abgestimmten Referenzrahmen zur Analyse der Evolution einer ganzen Volkswirtschaft (im allgemeinen geschlossener Natur). Es ist deshalb dem Aspekt der 'Makrofundierung' verpflichtet und versucht in noch zu klärenden Fachworten ausgedrückt, das kurzfristige keynesianische IS–LM–Modell um den Lohn–Preis–Sektor (die mittlere Sicht) und um Wachstum (die lange Sicht) mittels tradierter Bausteine so zu erweitern, dass daraus eine geschlossene (wenn auch elementare) keynesianische Theorie einer Geldwirtschaft mit Inflation und Wachstum entsteht. Damit entsteht ein Gesamtbild einer monetären Ökonomie, das unseres Erachtens in der Literatur so noch nicht existiert.

Kontrastiert werden die Ergebnisse der einzelnen Entwicklungsstufen unseres keynesianischen Modells der kurzen, mittleren und langen Sicht ferner mit alternativen Denkansätzen wie der Neuklassik, nichtwalrasianischen Rationierungsmodellen (neokeynesianische Ansätze), der Real-Business-Cycle Theorie sowie neoklassischen Modellierungen des endogenen Wachstums.

Unser Thema in diesem Buch ist also das 'Zuendedenken' der keynesianischen Lehrbuch-Theorie des temporären Gleichgewichts, so dass weder die Theorie der mittleren Sicht, also die Analyse der Lohn–Preis–Dynamik, noch die Theorie der langen Sicht, die Untersuchung des Wachstums der Produktionsfaktoren und des Outputs, aus anderen (neoklassischen) Modellkonstruktionen, entlehnt werden muss. Unser Ziel ist demnach eine keynesianisch orientierte, makrofundierte Totalanalyse der Bestimmung von Volkseinkommen und Beschäftigung, Lohn– und Preisinflation sowie Wachstum, die dem Leser ein derartiges Gesamtbild in Form eines mathematischen Modells vermittelt, ohne auf Partialanalyse und Mikrotheorie viel Rücksicht zu nehmen. Letzteres sind wichtige und unumgängliche Notwendigkeiten beim Ausbau und gegebenenfalls auch Umbau des hier vorgestellten 'Weltbildes', sind aber für sich genommen, ohne eine solche strukturierende Vorstellung vom gesamten Wirtschaftsprozess, orientierungslos und auch ohne Angriffspunkt. Die Autoren dieses Buches hoffen, dass sich der Leser am Ende dieses Buches diesen methodischen Vorbemerkungen bis zu einem gewissen Grad anschließen kann und sich dann dazu angestoßen fühlt, das bis dahin Entwickelte mikrofundiert auf bessere Fundamente stellen zu wollen oder von anderen zu lernen, wie dies bewerkstelligt werden kann, ohne dass auf eine Gesamtmodellierung der Volkswirtschaft, wie die hier vorgestellte, einfach wieder verzichtet wird.

1.2 Ein frühes theoriegeschichtliches Beispiel makroökonomischer Modellbildung

Wir wollen in diesem Abschnitt die vorangegangenen, sehr allgemeinen Überlegungen an einem prominenten Beispiel aus der ökonomischen Theoriegeschichte verdeutlichen. Dieses Beispiel eines gesamtwirtschaftlichen Makromodells verdeutlicht außerdem, dass eine solche Makrotheorie auch Elemente einer Ideologie aufweisen kann, was hier aufgrund des großen zeitlichen Abstands zu diesem Typ 'Volkswirtschaftstheorie' dem Leser festzustellen nicht schwerfallen dürfte. Als Konsequenz daraus ergibt sich die Frage, inwieweit dies bei heutiger Makrotheorie auch noch der Fall sein kann, so z.B. bei der in diesem Buch vorgestellten keynesianischen Makrotheorie.

Das hier darzustellende und zu erläuternde gesamtwirtschaftliche Modell stammt von François Quesnay (1694 – 1774), dem Leibarzt der Madame Pompadour am Hofe des Königs Ludwig XV. Quesnay, das anerkannte Haupt der sog. Physiokraten, trug 1758 dem König selbst sein 'Tableau Economique' vor, ohne dort jedoch Verständnis zu finden. Dieses 'Tableau Economique' war dem animalischen Blutkreislauf, den der englische Arzt Harvey 1623 entdeckt hatte, nachempfunden und sollte den Typ eines gesunden ökonomischen Kreislaufs darstellen, den Quesnay mit dem desolaten Zustand der französischen Wirtschaft seiner Zeit kontrastieren wollte.[1]

Bei der Aufstellung seines 'Tableau Economique' unterschied Quesnay zwei Sektoren: Agrikultur und Manufaktur (einschließlich Handel und Dienstleistungen) und drei soziale Klassen: Eigentümer, Unternehmer und Arbeiter. In seinem ökonomischen Schema aggregierte er jedoch weitergehend, indem er Unternehmer und Arbeiter in der Landwirtschaft zur 'produktiven Klasse' zusammenfasste, Unternehmer und Arbeiter im Bereich von Handel und Manufaktur zur 'sterilen Klasse' und Eigentümer (neben Herrscher und Zehntherren) nur als 'Grundeigentümer' zur Kenntnis nahm. Anstelle eines Schemas mit zwei Wirtschaftssektoren und drei Typen von Wirtschaftssubjekten sind damit drei Klassen innerhalb der Gesellschaft identifiziert worden und durch die gewählte Terminologie auch noch in ihrer ökonomischen Funktion bewertet worden.

Bei der jetzt folgenden Anwendung dieser Einteilung ist zu beachten, dass das darauf aufgebaute 'Tableau Economique' einen Idealzustand beschreiben soll, der als wirtschaftspolitischer Vorschlag an die herrschende Klasse der Eigentümer (Herrscher, Grundbesitzer und Zehntherren) gerichtet war. Das Tableau sollte damit einen 'state of bliss' darstellen, in dem Frankreich anstelle seiner damaligen zerrütteten Wirtschafts– und Finanzstruktur auf den höchsten Stand der Produktivität gebracht ist.

Das von Quesnay ursprünglich gezeichnete 'Tableau Economique' sah wie folgt aus (vgl. Abb. 1.1.).[2] Dieses Tableau versucht in einer Art Zick–Zack–Schema die Transaktionen zwischen den drei von Quesnay unterschiedenen Klassen darzustellen, so dass im Ergebnis ein geschlossener Kreislauf entsteht, der sich Jahr für Jahr wiederholt und damit einen stationären Zustand beschreibt. Quesnays komplizierte Darstellung dieses Sachverhalts lässt sich mittels heutiger Darstellungsmethoden von Wirtschaftskreisläufen deutlich vereinfachen, was im Folgenden auf zwei Arten, die auf unterschiedlicher Aggregationsebene angesiedelt sind, geschehen soll (vgl. Tabelle 1.1.,1.2.).

Quesnays Tableau erfasst primär Ströme oder Stromgrößen zwischen den drei Klassen oder, im Sinne unserer folgenden Darstellung: Polen, der betrachteten Makroökonomie. Solche Stromgrößen besitzen einen Ausgangspunkt und einen Endpunkt, weisen also eine Richtung auf, haben einen bestimmten Zahlwert, die Stromstärke, und beziehen sich auf einen bestimmten Zeitraum, der in Bezug auf den Agrarbereich als (wie oben gesehen) zentralem Sektor am besten durch '1 Jahr' wiedergegeben wird. Als Richtung und Stärke wollen wir im Folgenden die monetären Ströme zwischen den drei Klassen oder Polen ausweisen, denen im gleichen Umfang Güterströme entgegengerichtet sind,

---

[1] Weiteres hierzu findet man bei Hofmann (1971, S.33 ff.).

[2] Aus: M. Kuczynski und R. Meek (Hrsg.) Quesnay's Tableau Economique. London: Macmillan, 1972.

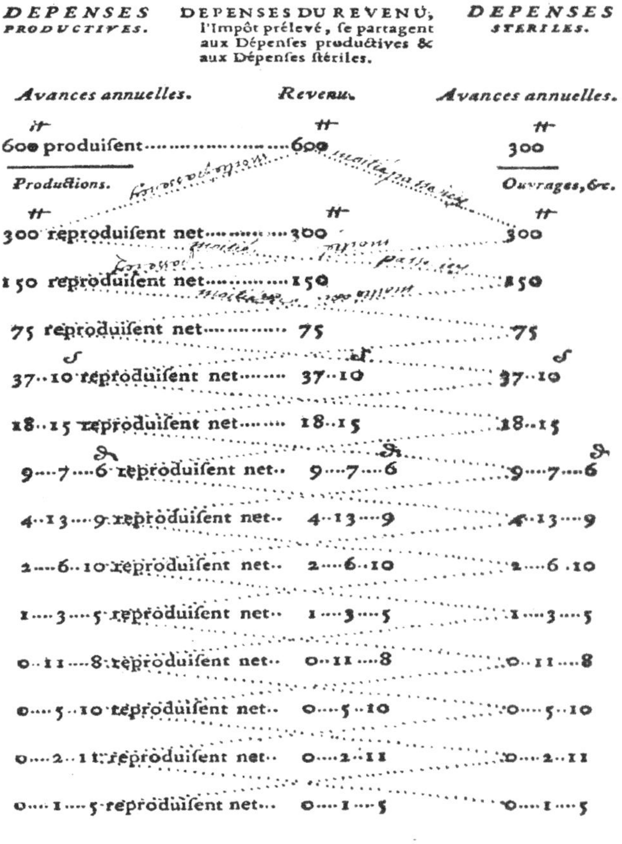

Abb. 1.1. François Quesnay: Tableau Economique

sofern es sich nicht um Transferleistungen, also Einkommensströme ohne direkte Gegenleistung, hier an die Eigentümer von Grund und Boden (nebst Staat und Kirche) handelt. Mittels solcher Hilfsmittel lässt sich das 'Tableau Economique' von Quesnay wie folgt vereinfacht darstellen:[3]

Diese Darstellung von Quesnays Tableau ist zwar sicherlich einfacher als das Original, aber in ihrer Struktur noch nicht zu transparent, wie wir später deutlicher sehen werden.

Zum Verständnis des oben Dargestellten wollen wir kurz einige allgemeine Begriffe solcher Kreislaufdarstellungen heranziehen. So versteht man unter einem *(offenen) Kreislauf* ein Netzwerk von Strömen zwischen einer gegebenen Zahl von Polen, so dass von und zu jedem Pol wenigstens ein Strom fließt

[3] Wir ignorieren hier die Einheit, in der diese monetären Ströme gemessen werden ('livres').

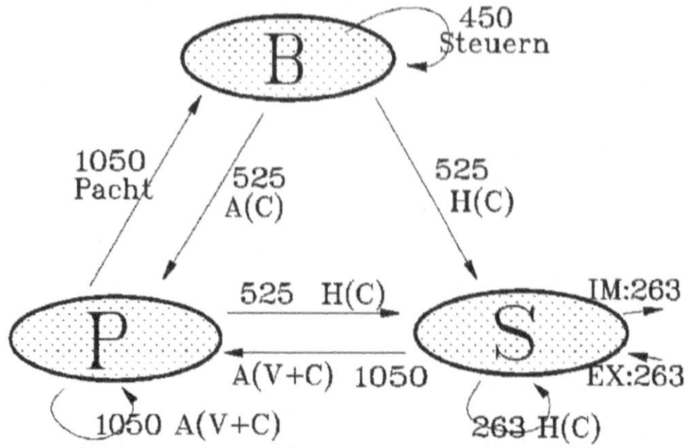

Abb. 1.2. Das Tableau Economique in Poldarstellung (P = Produktive Klasse, B = Besitzende Klasse, S = Sterile Klasse, A = Agarprodukte, H = Handwerksprodukte (etc.), C = konsumptive Ausgaben, V = Vorleistungen (Saatgut, etc.), IM = Import, EX = Export)

und alle Pole direkt oder indirekt miteinander verbunden sind. Diese Definition eines Kreislaufs ist im obigen Fall ganz offensichtlich erfüllt. Ein solcher Kreislauf wird als *geschlossen* bezeichnet, wenn in jedem Pol die Summe aller Abströme gleich der Summe aller Zuströme ist. Dies wird oft als Kreislaufaxiom bezeichnet. Auch dieses Charakteristikum ist bei dem obigen Schema erfüllt, wie jetzt im Einzelnen kurz darzustellen ist:

Klasse der Eigentümer (Herrscher, Kirche, Grundbesitz):[4] Wert der (externen) Zuströme: 1050 (Bodenrente, Quelle der Steuern für Staat und Kirche). Wert der (externen) Abströme: 525 + 525 = 1050 (Kauf von Agrar- und Manufakturwaren).

Produktive Klasse (Agrikultur, Pächter und Arbeiter): Wert der Zuströme: 525 + 1050 + 1050 = 2625 (Agrarprodukte an die Klasse der Eigentümer und die sterile Klasse sowie Eigenverbrauch als Vorleistungen ('Saatgut') und Konsum). Wert der Abströme: 1050 + 525 + 1050 = 2625 (Transferzahlungen an die Klasse der Besitzenden, Konsum von Handwerksprodukten und erneut der Eigenverbrauch dieses Sektors).

Sterile Klasse (Handwerk, Handel, Manufaktur): Wert der Zuströme: 525 + 525 + 263 (Verkäufe an die besitzende Klasse und den Agrarsektor sowie Eigenverbrauch). Wert der Abströme: 1050 + 263 (Käufe von Vorleis-

[4] Würden die Eigentümer weniger als 1050 Werteinheiten konsumieren und den Rest als Geldvermögen horten, so wäre der obige Kreislauf nicht mehr ein geschlossener Kreislauf und auf Dauer nicht reproduktionsfähig.

tungsgütern (Rohstoffe) und Konsumgütern im Agrarsektor und Eigenverbrauch).

Das obige Netzwerk von Strömen weist neben den soeben betrachteten Strömen am Rande noch zwei weitere Stromgrößen und damit zumindest implizit noch einen weiteren Pol auf, den Handel mit dem Ausland. Hier werden bei ausgeglichener Handelsbilanz 263 Werteinheiten Manufakturwaren exportiert und dementsprechend 263 Werteinheiten ausländische Produkte importiert, findet also im Manufakturbereich noch eine Art Produkttransformation durch Handel mit dem Ausland statt. Diese Ergänzung zeigt, dass ein geschlossener Kreislauf als Hintergrund nicht eine geschlossene Volkswirtschaft aufweisen muss.

Wir haben den obigen Kreislauf so dargestellt, dass er keine Bestände oder Bestandsgrößen aufweist. Unter Bestandsgrößen werden Maßgrößen verstanden, deren Wert zu einem bestimmten Zeitpunkt ermittelt wird, wie z.B. der Jahresanfangsbestand an Lagerhaltung oder Maschinen. Fertigwarenlager oder Kapitalakkumulation (Wachstum des Maschinenparks) finden somit in Abbildung 1.1. keine Berücksichtigung. Als Produktionsmittel werden hier nur Rohstoffe (Saatgut, Rohmaterialien des Handwerks u.ä.m.) in der Betrachtung zugelassen, die als Vorleistungen für Endprodukte im Verlaufe des Jahres produziert und produktiv konsumiert werden. Der obige Kreislauf kann damit zusätzlich als stationärer Kreislauf angesehen werden, der sich (einschließlich seiner Güternachfragestruktur) Jahr für Jahr wiederholt oder wiederholen kann.

Quesnay unterstützte eine Wirtschaftspolitik des 'laissez–faire' und der Steuerreform. Er glaubte, dass erstere Politik anstelle einer Politik der niedrigen Getreidepreise die Landwirtschaft über höhere Preise profitabler und produktiver machen würde und in Verbindung mit einem einfachen Steuersystem (anstelle des vorhandenen Wildwuchses insbesondere von indirekten Steuern) die französische Agrikultur näher an die Fortschritte der englischen heranführen würde. Eine Befreiung der produktiven Klasse von vielfältigen kontraproduktiven Steuerlasten und die Einführung einer einzigen Steuer (für Staat und Kirche) auf die Grundrente der Grund– und Bodenbesitzer versuchte er den drei Gruppen der herrschenden Klasse dadurch schmackhaft zu machen, dass er auf dieser Basis prognostizierte, dass durch diese Befreiung des Agrarsektors von Reglementierungen und Steuerlast (in diesem) Produktivität und Profitabilität so gesteigert würden, dass dadurch die Klasse der Besitzenden sich letztendlich nicht schlechter als zuvor stellte. Dies sollte durch seine Zahlenbeispiele insbesondere belegt werden. Demgegenüber spielte er die Bedeutung der von ihm als steril benannten Klasse herunter (die in seiner Vorstellung lediglich gewisse Gütertransformationen bewerkstelligte, ohne selbst Wert zu schaffen). Diese Einstellung den Produzenten außerhalb der Landwirtschaft gegenüber ist aus ökonomischer Sicht heute nicht mehr rechtfertigbar und mag darauf beruht haben, dass Quesnay gewisse enge Verbindungen (oder Verfilzungen) zwischen besitzender und 'steriler' Klasse mit Argwohn betrachtete.

Quesnays Zahlenbeispiele des Wirtschaftskreislaufs einer Gesellschaft im Übergang von einer spätfeudalen zur erwerbswirtschaftlichen Ordnung wurden von ihm in späteren Formulierungen seines Tableaus numerisch vergrößert, um eben darzustellen, dass sich jedermann bei solchen Veränderungen nur besser stellen würde. Begleitet waren diese Zahlenbeispiele von Erläuterungen und 30 Maximen, worin die ökonomische Programmatik der Physiokraten detaillierter, als wir es eben angedeutet haben, dargelegt wurden. Diese Maximen würden wir heute als komparativ–statische Übungen bezeichnen, die alle die Intention verfolgten (ohne allerdings zwingend zu sein), zu verdeutlichen, dass jedwede Abweichung von dem durch das Tableau beschriebenen Zustand zwangsläufig mit Nachteilen verbunden sei. Wie schon gesagt, standen dabei insbesondere Änderungen im Preis des landwirtschaftlichen Produkts und der Methode der Steuererhebung zur Debatte.

Quesnays Modell versucht damit, den Steady–State einer Volkswirtschaft auf Makroebene zu erfassen und die Optimalität dieses Steady State zu begründen. Er hat damit ein erstes, sicherlich grobes Bild einer Ökonomie entworfen, indem er sie spezifisch strukturierte, um diesbezüglich Interdependenzen herausstellen zu können und Gleichgewichtspositionen (ideale Reproduktionsgleichgewichte) ermitteln zu können. Um dies aber wirklich leisten zu können, hätte er funktionale Abhängigkeiten zwischen den Aggregaten seiner Theorie und den sie beeinflussenden Größen, wie Einkommen und Preise, herstellen müssen. Eine solche formale Interdependenzanalyse geht aber weit über das damals Mögliche hinaus und soll deshalb hier nicht als Argument dienen, die große wissenschaftliche (aber auch ideologisch orientierte) Leistung Quesnays zu schmälern.

Als erstes Fazit aus dem Dargestellten gilt für uns vielmehr, dass Makrotheorie bei einer solchen (dem Untersuchungsgegenstand möglichst angemessenen) Einteilung der Wirtschaft in Produktionsbereiche oder allgemeiner Märkte und Wirtschaftssubjekte oder Sektoren zu starten hat, um auf dieser Basis dann zu einer kontrollierten Analyse der Interdependenz von Märkten und sektoralen Verhaltensweisen voranzuschreiten. Derartiges wird im folgenden Abschnitt als Basis heutiger makroökonomischer Theoriebildung vorgestellt werden. Zuvor ist jedoch noch zu zeigen, dass die obige Kreislaufdarstellung stark verbessert (und auch vertieft) werden kann, wenn man zu einer input–output–orientierten Kontendarstellung anstelle der obigen Poldarstellung wie folgt übergeht.[5]

Diese Input-Output-Tabelle zeigt in den ersten beiden Spalten die Aufschlüsselung des Produktionswerts der beiden Industrien 'Agrikultur' und 'Handwerk', (2625 bzw. 1313), auf Vorleistungen (525 bzw. 525) und Wert-

[5] Vgl. hierzu auch Barna (1975). Man beachte bzgl. der obigen Tabelle, dass diese im Vergleich zur zuvor dargestellten Poldarstellung um einige Details erweitert worden ist.

Tabelle 1.1. Eine Input–Output–Darstellung des Tableau Economique für eine geschlossene Volkswirtschaft

	UNTERNEHMEN		HAUSHALTE			STAAT		Total
	Agrikultur	Handwerk	Farmer	Handwerker	Grundbesitzer	Regierung	Kirche	
Agrarprodukte	525	525	525	525	300	150	75	2625
Handwerksprodukte	–	–	525	263	300	150	75	1313
Farmeinkommen	1050	–	–	–	–	–	–	1050
Handwerkseinkommen	–	788	–	–	–	–	–	788
Grundrente	1050	–	–	–	–	–	–	1050
Steuern	–	–	–	–	300	–	–	300
Zehnter	–	–	–	–	150	–	–	150
Total	2625	1313	1050	788	1050	300	150	

schöpfung (2100 bzw. 788).[6] Gemäß Quesnays Vorstellung teilt sich die Wertschöpfung des Agrarsektors in Farmeinkommen (1050) und Grundrente (1050) auf, während der Handwerkssektor keine Abgaben zu leisten hat. Die Einkommensverwendung auf Agrar– und Handwerksprodukte der fünf Haushaltsgruppen dieser Ökonomie wird durch die nächsten fünf Spalten ausgewiesen (in ihren ersten zwei Zeilen). Dabei ist erneut zu beachten, dass gemäß Quesnay nur Grundbesitzer Steuern und den Zehnten zahlen (sollen): 300 bzw. 150 im obigen Beispiel. Dies ist ein Einkommenstransfer zwischen den unterstellten Haushaltstypen, der in der obigen Input–Output–Tabelle rechts unten ausgewiesen wird. Zu beachten ist in dieser Input–Output–Tabelle schließlich noch, dass diese wieder das obige Kreislaufsystem erfüllen muss, welches hier besagt, dass Spalten– und Zeilensummen sich entsprechender Spalten und Zeilen übereinstimmen müssen, da für jeden Sektor Einnahmen gleich Ausgaben (inklusive Einkommenszahlungen) gelten muss. Es sei schließlich angemerkt, dass das Brutto– (= Netto–) Sozialprodukt dieser Wirtschaft durch 2625+1313-1050=2888 gegeben ist, da bei dessen Bestimmung die Summe der Produktionswerte der beiden Industrien um die im Output der Sektoren untergegangenen Vorleistungen bereinigt werden muss.

Tabelle 1.1 soll verdeutlichen helfen, dass eine solche Strukturierung einer ganzen Volkswirtschaft (egal, ob sie faktische Jahresdaten oder eine Idealposition der Wirtschaft wiedergibt) eine große Starthilfe darstellt, wenn eine Analyse der wesentlichen Interdependenzen einer solchen Volkswirtschaft angestrebt wird. Natürlich wird eine auf heutige Verhältnisse abgestimmte Ta-

[6] Man beachte, dass in heutiger Terminologie der 'Handwerkssektor' eine positive Wertschöpfung aufweist, also nicht so 'steril' ist, wie Quesnay ihn hingestellt hat.

belle dieser Art eine andere Struktur darstellen, so z.B. Staat = Regierung und Zentralbank, Haushalte = Arbeitnehmer– und Arbeitgeberhaushalte, Unternehmungen = Konsumgüter– und Investitionsgüter. Wir werden im nächsten Abschnitt aber sehen, dass als Ausgangspunkt einer modernen makroökonomischen Theoriebildung noch eine viel einfachere Strukturierung der Gesamtwirtschaft vorgenommen werden muss, will man die darauffolgende Analyse nicht gleich von Anfang an sehr kompliziert gestalten. Im Rahmen der obigen Input-Output-Tabelle könnte man z.B. die folgende aggregierte Struktur gewinnen:

Tabelle 1.2. Ein Aggregationsbeispiel

	Unternehmen	Haushalte	Staat	Total
Güterverbrauch	1050	2438	450	3938
Haushaltseinkommen (brutto)	2888	–	–	2888
Steuern (Regierung und Kirche)	–	450	–	450
Total	3938	2888	450	

Wie wir wissen, hat Quesnay eine andere Aggregation der Input-Output-Tabelle bevorzugt, die Farmer und Regierung + Kirche + Grundbesitz sowie Handwerk und Handel einander gegenüberstellte und eine deutliche Wertung dieser drei Gruppen in Form der Bezeichnung als produktive, herrschende und sterile Klasse vornahm.

1.3 Das Märkte/Sektoren-Schema der heutigen makroökonomischen Theoriebildung

Unter Bezugnahme auf das makroökonomische Kreislaufschema von François Quesnay wollen wir jetzt eine Märkte/Sektoren Einteilung für die Zwecke heutiger makroökonomischer Theoriebildung vornehmen, die für den Rest dieses Buches verbindlich sein wird. Diese Einteilung vereinfacht das Schema von Quesnay zum einen dahingehend, als in ihm Haushalte nur noch als Aggregat (Arbeitgeber und Arbeitnehmer) betrachtet werden (anstelle von Grundbesitzern, Farmern und Handwerkern). Des weiteren werden Unternehmen ebenfalls nur aggregiert behandelt, wird also anstelle von Quesnays Zweisektoren-Wirtschaft von einer Einsektoren-Wirtschaft ausgegangen, die in der späteren Theoriebildung (ab Kapitel 2) ein homogenes Gut herstellt und dabei Kapital K und Arbeit L^d als Produktionsfaktoren einsetzt. Schließlich wird der Staatssektor im Folgenden nur als Ganzheit betrachtet werden, der Fiskalpolitik (Änderung von Staatsausgaben oder Steuern) und Geldpolitik (Änderung der im Umlauf befindlichen Geldmenge) durchführt und damit jetzt aus 'Regierung und Zentralbank' anstelle von 'Regierung und Kirche' besteht. Die

Einteilung in Sektoren ist somit aus Gründen der analytischen Einfachheit und Überschaubarkeit jetzt deutlich einfacher als es in der Quesnays Tableau charakterisierenden Input-Output Tabelle des vorherigen Abschnitts der Fall gewesen ist.

Demgegenüber gilt aber für die Märktestruktur des jetzigen Ansatzes, dass diese anspruchsvoller als bei Quesnay gewählt ist. Zwar unterschied Quesnay in zwei Produktionsbereiche (Agrikultur und Manufaktur), was wir jetzt nicht mehr tun werden, ließ aber dafür Arbeitsmarktphänomene unberücksichtigt wie auch die Rolle des Geldes (den Geldmarkt des folgenden Schemas) und des Kredits (den Kapitalmarkt). Dies mag für seine Zwecke und seine Zeit angemessen gewesen sein, ist es inzwischen aber nicht mehr, da Unterbeschäftigung, Inflation und Wachstum heute zentrale Themen sind, bei deren Analyse die Einteilung in die folgenden fundamentalen Märkte der Makrotheorie von großer Bedeutung sein wird.

Die folgende Tabelle trägt in ihrem Abschnitt, der als Kurzfrist-Analyse gekennzeichnet ist, dieser neuen Einteilung der Makrostruktur in Märkte und Sektoren Rechnung. Hierauf aufbauend werden in den Kapiteln 2 und 3 Modelle entwickelt werden, die aus Sicht zweier konkurrierender Makrotheorien die Gründe für die in einem bestimmten Zeitabschnitt realisierte gesamtwirtschaftliche Beschäftigung L^d und Produktion Y zu bestimmen trachten sowie auch die Gründe für die Verwendung des Sozialprodukts Y für privaten Konsum C, unternehmerische Bruttoinvestition $I + \delta K$ und Staatskonsum G. Darüberhinaus wird in diesen Kapiteln zur Debatte stehen, wie mittels Geld M bewerkstelligte Transaktionsvorgänge das Wirtschaftsgeschehen beeinflussen und welche Rolle die am Kapital- oder Kreditmarkt bestimmten Zinssätze hierbei spielen (hinsichtlich staatlicher Wertpapiere, kurz Bonds B genannt und entsprechend auch Firmenbonds).[7]

Tabelle 1.3 enthält neben der soeben besprochenen Darstellung der endogenen Größen oder Variablen der kurzen Sicht, die im Wesentlichen Nachfragegrößen der zu betrachtenden Volkswirtschaft repräsentieren,[8] auch die mittelfristig und langfristig zu erklärenden Variablen, die in der kurzen Sicht fix gegeben sind und damit dort Daten der Analyse (sog. exogene Größen) darstellen.[9] Allerdings hängt diese Einteilung bis zu einem gewissen Grade vom verwendeten Modellansatz ab. So ist z.B. im neoklassischen Basismodell des Kapitels 2 das Preisniveau p bereits kurzfristig variabel (was in seiner

[7] Wir sehen im Rahmen dieser Arbeit von der Existenz von Aktien (und auch von Einkommensentstehung bei den Unternehmungen) ab, werden aber bei Bonds z.T. kurz- und langfristige Typen unterscheiden, die wir mit Festpreisbonds ($p_b = 1$) bzw. Flexpreisbonds ($p_b = 1/r$) näher charakterisieren und die wir mit Kurzfrist- bzw. Langfristzinssätzen in Verbindung bringen werden.

[8] Konsum C, Nettoinvestition I, Arbeitsnachfrage L^d, Geldnachfrage M^d, sowie Bondnachfrage B^d und Output Y. Man beachte, dass der hochgestellte Index d für 'demand' steht und demgegenüber auf den Index s für 'supply' der Einfachheit halber verzichtet wird.

[9] Für die jeweilige Analyse exogene Größen x werden durch $\bar{x}$ bezeichnet.

Tabelle 1.3. Das Märkte–Sektoren–Schema einer geschlossenen Volkswirtschaft

	Arbeitsmarkt	Gütermarkt	Geldmarkt	Kapitalmarkt	
Haushalte	$\bar{L}$	C	M^d	B^d	Kurze Sicht
Unternehmen	L^d	$Y, I, \delta\bar{K}$	–	$\bar{B}_f$	
Staat	–	$\bar{G}$	$\bar{M}$	$\bar{B}_g$	
Preise	$w, \widehat{w} = \dot{w}/w$	$p, \widehat{p} = \dot{p}/p$	$p_m = 1$	r, p_b	Kurze oder mittlere Sicht
Erwartungen	–	$\pi^e = \widehat{p}^e$	–	–	
Bestände	L	K	M	$B = B_f + B_g$	Lange Sicht
Wachstum	$\widehat{L} = \dot{L}/L$	$\widehat{K} = \dot{K}/K$	$\widehat{M} = \dot{M}/M$	$\widehat{B}$	
		$\widehat{Y} = \dot{Y}/Y$			

“Vollbeschäftigungsversion” ebenso für den Nominallohn w gilt), während p und w im später zu entwickelnden IS-LM-Modell erst mittelfristig endogen sind. Man sieht daran, dass verschiedene theoretische Ansätze über kurzfristige Flexibilität von Löhnen und Preisen unterschiedliche Ansichten haben können. Im Rahmen dieses Buches wird demgegenüber der Zinssatz r (und der damit einhergehenden Preis p_b für Bonds B) stets als kurzfristig flexibel betrachtet und zwar so, dass auf dem Geld- und Kapitalmarkt dadurch Gleichgewicht gewährleistet ist.

Damit gilt, dass das im Folgenden zu betrachtende neoklassiche Basismodell (Kapitel 2), unser erstes makroökonomisches Modell, kurzfristig Preis- und Zinsflexibilität aufweist und in ihm in der Regel erst mittelfristig Lohnflexibilität zustande kommt, während in unseren späteren Modellen (dem keynesianischen Basismodell und dem IS-LM-Modell) Löhne und Preise hinsichtlich ihrer Flexibilität gleichbehandelt werden und beide erst mittelfristig flexibel sind. Diese Darstellung der Verhältnisse im Lohn/Preis-Sektor unserer Modellwirtschaften werden in der obigen Tabelle ergänzt durch die Angabe von Inflationserwartungen π^e, die nicht mit der wirklichen Inflationsrate $\hat{p} = \dot{p}/p$ übereinstimmen müssen.

Wir haben oben für jeden Markt mit Ausnahme des Geldmarktes einen Preis spezifiziert, bezüglich dessen zu untersuchen sein wird, inwieweit er Markträumung in der kurzen, mittleren oder langen Sicht gewährleistet. Lediglich am Geldmarkt steht als Preisausdruck schlicht eine ‘Eins’, die symbolisiert, dass dort keine Preisvariationen stattfinden und damit eine besondere Situation vorliegen muss. Transaktionen am Geldmarkt vorzunehmen, z.B. mehr Geld nachzufragen, hat im Rahmen der Makrotheorie die Bedeutung, dass dann auf Transaktionen an den anderen Märkten im Umfang der gewünschten Kassenerhöhung verzichtet wird, also dieses Geld dem Einkommenskreislauf entzogen wird. Der Geldmarkt ist damit ein fiktiver Markt, an dem keine Transaktionen stattfinden, sondern der einfach abbildet, was Individuen aus Liquiditätsgründen für ihre aktuelle Kassenhaltung planen. 'Angebot gleich Nachfrage am Geldmarkt' bedeutet somit lediglich, dass die Wirtschaftssubjekte die vorhandene Kasse zu halten bereit sind und diese nicht '1:1' in Form von Güter- oder Wertpapierkäufen zu reduzieren gedenken. Dieser Sachverhalt eines Betrachtens der Geldnachfrage als Komplement zu den wirklichen Markttransaktionen wird durch den sog. Geldmarkt und sein Gleichgewicht oder Ungleichgewicht widergespiegelt. Und der Ausdruck $p_m = 1$ der obigen Tabelle besagt dann lediglich, dass Geld M, in € gemessen, der Maßstab der sonstigen Marktpreise ist, also z.B. der Nominallohn w in der Einheit € pro Arbeitseinheit ausgedrückt ist.

In der obigen Tabelle sind vier Bestandsgrößen ausgewiesen, die am Anfang einer bestimmten Periode die dort verfügbaren Mengen an Arbeit L (die Zahl der Erwerbspersonen), an Kapital K, an Geld M und an Bonds B bezeichnen. Diese Größen verändern sich im Laufe der Zeit, da die Zahl der Erwerbspersonen sich insbesondere aus biologischen Gründen verändert und aufgrund von Realinvestitionen der Umfang des Kapitalstocks als veränderlich angesehen wird und entsprechend Finanzinvestionen den Umfang der nominellen Vermögenswerte verändern werden. Diese Veränderungen werden hier als Wachstumsraten ausgedrückt (z.B. $\hat{K} = \dot{K}/K$) und unter der Rubrik 'langfristig' verbucht, da sie in der Regel erst betrachtet werden, wenn persistente Wachstumsprozesse beim Sozialprodukt Y, wie in der Tabelle durch $\hat{Y} = \dot{Y}/Y$ symbolisiert, in die Analyse einbezogen werden. Solche Wachstumsprozesse werden in Kapitel 5 untersucht werden, während die als mittelfristig stattfindend angesehene Lohn-Preis-Spirale in Kapitel 4 ausführliche Erörterung finden wird.

Wir hoffen, dass diese Erklärungen die Struktur und Symbolik der obigen Tabelle hinreichend verdeutlicht haben. Diese Tabelle ist keine Input-Output Tabelle, wie wir sie zur klareren Darstellung des Tableau Economique von Quesnay benutzt haben und sie ist auch nicht vom Typ der Kontendarstellungen der volkswirtschaftlichen Gesamtrechnung (VGR). Solche Kontendarstellungen werden wir erst in Abschnitt 3.9 des Kapitels 3 zum Abschluss der kurzfristigen Analyse einer offenen Volkswirtschaft vorstellen. Die Symbole der obigen Tabelle werden im laufenden Kapital in Abschnitt 1.5 zusammengefasst erneut aufgelistet und charakterisiert werden und dort auch durch weitere wichtige volkswirtschaftliche Größen und ihre Bezeichnung ergänzt werden.

Im Hinblick auf die VGR seien hier schließlich noch die folgenden wichtigen Sachverhalte kurz dargestellt. Gemäß der obigen Tabelle gilt für die Verwendung des Bruttonationaleinkommens (BNE)[10] Y die wichtige Identität:

$$Y = C + I + \delta\bar{K} + \bar{G},$$

die besagt, dass dieses BNE vier verschiedenen Verwendungen zufließt, nämlich Konsum der Haushalte C und des Staates $\bar{G}$ sowie Nettoinvestitionen I und Ersatzinvestitionen $\delta\bar{K}$, wobei hier δ die Abschreibungsrate des Kapitalstocks bezeichnet. Die Bruttoinvestionen $I^b(= I + \delta\bar{K})$ sind hier also in zwei Komponenten zerlegt worden und werden im Folgenden stets in dieser Auftrennung wiedergegeben werden. Beim Staatskonsum $\bar{G}$ ist zu beachten, dass dieser durch Zurechnung der produktiven Leistungen des Staates zum Unternehmenssektor als reiner Verbrauch von Gütern angesehen wird, der keine produktiven Effekte auf das Geschehen in der gegebenen Volkswirtschaft ausübt. Der Staatssektor wird im Folgenden nur für das Studium von Fiskalpolitik und Geldpolitik benötigt, weshalb im obigen Schema auch davon abgesehen wird, dass der Staat neben den Unternehmungen, wie in der Realität gegeben, als Arbeitgeber auftritt.

In analoger Vereinfachung wird bei den Unternehmungen in der obigen Tabelle davon abgesehen, dass diese neben den Haushalten als Geldnachfrager auftreten und damit im Folgenden diesbezüglich ihr Verhalten zu spezifizieren wäre. Zwei in der Realität wichtige Nachfragekomponenten finden damit in der obigen Tabelle keine Berücksichtigung.

Schließlich soll hier das obige Schema noch dahingehend ergänzt werden, dass neben der gerade dargestellten Einkommensverwendung auch die diesem Akt vorausgehende Einkommensverteilung explizit symbolisch erfasst wird. Dazu wollen wir als neues Symbol T(=Taxes) für das gesamte direkte Steueraufkommen der laufenden Periode benutzen (indirekte Steuern sowie Subventionen werden in dieser Darstellung der Makrotheorie vernachlässigt). Ist das BNE nach obigem durch Y symbolisiert, so gelangt man von ihm im Rahmen des oben Dargestellten zum Nettonationaleinkommen (NNE), indem man vom BNE die Abschreibungen $\delta\bar{K}$ abzieht. Zieht man darüberhinaus noch die Steuern T ab, so ergibt sich in unserem Modellrahmen das für die Haushalte verfügbare Einkommen $Y^D = Y - \delta\bar{K} - T$, dem das verfügbare Einkommen des Staates T gegenübersteht. Auf Basis dieser Einkommensgrößen lässt sich jetzt wie folgt die private und die staatliche Ersparnis S_p, S_g definieren und als Summe davon, $S = S_p + S_g$, die gesamtwirtschaftliche Ersparnis:

$$S_p = Y - \delta\bar{K} - T - C, \quad S_g = T - \bar{G}, \quad S = Y - \delta\bar{K} - C - \bar{G}.$$

Diese drei Ausdrücke besagen jeweils, dass Ersparnis als verfügbares Einkommen, das nicht für den Konsum verplant ist, definiert worden ist und damit in der Summe die Lücke am Gütermarkt $Y - \delta\bar{K} - C - \bar{G}$ darstellt, die durch die Nettoinvestitionsnachfrage I der Unternehmen zu schließen ist, soll der Output Y der Unternehmungen voll abgesetzt werden.

[10] Aufgrund der früheren Bezeichnung als Bruttosozialprodukt (BSP) wird im Text an verschiedenen Stellen noch der Begriff "Sozialprodukt" verwendet.

Dem aufmerksamen Leser wird nicht entgangen sein, dass die obige Tabelle Bonds B als Finanzierungsinstrument des Staates (im Falle eines Haushaltsdefizits) aufweist. Sind aber staatliche Bonds im Umlauf, so muss der Staat Zinsen zum Zinssatz r zahlen, die bei der Bemessung seines verfügbaren Einkommens T zu berücksichtigen sind. Diese Feststellung impliziert unmittelbar, dass unser obiges T das Steuervolumen darstellen muss, aus dem die Zinszahlungen des Staates bereits rechnerisch entfernt worden sind. Diese Konvention soll aus Gründen der Einfachheit für das ganze Buch gelten, wann immer die Steuereinnahmen des Staates explizit dargestellt werden. Die Zinszahlungen des Staates finden deshalb keine explizite Berücksichtigung in den von uns untersuchten makroökonomischen Modellbildungen.

1.4 Keynesianische Theorie der Beschäftigung, des Zinses, der Inflation und des Wachstums: Eine systematische Einführung

Wir haben im vorausgegangenen Abschnitt schon einige Grundlagen gelegt für die in diesem Buch intendierte Darstellung einer in sich geschlossenen keynesianischen Theorie für die drei Sichten, die in der Makroökonomie voneinander unterschieden werden: die kurze, mittlere und lange Sicht des Wirtschaftsgeschehens.

Im Gegensatz zur Mehrzahl der makroökonomischen Lehrbücher soll hier deshalb nicht einerseits die kurze Sicht als keynesianisches temporäres Gleichgewicht beschrieben werden, wo für eine monetäre Ökonomie die Bestimmungsgründe von Einkommen, Beschäftigung und Zins mittels des sog. IS-LM Modells dargelegt werden und andererseits die lange Sicht durch das realwirtschaftliche sog. neoklassische Wachstumsmodell, welches von Solow 1956 veröffentlicht worden ist. Anstelle einer eher komparativ-statischen Diskussion von mittelfristigen Lohn/Preis-Veränderungen soll darüberhinaus die mittlere Sicht in dynamisch vollständiger Weise diskutiert werden. Insgesamt soll dadurch erreicht werden, dass die mittlere Sicht ohne Bruch als Fortsetzung der kurzfristigen Theorie von Unter- oder Überbeschaftigungsgleichgewichten zustandekommt, wo eben Löhne, Preise und Inflationserwartungen nicht mehr fest vorgegeben sind, sondern sich nach bestimmten Gesetzmäßigkeiten in der Zeit entwickeln. Die gleiche Zielsetzung wird für die der mittelfristigen Analyse nachfolgenden Langfrist-Analyse angestrebt.

Unsere mittelfristige Analyse, die in den meisten Lehrbüchern nur in sehr rudimentärer Form enthalten ist, wird somit organisch aus der vorausgegangenen Kurzfrist-Analyse heraus entwickelt, ohne dass dabei notwendigerweise auftretende Effekte willkürlich aus ihr ausgeklammert werden. Gleiches gilt dann auch für die nachfolgende Analyse der langen Sicht, wo zur mittleren Sicht lediglich die Wachstumsgesetze für die Produktionsfaktoren Arbeit und Kapital, den Output und die Geldmenge hinzugefügt und in ihrer Interdependenz miteinander konfrontiert werden sowie in ihren neuartigen Implikationen im Vergleich zur bisherigen mittelfristigen Analyse zu untersuchen sind. Dies ist in der Tabelle 1.3. des vorherigen Abschnitts bereits skizzenhaft dargestellt worden und bedeutet eben gerade nicht, dass für die lange Sicht so wie z.B. in Mankiw (1994) ein fundamental anderes Modell verwandt werden muss, als dies bei der kurzen oder mittleren Sicht der Fall war.

Unser Ansatz liefert somit an der Stelle der üblichen realwirtschaftlichen und rein angebotsseitigen Solowschen Beschreibung des Wachstumsprozesses als Modell der langen Sicht ein monetäres Wachstumsmodell, wo letztlich sowohl bei ungleichschrittigem als auch bei gleichschrittigem Wachstum die keynesianische effektive Güternachfrage den Pfad des Outputs bestimmt und nicht das Güterangebot. Diese Vorgehensweise schließt nicht aus, das im Ergebnis der Analyse gewisse Gemeinsamkeiten mit der konventionellen Solowschen Darstellung des Wachstumsprozesses auftreten können. Wo dies der Fall ist, ist dies aber Konsequenz der Untersuchung der Entwicklungsgesetze einer Volkswirtschaft und nicht eine bloße Annahme über deren Verhalten. Damit wird verständlich werden, in welchem Umfang keynesianische Makroökonomie durch Angebotskräfte bestimmt wird und inwieweit eine angebotsorientierte Politik, wie sie heute oft propagiert wird, in einem solchen Rahmen erfolgreich sein kann.

Für den Leser mit guten Vorkenntnissen in makroökonomischer Theorie mag das bisher Gesagte verständlich sein, für jemanden der Makroökonomik erst lernen will, jedoch sicherlich nicht. Letztere Leser mögen deshalb hier die Frage stellen, ob sie mit diesem Buch nicht eine ganz andere Makrotheorie lernen müssen, als dies sonst der Fall ist. Dies ist jedoch nicht der Fall, da es neben vielen anderen inzwischen einen langjährig erprobten populären Lehrbuch-Standard gibt. Hierbei handelt es sich um das Buch von Blanchard (2006), welches für unseren Text sowohl Grundlage wie auch breite Umrandung darstellt und welches deshalb mit Gewinn insbesondere hinsichtlich Fragen, die hier nur kurz behandelt werden, gelesen werden kann.

Unser Lehrbuch ist im Bereich der Analyse der kurzen Sicht in seinem Kapitel 3 im Wesentlichen mit der bei Blanchard (2006) dargestellten konventionellen IS-LM Analyse von Güter- und Geldmarktgeschehen identisch, d.h. wie dort analysieren wir bei fixem Nominallohn und Güterpreis die Gründe für die Bestimmung des gesamtwirtschaftlichen Outputs, der Beschäftigung und des Zinses aus keynesianischer Sicht. Dieses IS-LM Modell wird in unserem Buch in Kapitel 3 aus dem sog. Keynes'schen Basismodell, das im Kapitel 2 eingeführt wird, heraus entwickelt. Letzteres stellt eine Antithese zum neoklassischen Basismodell dar, welches im Wesentlichen dadurch gekennzeichnet ist, dass die von den Unternehmen profitmaximierend geplante Ausbringung stets ihren Absatz findet (Says Gesetz) und sich das Preisniveau dazu (bei gegebenen Lohnniveau) gemäß der Quantitätstheorie des Geldes einpendelt. Die in diesem Kapitel über präkeynesianische Makrotheorie eingeschobene Kontrastierung dieses neoklassischen Basismodells mit einem von uns sog. Keynes'schen Basismodell, welches die grundsätzlichen Mechanismen des von Keynes (1936) in seiner 'Allgemeinen Theorie der Beschäftigung, des Zinses und des Geldes' entwickelten gesamtwirtschaftlichen Modells darstellen soll, dient dem Zwecke, die Unterschiede zwischen diesen beiden, im Ergebnis fundamental verschiedenen Modellierungsansätzen in möglichst scharfer und pointierter Form hervortreten zu lassen.

Die herkömmliche Analyse von Inflation und Wachstum – auch die von Blanchard (2006) – stellt Kapitel 4 in kurzer Form vor und bringt damit den üblichen Textbuch-Ansatz im ersten Teil unseres Buches zum Abschluss. Der am Mainstream interessierte Leser kann damit das Buch aus der Hand legen oder es mit der Lektüre von Blanchards Buch fortsetzen. Blanchards Textbuch bietet ihm oder ihr neben vielen Bezügen zur Situation in den USA darüberhinaus auch eine anders formulierte Arbeitsmarkttheorie, die wichtig ist und mit Gewinn gelesen werden kann.

Über die keynesianische Analyse der kurzen Sicht und die neoklassiche Analyse der mittleren (und langen) Sicht weit hinausgehend bringt dieses aber Lehrbuch in Kapitel 5 bei der Betrachtung der mittleren Sicht (bei dann flexiblem Lohn- und Preisniveau) eine vollständige Analyse der Implikationen des Blanchard (2006) Modells für diese mittlere Sicht, d.h. eine durch Blanchard in seinen Kapiteln 8 und 9 vorgenommene Modellverkürzung, die Annahme statischer Inflationserwartungen, wird hier vermieden. Wir studieren in unserem Kapitel 5 die Interaktion von Lohn- und Preisniveaudynamik und damit einhergehende Änderungen bei den Inflationserwartungen im Hinblick darauf, ob solche dynamischen Prozesse insbesondere das gleichzeitige Zustandekommen von Inflation und Stagnation (kurz Stagflation) erklären können und wann diese Prozesse zurück zum mittelfristigen Angebots- und Nachfrage-Gleichgewicht führen werden bzw. mit welchen Stabilitätsproblemen ansonsten zu rechnen ist. Solche Probleme ergeben sich, wenn, wie schon angedeutet, das von Blanchard (2006) mit einer Lohn-Preis-Spirale ergänzte IS-LM Modell der mittleren Sicht nicht wie dort an entscheidender Stelle verkürzt wird, sondern alle von Blanchard später ermittelten Inflationseffekte dem Modell der kurzen Sicht hinzugefügt werden und mit der Lohn-Preis-Spirale interagieren. Dadurch kann gezeigt werden, dass die Ähnlichkeit des vervollständigten mittelfristigen Modells von Blanchard mit den Ergebnissen der mittelfristigen Analyse von Modellen monetaristischer oder neoklassischer Herkunft, die wir ebenfalls ausführlich darstellen werden, nicht gut begründbar ist. Diese Unterschiedlichkeit zwischen einer korrekten, keynesianisch orientierten Vorgehensweise und der monetaristisch/neoklassischen Sichtweise der mittleren Sicht, wo im Wesentlichen wieder Says Gesetz und die Quantitätstheorie des Geldes erfüllt sind, treten noch pointierter hervor, wenn man zwischen kurzfristigen und langfristigen Zinssätzen unterscheidet, die wir in Erweiterung des Blanchard Modells schließlich noch angehen werden.

Es folgt aus dieser konsequenten Erweiterung der konventionellen Kurzfrist-Analyse von Volkseinkommen, Beschäftigung und Zinssatz um den Lohn/Preis-Mechanismus und Inflationserwartungen, dass unter bestimmten Bedingungen, deren Zustandekommen empirisch zu begründen ist, die keynesianische Analyse der Wirkung von mittelfristig flexiblen Löhnen und Preisen wesentlich anderer Natur ist als die von Shock-Absorber Vorstellungen oder rasch abklingenden Schwingungen geprägten Überlegungen neoklassisch/monetaristischer Provenienz. Das Ergebnis unseres (formal gesehen nicht umfangreichen) Ausbaus der Modellierungen seit Dornbusch und Fischers (1995) Basistext zeigt damit wieder deutliche Unterschiede zwischen einer keynesianisch und einer monetaristisch orientierten Auffassung und Ausgestaltung der Effekte flexibler Preise und Löhne.

In Kapitel 5 über die mittlere Sicht wird somit das mit Dornbusch/Fischers Buch Begonnene lediglich konsequent zuende geführt. Gleiches gilt auch für das nachfolgende Kapitel über Wachstum und die lange Sicht. Wie schon gesagt, wird hier nicht willkürlich einfach der Modellrahmen gewechselt und damit angebotsorientierte Wachstumstheorie dem Leser als Ergebnis einer Entwicklung der Wirtschaft gemäß keynesianischen Kurzfrist-Prinzipien qua Annahme angeboten, sondern es werden in Kapitel 6 die üblichem Wachstumsgesetze dem keynesianischen Modell der mittleren Sicht hinzugefügt, um zu sehen, welche langfristigen Entwicklungstendenzen dieser Ansatz generiert. Wie beim Übergang von der kurzfristigen zur mittelfristigen Analyse bedeutet dies lediglich die Hineinnahme einiger weniger neuer Gleichungen und Variablen und ist somit nicht durch aufwendige Abweichungen von dem von Dornbusch/Fischer, Blanchard u.a. vorgegebenen Weg gekennzeichnet.

Im Ergebnis liefert deshalb dieses Buch eine zusammenhängende und aufeinander aufbauende und abgestimmte Analyse keynesianischer Bauart der kurzen, der mittleren und der langen Sicht. Diese teilt dennoch mit vielen anderen Lehrbüchern zur makroökonomischen Theorie eine Reihe von technischen Vereinfachungen, wie z.B. die Verwendung von linearen Beziehungen, soweit dies möglich ist, und die Benutzung von, wie üblich stilisierten, einfachen Verhaltensfunktionen für Konsum, Investition, etc. anstelle von ausgereiften und umfassend formulierten aggregierten Nachfrage- und Angebotsfunktionen. Gleichwohl ist es auch in einem solchen vereinfachten Rahmen möglich, eine in sich abgestimmte makroökonomische Theorie zu entwickeln, die die Fehler der weitverbreiteten neoklassischen Vorgehensweise, nicht zueinander passende Modelltypen zu kombinieren, zu vermeiden trachtet.

Wir beginnen die Analyse der kurzen Sicht im nächsten Kapitel mit dem synthetischen neoklassischen Basismodell, das zur Darstellung der Makrotheorie vor dem Erscheinen von Keynes (1936) 'Allgemeiner Theorie der Beschäftigung, des Zinses und des Geldes' nachträglich entwickelt worden ist und das im Wesentlichen zeigt, wie zu profitmaximierend angebotenem Output sich dessen Absatz und die Bestimmung des Preisniveaus gestaltet. Diese Aussagen betreffen das sog. Saysche Gesetz von Angebot und Nachfrage und die sog. Quantitätstheorie des Geldes und des Preisniveaus, die beide in diesem Kontext ausführliche Erörterung erfahren. Wir zeigen anhand dieses Modells, dass aktuelle Stellungnahmen zur Wirtschaftspolitik so sein können, dass sie nicht einmal die Standards dieser präkeynesianischen Vorstellung von den kurz- und mittelfristigen Vorgängen in einer ganzen Volkswirtschaft erreichen.

Das neoklassische Basismodell wird in Kapitel 2 dann in Anlehnung an Keynes (1936) in ein elementares Keynes-Modell umgebaut. Dies hat zum Ziel, die Sachverhalte, auf die es Keynes bei seiner Analyse der Beschäftigung und des Zinses ankam, in möglichst einfacher und gleichzeitig prägnanter Form den Ergebnissen des neoklassischen Basismodells gegenüberzustellen, so dass der Leser erkennen kann, wo der grundsätzliche Dissens zwischen diesen beiden Theorien liegt, nämlich in der Frage nach der Gültigkeit oder Nichtgültigkeit des 'Sayschen Gesetzes'. Wir werden im Unterschied zu vielen anderen Lehrbüchern der Makroökonomik in diesem Lehrbuch zeigen, dass dieser Dissens auch die Analyse der mittleren und der langen Sicht betrifft.

Es mag beim Lesen der entsprechenden Seiten der Eindruck entstehen, dass diese Debatte der Vergangenheit angehört und deshalb von wenig Relevanz für heutige makroökonomische Theorie und Politikanalyse ist. Dies ist jedoch keineswegs der Fall, wie wir am Ende des Kapitels 2 sehen werden, da auch heutige Lehrbücher zur makroökonomischen Theorie in ausgeprägter Weise auf Annahmen des neoklassischen Basismodells beruhen und diese Analyse fortsetzen, wie z.B. das prominente Lehrbuch von Mankiw (1994). Dieses Lehrbuch wird deshalb in seinen Grundzügen am Ende von Kapitel 2 kurz dargestellt. Es zeigt sich in aller Kürze, dass ein solcher Ansatz trotz seiner äußeren Eleganz in sich nicht stimmig ist und deshalb als problematisch gelten sollte.

Konsequenter ist da im Rahmen der neoklassischen makroökonomischen Theorie der Ansatz von Barro und Grilli (1994), der eine reine Gleichgewichtstheorie bzgl. der fundamentalen Märkte der Makrotheorie anstrebt. Dieser Ansatz wird ebenfalls am Ende von Kapitel 2 kurz dargestellt, um damit zu Beginn des nächsten Kapitels zeigen zu können, dass er als der Spezialfall angesehen werden kann, den schon Keynes (1936) in seinem Vorwort beschrieb und zu dem er die 'Allgemeine Theorie' liefern wollte.

Das keynesianische Modell der kurzen Sicht (das sog. IS-LM Modell) lässt sich somit als Weiterentwicklung des Barroschen Vollbeschäftigungsmodells – wie natürlich auch des einfachen Keynes-Modells des Kapitels 2 – begreifen. Dieses Modell wird in seinen Bausteinen und Aussagen in Kapitel 3 detailliert untersucht, wobei auch die Probleme, die ein solches Modell bei seiner mechanischen Anwendung auf wirtschaftspolitische Fragestellungen aufweist, ausführlich erörtert werden. Es ist nicht unsere Absicht, hier zu vermitteln, dass die komparativ-statischen Ergebnisse dieses Kurzfrist-Modells bereits hinreichend klare Empfehlungen für die Wirtschaftspolitik liefern, die man kochrezeptartig anwenden kann, sondern dass sie lediglich eine Denkmethode darstellen, mit deren Hilfe man sich solchen wirtschaftspolitischen Fragestellungen nähern kann. Wir werden schließlich in Kapitel 3 auch Probleme der offenen Volkswirtschaft – in der kurzen Sicht – behandeln.

Kapitel 4 ergänzt, wie schon erörtert, die Darstellung der kurzfristigen keynesianischen IS-LM Modells in der üblichen neoklassischen Weise mit Basismodellen der Lohn-Preis Spirale und des real Wirtschaftswachstums. Kapitel 5 und 6 sind oben schon ausführlich besprochen worden. Kapitel 5 stellt unsere

Sicht der mittleren Frist und der Lohn-Preis-Spirale in einem keynesianischen Kontext dar. Kapitel 6 dehnt diese Sicht auf die lange Frist aus und liefert damit insbesondere eine keynesianisch fundierte Bestimmung des gleichgewichtigen Wachstumpfades einer kapitalistischen Marktwirtschaft. Dieses Kapitel schließt die inhaltliche Diskussion um Fragen der Makrotheorie – Fragen der Bestimmung der Beschäftigung der Produktionsfaktoren Arbeit und Kapital, des Zinses, der Inflationsdynamik und des realen Wirtschaftswachstums betreffend, in diesem Buch ab. Ein ausblickendes Kapitel resümiert schließlich die makrotheoretische Entwicklung seit dem Erscheinen von Keynes' Allgemeiner Theorie bis hin zu einem aktuellen keynesianischen D(isequilibrium)AD-D(isequilibrium)AS Modell.

Teil III dieses Buches enthält eine Reihe von Übungsaufgaben zu den einzelnen Kapiteln mit Lösungsskizzen und auch die Fragen zweier Generationen von Multiple Choice Klausuren aus den Jahren 1996 und 2006. Mathematische Hilfsmittel werden in zwei kurzen Exkursen zu Wachstumsratenformeln und dem sog. impliziten Funktionentheorem kurz in Kapitel 2 vorgestellt, wo auch auf in diesen Fragen weiterführende Literatur verwiesen wird.

1.5 Variable und Parameter der Makrotheorie

A. Statisch oder dynamisch endogene Variable

Y	Output
Y^p	Potenzialoutput
$\bar{Y}^{p*} = \bar{u}Y^p$	Normaloutput (für Kapazitätsauslastung u)
Y^D	Verfügbares Einkommen der Haushalte
Y^d	Aggregierte Güternachfrage
L^d	Nachgefragte Beschäftigung
L	Erwerbspersonenpotenzial
$L^* = \bar{e}L$	Normalbeschäftigung
$Y^* = \bar{y}L^*$	Normaloutput (auf dem Arbeitsmarkt)
$Y = \bar{y}L$	Vollbeschäftigungsoutput
C	geplanter Konsum
I	geplante Investition
S	Gesamtwirtschaftliche Ersparnis
S_p	Private Ersparnis
S_g	Staatliche Ersparnis
T	Reale Pauschalsteuern (abzgl. Zinszahlungen des Staates)
G	Staatsausgaben
w	Nominallöhne
p	Preisniveau ($\pi = \hat{p}$ die aktuelle Inflationsrate)
p^*	das Preisniveau-Konzept der Bundesbank
r	der kurzfristige Nominalzins (Bondpreis $p_b = 1/r$)
r^*	der langfristige Nominalzins
ρ	Profitrate
ξ	Überschussprofitrate
π^e	Erwartete Inflationsrate
$r - \pi^e$	Realzins
ϵ	Nomineller Wechselkurs
τ	Realer Wechselkurs
p^a	Ausländisches Preisniveau
$e = L^d/L$	Beschäftigtengrad
$U = 1 - e$	Arbeitslosenquote
$u = Y/Y^p, U^c = 1 - u$	(Unter-)Auslastungsgrad der Unternehmungen
K	Kapitalstock
M	Geldangebot (Index d: Nachfrage)
B	Bonds (Index d: Nachfrage)
E	Aktien (Equities) (Index d: Nachfrage)
W	Realwert des Vermögens
ω	Reallohn
$v = \omega/y$	die Lohnquote
$\Pi = 1 - v$	die Profitquote
Π^*	die angestrebte Profitquote

x	das Output-Kapital Verhältnis Y/K
y	die Arbeitsproduktivität Y/L^d
k^d, k	die Kapitalintensität $K/L^d, K/L$
l^d, l	die Arbeitsintensität $L^d/K, L/K$
γ	die Wachstumsrate des Outputs

B. Modellparameter

$\bar{U} = 1 - \bar{e}$	NAIRU-Arbeitslosenrate
$\bar{e}$	NAIRU-Beschäftigtengrad
$\bar{u} = Y/Y^p$	die inflationsneutrale Normalauslastung
δ	Abschreibungsrate
i_0, i_1	Investitionsfunktionsparameter
b_0, b_1	Parameter der Beziehung zwischen r und r^*
k, h_0, h_1	Geldnachfrageparameter
$n = n_1$	Wachstumsrate der Arbeitsbevölkerung L
n_2	Wachstumsrate der Arbeitsproduktivität y
$\bar{\mu}$	Wachstumsrate des Geldangebots
β_w	Lohnanpassungsstärke
β_p	Preisanpassungsstärke
β_{π^e}	Anpassungsstärke der Inflationserwartungen
κ_w, κ_p	Inflationsgewichte, $(\kappa = (1 - \kappa_w \kappa_p)^{-1})$
β_n	Anpassungsparameter bei der Wachstumsrate des Arbeitsangebotes
β_u	Anpassungsstärke bei Okuns Gesetz
$\bar{x}$	Potentielles Output–Kapital Verhältnis ($\neq x$ das faktische Verhältnis)
$\bar{y}$	die Arbeitsproduktivität
$\bar{t}$	Steuern (nach Zinsen) pro Einheit Kapital
$\bar{g}$	Staatsausgaben pro Einheit Kapital
$\bar{\nu}, \bar{v}$	Umlaufsgeschwindigkeit des Geldes
a	Markup auf die Lohnstückkosten
c	Konsumneigung
s	Sparneigung
$\bar{\gamma}$	die normale Wachstumsrate des Outputs

C. Mathematische Notation

$\mathbb{R}_+, \mathbb{R}^2_+$	die positiven Orthanten von $\mathbb{R}$, $\mathbb{R}^2$
$\dot{x}$	Zeitableitung einer Variablen x
$\widehat{x} = \dot{x}/x$	Wachstumsrate von x
$\bar{x}$	Im gegenwärtigen Kontext exogene Variable x
l', l_w	Totale und partielle Ableitungen
r_o, r^o *etc.*	Steady State Werte
$l = L/K$, *etc.*	Reale Variable in intensiver Form
$b = B/(pK)$, *etc.*	Nominelle Variable in intensiver Form

Teil I

Grundlagen der Makroökonomik

2

Präkeynesianische Makroökonomik. Darstellung und Kritik

Ziel dieses Abschnitts ist es, an einem Beispiel und darauf aufbauenden theoretischen Erörterungen zu belegen, dass heutige Massenarbeitslosigkeit nicht rein arbeitsmarkttheoretisch analysiert werden kann, sondern dass ihre Ursache in der Interdependenz der fundamentalen Märkte der Makrotheorie zu suchen ist.

2.1 Das neoklassische Basismodell des temporären Gleichgewichts

2.1.1 Wirtschaftspolitik: so einfach?

Mit diesem Abschnitt beginnen wir unsere Übersicht über die Struktur einer modernen Makroökonomie, die Tabelle 1.3. aus dem vorherigen Abschnitt, mit theoretischem Gehalt anzufüllen, indem wir zwischen den dort aufgeführten Größen Abhängigkeiten in Form formaler, mathematisch dargestellter Beziehungen herstellen. Diese Beziehungen können technologische Sachverhalte (Produktionsbeziehungen) darstellen, in Form von Gleichungen zwischen bestimmten Variablen ökonomische Abhängigkeiten herstellen oder auch Bewegungsgesetze z.B. für Preise fixieren. Unser Ziel ist es dabei, zu demonstrieren, dass solche formalen Beziehungen sehr hilfreich sein können, wenn es darum geht, verbale Behauptungen über grundsätzliche Mechanismen oder Zusammenhänge gesamtwirtschaftlicher Natur (so z.B. scheinbar griffige Statements zur Arbeitsmarktmechanik und -politik) auf ihren Wahrheitsgehalt hin zu überprüfen. Wir werden am Ende dieser Erörterung sehen, dass verbale Aussagen, die nur den Arbeitsmarkt zu betreffen scheinen, in Wirklichkeit bereits die ganze kurz- und mittelfristige Struktur der Tabelle 1.3. in Kapitel tangieren.

Produktionsbeziehungen

Der erreichbare Output Y einer Ökonomie hängt von zwei Elementen ab: von den Mengen an verfügbaren Inputs, den sog. Produktionsfaktoren, und von den Fähigkeiten, diese Inputs in Outputs transformieren zu können, dargestellt durch sog. Produktionsfunktionen F. Für Zwecke der Makroökonomie, also für die Analyse gesamter Volkswirtschaften, ist es zweckmäßig, diese Input–Output–Beziehungen so einfach wie möglich zu formulieren, um dann auf dieser Basis thematisieren zu können, welche ökonomischen Prozesse den wirklichen Output einer Volkswirtschaft und den wirklichen Einsatz an Produktionsfaktoren bedingen.

Die wichtigsten bei der Güterproduktion eingesetzten Produktionsfaktoren sind Arbeit L und Kapital K. Im Rahmen der in diesem Buch unterstellten 1–Gut–Welt ist der Kapitalbestand $\bar{K}$, der in jedem Zeitpunkt t für Produktionszwecke zur Verfügung steht, vom gleichen Typ wie der gerade erzeugte Output Y. Dieser Kapitalbestand repräsentiert vergangene Verwendung von Outputs für investive Zwecke (Anlageinvestitionen). Wir wollen annehmen, dass der Kapitalbestand sich mit der uniformen Rate δ abschreibt, also in jedem Zeitpunkt $\delta\bar{K}$ an Ersatzinvestitionen zu leisten ist, um den Bestand $\bar{K}$ in der Zeit aufrechtzuerhalten. Der Nettooutput und damit das Nettosozialprodukt dieser Volkswirtschaft sind somit durch $Y - \delta\bar{K}$ gegeben.

Ist Output für investive Zwecke verwandt worden, so kann er nicht mehr 'abgebaut' und damit verkauft werden. Annahmegemäß stellt $\bar{K}$ damit den Maschinenpark (oder die Werkzeuge) einer Ökonomie in einem Zeitpunkt t dar, für den es keinen Wiederverkaufsmarkt gibt und der in Verbindung mit Arbeitskraft die Produktion von neuem Output ermöglicht. Wie bei 'Kapital' wollen wir der Einfachheit halber auch bei 'Arbeit' unterstellen, dass in jedem Zeitpunkt ein fixes Volumen $\bar{L}$ verfügbar ist. Die Verallgemeinerung auf ein mit dem Lohnsatz variierendes Arbeitsangebot ist leicht und für die Zwecke dieses Buches von sekundärer Bedeutung. Der Querstrich über den Faktormengen K und L bedeutet, dass diese Variablen exogen fixiert sind. In der Realität verändern sich diese Faktormengen jedoch in der Zeit. Wir werden in späteren Abschnitten über Wachstum untersuchen, nach welchen Prinzipien dies geschieht und welche Auswirkungen dies hat, also dann K und L als endogene Variable behandeln.

Die Transformation von Inputs in Outputs beschreiben wir mittels einer Produktionsfunktion $Y = F(K, L^d)$, wie sie auch in der Produktionstheorie der Betriebswirtschaftslehre üblich ist.[1] Der Output Y ist dabei der maximale Output, der mittels der Faktormengen K und L^d erreichbar ist. Wir wollen in diesem Kapitel – und (bis auf das Abschlusskapitel) nur in diesem Kapitel – Produktionsfunktionen verwenden, die Substitution zwischen Kapital und Arbeit zulassen und die – wie in der Regel angenommen wird – konstante

[1] Ausführliche Darstellungen zur neoklassischen Produktionsfunktion findet der Leser in Sargent (1987) und in Jones (1975).

Skalenerträge in Bezug auf eine gleichschrittige Vermehrung der Produktionsfaktoren aufweisen, also bei einer gleichmäßigen Vervielfachung der Inputs den entsprechend vervielfachten Output ermöglichen.

Mittels partieller Ableitungen der Produktionsfunktion F und einem Proportionalitätsfaktor λ ausgedrückt lauten diese üblicherweise unterstellten Eigenschaften einer solchen neoklassischen Produktionsfunktion wie folgt:[2]

$$F_L > 0, F_{LL} < 0, \quad F_K > 0, F_{KK} < 0, \quad F(\lambda K, \lambda L^d) = \lambda F(K, L^d).$$

Abbildung 2.1a. stellt für den Fall einer Variation des Arbeitseinsatzes L^d bei konstant gehaltenem Kapitalstock $\bar{K}$ die damit einhergehende maximale Ausbringung Y dar und verdeutlicht damit die obige Annahme fallender Grenzprodukte F_L der Arbeit. Die Darstellung fallender Grenzprodukte F_K des Kapitals ist vom gleichen Typ, nur dass dann K anstelle von L^d auf der Horizontalen zu verwenden ist. Um sekundären mathematischen Problemen aus dem Wege gehen zu können, wird in der Regel unterstellt, dass das Grenzprodukt der Arbeit bei $L^d = 0$ unendlich groß ist und bei $L^d = \infty$ den Wert 'null' erreicht hat. Wir unterstellen im Folgenden, dass der Leser mit solchen Produktionsfunktionen und insbesondere mit den hier dargestellten Regeln fallender Grenzprodukte von Arbeit und Kapital hinreichend vertraut ist.

Arbeitsnachfrage

Ausgaben, die für den Kapitalstock $\bar{K}$ getätigt worden sind, stellen vergangene Ausgaben (Kosten) dar und sind daher für die momentane Entscheidung, den vorhandenen Kapitalstock profitabel zu nutzen, irrelevant. Arbeit ist in unserem Modell deshalb der einzige variable Produktionsfaktor, der Nutzungskosten verursacht. In konventionellen Ansätzen der Makroökonomik werden Firmen üblicherweise als Preisnehmer und Profitmaximierer dargestellt, die keine Absatzprobleme wahrnehmen. Bei gegebenem Güterpreis p und Geldlohnsatz w wählen diese Firmen in jedem Zeitpunkt t die Beschäftigung oder den Arbeitseinsatz L^d (d steht für 'demand') so, dass der Gewinn maximiert wird:

$$pY - \delta p\bar{K} - wL^d = pF(\bar{K}, L^d) - \delta p\bar{K} - wL^d \to \max$$

Die Lösung dieser Maximierungsaufgabe liefert als Bedingung für den optimalen Arbeitseinsatz der Firmen

$$pF_L(\bar{K}, L^d) = w \text{ oder } \omega = w/p = F_L(\bar{K}, L^d),$$

d.h. die gewinnmaximale Beschäftigung liegt dort, wo die Gleichheit von Wertgrenzprodukt und Geldlohn oder gleichwertig von Reallohn $\omega = w/p$ und

[2] Das klassische Beispiel ist hier die sog. Cobb-Douglas-Produktionsfunktion $Y = K^\alpha (L^d)^{1-\alpha}, \alpha \in (0,1)$ sowie deren Verallgemeinerung zu sog. CES-Produktionsfunktionen.

Grenzprodukt der Arbeit F_L gegeben ist. Wir werden später sehen, dass die Unterscheidung zwischen Nominallohn w und Reallohn ω, d.i. die Gütermenge, die zum Nominallohn w verfügbar gemacht werden kann, von fundamentaler Bedeutung ist. Es sollte deshalb stets ganz deutlich gemacht werden, ob die getroffenen wirtschaftstheoretischen oder wirtschaftspolitischen Argumente sich auf den Reallohn ω oder auf den Nominallohn w beziehen.

Im Folgenden ist es des Öfteren aus Gründen der Einfachheit zweckmäßig, die explizite Berücksichtigung des in der kurzen Sicht gegebenen Kapitalstocks $\bar{K}$ in der Darstellung der Produktionsfunktion zu unterdrücken, also einfach den Ausdruck $Y = F(L^d)$ für die kurzfristige Produktionsfunktion zu benutzen und auf dieser Grundlage bei Bedarf die Beschäftigung L^d als Funktion des Outputs Y wie folgt (rechte Abbildung) darzustellen:

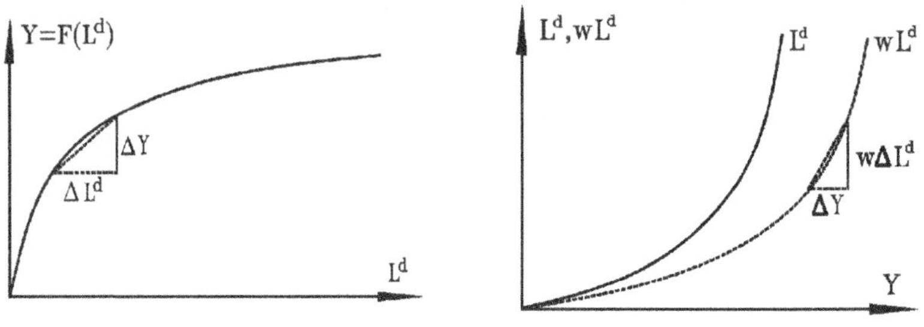

a

b

Abb. 2.1. Fallende Grenzerträge $(F'(L^d) \approx \frac{\Delta Y}{\Delta L^d})$ und steigende Grenzkosten $(\frac{w}{F'(L^d)} \approx \frac{w\Delta L^d}{\Delta Y})$

Mathematisch bedeutet dies, die Umkehrfunktion $L^d = L^d(Y) = F^{-1}(Y)$ der Funktion $Y = F(L^d)$ zu bilden, die den Arbeitseinsatz in Abhängigkeit vom Output Y darstellt. Abbildung 2.1. zeigt links die unterstellte Produktionsfunktion (mit abnehmenden Grenzerträgen $F'(L^d)$ der Arbeit) und rechts ihre Umkehrfunktion, die in Form der gestrichelten Linie noch mit dem gegebenen Lohnsatz w multipliziert worden ist[3] und in dieser Form die Variation der nominellen Lohnkosten mit dem Output zum Ausdruck bringt. Mittels dieser Umkehrfunktion $L^d = L^d(Y)$ lautet die obige Profitmaximierungsbedingung schließlich:

$$p = w{L^d}'(Y) \quad \text{oder auch} \quad p = w/F'(L^d)$$

d.h. im profitmaximalen Beschäftigungspunkt gilt: Preis = Grenz(lohn)kosten der Produktion.[4] Unterhalb dieses Punktes liegt der Preis über den Grenzkosten und sind damit marginale Produktionsausdehnungen profitabel. Ober-

[3] Die Abb. 2.1b. unterstellt, dass $w < 1$ gilt.

[4] Der Beweis dieser Aussage beruht auf der folgenden Regel für die erste Ableitung einer Umkehrfunktion: ${L^d}'(Y) = 1/F'(L^d), Y = F(L^d)$. Die obigen Darstellun-

halb übertreffen andererseits die Grenzkosten der Produktion den zusätzlichen Erlös, ist also zusätzliche Produktion stets mit zusätzlichem Verlust verbunden und sollte damit nicht getätigt werden. Abbildung 2.2. stellt diesen Sachverhalt mittels der zu fallenden Grenzprodukten der Arbeit gehörigen steigenden Grenzkostenkurve der Produktion dar:

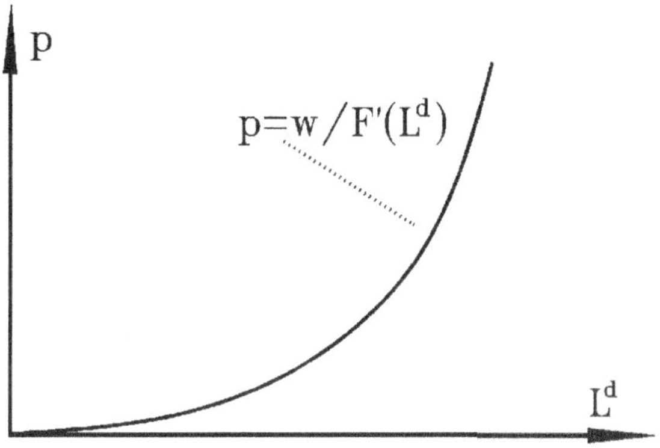

Abb. 2.2. Steigende Grenzkosten und das Profitmaximum preisnehmender Firmen

Auf Basis dieser Reformulierung der Optimalitätsbedingung der Firmen kann auch die folgende Auffassung vom ökonomischen Gehalt dieser Optimalitätsbedingung vertreten werden: Vollständiger Wettbewerb zwischen den Firmen drückt das Preisniveau bis zu dem Punkt, wo es gleich den Grenzkosten der Produktion wird [Unvollständiger Wettbewerb sollte aber Preisniveaus oberhalb dieser unteren Schranke implizieren]. Aus makroökonomischer Sicht kann damit die hier diskutierte Grenzproduktivitätstheorie auch als Bestimmung des gesamtwirtschaftlichen Preisniveaus zu gegebenem Outputniveau und gegebenen Nominallohnniveau (bei vollständiger Konkurrenz) interpretiert werden[5] [statt als Arbeitsnachfragefunktion $L^d = (F')^{-1}(w/p)$ zu gegebenem Lohn– und Preisniveau, wie es sich aus Sicht der individuellen Firma darstellt].

gen sind leichter verständlich, wenn man die Differentialquotienten $L^{d\,\prime}(Y)$ und $F'(L^d)$ durch die entsprechenden Differenzenquotienten $\Delta L^d/\Delta Y$ bzw. $\Delta Y/\Delta L^d$ ersetzt, da dann der Ausdruck $p = \bar{w}\Delta L^d/\Delta Y$ zur Motivation der vorstehenden Regeln benutzt werden kann.

[5] Vgl. hierzu Keynes' (1936, Kap. 21) Überlegungen zur Theorie der Preise und hier Abschnitt 2.2.2.

Vollbeschäftigung: so einfach?

Eine griffige, weithin populäre wirtschaftspolitische Hypothese zur Unterbeschäftigungsproblematik, die auch in den Wirtschaftswissenschaften immer wieder vertreten wird, [6] lautet:

> "An fast allen Märkten sinkt der Absatz, wenn die Preise steigen. Wenn Bananen, Teppichböden oder Eisenbahnfahrten teurer werden, dann werden weniger Bananen, Teppichböden oder Eisenbahnfahrten abgesetzt. Für Arbeit gilt dasselbe." (Wolfram Engels, Arbeitslosigkeit. Woher sie kommt und wie man sie beheben kann, 1984, S.8).

Dieses Zitat suggeriert, dass Arbeitslosigkeit ein reines Arbeitsmarktproblem ist, welches durch eine geeignete Variation des Preises für Arbeit, also des Nominallohns w, beseitigt werden kann. Mittels der in Tabelle 1.3. des vorausgegangenen Kapitels dargestellten Struktur der Makrotheorie bedeutet dies, dass man sich bei der Analyse von Massenarbeitslosigkeit anscheinend wie folgt beschränken kann:

Tabelle 2.1. Arbeitslosigkeit: Ein reines Arbeitsmarktproblem?

	Arbeits-markt	Güter-markt	Geld-markt	Kapitalmarkt	
Haushalte	$\bar{L}$				Kurze Sicht
Unter-nehmen	$L^d(w)$				
Staat					
Preise	w				Kurze oder mittlere Sicht
Erwartungen	–	–	–	–	

Auf Basis der vorausgegangenen Abschnitte zu Produktion und Beschäftigung stellt sich der Arbeitsmarkt aber wie folgt dar:[7]

[6] Vgl. hier z.B. auch J.B. Donges, W. Hamm, W. Möschel, M.J.M. Neumann und O.Sievert (1995): Arbeitslosigkeit und Lohnpolitik - Die Tarifpolitik in der Bewährungsprobe. Frankfurter Institut: Argumente zur Wirtschaftspolitik Nr. 52, S.3.

[7] Wir unterstellen hier und im Folgenden, dass auch Beschäftigungslagen $L^d > \bar{L}$ realisierbar sind, also $\bar{L}$ keine Produktionsgrenze darstellt. Dies kann man z.B. dadurch begründen, dass ab dem Punkt der Vollbeschäftigung des Erwerbspersonen-Potenzials $\bar{L}$ Überstunden geleistet werden. Der Ausdruck $\bar{L}$ steht damit gleich-

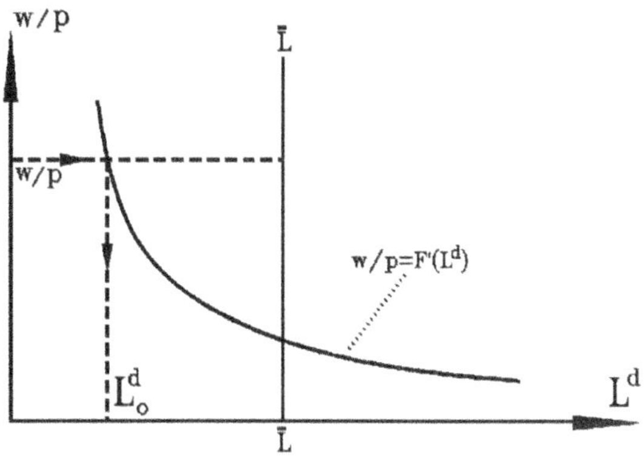

Abb. 2.3. Ein zu hoher Reallohn und Unterbeschäftigung

Für profitmaximierende Unternehmungen sind bei ihrer Beschäftigungsentscheidung die realen Lohnkosten $\omega = w/p$ und nicht die Nominalkosten – unabhängig vom Preis ihres Outputs – von Bedeutung. Gemäß Abbildung 2.3. kann damit der Reallohn ω, nicht aber der Nominallohn w per se, zu hoch sein, um Vollbeschäftigung zu ermöglichen. Wenn im obigen Zitat also von einem zu hohen Nominallohn gesprochen wird, so kann dies nur richtig sein, wenn dies auf Basis eines exogen fixierten Preisniveaus $\bar{p}$ ($\bar{p} = 1$ der Einfachheit halber) geschieht. Die folgende Schlussfolgerung von Engels (S.8/9) macht ebenfalls nur auf dieser Basis Sinn:

> "Auf einem Wettbewerbsmarkt spielt sich der Lohn automatisch auf die Höhe ein, bei der Vollbeschäftigung herrscht. Sind in der Ausgangslage die Löhne zu hoch, so bleibt ein Teil der Arbeiter beschäftigungslos. Sie bieten ihre Arbeitskraft billiger an, bis der Lohn sein Vollbeschäftigungsniveau erreicht hat."

Mittels Abbildung 2.4. lässt sich dieses Zitat wie folgt darstellen, sofern man wieder von einem fixierten Preisniveau $\bar{p} = 1$ ausgeht:

Die linke Grafik in Abb. 2.4. zeigt die von Engels beschriebene Lohnanpassung, die links von der Vollbeschäftigung $\bar{L}$ sinkende Nominallöhne und rechts davon steigende Löhne postuliert. Es ist offensichtlich, dass eine solche Anpassung den Vollbeschäftigungs–Lohnsatz w_o generiert, wenn sie stetig vonstatten geht. Die rechte Grafik stellt diese kontinuierliche Anpassung in Form einer einfachen linear-inhomogenen Differentialgleichung erster Ordnung (mit konstanten Koeffizienten) in der Variablen w dar:

$$\dot{w} = \beta_w(L^d(w) - \bar{L}), \quad \beta_w > 0 \quad [L^d(w) = (F')^{-1}(w), L^{d\,'} < 0] \tag{2.1}$$

zeitig für die Normalauslastung des ErwerbspersonenPotenzials und $\bar{Y} = F(\bar{L})$ für die damit einhergehende Produktion. Der Einfachheit halber gehen wir im Folgenden auch von einer linearen Gestalt der Grenzproduktivitätskurve aus.

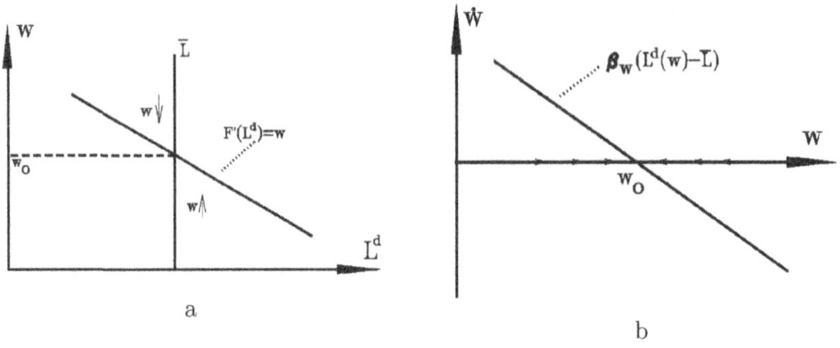

Abb. 2.4. Lohnanpassung im Ungleichgewicht

In dieser Differentialgleichung bezeichnet $\dot{w} = dw/dt$ die zeitliche Ableitung oder Veränderung der Variablen w. Diese wird in ihrer Richtung gemäß der rechten Seite dieser Gleichung von der Überschussnachfrage $L^d(w) - \bar{L}$ nach Arbeit bestimmt. Die Reaktionsstärke auf dieses Ungleichgewicht ist durch den Parameter β_w = const. gegeben, der festlegt, in welchem Ausmaß der Nominallohn auf diese Überschussnachfrage reagiert. Hinreichend für die globale Stabilität des durch diese Differentialgleichung beschriebenen Anpassungsprozesses der Geldlöhne ist der gemäß dem vorherigen Abschnitt gegebene globale Sachverhalt $L^{d\,\prime}(w) < 0$ $(\bar{p} = 1)$, da diese Bedingung besagt, dass die Funktion $\beta_w(L^d(w) - \bar{L})$, wie in Abbildung 2.4. dargestellt, (global) eine negative Steigung aufweist. Dies führt links von $L^d(w_0) = \bar{L}$, also für $w < w_0$, zu kontinuierlich steigenden Nominallöhnen und rechts davon zu kontinuierlich sinkenden Nominallöhnen, also zu Konvergenz des Nominallohns w gegen den Vollbeschäftigungslohnsatz w_0. Der von Engels formulierte Anpassungsprozess der Geldlöhne scheint damit erfolgreich zu sein. Und allgemeiner gilt in seinen Worten (S.7):

> "Es gibt also zwei Wege zur Überwindung der Arbeitslosigkeit . Entweder wird die Arbeitsproduktivität bei gegebenen Arbeitskosten erhöht oder die Arbeitskosten werden bei gegebener Produktivität gesenkt. Das bedeutet: Entweder muss in erheblichem Maße produktiv investiert werden oder es muss zu einer Umkehr in der Lohnpolitik kommen."

Wir haben oben schon gezeigt, wie ein zu hoher Nominallohn durch stetige Zurücknahme wieder zum Vollbeschäftigungsgleichgewicht zurückführen kann. Die von Engels als Alternative dazu angesprochenen Produktivitätssteigerungen sollen bedeuten, dass sich bei ihnen die L^d–Kurve schrittweise nach rechts verschiebt und damit ebenfalls schrittweise höhere Nominallöhne – also letztlich auch der zu hohe Ausgangsnominallohn – gleichgewichtsfähig werden. Dies geschieht z.B. auf dem Wege von Investitionen, die den Kapitalstock $\bar{K}$ erhöhen, was z.B. bei einer Cobb–Douglas–Produktionsfunktion bei gegebener Beschäftigung L^d einen Anstieg des Grenzprodukts der Arbeit herbeiführt[8]

$$F_L = (1-\alpha)\bar{K}^{\alpha}(L^d)^{-\alpha}.$$

Umgekehrt gesehen steigt damit bei jedem Reallohn ω ($= w$ hier!) die Arbeitsnachfrage, was uns auf den Punkt der Vollbeschäftigung hinführt, wie es von Engels behauptet wird.

Ist deshalb wirklich Arbeitslosigkeit ein reines Arbeitsmarktphänomen, dessen Diagnose und Therapie allein den Arbeitsmarkt betrifft? Bei unverkauften Bananen mag diese Sichtweise angemessen sein, da eine Senkung des Bananenpreises in der Bundesrepublik kaum das allgemeine Preisniveau berühren dürfte. Analoges ist im Falle des allgemeinen Lohnniveaus w in einer entwickelten Volkswirtschaft kaum vorstellbar, d.h. eine allgemeine Lohnsenkung sollte dort in irgendeiner Form das Preisniveau p beeinflussen. Die ceteris paribus Annahme $\bar{p}(= 1)$, auf der die obige Analyse von Engels beruht, ist daher in Bezug auf den gesamten Arbeitsmarkt einer Industriegesellschaft nicht zu rechtfertigen.

Es folgt, dass die gezogenen Konklusionen ihres Fundaments entbehren, da der gesamtwirtschaftliche Arbeitsmarkt nicht losgelöst vom Geschehen insbesondere auf dem Gütermarkt untersucht werden kann. Arbeitslosigkeit , die genereller Natur, also nicht nur 'struktureller' Natur ist, kann deshalb nicht isoliert als Arbeitsmarktphänomen, quasi wie auf einem Teilarbeitsmarkt, behandelt werden, sondern ist Konsequenz der Interdependenz von Märkten, setzt also die Analyse von wenigstens noch einem Markt (der zentral an der Bestimmung des allgemeinen Preisniveaus beteiligt sein muss) voraus. Dies trifft bereits im präkeynesianischen neoklassischen Basismodell zu, das wir im Folgenden als erstes gesamtwirtschaftliches Modell zu untersuchen haben. Der oben dargestellte Ausschnitt unserer kompletten Märkte–Sektoren Struktur ist damit nicht hinreichend, um das Phänomen von Massenarbeitslosigkeit verstehen zu können.

Im Rahmen des herzuleitenden neoklassichen Basismodells kurzfristiger Gleichgewichtslagen ist der fehlende 'Markt' durch eine Kombination der Transaktionen, die auf Güter- und Geldmarktebene stattfinden, gegeben, deren Darstellung wir uns jetzt zuwenden wollen. Dieses Modell wird darüberhinaus zeigen, dass selbst in einem noch sehr einfachen gesamtwirtschaftlichen Modell die Engelssche Annahme $\bar{p} = 1$ zu anderen Schlussfolgerungen führt, als den von ihm behaupteten, also nicht einmal seine Partialanalyse korrekt durchgeführt worden ist.

---

[8] Die allgemeine Bedingung für einen solchen Sachverhalt lautet $F_{LK} > 0$, was besagt, dass die Grenzprodukte der Arbeit sich bei steigendem Kapitaleinsatz und gleichbleibender Arbeitsleistung erhöhen müssen.

Klassische Preisniveaubestimmung und Preisniveaustabilität

Im Folgenden wollen wir zunächst unterstellen, dass der Arbeitsmarkt im Sinne von Engels funktioniert und eine Anpassung des Geldlohns w an w_0 Vollbeschäftigung ermöglicht hat: $L^d = \bar{L}, Y = \bar{Y} = F(\bar{L})$. Was kann in einer solchen Situation eine Veränderung des Preisniveaus nach oben oder nach unten bewirken?

Der wohl einfachste und älteste – aber in spezifischer Reformulierung immer noch aktuelle – Ansatz ist hier durch die sog. Quantitätstheorie des Geldes gegeben. Sei $\bar{M}$ die (fixierte) im Umlauf begriffene Menge des 'Geldes', welche lediglich für Transaktionszwecke genutzt wird, d.h. es gibt keine Motive, Geld als 'Aktivum' zu halten. Unterstellt man des Weiteren gegebene Zahlungsgewohnheiten bei Firmen und Haushalten, die z.B. einem monatlichen Rhythmus unterliegen,[9] so erscheint es als plausibel, dass die vorhandene Geldmenge in der Lage ist, $12\bar{M}$ Zahlungsvorgänge pro Jahr beim Tausch von Gütern reibungslos zu bewerkstelligen. Allgemein ausgedrückt könnte man also sagen, dass der Geldbestand ein Nominalvolumen an Transaktionen im Umfang von $\bar{v}\bar{M}$ gewährleistet, wenn $\bar{v}$ die Umschlagshäufigkeit des Geldes bezeichnet (oft auch Umlaufsgeschwindigkeit genannt).

Unternehmen zahlen also in gewissen (durch $1/\bar{v}$ repräsentierten) Abständen im Verlaufe des Jahres Faktoreinkommen $\bar{w}\bar{L}, p\bar{Y} - \bar{w}\bar{L}$ aus,[10] die dann zum Erwerb von Gütern im Umfang von $p\bar{Y}$ genutzt werden. Per se muss dieser Nominalwert nicht mit dem durch die Geldmenge ermöglichten Transaktionsvolumen $\bar{v}\bar{M}$ übereinstimmen. In einem solchen Falle ist es aber wiederum nicht unplausibel zu vermuten, dass ein Überschuss von $\bar{v}\bar{M}$ über $p\bar{Y}$, d.h. eine zu hohe Liquidität der Wirtschaft, die Preise steigen lassen wird, wie umgekehrt ein zu geringes $\bar{v}\bar{M}$ fallende Preise bewirkt, also in unserer Ein–Gut–Welt der Güterpreis p fällt. Erneut in Form einer einfachen linear-inhomogenen Differentialgleichung erster Ordnung ausgedrückt (die rechte Seite der nachfolgenden Gleichung), bekommen wir damit:[11]

$$\dot{p} \approx \frac{p_{t+h} - p_t}{h} = \beta_p(\bar{v}\bar{M} - p\bar{Y}), \beta_p > 0, \tag{2.2}$$

[9] Die Unternehmen mögen z.B. zum ersten jedes Monats ihre Wertschöpfung als Lohn- und Gewinneinkommen an die Haushalte auszahlen, also Geldzahlungen in diesem Umfang tätigen, die ihnen dann im Verlaufe des Monats über Konsumausgaben der Haushalte wieder zufließen und die sie bis zur neuen Einkommensauszahlung unverzinslich horten. Wir betonen, dass es für unsere Zwecke nicht auf eine ausgefeilte Darstellung der Hintergünde dieser hier nur vorübergehend benutzten sehr elementaren Form der Quantitätstheorie des Geldes ankommt. Detailliertere Ausführungen zur Quantitätstheorie des Geldes findet man in Ackley (1964, Kap.V) und Froyen (1993, Kap.4).

[10] Vom Staatssektor wird hier noch abstrahiert.

[11] Wir setzen hier (wie bei $\dot{w}$) voraus, dass Differenzen- und Differentialquotienten aus der Schulzeit bekannt sind und werden in der Regel letztere intuitiv verwenden, da die Rechenregeln für diese einfacher zu verstehen sind.

wobei $\dot{p} = dp/dt$ erneut die zeitliche Veränderung, hier des Güterpreises p, und β_p die Anpassungsgeschwindigkeit des Preisniveaus infolge des vorhandenen 'monetären Ungleichgewichts' bezeichnet. Grafisch dargestellt ergibt sich damit wieder ein einfacher global asymptotisch stabiler Anpassungsprozess des Preisniveaus p an sein Gleichgewichtsniveau p_0, der wie folgt dargestellt werden kann:

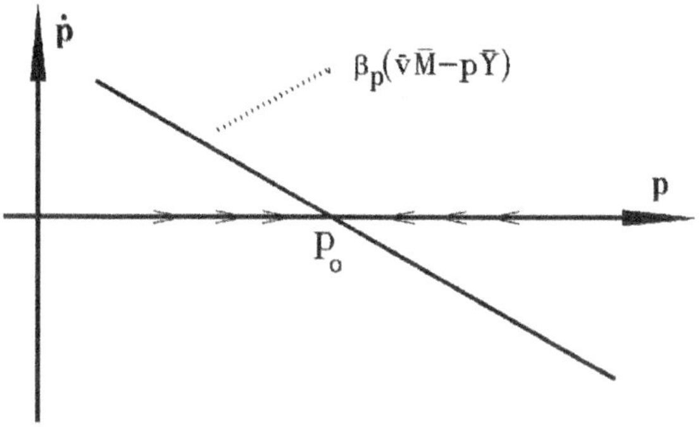

Abb. 2.5. Die Quantitätstheorie des Geldes und des Preisniveaus

Nach Abschluss von Anpassungsvorgängen gilt damit die Quantitätstheorie des Geldes in der folgenden üblichen Form: $\bar{v}\bar{M} = p_0\bar{Y}$. Dies liefert uns eine sehr einfache Bestimmungsgleichung für das Preisniveau, welches mit der gegebenen Geldmenge $\bar{M}$ und dem gegebenen Vollbeschäftigungsoutput $\bar{Y}$ kompatibel ist: $p_0 = \bar{v}\bar{M}/\bar{Y}$. Damit ist – in spezifischer Form – die Frage des vorausgegangenen Abschnitts beantwortet worden, wie sich aus makroökonomischer oder gesamtwirtschaftlicher Sicht das dort als exogen gegebene Preisniveau $\bar{p}$ erklären oder bestimmen lässt.

Wird die Geldmenge $\bar{M}$ im momentanen Zeitpunkt auf $\bar{M}'$ erhöht, so impliziert dies, wie Abbildung 2.6. zeigt, eine Rechtsverschiebung der Kurve der vorherigen Abbildung:
Das Preisniveau p beginnt vom alten Gleichgewichtswert p_0 aus anzusteigen, bis es den neuen Gleichgewichtswert p_0' erreicht hat. Diese Darlegung impliziert unmittelbar, dass in der gegenwärtigen Situation Preisniveaustabilität nur gegeben sein kann, wenn die Zentralbank die Geldmenge $\bar{M}$ auf einem gewissen Niveau einfriert, also nicht durch beständige Erhöhungen des Geldbestandes einer Volkswirtschaft inflationäre Prozesse auslöst.

Zusammenfassend könnte man daraus schließen, dass das freie Spiel der Marktkräfte am Arbeitsmarkt (kompetitive Bedingungen und Lohnflexibilität) sowie eine geeignete Geldpolitik zwei Hauptprobleme der Gesamtwirtschaft zu lösen vermögen, nämlich Arbeitslosigkeit und Inflation. Wir werden jedoch sehen, dass selbst im neoklassischen Basismodell dieses Kapitels diese Kernfragen der Makroökonomie nicht so einfach analysiert und beantwor-

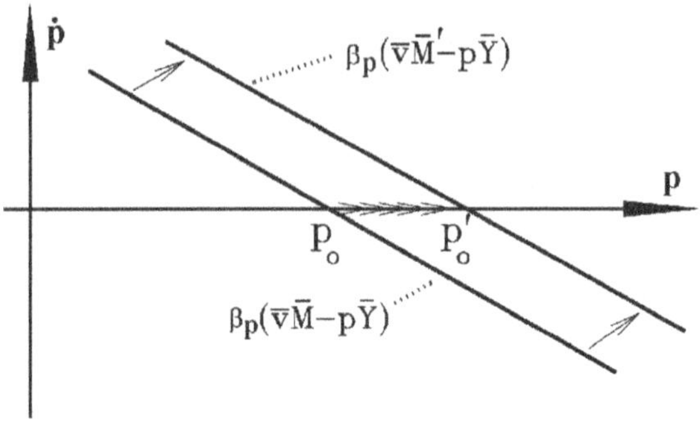

Abb. 2.6. Konsequenzen einer Geldmengenexpansion

tet werden können, wie dies bisher geschehen ist. Eine Vorgehensweise wie die obige ist deshalb selbst im einfachsten präkeynesianischen Makromodell als fehlerhaft und irreführend zu bezeichnen, da am Arbeitsmarkt nicht das Preisniveau $\bar{p}$ und bei den durch Geld vermittelten tatsächlichen Transaktionen nicht das Vollbeschäftigungs-Outputniveau $\bar{Y}$ vorgegeben werden darf. Dieses Urteil wird in Abschnitt 2.1.2 weiter begründet werden. Zuvor sollen jedoch in einem Exkurs noch einige weitere wirtschaftspolitische Aspekte geschlossener Volkswirtschaften dargestellt werden, die jedoch für das danach Folgende (bis zum Kapitel 5) nicht von Bedeutung sind und deshalb vom Leser auch übersprungen werden können.

Exkurs: Weitere Probleme und Ziele der Wirtschaftspolitik

Gemäß dem im Vorausgegangenen Erörterten könnte es das Ziel der Wirtschaftspolitik sein, kompetitive Bedingungen am Arbeitsmarkt zu bewahren oder zu fördern und durch zurückhaltende Geldpolitik für Preisniveaustabilität zu sorgen.

Geht man nun aber zusätzlich davon aus, dass die Arbeitsbevölkerung (und damit das Arbeitsangebot L) oder die Arbeitsproduktivität $y = Y/L$ in der Zeit wächst, so ergibt sich als weiteres Problem die Frage nach einem angemessenen Wachstum des Kapitalstocks K, so dass Vollbeschäftigung in der Zeit bei einer als 'gerecht' angesehenen Verteilung der Produktionszuwächse erhalten werden kann. Darüber hinaus kann in einer wachsenden Volkswirtschaft die Geldmenge, M, nicht konstant bleiben, da dies gemäß Quantitätstheorie zu einer permanenten Deflation führen müsste und der 'monetäre Mantel' für die gesamte Volkswirtschaft gemessen an ihrem realen Transaktionsvolumen kleiner und kleiner werden würde. Deflationäre Tendenzen dürften aber auf Dauer Probleme für einen reibungslosen Ablauf des Einkommenskreislaufs nach sich ziehen und sind deshalb zu vermeiden.

Unterstellen wir im Folgenden der Einfachheit halber, dass das Arbeitsangebot mit der konstanten Rate $\dot{L}/L = n_1$ wächst und die Arbeitsproduktivität

[12] $y = Y/L$ mit der konstanten Rate $\dot{y}/y = n_2$. Der Vollbeschäftigungsoutput muss dann mit der Rate $\dot{Y}/Y = n_1 + n_2$ wachsen, wie sich mittels elementarer Differentiationsregeln zeigen lässt.[13]

Mathematischer Exkurs: Wir bezeichnen mit $\widehat{x} = \dot{x}/x, \widehat{y} = \dot{y}/y$ die Wachstumsraten der Variablen x, y. Für solche Wachstumsraten gelten die folgenden Regeln:

$$\widehat{xy} = \widehat{x} + \widehat{y}, \qquad \widehat{x/y} = \widehat{x} - \widehat{y} \qquad \widehat{x^a} = a\widehat{x}.$$

Zum Beweis: Mittels der 'Produktregel' zeigt man leicht: $\widehat{xy} = (\dot{x}y + x\dot{y})/(xy) = \dot{x}/x + \dot{y}/y = \widehat{x} + \widehat{y}$. Es folgt dann bzgl. der zweiten Wachstumsratenformel: $\widehat{x} = \widehat{(x/yy)} = \widehat{x/y} + \widehat{y}$, woraus die Gültigkeit auch dieser Formel ersichtlich ist. Hinsichtlich der dritten Wachstumsratenregel gilt schließlich: $\widehat{x^a} = ax^{a-1}\dot{x}/x^a = a\widehat{x}$, wie oben behauptet worden ist.

Man beachte hier des Weiteren, dass $\widehat{x} = d\ln x/dt = \widehat{\ln x}$ gilt, die obigen Regeln für Wachstumsraten also auch durch sog. logarithmische Differentation nachgewiesen werden können, da gilt: $\ln(xy) = \ln x + \ln y, \ln(x/y) = \ln x - \ln y, \ln(x^a) = a \ln x$.

Angewandt auf $Y = yL$ ergibt sich somit $\widehat{Y} = \widehat{y} + \widehat{L} = n_1 + n_2$, wie oben behauptet. Wie aber können derartige Wachstumsbeziehungen im Rahmen unserer neoklassischen Produktionsfunktion $Y = F(K, L)$ eingeführt und dargestellt werden?

Um dies zu demonstrieren, wollen wir uns auf das Beispiel einer Cobb–Douglas–Produktionsfunktion beschränken: $F(K, L) = K^\alpha L^{1-\alpha}, \alpha \in (0, 1)$. Steigerungen der Produktivität der Arbeit können dahingehend interpretiert werden, dass eine gegebene Anzahl von Arbeitern in der Zeit mehr und mehr Arbeitsleistung vollbringt, so als ob sich die Anzahl der Arbeiter vermehrt hätte. Geschieht dies, wie oben angenommen, mit einer konstanten Rate n_2, so kann die Steigerung der Effizienz der Arbeit durch folgenden Ausdruck dargestellt werden[14]

$$L^e = Le^{n_2 t} \qquad [\widehat{L}^e = \widehat{L} + n_2]$$

wo L^e die Arbeitsleistung, in Effizienzeinheiten gemessen, zum Ausdruck bringen soll. Bzgl. dieser Auffassung der Wirkung von technischem Fortschritt ergibt sich als neue Input–Output–Beziehung damit

$$Y = F(K, L^e) = K^\alpha (L^e)^{1-\alpha} = K^\alpha (Le^{n_2 t})^{1-\alpha}$$

[12] So wie sie in der Volkswirtschaftlichen Gesamtrechnung (VGR) gemessen wird.
[13] Vgl. hierzu auch den mathematischen Anhang in Westphal (1994).
[14] Für die Beziehung zwischen Logarithmus und Exponentialfunktion gilt bekanntlich: $\ln(e^{n_2 t}) = n_2 t$.

Arbeitsvermehrender technologischer Wandel lässt somit den Output in der Zeit ansteigen, auch wenn wie früher von gegebener Ausstattung mit Kapital K und Arbeit L ausgegangen wird ($\hat{K} = \hat{L} = 0$). In diesem Falle ergibt sich für die Steigerung der Arbeitsproduktivität $y = Y/L$ im Sinne der VGR der folgende Ausdruck

$$\widehat{y} = \widehat{Y} - \widehat{L} = \alpha\widehat{K} + (1-\alpha)\widehat{L}^e - \widehat{L} = \alpha\widehat{K} + (1-\alpha)(\widehat{L} + n_2) - \widehat{L} = (1-\alpha)n_2,$$

da $\ln(K^\alpha(L^e)^{1-\alpha}) = \alpha \ln K + (1-\alpha)\ln L^e$ gilt und die zeitliche Differentation dieses Ausdrucks erneut zu Wachstumsraten (von K, L^e) überleitet. Vollbeschäftigung in der Zeit würde also bei einer stationären Ausstattung mit Produktionsfaktoren L und K verlangen, dass der Output Y mit der Rate $(1-\alpha)n_2$ wächst, während bei einer wachsenden Arbeitsbevölkerung die Rate $(1-\alpha)(n_1+n_2)$ erforderlich ist.

Es ist ein stilisiertes Faktum[15] marktwirtschaftlicher Ökonomien, dass die sog. Kapitalproduktivität $x = Y/K$ keinen dauerhaften Trend aufweist, sondern nur längerfristigen zyklischen Schwankungen unterliegt. Die Realisation der zusätzlichen Bedingung $x =$ const. (*d.h.* $\widehat{x} = 0$) verlangt im Rahmen der obigen Wachstumsüberlegungen zusätzlich die Bedingung $\widehat{K} = n_1 + n_2$, da dann und nur dann $\widehat{Y} = \widehat{K} (= n_1 + n_2)$ erfüllt sein kann:

$$\begin{aligned} \widehat{Y} &= \alpha\widehat{K} + (1-\alpha)(n_1+n_2) \text{ impliziert} \\ 0 &= \widehat{Y} - \widehat{K} = (1-\alpha)(n_1 + n_2 - \widehat{K}) \Leftrightarrow \widehat{K} = n_1 + n_2. \end{aligned}$$

In diesem Falle gilt des Weiteren:

$$\begin{aligned} \widehat{Y/L} &= n_1 + n_2 - n_1 = n_2 \\ \widehat{K/L} &= n_1 + n_2 - n_1 = n_2 \end{aligned}$$

d.h. sowohl die Arbeitsproduktivität Y/L als auch die sog. Kapitalintensität K/L steigen in der Zeit mit der Rate des arbeitsvermehrenden technischen Wandels n_2.

Vollbeschäftigung von Arbeit L und Kapital K in der Zeit erfordert somit, dass die Nachfrage nach Gütern und damit der Output mit der Rate

$$\widehat{Y} = \alpha\widehat{K} + (1-\alpha)(\widehat{L} + n_2)$$

wachsen muss, was die Frage aufwirft, welche Kräfte dieses 'angemessene' Wachstum von Güternachfrage und -angebot hervorrufen. Diese Kräfte zu bewahren oder zu stützen, könnte folglich als eine weitere Aufgabe der Wirtschaftspolitik angesehen werden, deren Zielsetzung damit erneut die jetzt mittel- und langfristig orientierte Erhaltung der Vollbeschäftigung von Arbeit und Kapital ist. Kommt als langfristige Bedingung die Gleichgewichtsbedingung

---

[15] Als stilisiertes Faktum bezeichnet man einen im großen und ganzen als richtig angesehenen Sachverhalt qualitativer Natur.

$$\widehat{k} = 0, \quad k = K/(Le^{n_2 t}) = K/L^e$$

hinzu, so vereinfachen sich diese Aussagen dahingehend, dass dann die Rate $n_1 + n_2$ als angemessen und somit als Zielvorstellung für eine wachstumsorientierte Wirtschaftspolitik vorgegeben werden kann.[16] Unabhängig davon ist jedoch ersichtlich geworden, dass wachsende Arbeitsbevölkerung und die Arbeitsproduktivität steigernder technischer Wandel mehr Anpassung von gesamtwirtschaftlichen Größen erfordert als lediglich einen sich anpassenden Nominallohn, der beständig Vollbeschäftigung garantiert.

Wir nehmen für den Rest dieses Abschnittes an, dass sowohl der Output Y als auch der Kapitalstock K mit der Rate $n_1 + n_2$ wachsen und damit Vollbeschäftigung und Vollauslastung in der Zeit garantiert sind. Soll Preisniveaustabilität diesen Wachstumsprozess begleiten, so ist aufgrund der unterstellten Gültigkeit der Quantitätstheorie klar, dass dann die Geldpolitik dafür zu sorgen hat, dass die Geldmenge M mit der Rate $n_1 + n_2$ wächst. Die Beziehung: $\bar{v}M = pY$ ergibt in Wachstumsraten ausgedrückt die Gleichung

$$\mu = \hat{M} = \widehat{p} + \widehat{Y} = \pi + \gamma \quad (\widehat{\bar{v}} = 0),$$

die besagt, dass im Rahmen dieser Theorie die Wachstumsrate der Geldmenge μ stets gleich der Summe von Wachstumsrate des realen Outputs γ und Inflationsrate π zu sein hat. Preisniveaustabilität $\pi = 0$ impliziert damit unmittelbar eine Regel für 'angemessene' Geldmengenveränderungen: $\dot{M} = (n_1 + n_2)M$ oder $\hat{M} = n_1 + n_2$.

Im Zusammenhang mit der Bestimmung der Arbeitsnachfrage haben wir gesehen, dass diese Nachfrage auf der Grenzproduktivitätsbeziehung $\omega = w/p = F_L(K, Le^{n_2 t})$ beruht, wobei im jetzigen Rahmen Vollbeschäftigung unterstellt ist, da L das Arbeitsangebot darstellt. Mittels der Cobb–Douglas–Produktionsfunktion ergibt sich damit erneut speziell

$$\omega = (1 - \alpha)K^\alpha (Le^{n_2 t})^{-\alpha} e^{n_2 t}.$$

In der Situation, wo K mit der Rate $n_1 + n_2$ wächst, ist somit $K^\alpha (Le^{n_2 t})^{-\alpha}$ eine Konstante, und es gilt somit:

$$\widehat{\omega} = n_2.$$

Im Falle des oben schon betrachteten gleichschrittigen Wachstums von Output und Kapital folgt also auf Basis der grenzproduktivitätstheoretischen Bestimmung des Reallohns ω, dass dieser Reallohn mit der Rate des arbeitsvermehrenden technischen Wandels wachsen muss. Für den Geldlohn impliziert dies bei stabilem Preisniveau ebenfalls die Wachstumsrate n_2 wegen

$$w = \omega p, \text{ d.h. wegen } \widehat{w} = \widehat{\omega} + \widehat{p} = \widehat{\omega}.$$

---

[16] Vgl. hierzu das in Abschnitt 6.1 dargestellte Solowsche neoklassische Wachstumsmodell.

Letztere Geldlohnformel ist auch für inflationäre Volkswirtschaften anwendbar und kann als Leitlinie für die Wachstumsrate der Geldlöhne (=Produktivitätswachstum + Inflation) reinterpretiert werden. Ihre Anwendung außerhalb des von uns als gleichschrittig unterstellten Wachstums mag jedoch auf Probleme stoßen.[17]

Wir haben in diesem einleitenden Teil des zweiten Kapitels aufzuzeigen versucht, dass gesamtwirtschaftliche Arbeitslosigkeit kein Problem des Arbeitsmarktes allein ist, sondern selbst im Rahmen des jetzt folgenden neoklassischen Basismodells mit dem Geschehen auf anderen Märkten (hier sogleich mit dem Güter- und Geldmarkt) zu verbinden ist. Inwieweit bei solcher Interdependenz Geldlohn–Senkungen beschäftigungssteigernd wirken und damit letztlich zu Vollbeschäftigung führen können, wird im Folgenden deshalb neu zu untersuchen sein. Wir haben darüber hinaus gesehen, dass die Berücksichtigung von Wachstum beim Faktor Arbeit und bei seiner Produktivität zu einer Reihe zusätzlicher Überlegungen Anlass gibt, wo sich ebenfalls noch zeigen muss, inwieweit beim Faktor Kapital Wachstumsprozesse erzeugt werden (können), die den obigen Untersuchungen bei konstanten Wachstumsraten, sog. Steady State Überlegungen, Relevanz zukommen lassen.

2.1.2 Arbeits– und Geldmarkt im neoklassischen Basismodell

Wir werden später auf Wachstumsprozesse zurückkommen, gehen aber im Folgenden zunächst wieder von gegebenen Faktormengen $\bar{K}$ und $\bar{L}$ (und $n_2 = 0$) sowie von einem gegebenen Geldangebot $\bar{M}$ aus, um auf dieser Basis zu studieren, inwieweit die erörterten Lohn– und Preisanpassungsmechanismen letztendlich zu Vollbeschäftigung führen können. Der Faktor Kapital braucht dabei nicht explizit betrachtet zu werden, sondern ist als Hintergrunddatum zur jeweilig kurzfristig relevanten Produktionsfunktion $Y = F(L^d)$ zu verstehen. Auf Basis dieser Produktionsfunktion ist – wie wir gesehen haben – die Beschäftigung L^d durch die Grenzproduktivitätsregel $\omega = F'(L^d)$ determiniert, also L^d als Funktion des Reallohns $\omega = w/p$ wie folgt ausdrückbar:

$$L^d = (F')^{-1}(\omega) = G(\omega), \quad G' < 0.^{18}$$

Der zu dieser Beschäftigung gehörige profitmaximale Output wird in seiner Abhängigkeit vom Reallohn bzw. bei gegebenem Geldlohn $\bar{w}$ in seiner Abhängigkeit allein vom Preisniveau im Folgenden wie folgt dargestellt werden:

---

[17] Gilt $\widehat{y} = \widehat{Y/L} = n_2$, so besagt diese Regel, dass die Lohnquote $v = \frac{wL}{pY}$, der Anteil der Löhne am Sozialprodukt, konstant bleibt ($\widehat{v} = \widehat{w} - \widehat{y} - \widehat{p}$), was aber nicht beinhaltet, dass es sich bei dieser Verteilung des Sozialprodukts um eine ‘gerechte’ Verteilung handeln muss.

[18] ‘Abnehmende Grenzprodukte’ besagt, dass die Funktion $F'(L^d)$, und damit auch ihre Umkehrfunktion, eine fallende Funktion ist. Wir stellen die Funktion $L^d = G(\omega)$ im Folgenden auch manchmal einfach durch $L^d(\omega)$ dar.

$$Y = Y(\omega) = F(G(\omega)),\ \omega = w/p, \qquad AS = AS(p) = Y(\bar{w}/p),$$

wobei "AS" hier für "aggregiertes Angebot" (aggregate supply) steht. Man beachte, dass Y eine fallende Funktion des Reallohns ω ist und AS eine steigende Funktion des Preisniveaus p. Die folgende Grafik fasst diese verschiedenen Abhängigkeiten in anschaulicher Weise zusammen.

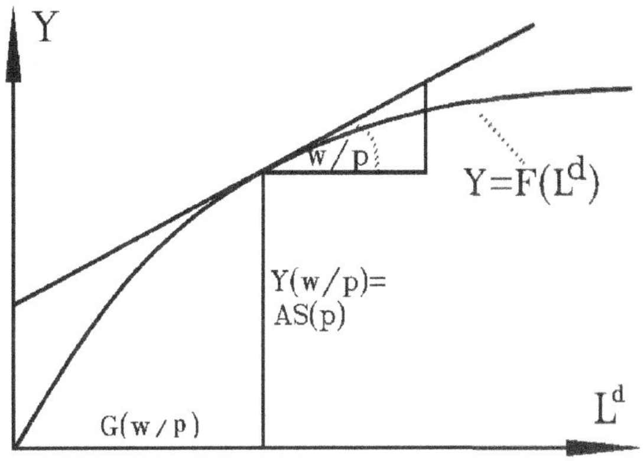

Abb. 2.7. Eine grafische Darstellung von Beschäftigungs- und Angebotsfunktionen des neoklassischen Basismodells

Fügt man nun aber die im Vorausgegangenen isoliert dargestellte, jeweils linear-inhomogene Lohn– und Preisdynamik zusammen, so ergibt sich das folgende, jetzt notwendigerweise nichtlineare und interdependente[19] Differentialgleichungssystem erster Ordnung:[20]

$$\dot{w} = \beta_w(G(w/p) - \bar{L}), \quad \beta_w > 0 \quad [G(w/p) = L^d] \tag{2.3}$$

$$\dot{p} = \beta_p(\bar{v}\bar{M} - pF(G(w/p))), \quad \beta_p > 0 \tag{2.4}$$

In diesem System ist nun berücksichtigt, dass Abweichungen von der Vollbeschäftigung am Arbeitsmarkt

$$L^d = G(w/p) \neq \bar{L},\ \ Y = F(L^d) \neq \bar{Y}$$

[19] Die bisherige Zuordnung, dass die Entwicklung der Geldlöhne allein vom Arbeitsmarkt abhängt und die des Preisniveaus allein vom Geldmarkt, ist jetzt nicht mehr zutreffend.

[20] Die bisherige Unterstellung einer linearen Funktion G impliziert für dieses System, dass dann die Funktion F nichtlinear sein muss. In diesem Falle ist die einzige weitere Nichtlinearität in diesem System durch die Verwendung des Bruchs w/p in jeder der beiden Differentialgleichungen gegeben.

natürlich auch bei der die Preisdynamik bestimmenden Quantitätstheorie zu berücksichtigen sind, dort also *nicht*, wie bisher geschehen, einfach von hypothetischer Vollbeschäftigung $\bar{Y}$ ausgegangen werden kann. Der gegenwärtig produzierte Output ist durch $Y(w/p) = F(G(w/p))$ gegeben. Dieser Output ist mit dem Transaktionsvolumen $\bar{v}\bar{M}$ zu vergleichen, das die vorhandene Geldmenge reibungslos verkraften kann, um die quantitätstheoretische Tendenz zu Inflation oder Deflation korrekt bestimmen zu können. Diese inflationären Tendenzen beeinflussen aber ihrerseits die Arbeitsnachfrage und den Output, so dass insgesamt ein Wechselspiel zwischen Lohndynamik und Preisdynamik entsteht. Dieses Wechselspiel gilt es jetzt aus verschiedenen Blickwinkeln zu studieren.

Im Gegensatz zu dem von Engels Festgestellten, vgl. den vorausgegangenen Abschnitt, gilt also im neoklassischen Basismodell, dass Lohn– und Preisdynamik interdependent sind und dass Arbeits– und Geldmarktaspekte simultan zu betrachten sind, um die Frage untersuchen zu können, ob Marktkräfte allein ausreichend sind, Vollbeschäftigung am Arbeitsmarkt zu erzeugen. Es ist daher nicht möglich, Anpassungsvorgänge am Arbeitsmarkt bei konstantem Preisniveau zu studieren, es sei denn, es handelt sich um einen für die Entwicklung des Preisniveaus irrelevanten Teilarbeitsmarkt. Solche mikroökonomische Partialanalyse (des Arbeits– oder des Bananenmarktes) darf deshalb nicht mit einer gesamtwirtschaftlichen Analyse des Arbeitsmarktgeschehens verwechselt werden, wie Engels (1984) dies tut. Gleichermaßen ist es nicht sinnvoll, Anpassungsvorgänge beim Preisniveau bei permanenter Vollbeschäftigung zu analysieren, d.h. die Variablen p, w, Y, L^d sind simultan als endogen bestimmte Größen zu behandeln.

Im Rahmen der von uns unterstellten makroökonomischen Struktur ist damit jetzt die folgende Stufe an Marktinterdependenz erreicht:

Tabelle 2.2. Makroökonomische Interdependenz von Arbeits-, Güter- und Geldmärkten

	Arbeitsmarkt	Gütermarkt	Geldmarkt	Kapitalmarkt	
Haushalte	$\bar{L}$				Kurze Sicht
Unternehmen	$L^d(w/p)$	$Y(w/p)$	$\bar{v}$		
Staat			$\bar{M}$		
Preise	w	p			Kurze oder mittlere Sicht
Erwartungen					

Diese Darstellung zeigt, dass neben dem Arbeitsmarktgeschehen jetzt eine spezifische Verzahnung von Gütermarktgeschehen (pY) und Geldmarktgeschehen ($\bar{v}\bar{M}$) ins Auge zu fassen ist. Diese Verzahnung besagt insbesondere, dass der Wert des profitmaximierend produzierten nominellen Sozialprodukts pY und die vorhandene Geldmenge $\bar{M}$ in bestimmter dynamischer Weise aufgrund ablaufender Transaktionen miteinander interagieren und auf diese Weise die zeitliche Entwicklung des Preisniveaus p festlegen. Es ist hier zu betonen, dass diese Interaktion nur Angebotsaspekte am Güter- wie auch am Geldmarkt erfasst. Wir werden im Folgenden nur den Geldmarkt anführen, wenn es um die Bezeichnung der Ergebnisse dieser Interaktion geht.

Um dies formal näher zu beleuchten, wollen wir hier der Einfachheit halber nur einen Spezialfall des Differentialgleichungssystems (2.3), (2.4) analysieren, der aber repräsentativ für das allgemein erzielbare Resultat ist und der uns zudem in eine wichtige Analysemethode einführen wird, die komparative Statik. Den allgemeinen Fall werden wir kurz in einem Appendix zu diesem Abschnitt darstellen. Spätere Kapitel werden ausführlicher auf die Analyse zweidimensionaler Differentialgleichungssysteme eingehen und damit die in diesem Appendix vorgestellte dynamische Analyse weiter verdeutlichen.

Im Folgenden unterstellen wir deshalb, dass $\beta_p = \infty$ gilt, also der Anpassungsprozess des Preisniveaus am Geldmarkt unendlich schnell verläuft und somit dort stets Gleichgewicht vorliegt:

$$pY(w/p) = pF(G(w/p)) = \bar{v}\bar{M} \; [G(w/p) = L^d, \; F(G(w/p)) = Y(w/p)] \quad (2.5)$$

Im Unterschied zur Variablen w, die weiterhin dem dynamischen Gesetz (2.3) genügt und daher als dynamisch endogene Variable bezeichnet werden soll, genügt p jetzt einer Gleichgewichtsbedingung und wird deshalb auch als statisch endogene Variable bezeichnet. Wird die Geldmenge $\bar{M}$ sprunghaft um $d\bar{M}$ erhöht, so verändert sich das Preisniveau unmittelbar (um dp) und stellt damit ebenfalls sprunghaft Geldmarktgleichgewicht wieder her. Die Variable w dagegen ist in jedem Zeitpunkt fixiert und kann sich erst im Zeitverlauf gemäß dem Bewegungsgesetz (2.3) an das gestiegene Preisniveau anpassen (welches eine Überschussnachfrage nach Arbeit erzeugt hat, was in der Zeit steigende Geldlöhne nach sich zieht).

Vom Standpunkt der kurzfristigen Analyse aus gesehen ist daher w als exogen gegeben betrachtbar und es kann daher untersucht werden, wie sich eine parametrische Veränderung des Lohnniveaus w auf das Preisniveau p auswirkt, d.h. wie die komparativ–statische Beziehung $p(w)$ zwischen Lohnniveau w und Preisniveau p aussieht. Formal lässt sich diese Fragestellung – wie jede komparativ-statische Analyse – mittels des folgenden impliziten Funktionentheorems angehen.[21]

[21] Vgl. hierzu auch die mathematischen Anhänge in Felderer/Homburg (1984).

Mathematischer Exkurs (Satz über implizit definierte Funktionen):
Sei $\mathcal{W}$ eine Umgebung des Punktes $(x_o, y_o) \in \mathbb{R}^2$, auf der die Funktion $g(x,y) : \mathcal{W} \to \mathbb{R}$ stetig differenzierbar ist und auf der $g_y \neq 0$ erfüllt ist. Sei $g(x_o, y_o) = 0$. Dann gibt es eine Umgebung $\mathcal{U}_o$ von x_o, in der durch $g(x,y) = 0$ implizit eine Funktion $y = f(x)$ definiert ist:

$$(x, f(x)) \in \mathcal{W}, g(x, f(x)) = 0 \textit{ für alle } x \in \mathcal{U}_o.$$

Die Funktion f ist eindeutig bestimmt und in $\mathcal{U}_o$ stetig differenzierbar und sie erfüllt:

$$g_x(x,y) + g_y(x,y)f'(x) = 0 : \; f'(x) = -g_x(x,y)/g_y(x,y) \textit{ für alle } x \in \mathcal{U}_o.$$

Wir bemerken, dass diese Aussage auf ganz (a,b) erfüllt ist, wenn $\mathcal{W}$ von der Gestalt eines Intervalls $(a,b) \times (a',b')$ ist.

Gemäß diesem Theorem[22] definiert die Gleichgewichtsbedingung (2.5) also genau eine differenzierbare Funktion $p(w), w > 0$, die diese Gleichung erfüllt:

$$p(w)Y(w/p(w)) - \bar{v}\bar{M} = 0,$$

d.h. wir bestimmen dadurch das Preisniveau p zu jedem Lohnsatz w so, dass der diesbezüglich profitmaximale Output reibungslos von der vorliegenden Geldmenge $\bar{M}$ abgewickelt werden kann. Mittels der üblichen Differentiationsregeln folgt damit [23] für die Ableitung $p'(w)$ dieser implizit definierten Funktion $p(w)$:

$$p'(w)Y(w/p(w)) + p(w)Y'(w/p(w))\frac{-w}{p(w)^2}p'(w) + p(w)Y'(w/p(w))\frac{1}{p(w)} = 0,$$

wobei hier obigem entsprechend die zusammengesetzte Funktion $F(G(w/p(w)))$ durch $Y(w/p(w))$ dargestellt worden ist, also $Y' = F'G' < 0$ gelten muss. Aufgelöst nach $p'(w)$ ergibt sich damit (wie bei der zweiten Formel für $f'(x)$ im obigen impliziten Funktionentheorem behauptet)

$$p'(w) = -\frac{Y'(w/p(w))}{Y(w/p(w)) - wY'(w/p(w))/p(w)}$$

[22] Man beachte, dass bei Anwendung des Theorems der im Folgenden auftretende Nenner stets $\neq 0$ sein muss und dass das Theorem zur Berechnung der Ableitung der implizit definierten Funktion eine Formel bereitstellt, die auch direkt zur Berechnung von (2.6) – anstelle unserer intuitiven Vorgehensweise – hätte eingesetzt werden können. Die Definiertheit der Funktion $p(w)$ auf dem Bereich $\mathbb{R}_+$ ist schließlich aus den Bedingungen $F'(0) = \infty, F'(\infty) = 0$ leicht ersichtlich.

[23] Man vgl. hierzu die erste Formel für f'(x) im obigen impliziten Funktionentheorem.

oder (da $p(w) > 0$ gelten muss):

$$\eta = \frac{p'(w)w}{p(w)} = \frac{dp/p}{dw/w} = \frac{wY'(w/p(w))/p(w)}{wY'(w/p(w))/p(w) - Y(w/p(w))} \in (0,1). \quad (2.6)$$

Diese Formel stellt die Elastizität der gleichgewichtigen Preisniveaureaktion auf eine exogene Lohnniveaureaktion dar, die somit zwischen 0 und 1 liegt (da der Zähler und der Nenner dieses Bruches negativ sind und der Nenner des Bruches betragsmäßig größer als der Zähler ist). Eine 1% ige Erhöhung des Lohnniveaus ruft damit eine gleichgewichtige Preisniveaureaktion hervor, die unterhalb von 1% liegt. Gemäß Quantitätstheorie steigen (oder fallen) demnach die Preise schwächer als die Löhne, wenn die Preise p durch die Grenzkosten der Produktion $w/F'(L^d)$ bestimmt sind. Dieses komparativ-statische Resultat ist von fundamentaler Bedeutung für die neoklassische Analyse des Beschäftigungsproblems. Es löst in mathematisch präziser Weise das am Ende von Abschnitt 2.1.1 aufgeworfene Problem, nämlich die Frage, um wieviel das bei allgemeinen Lohnvariationen notwendigerweise als variabel und endogen zu behandelnde Güterpreisniveau auf eine bestimmte Nominallohnsenkung hin reagiert.

Man kann dieses Resultat auch mit Hilfe der Gleichung (2.5) intuitiv als plausibel erkennen. Betrachten wir z.B. eine Verdopplung des Lohnniveaus w auf $2w$. Blieben die Preise auf ihrem alten Niveau p, so wäre aufgrund der Grenzproduktivitätstheorie der Output – wegen der Verdoppelung des Reallohns – gesunken, also dann der Nominalwert des Outputs kleiner als $\bar{v}\bar{M}$, was eine Preisniveausteigerung impliziert. Ist andererseits $2w$ von einer Verdoppelung des Preisniveaus auf $2p$ begleitet, so bleiben Reallohn, Beschäftigung und Output unverändert, d.h. in dieser Situation übersteigt der Nominalwert des Outputs den Wert $\bar{v}\bar{M}$, was fallende Preise suggeriert. Es folgt, dass die wirkliche Anpassung des Preisniveaus zwischen p und $2p$ liegen muss, also der Anstieg des Preisniveaus unterhalb einer Verdoppelung liegen muss.[24]

Auf der Basis dieses Resultats ist es nun leicht zu zeigen, dass eine Lohnanpassung gemäß dem Gesetz von Angebot und Nachfrage hin zum Vollbeschäftigungsgleichgewicht führen muss. Einsetzen der Funktion $p(w)$ in Gleichung (2.3) liefert eine einzige (nichtlineare) Differentialgleichung erster Ordnung in der Variablen w, die sich wie die Differentialgleichungen zuvor in grafischer Weise auf Stabilität hin untersuchen lässt:

$$\dot{w} = \beta_w(G(w/p(w)) - \bar{L}), \quad G(w/p(w)) = L^d = (F')^{-1}(w/p(w)) \quad (2.7)$$

[24] Bezüglich des ursprünglichen Preisniveaus p ist der Wert der Funktion $H(p) = \bar{v}\bar{M} - pY(2\bar{w}/p)$ positiv, bzgl. $2p$ ist er negativ. Da diese Funktion stetig und streng fallend ist, muss es genau einen Zwischenwert $p_o \in (p, 2p)$ geben, bei dem die Funktion H den Wert 0 annimmt. Dies ist der neue, zum verdoppelten Lohnniveau gehörige Gleichgewichtswert des Preisniveaus.

Für die Steigung der Funktion auf der rechten Seite gilt wegen $G' < 0$:

$$\beta_w G'(w/p(w))\frac{p(w) - wp'(w)}{p(w)^2} = \beta_w G'(w/p(w))(1-\eta)/p(w) < 0,$$

da wie gezeigt $0 < \eta = \frac{p'(w)w}{p(w)} < 1$ gilt. In grafischer Form erhalten wir damit für die nichtlineare Differentialgleichung (2.7) die folgende Darstellung:

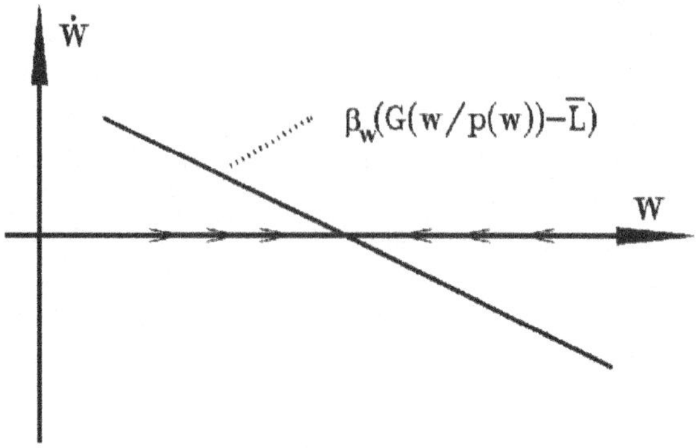

Abb. 2.8. Lohnanpassung bei Unternehmens- und Geldmarktgleichgewicht

Abbildung 2.8. zeigt eine global asymptotisch stabile Anpassung des Lohnsatzes w an seinen Gleichgewichtswert w_0, bei dem $L^d = G(w_0/p(w_0)) = \bar{L}$ gilt, also Vollbeschäftigung vorliegt. Dies ist eine mögliche Beweisführung dafür, dass im neoklassischen Basismodell ein Lohnanpassungsmechanismus gemäß dem Gesetz von Angebot und Nachfrage erfolgreich sein kann und Unterbeschäftigung abbauend letztendlich zu Vollbeschäftigung führt. Wie aber gezeigt worden ist, setzt dieses Resultat die Annahme der Quantitätstheorie des Geldes voraus. Auf dieser Basis gilt, dass Lohnsenkungen bei profitmaximierender Produktion von Preissenkungen begleitet sind, die schwächer als die Lohnsenkungen ausfallen. Der Reallohn fällt damit während eines solchen Anpassungsprozesses, was die profitmaximierenden Firmen dazu bewegt, einen höheren Output und eine höhere Beschäftigung zu realisieren, bis Vollbeschäftigung erreicht worden ist und die Nominallohnbewegung zum Stillstand gekommen ist.

Es ist offensichtlich, dass dieses Resultat wesentlich umfangreicherer (und spezifischerer) Überlegungen bedurfte, als dies aus Engels Vergleich der Arbeitsmärkte mit dem Bananenmarkt ersichtlich ist, vgl. hierzu erneut Abschnitt 2.1.2. Fallende Löhne w führen im Ansatz des momentanen Abschnittes, also bei Unterstellung der Quantitätstheorie als Theorie des Preisniveaus, zu nicht ganz so stark fallendem Preisniveau p, so dass die nominelle Lohnreduktion von einer Reduktion des Reallohns ω begleitet wird, die über die Grenzproduktivitätstheorie steigende Beschäftigung hin zur Vollbeschäftigung hervorruft. Dies ist die elementarste neoklassische Erklärung, warum die Diagnose 'Arbeitslosigkeit' zu der Therapie 'Geldlohnsenkung' führen kann. Hinsichtlich dieser 'Therapie' hat Keynes (im Rahmen seines Modells) aber behauptet, dass sie den Patienten eher tötet als heilt (was wir im Rahmen unseres Keynes-Modells später noch zu belegen haben werden).

Grafisch lässt sich der oben dargestellte Anpassungsprozess in diskreten Schritten und auf Basis des Gleichgewichtsansatzes (2.5) auch wie folgt darstellen. Nehmen wir als Ausgangssituation an, dass der momentane Nominallohn w_1 so hoch ist, dass das von ihm über profitmaximierenden Output und die Quantitätstheorie induzierte gleichgewichtige Preisniveau $p(w_1)$ einen Reallohn ω impliziert, der oberhalb des Reallohns ω_0 liegt, der Vollbeschäftigung ermöglicht ($L^d = G(\omega_0) = \bar{L}$). Die beiden folgenden Funktionen des Preisniveaus p

$$AS^1(p) = Y(w_1/p) = F(G(w_1/p)), \qquad Q(p) = \bar{v}\overline{M}/p,$$

also die aggregierte Angebotsfunktion der Unternehmungen (die AS-Kurve) zum Lohnsatz w_1 und die quantitätstheoretische Bestimmung von Output und Preisniveau, schneiden sich deshalb in der folgenden Grafik bei einem Outputwert $Y = Y_1$, der unterhalb von Vollbeschäftigung $\bar{Y} = F(\bar{L})$ liegt und der das zu w_1 gehörige momentane gesamtwirtschaftliche Gleichgewichtsniveau des Outputs darstellt. Wir erinnern daran, dass ab dem Punkt der Vollbeschäftigung Überbeschäftigung aufgrund von Überstunden möglich ist, also die Senkrechte in der folgenden Grafik keine bindende Schranke darstellt.[25]

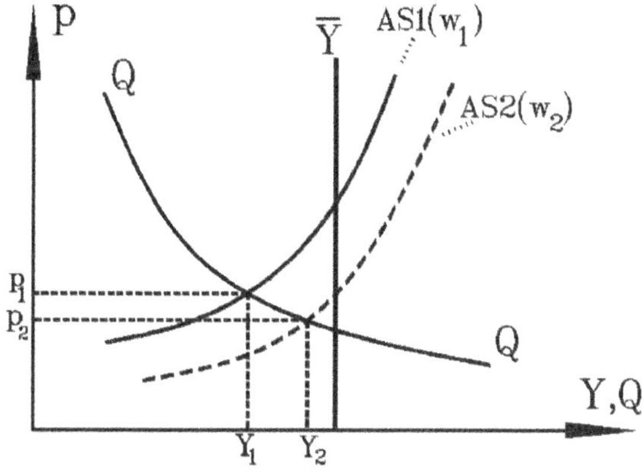

Abb. 2.9. Arbeitsmarktungleichgewicht bei Geldmarktgleichgewicht, $AS(0) = 0, AS(\infty) = \infty$ wegen $F'(0) = \infty, F'(\infty) = 0$.

[25] Wir werden in Kapitel 4 die Kräfte näher untersuchen, die rechts von der 'Vollbeschäftigungslinie' zum Tragen kommen.

Der Wert p_1 für das Preisniveau p ist somit gerade derjenige Wert, der zu gegebenem Lohnsatz w_1 die Gleichung (2.5) löst, wo das Preisniveau vom Geldmarkt her gesehen im Gleichgewicht mit dem von den Unternehmen diesbezüglich geplanten profitmaximalen Output ist. Findet in dieser Situation eine Senkung des Nominallohns auf das Niveau w_2 statt, so steigt zu jedem Preisniveau p die Arbeitsnachfrage L^d und damit der Output Y, d.h. die das Profitmaximum darstellende aggregierte Angebotsfunktion $AS^1(p) = Y(w_1/p)$, AS-Kurve genannt, verschiebt sich nach rechts hin zu $AS^2(p)Y(w_2/p)$. In Interaktion mit der Quantitätstheorie ergibt sich damit ein Sinken des Preisniveaus von $p_1(w_1)$ hin zu $p_2(w_2)$ und ein Anstieg des Outputs von Y_1 zu Y_2, der schwächer ist als die zu gegebenem Preisniveau stattfindende Outputerhöhung. Dies deshalb, weil die mit fallenden Nominallöhnen einhergehende (aber schwächere) Senkung des Preisniveaus das Absinken des Reallohns bremst und damit die Geldlohnsenkung nicht im vollen Umfang zu einer Reallohnsenkung führt. Die obige Grafik und die Ausführungen dazu belegen erneut in intuitiver Weise das Resultat der obigen Anwendung des Theorems über implizite Funktionen zur Herleitung der $p(w)$-Funktion.

Wären die Preise die alten geblieben (p_1), so zeigt die obige Grafik, dass dann praktisch schon Vollbeschäftigung erreicht worden wäre. Die partielle Weitergabe der Lohnsenkung in Form von Preissenkungen erfordert stattdessen aber weitere Reduktionen des Lohnniveaus w_2, damit schließlich Vollbeschäftigung eintritt. Diese Darstellung der Wirkung von Lohnsenkungen argumentiert lediglich mit der Gleichung (2.5) mittels parametrisch verändertem Lohnniveau und zeigt damit in komparativ-statischer Weise (mit Hilfe der Gleichgewichtsanalyse) die Möglichkeit auf, Vollbeschäftigung durch Nominallohnsenkung annähern oder erreichen zu können.

Abschließend wollen wir in Bezug auf die Gleichung (2.1), die Engelssche Partialanalyse des Unterbeschäftigungsproblems bei fixem Preisniveau $\bar{p}$, noch feststellen, dass diese – im obigen neoklassischen Makromodell reflektiert – ein weiteres Problem aufweist. Wir haben oben in qualitativer Weise gesehen, wie stark das Preisniveau p auf eine Senkung des Nominallohnniveaus w reagiert, wenn die Unternehmen im Profitmaximum produzieren und die Quantitätstheorie des Geldes die Grundlage der Bestimmung von p ist. Man könnte aber im Rahmen dieser Theorie darauf beharren, dass aus irgendwelchen Gründen das Preisniveau doch nach unten rigide ist deshalb seine oben diskutierte Anpassung nicht stattfindet. Ist aber das Preisniveau in diesem Sinne wirklich fixiert, so bestimmt die Quantitätstheorie im allgemeinen ein Outputniveau Q, welches im Widerspruch zu dem von den Unternehmen geplanten profitmaximalen Output Y steht. Insbesondere im Falle $Q < Y$, also bei einer bzgl. $\bar{p}$ zu kleinen Geldmenge $\bar{M}$, kommt es damit aus transaktionstechnischen Gründen zu einer weiteren Störung der Wirtschaft, eine Störung, die die Unternehmungen beim Absatz ihres geplanten Outputs behindert. Senkungen des Nominallohns $\bar{w}$ werden bei gegebenem Preisniveau $\bar{p}$ in einer solchen Situation diese Störung in der Güterzirkulation verschärfen und liefern deshalb nicht das durch Engels Partialanalyse behauptete Resultat. Abbildung 2.10.

stellt dieses Problem der Annahme starrer Güterpreise im gesamtwirtschaftlichen Kontext des neoklassischen Basismodells in elementarer Form dar.

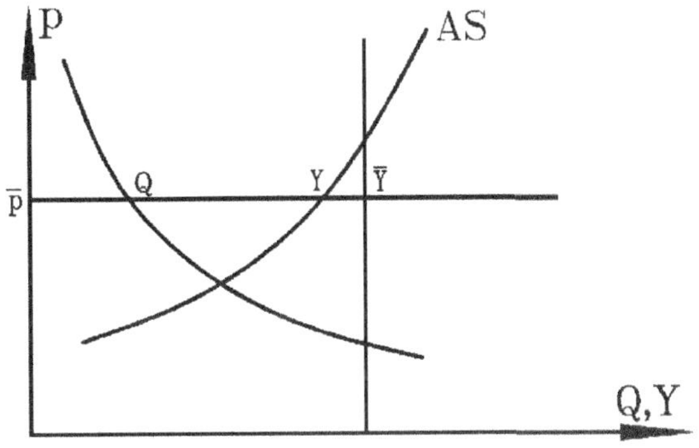

Abb. 2.10. Arbeitsmarkt- und Geldmarktungleichgewicht

Wir sehen also, dass die Partialanalyse von Engels aus der gesamtwirtschaftlichen Sicht des neoklassischen Basismodells aus zwei Gründen als unzutreffend bezeichnet werden muss. Wir werden im weiteren Verlauf des Kapitels sehen, dass eine keynesianische Theorie von Output und Preisniveau darüberhinausgehend die im neoklassischen Basismodell gezeigte Stabilität des Vollbeschäftigungsgleichgewichts in Frage stellt.

Appendix: Der 2dimensionale Lohn–Preis–Anpassungsprozess

Wir betrachten erneut das Differentialgleichungssystem

$$\dot{w} = \beta_w(G(w/p) - \bar{L}), \quad \beta_w > 0 \quad [G(w/p) = L^d]$$
$$\dot{p} = \beta_p(\bar{v}\bar{M} - pF(G(w/p))), \quad \beta_p > 0$$

In Vektorschreibweise kann das zweidimensionale nichtlineare Differentialgleichungssystem (2.3), (2.4) durch die folgende Kurzform dargestellt werden:

$$\dot{z} = f(z), \quad z = \begin{pmatrix} w \\ p \end{pmatrix} \in \mathbb{R}^2_+, \quad f : \mathbb{R}^2_+ \to \mathbb{R}^2,$$

wobei die Funktion f aus ökonomischen Gründen auf den positiven Orthanten $\mathbb{R}^2_+$ des $\mathbb{R}^2$ einzuschränken ist ($w, p > 0$). Der stationäre Punkt dieses dynamischen Systems ist gemäß Vorausgegangenem durch

$$z_0 = \begin{pmatrix} w_0 \\ p_0 \end{pmatrix}, p_0 = \frac{\bar{v}\bar{M}}{\bar{Y}}, \quad w_0 = p_0\omega_0, \quad L^d(\omega_0) = \bar{L}$$

gegeben, und er erfüllt per Definition $f(z_0) = 0$. Um die lokale asymptotische Stabilität um den Gleichgewichtspunkt z_0 herum prüfen zu können, ersetzt man das System $\dot{z} = f(z)$ durch seine lineare Approximation

$$\dot{z} = \frac{d(z - z_0)}{dt} = f(z_0) + f'(z_0)(z - z_0) = f'(z_0)(z - z_0)$$

also durch die Taylorentwicklung der obigen Funktion bis zum ersten (linearen) Glied ($f(z_0) = 0!$). Hierbei bezeichnet $f'(z_0)$ die 2×2–Matrix der partiellen Ableitungen der rechten Seite des Differentialgleichungssystems (2.3), (2.4) an der Stelle z_0, also die Matrix

$$f'(z_0) = \begin{pmatrix} \frac{\partial \dot{w}}{\partial w} & \frac{\partial \dot{w}}{\partial p} \\ \frac{\partial \dot{p}}{\partial w} & \frac{\partial \dot{p}}{\partial p} \end{pmatrix} = \begin{pmatrix} \beta_w G'/p_0 & -\beta_w G' w_0/p_0^2 \\ -\beta_p F'G' & \beta_p[F'G'w_0/p_0 - F(\bar{L})] \end{pmatrix}.$$

Für die Determinante dieser Matrix ergibt sich

$$\det f'(z_0) = -\beta_w \beta_p G' F(\bar{L})/p_0 > 0,$$

da $F(\bar{L}) > 0$ und $G' < 0$ gilt. Dementsprechend folgt des Weiteren, dass die Einträge in der Hauptdiagonalen dieser Matrix beide negativ sind, also ihre Summe, die Spur der Matrix $f'(z_0)$, ebenfalls negativ ist. Für die Eigenwerte λ_1, λ_2 solcher 2×2–Matrizen gilt nun der elementare Sachverhalt

$$\lambda_{1,2} = \text{ spur } f'(z_0)/2 \pm \sqrt{(\text{ spur } f'(z_0))^2/4 - \det f'(z_0)}$$

wie man durch Betrachtung des charakteristischen Polynoms dieser Matrix schnell ermittelt. Darüber hinaus gilt auch $\lambda_1 + \lambda_2 = \text{ spur } f'(z_0)$ und $\lambda_1 \lambda_2 = \det f'(z_0)$. Aus diesen Darstellungen ist leicht erkennbar, dass beide Eigenwerte entweder reell und negativ sein müssen oder konjugiert komplexe Zahlen mit negativem Realteil darstellen. Dieser Sachverhalt besagt, dass das lineare System global asymptotisch stabil ist und deshalb, da es eine lokale Approximation des Ausgangssystems ist, das Ausgangssystems lokal asymptotisch stabil sein muss. Lohn–Preis–Konfigurationen hinreichend nahe zur Gleichgewichtslage w_0, p_0 werden deshalb unter den beiden Bewegungsgesetzen (2.3), (2.4) gegen diese Gleichgewichtslage konvergieren.

Dieses Ergebnis lässt sich auch mit Hilfe eines sog. Phasendiagramms darstellen, welches grafisch die Dynamik der Variablen w, p in ihrem Phasenraum erfasst. Wir wollen dieses Phasendiagramm hier nicht im Einzelnen herleiten, sondern dies erst später bei anderen zweidimensionalen dynamischen Systemen im Detail vorstellen. Der Leser ist aber hier aufgefordert, die späteren Überlegungen auf die gegenwärtige Situation rückzuübertragen, falls ihm die folgende Darstellung dann noch nicht verständlich ist:[26]

[26] Die Hilfskurve oder partielle Gleichgewichtskurve $\dot{w} = 0$ repräsentiert Arbeitsmarktgleichgewicht und weist damit als aus dem Ursprung kommender Strahl den Wert $1/\omega_o$ als Steigung auf. Die partielle Gleichgewichtskurve $\dot{p} = 0$ ist dem-

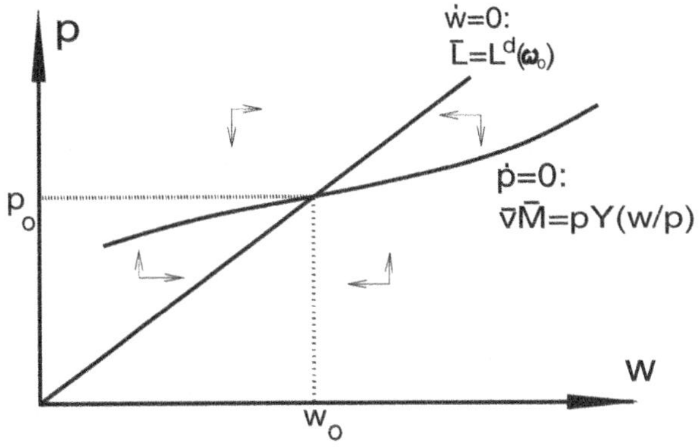

Abb. 2.11. Der zweidimensionale Anpassungsprozess des neoklassischen Basismodells

Wir bemerken abschließend, dass die betrachtete Anpassung vom Typ eines Walrasianischen Tâtonnement–Prozesses ist, da Preisanpasungsprozesse hier wie in einem 'Vakuum' isoliert ablaufen. Sie spiegelt deshalb nur in vorläufiger oder einseitiger Weise wirkliche Anpassungsprozesse im Ungleichgewicht wider. Aber auch in dieser vorläufigen Vorgehensweise dürfte klar geworden sein, dass ein Vergleich von Anpassungsvorgängen am 'Bananenmarkt' mit den Prozessen, die eine Veränderung des allgemeinen Lohnniveaus zum Ausgangspunkt haben, wenig gemein hat.

Abschließend sei bemerkt, dass die bislang in Form mathematischer Exkurse dargestellten Aussagen über

- Wachstumsratenbeziehungen,
- den eindimensionalen Fall des Theorems über implizite Funktionen
- lineare und nichtlineare Differentialgleichungssysteme

im wesentlichen das Terrain an mathematischen Hilfsmitteln abstecken, das wiederholt im Rahmen dieses Buches zur Anwendung kommen wird.

2.1.3 Das Saysche Gesetz

Wir haben bislang für ein beliebig fixiertes Lohnniveau $\bar{w}$ gezeigt, welcher Output ($Y(\bar{w}/p)$) dann in Abhängigkeit von einem den Firmen vorgegebenen Preisniveau (p) produziert wird. Die Frage, ob diesem Output eine gleich hohe Güternachfrage gegenübertritt, ist dabei völlig ignoriert worden. Dass dies in der Tat der Fall ist, wird im neoklassischen Basismodell durch das sog. Saysche

gegenüber aus Gleichung (2.4) zu gewinnen, und zwar erneut genau durch die oben dargestellte Anwendung des impliziten Funktionentheorems. Auf dieser Basis ist es dann nicht schwer zu zeigen, dass die $\dot{p} = 0$–Kurve in einer Umgebung des Gleichgewichts flacher ansteigt als die $\dot{w} = 0$–Kurve, da im Gleichgewicht w_o, p_o gemäß Gleichung (2.6) die Bedingung $p'(w_o) < 1/\omega_o$ erfüllt sein muss.

Gesetz sichergestellt, welches schlagwortartig besagt, dass jedes Güterangebot sich seine Nachfrage schafft. Die primitivste Form des Sayschen Gesetzes kann dabei wie folgt ausformuliert werden:

Schritt 1:
Jede Produktion ruft Einkommenspläne hervor, die dem Wert der Produktion entsprechen.

Schritt 2:
Einkommenspläne führen in der Regel zu Konsumnachfrageplänen von entsprechendem Ausmaß.

Beide Schritte zusammengenommen besagen also, dass jede Produktion auf eine entsprechend hohe Güternachfrage trifft und damit (im Prinzip) absetzbar ist, wenn sie in ihrer Struktur der Struktur der Nachfrage entspricht. Nachfrageprobleme können deshalb i.a. nur struktureller Natur sein und sollten damit durch eine geeignete Anpassung der Preisrelationen zwischen den verschiedenen Gütern bei hinreichender Flexibilität der einzelnen Güterpreise leicht überwindbar sein. Ein Grund dafür, dass die gesamtwirtschaftliche Nachfrage systematisch (und längerfristig) hinter dem profitmaximierend geplanten gesamtwirtschaftlichen Output zurückbleibt, scheint somit nicht in Sicht zu sein.

Einwenden könnte man allerdings, dass das erwartete Einkommen nicht in gleicher Höhe zu Konsumplänen führt, da ein Teil dieses Einkommens i.a. gespart wird und damit für andere Zwecke intendiert ist. Ist jedoch die einzige Alternative zu Konsumieren der Kauf von Realkapital, also von Investitionsgütern, so ist die geplante gesamtwirtschaftliche Ersparnis stets gleich der geplanten gesamtwirtschaftlichen Investition, und damit zwar die Struktur der Nachfrage nach Gütern eine andere, jedoch ihr Volumen erneut gleich der geplanten Produktion. Eine *generelle* und dauerhafte Überproduktion ist deshalb auch hier nicht vorstellbar.

Sparen heißt jedoch, Einkommen nicht für Konsumzwecke zu verwenden, nicht aber notwendig, dass damit Investitionsgüter erworben werden sollen. Wenn dem so ist, so könnte man schließlich einwenden, kann es geschehen, dass die Summe aus Investitionsgüternachfrage und Konsumgüternachfrage systematisch unter dem Niveau der geplanten Produktion zu liegen kommt, z.B. wenn die Gewinnaussichten der Investoren hinreichend bescheiden geworden sind. Sollte nicht wenigstens dann das geplante Angebot gesamtwirtschaftlich gesehen oberhalb der gesamtwirtschaftlichen Güternachfrage liegen können?

Um zu zeigen, dass auch diese Frage aus neoklassischer Sicht verneint werden kann, wollen wir die bisherige Modellstruktur wie folgt ergänzen:

Damit Sparen sich auf andere Vermögensobjekte als Realkapital richten kann, sei hier unterstellt, dass es ein Wertpapier gibt, welches zu einem festen Preis $p_b = 1$ gehandelt wird und durch einen variablen Zinssatz r charakterisiert ist, der vom Gesetz von Angebot und Nachfrage auf diesem Markt in jedem Zeitpunkt bestimmt wird. Weitere Finanzaktiva zuzulassen, wie sie in der Realität in großer Zahl existieren, ist aus Gründen der Übersichtlichkeit bei der folgenden Argumentation nicht sinnvoll.[27] Es gibt damit genau einen Markt für Wertpapiere, den sog. Bondmarkt, auf dem sich Nachfrage nach Bonds B^d und Angebot an Bonds B^s gegenüberstehen und zu koordinieren sind. Den vorhandenen Bestand an Wertpapieren wollen wir mit $\bar{B}$ bezeichnen. Gemäß obiger Festlegung ist die Zinszahlung der laufenden Periode durch $r\bar{B}$ gegeben. Bei Angebot und Nachfrage nach Bonds ist zu beachten, dass auch Teile des Altbestandes an Bonds sich im Angebot befinden werden, somit die Angebots- und Nachfragepläne B^s, B^d als Bestandsangebot und –nachfrage nach Bonds aufzufassen sind. Sparen mag sich nun u.U. ausschließlich auf den Erwerb von Bonds anstelle von Realkapital ausrichten und ruft damit zunächst eine Nachfragelücke am Gütermarkt in Bezug auf den profitmaximal geplanten Output hervor, die zu genereller Überproduktion Anlass geben könnte.

Nun ist aber naheliegend, dass die Nachfrage nach Bonds positiv vom darauf erzielten Zinssatz und das Angebot negativ von diesem abhängt. Zudem scheint plausibel zu sein, dass ein Zinssatz nahe der Null stets genügend Nachfrage nach Kredit (Angebot an Bonds) hervorruft, so dass das Angebot an Kredit (Nachfrage nach Bonds) dann davon übertroffen wird. (Nahezu) zinslose Kredite, die jedermann angeboten werden, sollten i.a. genügend viele Nachfrager finden, die mit geliehenem Geld unternehmerisch tätig werden wollen. Die Situation auf dem Bondmarkt kann demnach wie folgt charakterisiert werden:[28]

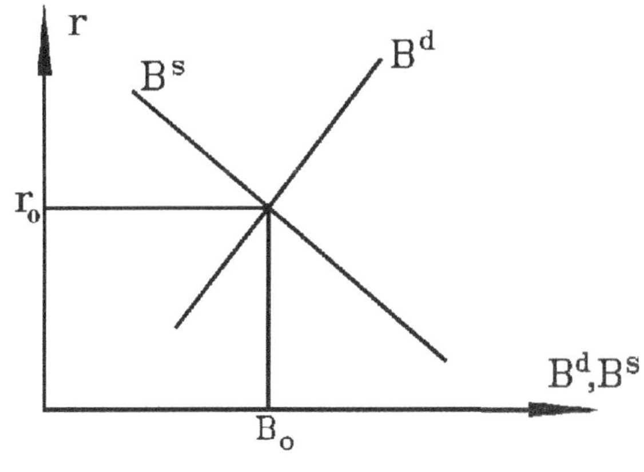

Abb. 2.12. Bondmarktgleichgewicht

[27] Wir sehen hier insbesondere von Aktien als weiterem Finanzierungsinstrument für Investitionsvorhaben von Firmen noch ab.

[28] Wir unterstellen hier, dass Wirtschaftssubjekte, die ihren Bondbestand halten wollen, quasi gleichzeitig Anbieter und Nachfrager sind, was in Bezug auf die Zinsbildung völlig neutral bleibt.

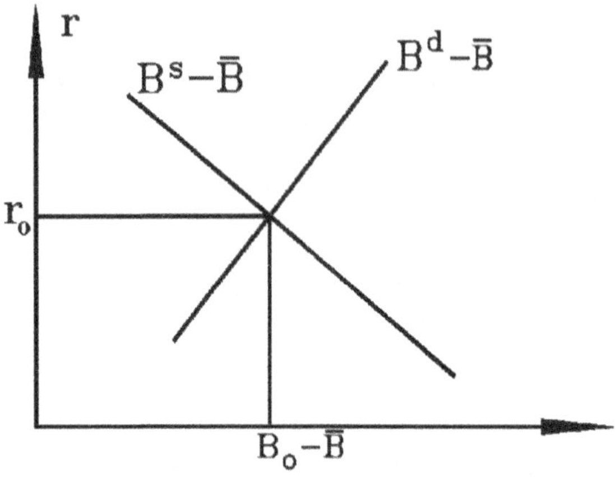

Abb. 2.13. Neuemission und Zusatznachfrage am Bondmarkt

Es gibt somit stets einen Zinssatz r_0, bei dem Angebot und Nachfrage nach Bonds zur Deckung kommen. Sollte man nicht annehmen können, dass Zinssätze hinreichend flexibel sind, so dass i.a. der Bondmarkt als im Gleichgewicht befindlich betrachtet werden kann? Wir wollen dies im Folgenden unterstellen. Die soeben analysierte Situation auf dem Bondmarkt hat zunächst nichts mit dem Gütermarktgeschehen zu tun, wo noch das Problem zu lösen ist, inwieweit ein gegebenes profitmaximales Angebot in der Lage ist, sich die entsprechende Güternachfrage zu schaffen und damit die der Intention nach maximierten Profite wirklich zu realisieren. Die obige Darstellung des Kreditmarktes lässt sich jedoch wie in Abbildung 2.13. dargestellt reformulieren und reinterpretieren: Diese Abbildung bringt die gewünschten Bestandsveränderungen bei Bondnachfrage und Bondangebot zum Ausdruck und stellt damit lediglich eine simple Parallelverschiebung des in der vorausgegangenen Grafik Abgebildeten dar. Wodurch entstehen Überschüsse bei Bondnachfrage und Bondangebot?

Als Gesamtheit betrachtet kann der Haushaltssektor in der Denkweise des neoklassischen Basismodells nur weitere Bonds erwerben (oder zu erwerben trachten), indem er seine Ersparnis (sein nichtkonsumiertes Einkommen) für den Erwerb solcher zusätzlichen Bonds verwendet (zu verwenden trachtet), wobei in der obigen Darstellung zu beachten ist, dass ein Teil der Ersparnis zu Direktinvestition I_{dir} in Realkapital verwendet werden kann. Aus Sicht der Periodenanalyse gesehen gilt $\bar{B} + pS \equiv B^d + pI_{dir}$ als Budgetrestriktion des Haushaltssektors für seine Vermögensbildung und -reallokation und damit sogar die Gleichheit von $B^d - \bar{B}$ und $p(S - I_{dir})$.

Bei den Investoren andererseits tritt ein Finanzierungsbedarf der Größenordnung $p(I - I_{dir})$ auf, da die restlichen Investitionen eigenfinanziert sind. Sie werden deshalb neue Bonds im Umfang von $B^s - \bar{B}$ auf den Markt zu bringen versuchen (fremdfinanzierte Investitionen).

Diese Entsprechung zwischen 'borgen' und 'sparen' einerseits und 'leihen' und 'investieren' andererseits impliziert nun die folgende, quasi spiegelbildliche Darstellung des Kreditmarktes am Gütermarkt:

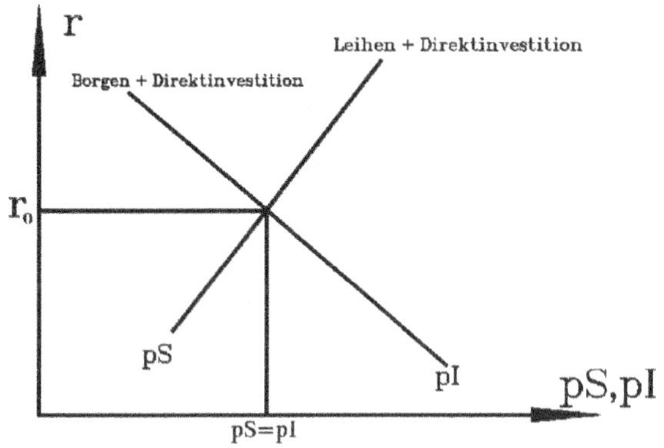

Abb. 2.14. Gütermarktgleichgewicht ($S = I$ oder $Y^d \equiv C + I = Y(w/p)$)

Der Zinssatz, der den Bondmarkt ins Gleichgewicht bringt, ist somit gleichzeitig in der Lage, Gütermarktgleichgewichte zu erzeugen, da gespartes Einkommen (also die Gütermarktlücke: nichtkonsumiertes Einkommen) durch einen flexiblen, den Bondmarkt ins Gleichgewicht bringenden Zinssatz, eine entsprechend hohe Investitionsgüternachfrage erzeugt, was die durch das Sparen entstandene Güternachfragelücke gerade wieder schließt. Sehen gewisse Wirtschaftssubjekte zugunsten von Finanzinvestitionen von Konsum ab, so vermittelt ein flexibler Zinssatz diese Absicht über einen funktionierenden Kreditmarkt in einen entsprechend hohen Investitionswunsch in Realkapital bei anderen Wirtschaftssubjekten, so dass lediglich andere Haushalte (oder Firmen) jetzt die Güternachfrage entfalten, die die Sparer durch ihren Konsumverzicht 'verweigert' haben. Wenn Produktionsabsichten in ihrem Gefolge Einkommensvorstellungen in gleicher Höhe wecken, so genügt ein flexibler Zinssatz (eine hinreichend starke Zinssenkung), um den durch den Akt des Sparens partiell unterbrochenen Kreislauf von Produktion über Einkommenserwartungen hin zu Güternachfrage bei jedem Produktionsplan der Produzenten, also insbesondere bei ihrem profitmaximalen Output, durch eine entsprechende Investition wieder in Gang zu setzen.

Die Existenz von Finanzaktiva kann daher diesen Kreislauf nicht fundamental gefährden, da dadurch die Kette hin zu Güternachfrage lediglich verlängert, aber nicht essentiell in Frage gestellt werden kann. Dies ist die verfeinerte Form des Sayschen Gesetzes, wonach jedes Angebot sich letztendlich seine eigene Nachfrage schafft, also global nachfragedefizitäre Situationen ausgeschlossen sind. Das angebotsorientierte Modell des vorausgegangenen

Abschnitts kann damit als gesamtwirtschaftlich gesehen vollständiges Modell angesehen werden, welches zu einem beliebig gegebenen Nominallohnniveau w_1 ein Geld–, Güter– und Bondmarktgleichgewicht generiert und lediglich – aufgrund des hier vorgegebenen Lohnniveaus – am Arbeitsmarkt ein Ungleichgewicht impliziert. Dies ist die Theorie des temporären Gleichgewichts einer gesamten Volkswirtschaft im Rahmen des neoklassischen Basismodells.

2.1.4 Das Gesamtmodell. Komparative Statik

Das neoklassische Basismodell des temporären Gleichgewichts besteht (für $L^d < \bar{L}$) zusammengefasst aus den folgenden vier Gleichungen:

$$L^d = L^d(\bar{w}/p) = (F')^{-1}(\bar{w}/p) \tag{2.8}$$

$$Y = F(L^d) \tag{2.9}$$

$$pY = \bar{v}\bar{M} \tag{2.10}$$

$$I(r) = S(r) \quad [B^s(r) = B^d(r)] \tag{2.11}$$

Diese Gleichungen weisen die folgenden vier endogenen Variablen: L^d, Y, p, r auf. In Form unseres Märkte–Sektoren-Schemas dargestellt erfasst dieses Basismodell damit die folgende Wirtschaftsstruktur: Wie wir gesehen haben, ist

Tabelle 2.3. Die unterstellte Wirtschaftsstruktur des neoklassischen Basismodells

	Arbeits-markt	Güter-markt	Geld-markt	Kapital-markt	
Haushalte	$\bar{L}$	$S(r)$		$B^d(r)$	Kurze Frist
Unter-nehmen	$L^d(w/p)$	$Y(w/p), I(r)$		$B^s(r)$	
Staat			$\bar{M}$		
Preise	w	p		$p_b = 1, r$	Kurze oder mittlere Frist
Erwartungen					

es leicht, eine ökonomisch relevante Lösung dieses Gleichungssystems zu ermitteln, wobei allerdings der Nominallohnsatz $\bar{w}$ so vorgegeben werden sollte, dass $L^d \leq \bar{L}$ gilt, also keine Überbeschäftigungssituation vorliegt.[29] Im Falle von $L^d > \bar{L}$ ist es demgegenüber üblich, die Geldlöhne als nach oben hin flexibel anzusehen und $w_0 > \bar{w}$ dann so zu bestimmen, dass anstelle von fiktiver Überbeschäftigung Vollbeschäftigung $L^d(w_0/p) = \bar{L}$ vorliegt. Dies fügt obigem Gleichungssystem eine fünfte Gleichung und eine fünfte Variable w_o hinzu. Es können somit mit Hilfe dieses Modells entweder Unterbeschäftigungsgleichgewichte (bei bzgl. $\bar{M}$ zu hohem $\bar{w}$) oder Vollbeschäftigungsgleichgewichte analysiert werden, was wir im Folgenden dieser Fallunterscheidung entsprechend getrennt tun werden.

Auf Basis solcher Ungleichgewichts– oder Gleichgewichtsmodelle untersucht eine komparativ–statische Analyse, in welche Richtung (und bei analytischer Behandlung: wie weit) sich solche Gleichgewichte verlagern, falls es zu einer Änderung bei den exogen gegebenen Variablen $\bar{w}, \bar{M}, \bar{v}$ oder bei den unterstellten Funktionalgestalten für Sparen, etc. kommt. In dieser Hinsicht wollen wir im Folgenden kurz zusammenstellen, was **im Falle eines Unterbeschäftigungsgleichgewichts** die Auswirkungen

Fall A. einer Nominallohnerhöhung: $\bar{w} \uparrow$,
Fall B. einer Geldmengenerweiterung: $\bar{M} \uparrow$,
Fall C. einer lokalen Parallelverschiebung der Produktionsfunktion $F(L^d)$ nach oben: $F \uparrow$ (durch arbeitsvermehrenden technischen Wandel),
Fall D. einer Verlagerung der Investitionsfunktion nach rechts: $I \uparrow$ (durch höhere Gewinnaussichten der Unternehmungen),
Fall E. einer Verlagerung der Sparfunktion nach rechts: $S \uparrow$ (zu jedem Zinssatz ein höherer Sparwille),
Fall F. einer Zunahme des Arbeitsangebots $L \uparrow$.

sind. Tabelle 2.4. gibt mit '+' eine positive Beeinflussung der jeweils dadurch gekennzeichneten endogenen Variablen an, mit '–' eine Rückgang bei dieser Variablen und mit '0' keine Auswirkung der exogenen Veränderung auf diese Variable:
Diese komparativ statischen Implikationen der dargestellten exogenen Veränderungen sind leicht ermittelbar, wenn man sich den Hintergrund der grafischen Darstellung (Abbildung 2.9.) des neoklassischen Basismodells erneut vergegenwärtigt:

Mittels dieser Abbildungen folgen die oben dargestellten komparativstatischen Aussagen des neoklassischen Basismodells wie gesagt leicht, da

- Fall A durch eine Linksverschiebung der AS-Kurve repräsentiert wird,
- Fall B eine Rechtsverschiebung der QT-Kurve bedeutet,

[29] Diese Modellvariante ist allerdings auch geeignet, bei festen Geldlöhnen $\bar{w}$ Überbeschäftigungssituationen zu analysieren, wenn man – wie schon ausgeführt – Überstunden ab dem Punkt der Vollbeschäftigung zulässt, ohne dass Lohnreaktionen eintreten.

Tabelle 2.4. Komparativ–statische Analyse bei Unterbeschäftigung

	L^d	Y	p	r	$\omega = \bar{w}/p$
$\bar{w}\uparrow$: Fall A	-	-	+	0	+
$\bar{M}\uparrow$: Fall B	+	+	+	0	-
$F\uparrow$: Fall C	-	+	-	0	+
$I\uparrow$: Fall D	0	0	0	+	0
$S\uparrow$: Fall E	0	0	0	-	0
$\bar{L}\uparrow$: Fall F	0	0	0	0	0

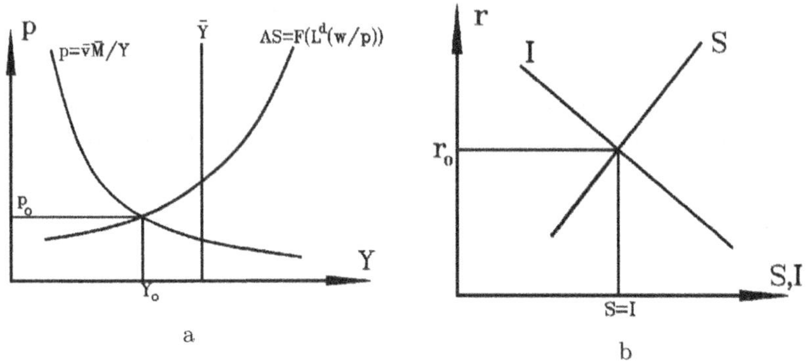

Abb. 2.15. Die grafische Zusammenfassung des neoklassischen Basismodells bei Unter- oder Vollbeschäftigung

- Fall C eine Parallelverschiebung der AS-Kurve nach rechts darstellt, die sinkende Preise und damit eine Reallohnerhöhung, also zurückgehende Beschäftigung impliziert (da die Grenzprodukte jeder Beschäftigungslage unverändert geblieben sind),
- Fall D in naheliegender Form nur das rechte Diagramm betrifft,
- Fall E ebenfalls in naheliegender Form nur das rechte Diagramm betrifft und
- Fall F keines der beiden Diagramme tangiert (lediglich Wert von $\bar{Y}$ und damit Lage der entsprechenden Senkrechten betroffen).

Man sollte hier noch beachten, dass die Fälle A – C ihrerseits keine Veränderung im rechten Diagramm nach sich ziehen. Betont werden sollte bei diesen Resultaten außerdem, dass eine Senkung des Nominallohnniveaus im Unterbeschäftigungsfall des neoklassischen Modells stets beschäftigungssteigernd wirkt und eine erhöhte Neigung zum Sparen die Zinsen senkt und das realisierte Investitionsvolumen erhöht, beides Effekte, die positiv zu bewerten sind.

Führt man dagegen die obigen komparativ–statischen Überlegungen **im Falle permanenter Vollbeschäftigung** ($L^d = \bar{L}, \bar{Y} = F(\bar{L})$) durch, wo der Nominallohn endogen stets so bestimmt wird, dass diese gewährleistet ist, so ergibt sich anstelle von Tabelle 2.4. unter Berücksichtigung der neuen Variablen w und unter Wegfall der Situation A:

Tabelle 2.5. Komparativ–statische Analyse bei Vollbeschäftigung

	L^d	Y	p	r	w	$\omega = w/p$
$\bar{M}\uparrow$: Fall B	0	0	+	0	+	0
$F\uparrow$: Fall C	0	+	-	0	-	0
$I\uparrow$: Fall D	0	0	0	+	0	0
$S\uparrow$: Fall E	0	0	0	-	0	0
$\bar{L}\uparrow$: Fall F	+	+	-	0	-	-

Die AS-Kurve in Abbildung 2.15a. ist jetzt eine Senkrechte im Punkte $\bar{Y} = F(\bar{L})$ und der Reallohn ist bis auf Fall F jetzt konstant und in allen Fällen durch $F'(\bar{L}) = w/p$ gegeben. In Fall F muss also der Reallohn und das Preisniveau sinken, was verlangt, dass die Nominallöhne stärker als die Preise fallen müssen. Man beachte bei diesen komparativ-statischen Resultaten insbesondere **Fall B**, der quantitativ gesehen besagt, dass eine x%-ige Geldmengenausdehnung lediglich zu einer x%-igen Preis- und Lohnniveauerhöhung führt, also somit keinerlei reale Effekte auftreten. Dies ist die sogenannte Neutralität des Geldes im neoklassischen Basismodell bei Vollbeschäftigung.

Zusammenfassend kann festgestellt werden, dass die komparative Statik des neoklassischen Basismodells keine unplausiblen Reaktionsweisen der Lage der temporären Gleichgewichte bei exogenen Veränderungen der Rahmenbedingungen aufweist und erst recht nicht paradoxe Resultate liefert. Insbesondere Nominallohnveränderungen sowie eine Veränderung im Sparwillen rufen Reaktionen hervor, die man auch mit 'common sense' vermuten würde. Dies bedeutet jedoch nicht, dass partialanalytische Verkürzungen, wie sie z.B. von Engels (1984) vorgenommen und dargestellt worden sind, akzeptiert werden können. Erst wenn der theoretische makroökonomische Rahmen für lohnpolitische Äußerungen – so wie jetzt geschehen – klar dargelegt worden ist (und damit auch kritisierbar geworden ist), kann von einer seriösen gesamtwirtschaftlichen Argumentationskette gesprochen werden, deren Tragfähigkeit dann zur Debatte stehen kann. Angesichts der Tragweite von gesamtwirtschaftlich orientierter Wirtschaftspolitik ist eine derartige präzise Offenlegung aller getroffenen Annahmen – also eine möglichst klare Modellbildung – und eine exakte, darauf gegründete Herleitung von Konklusionen eine unverzichtbare Forderung. In einem nächsten Schritt gilt es dann, die Konsistenz und den empirischen Gehalt der getroffenen Annahmen zu überprüfen und damit auch die Relevanz der gezogenen Schlussfolgerungen zu bewerten.

2.1.5 'Freiwillige' (und friktionelle) Arbeitslosigkeit

Kehren wir nun zur einfachen (damals partialanalytischen) Darstellung des Arbeitsmarktes der Abbildung 2.3. zurück. Diese Situation ist erneut in Abbildung 2.16. (linke Seite) wiedergegeben, allerdings jetzt ergänzt um die Hintergrundanalyse, die wir in den Abschnitten seitdem durchgeführt haben (rechte Seite dieser Abbildung).

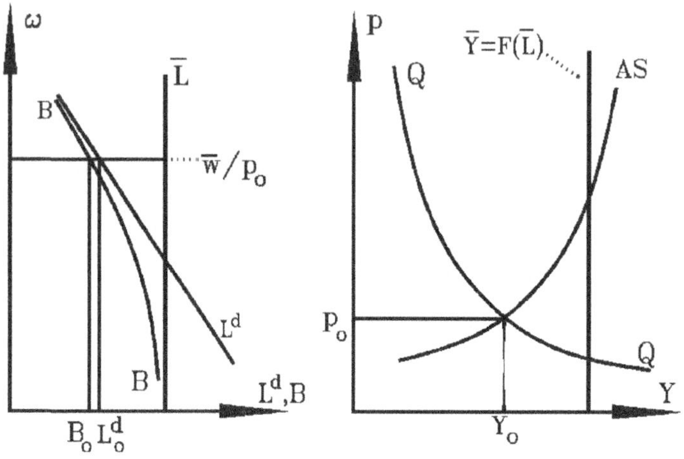

Abb. 2.16. Der neoklassische Arbeitsmarkt und sein Hintergrund

Der rechte Teil von Abbildung 2.16. stellt erneut dar, wie die grenzproduktivitätstheoretische Angebotsfunktion und die Quantitätstheorie des Geldes das mit ihnen kompatible Output- und Preisniveau bestimmen. Das hier bestimmte gleichgewichtige Preisniveau p_o liefert im Verbund mit dem vorgegebenen Nominallohnniveau $\bar{w}$ den dazugehörigen Reallohn $\omega_o = \bar{w}/p_o$ und somit mittels der grenzproduktivitätstheoretischen Arbeitsnachfragefunktion $L^d = G(\omega)$ die maximale Beschäftigung, die die Unternehmen zu realisieren bereit sind. Die wirklich resultierende Beschäftigung L_0^d kann jedoch aus bestimmten Gründen niedriger ausfallen als die profitmaximale Beschäftigung der Unternehmen.

Würde das Niveau $L^d = G(\omega_o)$ tatsächlich – wie im Modell bisher angenommen – realisiert werden, so verblieben keine offenen Stellen. In der Wirklichkeit sind jedoch nie alle angebotenen Arbeitsplätze besetzt, so dass es stets ein bestimmtes Volumen an offenen Stellen parallel zur Beobachtung von Arbeitslosigkeit gibt. So kann es diverse Friktionen und Informationsprobleme auf Teilarbeitsmärkten geben, die verhindern, dass in einer bestimmten Region und innerhalb einer bestimmten Berufsgruppe entweder keine offenen Stellen oder keine Arbeitssuchenden vorhanden sind. Es kann einen 'Mismatch' zwischen Regionen geben, also Arbeitsangebot im 'Norden' und Arbeitsnachfrage im 'Süden', wo aufgrund von Immobilitäten kein Ausgleich erfolgt. Es kann gleichermaßen einen 'Mismatch' zwischen Berufsgruppen geben, so z.B. zu viele gering qualifizierte und zu wenig höher qualifizierte Arbeitskräfte und keine genügende Flexibilität des Ausbildungssystems, die dieses Ungleichgewicht schnell beseitigen hilft. Und schließlich mag es im Zusammenhang mit den permanent ablaufenden sektoralen Umschichtungen in der Struktur der Produktion Sucharbeitslosigkeit geben, die dadurch bedingt ist, dass 'man' auf der Suche nach passenderen und besser bezahlten Jobs im eigenen Qualifikationsbereich ist. Diese und andere Gründe führen dazu, dass die faktische Beschäftigungskurve (die Kurve BB in der obigen Abbildung) sich links von der idealen Beschäftigungskurve $L^d = G(\omega)$ befindet.

Wir wollen im Folgenden diesen mikroorientierten Betrachtungsweisen keine Aufmerksamkeit schenken, da sie in Spezialanalysen der Arbeitsmarkttheorie besser aufgehoben sind und dort auch detaillierte Betrachtung erfahren haben. Prozessstudien, die das Nebeneinander von offenen Stellen und Arbeitssuchenden und den 'Fluss' der Arbeitskräfte hinein in die Arbeitslosigkeit und aus ihr heraus erklären,[30] sind dort von großer Bedeutung, tragen unseres Erachtens jedoch wenig dazu bei, das Phänomen von Massenarbeitslosigkeit in seinen Ursachen zu verstehen, welches Gegenstand unserer makroorientierten Analyse ist.

Wir werden deshalb davon ausgehen, dass in Zeiten der Unterbeschäftigung die modellierte ideale Arbeitsnachfrage $L^d = G(\omega)$ stets voll befriedigt wird und es somit nicht gleichzeitig mit Unterbeschäftigung auch offene Stellen gibt. Damit sehen wir von friktioneller Arbeitslosigkeit ab und vernachlässigen auch das Problem der Sucharbeitslosigkeit als für eine Erklärung von Konjunktur sekundären Sachverhalt.[31]

Keynes (1936, S.13) hat für sich in Anspruch genommen, eine neue Art von Arbeitslosigkeit definiert und analytisch begründet zu haben, "nämlich die 'unfreiwillige' Arbeitslosigkeit im strengen Sinne des Wortes, deren Möglichkeit die klassische Theorie nicht zugibt." Wir werden im nächsten Abschnitt die Keynes'sche theoretische Erklärung dieses Typs an Arbeitslosigkeit darstellen, wollen hier aber bereits eine Eingrenzung des Begriffs der 'unfreiwilligen Arbeitslosigkeit in eben einem strengen Sinne des Wortes' vornehmen und uns fragen, ob es diesen Typ an Arbeitslosigkeit in unserem neoklassischen Basismodell wirklich nicht geben kann, also im Sinne dieses Begriffs dort alle Arbeitslosigkeit $\bar{L} - L_0^d$ der obigen Grafik als 'freiwillig' oder friktio-

[30] Bei Unterstellung der Gültigkeit der idealen Arbeitsnachfragekurve $L^d = G(\omega)$ als Beschreibung der faktischen Beschäftigung (also bei einer hinsichtlich der Besetzung von offenen Stellen ideal funktionierenden Ökonomie) ist der angesprochene 'Fluss' der Arbeitskräfte stets einseitig gerichtet und deshalb sehr simpler Natur.

[31] Es ist plausibel, dass auf freiwilliger Kündigung beruhende Sucharbeitslosigkeit in Zeiten der Depression geringer sein dürfte, als in Zeiten eines wirtschaftlichen Booms, also solche Arbeitslosigkeit den Konjunkturverlauf von massiven Produktions- und Beschäftigungsschwankungen nicht erklären kann.

nell einzustufen ist.[32] Es ist offensichtlich, dass ein solche Charakterisierung spezifische wirtschaftspolitische Implikationen mit sich bringt.

Arbeitslosigkeit gilt in der theoretischen Diskussion im strengen Sinne des Wortes als 'unfreiwillig', wenn es auf Seiten der Arbeitnehmer oder ihrer Vertreter, der Gewerkschaften, keine Option oder Handlungsmöglichkeit am Arbeitsmarkt oder innerhalb der Firmen gibt, die es ihnen gestatten würde, den Arbeitsmarkt so zu beeinflussen, dass die Beschäftigung ansteigt. Alle anderen Möglichkeiten weisen ein Element der Freiwilligkeit seitens der Arbeitnehmer oder der von ihnen gewählten Vertretung auf, da es dann für die Arbeitsangebotsseite arbeitsmarktpolitische Optionen zur Verbesserung ihrer Lage gibt, die sie nicht wahrnehmen will. So ist nach Keynes (1936, S.5) Arbeitslosigkeit 'freiwillig', wenn sie darauf zurückzuführen ist, dass "eine Arbeitseinheit – aus Gründen, die mit der Gesetzgebung, sozialen Gebräuchen, Vereinigungen zwecks gemeinsamer Verhandlungen, langsamer Anpassung an veränderte Verhältnisse oder auch nur mit menschlicher Starrköpfigkeit zusammenhängen – eine Entschädigung nicht annehmen will oder nicht annehmen kann, deren Wert dem Erzeugnis entspricht, das ihrer Grenzproduktivität zuzuschreiben ist." Diese weite Abgrenzung des Begriffs 'freiwillig' hat eine fundamentale wissenschaftliche Bedeutung, da sie es ermöglichen soll zu zeigen, dass es Typen an Arbeitslosigkeit geben kann, bei denen die Arbeitnehmerseite, technisch gesprochen, am Arbeitsmarkt und in der Firma keinen Parameter (des Modells) zur Verfügung hat, durch dessen geeignete Veränderung sie ihre Beschäftigungslage verbessern kann. Erklärtes Ziel von Keynes (1936) Analyse war es, diesen Typ an Arbeitslosigkeit zu begründen, zu analysieren und Wege zu seiner Beseitigung aufzuzeigen.

Die für theoretische Zwecke bewusst breit gewählte Sichtweise des Begriffs 'freiwillige Arbeitslosigkeit' – mit dem Ziel, dennoch die Existenz unfreiwilliger Arbeitslosigkeit nachweisen zu können – wird nicht von allen Ökonomen, die sich (ansonsten) mit der Keynes'schen Theorie im Einklang fühlen, akzeptiert. So schreibt z.B. Rothschild (1978, S.31):

> "Viel entscheidender ist, dass wir nicht in einem abstrakten Modell leben, sondern in einer Welt mit bestimmten Institutionen, die den Rahmen für unsere Handlungen und Zielsetzungen abgeben. Wenn sich die Arbeiter im Laufe der Geschichte durch Mindestlöhne einen Schutz gegen drückende Nachteile beim Abschluss des Arbeitskontrakts geschaffen haben, so heißt <<unfreiwillige Arbeitslosigkeit>> selbstverständlich, dass man *im Rahmen dieser gegebenen Gesetze und Institutionen* zu arbeiten bereit ist, Arbeit aber nicht finden kann. Diese Arbeitslosigkeit als <<freiwillig>> zu bezeichnen oder den Betroffenen die <<Schuld>> dafür zuzuschieben, weil sie diesen Rahmen akzeptieren, ist genau so, wie wenn man sagen würde, dass alle Ar-

[32] Die Annahme eines vom Reallohn unabhängigen Arbeitsangebots ist in unserem Kontext keine wesentliche Annahme. Eine alternative Sichtweise zu dieser Vorgehensweise wird in Kapitel 5, Abschnitt 5 betrachtet werden.

men <<freiwillig>> hungern, da sie ja die Eigentumsgesetze beachten, statt sie zu durchbrechen und sich bei den reichlich vorhandenen Waren zu bedienen."

Wir werden zum einen sehen, dass die Keynes'sche Theorie der unfreiwilligen Arbeitslosigkeit selbst auf einem abstrakten Modell der Gesamtwirtschaft beruht. Rothschilds pauschaler Angriff auf abstrakte Modelle trifft damit viele, wenn nicht alle grundlegenden ökonomischen Theoriebildungen. Des Weiteren hat Keynes, wie wir oben gesehen haben, bewusst einen sehr breiten Begriff von <<freiwilliger>> Arbeitslosigkeit akzeptiert, um dann zu zeigen, dass es dennoch bedeutsame Gründe für unfreiwillige Massenarbeitslosigkeit gibt. Das Begriffspaar freiwillig/unfreiwillig ist daher im ökonomischen Kontext analytischer Natur und nicht, wie Rothschild es sehen will, eine moralische Kategorie. Und schließlich zeigt die Lektüre von Rothschilds Aufsatz insgesamt, dass er Arbeitslosigkeit als durch den Arbeitsmarkt verursacht begreift und damit wie Engels (1984) der Partialanalyse das Wort redet, statt (Massen)-Arbeitslosigkeit als Problem makroökonomischer Interdependenz herauszustellen und zu analysieren. Man sieht, dass nicht nur Kritiker der Keynes'schen Theorie zu deren Zerrbild beitragen können.

Bevor wir jedoch zur Keynes'schen Theorie der unfreiwilligen Arbeitslosigkeit kommen, wollen wir hier, d.h. im Rahmen des neoklassischen Basismodells, verdeutlichen, dass entgegen Keynes' Auffassung heutige Makro- und Mikroökonomen auch in diesem Modellrahmen unfreiwillige Arbeitslosigkeit für vorstellbar halten und analysieren. Um dies zu verdeutlichen, begnügen wir uns hier mit der einfachen Feststellung, dass Nominallohnrigiditäten nicht ausschließlich von Arbeitnehmerseite aus bedingt oder verursacht sind. Zumindest aus theoretischer Sicht ist es im Prinzip möglich, dass arbeitslose Arbeitnehmer bereit sein könnten, zu niedrigeren als den in der Firma herrschenden Nominallöhnen zu arbeiten, und ihre gewerkschaftliche Vertretung mag ebenfalls bereit sein, für sie niedrigere Nominallöhne auszuhandeln, jedoch mag die Firma aus Profitabilitätsgesichtspunkten es nicht als wünschenswert betrachten, einen Teil oder ihre ganze Belegschaft durch solche billigeren Arbeitskräfte zu ersetzen oder auch nur diese Billiglohn–Arbeit (vom gleichen Qualifikationstyp) ihrer Belegschaft hinzuzufügen. Zudem mag sie auch einem gewerkschaftlichen Angebot, die Löhne der vorhandenen Belegschaft zu reduzieren (wenn es denn gemacht werden würde), ebenfalls aus Profitabilitätsgesichtspunkten skeptisch gegenüberstehen. Aus Sicht der Firma mag eine solche Lohnkostenreduktion, je nach ihrem 'Betriebsklima', nicht attraktiv sein. Diese und andere Gründe sind in letzter Zeit in erheblichem Umfang, insbesondere im Rahmen von sog. 'New Keynesian' Modellierungen dargestellt und analysiert worden. Die damit einhergehenden Analysen von sog. Effizienzlöhnen und dergleichen können aber – wie unser neoklassisches Basismodell zeigt – auch in einem anderen theoretischen Kontext als einem keynesianischen verwandt werden, um dort von Arbeitnehmerseite ungewollte Nominallohnrigidität und damit die Existenz solchermaßen unfreiwilliger

Arbeitslosigkeit begründen zu helfen. Die Analyse solcher Nominallohninflexibilitäten ist vom Ansatz her letztlich wieder Partialanalyse und sollte per se nicht den Namen eines bestimmten makroökonomischen Theoriegebäudes, wie den der hier betrachteten neoklassischen Makrotheorie oder der noch darzustellenden Keynes'schen Revolution derselben, tragen.

Wir haben soeben begründet, dass auch Nominallohnrigiditäten, was die Arbeitnehmerseite betrifft, von 'unfreiwilliger' Natur sein könnten. In Sinne der obigen Keynes'schen Charakterisierung von 'freiwilliger' Arbeitslosigkeit, die alle Eigenschaften des Arbeitnehmerverhaltens einzuschließen scheint, wollen wir aber auch solche Gründe für Rigiditäten des Nominallohns unter der Rubrik 'freiwillig' belassen, nicht um damit Verhalten von Arbeitnehmern (und Arbeitgebern) zu bewerten, sondern um im nächsten Abschnitt ganz klar die Frage stellen zu können, ob es neben friktioneller und solchermaßen 'freiwilligen' Arbeitslosigkeit noch einen dritten Typ an Arbeitslosigkeit gibt, der nicht aufgrund von Regeln der Festlegung und der Funktion von Nominallöhnen erklärt werden kann. Dieser Typ an Arbeitslosigkeit würde damit nicht am Arbeitsmarkt und aus firmeninternen Prozessen heraus erklärbar sein. Seine Diagnose sollte daher implizieren, dass Lohnpolitik und Flexibilisierungen am Arbeitsmarkt und in der Firma keine geeignete Therapie darstellen, diesen Typ an Arbeitslosigkeit zu verringern oder gar zu beseitigen.

Zuvor aber wollen wir die Frage stellen, ob es *auch* bei massiven Rigiditäten bei der Nominallohnbestimmung, die – wie wir gesehen haben – auf einem großen Spektrum von Verhaltensweisen beruhen können, ein geeigneteres Mittel als Lohnpolitik gibt, um im Kontext des neoklassischen Basismodells dessen 'freiwillige' Arbeitslosigkeit senken zu können.

Schauen wir uns zu diesem Zwecke erneut die Bestimmung von Output Y, Beschäftigung L^d und Preisniveau p im neoklassischen Basismodell an:

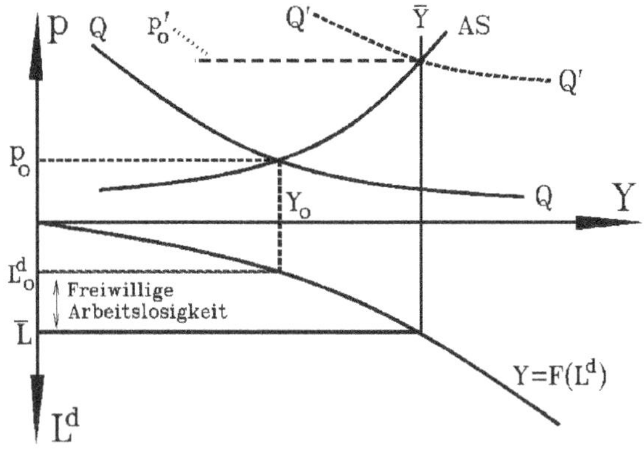

Abb. 2.17. Zu hohe Reallöhne, Arbeitslosigkeit und expansive Geldpolitik

Die nach unten rigiden Nominallöhne $\bar{w}$ liefern wie gehabt eine aggregierte Angebotsfunktion, die mit dem parametrisch variablen Preisniveau steigt. Da die Geldlöhne $\bar{w}$ nicht nachgeben können, ist eine Rechtsverlagerung dieser Angebotsfunktion wirtschaftspolitisch gesehen nicht erreichbar. Das obige Diagramm besagt aber im Kern, dass die Geldlöhne nur relativ zur Geldmenge gesehen zu hoch sind, da das Preisniveau p_0', welches mit Vollbeschäftigung kompatibel wäre, von der Umschlagsgeschwindigkeit des Geldes her gesehen zusammen mit dem Output $\bar{Y}$ nicht realisierbar ist ($\bar{v}\bar{M} < p_0'\bar{Y}$). Die Geldmenge ist damit einfach zu klein, um das Nominaleinkommen bei Vollbeschäftigung reibungslos abwickeln zu können. Es folgt, dass eine Erhöhung der Geldmenge ein adäquates Mittel sein sollte, die vorhandene Unterbeschäftigung abzubauen. Abbildung 2.17. zeigt dann auch gleich die Geldmenge $\bar{M}'$, die nötig wäre, um Vollbeschäftigung zu ermöglichen. Natürlich ist es aus Gründen der Praktikabilität und der Treffsicherheit nicht sinnvoll zu versuchen, die Geldmenge $\bar{M}$ in einem Schlag auf das für die Wirtschaftspolitik nur grob abschätzbare Niveau $\bar{M}'$ anzuheben. Statt dessen dürfte es sinnvoll sein, graduelle Geldmengenexpansionen ins Auge zu fassen, mittels derer man sich schrittweise an das Vollbeschäftigungsniveau des Outputs $\bar{Y}$ herantastet, in der Hoffnung dass dieser graduelle Weg nicht von ihn konterkarierenden Effekten begleitet ist. Dies sollte bei einem gesellschaftlichen Konsens darüber, dass die Beseitigung der Arbeitslosigkeit wirtschaftspolitisch Vorrang vor allen anderen ökonomischen Sachverhalten hat, angenommen werden können.

Die weiter oben angeführten Gründe, die eine allgemeine Lohnsenkung als wenig aussichtsreich erscheinen lassen, lassen sich jedoch nicht auf eine Steigerung des Nominallohns übertragen. Eine expansive Geldpolitik, die wie oben den Output und die Beschäftigung, aber wie ersichtlich auch das Preisniveau erhöht (und damit auf indirektem Wege die erforderliche Senkung des Reallohns $\bar{w}/p$ hervorbringt), läuft somit in der Realität in der Regel doch Gefahr, dass Geldlohnsteigungen verlangt und durchgesetzt werden. Die $Y(\bar{w}/p)$-Kurve würde sich damit nach links verlagern und den Beschäftigungserfolg der Geldpolitik dämpfen oder sogar gänzlich verhindern. Bleibt die Geldpolitik trotzdem im Rahmen unserer neoklassischen Modellwelt hartnäckig ihrem Vollbeschäftigungsziel verpflichtet, so kann dieser Prozess in einer Preis–Lohn–Spirale münden, also eine sich (für einen gewissen Zeitraum) verselbständigende Preis– und Lohninflation entstehen.

Der geldpolitischen Instanz mag damit im Angesicht solcher Begleiterscheinungen ihrer expansiv angelegten Geldpolitik letztendlich nichts anderes übrigbleiben, als ihre Politik des 'leichten Geldes' wieder aufzugeben, ja wegen der entstandenen Preis–Lohn–Spirale zu einer restriktiven Geldpolitik überzugehen, um durch Output– und Beschäftigungssenkung die entstandene Inflationsmentalität zu brechen. Es mag sogar sein, dass die Geldpolitik so restriktiv wird, dass die ursprünglich bekämpfte Arbeitslosigkeit sich letztendlich vergrößert, bevor der inflationäre Prozess sich auf einem neuen Lohnniveau $\bar{\bar{w}} > \bar{w}$ und dazugehörigem Preisniveau erneut stabilisiert und zur Ruhe kommt. Das Endergebnis einer Politik des leichten Geldes könnten damit wesentlich höhere Preise und Löhne sein, bei einem ungewissem Ausgang für die Beschäftigungslage.

Die Frage, die sich in diesem Zusammenhang stellt, ist wieviel der eingangs vorhandenen Arbeitslosigkeit abgebaut werden kann, ohne dass es dabei zu steigenden Löhnen und Preisen kommt. Dies ist die Frage nach der Non–Accelerating–Inflation–Rate–of–Unemployment, der NAIRU–Arbeitslosenrate, die in Kapitel 4 bei der mittelfristigen Analyse keynesianischer Modellbildungen zur Sprache kommen wird. Wie sich zeigen wird, mag Geldpolitik oberhalb der NAIRU in der Reduktion von Arbeitslosigkeit (bei weitgehender Preisniveaustabilität) erfolgreich sein.

2.1.6 Fazit

Mit diesen Überlegungen beenden wir unsere Diskussion der Struktur und der Implikationen des neoklassischen Basismodells und gehen nun zu einer Darstellung des Keynes'schen Angriffs auf einen seiner fundamentalen Bausteine, die Annahme der Gültigkeit des Sayschen Gesetzes, über.

2.2 Die Keynes'sche Kritik des neoklassischen Basismodells

2.2.1 Says Gesetz

Die mittels des neoklassischen Basismodells dargestellte Theorie ist übersichtlich und klar, einfach zu handhaben und liefert bei hinreichender Flexibilität der Nominallöhne ein harmonisches Weltverständnis, jedenfalls, wenn das Grenzprodukt der Arbeit bei Vollbeschäftigung $\bar{L}$ genügend hoch ist, um eine ausreichende Lebensgrundlage für die Arbeitseinkommensbezieher zu gewährleisten. Förderung der gesamtwirtschaftlichen Ersparnis senkt den Zins und regt die Kapitalakkumulation an, was zu steigendem Grenzprodukt der Arbeit $F_L(K, \bar{L})$ führt und damit den Wohlstand der Lohnempfänger vermehrt. Dieses Bild ist, wie gesagt, von harmonischer Natur. Es hat nur einen Nachteil, es ist in der vorliegenden Fassung aus ökonomischer Sicht unvollständig. Die Implikationen des Modells können deshalb als in dieser Form nicht haltbar charakterisiert werden.

Es ist das Verdienst der 'Allgemeinen Theorie der Beschäftigung, des Zinses und des Geldes' von John Maynard Keynes (1936), dies aufgezeigt zu haben, und aus einem Mangel des neoklassischen Basismodells eine eigene Theorie des temporären Gleichgewichts entwickelt zu haben, die in vielen fundamentalen Fragen zu völlig entgegengesetzten Antworten im Vergleich zur Neoklassik kommt. Dies soll im Folgenden anhand eines Modells gezeigt werden, das sich oberflächlich nur in einem Punkt vom neoklassischen Basismodell unterscheidet. Dieses Modell kann als Keynes'sches Basismodell bezeichnet werden, man vgl. dazu Keynes (1936, Kap.18), auch wenn es nicht in allen Komponenten der von ihm gewählten Darstellung des Kerns seiner Theorie entspricht.

Eine vorgegebene, die orthodoxe Sichtweise gesamtwirtschaftlicher Interaktion repräsentierende Modellierung nur in einem Punkt in Frage zu stellen und damit ihre wesentlichen Schlussfolgerungen zusammenbrechen zu lassen, bedeutet nicht, dass man alle ansonsten übernommenen Bausteine dieser Modellierung akzeptiert. Eine solche Vorgehensweise zeigt lediglich – falls sie erfolgreich ist – den fundamentalen Irrtum eines bisher akzeptierten Gedankengebäudes auf. Sie ist gerade deshalb als Kritik viel wirksamer, da sie eben nicht ein durch viele Veränderungen schwer verständliches Gegenmodell entwirft, sondern im Rahmen der orthodoxen Vorstellungen deren Unhaltbarkeit beweist. Klare Modellierungen theoretischer Vorstellungen einerseits und andererseits die Suche nach entscheidenden fehlerhaften oder verfehlten Annahmen in solchen Modellierungen stellen die grundsätzliche makroökonomische Vorgehensweise dar, mit der vollständige Modelle gesamtwirtschaftlicher Interdependenzen entworfen und wieder verworfen werden können. Auf diesem Wege kann man zu einer Modellsequenz gelangen, die schrittweise logisch geschlossenere als auch empirisch gesehen relevantere Entwürfe liefert. Die folgende Darstellung ist ein Beispiel für einen solchen Schritt.

Grundlegend für die Keynes'sche Revolutionierung des neoklassischen Modells ist die Beobachtung, dass die volkswirtschaftliche Ersparnis nicht allein vom Zinssatz r abhängen kann, sondern dass bei ihr wenigstens noch eine andere, im Vergleich zu r letztlich fundamentalere Makrogröße involviert ist. Wir hatten schon im neoklassischen Modell unterstellt, dass die Ersparnis S als nichtkonsumiertes Einkommen (in geplanten oder tatsächlichen Größen) zu definieren ist, also als $Y - \delta\bar{K} - C$, wobei weiterhin das geplante Einkommen der geplanten Netto-Produktion gleichgesetzt ist. Damit deutet sich bereits an, dass das geplante Einkommen neben dem Zinssatz r Argument in der Sparfunktion sein sollte.

Schauen wir uns zur näheren Begründung die im neoklassischen Basismodell unterstellte Konsumfunktion an. Sie lautet in definitorischer Weise:

$$C = Y^D - S(r) = Y - \delta\bar{K} - S(r),$$

da Konsum- und Ersparnis zusammengenommen das verfügbare Einkommen $Y^D = Y - \delta\bar{K}$ ergeben müssen. Diese Konsumfunktion besagt, dass die sog. marginale Konsumneigung C_{Y^D} stets gleich '1' ist und die Ersparnis völlig unabhängig von Variationen dieses Einkommens ist. Dies ist aus ökonomischen Gründen aber als genereller Sachverhalt inakzeptabel, da dann

- der Konsum für $Y - \delta\bar{K} < S(r)$ negativ sein müsste,
- bei konstantem Zins r unabhängig von der Einkommenshöhe stets gleich viel gespart werden würde,
- langfristiges Wachstum des Kapitalstocks bei einer solchen Sparfunktion unmöglich ist.

Diese Kritik der unterstellten Sparfunktion lässt sich aus mikroökonomischer Sicht weiter fundieren. Dies lässt sich ganz elementar mit Hilfe der folgenden einfachen Darstellung des Entscheidungsverhalten eines repräsentativen nutzenmaximierenden Haushalts über Konsum heute (C^1) und Konsum morgen (C^2) begründen, also seiner Entscheidung, zum gegeben Zinssatz r aus seinem gegenwärtigen Einkommen $Y(\bar{w}/p) - \delta\bar{K}$ Ersparnisse für zukünftige Konsumentscheidungen zu bilden. Abbildung 2.18. zeigt diese Konsum- und Sparentscheidung im Lichte der soeben unterstellten Daten für das Haushaltsverhalten.[33]

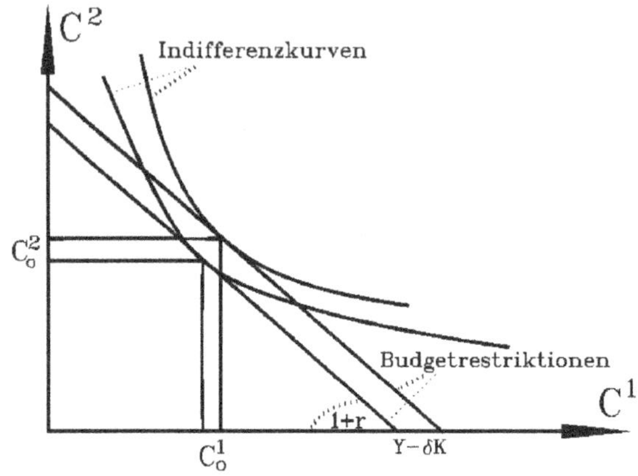

Abb. 2.18. Zur nutzenoptimalen Wahl von Konsum heute C_o^1 und Ersparnis $S = Y^D - C_o^1 = Y(w/p) - \delta\bar{K} - C_o^1 = C_o^2/(1+r)$

Man sieht in dieser Grafik, wie Zins und Einkommen die optimale Konsumentscheidung des Haushalts bestimmen und man ersieht insbesondere, dass die üblicherweise unterstellten Indifferenzkurven, auf der eine solche Entscheidung beruht, bei einer Zunahme des Einkommens sowohl eine Zunahme des gegenwärtigen als auch des zukünftigen Konsums und damit der Ersparnis implizieren. Diese Ersparnis S hängt damit insbesondere positiv vom zugrundegelegten Einkommen ab und zwar so, dass eine marginale Sparneigung S_{Y^D} zwischen Null und Eins zustandekommt.

Insbesondere diese Argumentation legt es nahe, dass die Sparfunktion der Neoklassik bislang unvollständig dargestellt worden ist und dass sie im Rah-

[33] Hinsichtlich der Details einer solchen Mikrofundierung der Konsum- und Sparentscheidung der Haushalte vgl. man Crouch (1972, Kap.3). Angemerkt sei hier des Weiteren, dass auf Basis einer solchen Mikrofundierung wie auch aus empirischer Sicht es keineswegs klar ist, ob man bei der Ersparnis von einer positiven Abhängigkeit vom Zinssatz r ausgehen kann. Für die Zwecke der momentanen Kritik des neoklassischen Basismodells ist eine solche Unklarheit jedoch ohne Belang.

men der neoklassischen Theorie auf Basis der im Sayschen Gesetz enthaltenen Einkommenserwartungen korrekt durch die Sparfunktion

$$S = S(Y(\bar{w}, p) - \delta\bar{K}, r)$$

wiederzugeben ist, d.h. dass im neoklassischen Basismodell implizit angenommen worden ist, dass die geplante Ersparnis aus dem profitmaximalen Einkommen Y^D fließt und dann wie bekannt durch Variationen des Zinssatzes mit der Investition zur Deckung gebracht wird. Konsequenterweise sollte deshalb die Sparfunktion auch zu jedem anderen Wert des verfügbaren Einkommens $Y - \delta\bar{K}$ durch $S = S(Y - \delta\bar{K}, r)$ spezifiziert werden.

Es ist in einem nächsten Schritt plausibel, auch auf der Makroebene anzunehmen, dass steigende Einkommenspläne der Haushalte $Y - \delta\bar{K}$ mit einem Anstieg der geplanten Ersparnis S im Aggregat einhergehen, da – zumindest gewisse Einkommensbezieher – für zukünftige Konsumzwecke in einem steigenden Umfang Vermögen bilden oder vermehren wollen, sei es in Form von Realkapital oder in Form von finanziellen Aktiva. Es liegt daher nahe, die gesamtwirtschaftliche Sparfunktion (unter Beibehaltung der neoklassischen Sicht über die Rolle des Zinssatzes beim Sparverhalten) wie folgt zu festzulegen, wobei Y^D wieder das verfügbare Einkommen der Haushalte bezeichnet:

$$S = S(Y^D, r), \quad Y^D = Y - \delta\bar{K}, \quad S_{Y^D} \in (0, 1), S_r > 0.$$

Die Beziehung $0 < S_{Y^D} < 1$ besagt für die Konsumfunktion $C = Y^D - S(Y^D, r)$, die mit dieser Sparfunktion einhergeht, ebenfalls $0 < C_{Y^D} < 1$, d.h. die marginale Konsumneigung, d.i. die Steigerung des Konsums bei Zunahme des Einkommens um eine Einheit, ist wie die marginale Sparneigung S_{Y^D} positiv und kleiner als eins. Bei einer volkswirtschaftlichen Einkommenssteigerung wird also nicht alles zusätzliche Einkommen als Konsumausgabe verplant. Dies ist von Keynes (1936) als ein fundamentales Gesetz bezeichnet worden. Seine einfache, aber logisch zwingende Konsequenz ist, dass das Sparverhalten der Wirtschaftssubjekte nunmehr als von zwei Argumenten abhängig betrachtet werden muss, dergestalt, dass eine Steigerung des Einkommens nicht von einer gleichgroßen Steigerung des gesamtwirtschaftlich geplanten Konsums begleitet ist. Dies scheint zunächst nur eine einfache Erweiterung des bisherigen neoklassischen Basismodells darzustellen, die sich scheinbar nahtlos in die bisherige Struktur dieses Modells einfügen lässt.

In der Tat hat diese einfache Erweiterung (im Zusammenspiel mit einer weiteren) jedoch gravierende Konsequenzen. Zunächst folgt für die neoklassische Darstellung des Gütermarktes jetzt:[34]
Der Zinssatz r kann also nicht mehr unabhängig vom Einkommen bestimmt werden. Anders ausgedrückt haben wir jetzt eine Gleichgewichtsbeziehung

[34] Wir werden später auf den Einfluss des Nominalzinses auf das Sparverhalten der Haushalte der Einfachheit halber verzichten, wollen dies aber hier noch nicht tun, um eben darlegen zu können, dass das folgende Keynes-Modell eine zwingende und fundamentale Komplettierung des neoklassischen Basismodells darstellt.

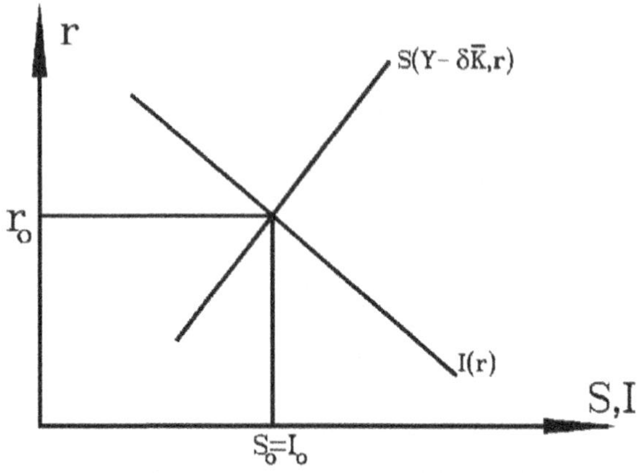

Abb. 2.19. Die Keynes'sche Erweiterung des neoklassischen Kapitalmarkts

vorliegen, die von zwei makroökonomischen Variablen abhängt, also keine eindeutige Lösung mehr hat. Technisch gesprochen haben wir damit eine durch

$$H(Y, r) = S(Y - \delta\bar{K}, r) - I(r) = 0$$

implizit definierte Funktion $Y(r)$ oder $r(Y)$ vorliegen, die die Menge aller Einkommens–Zins–Kombinationen beschreibt, die die Gleichgewichtsbedingung $H(r, Y) = 0$ erfüllen, also Gütermarktgleichgewicht repräsentieren. Für diese sog. IS–Kurve gilt gemäß dem Satz über implizite Funktionen $r'(Y) = -H_Y/H_r < 0$, d.h. steigendes Einkommen erzwingt fallende Zinsen (wodurch die mit dem Einkommensanstieg verbundene vermehrte Ersparnis wieder mit Investionsplänen zur Deckung gebracht wird).

Wie aber lautet nun der Kausalzusammenhang am Gütermarkt: Bestimmt das Einkommensniveau den Zins, oder ist es umgekehrt, dass der Zins ein bestimmtes Einkommensniveau nach sich zieht oder determiniert? Das neoklassische Basismodell hat diese Frage zwar zunächst ignoriert, jedoch kann es – in Fortsetzung der ihm zugrundeliegenden Logik – in der Richtung erweitert werden, dass das zuvor (über Grenzproduktivitätstheorie und Quantitätstheorie) zusammen mit p_0 bestimmte Gleichgewichtseinkommen Y_0 in $S(Y - \delta\bar{K}, r)$ eingesetzt wird, um daraus dann r_0 durch Interaktion von Spar– und Investitionsplänen zu bestimmen. Im Rahmen des neoklassischen Modells sollte also die folgende Sichtweise gelten:

$$(p_0, Y_0) \to S(Y_0 - \delta\bar{K}, r) = I(r) \to r_0.$$

Der Schnittpunkt von AS- und QT-Kurve legt somit wie bisher das Preisniveau und die Produktion fest, bei der die profitmaximale Produktion durch die vorhandene Geldmenge reibungslos umgesetzt werden kann, und der Zinssatz ermöglicht anschließend gleichzeitig Kapitalmarkt- und Gütermarktgleichgewicht. Diese Sichtweise setzt allerdings voraus, dass die Ersparnis sowohl unmittelbar als auch vollständig am Kapitalmarkt angelegt wird. Dies folgt direkt aus der an früherer Stelle erwähnten Annahme der Neoklassik, dass jegliche Geldhaltung über den reinen Transaktionsbedarf hinaus aus ökonomischer Sicht irrational ist.

Bei Licht besehen sprechen jedoch mehrere Gründe dafür, dass die Verwendung von Geld als Wertaufbewahrungsmittel nicht nur mit Blick auf die Realität zu berücksichtigen ist, sondern auch aus ökonomischer Sicht durchaus rational sein kann. Während auf die verschiedenen denkbaren Motive in diesem Zusammenhang an späterer Stelle ausführlicher eingegangen wird, mag hier ein Verweis auf das tatsächliche Anlageverhalten vieler Menschen genügen. Würde man stets nur denjenigen Geldbetrag im Portemonnaie (oder auf dem Girokonto) halten, der zur Abwicklung der Transaktionen des laufenden Tages unbedingt erforderlich ist (so wie es der klassischen Vorstellung eigentlich entsprechen würde), so müsste man zu Beginn jedes Tages zunächst einige Anlagen verkaufen, um den aktuellen Liquiditätsbedarf zu decken. Dies würde natürlich nicht unerhebliche Transaktionskosten verursachen (und sei es auch nur in Form der damit verbundenen Unbequemlichkeiten und des entsprechenden Zeitaufwandes), so dass viele (wenn nicht gar die meisten) Menschen ihnen zufließende liquide Mittel zunächst einmal halten und erst zu einem späteren Zeitpunkt über deren Anlage entscheiden. Damit jedoch ist die direkte Verbindung zwischen der Ersparnis und der Angebotsseite am Kapitalmarkt (bzw., was dasselbe bedeutet, der Nachfrage nach neuen Wertpapieren) unterbrochen. Im Umkehrschluss bedeutet das, dass ein Gleichgewicht auf dem Wertpapiermarkt nicht mehr gleichbedeutend mit einem Gleichgewicht zwischen laufenden Investitionen und laufender Ersparnis ist.

Als gedankliche Stütze[35] für die folgenden Überlegungen kann man sich in diesem Zusammenhang vorstellen, dass die laufende Ersparnis bis zum Ende der betrachteten Periode[36] in liquider Form gehalten wird und erst zu Beginn der Folgeperiode (ganz oder teilweise) auf den Bondmarkt fliesst. Umgekehrt könnte man in Bezug auf die Investitionen annehmen, dass diese sich bereits zu Beginn der jeweils laufenden Periode am Bondmarkt finanzieren, wobei die damit verbundenen Neuemissionen an Bonds jedoch im Folgenden nicht explizit berücksichtigt werden. Dies wiederum könnte man damit rechtfertigen, dass der Umfang der Neuemissionen im Vergleich zur Menge der bereits vorhandenen "alten" Bonds von vernachlässigbar geringer Größenordnung ist. Es wird somit in gewohnter Weise der Zinssatz r_0 determiniert (vgl. Abb. 2.9.), bei dem Bondnachfrage und -angebot ins Gleichgewicht kommen: $B^d(r_0) = B^s(r_0)$. Anders als im neoklassischen Basismodell ist jetzt aber der

[35] Man beachte hierbei, dass diese Sichtweise weder die einzig mögliche noch die von Keynes ursprünglich vertretene darstellt. Sie hat allerdings den Vorteil, eine sowohl einfache als auch nicht völlig unplausible Grundlage für das nachfolgend zu entwickelnde Keynes'sche Basismodell zu liefern.

[36] Man rufe sich in diesem Zusammenhang noch einmal den kurzfristigen Charakter der Analyse in Erinnerung.

Zinssatz r_0 und nicht der Output Y_0 vorgegeben, wenn es zur Betrachtung des Gütermarktgleichgewichts kommt.

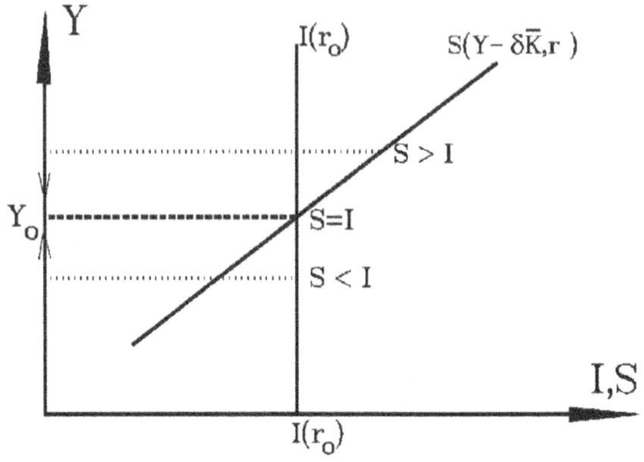

Abb. 2.20. Keynes'sches Gütermarktgleichgewicht

Gütermarktgleichgewicht muss deshalb durch Variationen des Einkommens bei bereits fixiertem Zins– und Investitionsniveau zustandekommen. Dies ist eine glatte Negation des früher betrachteten Sayschen Gesetzes, wonach jeder Output sich über einen flexiblen Zinssatz seine Nachfrage generierte. Stattdessen gilt jetzt, dass sich Einkommen (und damit Produktion) so anzupassen haben, dass die damit erzeugte Ersparnis S dem bereits vom Bondmarkt her festgelegten Investititonsvolumen $I(r_o)$ gleich ist, sollen die Produzenten nicht am Markt vorbeiproduziert haben. Anstelle der Behauptung, dass jedes Angebot aufgrund ökonomischer Anpassungsprozesse absetzbar werden muss, haben wir also jetzt das Ergebnis, dass nur ein einziges Produktionsniveau über das Einkommen, welches es generiert, marktgleichgewichtsfähig ist:

$$Y_0 = C(Y_0 - \delta \bar{K}, r_0) + I(r_0) + \delta \bar{K} \leftarrow Y = F(L^d)$$

Der links des Pfeils angesiedelte Ausdruck weist ein Einkommensniveau aus, welches mit der gesamtwirtschaftlichen Nachfrage übereinstimmt (den sog. Punkt der effektiven Nachfrage), ganz unabhängig davon, was auf Seiten der Produzenten (rechts) geplant und realisiert wird. Wie dargestellt, ist aber zu vermuten, dass sich der Output Y der Unternehmungen an den Punkt Y_o der 'effektiven Nachfrage' anpasst, da sonst z.B. beständig Überschuss produziert werden würde. Die unterstellte Gültigkeit des Sayschen Gesetzes ist damit die kritische Annahme im neoklassischen Basismodell. Im diese Annahme vermeidenden Keynes'schen Basismodell gilt dann auch genau das Umgekehrte, nämlich dass die Nachfrage (oder besser ein bestimmtes Einkommens–Ausgaben–Gleichgewicht) die Produktion oder das Angebot auf ein bestimmtes Niveau dirigiert.

2.2.2 Ein Keynes–Modell

Nach diesen Vorüberlegungen ist es nun einfach, die grundsätzliche Kausalkette der Keynes'schen Theorie des temporären Gleichgewichts modellmäßig darzustellen. Unter Ausnutzung der bekannten sonstigen Bausteine des neoklassischen Basismodells ergibt sich für diesen Ansatz die folgende, im wesentlichen geläufige Modellstruktur:

$$
\begin{aligned}
B^d(r) &= B^s(r) \qquad [M^d = \bar{M}] \\
I(r) &= S(Y^D, r) \qquad [C(Y^D, r) + I(r) + \delta\bar{K} = Y] \\
Y &= F(L^d) \qquad [L^d = F^{-1}(Y)] \\
\omega &= F'(L^d) \qquad [p = \bar{w}/F'(L^d)]
\end{aligned}
$$

wobei $Y^D = Y - \delta\bar{K}$ wie zuvor das für die Haushalte verfügbare Einkommen bezeichnet. Im Hinblick auf das von uns benutzte Märkte–Sektoren - Schema ergibt diese Reformulierung des neoklassischen Basismodells:

Tabelle 2.6. Reformulierung der Wirtschaftsstruktur des neoklassischen Basismodells

	Arbeits-markt	Güter-markt	Geld-markt	Kapital-markt	
Haushalte	$\bar{L}$	$C(Y^D, r)$	M^d	$B^d(r)$	
Unter-nehmen	$L^d(w/p)$	$Y(w/p), I(r)$		$B(r)$	Kurze Frist
Staat			$\bar{M}$		
Preise	w	p		$p_b = 1, r$	Kurze oder
Erwartungen					mittlere Frist

Man kann aus dieser Darstellung erkennen, dass in ihr zwar Geldangebot und Geldnachfrage dargestellt sind, aber offensichtlich nicht mehr von der einfachen Quantitätstheorie des Geldes ausgegangen wird. Dadurch wird bereits hier angedeutet, dass in diesem Ansatz bei seiner späteren Komplettierung der Geldmarkt als Spiegelbild des Bondmarkts aufgefasst werden wird, was implizit eine zweite Änderung am neoklassischen Basismodell darstellt. Was an die Stelle der von Keynes als sehr fragwürdig angesehenen Quantitätstheorie des Geldes tritt, kann aber erst im nächsten Kapitel bei der Einführung des keynesianischen IS-LM Modells besprochen werden.

Auf Basis dieses 'revolutionierten' neoklassischen Basismodells ergibt sich nun die folgende grafische Darstellung der Keynes'schen Kausal-Kette oder Bestimmungs-Sequenz in Bezug auf Zins, Einkommen, Beschäftigung und Preisniveau:

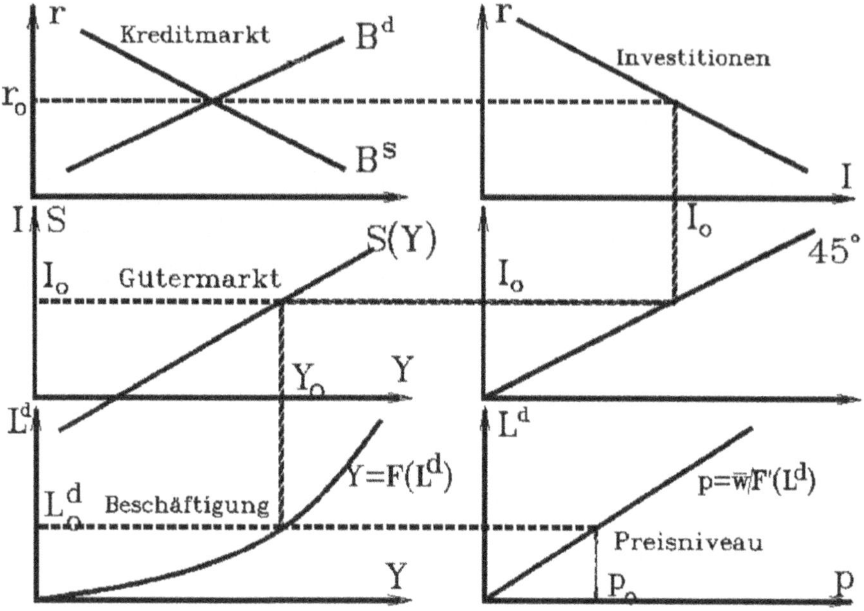

Abb. 2.21. Die Keynes'sche Kausalkette der Bestimmung von Einkommen und Beschäftigung

Die hiermit dargestellte Sequenz

$$r_0 \rightarrow I_0 \rightarrow S_0 \rightarrow Y_0 \rightarrow L_0^d < \bar{L} \rightarrow p_0$$

beruht erneut auf der Annahme von nach unten rigiden Nominallöhnen, die, wie schon festgestellt, auf diversen Sachverhalten, die nichts mit dem makroökonomischen Gedankengebäude zu tun haben, beruhen kann. Im Unterschied zum neoklassischen Basismodell ist hier die Rigidität des Lohns nur auf der letzten Modellierungsstufe, der Bestimmung des Preisniveaus p_0, relevant.

In der obigen Kausal- oder Ereignissequenz ist unterstellt, dass die Wertpapiermärkte einen Zustand aufweisen, der für Vollbeschäftigung – wie gleich ersichtlich wird – einen zu hohen Gleichgewichts–Nominalzins r_0 generiert. Das bei diesen Zinsen mögliche Investitionsvolumen erlaubt, wie wir oben schon gesehen haben, lediglich ein Sparvolumen von S_0, was Einkommen, Produktion und Beschäftigung auf Niveaus von Y_0 und L_0^d zwingt, die für Vollbeschäftigung zu niedrig sind. Im letzten Diagramm dieser Kette ist schließlich die mit Produktionsausdehnung steigende Grenzkostenkurve dargestellt,[37] also $\bar{w}/F'(L^d) = \bar{w}\ \Delta L^d/\Delta Y$. Gemäß neoklassischer wie Keynes'scher Theorie gilt Preis = Grenzkosten, d.h. in Abhängigkeit von der bereits bestimmten Beschäftigung ergibt sich hier schließlich unter kompetitiven Bedingungen das dazugehörige Preisniveau p_0.

Wir haben schon gesehen, dass in der Keynes'schen Theorie das Saysche Gesetz quasi auf dem Kopf steht. Die Gültigkeit dieses Gesetzes zu negieren war das Hauptanliegen von Keynes (1936) bei der Formulierung seiner 'Allgemeinen Theorie der Beschäftigung'. Wir haben jedoch bereits festgestellt, dass noch ein weiterer Baustein unseres neoklassischen Basismodells in der obigen Darstellung der Keynes'schen Revolution dieses Modells nicht mehr gegenwärtig ist: die Quantitätstheorie des Geldes. Wir werden im nächsten Kapitel sehen, was aus Keynes'scher Sicht als Geldtheorie an die Stelle der Quantitätstheorie tritt [und dort die hier benutzte 'loanable funds' Theorie (Kreditmarktheorie) der Zinsbestimmung ersetzt].

Wir haben im neoklassischen Modell gesehen, dass sinkende Geldlöhne ($\bar{w} \downarrow$) die Beschäftigung und eine steigende Neigung zum Sparen ($S(r) \uparrow$) die Kapitalakkumulation anregen und damit beide Ereignisse positiv bewertet werden müssen. Damit verglichen liefert das Keynes–Modell hier paradoxe Resultate, wenn man das zweite Ereignis jetzt dadurch angemessen charakterisiert, dass zu gegebenem Einkommen und Zinssatz das geplante Sparvolumen ansteigt: $S(Y - \delta\bar{K}, r) \uparrow$. Die obige Kausalkette liefert bezüglich dieser beiden komparativ–statischen Überlegungen zum einen, dass sinkende Löhne auf dem Wege über sinkende Grenzkosten lediglich sinkende Preise zur Folge haben, also real nichts bewirken und insbesondere die Beschäftigungslage nicht mehr positiv beeinflussen. Lohndeflation führt deshalb nach Keynes in diesem Grundmodell lediglich zu Preisdeflation, was im Lichte der neoklassischen Ergebnisse sicherlich treffend als *Lohnparadox* bezeichnet werden kann.

Zum anderen führt gestiegene Sparneigung zu keiner Wirkung bei Zins und Investitionsvolumen, was impliziert, dass es einen Rückgang beim Einkommen, der Produktion und der Beschäftigung geben muss, soll der Gütermarkt wieder ins Gleichgewicht geraten. Steigender Sparwille wirkt deshalb lediglich kontraktiv (und preissenkend) und keineswegs mehr förderlich auf die Kapitalakkumulation ein, da $I_o = S_o$ invariant bleibt. Erneut im Lichte der neoklassischen Schlussfolgerungen betrachtet, kann dies nur als *Sparparadox* empfunden werden.

Man sieht, dass auch die komparativ–statischen Implikationen denen des neoklassischen Basismodells fundamental entgegengesetzt sind. Die vorgenommene Erweiterung der Determinanten der volkswirtschaftlichen Ersparnis führt somit zu radikal neuen Schlussfolgerungen.

---

[37] Vgl. dazu Abbildung 2.1.

Analog kann man sich mit Hilfe der obigen grafischen Darstellung leicht klarmachen, dass

1. eine Erhöhung des Arbeitsangebots $\bar{L}$ (z.B. durch Immigration) keinerlei Effekt auf die temporäre Gleichgewichtslage der Volkswirtschaft hat.
2. Eine Erhöhung der Investitionsneigung (zu jedem Zinssatz r) die Produktion, die Beschäftigung und die Preise steigen lässt.
3. Eine durch technischen Wandel bedingte lokale Parallelverschiebung der Produktionsfunktion nach oben den Output invariant lässt und damit die Beschäftigung und die Preise senkt.

Zinseffekte können nur auftreten, wenn sich die Angebotspläne und Nachfragepläne am Bondmarkt ändern. Geldpolitik (z.B. steigendes $\bar{M}$) kann hier, wie gesagt, noch nicht thematisiert werden kann, da dazu erst die Keynes'sche Sicht des Geldmarktes zu entwickeln ist.

Im Preis–Output–Diagramm lässt sich das Keynes–Modell wie folgt darstellen:

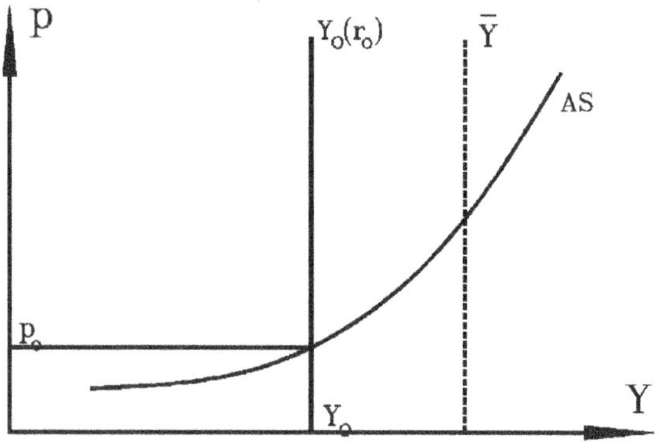

Abb. 2.22. Die AD-AS-Darstellung des Keynes-Modells

Die aggregierte Angebotsfunktion (AS) ist die gleiche wie im neoklassischen Basismodell (wobei $\bar{Y}$ erneut die Vollbeschäftigungslinie darstellt). Die aggregierte Nachfragefunktion (AD), die an die Stelle der quantitätstheoretischen Bestimmung des Preis–Output–Verhältnisses tritt, hängt – wie wir gesehen haben – nur vom auf dem Bondmarkt realisierten Zinssatz (und natürlich von Investitions– und Sparneigung) ab und wird nicht von Variationen des Preisniveaus p beeinflusst. Ein zu hoher Zinssatz r_0 – und nicht ein zu hoher Nominallohn – ist damit hier letztendlich die Ursache für Arbeitslosigkeit $\bar{L} - L_0^d, L_0^d = F^{-1}(Y_0)$. Geldlohnsenkungen verlagern die AS–Kurve nach unten, führen also, wie schon gesehen, zu Preisniveausenkungen, ohne Y_0 und damit L_0^d beeinflussen zu können. Damit ist klar, was Keynes unter unfreiwilliger Arbeitslosigkeit im strengen Sinne des Wortes verstanden haben wollte, nämlich einen Zustand, der an 'Wall Street' und von Investoren und Sparneigungen entschieden wird, auf den die Arbeitnehmerseite keinen Einfluss ausüben kann, es sei denn, sie ist zur Negation bestehender Rahmenbedingungen im Sinne des Zitats von Rothschild bereit (vgl. 2.1.5). Für Keynes war dieser Typ an unfreiwilliger Arbeitslosigkeit die zentrale Erklärung der Massenarbeitslosigkeit, die er vor Augen hatte, als er die 'Allgemeine Theorie der Beschäftigung, des Zinses und des Geldes' (1936) veröffentlichte.

2.2.3 Eine Modifikation des Keynes'schen Basismodells

Wir haben gesehen, dass die Keynes'sche Revolution des neoklassischen Modells im wesentlichen die Negation des Sayschen Gesetzes, wonach jedes Angebot sich seine Nachfrage schafft, betrifft. Die anderen Bausteine (Zinstheorie, Investitionstheorie und Arbeitsmarkt) wurden von ihm vom Funktionsprinzip her übernommen, auch wenn die Zinstheorie, wie wir noch sehen werden, geldmarkttheoretisch von ihm ergänzt und ausformuliert wurde. Gemäß der Neoklassik gilt deshalb auch im Keynes'schen System, dass Beschäftigung und Reallohn negativ miteinander korreliert sind.

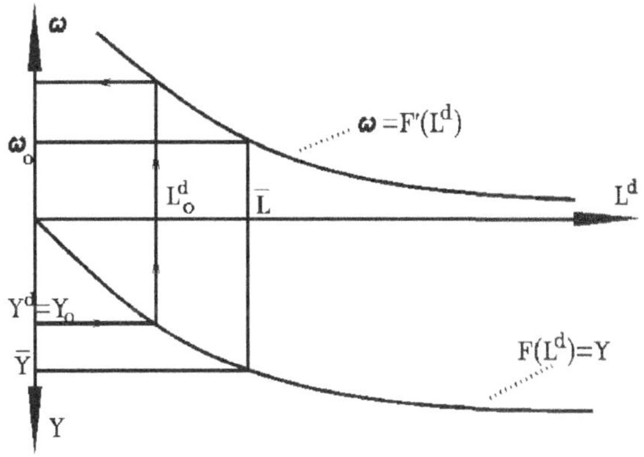

Abb. 2.23. Die Kausalitätsrichtung bei der Keynes'schen Verwendung der Grenzproduktivitätstheorie

Der einzige – aber entscheidende – Unterschied ist, dass die Kausalität in der (L^d, ω)–Bestimmung von seiten der Arbeitsnachfrage her gesehen wird (die ihrerseits durch den Punkt der effektiven Nachfrage determiniert wird), während in der Neoklassik vom Geld– und Reallohn herkommend argumentiert wird.

In diesem Zusammenhang schreibt Mankiw (1994, S.295) in Bezug auf das Keynes'sche Modell:

> "The real wage should be *countercyclical:* It should fluctuate in the opposite direction from employment and output. Keynes himself wrote

> in *The General Theory* that "an increase in employment can only occur to the accompaniment of a decline in the rate of real wages." The earliest attacks on *The General Theory* came from economists challenging Keynes's prediction." ...

und er stellt abschließend fest:

> "If the real wage is cyclical at all, it is slightly *procyclical:* the real wage tends to rise when output rises."

Eine einfache Art, diesen der Grenzproduktivitätstheorie des Reallohns widersprechenden empirischen Beobachtungen zu genügen, kann wie folgt motiviert werden.

Sollen Verluste vermieden werden, so ist klar, dass das Preisniveau größer oder gleich den Grenzkosten der Produktion $\bar{w}\, \Delta L/\Delta Y = \bar{w}/F'(L^d)$ zu sein hat oder auch

$$pF'(L^d) \geq \bar{w}$$

wenn man auf den Grenzerlös abstellt. Keynes (1936, Kap.21) nahm nun in seiner Theorie der Preise und des Preisniveaus an, dass Wettbewerbsbedingungen das Preisniveau bis auf die Grenzkosten drücken würden, weshalb auch in seiner Theorie die Grenzproduktivitätstheorie (in neuer Sichtweise) zutraf. Dieses Preisniveau ist jedoch nur das Minimum aller mögliches Preisniveaus, die durch das Preissetzungsverhalten von nachfragerestringierten Firmen entstehen können. Ein solcher Preissetzungsspielraum der Firmen kann sich ergeben, wenn von der Annahme vollkommener Konkurrenz auf den Gütermärkten abgegangen wird. Eine übliche mögliche Alternative zu dieser Minimumsregel ist durch sog. Aufschlags–Preisbildung gegeben:

$$p = (1+a)\frac{\bar{w}L^d}{Y} \qquad \left(\geq \frac{\bar{w}\, dL^d}{dY}\right)$$

wo a den (konstanten) Aufschlag auf die Lohnstückkosten $\bar{w}L/Y$ bezeichnet, mittels dessen die Firmen Gewinn erzielen wollen. Nach dem Reallohn aufgelöst, ergibt diese Formel

$$\omega = \frac{\bar{w}}{p} = \frac{y}{1+a}, \qquad y = \frac{Y}{L}$$

so dass sich der Reallohn in diesem Ansatz – bei fixem Aufschlagssatz a – also prozyklisch verhält, wenn dies für die gesamtwirtschaftliche Arbeitsproduktivität y nachgewiesen werden kann.

Letzteres ist, empirisch gesehen, in der Tat der Fall und auch nicht unplausibel, wenn man davon ausgeht, dass Firmen Arbeitskraftreserven haben, die bei steigender Nachfrage aus einem gegebenen Beschäftigungsvolumen heraus realisiert werden können.

Im Streit um pro– oder kontrazyklische Reallohnbewegungen, die, wie Mankiw feststellt, jedenfalls nicht ausgeprägt beobachtbar sind, wollen wir uns im Folgenden jedoch möglichst neutral verhalten und werden hier deshalb einfach von gegebener Arbeitsproduktivität $\bar{y} = Y/L^d$ ausgehen. Die bisherige Annahme fallender Grenzprodukte wird also durch die noch einfachere Annahme konstanter Grenzprodukte ersetzt. Gleichermaßen wollen wir auch beim Kapitaleinsatz fixe Proportionen unterstellen: $\bar{x} = Y^p/K$, was heißen soll, dass der Normaloutput (im Sinne des kapazitätsseitigen Maximaloutputs) Y^p in einer fixen Proportion zum momentan gegebenen Kapitalstock K steht. Die Größe $\bar{x}$ wird in der volkswirtschaftlichen Gesamtrechnung als (maximale oder normale) gesamtwirtschaftliche Kapitalproduktivität (bei bezeichnet. Anstelle einer neoklassischen Produktionsfunktion liegt damit jetzt eine linear–limitationale Produktionsfunktion vor, bei der sowohl Arbeits- als auch Kapitalproduktivität als exogen gegebene Daten behandelt werden:

$$Y = \min\{\bar{x}K, \bar{y}L^d\},$$

wobei K und L^d den momentanen Kapital– und Arbeitseinsatz bezeichnen. Die Keynes'sche Theorie defizitärer Nachfrage wird durch diese Modifikation in ihren zentralen Aussagen nur unwesentlich verändert, da die Gestalt der AD-Kurve hier das Entscheidende ist und nicht die Gestalt der AS-Kurve:

Ein großer Vorteil dieser neuen Sicht der AS-Kurve ist, dass sie den Keynes'schen Ansatz deutlich durchsichtiger gestaltet. Weiterhin gilt, dass Zins– und Investitionsverhalten den Output der Firmen – und damit die Beschäftigung – determinieren. Glücklicherweise sind Arbeiter in der Frage von Lohnsenkungen, "obschon unbewusst, instinktiv vernünftigere Wirtschafter als die klassische Schule, indem sie sich gegen eine Kürzung der Geldlöhne wehren, ..."(Keynes, 1936, S.12). Anderenfalls würde erneut nur die AS–Kurve nach unten shiften, also eine (problematische) Deflationsspirale entstehen, ohne dass sich an der Lage am Arbeitsmarkt irgendetwas verändern würde.

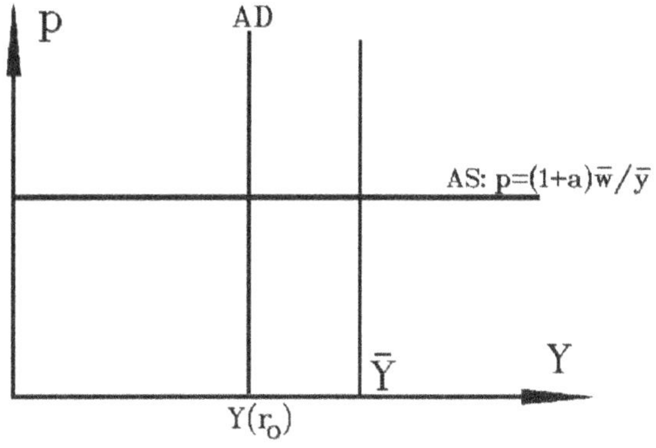

Abb. 2.24. AD und AS im einfachsten Keynes-Modell

Fixe technologische Proportionen lassen somit den Grundgedanken von Keynes' 'Allgemeiner Theorie' noch deutlicher hervortreten. Analoges gilt, wenn man die 'Neoklassik' und 'Keynes' synthetisierende Sparfunktion $S(Y-\delta\bar{K},r)$ zu $S = s(Y-\delta\bar{K}), s =$ const. $\in (0,1)$ vereinfacht, da damit die absetzbare Produktion einfach durch

$$Y_0 = \delta\bar{K} + I(r_0)/s \qquad [B^d(r_0) = B^s(r_0)]$$

charakterisiert werden kann, natürlich zusammen mit $L^d = Y_0/\bar{y}$ und $p = (1+a)/\bar{y}$. Dies ist u.E. die einfachste Form, in der man den Grundgedanken der Keynes'schen Theorie unfreiwilliger Arbeitslosigkeit $\bar{L} - L^d$ darstellen kann. Die folgenden Gleichungen fassen diese Darstellung zusammen. Sie bilden die Grundlage der im nächsten Kapitel auszubauenden Analyse der keynesianischen Bestimmung kurzfristigen oder temporären Gleichgewichts.

$$\begin{aligned}
B^d(r) &= B^s(r) \rightarrow r_o \\
I(r_o) &= s(Y-\delta\bar{K}) \rightarrow Y_o = \delta K + I(r_o)/s \\
Y_o &= \bar{y}L^d \rightarrow L^d_o \\
p &= (1+a)\bar{w}/\bar{y} \rightarrow p_o
\end{aligned}$$

Tabelle 2.7. stellt im Vergleich zu Tabelle 2.4., den komparativ-statischen Ergebnissen des neoklassischen Basismodells bei Unterbeschäftigung, die komparative Statik dieses Keynes-Modells dar und sollte mit den dort erzielten Ergebnissen sorgfältig verglichen werden. Man beachte hierbei, dass im Kontext dieses Keynes-Modells der Geldmarkt (in vorläufiger Weise) als Spiegelbild des Bondmarktes angesehen wurde, also ein Überschussangebot auf diesem Markt einfach als Überschussnachfrage am Bondmarkt interpretiert werden kann, die durch *Zinssenkungen* wieder beseitigt werden kann und wird. Eine genauere Klärung dieser Vorgehensweise ist erst im nächsten Kapitel bei der Behandlung des keynesianischen IS–LM–Modells möglich.

Tabelle 2.7. Komparativ–statische Analyse des Keynes-Modells bei Unterbeschäftigung

	L^d	Y	p	r	ω
$\bar{w}\uparrow$:	0	0	+	0	0
$\bar{y}\uparrow$:	-	0	-	0	+
$I\uparrow$:	+	+	0	0	0
$S\uparrow$:	-	-	0	0	0
$\bar{L}\uparrow$:	0	0	0	0	0

Abschlussbemerkung: Wenn diese Theorie des temporären Gleichgewichts einer marktwirtschaftlich organisierten Volkswirtschaft im Grundsätzlichen richtig ist, so muss sie auch in der Lage sein, die mittelfristige und langfristige Evolution solcher Ökonomien (ansatzweise) zu erfassen. In dieser Hinsicht ist es hier jedoch nur möglich, eine allererste Schlussfolgerung über die Dynamik solcher temporären Gleichgewichtslagen zu ziehen.

Solange das Lohnniveau $\bar{w}$ fix bleibt, gibt es in der obigen Basisversion des Keynes–Modells keine Deflation oder Inflation, also auch keine Inflationserwartungen. Bleibt darüber hinaus die Lage am Bondmarkt unverändert, so bleiben Zinssatz r_0 (möglicherweise auf hohem Niveau) und damit Investitionen und Output (auf niedrigem Niveau) invariant. Nettoinvestitionen I haben nun aber nicht nur einen Nachfrageeffekt ($Y_0 = \delta\bar{K} + \frac{1}{s}I(r_0)$), sondern auch einen Kapazitätseffekt: $\dot{K} = I$, d.h. sie vermehren die produktiven Kapazitäten, solange diese Nettoinvestitionen I positiv sind [zwischen den Nettoinvestitionen I und den Bruttoinvestitionen I^b besteht bekanntlich der Zusammenhang: $I^b = I + \delta K$]. Wir nehmen im Folgenden an, dass dies der Fall ist, die Wirtschaft somit noch nicht 'zu depressiv' ist. Für den Kapitalstock gilt damit $\dot{K} = I(r_0) =$ const., d.h. $K(t) = K(0) + I(r_0)t$. Und bzgl. der Arbeitskraft wissen wir gemäß früherer Annahme:

$$\dot{L} = n_1 L, \text{ d.h. } L(t) = L(0)e^{n_1 t}.$$

Es folgt, dass die Auslastungsgrade von Kapital und Arbeit:

$$u = Y_0/Y^p, Y^p = \bar{x}K; \quad e = L^d/L = (Y_0/\bar{y})/L$$

beide monoton abnehmen müssen, da eine gegebene Nachfrage am Gütermarkt auf immer mehr Produktionskapazität von sowohl Kapital als auch Arbeit trifft. In einer solchen Ökonomie dürften sich krisenhafte Tendenzen beständig ausbauen. Wodurch kann es zur Umkehr dieser Entwicklung kommen?

Im Rahmen des bisher Vorgestellten geht dies nur, wenn es zu einer geeigneten Kombination von Zinssenkungen, eines Sinkens der marginalen Sparneigung s und einer erhöhten Abschreibungsrate des Kapitals δ kommt: $Y_0 = \frac{1}{s}I(r_0) + \delta\bar{K} \uparrow, \dot{K} = I(r_0) \downarrow$. Dann könnte es sein, dass Beschäftigung und Auslastung der Unternehmen sich erholen und die Wirtschaft in eine Aufschwungphase gerät.

2.2.4 Fazit

Wir haben gesehen, dass der entscheidende Fortschritt bei einem Keynes'schen Modellansatz in der Negation des Sayschen Gesetzes liegt, wobei dieses nicht in der 'primitiven' Form, dass Akte des Sparens automatisch Investitionsvorhaben werden ($I \equiv S$), formuliert worden ist, sondern in der elaborierten Form, in der Gleichgewicht auf den Finanzmärkten (mittels flexibler Zinsen) gleichzeitig auch stets Gleichgewicht auf dem Gütermarkt bedeutet:

$I(r_0) = S(r_0)$. Funktionsfähige Finanzmärkte lassen deshalb kein Koordinationsproblem auf den Gütermärkten entstehen, in der Form, dass eine Nachfragelücke $Y - \delta\bar{K} - C = S$ nicht stets durch eine entsprechend hohe Investition ausgeglichen werden kann.

Der Akt des Sparens ist jedoch nicht mit dem Akt des Verleihens identisch (auch wenn man von Direktinvestitionen abstrahiert), da Sparen auch vermehrte Geldhaltung bedeuten kann. Das Gleichgewicht auf dem Gütermarkt kann deshalb nicht als Spiegelbild des Gleichgewichts auf dem Bondmarkt aufgefasst werden: $B^d(r_0) = B^s(r_0)$, sondern dieses kann durchaus mit Ungleichgewicht auf dem Gütermarkt $S(Y - \delta\bar{K}, r_0) \neq I(r_0)$ kompatibel sein. Zusätzliche Einkommensvariationen (= Produktionsanpassungen) müssen hier zustandekommen, soll dieses Gleichgewicht erreicht werden. Wir werden die dahinterstehenden Prozesse im nächsten Kapitel detailliert betrachten.

Die Zurkenntnisnahme des Sachverhalts, dass die Güternachfrage restringiert und damit defizitär sein kann, wirft somit erhebliche Probleme für die Beschreibung eines reibungslosen Funktionieren von Marktwirtschaften auf. Die Kapitel 3, 4 und 5 werden versuchen, diese Probleme aus kurz–, mittel– und langfristiger Sicht weiter zu verdeutlichen.

2.3 Zur heutigen Bedeutung präkeynesianischer Makroökonomik

Unsere bisherige Analyse zum Thema 'Keynes und die Klassik' wäre weitaus weniger bedeutsam, wenn dieses Thema lediglich Theoriegeschichte darstellen würde. Dies ist – wie die folgenden Erörterungen zeigen sollen – jedoch keineswegs der Fall. Eine gute Kenntnis dieser in ihren Schlussweisen diametralen Makrotheorien ist deshalb hilfreich, wenn es um moderne Ausprägungen dieses klassischen Gedankengutes geht, ganz gleich, ob diese in diesem Kontext mittels einer Reformulierung des Sayschen Gesetzes oder mit Hilfe des sogenannten walrasianischen Markträumungsansatzes begründet werden.

2.3.1 Analyse der kurzen Sicht: Unterbeschäftigung

Ein sehr einflussreiches Lehrbuch über makroökonomische Theorie war Mankiw (1994): 'Macroeconomics'. Dieses Buch durchbricht die herkömmliche Lehrbuchdarstellung dahingehend, als es zunächst die langfristigen Gleichgewichtslagen einer Ökonomie darstellen will, erst real und dann auch monetär eingekleidet, um daran anschließend kurzfristige Gleichgewichtslagen keynesianischer Art zu thematisieren, die vorübergehend zu ökonomischen Fluktuationen Anlass geben mögen. Dieses Vorhaben ist vom Methodischen her gesehen problematisch, da die lange Sicht als Evolution temporärer Positionen zustandekommt und damit deren Kenntnis voraussetzt. Didaktische

Überlegungen mögen jedoch einen anderen Aufbau in der Darstellung makroökonomischer Prozesse rechtfertigen, vorausgesetzt, dass sich die Analyse langfristiger und kurzfristiger Phänomene nicht widerspricht.

Mankiws (1994) Start in die theoretische Analyse verspricht, 'the economy in the long run' zum Gegenstand zu haben, beginnt aber in Kapitel 3 dennoch mit temporärer Gleichgewichtsanalyse. Es wird eine neoklassische Produktionsfunktion $Y = F(K, L)$ wie in Abschnitt 2.1.1 unterstellt und die Gültigkeit der Grenzproduktivitätstheorie zu gegebenen (vollbeschäftigten) Beständen an Produktionsfaktoren $\bar{K}, \bar{L}$ angenommen: $\omega = w/p = F_L(\bar{K}, \bar{L})$. Aufgrund der linearen Homogenität der Produktionsfunktion gilt dann auch:[38]

$$\rho = \frac{\bar{Y} - \delta\bar{K} - \omega\bar{L}}{\bar{K}} = \frac{\bar{Y} - \delta\bar{K} - F_L\bar{L}}{\bar{K}} = \frac{(F_K - \delta)\bar{K}}{\bar{K}} = F_K - \delta,$$

d.h. das Verhältnis von Profiten zu Kapital, die Profitrate ρ, ist gleich dem Netto-Grenzprodukt des Kapitals $F_K(\bar{K}, \bar{L}) - \delta$ bei Vollbeschäftigung der Faktoren $\bar{K}$ und $\bar{L}$. Die neoklassische makroökonomische Theorie der funktionalen Einkommensverteilung lässt sich damit wie folgt darstellen:

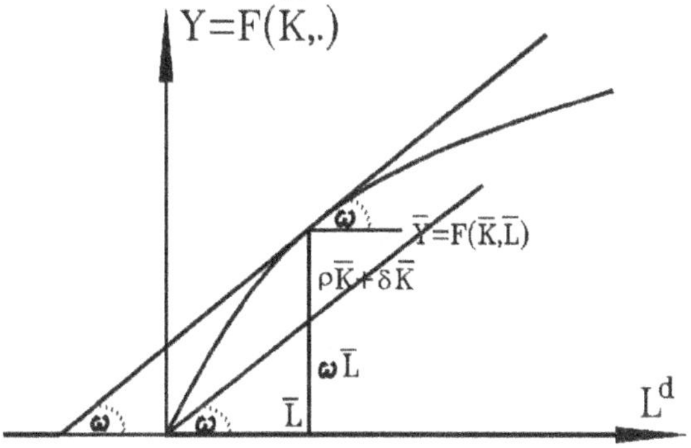

Abb. 2.25. Die makroökonomische neoklassische Verteilungstheorie des funktionalen Einkommens bei Vollbeschäftigung

Eine isolierte Vermehrung des Faktors 'Arbeit' um $\Delta\bar{L}$ impliziert somit einen niedrigeren Reallohn (Faktorpreis für Arbeit) und eine höhere Profitrate ρ (Faktorpreis für Kapital), d.h. die Faktorpreise von Kapital und Arbeit verhalten sich gemäß der Knappheitsrelation zwischen diesen beiden Faktoren. Entsprechendes gilt, wenn der Faktor 'Kapital' um den Betrag $\Delta\bar{K}$ vermehrt wird, wie man analog erkennen kann, wenn man das obige Diagramm als $F(, \bar{L}) = Y$-Diagramm reformuliert. Die neoklassische Verteilungstheorie genügt damit 'gesundem' Menschenverstand, was die Beziehung zwischen (Faktor–) Angebot und (Faktor–) Preis angeht, und sie hat einen weiteren Vorteil: "This theory ... is accepted by most economists today." (Mankiw, 1994,

[38] Vgl. dazu auch Mankiw (1994, 3.2).

S.47). Gleichwohl beruht sie auf Annahmen (Preisnehmer, profitmaximierende Mengenanpasser), die empirisch gesehen ebenso wenig plausibel sind, wie ihre Implikation, dass der Reallohn ω sich (bei gegebenem $\bar{K}$) gegenläufig zur Konjunktur, also antizyklisch verhalten muss, was Mankiw (1994, S.296) selbst als unwahrscheinlich bezeichnet. Konjunkturelle Schwankungen kommen hier aber erst zustande, wenn es Abweichungen vom obigen Vollbeschäftigungsgleichgewicht gibt, was in Mankiw (1994, Kap. 3) aber nicht zugelassen wird. In diesem Kapitel scheint der Reallohn sich permanent so anzupassen, dass Vollbeschäftigung in der Zeit erhalten bleibt.

Wir wollen uns jetzt wieder der Frage zuwenden, wie Mankiw (1994, Kap. 3.3,3.4) es begründet, dass der obige Vollbeschäftigungsoutput $\bar{Y}$ seine Abnehmer findet. Hier scheint Mankiw dem keynesianischen Ansatz zu folgen[39], wenn er zur Klärung dieser Frage eine keynesianische Konsumfunktion und Sparfunktion vom Typ $C = cY, S = sY,\ s = 1 - c$, unterstellt.[40] Doch dann folgt (S.61):

> "In fact, saving and investment can be interpreted in terms of supply and demand. ... Saving is the supply of loans – individuals lend their saving to investors or they deposit their savings in a bank that makes loans for them. Investment is the demand for loans – investors borrow from the public directly by selling bonds or indirectly by borrowing from banks. Since investment depends on the interest rate, the demand for these loans also depends on the interest rate.[41] The interest rate adjusts until investment equals saving. ... *At the equilibrium interest rate, saving equals investment, and the supply of loans equals demand.*"

Dies ist nichts anderes als eine Reformulierung von Says Gesetz aus Abschnitt 2.1.3, jetzt im Verbund mit der Keynes'schen Sparhypothese $S = sY$, wobei man dieser hinzufügt, dass der Output Y mit dem Vollbeschäftigungsoutput $\bar{Y}$ übereinstimmt. Dies entspricht dem Vorgehen, welches Keynes (1936, Kap.14) bereits ausführlich kommentiert und als fehlgeleitet kritisiert hat.

Und in der Tat zeigt Mankiw (1994, Kap.9) selbst, dass in der keynesianisch formulierten kurzen Sicht seines Buches das Produktionsniveau unterhalb des Vollbeschäftigungsniveaus liegen kann, da der (Nominal–)Zins in der keynesianischen Theorie lediglich die Vermögensmärkte, aber nicht gleichzeitig den Gütermarkt ins Gleichgewicht bringt. Die kurze Frist des Kapitels 3, die seiner langfristigen Analyse in Kapitel 4 unterliegt, ist damit eine andere als die von ihm als eigentlich zutreffend erachtete keynesianische Theorie der kurzen Sicht, in deren Rahmen der Zinssatz (z.B. im Falle unseres einfachen

---

[39] Wir vernachlässigen hier den Staatssektor.

[40] Mankiw (1994, 3.4) formuliert sein Modell im Unterschied zu uns mittels Y als verfügbarem Einkommen der Haushalte, so dass seine Spar- und Investitionsfunktion als Bruttogrößen zu interpretieren sind, die die Ersatzinvestition einschließen.

[41] Bei Mankiw der Realzins $r - \bar{\pi}^e, \bar{\pi}^e$ die Inflationsrate.

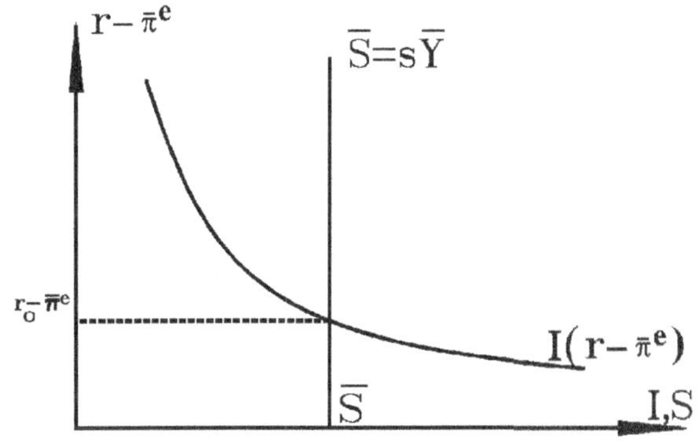

Abb. 2.26. Mankiws Formulierung von Says Gesetz

Keynes-Modells) dem obigen Diagram vorgegeben ist und nicht mehr durch dieses bestimmt werden kann. Es folgt, dass Abbildung 2.26. keine in einer monetären Ökonomie gültige Gleichgewichtslage beschreibt, da dort der Zinssatz r_o bereits durch Angebot und Nachfrage auf dem Bondmarkt bestimmt worden ist und damit die Investition in ihrem Volumen bereits determiniert worden ist. Wie in der Keynes'schen Kritik des neoklassischen Basismodells muss sich somit die Ersparnis durch Einkommens- un Beschäftigungsvariation an die Investition anpassen und nicht die Investition an die Ersparnis, soll Gütermarktgleichgewicht hergestellt werden.

Die Evolution temporärer Positionen hin zu langfristigen Gleichgewichtslagen beruht deshalb in Mankiws (1994) zweitem Teil des Buches auf einer neoklassischen Verkürzung des keynesianischen Modells des temporären Gleichgewichts, welches den Gütermarkt wieder mit den Vermögensmärkten gleichschaltet, ohne dabei – wie im neoklassischen Basismodell – eine explizite Modellierung der Vermögensmärkte (unter Einschluss des Geldmarktes) anzubieten. Dies verdeckt, dass eine solche Modellierung bei gleichzeitiger Verwendung einer Keynes'schen Sparfunktion und insbesondere in Anbetracht eines Geldhaltungsmotivs im Zusammenhang mit der Verwendung der Ersparnis einen Widerspruch zwischen gleichgewichtigen Zinsniveau und Vollbeschäftigungsoutput impliziert, der in der Regel nur durch eine Abweichung von der Vollbeschäftigungsposition gelöst werden kann, wie wir in Abschnitt 2.2.2 gesehen haben. Die Fundierung der Solowschen Akkumulationstheorie aus Sicht temporärer Gleichgewichtslagen ist in Mankiws (1994) Buch im Lichte seiner nachfolgenden Analysen solcher temporärer Gleichgewichte inkonsistent und widersprüchlich.

Dementsprechend ist Mankiws Analyse von Unterbeschäftigung und Inflation in Teil II partialanalytischer Natur, also nicht mit dem Rest seines dortigen Modells verbunden, ganz so, wie wir dies in den einleitenden Abschnitten dieses Kapitels kurz skizziert haben. Eine derartig bruchstückhafte Vorgehensweise ist aber in einer gesamtwirtschaftlichen Analyse letztlich nicht tragfähig und akzeptabel. Unsere späteren Darstellungen der keynesianischen makroökonomischen Theorie werden solche Inkonsistenzen zu vermeiden trachten.

2.3.2 Analyse der mittleren Sicht: Inflation

Im Gegensatz zur langen Frist, für die (wie gerade geschildert) in den meisten Fällen das Solow–Modell die Grundlage bietet, wird bei der Betrachtung mittelfristig zustandekommender Lohn- und Preisanpassungen die Möglichkeit temporärer Ungleichgewichtslagen in der Regel durchaus zugestanden. Ein prominentes Beispiel hierfür ist die sogenannte Neo-Quantitätstheorie:

$$\bar{v}M = pY$$

Auf den ersten Blick unterscheidet sie sich nicht von ihrem klassischen Vorläufer. Im Gegensatz zu letzterem wird jetzt allerdings die Möglichkeit kurzfristig wirksamer Preisrigiditäten berücksichtigt mit der Folge, dass Veränderungen der Geldmenge temporär durchaus einen Einfluss auf den Output ausüben. Die klassische Neutralität des Geldes ist hier also zumindest kurzfristig außer Kraft gesetzt. Im Zusammenspiel mit der in späteren Kapiteln noch eingehend besprochenen Phillipskurve ergibt sich jedoch auf längere Sicht, dass die Volkswirtschaft stets zu ihrer "natürlichen" Arbeitslosenrate zurückkehrt, womit zugleich das dem entsprechende Outputniveau festliegt (vgl. hierzu die entsprechenden Ausführungen in Kapitel 4 und 5). Somit ergibt sich nach Abschluss der mittelfristigen Lohn- und Preisanpassungen wieder eine rein angebotsseitig bestimmte Situation, die – mit Blick auf die realen Variablen – offenbar weder durch geld- noch durch fiskalpolitische Maßnahmen beeinflussbar ist. Läuft der mittelfristige Anpassungsprozess zudem noch hinreichend schnell ab, bedarf es auch diesbezüglich keines korrigierenden staatlichen Eingriffs, da sich z.B. Phasen mit überdurchschnittlichen Arbeitslosenraten dann in kurzer Zeit von selber wieder abbauen.

Man mag natürlich einwenden, dass die Verwendung der Neo-Quantitätstheorie und damit einhergehend einer senkrechten LM–Kurve bereits einen "neoklassischen Extremfall" des IS-LM-Modells darstellt und die Ergebnisse von daher kaum zu verwundern brauchen. Dies betrifft insbesondere die Unwirksamkeit der Fiskalpolitik, die unter den genannten Umständen bereits kurzfristig ohne Wirkung auf den Output bleibt; jeder Versuch, z.B. durch eine Erhöhung der Staatsausgaben die Wirtschaft zu beleben, verursacht lediglich ein totales Crowding–Out. Insbesondere dürfte gerade aus keynesianischer Sicht eine völlig zinsunelastische Geldnachfrage, wie sie bekanntlich einer vertikalen LM-Kurve zugrundeliegt, kaum akzeptabel sein.

Aus diesem Grunde gehen Dornbusch und Fischer (1995) bei ihrer Analyse der mittleren Frist auch auf den "Normalfall" des IS-LM-Modells ein, verbinden also das Standardmodell der kurzen Frist mit der Phillipskurve und einer Dynamik für die Inflationserwartungen. Das Resultat ist verblüffend – offenbar ändert sich qualitativ nicht das Geringste an dem eben beschriebenen Szenario, wenn man einmal von kurzfristigen Wirkungen der Fiskalpolitik absieht. Es scheint, als habe die im vorangegangenen Abschnitt beschriebene Vorgehensweise, kurzfristige Ungleichgewichtslagen (auf Basis des IS-LM-Modells) bei der Analyse der *langen* Frist zu vernachlässigen, durch die Betrachtung der mittelfristigen Anpassungsprozesse eine gewisse Rechtfertigung erfahren. Allerdings zeigt sich bei näherem Hinsehen, dass Dornbusch und Fischer bei ihrem Modell der mittleren Frist einen entscheidenden Feedback-Effekt unberücksichtigt lassen, nämlich den sogenannten Mundell–Effekt, demzufolge eine Erhöhung der erwarteten Inflationsrate den erwarteten Realzins senkt und daher expansiv auf die Investitionsnachfrage wirkt. Dies ändert zwar nichts an den Charakteristika der mittelfristigen Gleichgewichtslage, wohl aber an ihrer Stabilität, die jetzt nicht mehr unter allen Umständen gegeben ist. Je nach Lage der Dinge kann es jetzt zu konstanten Konjunkturzyklen um den Steady State herum kommen mit der Folge, dass je nach Länge und Intensität der damit verbundenen Rezessionsphasen bestimmte staatliche Interventionen durchaus sinnvoll erscheinen können. Des weiteren wird klar, dass vor einem solchen Hintergrund die mittelfristige Lohn- und Preisdynamik bei der Analyse langfristiger Anpassungsprozesse wie der Kapazitätsdynamik nicht mehr a priori ausgeklammert werden kann.

2.3.3 Analyse der langen Sicht: Wachstum

Wenden wir uns jetzt wieder Mankiws (1994, Kap.4) Darstellung der langen Sicht und der Akkumulationstheorie zu, die auf dem Solow (1956) Modell des wirtschaftlichen Wachstums beruht. Wir werden hier nur die einfachste Form dieses Wachstumsmodells darstellen, in der von Wachstum beim Produktionsfaktor 'Arbeit' und von technischem Wandel noch abgesehen wird. Die lange Sicht des Modells wird deshalb stationärer Natur sein, also kein Wachstum bei Kapital und Output aufweisen. Gleichwohl wollen wir angesichts einfacher Erweiterungsmöglichkeiten dieses Modells zu einem Modell wirtschaftlichen Wachstums diesen stationären Unterfall des allgemeinen Modells ebenfalls als Wachstumsmodell bezeichnen. Wir werden den allgemeinen Fall Solowscher Wachstumstheorie zu Beginn unseres Kapitels 5, das die lange Sicht primär aus keynesianischer Sicht darstellt, behandeln.[42]

Konsequenterweise geht Mankiw (1994, Kap. 4) bei seiner Analyse der langen Sicht von derselben Konsum- und damit Sparfunktion $S = sY = (1 - c)Y$ wie bei seiner Kurzfrist-Analyse aus. Unser erster Blick gilt deshalb wieder der Art und Weise, wie Gütermarktgleichgewicht in diesem Kontext hergestellt wird.

> "The supply and demand for goods played a central role in our static model of the economy in Chapter 3. The same is true in the Solow

[42] Die verschiedenen Verallgemeinerungsstufen des Solow Modells werden ausführlich in Kapitel 4 in Mankiw (1994) vorgestellt und abgehandelt.

> model. As in Chapter 3, the supply of goods determines how much output is produced at any given point in time and the demand determines how this output is allocated to alternative uses." (Mankiw, 1994, S.78)

Wie wird auf dieser Basis die Nachfragelücke $Y - C = S = sY$ im Solowschen Wachstumsmodell geschlossen? Einfach per Definition: $I \equiv S = sY$, d.h. alle Ersparnis wird automatisch zur (Direkt–)Investition. Wie dies zustandekommt, bleibt offen, insbesondere im Hinblick auf die keynesianischen Theorie der kurzen Sicht, die Mankiw in Kapitel 9 seines Buches präsentiert. Die Annahme $I \equiv S$ ist die einfachste Version von Says Gesetz, wo nicht einmal mehr der Zinssatz r vonnöten ist, um Sparpläne und Investitionspläne zur Deckung zu bringen. Die nachfolgende Wachstumstheorie ist damit trotz der Verwendung einer keynesianischen Sparfunktion in ganz entscheidender Weise neoklassisch und damit angebotsorientiert. Defizitäre Güternachfrage in Bezug auf den Vollbeschäftigungsoutput Y wird per Definition hier ausgeschlossen.

Um diese neoklassische Akkumulationstheorie in ihrer stationären Form darzustellen, genügt es, die Annahmen über den Vollbeschäftigungsoutput $Y = F(K, \bar{L})$ und die Kapitalakkumulation $\dot{K} = I - \delta K = sY - \delta K$ zu verbinden und ihre Konsequenzen zu ermitteln. Diese beiden Bausteine machen hier den ganzen Gehalt der Solowschen Akkumulationstheorie aus.

$$\boxed{\dot{K} = sF(K, \bar{L}) - \delta K}$$

Die Entwicklung des Kapitalstocks K wird in diesem Spezialfall der Solowschen Wachstumstheorie damit durch eine einzige (nichtlineare) Differentialgleichung erster Ordnung beschrieben, die sich grafisch wie folgt darstellen lässt:

Wie inzwischen geläufig ist, ist globale asymptotische Stabilität der K–Dynamik in Bezug auf ihren Steady State Wert K_0 wieder unmittelbar aus dieser Grafik erkennbar. Für den Gleichgewichtswert K_o der obigen Dynamik gilt dabei:

$$H(K_o) = sF(K_o, \bar{L})/K_o = \delta, \quad H' < 0 \quad \text{also} \quad K_o = H^{-1}(\delta).$$

Dieser auf temporären Vollbeschäftigungslagen basierende Anpassungsprozess betrifft jedoch allein die Dynamik des Angebots an Kapital und hat damit nur wenig mit der Evolution temporärer Gleichgewichte des Keynes'schen Basis–Modells (oder später der keynesianischen IS-LM Analyse) gemein. Diese muss auf einem Studium der durch Bond– (Geld–), Güter– und Arbeitsmarkt und deren Interaktion induzierten dynamischen Prozesse beruhen, da mittel– und langfristige Konsequenzen durch die Evolution kurzfristiger Positionen der

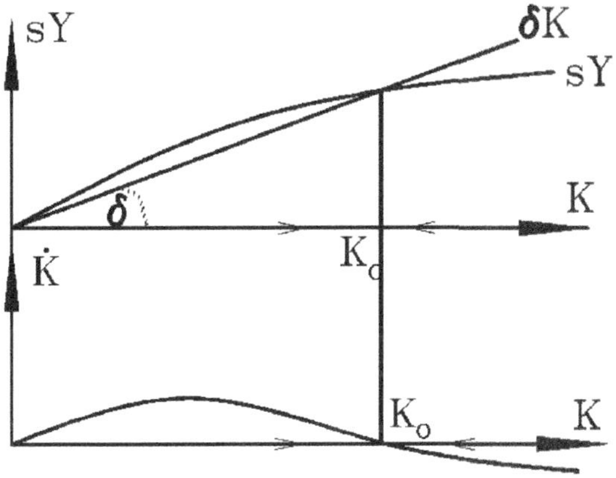

Abb. 2.27. Steady State und Stabilität im Solowschen Akkumulationsmodell

Ökonomie entstehen. Letztere sind aber durch den Solow–Ansatz der kurzen Frist

$$Y = F(\bar{K}, \bar{L}), \quad \bar{S} = sY$$

nicht hinreichend beschrieben.

Als Fazit ergibt sich damit, dass der obige dynamische Prozess aus Sicht der Analyse keynesianischer temporärer Gleichgewichte, also Mankiws (1994) Kapitel 9, völlig unbegründet ist. Es erhebt sich die Frage, ob die Steady State Position des Solowschen Modells deshalb irgendwas über die Steady State Bestimmung einer keynesianischen Wachstumstheorie aussagen kann. Wir werden dieser Frage in Kapitel 5 nachgehen.

2.3.4 Walrasianische Markträumungsansätze

Markträumungsansätze im Bereich der Makrotheorie wollen die mikroökonomische Analyse walrasianischer Provenienz möglichst umfassend auf die makroökonomische Analyse von Einkommen, Beschäftigung und Inflation übertragen. Sie gehen deshalb von der Annahme repräsentativer Individuen aus, also i.a. einem Haushaltstyp, einem Firmentyp und später noch dem Staat, um aus deren Einnahmen–Ausgaben–Restriktionen und ihren Zielfunktionen sog. mikrofundierte Angebots– und Nachfragepläne optimaler Natur herzuleiten.

Mikrofundierung partialanalytischer Art hat die Entwicklung der Makrotheorie schon frühzeitig begleitet, so z.B. in Form verschiedenster Typen mikrofundierter Konsumfunktionen.[43] Mikrofundierung walrasianischer Natur

[43] Man vgl. Abschnitt 2.2.1 hinsichtlich eines einfachen Beispiels für eine solche Mikrofundierung.

will aber ganze Sektoren (Haushalte, Unternehmen, Staat) aus einem einheitlichen Optimierungskalkül heraus begründen, was, wie wir noch sehen werden, zu speziellen Implikationen in derart aufgebauten Makrotheorien führt.

Repräsentative Darstellungen dieses Ansatzes sind Barro (1990) und Barro/Grilli (1994). Diese beiden Bücher sind in ihrem theoretischen Kern identisch, weshalb wir uns im Folgenden auf das Lehrbuch von Barro/Grilli (1994) mit unseren Erörterungen beschränken werden. Dort wird im ersten Teil des Buches ein walrasianisches Basismodell mit Güter–, Bond– und Geldmarkt aufgebaut, wobei die unterstellten Verhaltensfunktionen typischen Budgetrestriktionen genügen sollen, aber – wohl der Einfachheit halber – nicht einem einheitlichen Optimierungsansatz entnommen werden. Budgetrestriktionen als Konsistenzcheck sektoraler Nachfrage– und Angebotsbeziehungen zu verwenden, ist aus heutiger Sicht eine ganz fundamentale Forderung, die nicht auf walrasianische Ansätze beschränkt ist. Welche Optimierung in ihrem Rahmen dann abläuft, ist dagegen weitaus weniger klar, insbesondere aufgrund der Tatsache, dass viele individuelle Entscheidungsformen in ihrem Rahmen angesiedelt sind.

Aber auch auf der Ebene der Budgetrestriktionen unterscheiden sich walrasianische von keynesianischen Ansätzen (die wir im nächsten Kapitel diesbezüglich betrachten werden) fundamental. Dies wird deutlich, wenn wir das obige Barrosche Basismodell um den Arbeitsmarkt erweitern, wo die walrasianisch orientierte Theorie Implikationen aufweist, die mit der makroökonomischen Analyse von Unterbeschäftigungsgleichgewichten nur schwer in Einklang zu bringen sind. Dementsprechend wird der Konsistenzcheck über sektorale Budgetrestriktionen bei der Erweiterung des Markträumungs–Basismodells um den Arbeitsmarkt in Barro (1990) und Barro/Grilli (1994) einfach ignoriert.

Mikroökonomisch (hier = walrasianisch) geschulten Lesern sollte es aber nicht schwerfallen, die gesamtwirtschaftliche Budgetrestriktion zu formulieren, die bei einer Ökonomie mit einem Typ Haushalt und einem Typ Firma aus walrasianischer Sicht zustandekommt, da dort (bei Preisnehmerverhalten) stets gilt, dass die Summe aller Wunschangebote gleich der Summe aller Nachfragepläne sein muss. In einer Ökonomie mit Güter–, Arbeits–, Geld– und Wertpapiermarkt (mit Fixpreis-Bonds) bedeutet dies in Anlehnung an Barro und Grilli (1994) in unserer Notation:[44]

$$pC + pI + B^d + \bar{r}\bar{B} + M^d = pY - \delta\bar{K} - wL^d + wL^s + B^s - \bar{B} + \bar{M}$$

Haushalte sind hier der einzige Souverän in diesem Typ einer 'private ownership economy'. Kredite werden nur zwischen Haushalten vergeben, was bedeutet, dass im Aggregat die Summe aus vergangener Kreditvergabe und Kreditnahme $\bar{B} = 0$ ist, also für den Haushaltssektor als Ganzes kein Zinseinkommen entsteht. Auf der Einnahmenseite erwartet der preisnehmende

[44] Der Deutlichkeit halber benutzen wir hier den Index 's' um Angebotspläne zu kennzeichnen.

Haushaltssektor als Ganzes (in der walrasianischen Sichtweise) bei seinem der Einfachheit halber gegebenen Arbeitsangebot L^s die Lohneinnahmen wL^s und von den Firmen (die ihm als Direktinvestor gehören) den geplanten Gewinn $pY - \delta K - wL^d$. Für Ausgaben steht ihm des Weiteren die von ihm gehaltene Geldmenge $\bar{M}$ (das momentane Geldangebot) zur Verfügung und aufgrund der Pläne eines Teils des Haushaltssektors, sich zu verschulden, die geplante Kreditmasse $B^s(p_b = 1!)$. Demgegenüber plant ein anderer Teil des Haushaltssektors Bondkäufe im Umfang von B^d, Geldnachfrage im Umfang von M^d sowie der Sektor als Ganzes nominelle Konsumausgaben pC und nominelle Investitionsausgaben vom Betrag pI.

Dies ist die sog. Walras–Identität einer monetären Ökonomie, die umgestellt besagt, dass

$$p(C + I + \delta\bar{K} - Y) + w(L^d - L^s) + (B^d - B^s) + (M^d - \bar{M}) \equiv 0$$

erfüllt sein muss, d.h. die Summe der Überschussnachfragen über alle vorhandenen Märkte ist stets null. Wenn somit der Güter–, Geld– und Wertpapiermarkt im Gleichgewicht sind, muss auch der Arbeitsmarkt im Gleichgewicht sein oder allgemeiner: Gleichgewicht auf drei Märkten impliziert stets Gleichgewicht auf dem vierten Markt.

In diesem Rahmen formulieren Barro und Grilli (1994) unter Auslassung einiger durch die Mikrofundierung nahegelegter Einflussgrößen[45] die folgenden Angebots– und Nachfragefunktionen (wobei von erwarteter Inflation π^e der Einfachheit halber abgesehen wird):

$$\begin{aligned} Y^d = C(\omega, r) + I(r) + \delta\bar{K} \quad &\text{und} \quad Y(\omega) \\ L^d(\omega) \quad &\text{und} \quad L^s(\omega, r) \\ M^d = pY(\omega)h(r) \quad &\text{und} \quad \bar{M} \end{aligned}$$

Neu ist hier zum einen, dass der geplante Konsum vom Reallohn ω anstelle des Einkommens Y abhängt (und vom Zinssatz r) und dass das Arbeitsangebot jetzt flexibel ist und ebenfalls vom Reallohn ω (was in der Makrotheorie üblich ist) und vom Zinssatz r abhängt. Beides bringt hinsichtlich r zum Ausdruck, dass die Konsum– und Sparentscheidung wie auch die Arbeitsangebotsentscheidung jetzt intertemporalen Substitutionsprozessen unterliegt, was nahelegt, die folgenden Abhängigkeiten hier zu unterstellen:

$$C_r < 0 \ (S_r > 0), \ L_r^s > 0.$$

Die anderen Vorzeichen der (partiellen) Ableitungen dieser Verhaltensfunktionen sind wie gewohnt:

[45] Wie z.B. das Argument $\bar{M}/p$ in der Konsumfunktion.

$$I'(r) < 0, Y'(\omega) < 0, L^{d\,\prime}(\omega) < 0, L^s_\omega > 0,$$

wobei allerdings jetzt $C_\omega > 0$ an die Stelle von $C_{Y^D} \in (0,1)$ tritt. Dies ist deshalb der Fall, weil im walrasianischen Kontext Nachfragefunktionen nur von Relativpreisen ω, r (und von Anfangsausstattungen) abhängen, vgl. dazu die rechte Seite der obigen Budgetrestriktion des Haushaltssektors.

Zum anderen taucht neben Preisniveau und Produktion jetzt auch der Zinssatz in der nominalen Geldnachfragefunktion

$$M^d = pY(\omega)h(r)$$

auf, so dass die einfache Geldmarktdarstellung der Quantitätstheorie $\bar{M} = pY(\omega)/v$ jetzt quasi durch eine zinsabhängige Umlaufsgeschwindigkeit des Geldes erweitert worden ist: $v(r), v' > 0$. Die Umlaufgeschwindigkeit des Geldes nimmt mit dem Zinssatz zu, weil die Wirtschaftssubjekte ihre 'Kassenhaltung' straffen, wenn die Opportunitätskosten dieser Kassenhaltung steigen. Wir werden auf diesen Typ Geldnachfragefunktion im nächsten Kapitel näher eingehen.

Das Modell des hier betrachteten Lehrbuchs fordert nun Güter–, Arbeits– und Geldmarktgleichgewicht und damit auch Bondmarktgleichgewicht. Alle Märkte werden hier als stets geräumt angenommen, was, wie wir sehen werden, genau ausreicht, die endogenen Größen ω, r und p dieses Modells zu bestimmen.

Betrachten wir zunächst die Gütermarktgleichgewichtsbedingung

$$C(\omega, r) + I(r) + \delta\bar{K} = Y(\omega).$$

Wie wir schon wissen, definiert eine solche Gleichung mit zwei endogenen Variablen ω, r eine funktionale Abhängigkeit zwischen diesen Variablen, also eine (implizit definierte) Funktion $r(\omega)$. Setzen wir diese Funktion in die obige Gleichung ein und differenzieren wir nach ω, so ergibt sich

$$C_\omega + C_r r'(\omega) + I'r'(\omega) = Y', \text{ d.h.}$$
$$r'(\omega) = \frac{Y' - C_\omega}{C_r + I'} > 0$$

d.h. die so definierte Funktion hat eine positive Steigung.

Entsprechend liefert die Arbeitsmarktgleichgewichtsbedingung

$$L^d(\omega) = L^s(\omega, r)$$

eine (implizit definierte) Funktion $r(\omega)$ mit der Steigung

$$r'(\omega) = \frac{L^{d\,\prime} - L^s_\omega}{L^s_r} < 0.$$

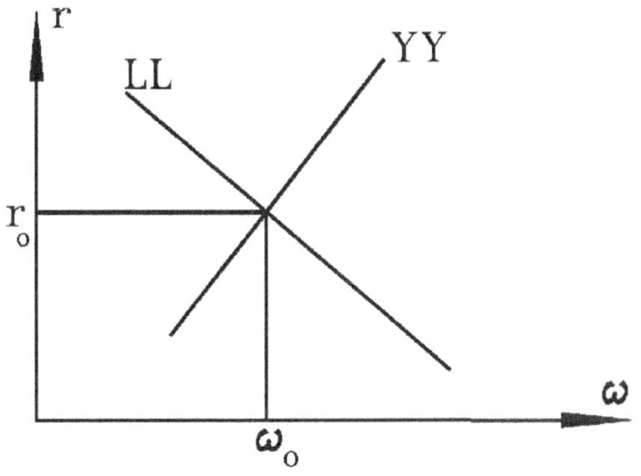

Abb. 2.28. Walrasianisches Arbeits- und Gütermarktgleichgewicht

Diese Funktion ist im folgenden Diagramm mit LL bezeichnet, während die Gütermarktfunktion mit YY bezeichnet ist. Bei hinreichender Elastizität dieser beiden Kurven existiert (aufgrund ihrer entgegengesetzten Monotonieeigenschaften) genau ein Schnittpunkt, der den Gleichgewichtsreallohn und –zinssatz bestimmt, bei dem Arbeits– und Gütermarkt geräumt sind:
Für den Geldmarkt ergibt sich als Konsequenz aus dieser Vorwegbestimmung der Relativpreise ω_0 und r_0 dann die folgende Abbildung 2.29., in der dem Geldmarkt (wie beim neoklassischen Basismodell) lediglich wieder die Funktion zufällt, das absolute Preisniveau p_0 und damit auch das absolute Lohnniveau $w_0 = \omega_0 p_0$ zu bestimmen. Geld hat damit hier keine realen Effekte, sondern lediglich Skalierungsfunktion. In diesem Modell temporären Gleichgewichts sind Geldmengenvariationen 'neutral', da sie nur das Lohn– und Preisniveau, nicht aber den Reallohn $\omega = w/p$ tangieren.

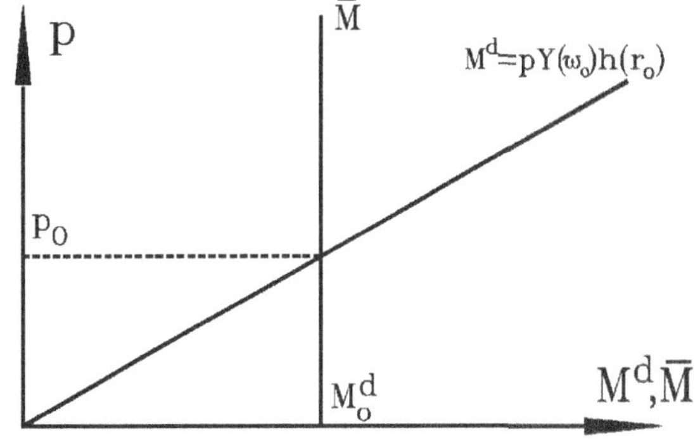

Abb. 2.29. Walrasianisches Geldmarktgleichgewicht

Dieses Modell weist somit eine dichotome Struktur auf, wie unser einfaches neoklassisches Basis–Modell bei Vollbeschäftigung, welches ebenfalls das Preisniveau p_0 in einem letzten Schritt, nach Festlegung der anderen Gleichgewichtsvariablen, bestimmt. Anders als in diesem Spezialfall des neoklassischen

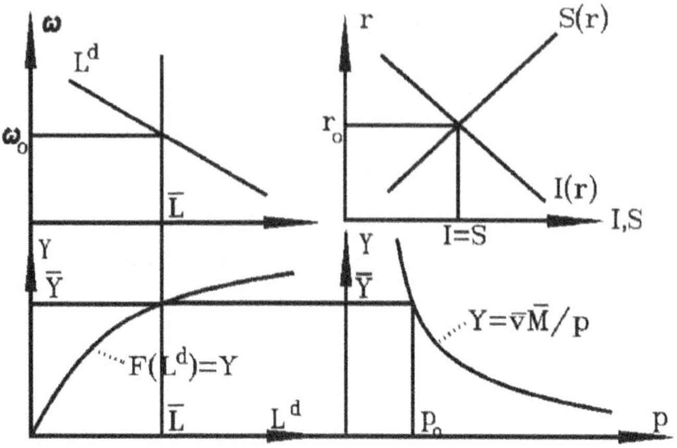

Abb. 2.30. Zum Vergleich: Das neoklassische Basismodell

Basismodells ist jetzt aber die Reallohn–Zins–Bestimmung interdependent, da das Arbeitsangebot jetzt insbesondere vom Zinssatz und die Sparentscheidung auch vom Reallohn abhängt. Die oberen beiden Diagramme der Abbildung 2.30. müssen deshalb – wie geschehen – in einem Diagramm zusammengeführt und damit simultan gelöst werden.

Gegenüber dem neoklassischen Basismodell hat der Ansatz des hier betrachteten Lehrbuchs einen gravierenden Nachteil: Es ist in keiner Weise offensichtlich, wie ein rigides Nominallohnniveau in diesen Ansatz einbezogen werden kann und damit zumindest die neoklassische Analyse von Arbeitslosigkeit hier hinzugefügt werden kann. Barro/Grilli (1994) gehen – deshalb! – auf Unterbeschäftigung nur außerhalb des von ihnen benutzten Modellrahmens ein. Dies zeigt, dass walrasianische Markträumungsansätze in ihrer Reichweite wesentlich restringierter sind als selbst unser einfaches neoklassisches Basismodell.

Für diesen Ansatz gilt deshalb in besonderem Maße auch heute noch die Keynes'sche Feststellung des ersten Kapitels der 'Allgemeinen Theorie':

> "I have called this book the *General Theory of Employment, Interest and Money*, placing the emphasis on the prefix *general*. The object of such a title is to contrast the character of my arguments and conclusions with those of the *classical* theory of the subject, upon which I was brought up and which dominates the economic thought, both

practical and theoretical, of the governing and academic classes of this generation, as it has for a hundred years past. I shall argue that the postulates of the classical theory are applicable to a special case only and not to the general case, the situation which it assumes being a limiting point of the possible positions of equilibrium. Moreover, the characteristics of the special case assumed by the classical theory happen not to be those of the economic society which we actually live, with the result that its teaching is misleading and disastrous if we attempt to apply it to the facts of experience." (Keynes, 1936, S.3)

3

Keynesianische Beschäftigungstheorie: Die kurze Sicht

3.1 IS–LM–Analyse als Verallgemeinerung walrasianisch/neoklassischer Makroökonomik

Wir haben im letzten Abschnitt des vorausgegangenen Kapitels gesehen, wie sich ein Makromodell mit walrasianischen Nachfragefunktionen darstellt und bei voller Lohn– und Preisflexibilität zur Bestimmung der Preise w_0, p_0 und des Zinssatzes r_0 bei allgemeinem Gleichgewicht genutzt werden kann. Wie wir gesehen haben, gibt es (neuklassische) Makroökonomen, die alle Fragen der Makrotheorie in diesem Rahmen abgehandelt sehen wollen. Wir wollen jedoch hier zur Keynes'schen Theorie zurückkehren und fragen, wie ein solches Modell reformuliert werden muss, wenn man erneut davon ausgeht, dass die Nominallöhne $\bar{w}$ (und das Preisniveau) in der kurzen Sicht fixiert und damit exogen gegeben sind. Erklärungen der Nominallohnbestimmung werden im 5ten Kapitel betrachtet werden, das sich mit Fragen der mittleren Sicht befassen wird. Und die lange Frist, also insbesondere die explizite Behandlung der Veränderungen $\dot{K}$ des Kapitalstocks K, wird im darauffolgenden Kapital erfolgen.

Nehmen wir also an, dass ein $\bar{w} > w_0$ als gegeben vorliegt. Gemäß dem walrasianischen Ansatz erwarten die Haushalte aus der Produktion das folgende Einkommen:

$$\text{Profite} + \text{Löhne} = (pY - \delta \bar{K} - \bar{w}L^d) + \bar{w}L^s = pY + \bar{w}(L^s - L^d),$$

da sie als Preisnehmer ihr gewünschtes Lohneinkommen mit den von den Firmen signalisierten Profiten einfach addieren. Die Möglichkeit von Unterbeschäftigung wird von ihnen – egal auf welchem Niveau sich der Geldlohn $\bar{w}$ bewegt – nicht wahrgenommen. In der von uns jetzt unterstellten Situation kann man aber auch die gegenteilige Position einnehmen, wonach die Arbeitnehmerhaushalte realisieren, dass in der gegenwärtigen Lage ihr Lohneinkommen eher bei $\bar{w}L^d$ als bei $\bar{w}L^s$ liegen dürfte.[1] Unterstellen wir also für das Folgende $\bar{w}L^d$ als das erwartete Lohneinkommen. Die Walras–Identität des Abschnitts 2.3.4 verkürzt sich damit zu der folgenden Einnahmen–Ausgaben–Identität:

$$pC + pI + B^d + M^d \equiv pY - \delta\bar{K} - wL^d + wL^d + B^s + \bar{M}, \text{ d.h. es gilt}$$

$$p(C + I + \delta\bar{K} - Y) + (B^d - B^s) + (M^d - \bar{M}) \equiv 0$$

Anders als zuvor gilt damit jetzt das sog. Walras' Gesetz der Ströme, wonach z.B. Güter– und Geldmarktgleichgewicht Bondmarktgleichgewicht nach sich ziehen, ohne dass der Arbeitsmarkt geräumt sein muss. Die Haushalte mögen weiterhin ein Lohneinkommen der hypothetischen Größe $\bar{w}L^s(\bar{w}/p, r)$ wünschen, bei ihren Ausgaben sind sie aber 'Realisten' und orientieren sich an $Y - \delta\bar{K}$ anstelle von $Y - \delta\bar{K} + \bar{w}(L^s - L^d)$. Mit veränderter Budgetrestriktion verändert sich – wie schon angedeutet – auch das Nachfrageverhalten der Haushalte, was im Rahmen des Modells aus Abschnitt 2.3.3 bedeutet, dass als geplante Konsumnachfrage jetzt die Form $C = C(Y - \delta\bar{K}, r)$ zu erwarten ist [anstelle von $C = C(\omega, r)$, wo die Haushalte ihr effektives Einkommen bei einem Arbeitsmarktungleichgewicht nicht zur Kenntnis nahmen].[2]

Diese scheinbar wieder geringfügige Variation des Barro–Modells hat erneut weitreichende Konsequenzen, da die drei Gleichgewichtsbedingungen dieses Modells jetzt wie folgt aussehen:

$$\begin{aligned} Y &\overset{\text{IS}}{=} C(Y - \delta\bar{K}, r) + I(r) + \delta\bar{K} && (3.1)\\ \bar{M} &\overset{\text{LM}}{=} pYh(r) \qquad [B^s = B^d] && (3.2)\\ p &= \bar{w}\, dL^d/dY = \bar{w}/F'(L^d(Y)) && (3.3)\\ L^d(\bar{w}/p) &\neq L^s(\bar{w}/p, r) && (3.4) \end{aligned}$$

In diesem Modell sind der Güter– und der Arbeitsmarkt nicht mehr interdependent und der Geldmarkt bestimmt nicht mehr in einem nachgelagerten Schritt das Preisniveau (wie im Barro–Modell), sondern Güter– und Geldmarkt sind nunmehr interdependent und bestimmen das Gleichgewichtseinkommen Y_0 und den Gleichgewichtszinssatz r_0 zusammen mit dem Preisniveau p_0, letzteres über die Grenzkosten der Produktion (wie im Keynes–Modell [3] des Abschnitts 2.2.2). Als Unterbeschäftigung resultiert dann

$$L^s(\bar{w}/p_0, r_0) - L^d(\bar{w}/p_0),$$

[1] Wir erinnern daran, dass wir im Kontext walrasianischer Analyse das (dort flexible) Arbeitsangebot mit L^s bezeichnen.

[2] Man vgl. dazu die Mikrofundierung der Konsumfunktion in Abschnitt 2.2.1.

[3] Dort trat der Bondmarkt an die Stelle des Geldmarktes mit jedoch gleichen Implikationen.

von der aber keine Einkommenswirkungen und damit keine Nachfragesignale ausgehen. Auch das walrasianische Markträumungsmodell unterliegt somit einer 'keynesianischen Revolution', wenn die Frage eines Lohnniveaus $\bar{w} > w_0$ angegangen wird. Das dann resultierende Modell ist das sogenannte IS–LM–Modell der keynesianischen Kurzfrist–Analyse (mit flexiblen Preisen), welches von Hicks (1937) als Interpretation von Keynes' (1936) 'Allgemeiner Theorie' in die Makro–Literatur eingeführt worden ist. *IS* steht dabei für die Gleichheit zwischen Investieren (I) und Sparen (S) und *LM* für die Übereinstimmung zwischen Liquiditätsnachfrage (L) und Geldangebot (Money, M).[4] Im Unterschied zu unserem Keynes–Modell des vorigen Kapitels, in welchem der Bondmarkt den Zinssatz bestimmte, stellt dieses Modell den Geldmarkt explizit dar, während der Bondmarkt hier implizit bleibt und wegen Walras' Gesetz der Ströme im Gleichgewicht sein muss, wenn Güter– und Geldmarkt im Gleichgewicht sind.

Ist $\bar{w}$ zufällig gleich w_0, so gilt für $p_o = \bar{w}(dL^d/dY)_o$:

$$L^d(\bar{w}/p_0) = L^s(\bar{w}/p_0, r_0) \text{ und } Y_0 = Y(\bar{w}/p_0),$$

d.h. es realisieren sich dann das Einkommen und das Markträumungsgleichgewicht des Barro–Modells. Höhere Nominallöhne $\bar{w}$ werden, wie gezeigt, von letzterem Modell aber nicht erfasst. Im Sinne des Keynes–Zitats am Ende des vorigen Kapitels ist das Barro–Modell damit wirklich nur ein Grenzfall der 'allgemeinen Theorie' und es ist das IS–LM–Modell, welches die 'wirkliche' Nachfrage/Angebots–Umgebung des Schnittpunkts: w_0, r_0, p_0 der fiktiven Nachfrage– und Angebotskurven des Barro–Modells darstellt.

Auch das Keynes–Modell des Abschnitts 2.2 in Kapitel 2 lässt sich als Spezialfall des aus dem Barro–Modell gewonnenen 'allgemeinen Modells' auffassen. Unterstellt man in Gleichung (3.2) für die Funktion $h(r)$ die Form $h(r) = h_0(r_0 - r), h_0 > 0, r_0 > 0$, so lässt sich diese Gleichung wie folgt nach dem Zinssatz r auflösen:

$$r = r_0 - \bar{M}/(h_0 pY).$$

Für hinreichend großes h_0 (also eine sehr zinselastische Geldnachfrage) ist deshalb der Zinssatz praktisch durch r_0 vorwegbestimmt, so wie im Keynes–Modell durch den Bondmarkt, nur eben jetzt aufgrund von Geldmarktgleichgewicht anstelle von Bondmarktgleichgewicht. Die Kausalkette

$$r_0 \to I(r_0) = S(Y_0 - \delta\bar{K}, r_0) \to Y_o \to L_0^d = F^{-1}(Y_0) \to p_0 = \bar{w}/F'(L_0^d),$$

die hier entsteht, ist die gleiche wie im früheren Keynes–Modell, nur dass jetzt die Festlegung des Zinssatzes durch den Geldmarkt anstelle des Bondmarktes, also durch eine andere Komponente der Vermögensmärkte, dargestellt

[4] Strenggenommen müsste man allerdings im vorliegenden Falls eher vom "AS–AD–Modell" sprechen, welches sich aus dem IS-LM-Modell – das von einem gegebenen Preisniveau ausgeht – durch parametrische Preisniveauvariationen ergibt. Vgl. dazu Abschnitt 3.2.

und vorgenommen wird. Die Aussagen der Keynes'schen Theorie sind jedoch von dieser Verlagerung der Darstellung der Rolle der Vermögensmärkte im grundsätzlichen unabhängig.

Der Vorteil der Darstellung (3.1) – (3.4) der Keynes'schen Theorie der effektiven Güternachfrage Y_0:

$$I(r_0) = S(Y_0 - \delta\bar{K}, r_0)$$

ist, dass sie es schließlich noch ermöglicht, das neoklassische Basismodell als Grenzfall dieses allgemeinen Keynes–Modells aufzufassen. Dieses entsteht einfach dadurch aus dem obigen Modell, dass man $h(r) = h_0 =$ const. unterstellt, also von der Zinsabhängigkeit der Geldnachfragefunktion absieht:

$$M^d = h_0 pY$$

Unterstellt man beim volkswirtschaftlichen Konsum $C = C(Y - \delta\bar{K}, r)$ zudem eine marginale Konsumneigung $C_{Y-\delta\bar{K}}$ von 1, erhält man

$$S = Y - \delta\bar{K} - C(Y - \delta\bar{K}, r), \quad S_{Y-\delta\bar{K}} = 1 - 1 = 0$$

und somit die ursprüngliche Version des neoklassischen Basismodells, welches durch Says Gesetz $S(r) = I(r)$, eine (modifizierte) Quantitätstheorie $\bar{M} = h_0 pY$ und die Grenzproduktivitätstheorie der Arbeitsnachfrage $L^d(\bar{w}/p), \bar{w}/p = F'(L^d)$ und des Outputs $Y = F(L^d)$ gekennzeichnet ist. Der einzige Nachteil dieses Grenzfalles ist, dass seine beiden Annahmen $C_{Y-\delta\bar{K}} = 1 \quad (S_{Y-\delta\bar{K}} = 0)$ und $M_r^d = 0$ entscheidungslogisch und empirisch gesehen wenig Sinn machen.

Wir haben damit insgesamt das Resultat, dass das obige Modell (3.1), (3.2), (3.4) das neoklassische Basismodell und das Keynes–Modell des vorherigen Kapitels (Abschnitt 2.2.2) vervollständigt und das Barro–Modell aus Abschnitt 2.3.3 als Grenzfall enthält [wenn die Geldlöhne das Vollbeschäftigungsniveau ermöglichen].

Wir hatten zudem in Zusammenhang mit Mankiws (1994, Kap. 3) Darlegungen der Theorie des temporären Gleichgewichts (der Theorie der kurzen Sicht) gesehen, dass auch die Grenzproduktivitätstheorie, die Keynes (1936) aus dem neoklassischen Basismodell übernommen hatte, empirisch gesehen fragwürdig sein mag und sie in Abschnitt 2.2.3 durch die neutralere Preisbildungshypothese

$$p = (1 + a)\frac{\bar{w}L^d}{Y}, \quad \bar{y} = Y/L^d = \text{ const.}$$

einer Aufschlagskalkulation bei konstanter Arbeitsproduktivität (bei konstantem Grenzprodukt der Arbeit) ersetzt. Eine derartige Modifikation ist für die zentralen Aussagen von Keynes (1936) Theorie irrelevant. Sie hat den großen Vorteil, dass auch das Preisniveau p mit dem Lohnniveau $\bar{w}$ in der kurzen

Sicht fixiert ist und sich damit das obige 'allgemeine Modell' auf die eigentliche IS–LM–Form bringen lässt

$$Y = C(Y - \delta\bar{K}, r) + I(r) + \delta\bar{K} \quad \text{oder} \quad I(r) \overset{\text{IS}}{=} S(Y - \delta\bar{K}, r) \tag{3.5}$$

$$\bar{M} = pYh(r) \quad \text{oder} \quad \bar{M}/p \overset{\text{LM}}{=} Yh(r) \tag{3.6}$$

wo, wie oben schon angedeutet, IS für Investieren = Sparen (Gütermarktgleichgewicht) steht und LM für reale Liquiditätsnachfrage = reales Geldangebot (Geldmarktgleichgewicht). Dies ist die grundsätzliche Form der keynesianischen Theorie der kurzen Sicht oder des temporären Gleichgewichts, die es in diesem Kapitel in ihren Detailaussagen und in ihren wirtschaftspolitischen Implikationen zu analysieren gilt. Diese Theorie basiert auf Güter–, Geld– und Bondmarktgleichgewicht als Erklärung des volkswirtschaftlichen Einkommens Y_0 und des Zinses r_0, sie bestimmt daraus die Beschäftigungslage $L_0^d = F^{-1}(Y_0)$ und damit die Arbeitslosenrate $U = (L^s(\bar{w}/p, r_0) - L_0^d)/L^s(\bar{w}/p, r_0)$, und sie wird in Kapitel 5 und 6 die Grundlage dafür hergeben, mittelfristige Lohn–Preis–Dynamik (einschließlich Inflationserwartungen) und langfristige Akkumulationsdynamik hinsichtlich Realkapital und Finanzanlagen darstellen und analysieren zu können.

3.2 Ein einfaches IS-LM-Modell mit Staatssektor

Auf Basis der Erörterungen des neoklassischen und des Keynes'schen Basismodells der kurzen Sicht in Kapitel 2 und des vorausgegangenen überleitenden Abschnitts in diesem Kapitel soll jetzt das endgültige keynesianische Basismodell des temporären Gleichgewichts eingeführt und kommentiert werden, das die einheitliche Grundlage für unsere nachfolgende Analyse des makroökonomischen Wirtschaftsgeschehens der kurzen, der mittleren und der langen Sicht liefern wird und das die bisherigen Modellüberlegungen bis zu einem gewissen Grade synthetisiert. Dieses Modell ist somit unser Fazit zu den vorausgegangenen Alternativdarstellungen zur Einkommens- und Beschäftigungstheorie des Kapitels 2. Die Märkte-Sektoren-Struktur des jetzt zu betrachtenden keynesianischen Modells der kurzen Sicht hat nunmehr den in der folgenden Tabelle dargestellten Vollständigkeitsgrad erreicht:[5]

[5] Diese Tabelle informiert zugleich über die im Folgenden in ihrer Wirkung zu diskutierenden funktionalen Beziehungen, die bei dieser IS-LM Analyse makroökonomischer Interdependenzen unterstellt werden. Wie wir im Folgenden sehen werden, ist damit die Geldnachfrage erneut und in allgemeinerer Form als im Keynes-Modell in das neue Modell aufgenommen worden, der Staatssektor um die fiskalpolitischen Instrumente Staatsausgaben $\bar{G}$, und Steuern $\bar{T}$ erweitert worden und die Investitionen I jetzt vom Realzins $r - \bar{\pi}^e$ statt nur vom Nominalzins r

Tabelle 3.1. Das Märkte/Sektoren–Schema des keynesianischen Modells der kurzen Sicht ($Y^D = Y - \delta\bar{K} - \bar{T}$ das verfügbare Einkommen der privaten Haushalte)

	Arbeitsmarkt	Gütermarkt	Geldmarkt	Kapitalmarkt	
Haushalte	$\bar{L}$	$C(Y^D), Y^D$	$(M^d/p)(Y,r)$	B^d	Kurze Sicht
Unternehmen	$L^d(Y)$	$Y, I(r - \bar{\pi}^e), \delta\bar{K}$	–	$\bar{B}_f$	
Staat	–	$\bar{G}, \bar{T}$	$\bar{M}/p$	$\bar{B}_g$	
Preise	$\bar{w}$	p	$p_m = 1$	$r, p_b = 1/r$	Kurze und mittlere Sicht
Erwartungen	–	$\bar{\pi}^e$	–	–	
Bestände	$\bar{L}$	$\bar{K}$	$\bar{M}$	$\bar{B} = \bar{B}_f + \bar{B}_g$	Lange Sicht

Auf Basis gegebener Bestände in Bezug auf Arbeit $\bar{L}$, Kapital $\bar{K}$, Geld $\bar{M}$ und Bonds $\bar{B}$, wie sie in der letzten Zeile von Tabelle 3.1. ausgewiesen sind, werden wir im folgenden Gütermarktgleichgewicht $Y = C(Y) + I(r) + \delta\bar{K} + \bar{G}$ und Geldmarktgleichgewicht $\bar{M}/p = (M^d/p)(Y,r)$ so formulieren, dass damit die Bestimmungsgründe der Produktion Y und des nominellen Zinssatzes r bei gegebenem Lohn- und Preisniveau, $\bar{w}, p$, sowie gegebenen Inflationserwartungen, $\bar{\pi}^e$ in einfacher algebraischer und grafischer Form fassbar gemacht werden können. Des Weiteren wird jetzt der Bondmarkt als Spiegelbild des Geldmarktes aufgefasst und nicht, wie im neoklassischen Basismodell, als Spiegelbild des Gütermarktes. Mit dem Geldmarkt ist somit hier auch stets der Bondmarkt im Gleichgewicht, aber – wie sich zeigen wird – wieder als einziger Markt der Arbeitsmarkt im Ungleichgewicht: $L^d \neq \bar{L}$.

---

abhängig gemacht worden. Wir vernachlässigen demgegenüber im Folgenden der Einfachheit halber (und ihrer sekundären Bedeutung wegen) die Zinsabhängigkeit der Konsumausgaben C und die Flexibilitäten beim Arbeitsangebot L, wie sie im Barro-Modell des allgemeinen Gleichgewichts gegenwärtig waren. Zinsabhängige Konsumausgaben sind in ihrer Auswirkung bereits durch die entsprechende Zinsabhänigkeit der Investitionsausgaben repräsentiert und Flexibilitäten beim Arbeitsangebot sollten behandelt werden, wenn es generell (in der langen Sicht) um die Wirkung der Veränderungen bei den Faktorangeboten $\bar{L}, \bar{K}$ geht. Wie die folgende Tabelle verdeutlicht, liegt damit weiterhin, trotz der jetzt vorliegenden Vollständigkeit des keynesianischen IS-LM Modells, ein sehr geringer Umfang an postulierten makroökonomischen Verhaltensweisen und Beziehungen vor.

Im weiterhin einfachen Ansatz der Tabelle 3.1. finanzieren sich Firmen über Firmenbonds B_f und der Staat über gleichartige Staatsbonds B_g.[6] Weitere Wertpapiere sind hier noch von der Betrachtung ausgeschlossen. Darüberhinaus wird das verfügbare Einkommen Y^D der Haushalte jetzt durch das Nettosozialprodukt $Y - \delta\bar{K}$ abzüglich der Pauschalsteuern $\bar{T}$ definiert und das verfügbare Einkommen des Staates durch eben dieses Steuervolumen $\bar{T}$. Dies bedeutet, dass Unternehmen in diesem Ansatz kein Einkommen haben, also auf eine hier nicht zu problematisierende Weise ihre Lohn- und Zinszahlungen an die Haushalte mit $Y - \delta\bar{K}$ gleichgesetzt werden und dass zudem die Zinszahlungen des Staates (bzgl. der als positiv angenommenen Staatsverschuldung) von seinem verfügbaren Einkommen $\bar{T}$ implizit bereits abgezogen worden sind. Eine genauere Analyse dieser Sachverhalte und ihrer Probleme kann in diesem Buch nicht vorgenommen werden, sondern muss fortgeschritteneren makrotheoretischen Überlegungen vorbehalten bleiben.

$$\text{Konsumfunktion} C = C(Y) = c(Y - \delta\bar{K} - \bar{T}), \quad c \in (0,1) \tag{3.7}$$

$$\text{Investitionsfunktion } I = I(r) = i_0 - i_1(r - \bar{\pi}^e), \quad i_0, i_1 > 0 \tag{3.8}$$

$$\text{Staatsnachfrage } G = \bar{G} \tag{3.9}$$

$$\text{Gütermarktgleichgewicht } Y = C + I + \delta\bar{K} + \bar{G} \tag{3.10}$$

$$\text{Geldnachfragefunktion } M^d/p = kY + h_0 - h_1 r, \quad k, h_0, h_1 > 0 \tag{3.11}$$

$$\text{Geldmarktgleichgewicht } \bar{M} = M^d \tag{3.12}$$

$$\text{Walras' Gesetz der Bestände } 0 \equiv M^d - \bar{M} + p_b(B^d - \bar{B}) \tag{3.13}$$

$$\text{Bondpreis } p_b = 1/r \tag{3.14}$$

$$\text{Beschäftigung } L^d = Y/\bar{y} \tag{3.15}$$

$$\text{Potenzialoutput } Y^p = \bar{x}\bar{K} \tag{3.16}$$

$$\text{Arbeitsangebot } L^s = \bar{L} \tag{3.17}$$

$$\text{Nominallohn } w = \bar{w} \tag{3.18}$$

$$\text{Preisniveau } p = (1 + a)\bar{w}L^d/Y = (1 + a)\bar{w}/\bar{y} \tag{3.19}$$

$$\text{Inflationserwartungen } \pi^e = \bar{\pi}^e \tag{3.20}$$

Bei der Ausformulierung dieses Modells wollen wir – wie schon angedeutet – nicht nur in dieser Hinsicht so einfach wie möglich vorgehen und damit nachgelagerte Aspekte so weit wie möglich (zunächst) unterdrücken, sondern darüber hinaus auch nur lineare Verhaltensgleichungen zulassen, da auf dieser Basis stets explizit lösbare Gleichungen vorliegen werden und Gleichgewichtslösungen stets leicht ausgerechnet werden können. Gleichwohl sollen auch hier schon die Variablen mit erfasst und aufgeführt werden, die hier zwar konstant, aber

[6] Es sei in diesem Zusammenhang noch einmal daran erinnert, dass mögliche Neuemissionen zur Finanzierung der Investitionen beziehungsweise der Staatsausgaben hier unberücksichtigt bleiben, da sie die bereits vorhandenen Bestände $\bar{B}_f$ und $\bar{B}_g$ nur unwesentlich erhöhen würden.

die in den späteren Kapiteln aus Sicht der mittleren und der langen Frist zu endogenisieren sind und damit dann erklärt werden können.

Die meisten der hier dargestellten Beziehungen sind uns von früher zumindest vom Ansatz her geläufig und brauchen deshalb nur kurz kommentiert zu werden. Gleichung (3.7) besagt, dass der geplante Konsum proportional zum verfügbaren Einkommen $Y^D = Y - \delta\bar{K} - \bar{T}$ der Haushalte ist. Die Konstante c ist die sog. marginale Konsumneigung, die in diesem Fall mit der durchschnittlichen Konsumneigung $C/(Y - \delta\bar{K} - \bar{T})$ identisch ist.[7] Die Steuern $\bar{T}$ werden dabei als exogen gegeben unterstellt, wobei sie bereits als von den Zinszahlungen des Staates an die Haushalte bereinigt aufgefasst werden müssen, also um diese Transferzahlungen reduziert worden sind. Die Investitionsnachfrage (netto!) ist eine lineare Funktion des Realzinses $(r - \bar{\pi}^e)$, der realen Kosten ihrer Finanzierung, wobei in der kurzen Sicht die Inflationserwartungen π^e gegeben sind.[8] Weitere Nachfragekomponenten am Gütermarkt sind die exogene, rein konsumptive Nachfrage des Staates $\bar{G}$ und die Ersatzinvestitionen der Unternehmungen $\delta\bar{K}, \delta \in (0,1)$. Gleichung (3.10) beschreibt auf dieser Basis Gütermarktgleichgewicht.

Gleichung (3.11) vereint in additiver Form die reale Transaktionskassennachfrage kY mit einer realen Geldnachfrage $h_0 - h_1 r$, die negativ vom *Nominalzins*, den Opportunitätskosten der Geldhaltung, abhängt. Diese Geldnachfragefunktion kann als Linearisierung der Geldnachfragefunktion des vorausgegangenen Abschnitts angesehen werden und würde auf dieser Basis zum Ausdruck bringen, dass die Wirtschaftssubjekte bei steigendem Nominalzinsen ihre Transaktionskasse weiter straffen, da eben die Opportunitätskosten der Kassenhaltung (im Vergleich zu den als konstant angenommenen Kosten der Umwandlung von Bond- in Geldhaltung) gestiegen sind.[9] Die zweite Komponente der Geldnachfragefunktion mag aber auch für eine alternative Art der reinen Kassenhaltung stehen, die für spekulative Zwecke zur Verfügung steht. Wir werden diese spekulative Art der Kassenhaltung im folgenden Anhang 1 zu diesem Abschnitt aus mikroökonomischer Sicht noch etwas näher betrachten.[10] Das nominale Geldangebot $\bar{M}$ ist als exogen gegeben unterstellt.

Wie schon zuvor (vgl. Abschnitt 2.2.3) wird im Bereich der Produktion von einem fixen Output–Arbeitseinsatz–Verhältnis $\bar{y}$ und einem fixen Output–

[7] Man vergleiche Abschnitt 2.2.1 hinsichtlich einer elementaren Mikrofundierung dieser Konsumfunktion, die auch ihre Zinsabhänigkeit berücksichtigt.

[8] Man vergleiche Dornbusch und Fischer (1995, Kap. 12) für mikroorientierte Begründungen des Investitionsverhaltens.

[9] Vgl. Dornbusch/Fischer (1995, S.482ff.) für eine mikroökonomische Begründung dieser zinsabhängigen Transaktionskassennachfrage.

[10] Wir werden im Folgenden der Einfachheit halber davon ausgehen, dass $M_1^d/p = kY$ die gewünschte reale Transaktionskasse bezeichnet und $M_2^d/p = h_o - h_1 r$ die gewünschte reale Spekulationskasse. Zinsabhängige Transaktionskasse wie auch weitere Motive der Kassenhaltung (z.B. das Vorsichtsmotiv) werden deshalb hier nicht weiter Beachtung finden. Darstellungen dazu findet der interessierte Leser in Crouch (1972, Kap. 4) und Wohltmann (1994, Kap. 3).

Kapital–Verhältnis $\bar{x}$, also von einer linear–limitationalen Produktionsfunktion, ausgegangen. Der Beschäftigtengrad e am Arbeitsmarkt und der Auslastungsgrad u der Firmen sind damit durch $e = L^d/\bar{L}$ und $u = Y/Y^p$ in einfacher Form beschreibbar.

Gleichung (3.13) ist eine Vereinfachung des im vorherigen Abschnitt hergeleiteten Walras–Gesetzes der Ströme. Wir werden im Folgenden Veränderungen in der Zeit mittels zeitstetiger Analyse beschreiben und analysieren. Dies bedeutet, dass Veränderungen oder Ströme hier in infinitesimaler Form erfasst werden ($\dot{K} = I$ z.B.) und damit im Vergleich zu den Beständen in jedem Zeitpunkt von 'irrelevanter' Größenordnung sind. Das frühere, drei Märkte umfassende Walras–Gesetz[11] verkürzt sich dementsprechend auf die Bestands– oder Vermögensmärkte, bezüglich derer die Wertsumme der Überschussnachfragen (nach Geld und Bonds, $B^d - \bar{B}, M^d - \bar{M}$) somit identisch gleich Null sein muss. Geldmarktgleichgewicht impliziert demnach stets Bondmarktgleichgewicht (und vice versa), und dies begründet, warum der Bondmarkt bei den Gleichungen (3.7) – (3.20) keine explizite Berücksichtigung gefunden hat.

Aufgrund der kurzfristigen Orientierung des obigen Modells sind Geldlohn $\bar{w}$ (und damit das Preisniveau p) als fix unterstellt und auch die Inflationserwartungen $\bar{\pi}^e$ auf einem bestimmten durch die Vergangenheit bedingten Niveau fixiert. Die Produktionsfaktormengen $\bar{K}$ und $\bar{L}$ sind dementsprechend ebenfalls Daten der kurzfristigen Analyse. Der Kurswert der Bonds $p_b = 1/r$ schließlich wird im Zusammenhang mit der spekulativen Geldnachfrage erklärt werden, man vgl. hierzu Anhang 1 zu diesem Abschnitt. Wir werden dort ein Wertpapier betrachten, dessen Kurswert, wie gerade dargestellt, durch den reziproken Wert des Nominalzinses gegeben ist.

Obwohl das Modell wesentlich komplizierter aussieht als die Keynes–Modelle, die wir bislang betrachtet haben, ist es jedoch nur dahingehend ausgebauter, als es jetzt eine Rückwirkung des Lohn– und Preisniveaus auf den Gleichgewichts–Zinssatz r_0 zulässt. Um dies zu verdeutlichen, nehmen wir vorübergehend an, dass der Parameter k der Geldnachfrage M^d gleich Null ist. Der (Bond– und) Geldmarktgleichgewichtszins ist dann einfach durch

$$r_0 = (h_0 - \bar{M}/p)/h_1 \;\; [h_0 > \bar{M}/p]$$

gegeben,[12] und es folgt damit wie früher die Keynes'sche Kausalkette der Bestimmung von Einkommen und Beschäftigung:

$$r_0 \to I(r_0) \to Y_0 = \frac{1}{1-c}[-c(\bar{T} + \delta\bar{K}) + I(r_0) + \delta\bar{K} + \bar{G}] \to L_0^d = Y_0/\bar{y}.$$

Ist nun aber $k > 0$, so gibt es auf das Zinsniveau einen Feedback–Effekt. Sinkende Geldlöhne und damit sinkende Preise würden dann zu sinkender

[11] Vgl. Abschnitt 3.1.

[12] Diese Einschränkung an den Parameter h_o der LM–Kurve wird im nächsten Kapitel von Bedeutung sein. Sie stellt sicher, dass die im Folgenden hergeleitete lineare LM–Kurve einen positiven Ordinatenabschnitt aufweist.

nominaler Geldnachfrage für Transaktionszwecke Anlass geben, welche im neuen Geldmarkt–Gleichgewicht durch eine induzierte Senkung des Zinssatzes r_0 wieder auf ihr altes Niveau angehoben wird. Gegenüber dem einfachen Keynes–Modell des Kapitels 2 gibt es somit hier – im Falle von Unterbeschäftigung – eine Rückwirkungskette[13]

$$\bar{L} > L_0^d \rightarrow w \downarrow\rightarrow p \downarrow\rightarrow kpY_0 \downarrow\rightarrow M^d \downarrow\rightarrow r_0 \downarrow\rightarrow M^d = \bar{M},$$

die zwar nicht gerade unmittelbar ist, aber dennoch, wenn sie gewirkt hat, eine Erholung der Wirtschaft nach sich zieht:

$$r_0 \downarrow\rightarrow I_0 = i_o - i_1(r_o - \bar{\pi}^e) \uparrow\rightarrow Y_0 \uparrow\rightarrow L_0^d \uparrow .$$

Die hierbei auftretende Beziehung $r_0(p), r_0' > 0$ ist der sogenannte Keynes–Effekt, den Keynes (1936, S. 224) als das günstigste Argument für neoklassische Vollbeschäftigungsanalyse bezeichnet hat, da über ihn die unfreiwillige Arbeitslosigkeit überwunden werden kann. Dieser Effekt bedingt, dass Zins und Einkommen jetzt simultan über Güter– und Geldmarktgleichgewicht zu bestimmen sind, wie wir es im Folgenden im Detail darstellen werden, es also keine 'lineare' Argumentations- oder Kausalkette von der Zinstheorie hin zur Beschäftigungstheorie mehr gibt.

Anhänger von Vollbeschäftigungsmodellen haben (auch in jüngster Zeit, vgl. Mankiw (1994, S.13)) daraus den Schluss gezogen, dass es dann nicht nur stets ein Lohnniveau w_0 und damit ein Preisniveau p_0 und Zinsniveau r_0 gibt, bei denen Vollbeschäftigung

$$\bar{L} = L^d = \frac{1}{1-c}(-c(\bar{T} + \delta\bar{K}) + i_o - i_1(r_0 - \bar{\pi}^e) + \delta\bar{K} + \bar{G})/\bar{y} = Y_0/\bar{y}$$

gilt, sondern dass früher oder später sich diese drei Größen in der Tat so anpassen, dass die Vollbeschäftigung $L^d = \bar{L}$ erreicht wird. Diese Konvergenzaussage (und ihr Zeithorizont) wird im Folgenden noch zu untersuchen sein.

IS–LM–Analyse des Güter- und Geldmarktgeschehens stellt, wie wir gesehen haben, also eine relativ einfache Erweiterung der Keynes'schen Elementarbestimmung des temporären Gleichgewichts dar. Güter– und Vermögensmärkte werden in der oben dargestellten Form, wie noch zu zeigen sein wird, eine vom Preisniveau p parametrisch abhängige Gleichgewichtsposition von Einkommen, Y_0, und Zinssatz, r_0, generieren und damit in Zusammenhang mit der bisher vorliegenden Beschreibung des Lohn–Preis–Sektors jetzt folgendes Diagramm für das aggregierte Angebot (AS) und die aggregierte Nachfrage (AD) liefern. Neu gegenüber Abbildung 2.24. ist hier, dass die AD-Kurve nun – aufgrund des eben geschilderten Keynes–Effekts $r_o(p), r_o' > 0$ – negativ geneigt ist, statt wie dort einfach vertikal zu sein.

---

[13] Diese wird jedoch strenggenommen erst in der mittleren Sicht wirksam, vgl. dazu die Darstellungen in Kapitel 5 und 6.

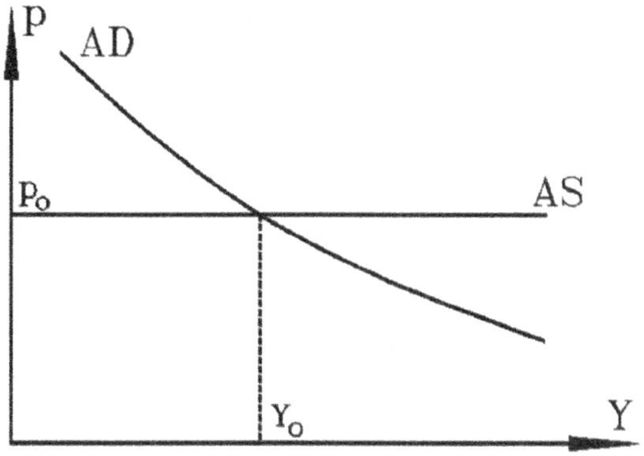

Abb. 3.1. Das AD-AS-Diagramm des obigen IS-LM-Modells

Die folgende kurzfristige Analyse ist ganz darauf konzentriert, die Gründe für die Lage der dargestellten AD–Kurve und die Möglichkeiten, diese AD–Kurve nach rechts zu verlagern, um damit mehr Output und Beschäftigung zu erzielen, im Detail zu ermitteln und zu diskutieren.

Um, wie andiskutiert, simultanes Güter– und Geldmarktgleichgewicht untersuchen zu können, ist es zunächst zweckmäßig, Gütermarktgleichgewicht und Geldmarktgleichgewicht getrennt voneinander zu analysieren. Hierbei stellt die sog. IS–Kurve ($I = S$) die Menge der Kombinationen aus Output Y und Zinssatz r dar, bei denen der Gütermarkt im Gleichgewicht ist, und die sog. LM–Kurve ($M^d = \bar{M}$) entsprechendes für den Geldmarkt. Diese IS–Kurve

$$Y = c(Y - \delta\bar{K} - \bar{T}) + i_0 - i_1(r - \bar{\pi}^e) + \delta\bar{K} + \bar{G} \tag{3.21}$$

lässt sich auf folgende Art und Weise explizit darstellen

$$\begin{aligned} Y(r) &\overset{IS}{=} \frac{1}{1-c}[-c(\bar{T} + \delta\bar{K}) + i_0 - i_1(r - \bar{\pi}^e) + \delta\bar{K} + \bar{G}] \qquad \text{oder} \\ r(Y) &= \frac{1}{i_1}\left[-(1-c)(Y - \delta\bar{K} - \bar{T}) + i_0 + i_1\bar{\pi}^e + \bar{G} - \bar{T}\right] \end{aligned} \tag{3.22}$$

sowie der Namensgebung IS entsprechend:

$$I = i_0 - i_1(r - \bar{\pi}^e) = (1-c)(Y - \delta\bar{K} - \bar{T}) + \bar{T} - \bar{G} = S_p + S_g = S,$$

wobei $S_p = (1-c)(Y - \delta\bar{K} - \bar{T})$ die private Ersparnis und $S_g = \bar{T} - \bar{G}$ die staatliche Ersparnis, also $S = S_p + S_g$ die gesamtwirtschaftliche Ersparnis bezeichnet.[14] Im Gütermarktgleichgewicht (3.21) gilt somit als äquivalente Beschreibung desselben: Geplante Nettoinvestition = geplante gesamtwirtschaftliche Ersparnis.

Eine einfache grafische Herleitung der IS–Kurve ist durch die folgende Abbildung 3.2. gegeben. Diese Abbildung zeigt in ihrem oberen Teil die einkommensabhängige gesamtwirtschaftliche Sparfunktion $S = s(Y - \delta\bar{K} - \bar{T}) + \bar{T} - \bar{G}$ mit $s = 1 - c$ als marginaler Sparneigung $s = dS/dY$. Zudem ist für drei Werte des nominalen Zinssatzes $r_1 < r_2 < r_3$ das dazugehörige geplante Investitionsvolumen auf der Ordinate abgetragen worden. Die zuletzt aufgeführte Gütermarktgleichgewichtsbestimmung ist somit in diesem Bild durch die Schnittpunkte der horizontalen Linien mit der Sparfunktion dargestellt. Überträgt man die zu den drei Zinssätzen r_1, r_2, r_3 gehörigen gleichgewichtigen Outputwerte Y_1, Y_2, Y_3 in das untere Zins–Einkommens–Diagramm, so erhält man drei Punkte auf einer fallenden Geraden, die insgesamt gesehen den geometrischen Ort aller Zins–Einkommens–Kombinationen wiedergibt, bei denen $I = S$ gilt, bei denen also der Gütermarkt im Gleichgewicht ist. Dies ist die oben analytisch dargestellte lineare Kurve $Y(r)$ [oder von der Abszisse aus gesehen $r(Y)$] unseres keynesianischen IS–LM–Modells. Man beachte hier, dass diese Kurve keine Kausalitätsaussage enthält, also lediglich zu jedem vorgegebenen Zinssatz r den dazugehörigen gleichgewichtigen Output Y darstellt bzw. zu jedem Outputwert Y den Zinssatz r, so dass diese beiden Werte Gütermarktgleichgewicht implizieren. In der späteren dynamischen Ungleichgewichtsanalyse wird angenommen werden, dass der Output der Unternehmen variiert wird, um Ungleichgewicht am Gütermarkt abzubauen oder zu beseitigen. Dynamisch gesehen wird also dann die Outputbestimmung dem Gütermarktgeschehen zugerechnet werden.

Wir untersuchen als nächstes, wie sich die IS–Kurve verlagert, wenn von den vielen ihre Gestalt bestimmenden Parametern sich die marginale Konsumneigung c bzw. die Zinssensitivität der Investitionen i_1 bzw. die autonomen Investitionen i_0 erhöhen. Die obige analytische Darstellung der IS–Kurve zeigt hier unmittelbar, dass

- $c \uparrow$ den zu $Y = \delta\bar{K} + \bar{T}$ gehörigen Punkt der IS–Kurve invariant lässt,[15]
- $i_1 \uparrow$ den zu $r = \bar{\pi}^e$ gehörigen Punkt der IS–Kurve nicht tangiert [16] und
- $i_0 \uparrow$ die IS–Kurve parallel nach rechts verlagert.

Da zudem ein Anstieg der marginalen Konsumneigung c die IS–Kurve von der Abszisse aus gesehen flacher werden lässt und $i_1 \uparrow$ gleichermaßen wirkt,

[14] Firmen haben in diesem Modellansatz kein Einkommen und damit auch keine Ersparnis.

[15] Für die Ableitung des gleichgewichtigen Zinssatzes nach c gilt wegen (3.22) für jeden Outputwert $r'(c) = (Y - \delta\bar{K} - \bar{T})/i_1$, woraus ebenfalls die bei Variation der marginalen Konsumneigung folgende Veränderung der IS-Kurve ersichtlich ist.

[16] Für die Ableitung des gleichgewichtigen Outputs nach i_1 gilt wegen (3.22) für jeden Zinssatz $Y'(i_1) = -(1-c)^{-1}(r - \bar{\pi}^e)$, woraus ebenfalls die bei Variation des Parameters i_1 folgende Veränderung der IS-Kurve ersichtlich ist.

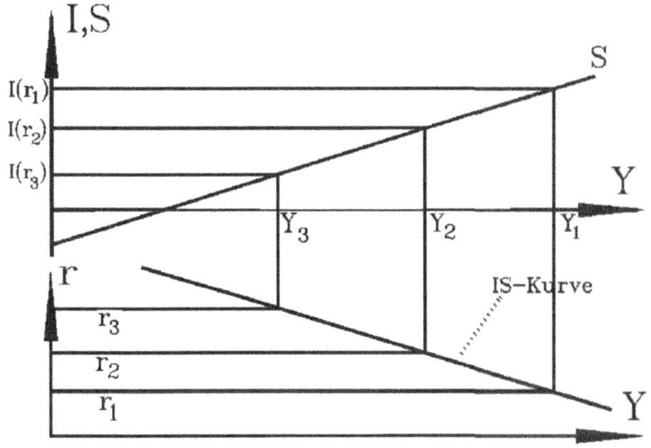

Abb. 3.2. Drei Punkte auf der IS–Kurve zu den drei Zinssätzen $r_1 < r_2 < r_3$; $I(r) = i_0 - i_1(r - \bar{\pi}^e)$

bekommen wir damit die folgenden Konsequenzen der angenommenen Parametervariationen für die Lage der IS-Kurve:

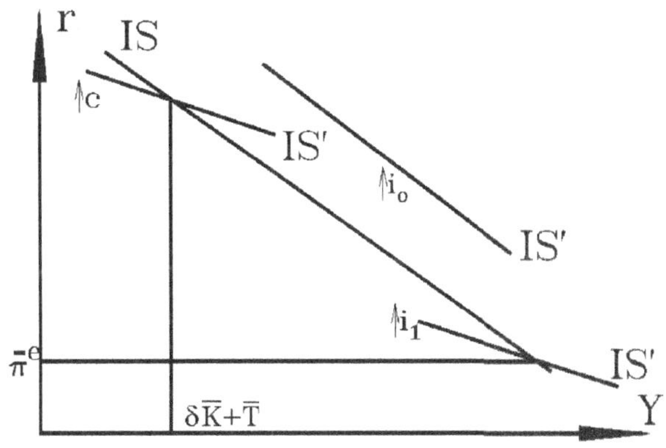

Abb. 3.3. Parametervariationen und resultierende Verlagerungen der IS–Kurve

Die Geldmarktgleichgewicht

$$\bar{M}/p = kY + h_0 - h_1 r$$

beschreibende LM–Kurve ergibt aufgelöst nach dem Outputwert Y bzw. nach dem Zinssatz r:

$$Y = \frac{\bar{M}/p + h_1 r - h_0}{k} \quad \text{bzw.} \quad r \overset{LM}{=} \frac{kY + h_0 - \bar{M}/p}{h_1}. \tag{3.23}$$

Wir ersehen, dass die LM–Kurve als geometrischer Ort der Zins–Output–Kombinationen, bei denen der Geldmarkt im Gleichgewicht ist, im Unterschied zur IS–Kurve eine positive Steigung aufweist. Geometrisch lässt sich dieses Resultat wie folgt begründen:

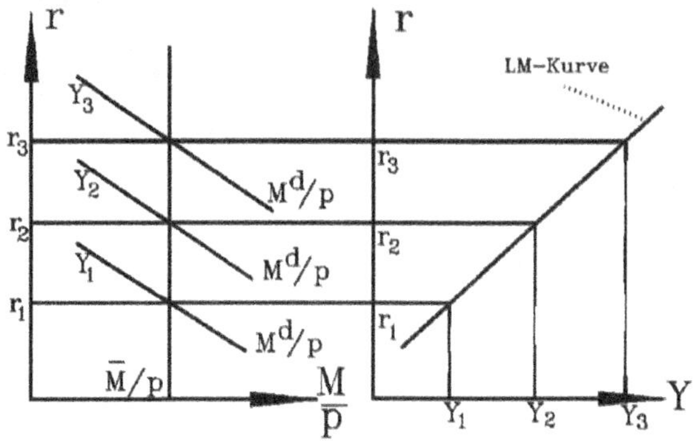

Abb. 3.4. 3 Punkte auf der LM–Kurve zu 3 Outputwerten $Y_1 < Y_2 < Y_3$; $M^d/p = kY + h_0 - h_1 r$

Im linken Teil von Abbildung 3.4. sehen wir, wie sich die reale Geldnachfragefunktion $(M^d/p)(r) = kY + h_0 - h_1 r$ verlagert, wenn sich der Outputwert Y erhöht. Gestiegene Transaktionskassennachfrage ergibt bei jedem Zinssatz r dann eine höhere gesamte Realkassennachfrage M^d/p, Gleichheit mit dem vorhandenen Realkassenangebot $\bar{M}/p$ verlangt bei solchen parametrischen Outputerhöhungen einen höheren Nominalzinssatz, damit die Realkassennachfrage wieder auf das Angebotsniveau $\bar{M}/p$ zurückgeführt werden kann. Geldmarktgleichgewicht wird somit bei steigenden Outputwerten durch steigende nominelle Zinssätze wieder ermöglicht.[17]

Betrachten wir nun die oben dargestellten Verlagerungen der IS-Kurve im Zusammenhang mit der soeben ermittelten Gestalt der LM-Kurve, also die Veränderung der Gleichgewichte des IS-LM Modells (die Schnittpunkte von IS und LM Kurve) bei Parametershifts, die die Position der IS-Kurve verändern. Wir wollen dabei im Folgenden davon ausgehen, dass der gleichgewichtige

[17] Wir betonen erneut, dass die Kurve der Bondmarkt-Gleichgewichte mit der LM-Kurve übereinstimmt.

Zinssatz r und der gleichgewichtige Output Y sich stets auf Niveaus bewegen, so dass der dazugehörige Realzins $r - \bar{\pi}^e$ und das dazugehörige verfügbare Einkommen $Y^D = Y - \delta\bar{K} - \bar{T}$ positiv sind, also $r > \pi^e$ und $Y > \delta\bar{K} + \bar{T}$ gilt. Aus Sicht des IS–LM–Diagramms trifft dann die folgende Situation zu

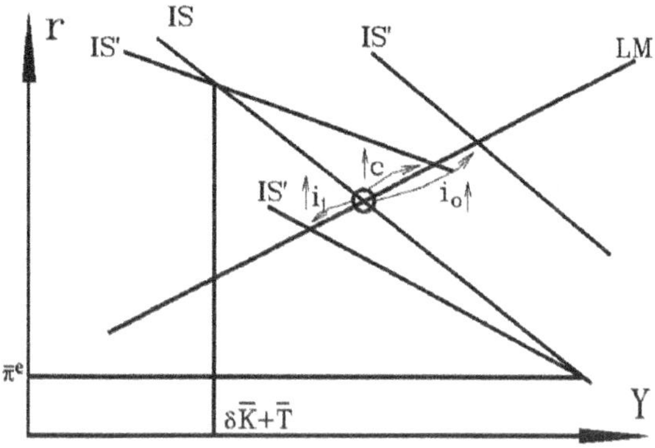

Abb. 3.5. Erste komparativ–statische Überlegungen im IS-LM Diagramm

Man ersieht, dass Steigerungen bei c und i_0 die Gleichgewichtswerte von Output Y und Zins r erhöhen, während ein Anstieg bei i_1 diese Gleichgewichtswerte absenkt. Wir werden solche komparativ–statischen Vergleichsergebnisse in den nächsten Abschnitten noch inhaltlich begründen müssen. Der Leser möge an dieser Stelle aber schon überlegen, ob diese Output– und Zinsveränderungen ihm plausibel erscheinen.

Als nächstes untersuchen wir in Analogie zu Betrachtungen bei der IS–Kurve, wie sich die LM–Kurve verlagert, wenn ihre Parameterwerte k und h_1 sich erhöhen. Ein Blick auf die obige analytische Darstellung dieser Kurve liefert für diese beiden Fälle die Abbildung 3.6. dargestellten Rotationen der LM–Kurve.

Eine Erhöhung des Kassenhaltungskoeffizienten k lässt somit den Punkt der LM–Kurve an der Stelle $Y = 0$ invariant und erhöht die Steigung dieser Kurve (von der Abszisse aus gesehen). Ein Anstieg der Zinssensitivität h_1 der realen Geldnachfrage behält dagegen den Punkt der LM–Kurve bei, der zu $r = 0$ gehört und macht die LM–Kurve, von der Ordinate aus gesehen, steiler. Abbildung 3.6. zeigt darüber hinaus die Konsequenzen eines Anstiegs des Preisniveaus p für die Lage der LM–Kurve. Es ist aus (3.23) unmittelbar ersichtlich, dass $p \uparrow$ und damit $\bar{M}/p \downarrow$ eine Parallelverschiebung der LM–Kurve nach oben bedeuten.

Wir betonen erneut, dass auch die LM–Kurve keine Kausalitätsaussage enthält, also ihre Darstellungen durch $r(Y)$ oder $Y(r)$ völlig gleichwertig sind. Sie gibt lediglich die Kombinationen aus Zins r und Output Y an, bei denen der Geldmarkt im Gleichgewicht ist, besagt aber nicht, dass der Geldmarkt zu

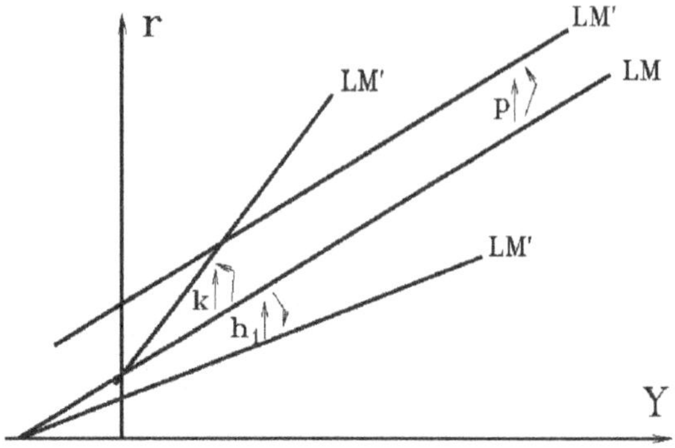

Abb. 3.6. Verlagerungen der LM–Kurve für $k, h_1, p \uparrow$

gegebenem Output Y jeweils die kausale Bestimmung des Gleichgewichtszinses liefert. In der dynamischen Ungleichgewichtsanalyse werden wir Zinsreaktionen mit Bondmarktungleichgewichten verbinden und damit auch mit Geldmarktungleichgewichten, da diese in unserem Modell in einer 1:1–Beziehung zueinander stehen.

Die obigen Parametervariationen bei der LM-Kurve liefern im Zusammenhang mit der IS-Kurve wieder erste komparativ–statische Implikationen über die Verlagerung der Gleichgewichtswerte von Y, r (der Schnittpunkte von IS und LM Kurve), die sich wie folgt darstellen lassen:[18]

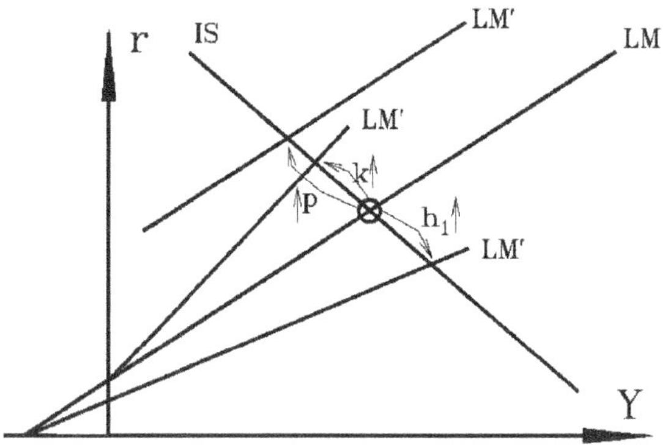

Abb. 3.7. Komparativ–statische Implikationen von k, h_1, p–Steigerungen

[18] Wir werden aus Gründen, die erst später ersichtlich sind, stets annehmen, dass die LM–Kurve die Ordinate bei einem positiven Wert schneidet ($h_0 - \bar{M}/p > 0$). Dies bedeutet, dass auch bei $k = 0$ die LM-Kurve stets einen positiven Zinssatz zu positivem Output generiert.

Man sieht, dass ein Anstieg beim Preisniveau p oder beim Kassenhaltungskoeffizienten k zinssteigernd und outputsenkend in Bezug auf die Gleichgewichtswerte von r und Y wirkt, während ein Anstieg bei h_1 die Zinsen r senkt und den Output Y erhöht. Auch diese Ergebnisse werden wir in den nachfolgenden Abschnitten einer näheren Begründung zuführen. Der Leser ist erneut aufgefordert, sich erste Erklärungen für diese drei komparativ–statischen Ergebnisse zu überlegen.

Wir haben gerade gesehen, dass steigendes Preisniveau p mit sinkendem Gleichgewichtsoutput Y verbunden ist. Diese Herleitung ist der Hintergrund der in Abb. 3.1. bereits dargestellten aggregierten Nachfragekurve oder AD–Kurve, die anders als die senkrechte AD-Kurve des Keynes–Modell des vorherigen Kapitels eine negative Steigung aufweist. Steigendes Preisniveau p reduziert die angebotene Realkasse $\bar{M}/p$, was die LM-Kurve nach links verschiebt, so dass im neuen Gleichgewichtspunkt sowohl ein niedrigerer Outputwert Y als auch ein höherer Nominalzins r dafür sorgen, dass die nachgefragte Realkasse dem gesunkenen Angebotswert wieder angeglichen ist. Die Bedeutung dieser Kurve wird in diesem und im folgenden Kapitel noch weiter erörtert werden.

Wir haben oben angenommen, dass die Parameterwerte der IS- und der LM-Kurve dergestalt sind, dass zusammengefasst sich stets die folgende Situation im Zins–Output–Diagramm ergibt, also insbesondere stets ein hinreichend großer Wert des gleichgewichtigen Outputs und des gleichgewichtigen Nominalzinses gewährleistet ist:

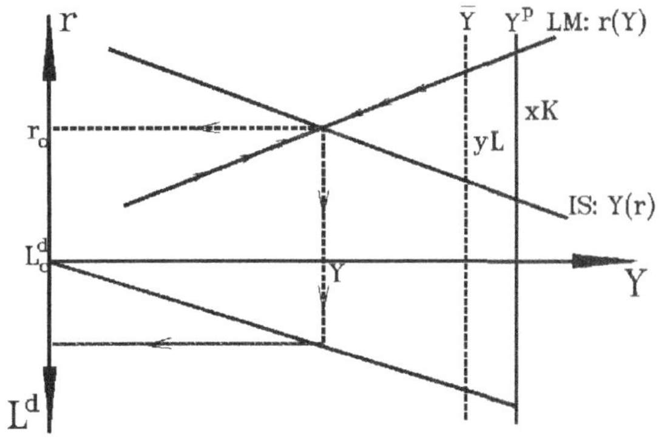

Abb. 3.8. Das IS-LM-Diagramm und der Arbeitsmarkt

Die Abbildung 3.8. zeigt auch die mit dem Sozialprodukt Y einhergehende Beschäftigung L^d im Vergleich zu den Vollbeschäftigungspositionen $\bar{Y}, \bar{L}$ und dem Potenzialoutput der Firmen $Y^p = \bar{x}\bar{K}$. Diese beiden Barrieren für die gleichgewichtige Produktion $Y = \bar{y}L^d$ können in ihren Konsequenzen erst später thematisiert werden ($\bar{Y}$ in Kapitel 5 und Y^p in Kapitel 6). Es wird deshalb in diesem Kapitel stets vorausgesetzt, dass Arbeitsmarkt- und Kapazitätsengpässe keine Rolle spielen.

Die IS–Kurve ist, wie oben gezeigt worden ist, strikt fallend, die LM–Kurve strikt steigend. Gemeinsames Güter– und Geldmarktgleichgewicht (IS–LM–Gleichgewicht) liegt, wie gesehen, im Schnittpunkt der beiden Kurven vor. Aufgrund der Steigungsverhältnisse ist dieser Schnittpunkt eindeutig bestimmt, und er erklärt das Niveau der vom Modell (3.7) – (3.20) bestimmten endogenen Variablen Y_0, r_0 und L_0^d auf Basis des von außen vorgegebenen Preisniveaus $p = (1 + a)\bar{w}/\bar{y}$. Die obige Grafik ist damit eine vollständige Darstellung der durch das Modell (3.7) – (3.20) ausgedrückten Beziehungen zwischen den endogenen (erklärten) und den exogenen (erklärenden) Variablen. Man beachte in diesem Zusammenhang wieder, dass längs der LM-Kurve sich auch der Bondmarkt stets im Gleichgewicht befindet (und dass für den Kurswert der Bonds im Kontext des IS-LM Modells $p_b = 1/r_0$ gilt). Bis auf den Arbeitsmarkt sind somit im IS-LM Ansatz alle betrachteten Märkte im Gleichgewicht.

Rechts von der IS–Kurve (wo '=' galt) gilt

$$Y > c(Y - \delta\bar{K} - \bar{T}) + i_0 - i_1(r - \bar{\pi}^e) + \delta\bar{K} + \bar{G},$$

liegt also ein Überschussangebot vor, da bei gedanklich fixiertem Zinssatz wegen $0 < c < 1$ die Nachfrage bei Produktion und Einkommenssteigerung ΔY nur um den Betrag $c\Delta Y$ steigt. Links davon gilt dann natürlich das umgekehrte Vorzeichen. Die Reaktion der Produzenten auf solche Ungleichgewichte wird sein, rechts von der IS–Kurve die Produktion zu senken und links von ihr die Produktion auszudehnen (vgl. die folgende Grafik).

Analog gilt, dass rechts von der LM–Kurve (wo ' =' galt) die Geldnachfrage M^d höher als das Geldangebot $\bar{M}$ ist (gestiegene Transaktionskassennachfrage), während links von ihr das Umgekehrte gilt. Übernachfrage nach Geld bedeutet nach Walras Gesetz Überangebot an Bonds, was gemäß dem Gesetz von Angebot und Nachfrage sinkende Kurse und (wegen $p_b = 1/r$) steigende Zinsen impliziert. Eine analoge Argumentation impliziert links von der LM–Kurve fallende Zinsen. Zusammengefasst ergibt sich damit das folgende Anpassungsverhalten von Produktion und Zins außerhalb der von IS und LM beschriebenen Gleichgewichtssituationen:

Dieses Anpassungsverhalten von Zinsen und Einkommen ist für sich genommen noch nicht eindeutig stabil oder instabil, die rein grafische Erfassung dieser Dynamik diesbezüglich also nicht schlüssig. Es ist deshalb hier nötig, mathematische Stabilitätskriterien anzuwenden, um diese Frage der Stabilität des IS-LM-Gleichgewichtspunktes zu entscheiden (man vgl. dazu Anhang 2 in diesem Abschnitt). Eine vereinfachende Annahme kann jedoch das dort erzielte Ergebnis hier schon vorwegnehmen. Unterstellt man, dass Zinsen sehr flexibel sind und damit im Extrem der Bondmarkt und der Geldmarkt durch sie stets im Gleichgewicht gehalten werden, so reduziert sich der soeben dargestellte Zins–Einkommens–Anpassungsprozess auf die folgende Form:

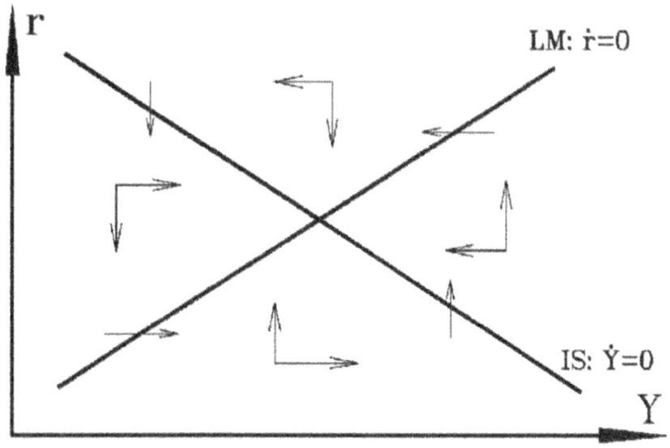

Abb. 3.9. Dynamische Anpassung im IS-LM-Diagramm: Der allgemeine Fall

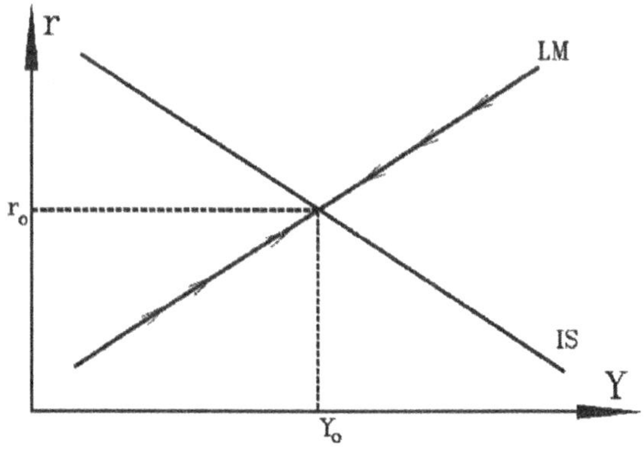

Abb. 3.10. Dynamische Anpassung im IS-LM-Diagramm: Eine Vereinfachung

Hieraus ist die globale asymptotische Stabilität des IS–LM–Gleichgewichts (Y_0, r_0) in dieser speziellen Situation unmittelbar ersichtlich, da rechts von der IS-Kurve, wie oben gesehen, das Güterangebot die Nachfrage übersteigt und links von IS das Umgekehrte gilt.

Wir haben damit im Fazit, dass die keynesianische Analyse temporärer Gleichgewichte $Y = Y_o, r = r_o$ die Analyse asymptotisch stabiler Unterbeschäftigungsgleichgewichte zum Gegenstand hat $L^d < \bar{L}$, deren Lage sich in der Zeit verändern kann und die insbesondere dann (vgl. Kapitel 5) zu weiterführenden Überlegungen hinsichtlich abwärtsgerichteter Lohn–Preis–Anpassungsprozesse Anlass geben werden, wenn sich solche Gleichgewichte hin zur Vollbeschäftigungsposition $\bar{L}, \bar{Y}$ entwickeln sollten. Ist dies nicht der

Fall, so mag die Grundlage der dann depressiven temporären Positionen (nach unten rigide Geldlöhne und Preise) in der Zeit erhalten bleiben.[19]

Wir haben in Abb. 3.1. dieses Abschnitts die Konsequenzen des IS-LM Modells für die sog. AD-AS Analyse kurz dargestellt, die auf die Bestimmungsgründe der aggregierten gleichgewichtigen Güternachfrage (IS-LM Gleichgewicht) und des aggregierten Angebots (Unternehmensgleichgewicht) abstellt. Parametrische Erhöhungen des Preisniveaus p verschieben, wie wir oben gezeigt haben, die LM-Kurve nach links und reduzieren damit den gleichgewichtigen Output (vgl. dazu Abb. 3.6). Diese Veränderung bedeutet bei der AD-Kurve, dass man sich längs dieser Kurve nach oben bewegt und damit AD-AS Ungleichgewicht entstehen kann. Steigendes Preisniveau kann, muss aber nicht, steigende Inflation bedeuten, was steigende Inflationserwartungen bewirken kann. Es ist leicht ersichtlich, dass letztere wegen

$$I(r) = i_o - i_1(r - \bar{\pi}^e) = i_o + i_o\bar{\pi}^e - i_1 r$$

zu jedem Zinssatz r steigendes Investitionsvolumen implizieren und damit wie ein Anstieg der autonomen Investitionen expansiv wirken. Sie verlagern somit die IS-Kurve und damit auch die AD-Kurve nach rechts. Sollte ein Anstieg bei p mit einem Anstieg bei $\bar{\pi}^e$ einhergehen, so ist damit eine Bewegung längs der AD-Kurve nach oben (der kontraktiv wirkende Keynes–Effekt steigenden Preisniveaus) mit ihrer Rechtsverlagerung verbunden (der sog. Mundell–Effekt, der expansiv wirkt und den wir in Kapitel 5 ausführlich betrachten werden). Diese und andere mittelfristig simultan auftretenden Effekte machen es schwer, mittels der AD-AS-Analyse zu klaren Schlussfolgerungen zu gelangen, selbst wenn man den Mundell-Effekt wie in Dornbusch/Fischer (1995) dabei ausklammert.

Wir werden deshalb kurzfristige Gleichgewichtsanalyse nur mittels des IS-LM Diagramms im Zins-Output-Diagramm erfassen, in dem auch Punkte, die nicht auf der IS- oder der LM-Kurve liegen, sinnvoll durch Anpassungsmuster hin zum IS-LM-Gleichgewicht komplettiert werden können. Die isolierte mittelfristige Analyse von Keynes–Effekten (Verschiebungen der LM-Kurve) und Mundell-Effekten (Verschiebungen der IS-Kurve) ist dort in komparativ-statischer Weise elementar demonstrierbar und begründbar, während die in der Zeit stattfindende oft gegenläufige Interaktion von Keynes- und Mundell-Effekten der dynamischen IS-LM Analyse des Kapitels 5 vorbehalten bleiben muss.

Diesen Abschnitt ergänzende Betrachtungen zur IS- und LM-Kurve, zum IS-LM Gleichgewicht, seiner Stabilität und seiner komparativ-statischen Eigenschaften findet der Leser in Kapitel 4 von Dornbusch/Fischer (1995), das nachdrücklich zur Vertiefung des hier dargestellten Stoffs empfohlen wird. Wir betonen aber erneut, dass die darauf aufbauende statische AD-AS-Analyse von Dornbusch/Fischer (1995, Kap. 7) in diesem Buch nicht weiter verfolgt

---

[19] Man vgl. zu dieser Behauptung die Behandlung stabiler keynesianischer Depressionslagen in Kapitel 5.

werden wird, da dieses Instrumentarium im statischen Kontext nicht mehr Information liefert als die IS-LM-Analyse selbst. Des Weiteren sind im dynamischen Kontext (Dornbusch und Fischer, 1995, Kapitel 8 und 10) die wirklich resultierenden Verlagerungen bei der AD- und der AS-Kurve so komplex, dass anstelle von permanenten Kurvenverschiebungen im AD-AS-Diagramm eine formal saubere dynamische Analyse des Lohn-Preis-Sektors, die phasendiagrammatische Darstellungen der dynamischen Variablen einschließt, nötig wird. Diese Analyse wird Gegenstand unseres 5ten Kapitels sein.

3.2.1 Anhang 1: Wertpapierkurse und Geldnachfrage

Wir hatten in Kapitel 2 bislang Fixpreis–Bonds ($p_b = 1$), die einen in der Zeit variablen Zinssatz (ähnlich wie Spareinlagen) ermöglichen, unterstellt. Solche Bonds dominieren im Prinzip aufgrund ihres sicheren positiven Ertrages Geldhaltung als Vermögensanlage und Wertaufbewahrung, werden aber bei Annahme von Transaktionskosten bei ihrer Veräußerung im Zusammenhang mit anstehenden Zahlungsvorgängen dennoch Spielraum für eine gewisse Transaktionskassennachfrage der Wirtschaftssubjekte zulassen. Dementsprechend ist in diesem Kontext Geldhaltung nur im Hinblick auf eine unvermeidbare durchschnittliche Transaktionskasse rational. Diese kann dann in ihrem Volumen wie im Barro–Modell zinsabhängig sein, da bei sinkenden Zinsen (niedrigeren Opportunitätskosten dieser Kassenhaltung) aufgrund von gegebenen Transaktionskosten (bei der Auflösung solcher 'Spareinlagen') eine höhere Kassenhaltung im Vergleich zur 'Bondhaltung optimal sein wird. Die Details einer solchen Transaktionskassennachfrage der Form $M^d/p = kYh(r), h' < 0$ werden in Barro/Grilli (1994, Kap. 3) dargestellt. Wir werden im Folgenden bzgl. dieser Art der Kassenhaltung von $h(r) \equiv 1$ ausgehen.

Im keynesianischen Modell dieses Abschnitts sind wir jedoch davon ausgegangen, dass Geld auch aus anderen, nämlich spekulativen Gründen (als Vermögensobjekt mit der höchsten Liquidität) gehalten wird, was jetzt ansatzweise begründet werden soll. Hierzu ist es nötig, Wertpapiere mit einem variablen Preis oder Kurswert einzuführen, damit auf Basis von Kurserwartungen und Kurswertrisiko spekulative Umschichtungen zwischen Geld und Bonds denkbar und in ihrem Ausmaß analysierbar werden. Diese Spekulationskassennachfrage M_2^d ist der obigen Transaktionskassennachfrage M_1^d additiv hinzuzufügen und sie liefert hier die Begründung, warum Geldnachfrage (unter Umständen in sehr extremer Form) zinsabhängig sein kann, ein Sachverhalt, der auf Basis reiner Transaktionskassennachfrage für Zinssätze deutlich oberhalb von Null nicht sehr plausibel ist.[20]

[20] Wir übergehen hier die Diskussion weiterer Motive der Kassenhaltung, wie zum Beispiel das Vorsichtsmotiv oder Geldvermögenshaltung, die aufgrund von Unsicherheit und Risiko zustandekommt. Letztere Geldhaltung ist von Tobin (1958) zuerst modelliert worden und kann ähnlich wie die nachfolgende Geldnachfrageanalyse unter Bezugnahme auf erwartete Erträge und damit verbundene Risi-

Wir unterstellen deshalb jetzt einen Typ 'Bond', der kontraktgemäß fixierte Zinszahlungen (der Einfachheit halber von 1,0 €) in jeder Periode garantiert (sog. ewige Renten oder Consols oder Perpetuities) und dessen Preis p_b einerseits diesen Sachverhalt widerspiegelt und andererseits mit dem Marktzinssatz r variabel sein wird.

Dazu berechnen wir zunächst den Bar– oder Gegenwartswert BW eines solchen Wertpapiers zum Kalkulationszinssatz r, also die auf die Gegenwart abdiskontierten Erträge oder Auszahlungen dieser Anlage.[21]

$$\begin{aligned} BW &= \frac{1}{1+r}1[e] + \frac{1}{(1+r)^2}1[e] + \ldots + \frac{1}{(1+r)^n}1[e] + \ldots \\ &= \frac{1}{1+r}[\sum_{n=0}^{\infty} \frac{1}{(1+r)^n}]1[e] = \frac{1}{1+r}[\lim_{n\to\infty} \frac{1-(\frac{1}{1+r})^{n+1}}{1-\frac{1}{1+r}}]1[e] \\ &= \frac{1}{1+r}(\frac{1}{1-\frac{1}{1+r}})1[e] = \frac{1}{1+r}\frac{1+r}{1+r-1}1[e] \\ &= \frac{1}{r}1[e] = \frac{1}{r} \end{aligned}$$

Der Barwert der obigen Auszahlungsreihe stellt damit die Einzahlungssumme dar, die es gestatten würde, bei einem stationären Zinssatz r die obige ewige Rente von einer € pro Periode zu realisieren:

Tabelle 3.2. Barwert-Berechnung

Periode → Einzahlung (in $t = 0$) ↓	$t = 1$	$t = 2$	$t = 3$	$t = 4$	...
$\frac{1}{1+r}$	1 [€]	–	–	–	–
$\frac{1}{(1+r)^2}$	–	1 [€]	–	–	–
$\frac{1}{(1+r)^3}$	–	–	1 [€]	–	–
$\frac{1}{(1+r)^4}$	–	–	–	1 [€]	–
⋮	⋮	⋮	⋮	⋮	⋱

Der Kauf eines der nunmehr unterstellten Wertpapiere zum Preis $p_b = 1/r$ garantiert dem Halter eine nominelle Verzinsung zum Zinssatz r, solange er dieses Wertpapier zu halten bereit ist. Damit charakterisiert der gegenwärtige Marktpreis oder Kurswert für solche Bonds p_b in mathematisch elementarer Form den Zinssatz $1/p_b$ und die implizit mit dem Kurswert einhergehende Effektivverzinsung dieses Wertpapiers.

koeinschätzungen der Vermögensbesitzer mikroökonomisch fundiert werden (vgl. dazu z.B. Crouch (1972, 4.2)).

21 Mittels der bekannten Formel für die sog. geometrische Reihe $\sum_{n=0}^{\infty} x^n = \frac{1}{1-x}, 0 < x < 1$.

Wann lohnt es sich im Vergleich zur reinen (unverzinslichen) Geldhaltung, diesen Typ Wertpapier zu halten? Nehmen wir dazu an, dass $p_b = 1/r$ den momentanen Kurs dieser Bonds repräsentiert und $p_b^e = 1/r^e$ den für die nächste Periode erwarteten Kurs. Des Weiteren gilt nach früherem $\pi^e = \bar{\pi}^e$ für die momentan erwartete Inflationsrate. Der erwartete reale Ertrag der Geldhaltung ist damit durch $\rho_m = -\bar{\pi}^e$ charakterisierbar (den erwarteten Realwertverlust pro €, falls $\bar{\pi}^e > 0$ gilt). Und für den realen Ertrag der Bondhaltung gilt pro €: $\rho_b = r + \pi_b^e - \bar{\pi}^e$, wobei π_b^e den Kursgewinn oder Verlust pro € $(= 1/p_b)$ Bondhaltung bezeichnet, d.h. es gilt $\pi_b^e = (1/r^e - 1/r)/(1/r) = r/r^e - 1$. Das Ertragsratendifferential zwischen Geld- und Bondhaltung ist somit durch

$$\rho_b - \rho_m = r + \pi_b^e - \bar{\pi}^e - (-\bar{\pi}^e) = r + (r - r^e)/r^e$$

gegeben und damit identisch mit dem nominalen Ertragsratendifferential zwischen Bond und Geldhaltung.

Gehen wir nun davon aus, dass vermögensbesitzende Haushalte Zins– und Kursänderungen $r^e, 1/r^e$ für die kommende Periode jeweils mit Sicherheit erwarten, aber die Meinung über diese Änderung (weit) streut. Das individuelle Wirtschaftssubjekt wird dann bzgl. seiner Erwartungen sein Vermögen ganz in Geld bzw. ganz in Bonds halten, wenn gilt

$$r + \frac{r - r^e}{r^e} < 0 \Leftrightarrow r < \frac{r^e}{1 + r^e} \text{ bzw. } r + \frac{r - r^e}{r^e} > 0 \Leftrightarrow r > \frac{r^e}{1 + r^e}.$$

Im ersten Fall sind die erwarteten Kursverluste so hoch ($r < r^e!$), dass Geldhaltung relativ gesehen ertragreicher ist, im zweiten Fall ist das Umgekehrte der Fall. Es folgt, dass es für jede Zinserwartung r^e einen kritischen Zinssatz r^c gibt, unterhalb dem (also beim Vorliegen von $r < r^c$) der betreffende Haushalt reine Geldhaltung als ertragsreicher als jede andere Mischung seines Portfolios empfindet. Die Nachfragefunktion eines individuellen Haushalts nach Geld (über seinen Transaktionskassenbedarf hinaus) sieht damit in der laufenden Periode wie in Abb. 3.11. aus, wobei $(M_i^d)_0 = \bar{M}_i + \bar{B}_i/r$ den momentanen Geldwert des Gesamtvermögens dieses Haushalts bezeichnet (das er auch zuvor entweder nur in Geld oder nur in Bonds gehalten haben wird). Die Individualnachfrage nach Geld weist damit in extremer Form eine Unstetigkeit auf.

Nehmen wir auf dieser Basis an, dass es z.B. drei Haushalte dieser Art gibt, die bzgl. r^e verschiedener Ansicht sind, so resultiert daraus die Situation, die in Abb. 3.12. dargestellt ist.[22]

Die resultierende gesamtwirtschaftliche Geldnachfrage mit spekulativem Hintergrund ist dann vom gezeigten stufenförmigen Verlauf. Es ist offensichtlich, dass diese Stufen immer kleiner werden können, wenn die Zahl dieser Individuen (bei heterogenen r^e–Erwartungen) größer und größer wird. Die spekulative Geldnachfrage (die wir in unserem obigen Modell der Einfachheit

[22] Man beachte hier, dass die Ungleichungen $r_1^e > r_2^e > r_3^e$ zu den Ungleichungen $r_1^c > r_2^c > r_3^c$ äquivalent sind, da $r^e/(1 + r^e)$ eine steigende Funktion von r^e ist.

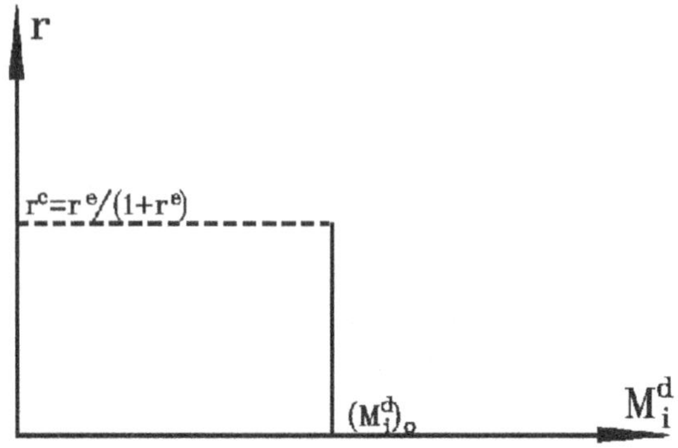

Abb. 3.11. Spekulative Geldnachfrage-Funktion: 1 Haushalt

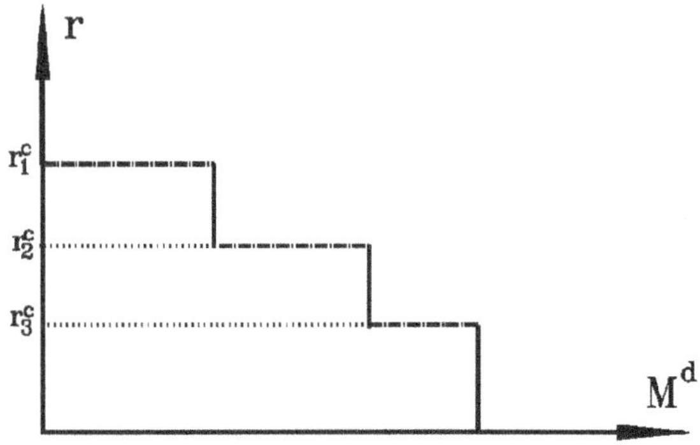

Abb. 3.12. Aggregierte Nachfragefunktion nach Spekulationskasse: 3 Haushalte

halber als linear – $h_o - h_1 r$ – unterstellt haben), wird damit im Prinzip durch eine stetige Funktion approximierbar (siehe Abb. 3.13).

Ein Absinken des heutigen Zinssatzes r, also eine heutige Kursverbesserung, lässt bei ihrem Fortgang mehr und mehr vermögensbesitzende Haushalte zu der Überzeugung gelangen, dass sie zu diesen heutigen Kursverbesserungen der Bonds von Bond- in Geldhaltung umswitchen sollten, da bei ihrem festen Kursänderungserwartungen für die nächste Periode, sich mehr und mehr erwartete Kursverluste einstellen werden, die die sinkenden Zinsen in nominelle Verluste im Vergleich zur reinen Geldhaltung werden lassen. Es ist hier in diesem Zusammenhang des Weiteren auch leicht vorstellbar, dass es einen unteren Wert $\underline{r} > 0$ für den momentanen Zinssatz r gibt, unter dem alle Wirtschaftssubjekte Geldhaltung gegenüber Bondhaltung gemäß obigem Kalkül bevorzugen werden. Diese untere Barriere für die Nominalzinsentwicklung, bei der die Geldnachfrage unendlich elastisch (horizontal) wird, wird in der Literatur als 'Liquiditätsfalle' bezeichnet. Wir bemerken schließlich noch,

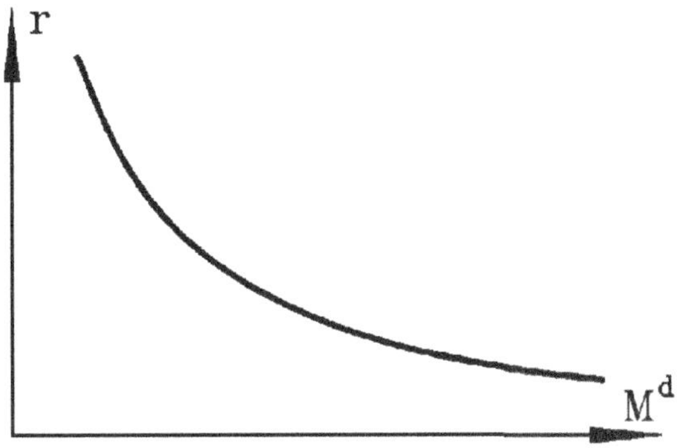

Abb. 3.13. Spekulative Geldnachfrage-Funktion im Aggregat

dass heutige Zinskorrekturen auch Korrekturen bei den für 'morgen' erwarteten Zinssätzen r^e hervorrufen können und sollten, also r^e eigentlich nicht als unabhängig vom heutigen Zinssatz r angesehen werden kann. Es kann jedoch leicht gezeigt werden, dass das obige Argument sich auf den Fall unelastischer Zinserwartungen verallgemeinern lässt, bei denen die Wirkung von r auf r^e von der Form $r^e(r), r^{e\,'} < 1$ ist.[23]

Die hier hergeleitete negative Abhängigkeit der Geldnachfrage vom Zinsniveau ist nur eine von mehreren Möglichkeiten, eine solche negative Beziehung begründen zu können; man vgl. dazu z.B. Crouch (1972 , Kap. 4) und Richter et al. (1975 , Kap. 7). Aber auch dieses Beispiel zeigt schon sehr deutlich, dass es signifikante und systematische Gründe geben kann, hinsichtlich denen Wirtschaftssubjekte zinslose Geldhaltung einer verzinslichen Anlage in Bonds vorziehen mögen.

Wir bemerken abschließend, dass die obige Argumentation besagt, dass die Wirtschaftssubjekte insgesamt gesehen ihr nominelles Vermögen abzüglich der nominellen Transaktionskasse $W^n = \bar{M} + p_b\bar{B} - pkY$ in vom Zinssatz gesteuerter Form auf Geld- und Bondhaltung aufteilen werden, womit wir hier zum einen Walras' Gesetz der Bestände[24] durch Aggregation individueller Verhaltensweisen erhalten. Zum anderen folgt aus dieser Analyse der Vermögensumschichtung, dass W^n ebenfalls Argument der Geldnachfragefunktion sein muss, da die Geldnachfrage sich im Rahmen dieser Vermögensrestriktion bewegt und entfaltet. Eine vollständig spezifizierte Geldnachfragefunktion würde damit in unserer linearen Darstellungsweise wie folgt aussehen:[25]

---

[23] Man vgl. hierzu Crouch (1972, Kap. 4).

[24] Gemeint ist also der Sachverhalt, dass jetzt Bond- und Geldmarkt als Spiegelbilder angesehen werden können. Für die Bondnachfrage folgt aufgrund dieses Sachverhalts, dass sie negativ vom Output Y abhängen muss, da steigender Transaktionskassenbedarf den Spielraum für die spekulative Portfoliowahl verkleinert.

[25] $h_o - h_1 r \in [0, 1]$.

$$M^d = pkY + (h_o - h_1 r)pW, \quad W = \bar{M}/p + p_b\bar{B}/p.$$

Aus Gründen der Einfachheit sehen wir jedoch vom Einfluss des Realvermögens W auf den Umfang der Spekulationskassennachfrage ab bzw. unterstellen wir, dass dieser Vermögenswert in den Koeffizienten h_o, h_1 implizit enthalten ist und während unserer Analyse als konstant unterstellt werden kann.[26]

3.2.2 Anhang 2: Zur Stabilität des IS–LM–Gleichgewichts

Die im Haupttext dieses Abschnitts dargestellte dynamische Anpassung von Output und Zinsen an das temporäre Gleichgewicht (Y_0, r_0) lautet als Differentialgleichungssystem in Y, r dargestellt wie folgt:

$$\dot{Y} = \beta_y((c-1)Y - c(\bar{T} + \delta\bar{K}) + i_0 - i_1(r - \bar{\pi}^e) + \delta\bar{K} + \bar{G}), \quad \beta_y > 0$$
$$\dot{r} = \beta_r(kY + h_0 - h_1 r - \bar{M}/p), \quad \beta_r > 0,$$

wobei β_y, β_r die (konstanten) Anpassungsstärken von Output Y und Zinssatz r in Bezug auf die jeweiligen Marktungleichgewichte bezeichnen. In Matrixschreibweise lautet dieses Differentialgleichungssystem:

$$\begin{pmatrix} \dot{Y} \\ \dot{r} \end{pmatrix} = \begin{pmatrix} \beta_y(c-1) & -\beta_y i_1 \\ \beta_r k & -\beta_r h_1 \end{pmatrix} \begin{pmatrix} Y \\ r \end{pmatrix} + \begin{pmatrix} \beta_y(-c(\bar{T} + \delta\bar{K}) + i_0 + i_1\bar{\pi}^e + \delta\bar{K} + \bar{G}) \\ \beta_r(h_0 - \bar{M}/p) \end{pmatrix}$$

Dies ist ein linear inhomogenes Differentialgleichungssystem erster Ordnung (mit konstanten Koeffizienten), welches als stationären Punkt $\dot{Y} = 0, \dot{r} = 0$ gerade das IS–LM–Gleichgewicht aufweist. Die partiellen Gleichgewichtskurven oder Isoklinen $\dot{Y} = 0$ bzw. $\dot{r} = 0$ sind per Definition genau die IS–Kurve bzw. die LM–Kurve.

Für die Stabilitätsanalyse eines solchen zweidimensionalen Systems sind, wie wir schon gesehen haben, Determinante und Spur der Systemmatrix von entscheidender Bedeutung. Die folgende Grafik charakterisiert alle Möglichkeiten an qualitativem Systemverhalten, die bei solchen linearen 2D–Systemen vorkommen können:

Insbesondere besagt diese Grafik, dass globale asymptotische Stabilität genau dann gegeben ist, wenn spur < 0 und det > 0 erfüllt ist, wobei det $<$ spur $^2/4$ zusätzlich monotone Stabilität charakterisiert.

Im Falle unseres Systems gilt

$$\begin{aligned} \det &= -\beta_y(c-1)\beta_r h_1 + \beta_y i_1 \beta_r k \\ &= \beta_y\beta_r[(1-c)h_1 + i_1 k] > 0 \\ \text{spur} &= \beta_y(c-1) - \beta_r h_1 < 0 \end{aligned}$$

[26] Man beachte hier auch, dass unsere Annahme $h_o - \bar{M}/p > 0$ dadurch verständlicher und plausibler wird.

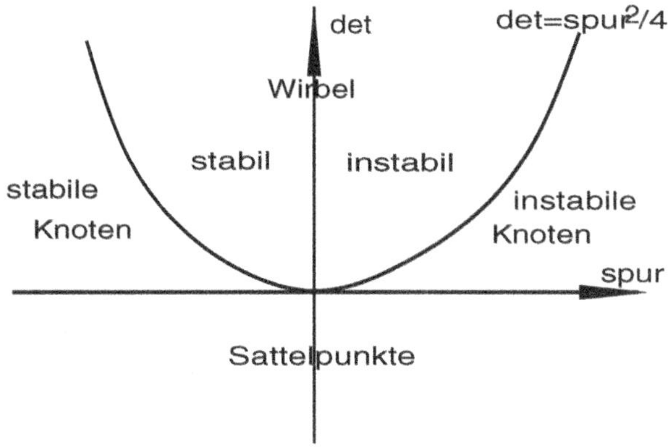

Abb. 3.14. Dynamische Konstellationen bei linearen 2D-Differentialgleichungssystemen erster Ordnung

d.h. der Gleichgewichtspunkt (Y_0, r_0) ist in der Tat Attraktor von ungleichgewichtigen Zins/Output–Kombinationen.[27]

Für die Diskriminante

$$\Delta = \text{spur}\ ^2/4 - \det$$

ergibt sich hier des Weiteren:

$$\begin{aligned}
4\Delta &= \beta_y^2(c-1)^2 - 2\beta_y\beta_r(c-1)h_1 + \beta_r^2 h_1^2 - 4\beta_y\beta_r(1-c)h_1 - 4\beta_y\beta_r i_1 k \\
&= \beta_y^2(1-c)^2 - 2\beta_y\beta_r(1-c)h_1 + \beta_r^2 h_1^2 - 4\beta_y\beta_r i_1 k \\
&= (\beta_y(1-c) - \beta_r h_1)^2 - 4\beta_y\beta_r i_1 k
\end{aligned}$$

Man ersieht hieraus z.B., dass $\beta_r \to \infty$ (bei gegebenem β_y) für die Diskriminante $\Delta > 0$ nach sich zieht, also, wie in Abb. 3.14. gezeigt, dann monotone Konvergenz zum Gleichgewicht vorliegt. Analoges gilt bei $\beta_y \to \infty$ (β_r fix). Und umgekehrt gilt, dass bei gegebenen anderen Parametern $i_1 \to \infty$ zyklische Konvergenz zum Gleichgewicht impliziert.

3.3 Komparative Statik I: Multiplikatoreffekte und Fiskalpolitik

Die keynesianische Diagnose von ungenügender effektiver Güter-Nachfrage und Unterbeschäftigung lautet, dass Güter– und Vermögensmärkte in ihrem Zusammenspiel ein Zinsniveau und damit zusammenhängend ein Investitions–

[27] Hierbei muss noch sichergestellt werden, dass keine negativen Werte für r oder Y bei der Anpassung an das IS-LM-Gleichgewicht auftreten können, was hier jedoch nicht näher erörtert werden soll.

und Einkommensniveau etablieren, welches die Vollauslastung der Produktionsfaktoren verhindert, wenn Lohn– und dazugehöriges Preisniveau im Vergleich zur Geldmenge zu hoch sind. Wir haben auch schon gesehen, dass der Weg, das allgemeine Lohn– und Preisniveau dementsprechend zu senken, zum einen an den Bestimmungsgründen dieser Größen scheitern kann (also unpraktikabel ist) und zum anderen auf umwegigen Feedbackstrukturen beruhen mag, die das Resultat einer allgemeinen Lohnsenkung schwer abschätzbar werden lassen. Es folgt, dass die obige Diagnose von Unterbeschäftigung und Unterauslastung der Unternehmen andere Therapien erfordern mag, als der 'gesunde' Menschenverstand es nahelegt, der einfach Lohnsenkungen fordert (vgl. hierzu Kapitel 2, Abschnitt 2.1.1). Diese konträre Ansicht soll in Kapitel 5, wo systematische Lohnvariationen Berücksichtigung finden werden, weiter verdeutlicht werden.

Die Frage alternativer Therapiemöglichkeiten von (Massen-)Arbeitslosigkeit soll hier in zwei Stufen angegangen werden. Wir werden in diesem Abschnitt zunächst den Fall zinsunabhängiger Investitionen ($i_1 = 0$) betrachten, um dann im nächsten Abschnitt zu untersuchen, welche Zinseffekte und weiteren Wirkungen die jetzt zu betrachtenden Therapien (dann bei $i_1 > 0$) als Begleiterscheinungen haben werden.

Der Fall $i_1 = 0$ impliziert für die Position des Gütermarktgleichgewichts im Rahmen des IS–LM–Schemas:

$$Y_0 = \frac{1}{1-c}[-c(\bar{T} + \delta\bar{K}) + i_0 + \delta\bar{K} + \bar{G}], \tag{3.24}$$

da die IS-Kurve (3.22) jetzt unabhängig von der Position der LM-Kurve und vom Zinssatz r eindeutig das gleichgewichtige Outputniveau festlegt. Die IS-Kurve ist damit jetzt eine Senkrechte, die bei uns in sehr einfacher Form von den exogenen Daten des Gütermarktes abhängt.

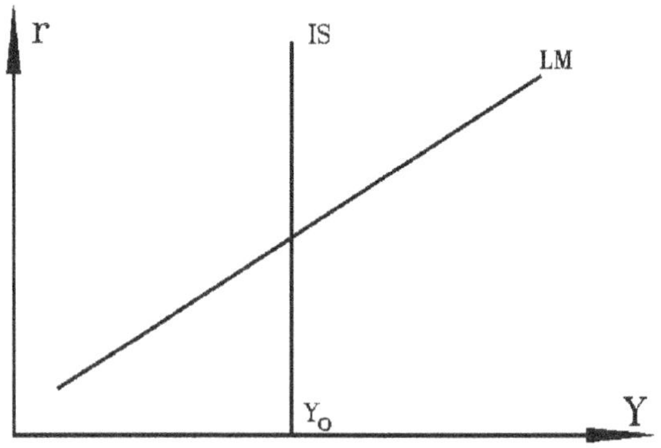

Abb. 3.15. Der Fall zinsunelastischer Investitionen

Es geht somit jetzt darum, die Gründe (und ihre Realisierbarkeit) aufzudecken, die die IS–Kurve nach rechts verschieben, was neben einer Produktionssteigerung eine (hier irrelevante) Zinssteigerung bewirkt. Die obige Darstellung der IS–Kurve liefert hier unmittelbar eine (im Rahmen des Modells) umfassende Information:

$$Y_0 \uparrow, \text{ falls } \bar{T} \downarrow, i_0 \uparrow \delta\bar{K} \uparrow \bar{G} \uparrow \text{ und } c \uparrow (< 1!).$$

Der letztgenannte Effekt: $dY_0/dc < 0$ ist aus der obigen Formel durch Differentiation nach der marginalen Konsumneigung zu ermitteln:

$$\begin{aligned}\frac{dY_0}{dc} &= \frac{-(-1)}{(1-c)^2}[-c(\bar{T}+\delta\bar{K})+i_0+\delta\bar{K}+\bar{G}]+\frac{1}{1-c}(-1)(\bar{T}+\delta\bar{K}) \\ &= \frac{1}{(1-c)^2}[i_0+\delta\bar{K}+\bar{G}-(\bar{T}+\delta\bar{K})] \\ &= \frac{1}{(1-c)^2}[i_0+\bar{G}-\bar{T}].\end{aligned}$$

Dieser Ausdruck ist sicher dann positiv, wenn der Staat eine defizitäre Ausgabenpolitik betreibt ($\bar{G} > \bar{T}$). Aufgrund der weiteren autonomen Ausgabenterme dürfte aber auch sonst eine Erhöhung der marginalen Konsumneigung Produktion und Beschäftigung fördern. Wie aber kann man sich die obige Steigerung von Produktion und Beschäftigung in ihrem Zustandekommen im Detail vorstellen, wenn eine der oben angedeuteten Variationen der exogenen Parameter zustandekommt oder wirtschaftspolitisch bewusst angestrebt wird?

Betrachten wir zu diesem Zweck zunächst eine (durch permanent höhere Gewinnerwartungen induzierte) permanente autonome Veränderung des Investitionsvolumens $\Delta I = \Delta i_0 > 0$. Aus darstellerischen Gründen ist es hier hilfreich, gewisse Verzögerungen oder Wirkungslags im Kreislauf zwischen Produktion Y^s, Bruttoeinkommen Y und Nachfrage Y^d zu unterstellen:

Der Einkommens–Ausgaben–Lag wird in der Literatur auch als Robertson–Lag bezeichnet und der Nachfrage–Produktions–Lag als Lundberg–Lag. Wir wollen im Folgenden lediglich den Robertson–Lag unterstellen, wenn wir die Wirkungen einer permanenten Erhöhung der autonomen Investition i_0 um Δi_0 im Zeitpunkt $t = 1$ betrachten, wollen also hier stets davon ausgehen, dass nachfragebedingte Outputerhöhungen unmittelbar zu Einkommenserhöhungen führen, deren Nachfragewirkung allerdings erst in der Folgeperiode einsetzt. Diese induzierte Nachfrageerhöhung $c\Delta I_o$ induziert dann wieder unmittelbar Produktions– und Einkommenserhöhungen von diesem Ausmaß und führt damit, wenn man diese Effekte sich fortpflanzen lässt, zu einer Ereigniskette der folgenden Form:

Die ursprünglich in $t = 1$ um Δi_0 gestiegene Nachfrage und damit Produktion und das damit zugleich gestiegene Einkommen induzieren (gemäß Robertson-Lag) erst in der Folgeperiode $t = 2$ zusätzliche Konsumnachfrage $c\Delta i_0$, die wiederum Produktion und Einkommen unmittelbar erhöht. Dieser

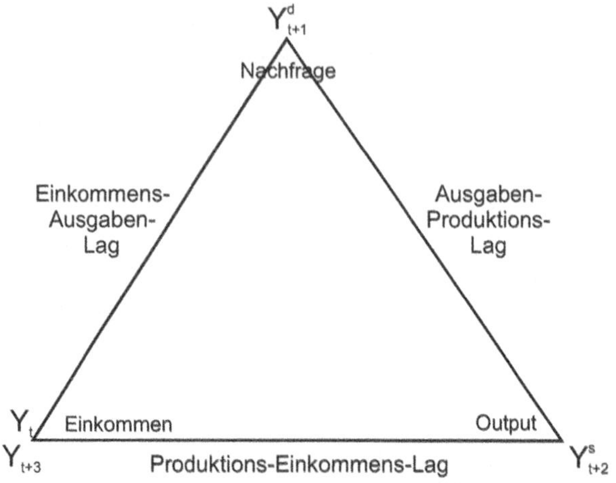

Abb. 3.16. Lags im Einkommens-Ausgaben-Produktions-Kreislauf

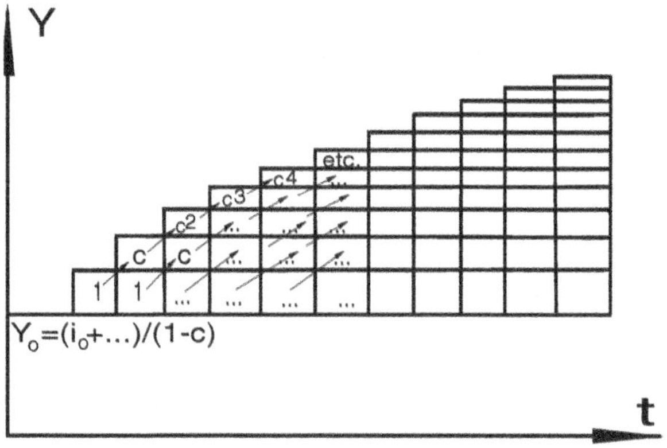

Abb. 3.17. Die Multiplikatorwirkung einer permanenten Erhöhung $\Delta i_0 = 1$ der Investitionsausgaben (wie auch der Staatsausgaben) im Blockdiagramm

Einkommensanstieg $c\Delta i_0$ führt aufgrund des unterstellten Wirkungslags wiederum erst in der Folgeperiode zu weiteren induzierten Konsumausgaben nun der Höhe $c(c\Delta i_0) = c^2\Delta i_0$, die wiederum gleichzeitig Produktions- und Einkommenssteigerungen bewirken. Dieser Prozess setzt sich fort und führt, wenn alle induzierten Konsumausgaben wirklich zur Entfaltung kommen, letztendlich zu der folgenden Produktions-, Einkommens- und Nachfragesteigerung:

$$\Delta Y_0 = \Delta i_0(1 + c + c^2 + c^3 + \ldots) = \Delta i_0 \sum_{n=0}^{\infty} c^n = \Delta i_0 \frac{1}{1-c},$$

ein Ergebnis, das wir auch unmittelbar aus Gleichung (3.24) durch Differenzenbildung hätten berechnen können. Dies ist im idealen Sinne die Multiplikatorwirkung einer permanenten Steigerung der Investitionstätigkeit, die damit ein Vielfaches($\frac{1}{1-c} = 4$ z.B. für $c = 0.75$) der ursprünglichen Ausgabensteigerung Δi_0 im Endeffekt an Steigerung von Produktion, Einkommen und Beschäftigung bewirkt. Zugleich sagt dieser Ansatz aus, dass der Output im Konjunkturablauf um ein Vielfaches (4–faches)) in der Amplitude im Vergleich zu den Investitionsausgaben schwanken sollte und deshalb eine Konjunktur bei den Investitionsausgaben in dieser ausgeprägten Form verstärken müsste.

Obige Sukzession an Nachfragewirkungen kann auch in der folgenden Form als sog. dynamischer Multiplikatorprozess im 45°-Diagramm dargestellt werden (mit $\bar{A} = -c(\bar{T} + \delta\bar{K}) + i_0 + \delta\bar{K} + \bar{G}$ als Aggregat der autonomen Terme):

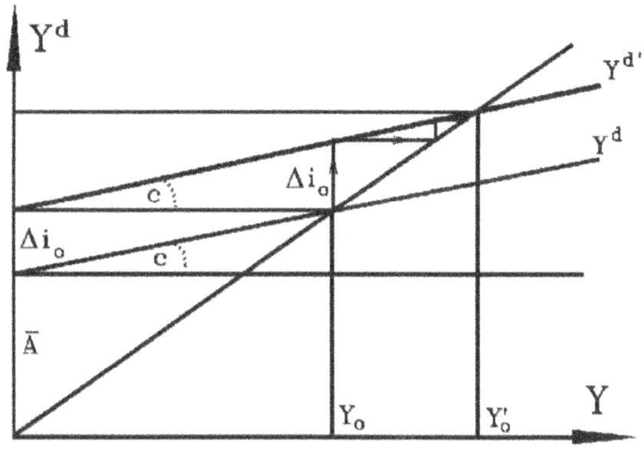

Abb. 3.18. Die Multiplikatorwirkung einer permanenten Erhöhung der Investitionsausgaben (wie auch der Staatsausgaben) im 45°–Diagramm

Die ursprünglich gleichgewichtige Produktion (und das gesamtwirtschaftliche Bruttoeinkommen) wird durch Δi_0 auf das neue Niveau $Y_0 + \Delta i_0$ angehoben, was in der nächsten Periode wieder die Zusatznachfrage $c\Delta i_0$ induziert, dann $c^2\Delta i_o$, u.s.w. und so in der oben gezeigten treppenförmigen Art bis zum neuen Gleichgewicht $Y_0 + \frac{1}{1-c}\Delta i_0 = Y_0'$ emporsteigt. Man ersieht aus diesem Diagramm, dass die Bedingung $c < 1$ hier sowohl notwendig als auch hinreichend für die Existenz und die Stabilität der Gleichgewichte Y_o, Y_o' ist.

Es mag nun sein, dass nicht alle diese Multiplikatoreffekte induzierter Konsumausgaben zum Tragen kommen, da in der wirklichen Ökonomie sich viele Einflüsse durchkreuzen und eventuell gegenseitig aufheben. Nimmt man aber z.B. an, dass die ersten vier durch Einkommenssteigerungen induzierten Konsumsteigerungen annähernd erreicht werden, so ergibt sich in etwa der folgende Multiplikatorwert: $1 + c + c^2 + c^3 + c^4 = (1 - c^5)/(1 - c)$, also z.B. erneut bei $c = 0.75$ ein Wert von angenähert '3'. Diese Folgewirkungen sind zumindest beträchtlich und geben Anlass zu der Frage, was bei rückläufiger Investitionstätigkeit $-\Delta i_0$ und dann entsprechend negativen Multiplikatorwirkungen

$-\frac{1}{1-c}\Delta i_0$ den dadurch in Gang kommenden Abschwungprozess stoppen und eventuell sogar umkehren kann.

Stellen wir uns vor, dass die Regierung bei rückläufiger Aktivität der Wirtschaft beschliesst, eine 'Konjunkturspritze' von beträchtlichem Ausmaß zu versuchen, also z.B. die Staatsausgaben $\bar{G}$ einmalig, aber spürbar, ausgedehnt werden sollen, um damit zu erreichen, dass Unternehmen dauerhaft wieder mehr produzieren und absetzen können sowie auch zum Investieren angeregt werden. Die Folgen eines solchen Konjunkturprogramms sehen im Rahmen des gegenwärtigen Modells und seines Wirkungslags wie folgt aus:

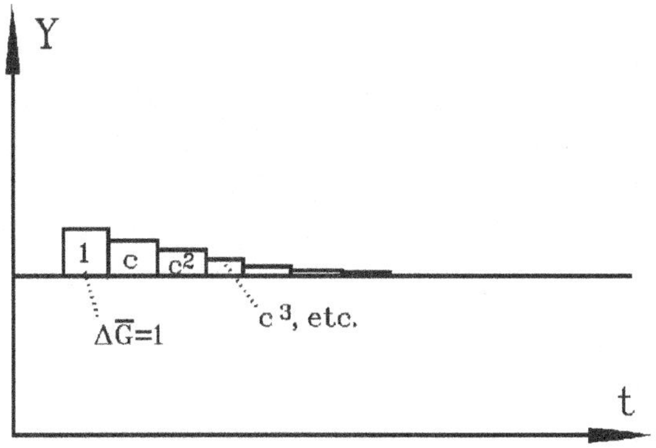

Abb. 3.19. Die Multiplikatorwirkung einer einmaligen Erhöhung der Staatsausgaben

Zwar ist auch hier die Summe aller induzierten Konsumeffekte gleich

$$\sum_{n=0}^{\infty} c^n \Delta\bar{G} = \frac{1}{1-c}\Delta\bar{G}$$

wie bei der Betrachtung einer Steigerung der Investitionsausgaben um den Betrag Δi_0. Aufgrund der Einmaligkeit des Konjunkturprogramms summieren sich diese Effekte aber nicht mehr in der Zeit, sondern ist die letztliche Wirkung auf das Niveau des Outputs Null, da die induzierten Konsumeffekte in der Zeit ausklingen. Die Rolle eines solchen Konjunkturprogramms, auch wenn es nochmals wiederholt werden sollte, kann deshalb nur sein, eine Initialzündung im Hinblick auf Nachfragebelebung zu liefern. Spricht die Investitionsnachfrage, so wie oben dargestellt, auf solche Konjunkturspritzen nicht an, so nehmen langfristig Produktion und Beschäftigung nicht zu und liefern damit den 'augenscheinlichen' Nachweis, dass die Regierung keynesianischen Globalsteuerungsillusionen aufgesessen ist. In Wirklichkeit heißt dies einfach, dass Fiskalpolitik dieser Art nicht die Investitionstätigkeit der Unternehmungen ersetzen oder erzwingen kann. Ist die wirtschaftliche Lage so, dass Investoren bei (schwach) sich belebender Wirtschaft sich nicht aus der Reserve locken lassen und dauerhaft mehr investieren (und, wie oben gesehen, damit auch dauerhaft mehr absetzen), so hätte der Staat in der Tat über andere Möglichkeiten der Konjunkturbelebung (auch aus keynesianischer Sicht) nachdenken sollen, statt vorübergehend zusätzliche (unproduktive) Staatsausgaben zu tätigen und den privaten Konsum damit vorübergehend anzuregen.

Aber kann die Regierung nicht doch einfach dauerhaft die Staatsausgaben $\bar{G}$ um $\Delta\bar{G}$ erhöhen und damit gleiches erreichen, als wenn Δi_0 um diesen Betrag gestiegen wäre? Im Prinzip scheint dies möglich zu sein, da $\bar{G}$ denselben Status in der Bestimmung des gleichgewichtigen Volkseinkommens einnimmt wie i_0, man vgl. dazu Gleichung (3.24). Höhere Investitionsausgaben Δi_0 mögen sich aber aufgrund gestiegener Gewinne nachträglich rechtfertigen und damit quasi selbst bestätigen. Unproduktive Staatsausgaben aber müssen öffentlich finanziert werden, und das sollte langfristig nur mit höheren Steuern zu machen sein (da sonst die Staatsverschuldung mehr und mehr zunimmt).

Was ist nun aber der Multiplikatoreffekt einer steuerfinanzierten Staatsausgabenerhöhung $\Delta\bar{G} = \Delta\bar{T}$? Betrachten wir dazu zunächst eine isolierte Erhöhung der Pauschalsteuern $\bar{T}$ um $\Delta\bar{T}$, die in $t = 1$ vorgenommen wird:

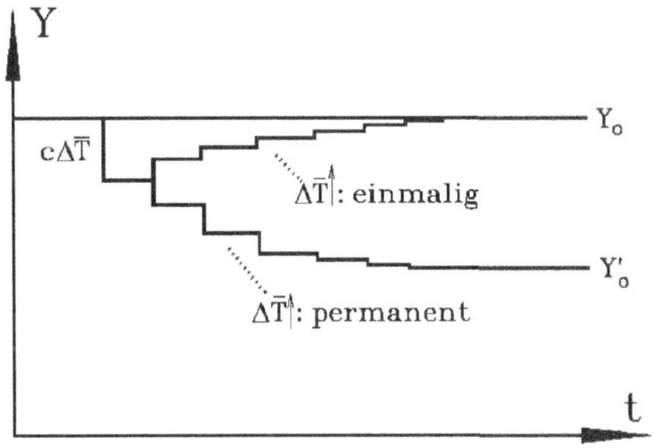

Abb. 3.20. Die Multiplikatorwirkung einer einmaligen und einer permanenten Steuererhöhung

Eine solche Steuererhöhung verursacht Nachfrageeinbrüche (bei der Konsumnachfrage), die aufgrund der unterstellten Lagstruktur aber erst in $t = 2$ beginnen und wie die induzierten Effekte erhöhter Staatsausgaben $\Delta\bar{G}$ in der Zeit abklingen, da die Steuererhöhung einmalig ist. Ist dagegen die Steuererhöhung permanent, findet erneut eine Akkumulation der Effekte der einmaligen Steuererhöhung statt, wie sie der untere Verlauf der induzierten Effekte in Abbildung 3.20. zeigt.

Wir haben schon festgestellt, dass die Effekte einer Staatsausgabenausweitung identisch zu denen einer entsprechenden Investitionsaufstockung sind (bei $\Delta i_0 = \Delta\bar{G}$, vgl. Abbildung 3.17). Vergleicht man Abb. 3.17. und Abb. 3.20., so ist deshalb ersichtlich, dass steuerfinanzierte Zusatzausgaben des Staates, die permanenter Natur sind, das BSP um $\Delta Y_0 = \Delta\bar{G}$ permanent anheben werden, da alle Folgeeffekte dieser Steigerung der autonomen Staatsausgaben genau durch die gleichlaufenden und negativen Effekte der damit einhergehenden Steuererhöhung annulliert werden. Abbildung 3.21. illustriert dieses Ergebnis:

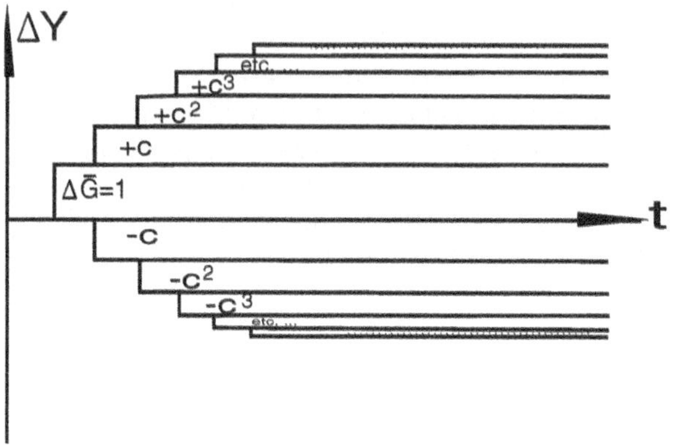

Abb. 3.21. Die Multiplikatorwirkung einer steuerfinanzierten Erhöhung der Staatsausgaben

Diese Schlussfolgerung über steuerfinanzierte Ausgabenpolitik des Staates geht auch aus unserer obigen Formel für Y_0 unmittelbar hervor, da diese bzgl. der Änderung $\Delta\bar{G} = \Delta\bar{T}$ impliziert

$$\Delta Y_0 = \frac{1}{1-c}[\Delta\bar{G} - c\Delta\bar{T}] = \frac{1-c}{1-c}\Delta\bar{G} = \Delta\bar{G}.$$

Sie zeigt, dass der Nettonachfrageeffekt der betrachteten Fiskalpolitik gleich $(1-c)\Delta\bar{G}$ ist, da der Staat eine Konsumneigung von '1' per Annahme hat, während die der Haushalte $c < 1$ ist. Der Multiplikator $\frac{1}{1-c}$ macht aus diesem Initialimpuls dann gerade den Gesamteffekt $\Delta\bar{G}$. Es folgt, dass der Staat in der Tat die Produktion permanent positiv beeinflussen kann (wenn das hier benutzte Modell generelle Gültigkeit hat), allerdings nur in sehr beschränktem Umfang und um den Preis einer höheren Staatsquote $\bar{G}/Y$ im Hinblick auf das BSP Y.

In der Realität ist das Steueraufkommen des Staates kein exogenes Datum, sondern von der wirtschaftlichen Aktivität, hier gemessen durch das BSP Y_0, abhängig. Der einfachste Fall dieser Art ist gegeben, wenn man anstelle von $\bar{T}$ die Proportional-Steuerfunktion $T = tY_0$, t fix, unterstellt. Eine permanente

Erhöhung der Staatsausgaben ist dann automatisch von einer permanenten Erhöhung der Steuern begleitet, deren Ausmaß zusammen mit der Veränderung von Y_0, die ΔG_0 jetzt bewirkt, aber endogen ist und damit erst noch zu bestimmen ist.

Formel (3.24) ändert sich durch diese Modellvariation wie folgt:

$$Y_0 = c(Y_0 - \delta\bar{K} - tY_0) + i_0 + \delta\bar{K} + \bar{G}, \text{ d.h.}$$
$$Y_0 = \frac{1}{1 - c(1-t)}[i_0 + (1-c)\delta\bar{K} + \bar{G}] = \alpha\bar{A}$$

Der Multiplikator α ist damit kleiner als der bei exogenen Pauschalsteuern, was bedeutet, dass die exogenen Konjunkturschwankungen bei den autonomen Investitionen i_0 jetzt von schwächeren Fluktuationen des BSP Y_0 begleitet sind. Einkommensabhängige Steueraufkommen wirken also in diesem Sinne wie ein 'automatischer Stabilisator'.

Was ist die Wirkung einer Erhöhung des marginalen (= durchschnittlichen) Steuersatzes t um Δt auf $t' = t + \Delta t$? Die erste der beiden obigen Formeln liefert für diesen Fall ($\Delta Y_0 = Y_0' - Y_0, \Delta t = t' - t$):

$$\Delta Y_0 = c[\Delta Y_0 - (t'Y_0' - tY_0)] = c[\Delta Y_0 - (t'Y_0' - t'Y_0) + t'Y_0 - tY_0)]$$
$$= c(\Delta Y_0 - \Delta t Y_0 - t'\Delta Y_0)$$

und somit

$$(1 - c - t')\Delta Y_0 = -\Delta t c Y_0 \qquad \text{oder}$$
$$\Delta Y_0 = -\frac{1}{1 - c(1-t')} c\Delta t Y_0.$$

Dies besagt, dass der mit $\Delta t = t' - t > 0$ einhergehende letztendliche Rückgang beim BSP sich als Produkt von unmittelbarem Konsumrückgang $-c\Delta Y_0$ (aufgrund der Erhöhung des Steuersatzes auf Basis des ursprünglichen BSP Y_0 gemessen) mit dem neuen Multiplikator $\alpha' = \frac{1}{1-c(1-t')}$ ergibt.[28]

Betrachtet man umgekehrt Steuersatzsenkungen, so resultiert daraus eine Belebung der wirtschaftlichen Aktivität und damit eine dem ursprünglichen Steuerverlust $\Delta t Y_0 < 0$ entgegenwirkende Steigerung der Steuereinnahmen um $t'\Delta Y_0$. Es stellt sich die (kühne) Frage, ob diese Steuermehreinnahmen den ursprünglichen Rückgang des Steueraufkommens (mehr als) ausgleichen können, also gewissermaßen ein 'Münchhausen–Effekt' auftritt, so dass der Staat die Produktion, das Einkommen und das Steuervolumen simultan durch Steuersatz–Senkungen, $t\downarrow$, steigern kann. Um diese Frage zu beantworten, betrachten wir den sog. Budgetüberschuss (BS = Budget Surplus) des Staates, der sich wie folgt definiert:

[28] Verwendet man anstelle von endlichen Differenzen Differentialoperatoren, so lautet der diesbezügliche Rechenvorgang einfach $dY_0 = c(dY_0 - dtY_0 - tdY_0)$, was uns noch schneller zu dem gerade besprochenen Resultat führt ($\frac{dY}{dt} = -\frac{cY}{1-c(1-t)}$).

$$BS = T - \bar{\bar{G}} = tY_0 - \bar{\bar{G}}.$$

Bezüglich dieses Ausdrucks muss also jetzt $\Delta BS/\Delta t$ oder in infinitesimaler Form dBS/dt ermittelt werden, was hier nur für den zweiten Ausdruck geschehen soll:

$$\begin{aligned} dBS &= dtY_0 + tdY_0, \text{ d.h.} \\ \frac{dBS}{dt} &= Y_0 + t\frac{dY_0}{dt} = Y_0 - t\frac{1}{1-c(1-t)}cY_0 \\ &= \frac{(1-c(1-t))Y_0 - tcY_0}{1-c(1-t)} \\ &= \frac{1-c}{1-c(1-t)}Y_0 \end{aligned}$$

Steuererhöhungen erhöhen damit den Budgetüberschuss

$$dBS = \frac{1-c}{1-c(1-t)}dtY_0 = \alpha \, dt \, Y_0,$$

allerdings um einen Betrag, der wegen des begleitenden BSP–Rückgangs unterhalb der isolierten Steuerwirkung dtY_0 liegt ($\alpha < 1!$). Für Steuersatzsenkungen gilt das entsprechende Gegenteil, d.h. insbesondere, dass der Budgetüberschuss sich dann negativ entwickelt (also in Richtung eines Budget–Defizits).

In analoger Weise lässt sich zeigen, dass

$$\frac{dBS}{d\bar{\bar{G}}} = -\frac{(1-c)(1-t)}{1-c(1-t)} < 0$$

gilt, d.h. expansive Ausgabenpolitik kann sich über steigende Steuereinnahmen nie vollständig selbst finanzieren.

Zusammenfassend können wir feststellen, dass expansive Fiskalpolitiken – Staatsausgabenerhöhung oder Steuer(satz)senkung – der Wirtschaft unter den gegenwärtigen Annahmen Impulse zu geben vermögen, dass diese Impulse aber letztendlich nicht viel bewirken können, falls nicht autonome Ausgaben der Wirtschaftssubjekte (hier nur die Investitionsausgaben), durch sie angeregt und auf ein höheres Niveau angehoben werden. Fiskalpolitische Globalsteuerung dieser Art hat in den sechziger Jahren durch wirkliche (oder nur scheinbare) Erfolge große Aufmerksamkeit erzielt, ohne dass dabei immer ausreichend die zentrale Rolle des Verhaltens der Investoren im generellen Sinne und in Bezug auf solche Globalsteuerung hervorgehoben worden ist. Dies mag damit zusammengehangen haben, dass Investitionen primär mit Änderungen des Auslastungsgrades der Unternehmung als ihrer zentralen Determinante verbunden wurden und man glaubte, diesen Auslastungsgrad und die Auslastung am Arbeitsmarkt mittels Finetuning der Globalsteuerung auf hohem Niveau stabilisieren zu können.

Verhalten und Beeinflussung der Investoren sind somit im Kontext der keynesianischen Theorie der effektiven Nachfrage von zentraler Bedeutung, da Investitionskonjunktur und Konjunktur beim Bruttosozialprodukt (und damit bei der Beschäftigung) gemäß dem gegenwärtigem Stand der Darstellung der keynesianischen Theorie weitgehend parallel laufen sollten (deutlich positiv korreliert sein müssten).

Gerade Umgekehrtes gilt hier in Bezug auf das Sparverhalten, da eine höhere Sparneigung, also niedrigere Konsumneigung, wie wir gezeigt haben, BSP–Rückgänge induziert und des Weiteren die Realkapitalbildung nicht fördert (da diese durch i_0 bereits bestimmt ist). Grund dafür ist, dass wegen des Rückgangs der marginalen Konsumneigung die induzierten Konsumeffekte schwächer ausfallen als zuvor, also der Multiplikator sinkt und der Multiplikatorprozess sich abschwächt. Darüberhinaus bleibt es hier sogar beim sog. *Sparparadox* in der Form, dass ein Anstieg in der Sparneigung der privaten Haushalte wie gesehen nicht nur kontraktiv wirkt, sondern sich zudem am wirklich getätigten Sparvolumen trotz gestiegener Sparneigung nichts ändert: $S_p = i_o - S_g$, $S_g = \bar{T} - \bar{G}$ =const.

Und natürlich gilt hier weiterhin das *Lohnparadox*, wonach sinkende Geldlöhne das Preisniveau (und die Zinsen) absinken lassen, aber auf Produktion und Beschäftigung wegen der konstant bleibenden Investitionstätigkeit keine Auswirkungen haben. Maßnahmen zur Ankurbelung der Wirtschaft sind deshalb im Rahmen dieses keynesianischen Multiplikators sehr spezifischer Natur und sollten der Analyse des Investitionsverhaltens große Aufmerksamkeit schenken (was hier ausgeblendet ist).

Abschlussbemerkung: Die bisherige Analyse gilt auch für den Fall zinselastischer Investitionen ($i_1 \neq 0$), falls am Geldmarkt die sog. Liquiditätsfalle vorliegt. Diese Situation lässt sich im Rahmen unseres allgemeinen IS–LM–Modells wie folgt darstellen:

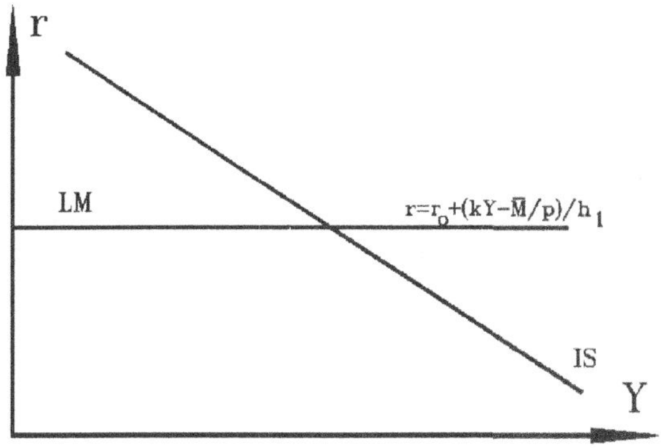

Abb. 3.22. Die Liquiditätsfalle und die LM-Kurve

In diesem Spezialfall ist der Zinssatz r durch den Geldmarkt auf einem gewissen Niveau r_0 fixiert, da die Geldnachfrage extrem (unendlich) zinselastisch um dieses Niveau r_0 herum ist und somit Bedarfsänderungen bei der Transaktionskasse kpY nur mit sehr geringen (keinen) Zinsänderungen verbunden sind, damit dieser Bedarf durch entsprechende Änderungen der Spekulationskasse befriedigt werden kann.[29] Investitionen können in dieser Situation mehr oder weniger zinselastisch sein, sind aber dennoch in ihrem Umfang $I = i_0 - i_1(r_0 - \bar{\pi}^e)$ fixiert, da diese Zinselastizität hier nicht zum Tragen kommen kann. Die Ergebnisse sind deshalb aus qualitativer Sicht mit denjenigen des Falls $i_1 = 0$ identisch und darüberhinaus genau von dem Typ, den wir im einfachen Keynes–Modell des Abschnitts 2.2.3 aus Kapitel 2 vorliegen hatten.

Ergänzungen zum Stoff dieses Abschnitts findet der Leser im dritten Kapitel von Dornbusch/Fischer (1995), das zur Vertiefung des hier Dargestellten nachdrücklich zur Lektüre empfohlen wird.

3.4 Außenhandel

Wir wollen in diesem Abschnitt die vorausgegangene Multiplikatoranalyse auf den Fall einer offenen Volkswirtschaft übertragen, die das im Inland hergestellte Gut also nun auch für Exportzwecke verwendet und die ein davon verschiedenes Gut (oder Güterbündel) aus dem Ausland importiert. Im Minimum ist damit jetzt von einer Zwei–Güter–Welt und einer Zwei–Länder–Welt auszugehen, wobei jedoch der Fall von Rückwirkungen inländisch erzielter Ergebnisse auf das 'Ausland' ausgeschlossen bleiben soll. Das 'Inland' wird damit als 'kleines Land' eingestuft, dessen Aktionen im Ausland keine Veränderungen hervorrufen (was für die Eurozone natuerlich nicht stimmt, wir aber dennoch – der Vertrautheit wegen – für dieses Land die Währung ϵ verwenden werden). Darüber hinaus wird angenommen, dass das Ausland das inländische Importgut zu einem festen Preis $\bar{p}^a$ anbietet, der wie im Inland durch einen Aufschlag auf die auch im Ausland konstanten Lohnstückkosten bestimmt sein mag, der also damit ebenfalls konstant ist. Die Produktionskapazitäten im Ausland sind dergestalt, dass inländische Nachfrageschwankungen nach dem Importgut stets befriedigt werden können, ohne dass es dabei zu Preisreaktionen kommt (die wir erst in den nächsten Kapitel betrachten wollen).

Wenn internationaler Güterhandel in dieser einfachen Form in die Analyse einbezogen werden soll, wird es unumgänglich, einen weiteren Preis in die anzustrebende Analyse aufzunehmen, den Preis der ausländischen Währung oder den Wechselkurs (in Preisnotierung). Wir bezeichnen im Folgenden die Inlandswährung kurz mit € und die Auslandswährung mit \$. Der Wechselkurs ϵ weist damit die Maßeinheit €/\$ auf, ist also z.B. gleich 1,50 €/\$

[29] Die mathematische Form dieser Geldnachfragefunktion lautet: $M^d/p = kY + h_1(r_o - r), h_1 \to \infty$. Um die obige LM-Kurve mathematisch darstellen zu können, sind also Variationen der früheren Parameter h_1 und $h_0 = h_1 r_o$ jetzt erforderlich.

. Ein Anstieg des Wechselkurses stellt damit eine Abwertung dar, da dann mehr € für einen $ gezahlt werden müssen und dementsprechend der Wert der € ausgedrückt in $ sinkt. Analog ist eine Aufwertung der € gegeben, wenn der Wechselkurs ϵ fällt. Im Folgenden werden wir dem Wechselkurs zunächst jedoch keine Aufmerksamkeit schenken, sondern ihn einfach als fix gegeben betrachten ($\epsilon = \bar{\epsilon}$). In diesem Fall kann man durch geeignete Wahl der Maßeinheiten der beiden Güter zusätzlich erreichen, dass $p = \epsilon \bar{p}^a = 1$ gilt und damit Preiseffekte aus der Analyse nicht nur ausgeklammert werden, sondern sogar 'unsichtbar' gemacht werden können.

Ein derartiges Vorgehen erlaubt die folgende einfache Verallgemeinerung der Gütermarktgleichgewichtsbedingung

$$Y = c(Y - \delta\bar{K} - \bar{T}) + i_0 + \delta\bar{K} + \bar{G}$$

des vorausgegangenen Abschnitts 3.3 zu der neuen Gleichung

$$Y + J = c(Y - \delta\bar{K} - \bar{T}) + i_0 + \delta\bar{K} + \bar{G} + \bar{X} \tag{3.25}$$

Hierbei bezeichnet J die importierte Gütermenge, die das Angebot an heimisch produzierter Gütermenge Y, das sog. Bruttoinlandsprodukt, angebotsseitig ergänzt. Demgegenüber stellt X die exportierte Gütermenge dar, also die Nachfrage des Auslands nach heimisch produzierten Gütern, die jetzt zur inländischen Güternachfrage $C+I+\delta\bar{K}+\bar{G}$ hinzukommt. Bei Gleichung (3.25) ist zu betonen, dass das Angebot $Y + J$ jetzt aus zwei Gütertypen besteht (In– und Auslandsprodukt) und die heimische Nachfrage oder Absorption $C + I + \delta\bar{K} + \bar{G}$ sich dementsprechend auf zwei Gütertypen bezieht. Da wir hier nur eine einzige Gütermarktgleichgewichtsbedingung (3.25) betrachten werden, ist somit implizit unterstellt, dass die Struktur des Angebots $Y + J$ stets mit der auf der rechten Seite von (3.25) implizit involvierten Nachfragestruktur nach in– und ausländischer Produktion kompatibel ist und damit solche Strukturprobleme im Folgenden vernachlässigt werden können.

Zur weiteren Vereinfachung der Analyse von Gleichung (3.25) nehmen wir darüber hinaus an, dass die Exportnachfrage $X = \bar{X}$ modellexogen gegeben ist und die Importe durch eine einfache lineare Importfunktion wie folgt beschrieben werden können:

$$J = \bar{J} + jY, \quad j = \text{ const. } \in (0,1) \tag{3.26}$$

Hierbei bezeichnet $\bar{J}$ den autonomen Teil des Imports und jY den vom Bruttoinlandsprodukt abhängigen Teil, der sich gemäß der sog. marginalen Importneigung j proportional zum inländischen Produktionsniveau verändert. Mittels dieser ergänzenden Annahme kann Gleichung (3.25) wie folgt dargestellt werden:

$$Y = c(Y - \delta\bar{K} - \bar{T}) + i_0 + \delta\bar{K} + \bar{G} + \bar{X} - \bar{J} - jY \tag{3.27}$$

wobei $\bar{X} - \bar{J} - jY$, der Handelsbilanzüberschuss, oft kurz durch A symbolisiert und als 'Außenbeitrag' (oder Nettoexporte) bezeichnet wird. Dieser Außenbeitrag nimmt ab oder verschlechtert sich, wenn die inländische Produktion steigt und damit bei gegebenen Exporten die Importe zunehmen.

Wie zuvor gestattet Gleichung (3.27) eine einfache Auflösung nach dem Gleichgewichtsoutput des Inlandes, für den sich ergibt

$$Y = \frac{1}{1 - c + j}(-c(\delta\bar{K} + \bar{T}) + i_0 + \delta\bar{K} + \bar{G} + \bar{X} - \bar{J}) \tag{3.28}$$

Zu den diesen Output bestimmenden autonomen Größen ist jetzt der autonome Teil des Außenbeitrags $\bar{X} - \bar{J}$ hinzugekommen, und anstelle des früheren Multiplikators $\frac{1}{s} = \frac{1}{1-c}$ haben wir jetzt den kleineren Multiplikatorwert $\frac{1}{s+j} = \frac{1}{1-c+j}$. Wir wollen im Folgenden annehmen, dass $0 < j < c$ erfüllt ist.[30]

Der Nenner des Multiplikators ist dann nicht nur positiv, sondern stets auch kleiner als Eins und damit das Inlandsprodukt Y also erneut ein Vielfaches der folgenden Summe der autonomen Terme: $(1 - c)\delta\bar{K} + i_0 + \bar{G} - c\bar{T} + \bar{X} - \bar{J}$. Der i.a. wohl als positiv einschätzbare autonome Teil des Außenbeitrags, $\bar{X} - \bar{J}$, wirkt somit positiv auf das gleichgewichtige Inlandsprodukt Y ein, allerdings mit einem niedrigeren Multiplikatoreffekt als dies bei einer Wirtschaft der Fall ist, deren Importneigung $j = 0$ ist.

Dieses Absinken des Multiplikatorwerts $\frac{1}{s+j}$ lässt sich wie folgt näher erläutern. Nehmen wir an, dass die autonomen Investitionen i_0 sich in der laufenden Periode um den Betrag Δi_0 erhöhen und sehen wir uns in bekannter Weise die indirekten Folgen dieses Nachfrage – und damit Einkommensanstiegs (der privaten Haushalte) an. Das verfügbare Einkommen der Haushalte steigt um Δi_0 und induziert damit weitere Güternachfrage (nach Konsumgütern) $c\Delta i_0$, von der ein Teil $(j\Delta i_0)$ jedoch ins Ausland abfließt. Die inländische Produktion steigt nachfragebedingt deshalb nur um den Betrag $(c - j)\Delta i_0$ an. Dieser Anstieg bei der Produktion und damit erneut beim Einkommen der Haushalte induziert wiederum einen Anstieg der Nachfrage nach inländischen Produkten, jetzt vom Umfang $(c - j)[(c - j)\Delta i_0] = (c - j)^2\Delta i_0$. Dieser Prozess pflanzt sich in bekannter Weise fort und führt im Idealfall, wo alle diese induzierten Konsumeffekte wirklich zum Tragen gekommen sind, zu einem Gesamtanstieg der Produktion Y vom folgenden Ausmaß:

$$\begin{aligned}\Delta Y &= \Delta i_0 + (c - j)\Delta i_0 + (c - j)^2\Delta i_0 + \ldots + (c - j)^n\Delta i_0 + \ldots \\ &= \sum_{v=0}^{\infty}(c - j)^v\Delta i_0 = \frac{1}{1 - (c - j)}\Delta i_0 = \frac{1}{1 - c + j}\Delta i_0.\end{aligned}$$

[30] Dies ist insbesondere dann plausibel, wenn Importgüter nur in den privaten Konsum fließen, wobei dann eine Importfunktion $J = j(Y - \delta\bar{K} - \bar{T})$ in Anlehnung an $C = c(Y - \delta\bar{K} - \bar{T})$ plausibler wäre, was aber keine wesentliche Modelländerung darstellt.

Der obige Multiplikatorwert fasst damit erneut alle direkt und indirekt induzierten Nachfrageveränderungen im Inland zusammen, die allerdings jetzt, wie gesehen, schwächer ausfallen als bei der geschlossenen Volkswirtschaft, da in jeder Runde j Gütereinheiten der zusätzlichen Nachfrage im Ausland 'versickern' und damit nicht zur Steigerung der heimischen Produktion beitragen. Diese Sickerverluste erklären somit die oben festgestellte Abschwächung $\frac{1}{s+j}$ des früheren Multiplikatorwerts $\alpha = \frac{1}{s}$.

Wir haben bei der Einführung der IS–Kurve einer geschlossenen Volkswirtschaft gesehen, dass Gütermarktgleichgewicht in äquivalenter Form auch durch

$$I \equiv i_0 = [Y - \delta\bar{K} - \bar{T} - c(Y - \delta\bar{K} - \bar{T})] + [\bar{T} - \bar{G}] = S_p + S_g \equiv S$$

dargestellt werden kann. In der geschlossenen Volkswirtschaft ist somit Gütermarktgleichgewicht durch die Übereinstimmung von geplanter Nettoinvestition und geplanter gesamtwirtschaftlicher Ersparnis gekennzeichnet. Die durch die gesamtwirtschaftliche Ersparnis entstehende Nachfragelücke am Gütermarkt wird dann durch die Investitionsgüternachfrage wieder geschlossen, was eben gerade Gütermarktgleichgewicht bedeutet.

In der offenen Volkswirtschaft kann demgegenüber die Lücke (z.T.) auch auf andere Art und Weise geschlossen werden, nämlich durch einen Überschuss der Exporte über die Importe oder einen positiven Außenbeitrag $A = \bar{X} - J$. Für die offene Volkswirtschaft impliziert (3.27) anstelle der obigen IS–Gleichung:

$$S \equiv (1-c)(Y - \delta\bar{K} - \bar{T}) + \bar{T} - \bar{G} = i_0 + A$$

als Ausdruck für Gütermarktgleichgewicht.

Grafisch umgesetzt liefert diese Darstellung der Gleichgewichtsbedingung (3.27) das folgende Bild:[31]
wobei $c_1 = -(1-c)(\delta\bar{K} + \bar{T}) + \bar{T} - \bar{G} - i_0$ und $c_2 = \bar{X} - \bar{J}$ gilt. War Gütermarktgleichgewicht in der geschlossenen Volkswirtschaft durch den Punkt Y_0 gegeben, so ist es jetzt durch Y_0' repräsentiert, wobei in der obigen Darstellung dies mit einem positiven Außenbeitrag $A = \bar{X} - \bar{J} - jY$ verbunden ist. Aufgrund der Ausdrücke für c_1 und c_2 impliziert die obige Grafik unmittelbar

$$\frac{\Delta Y}{\Delta i_0}, \frac{\Delta Y}{\Delta \bar{G}}, \frac{\Delta Y}{d\bar{X}}, -\frac{\Delta Y}{\Delta \bar{J}} > 0$$

da sich bei all diesen komparativ–statischen Vergleichen entweder die $(S - i_0)$–Kurve oder die A–Kurve nach rechts verlagert. Steigende Investitionsgüter– oder Staatsausgaben, steigende Exportnachfrage und sinkende autonome Importnachfrage wirken belebend auf die heimische Produktion ein, wobei wir aufgrund der obigen Multiplikatorformel wissen, dass dies stets mit dem Multiplikatorwert $\alpha = (s+j)^{-1}$ verbunden ist. Abbildung 3.23. zeigt aber darüber hinaus, dass der Außenbeitrag sich in den ersten beiden Fällen verschlechtern

[31] Vgl. Jarchow/Rühmann (1994), S. 100.

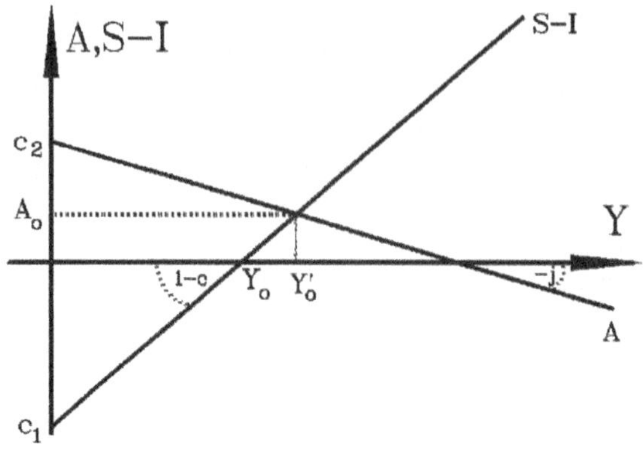

Abb. 3.23. Gütermarktgleichgewicht in der offenen Volkswirtschaft

muss (Rechtsverschiebung der $S-i_0$-Kurve), während er sich in den beiden anderen Fällen verbessert (Rechtsverschiebung der A-Kurve). Dies ist zum einen unmittelbar plausibel, da in der ersten Situation zusätzliche Importe (bei gegebenen Exporten) induziert werden, während im zweiten Fall der autonome Teil des Außenbeitrags A steigt und die damit einhergehende Erhöhung des Inlandsprodukts zusätzliche Importe induziert, die die ursprüngliche Verbesserung des Außenbeitrags nicht übertreffen können:

$$\frac{\Delta A}{\Delta \bar{X}} = -\frac{\Delta A}{\Delta \bar{J}} = 1 - j\frac{\Delta Y}{\Delta \bar{X}} = 1 - \frac{j}{s+j} = \frac{s}{s+j} > 0.$$

Eine gewollte beschäftigungspolitisch orientierte Verbesserung des Außenbeitrags, z.B. durch Subventionierung von Exporten, wird also in der gegenwärtigen Situation tatsächlich diesen verbessern, da die begleitenden einkommensinduzierten Importe diese Verbesserung nur z.T. wegkompensieren werden.

3.5 Komparative Statik II: Geld- und Fiskalpolitik

Wir haben im vorherigen Abschnitt den Fall einer senkrechten IS–Kurve ($i_1 = 0$) und abschließend kurz den Fall einer waagerechten LM–Kurve betrachtet. Im Folgenden wollen wir von diesen Grenzfällen abgehen und deshalb eine negativ geneigte IS–Kurve und eine positiv geneigte LM–Kurve unterstellen. Die Art der Auflösung IS: $Y(r)$, vgl. (3.22), und LM: $r(Y)$, vgl. (3.23), deutet dabei an, welche Variable als Gleichgewichtsvariable[32] welchem Markt gedanklich zugeordnet wird, auch wenn die Bestimmung von Einkommen Y und Zinssatz r im Gleichgewicht simultan erfolgt.

[32] Oder dynamische Variable, vgl. Anhang 2.

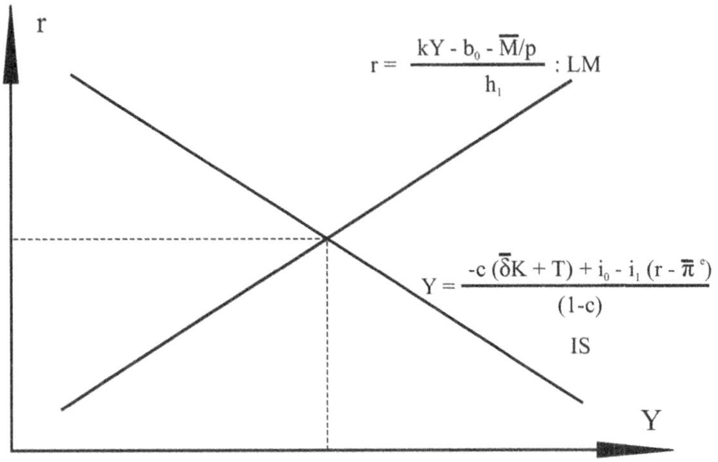

Abb. 3.24. Komparative Statik im IS–LM–Modell: Die Ausgangssituation

Der Gleichgewichtswert $Y = Y_0$ lässt sich aus den obigen Angaben leicht dadurch berechnen, dass man die LM–Gleichung $r(Y)$ in die IS–Gleichung einsetzt. Dies ergibt

$$(1-c)Y_0 = -c(\bar{T} + \delta\bar{K}) + i_0 - i_1(kY_0 + h_0 - \bar{M}/p)/h_1 + i_1\bar{\pi}^e + \delta\bar{K} + \bar{G}$$

und somit aufgelöst nach Y_0:

$$\begin{aligned} Y = Y_0 &= \frac{-c(\delta\bar{K} + \bar{T}) + i_0 + i_1(\bar{M}/p - h_0)/h_1 + i_1\bar{\pi}^e + \delta\bar{K} + \bar{G}}{1 - c + i_1 k/h_1} \\ &= \alpha[\bar{A}_1 + \frac{i_1}{h_1}\frac{\bar{M}}{p} + i_1\bar{\pi}^e], \quad \alpha = \frac{1}{1 - c + i_1 k/h_1} \end{aligned} \tag{3.29}$$

In obigem zweiten Ausdruck fasst $\bar{A}_1$ die autonomen Größen, also insbesondere $\bar{G} - c\bar{T}$, zusammen und bezeichnet α den Ausgabenmultiplikator, der kleiner als der Multiplikator des vorherigen Abschnitts ist und der nicht mehr größer als eins zu sein braucht, wenn die Investitionsnachfrage relativ zur Geldnachfrage hinreichend zinselastisch ist. Die Y_0–Formel des vorherigen Abschnitts erhält man hieraus natürlich wieder, indem man $i_1 = 0$ setzt.

Diese Multiplikatorformel verdeutlicht in prägnanter Weise den sog. *Keynes-Effekt*, $Y_p < 0$, der die kontraktiven Wirkungen von Preisniveauerhöhungen beschreibt und den sog. *Mundell-Effekt*, $Y_{\bar{\pi}^e} > 0$, der die expansiven Wirkungen höherer Inflationserwartungen wiedergibt. Diese Effekte werden wir im folgenden Kapitel auf ihre dynamischen Implikationen hin untersuchen, während hier nur komparativ-statische Implikationen zur Debatte stehen können, da p und $\bar{\pi}^e$ hier noch als exogene Einflussgrößen zu behandeln sind. Entsprechend ergibt sich für den Gleichgewichtswert $r = r_o$ des IS-LM-Modells, indem man die IS-Kurve $Y(r)$ in die LM-Kurve $h_1 r = kY + h_o - \bar{M}/p$ einsetzt und nach r auflöst, die Gleichung:

$$r = r_o = \frac{k[-c(\delta\bar{K} + \bar{T}) + i_0 + i_1\bar{\pi}^e + \delta\bar{K} + \bar{G}]/h_1 + (1-c)(h_0 - \bar{M}/p)/h_1}{(1-c) + i_1 k/h_1}$$
$$= \alpha[\frac{k(i_1\bar{\pi}^e + \bar{A}_2)}{h_1} - \frac{(1-c)(\bar{M}/p - h_0)}{h_1}], \alpha = \frac{1}{1-c+i_1k/h_1} \quad (3.30)$$

Es ist schon ersichtlich geworden, dass der Staatsausgaben– (wie auch der Investitionsausgaben–) Multiplikator

$$\frac{dY_0}{d\bar{G}}(= \frac{dY_0}{di_o}) = \frac{1}{1-c+i_1k/h_1}$$

jetzt kleiner sind als im Fall $i_1 = 0$, d.h. es müssen jetzt Zinseffekte zum Tragen gekommen sein, die die Wirkung expansiver Fiskalpolitik (auch bzgl. $\bar{T}$) abschwächen.

Und darüber hinaus gilt jetzt

$$\frac{dY_0}{d\bar{M}} = \frac{i_1/(ph_1)}{1-c+i_1k/h_1},$$

d.h. hier müssen jetzt durch eine steigende Geldmenge Zinseffekte induziert worden sein, die expansiv auf die Investitionen und dann über den Multiplikatorprozess auf die Produktion der Unternehmungen einwirken. Analog kann natürlich die Reaktion des Gleichgewichtsoutputs Y_0 auf jeden anderen Parameter des Modells hin untersucht werden, was hier jedoch – in dieser Form, also mittels Differentiation der obigen Formeln für die gleichgewichtigen Output- und Zinswerte – nicht weiter verfolgt werden soll.

Stattdessen wollen wir jetzt zur grafisch orientierten Analyse übergehen, um damit die obigen Effekte zu bestätigen und zu weiteren Aussagen über die Wirkung von Fiskalpolitik ($d\bar{G}, d\bar{T}$) und jetzt auch Geldpolitik ($d\bar{M}$) gelangen zu können. Wie wir wissen, stellen die IS–Kurve bzw. die LM–Kurve die Kombinationen aus Output– und Zinsniveaus dar, bei denen der Gütermarkt bzw. der Geldmarkt im Gleichgewicht ist. Veränderungen der Politikparameter $\bar{G}, \bar{T}, \bar{M}$ verändern die Position dieser Kurven, was man z.B. dadurch präzisieren kann, dass man zu jedem Zinssatz r die Verlagerung des gleichgewichtigen Y für Güter– und Geldmarkt untersucht, die bei einer Erhöhung von $\bar{G}, \bar{T}$ und $\bar{M}$ eintritt. Gegeben der Zinssatz, so wissen wir nach früherem bereits, dass $\bar{G} \uparrow$ expansiv und $\bar{T} \uparrow$ kontraktiv auf die Produktion Y_0, bei der am Gütermarkt Gleichgewicht herrscht, einwirken. Geldmengenveränderungen haben andererseits auf die Position der Gütermarktgleichgewichtskurve keinen Einfluss, d.h. zusammengefasst, $\bar{G} \uparrow$ und $\bar{T} \downarrow$ verschieben die IS–Kurve nach rechts, hin zu höheren Outputniveaus, während ihre Position vom

$\bar{M}$–Niveau unabhängig ist. Umgekehrt haben $\bar{G}$ und $\bar{T}$ natürlich keinen Einfluss auf die LM–Kurvenbestimmung, während $\bar{M} \uparrow$ bei jedem Zinsniveau ein höheres Outputniveau erforderlich macht, soll wieder Geldmarktgleichgewicht herrschen. Diese Ergebnisse können auch unmittelbar aus der vorausgegangenen Grafik und den dortigen Darstellungen von IS– und LM–Kurve entnommen werden.

Die Abbildungen 3.25.a und -b stellen vor diesem Hintergrund die Wirkungen von Ausgaben- bzw. Steuerpolitik und Geldpolitik im IS-LM-Diagramm dar. Die erste dieser Abbildungen zeigt die Wirkung expansiv angelegter Ausgaben– oder Steuerpolitik permanenter Natur ($\bar{G} \uparrow$ und $\bar{T} \downarrow$). Wie gezeigt, verlagert sich dadurch die IS–Kurve nach rechts, was – wie im vorausgegangenen Abschnitt – uns zu Punkt B führen würde, der vollen Multiplikatorwirkung dieser fiskalpolitischen Expansion. Im gegenwärtigen Kontext ist diese Outputsteigerung aufgrund der daraus resultierenden Belastung des Geldmarkts jedoch mit Zinssteigerung verbunden, die einen Teil dieser Outputexpansion verhindert ($Y_0'' - Y_0'$), und zwar, indem die Investitionsausgaben aufgrund der Zinssteigerungen zurückgedrängt werden ($i_0 - i_1(r_0 - \bar{\pi}^e) \rightarrow i_0 - i_1(r_0' - \bar{\pi}^e)$). Dieses partielle Crowding–Out der Investitionen durch gestiegene Staatsausgaben, gestiegenen Output und damit gestiegene Konsumausgaben geht natürlich nicht in einem Schritt vor sich, sondern wird graduell, so wie durch die Pfeile der obigen Abbildung angezeigt, auf dem Wege von A nach C durch schrittweise Outputsteigerungen vollzogen. Partielles Crowding–Out der Investoren verhindert damit hier, dass die früher analysierte Multiplikatorwirkung sich voll entfalten kann.

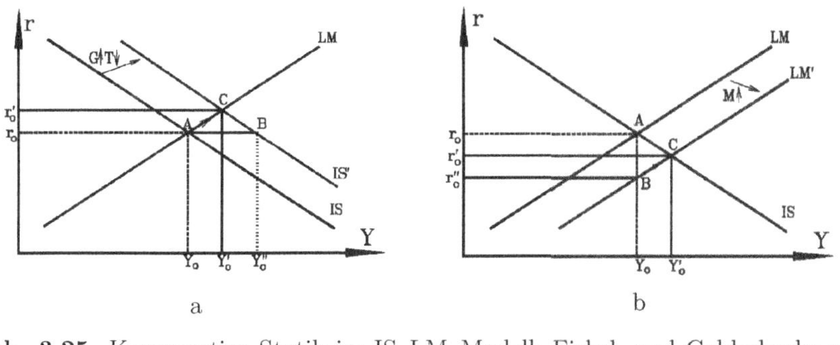

Abb. 3.25. Komparative Statik im IS–LM–Modell: Fiskal- und Geldschocks und die Anpassung zum neuen Gleichgewicht

Abbildung 3.25.b führt nun einen Sachverhalt ein, der bislang nur ansatzweise im IS–LM–Modell diskutiert worden ist: Die Möglichkeit über expansive Geldpolitik: $\bar{M} \uparrow$ Zinssenkungen herbeizuführen und damit das Investitionsniveau und über den Multiplikatorprozess das Outputniveau anzuheben. Geldmengenexpansion führt uns bei gegebenem Outputniveau Y_0 zum Punkt B in Abbildung 3.25.b, also zu $r_0'' < r_0$. Zu diesem Zinsniveau beträgt die

Zunahme der Investitionen $\Delta i_0 = (r_0 - r_0'')i_1$, was, wenn die Zinsen auf diesem Niveau blieben, über den Multiplikatorprozess den Zustand B' induzieren würde. Auf dem Wege zu B' wird aber ein Teil der ursprünglichen Zinssenkungen durch Outputsteigerungen wieder rückgängig gemacht (genau wie bei einer fiskalischen Expansion), somit nur Punkt C und damit nicht die volle Multiplikatorwirkung von Δi_0 erreicht ($\Delta i_0 \to (r_0 - r_0')i_1!$).

Abgesehen von solchen Nebenwirkungen ist damit jetzt neben Fiskalpolitik auch Geldpolitik verfügbar, um Produktion zu stimulieren und Beschäftigungsimpulse zu geben. Hierbei ist jedoch zu beachten, dass die vorgenommenen Änderungen bei $\bar{G}, \bar{T}$ und $\bar{M}$ permanenter Natur sein müssen, da sonst die IS– bzw. die LM–Kurve sich wieder zurückverlagern würden und langfristig dann keine expansiven Wirkungen Bestand haben können. Zu beachten ist hier auch, dass Fiskalpolitik unmittelbarer nachfrageorientiert ist als Geldpolitik, da sie direkt Güternachfrage schafft ($\Delta\bar{G} > 0$) oder über Einkommenseffekte Konsumgüternachfrage anzuregen versucht ($\Delta Y^0 = -\Delta\bar{T}$), während Geldpolitik lediglich die Bedingungen für Investoren günstiger zu gestalten versucht ($\Delta r < 0$), um damit mehr Investitionsnachfrage hervorzulocken. In den Extremfällen, die im vorherigen Abschnitt untersucht worden sind, scheitert dieser Versuch allerdings, einmal, wenn Investoren sich von Zinssenkungen nicht beeindrucken lassen und zum anderen, wenn es der Zentralbank aufgrund des Vorliegens der Liquiditätsfalle nicht gelingt, die Zinsen zu senken, da die Vermögensbesitzer in dieser Situation einen Anstieg ihres Geldvermögens einfach halten werden und nicht in erhöhte Bondnachfrage und damit in steigende Kurse und sinkende Zinsen umsetzen. Geldpolitik ist in diesen Fällen ineffektiv, während Fiskalpolitik hier maximal effektiv war, da keine Crowding–Out Begleiterscheinungen in diesen beiden Situationen bei ihr auftreten.

Dieser Sachverhalt kehrt sich genau um, wenn die 'neoklassischen' Gegenstücke zu zinsunelastischen Investitionen und zinselastischer Geldnachfrage betrachtet werden, nämlich sehr zinsunelastische Geldnachfrage (also faktisch die Quantitätstheorie des Geldes $\bar{M} = pkY$) oder um den Zinssatz r_o herum sehr zinselastische Investitionen ($I = i_1(r_0 - r), i_1 \to \infty, i_o = i_1 r_o!$): Im linken Fall verursacht Fiskalpolitik lediglich Zinseffekte, da der Output bereits vom Geldmarkt her determiniert ist, was bedeutet, dass Nachfragesteigerungen im Staatssektor oder Konsumbereich in entsprechendem Umfang über Zinsreaktionen private Investitionen verdrängen (totales Crowding–Out). Im Fall der rechten Abbildung verschiebt sich die IS–Kurve bei expansiver Fiskalpolitik horizontal und damit quasi in sich selbst, da z.B. die mit $\bar{G}\uparrow$ einhergehenden infinitesimalen Zinssteigerungseffekte aufgrund der extrem zinselastischen Investitionsnachfrage diesbezüglich bereits ausreichen, ein totales Crowding–Out der Investitionen hervorzurufen. Die gesamtwirtschaftliche Nachfrage und der dazugehörige Output werden sich in dieser Situation somit nicht verändern. Fiskalpolitik ist daher in diesen beiden Fällen 'impotent' oder ineffektiv.

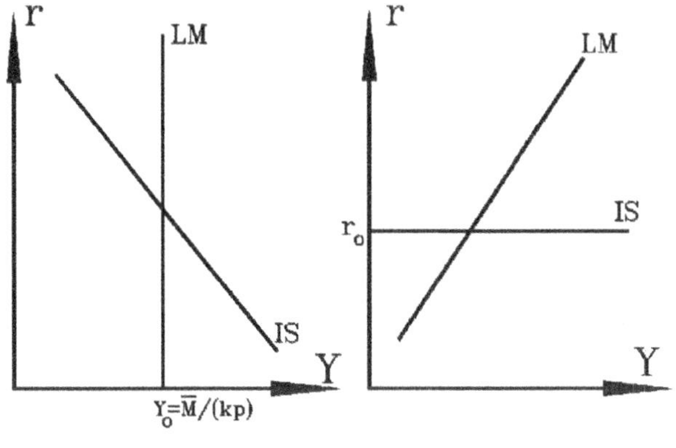

Abb. 3.26. Neoklassische Grenzfälle der IS-LM-Analyse

Demgegenüber ist Geldpolitik in den beiden oben gezeigten Fällen jetzt in ausgeprägtem Maße effektiv. In beiden Situationen ergibt sich einfach als Output-Wirkung einer Erhöhung der Geldmenge um den Betrag $\Delta\bar{M}$ der Ausdruck $\Delta Y_0 = \Delta\bar{M}/(kp)$, d.h. ein strikt quantitätstheoretisches Resultat (auf der Basis völlig inflexibler Preise).

Tabelle 3.3. fasst diese Aussagen über Grenzfälle der IS-LM-Analyse zusammen. Es ist empfehlenswert, die in ihr dargestellten Ergebnisse grafisch und rechnerisch mit Hilfe der hier dargestellten Vorgehensweisen nachzuvollziehen, damit eine sichere Handhabung der Rolle der Steigungen von IS- und LM-Kurve bei der Frage nach der Politikeffektivität der besprochenen Arten von Globalsteuerung der Wirtschaft erreicht werden kann.

Tabelle 3.3. Zur Effektivität von Geld- und Fiskalpolitik

	Fiskalpolitik	
	IS-Kurve	LM-Kurve
flach	ineffektiv	effektiv
steil	effektiv	ineffektiv

	Geldpolitik	
	IS-Kurve	LM-Kurve
flach	effektiv	ineffektiv
steil	ineffektiv	effektiv

Reine Multiplikatoranalyse einerseits und neoklassische Analyse andererseits sind also Grenzfälle der IS-LM-Analyse, die diese verstehen helfen, die aber sicherlich in Bezug auf ihren empirischen Gehalt einer mittleren Position im Hinblick auf die Steigungseigenschaften der IS- und der LM-Kurve unterlegen sind. IS-LM-Analyse ist deshalb heutzutage in der Regel von der in der Abbildung 3.25.a und -b dargestellten Form. Tabelle 3.4. resümiert bzgl. dieses Normalfalls der IS-LM-Analyse einige wichtige komparativ-statische Aussagen derselben, die ebenfalls zum Zwecke der Übung des Vorgestellten grafisch und rechnerisch nachvollzogen werden sollten.[33]

Tabelle 3.4. Komparative Statik im IS–LM–Modell

	$G\uparrow$	$T\uparrow$	$M\uparrow$	$i_o\uparrow$	$\bar{\pi}^e\uparrow$	$\bar{w}\uparrow$	$c\uparrow$	$s=1-c\uparrow$
Y	+	-	+	+	+	-	+	-
r	+	-	-	+	+	+	+	-
C	+	-	+	+	+	-	+	-
$I=S$	-	+	+	+	+	-	-	+

Es ist empfehlenswert, die hier dargestellten Ergebnisse mit den Ergebnissen von Kapitel 2 für das neoklassische Basismodell und das Keynes-Modell zu vergleichen. Dabei sollten insbesondere das Sparparadox und das Lohnparadox wieder Beachtung finden. Wie Tabelle 3.4. zeigt, führen sinkende Nominallöhne jetzt zur wirtschaftlichen Belebung und damit zu mehr Beschäftigung (aufgrund des Keynes-Effekts, der fallende Löhne und Preise in fallende Zinsen und damit steigende Investitionstätigkeit übersetzt). Steigende Sparneigung andererseits führt wie im vorausgegangenen Abschnitt zu Output- und Beschäftigungsrückgängen, aber damit jetzt auch zu Zinssenkungen und damit steigender Investition und Ersparnis, so dass der gestiegene Sparwille sich nunmehr auch in einer erhöhten Ersparnis und Kapitalakkumulation niederschlägt. Es ist hierbei und bei Variationen der marginalen Konsumneigung c zu beachten, dass die Aussage $dY/dc > 0$ die empirisch plausible Voraussetzung $Y - \bar{T} - \delta\bar{K} > 0$ benötigt.

Totale Differentiation der IS-LM-Gleichgewichtsbestimmung (3.29) liefert schließlich noch die folgenden wichtigen, obiges ergänzenden Aussagen:

$$\frac{dY_o}{d\bar{G}}|_{d\bar{G}=d\bar{T}} = \frac{1-c}{1-c+i_1k/h_1} < 1,$$

$$\frac{dY_o}{d\bar{G}}|_{d\bar{G}=d\bar{M}/p} = \frac{1+i_1/h_1}{1-c+i_1k/h_1} > \frac{1}{1-c+i_1k/h_1} = \frac{dY_o}{d\bar{G}}|_{d\bar{G}=d\bar{B}/(rp)},$$

$$\frac{dY_o/d\bar{G}}{dY_o/d\bar{M}} = \frac{ph_1}{i_1}.$$

Die erste Aussage betrifft erneut den "Ausgeglichenen-Staatsausgaben-Multiplikator", da das Symbol auf der linken Seite zum Ausdruck bringen soll, dass hier die Staatsausgaben um den Betrag $d\bar{G}$ variiert werden und diese Variation durch $d\bar{G} = d\bar{T}$ finanziert wird. Auf der rechten Seite von Gleichung (3.29) ist somit unter dieser Nebenbedingung nach $d\bar{G}$ und $d\bar{T}$ abzuleiten, sind diese beiden Ausdrücke dann gleichzusetzen und durch Division auf die linke Seite

[33] Man beachte wieder das Auftreten des Keynes-Effekts und des Mundell-Effekts in dieser Tabelle.

des damit gewonnenen Ausdrucks zu bringen. Das Ergebnis dieser Rechnung zeigt dann, dass dieser Multiplikator jetzt sogar kleiner als 1 ist, da der vormals gültige Wert 1 durch jetzt mögliche Zinssteigerungen noch weiter dezimiert wird, also nicht nur die Steuererhöhung privaten Konsum verdrängt, sondern die Zinssteigerungen auch noch die private Investitionstätigkeit sinken lässt.

Entsprechend geht man bei der zweiten Formel vor, wo eine geldfinanzierte Erhöhung der Staatsausgaben betrachtet wird: $d\bar{G} = d\bar{M}/p$. Hier zeigt sich, dass der Multiplikatoreffekt größer ist als der 'reine' Staatsausgabenmultiplikator des vollen IS-LM-Modells, was aber leicht erklärt werden kann, da jetzt den von ihm ausgelösten Zinssteigerungen (vgl. den Ausdruck im Nenner) aufgrund expansiver Geldpolitik Zinssenkungstendenzen entgegenwirken (vgl. den Ausdruck im Zähler) und damit den 'reinen' Multiplikatoreffekt $d\bar{Y}_0/d\bar{G}$ des IS-LM-Modells verstärken. Natürlich steht auch hinter diesem Effekt eine Finanzierungsnotwendigkeit, die, da Steuer- und Geldfinanzierung in ihrer Wirkung schon betrachtet worden sind, nur noch Bondfinanzierung betreffen kann. Diese Finanzierungsart scheint eine mittlere Position zwischen den beiden anderen Möglichkeiten einzunehmen, da hier die Veränderung der Verschuldung des Staates nicht explizit in Erscheinung tritt, also hier weder kontraktive noch expansive Zusatzeffekte, wie bei den beiden anderen Finanzierungsarten, auftreten. Dieses 'Kuriosum' der Irrelevanz zusätzlicher Verschuldung wird im Laufe dieses Kapitels noch aufzuklären sein.

Die dritte der obigen Formeln schließlich liefert einen allgemeinen Ausdruck für die relative Effektivität von Fiskalpolitik und Geldpolitik, indem sie die betreffenden Multiplikatoren durcheinander teilt. Man sieht erneut die positive Rolle der Sensitivität der Geldnachfrage und der Insensitivität der Investitionen bzgl. der Zinsen für die relative Wirkungsstärke der Fiskalpolitik wie auch erneut die Rolle der gegenteiligen Sensitivitäten für die relative Wirkungsstärke der Geldpolitik.

Diese Fragen nach der Effektivität dieser beiden Globalsteuerungsinstrumente und nach dem richtigen Mix aus beiden, um ein bestimmtes wirtschaftspolitisches Ziel erreichen zu können, sollen an dieser Stelle nicht weiter vertieft werden. Stattdessen werden wir im nächsten Abschnitt weitere Argumente betrachten, die sich mit der Problematik fiskal- und geldpolitischer Globalsteuerung kritisch auseinandersetzen. Diese Betrachtungen sollen dazu dienen, aufzuzeigen, dass mit dem IS-LM-Apparat keineswegs ein sicheres Instrumentarium vorliegt, mittels dem man Konjunkturpolitik quasi mechanisieren kann.

Ergänzungen zum Stoff dieses Abschnitts findet der Leser im fünften Kapitel von Dornbusch/Fischer (1995), auf welches erneut zur Vertiefung der hier diskutierten Inhalte verwiesen wird.

3.6 Außenhandel und Kapitalverkehr

Bei sich ausweitendem internationalem Güterhandel hat sich seit den sechziger Jahren eine zunehmende Liberalisierung des internationalen Kapitalverkehrs ergeben, ist also diese Komponente außenwirtschaftlicher Beziehungen immer bedeutender geworden. Die in Anhang 1 dargestellte rein gütermarktorientierte Betrachtung offener Volkswirtschaften ist deshalb jetzt dahingehend zu ergänzen, dass auch Wertpapiere international gehandelt werden können. Die Analyse von Güterströmen ist also um eine Analyse der Wirkungen von internationalem Kapitalverkehr zu erweitern.

Um dies in einfacher Form hier vornehmen zu können, wollen wir uns dabei auf einen Extremfall dieses internationalen Kapitalverkehrs beziehen, der allerdings mit der Zeit zunehmend realistischer geworden ist. Es ist ein bemerkenswertes Faktum heutiger Industrieländer geworden, dass Inländer im wesentlichen ausländische Wertpapiere uneingeschränkt halten können. Kapital ist über die Grenzen hinweg höchst mobil geworden, und dies hat zu einer weitgehenden Verflechtung zwischen den verschiedenen nationalen Finanz- und Kapitalmärkten geführt. Es ist deshalb nicht unplausibel, eine erste Integration solcher Finanzmarktgeschehnisse auf der Basis vorzunehmen, dass 'Kapital' in der Welt vollkommen mobil geworden ist und damit weltweit jeweils nach den höchsten Ertragsraten Ausschau gehalten wird. Resultat dieses Prozesses sollte sein, dass sich die Zinssätze international aufeinander zu bewegen bzw. bei der gerade unterstellten vollkommenen Kapitalmobilität einander gleich sein müssen. Im Falle des von uns in Anhang 1 betrachteten kleinen Landes kann somit, die dortige Analyse ergänzend, von einem gegebenen internationalen Zinssatz $\bar{r}^a$ ausgegangen werden, von dem der nationale Zinssatz r nicht wesentlich abweichen kann:

$$r = \bar{r}^a.$$

Wir werden im Folgenden ultrakurzfristige Abweichungen zwischen diesen beiden Zinssätzen dennoch jeweils kurz betrachten, um damit insbesondere die Wirkungen von fiskal– und geldpolitischen Maßnahmen genauer verdeutlichen zu können.

Die Annahme, dass die nationalen Zinssätze durch das internationale Niveau fixiert sind, rechtfertigt zum einen die reine Gütermarktanalyse internationaler Verflechtung, die wir in Anhang 1 durchgeführt haben, da dadurch die Investitionstätigkeit als vom nationalen Geldmarkt abgekoppelt angesehen werden kann und somit der Einfluss der LM–Kurve auf ihre Bestimmung aufgehoben worden ist. Zum anderen haben wir jetzt über den internationalen Kapitalverkehr einen zusätzlichen Einfluss am Devisenmarkt, dessen Implikationen für die Handelsströme es jetzt zu analysieren gilt.

Wir haben bislang den Einfluss des Wechselkurses ϵ [€/$] auf die Güternachfrage des In– und Auslands ignoriert und sind damit implizit von einem fixierten Wechselkursniveau ausgegangen. In Bezug auf die Gütermarktdarstellung

$$Y = c(Y - \delta\bar{K} - \bar{T}) + i_0 - i_1(r - \bar{\pi}^e) + \delta\bar{K} + \bar{G} + A,$$

die jetzt die zinsabhängigen Investitionen einbezieht, kann aber nunmehr vermutet werden, dass der in ihr ausgewiesene Außenbeitrag $A = \bar{X} - \bar{J} - jY$ nicht nur vom Bruttoinlandsprodukt Y, sondern auch vom Wechselkurs ϵ abhängt, wo wir Dornbusch/Fischer (1995, S.219) folgend die folgende einfache Ergänzung der Determinanten des realen Außenbeitrags vornehmen wollen:

$$A = \bar{X} - jY + v\tau, \quad \tau = \epsilon\bar{p}^a/p, v > 0.$$

In dieser Gleichung ist der Term $v\tau$ hinzugefügt worden, der mit einem konstanten Parameter v die positive Abhängigkeit des Außenbeitrags vom sog. realen Wechselkurs τ zum Ausdruck bringt:

$$\tau = \epsilon[€/\$\ ]\bar{p}^a[\$/G^a]/p[€/\mathrm{G}] = \tau[G/G^a]$$

Dieses Verhältnis beschreibt das durch die Preisniveaus p und $\bar{p}^a$ des Inlands und des Auslands und den nominellen Wechselkurs ϵ implizierte reale Austauschverhältnis zwischen Gütern des Inlands, $[G]$, und den Gütern des Auslands, $[G^a]$. Wie bisher betrachten wir die Preisniveaus der beiden Länder in der kurzen Sicht als durch Markup–Pricing bedingt fixiert, so dass eine reale und nominelle Wechselkursänderung hier stets als gleichwertig angesehen werden kann. Eine Abwertung , $\epsilon \uparrow$, ist damit als reale Kursverschlechterung ansehbar und besagt, dass beim internationalen Handel jetzt mehr als bisher an inländischer Produktion für eine Einheit ausländischer Produktion hergegeben werden muss.

Die oben angenommene einfache und positive Abhängigkeit des Außenbeitrags A vom Wechselkurs ϵ muss nicht allgemeingültig sein, sondern kommt nur unter speziellen Annahmen zustande. Da eine Abwertung die ausländischen Güter relativ teurer werden lässt, mag in der Tat gelten, dass die Einfuhr dieser Güter mengenmäßig zurückgeht. Die betrachtete Veränderung, $\epsilon \uparrow$, bedeutet aber gleichzeitig, dass der reale Wechselkurs steigt, $\tau \uparrow$, und damit der in inländischen Gütereinheiten ausgedrückte Import J teurer wird. Die Importgröße J ist als Wertgröße das Produkt aus (Relativ–)Preis τ und Menge und folglich zwei entgegengesetzten Einflüssen ausgesetzt. Reagiert ihre Mengenkomponente schwach auf Änderungen der realen Austauschverhältnisse τ, so überwiegt der Preiseffekt, und eine Erhöhung von τ wird von einer Erhöhung von J und damit einer Verminderung des Außenbeitrags begleitet. Diese im allgemeinen als unnormal angesehene Reaktion des Handelsbilanzdefizits auf Wechselkursänderungen soll im Folgenden unberücksichtigt bleiben. Sie wird darüber hinaus unwahrscheinlicher, wenn wir davon ausgehen, dass die Exportnachfrage X positiv vom Wechselkurs ϵ bzw. τ abhängt, was eine naheliegende Annahme ist, da X in seinen Originaleinheiten gemessen wird und deshalb nicht wie J eine Wertgröße darstellt. Eine solche positive Abhängigkeit der Exporte vom realen Wechselkurs τ ist im Parameterwert v berücksichtigt worden.

Obiges zusammenfassend haben wir also jetzt als Darstellung von Gütermarktgleichgewicht

$$Y = c(Y - \delta\bar{K} - \bar{T}) + i_0 - i_1(r - \bar{\pi}^e) + \delta\bar{K} + \bar{G} + \bar{X} - \bar{J} - jY + v\tau,$$

wobei wir der Einfachheit halber hier $p = \bar{p}^a = 1$ als Normierung annehmen, so dass kein Unterschied zwischen realem und nominellem Wechselkurs τ, ϵ im Folgenden beachtet zu werden braucht.

Wir wollen jetzt als erstes im obigen erweiterten Rahmen den Fall fester Wechselkurse $\epsilon = \bar{\epsilon}$ betrachten. In einem festen Wechselkurssystem ist die ausländische Zentralbank bereit, ihre Währung zu einem in der anderen Währung ausgedrückten festen Preis zu kaufen oder zu verkaufen. Feste Wechselkurse herrschten in der Zeit vom Ende des Zweiten Weltkrieges bis zum Jahre 1973 vor, dem Jahr, in dem eine weitgehende Freigabe der Dollarkurse sowie ein gemeinsames Floating der am Europäischen Wechselkursverbund beteiligten Währungen erfolgte.

Um verstehen zu können, wie ein solches Regime fester Wechselkurse im Rahmen der IS–LM–Analyse des Abschnitts 3.4 wirkt,[34] müssen wir zunächst die sog. Zahlungsbilanz der unterstellten kleinen offenen Volkswirtschaft betrachten. Eine solche Zahlungsbilanz erfasst sämtliche Transaktionen der Inländer einer Volkswirtschaft mit dem Rest der Welt, der hier annahmegemäß aus einem einzigen Land besteht. Die Zahlungsbilanz gliedert sich in zwei Hauptbilanzen, die *Leistungsbilanz* und die *Kapitalbilanz*. Die Leistungsbilanz, die den Handel mit Gütern und Dienstleistungen sowie Transferzahlungen erfasst, ist im Rahmen unseres Modells mit ihrer Teilbilanz, der Handelsbilanz, identisch, da wir von Dienstleistungen (und insbesondere von Zinszahlungen) im vorausgegangenen wie auch im Folgenden absehen. Der Saldo der Leistungsbilanz ist also für uns einfach durch $X - J$ gegeben. Wir sprechen hier also von einem Leistungsbilanzüberschuss, wenn die Exporte X die Importe J übersteigen, ohne dabei auf Dienstleistungen und Übertragungen zu achten.

Die Kapitalbilanz weist gegenüber der Leistungsbilanz die Käufe und Verkäufe von Wertpapieren und anderen Vermögenstiteln auf. Da wir in unseren Modellen nur bestimmte Bonds als Vermögenstitel zulassen, die jetzt auch international gehandelt werden können, werden wir von einem Kapitalbilanzüberschuss oder einem Nettokapitalzustrom oder -import sprechen, wenn die Einnahmen der Inländer aus dem Verkauf von inländischen Wertpapieren ihre Ausgaben für den Ankauf ausländischer Wertpapiere übertreffen. Neben diesen Transaktionen des privaten Sektors des Inlandes[35] finden in der Kapitalbilanz noch die Reservetransaktionen der inländischen Zentralbank Nie-

[34] Diese Analyse ist in der Literatur auch unter dem Namen Mundell–Fleming–Modell bekannt.

[35] Der Staat wird bei solchen Transaktionen im Folgenden nicht berücksichtigt werden.

derschlag. Bei Einbeziehung dieser Transaktionen muss für die Zahlungsbilanz stets gelten:

$$\text{Leistungsbilanzdefizit} + \text{Kapitalbilanzdefizit} = 0,$$

wobei wir hierbei der Einfachheit halber davon ausgehen, dass inländische Wirtschaftssubjekte keine ausländischen Devisen (als Geld) halten. Wird ein Zahlungsbilanzungleichgewicht, das durch internationale Güter– und Wertpapierströme erzeugt wurde, nicht durch einen auf dieses Ungleichgewicht reagierenden flexiblen Wechselkurs beseitigt, so schlägt sich dieser Überschuss in einem Anstieg der Devisenreserven der Zentralbank und ein Defizit in einem Verlust von Währungsreserven der Zentralbank nieder. Dies gilt insbesondere im Regime völlig fixierter Wechselkurse, wo die Zentralbank sich verpflichtet hat, zu diesem Kurs alle für die internationalen Transaktionen benötigten Devisen bereitzustellen. Solche Devisenverkäufe oder –käufe der Zentralbank bedeuten, dass sie in diesem Ausmaß bereit ist, Veränderungen der heimischen Geldmenge zu akzeptieren, also z.B. bei Reserveaufstockung die Inländer zwangsläufig mit mehr € (durch den Aufkauf der überschüssigen Devisen) zu versorgen. Dieser Sachverhalt ist, wie wir gleich sehen werden, für die Effektivität geldpolitischer Maßnahmen der Zentralbank von entscheidender Bedeutung.

Betrachten wir aber zunächst in expliziter Form den aus internationalen Güter– und Bondtransaktionen sich ergebenden Zahlungsbilanzüberschuss Z ($p = \bar{p}^a = 1!$):[36]

$$Z = \bar{X} - \bar{J} - jY + v\epsilon + p_b \Delta B - \bar{\epsilon}\bar{p}_b^a \Delta B^a. \qquad (3.31)$$

In dieser Gleichung ist das Importvolumen J, wie wir gesehen haben, bereits in inländischen Gütereinheiten ausgedrückt (mittels einer impliziten Verwendung des realen Wechselkurses τ) und bezeichnet ΔB bzw. ΔB^a das Transaktionsvolumen zwischen In- und Ausländern hinsichtlich der inländischen bzw. der ausländischen Bonds ($p_b = 1/r, \bar{p}_b^a = 1/\bar{r}^a$ ihre nationalen Kurswerte). Unsere Annahme (fast) vollkommener Kapitalmarktmobilität besagt nun in Bezug auf Z, dass bei $r > \bar{r}^a$ ein Zahlungsbilanzüberschuss Z und bei $r < \bar{r}^a$ ein Zahlungsbilanzdefizit vorliegen muss, da z.B. ein positives Zinsdifferential $r - \bar{r}^a > 0$ hohe Nettokapitalimporte impliziert (und umgekehrt).

Die Implikationen für Fiskal– und Geldpolitik im Falle einer kleinen offenen Volkswirtschaft, hier noch *bei fixen Wechselkursen* $\epsilon = \bar{\epsilon}$, sind drastisch. Fiskalpolitik funktioniert in einem dergestalt erweiterten IS–LM–Modell wie im einfachen IS–Modell des Anhangs 1, d.h. es gilt weiterhin die dortige einfache Multiplikatoranalyse:

$$Y = \frac{1}{s+j}[(1-c)\delta\bar{K} + \bar{G} - c\bar{T} + i_0 - i_1(\bar{r}^a - \bar{\pi}^e) + \bar{X} - \bar{J} + v\bar{\epsilon}] \qquad (3.32)$$

[36] Ein negativer Wert kennzeichnet hier ein Zahlungsbilanzdefizit. Die Symbole $p_b, \bar{p}_b^a$ bezeichnen die Preise der in- und ausländischen Bonds.

da die jetzt neuen Terme $-i_1(\bar{r}^a - \bar{\pi}^e)$ und $v\bar{\epsilon}$ aufgrund der Fixiertheit von Zinssatz r und Wechselkurs ϵ ebenfalls Konstanten sind, die wie die autonomen Investitions- und Importausgaben wirken und dementsprechend verarbeitet werden können. Fiskalpolitik löst deshalb keine kontraktiven Zins- und Wechselkurseffekte aus und ist demnach maximal effektiv.[37] Wie im Abschnitt 3.4 erläutert, erhöht eine isolierte fiskalpolitische Expansion $d\bar{G} > 0$ das Inlandsprodukt um $dY = d\bar{G}/(s+j)$, und sie senkt gleichzeitig den Außenbeitrag um $dA = -jdY = -j/(s+j)d\bar{G}$. Im IS–LM–Diagramm dargestellt sieht dieser Vorgang wie folgt aus:

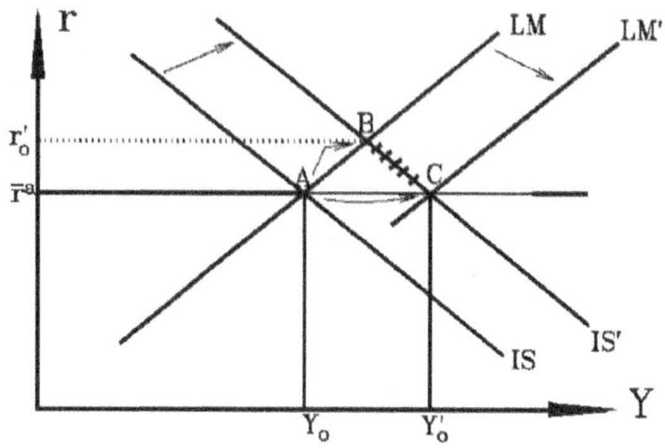

Abb. 3.27. Expansive Fiskalpolitik bei fixen Wechselkursen

IS–LM–Analyse besagt bei einer fiskalischen Expansion $d\bar{G} > 0$ zunächst, dass der Outputanstieg von Zinssteigerungen begleitet ist, hin zum Punkt B im obigen Diagramm. Das entstehende Zinsdifferential $r' - \bar{r}^a$ hat jedoch enorme Nettokapitalimporte (Bondverkäufe ans Ausland) zur Folge, die so lange für einen ausgeprägten Devisenüberschuss am Devisenmarkt Anlass geben, wie dieses Zinsdifferential Bestand hat. Da die Zentralbank aber diesen Devisenüberschuss zur Wahrung fixer Wechselkurse aufkauft, erhöht sie auf diese Weise die heimische Geldmenge so lange, bis diese expansiv auf das Inlandsprodukt einwirkenden Geldmengenerweiterungen bei entsprechender Verlagerung der LM–Kurve den Punkt C erreicht haben. In diesem Punkt sind die Geldmenge und mit ihr das Inlandsprodukt so weit angestiegen, dass sie zum Zinsniveau $\bar{r}^a$ ohne weitere Intervention der Zentralbank wieder Geldmarktgleichgewicht gestatten und damit der Devisenmarkt wieder ins Gleichgewicht gelangt ist. Es folgt, dass die fiskalische Expansion über die sie begleitenden infinitesimalen Zinserhöhungen so lange von einer automatisch ablaufenden Geldmengenexpansion begleitet wird, bis diese Zinssteigerungstendenzen durch entsprechende Geldmengenveränderungen wieder versiegen. Bei Auf-

[37] Man vgl. hierzu den im Folgenden betrachteten Fall flexibler Wechselkurse.

rechterhaltung fixer Wechselkurse wird somit die fiskalische Expansion durch Geldmengeneffekte maximal verstärkt ($A \to C$).

Der Fall einer expansiv angelegten Geldpolitik ($\bar{M} \uparrow$) wird in Abb. 3.28 dargestellt. Insofern diese Geldpolitik erfolgreich ist und den inländischen Zinssatz unter das Weltniveau $\bar{r}^a$ absinken lässt, liefert sie Anlass zu massivem Kapitalexport und damit zu einer Übernachfrage nach Dollar am Devisenmarkt. Die Zentralbank muss somit Devisen verkaufen. Dies reduziert die heimische Geldmenge wieder, wobei dieser Prozess so lange anhält, wie ein negatives Zinsdifferential $r - \bar{r}^a$ fortbesteht. Es folgt, dass die LM'–Kurve der obigen Abbildung sich so lange rückverlagern muss, bis sie wieder die Ausgangsposition erreicht hat. Geldpolitik ist daher unter den getroffenen Annahmen nur in der ganz kurzen Sicht effektiv, aber letztendlich völlig ineffektiv.

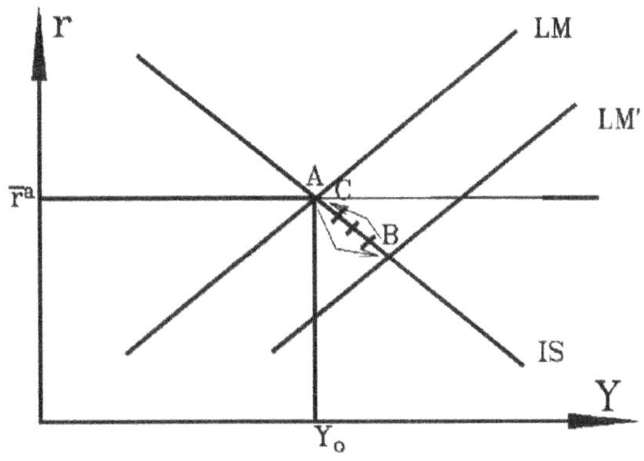

Abb. 3.28. Expansive Geldpolitik bei fixen Wechselkursen

Eine hohe internationale Kapitalmobilität legt jedoch nahe, dass völlig fixierte Wechselkurse wenig Sinn ergeben, da sie bei größeren Störungen und damit einhergehenden massiven Kapitalbewegungen kaum zu halten sein dürften. Es ist deshalb notwendig, neben fixen auch den Fall flexibler Wechselkurse im Rahmen der IS–LM–Analyse zu untersuchen und dabei erneut die Frage nach der Effektivität von Fiskal– und Geldpolitik zu stellen. Wir wollen uns dabei auf den Fall eines reinen Floatens der Wechselkurse beschränken, in welchem diese also allein durch Angebot und Nachfrage auf den Devisenmärkten bestimmt werden. Gemischte Wechselkurssysteme, also Systeme des gemanagten Floating, werden in diesem Abschnitt keine Beachtung finden[38]. Im Zusammenhang mit flexiblen Wechselkursen werden wir von einer Kursverschlechterung sprechen, wenn der Wechselkurs ϵ[€/$] steigt.

[38] Ein erster Schritt in diese Richtung wäre es, im obigen Kontext exogene Wechselkursveränderungen (Wechselkurspolitik) zu untersuchen.

Bei völlig *flexiblen Wechselkursen* gilt bei Gleichung (3.31) stets $Z = 0$, da dann das zu $Z \neq 0$ gehörige Ungleichgewicht am Devisenmarkt durch Wechselkursänderungen stets beseitigt wird. Im Unterschied zum Fall fester Wechselkurse, der, wie wir gesehen haben, den Zentralbanken keine unabhängige Geldpolitik erlaubt, muss im Fall flexibler Wechselkurse die Zentralbank nicht am Devisenmarkt intervenieren und deshalb keine ungewollten Änderungen der heimischen Geldmenge hinnehmen. Es ist daher eine weitere Implikation völlig flexibler Wechselkurse, dass die Zentralbank das Geldangebot souverän festsetzen kann.

Betrachten wir in dieser neuen Situation zunächst wieder eine expansiv angelegte Fiskalpolitik, also z.B. $d\bar{G} > 0$. Diese Politik erhöht, wie im Fall fester Wechselkurse, das inländische Produktions- und Zinsniveau, was jetzt aber durch steigenden Nettokapitalimport und damit durch Überschüsse in der Zahlungsbilanz begleitet ist und am Devisenmarkt zu Aufwertungsrunden bei der inländischen Währung führt. Diese Aufwertung der € findet so lange beständig statt, wie ihre Ursache, das zu hohe nationale Zinsniveau, fortbesteht. Abbildung 3.29. zeigt deshalb, dass ein erneutes Gleichgewicht erst dann eintreten kann, wenn die durch die expansive Fiskalpolitik nach rechts verlagerte IS–Kurve sich wieder in ihrer ursprünglichen Position befindet:

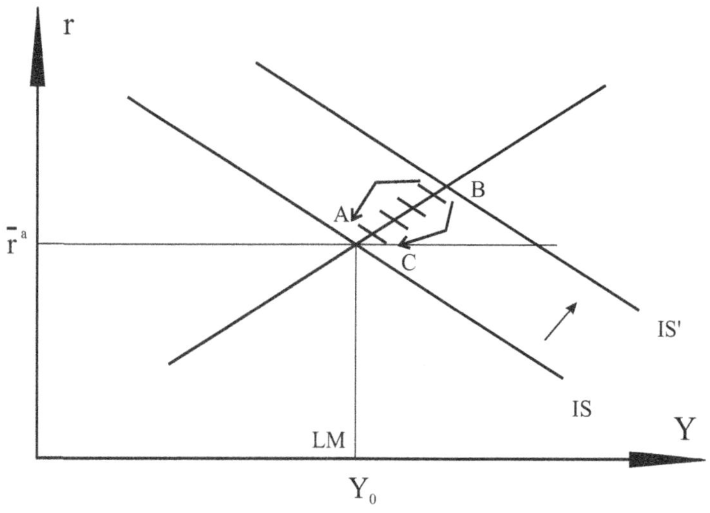

Abb. 3.29. Expansive Fiskalpolitik bei flexiblen Wechselkursen

Bei flexiblen Wechselkursen ist daher Fiskalpolitik jetzt völlig ineffektiv, da Kapitaleinflüsse und die sie begleitenden Aufwertungen der € den Außenbeitrag so lange reduzieren, bis er bei gestiegenen Staatsausgaben mit dem alten Inlandsprodukt am Gütermarkt wieder verträglich geworden ist. Wir haben damit hier eine vollständige Verdrängung vorliegen, die in diesem Falle nicht die Investitionen betrifft, sondern die Nettoexporte, wobei die Exporte aufwertungsbedingt zurückgegangen sind und die Importe gestiegen sind. Das Bruttoinlandsprodukt hat dabei seinen Gleichgewichtswert aber nicht verändert.

Entsprechend drastisch fällt auch die Änderung bei der Wirksamkeit von Geldpolitik aus, wenn man von einem Regime fester Wechselkurse zu einem Regime mit völlig flexiblen Wechselkursen übergeht. Abbildung 3.30. zeigt hierzu erneut den 'unmittelbaren' Effekt der Geldpolitik (der wie in der geschlossenen Volkswirtschaft ausfällt) und den Anpassungsprozess hin zum neuen stationären Gleichgewicht:

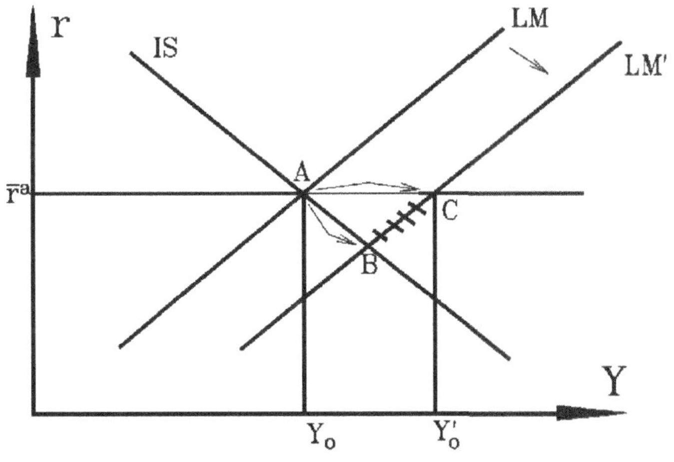

Abb. 3.30. Expansive Geldpolitik bei flexiblen Wechselkursen

Expansive Geldpolitik versucht, durch Zinssenkungen Investitionstätigkeit anzuregen, ruft aber bei einer offenen Volkswirtschaft mit Zinssenkungen Kapitalexporte hervor, die am Devisenmarkt (wegen $Z > 0$) eine Übernachfrage nach Dollar erzeugen. Resultierende Abwertungseffekte regen den Export an und bremsen den Import. Diese Steigerung des Außenbeitrags erhöht schrittweise die inländische Produktion (auf dem Wege einer Rechtsverlagerung der IS–Kurve). Dieser Prozess pflanzt sich so lange fort, wie der inländische Zinssatz unter $\bar{r}^a$ liegt, was eine Verlagerung der IS–Kurve impliziert, bis sie die LM–Kurve im Punkt C schneidet. Geldpolitische Expansion wird damit durch Abwertungsdruck so lange in ihrer Wirkung fortgeführt, bis sich der Outputwert durchgesetzt hat, der bei Weltmarktzinsniveau $\bar{r}^a$ erneut Geldmarktgleichgewicht herstellt. Die Güternachfrage, die die Produktion im keynesianischen Kontext determiniert, wird während dieses Prozesses durch Abwertungen, $\epsilon \uparrow$, so lange nach oben geschraubt, bis dieser Zielwert erreicht worden ist.

Im Kontext flexibler Wechselkurse ist damit Geldpolitik maximal effektiv und Fiskalpolitik völlig ineffektiv (was Gleichgewichtspositionen angeht). Dies ist die exakte Umkehrung der Verhältnisse, wie wir sie bei fixen Wechselkursen vorgefunden haben. Expansive Geldpolitik im Regime flexibler Wechselkurse kann aber nicht, wie oben dargestellt, einfach nur positiv bewertet werden, da aufgrund der induzierten Abwertungseffekte Output und Beschäftigung im Ausland durch sie negativ tangiert sein könnten. Hier, aber nicht nur hier, entsteht deshalb die Frage nach den Rückwirkungen einer solchen Politik über induzierte Auslandsreaktionen. Solche Rückwirkungseffekte können hier jedoch nicht näher thematisiert werden.

Zusammenfassend ergibt sich damit folgendes Ergebnis über die Rolle von Fiskal- und Geldpolitik bei festen oder flexiblen Wechselkursen, $\bar{\epsilon}$ bzw. ϵ.

Tabelle 3.5. Zur Effektivität von Fiskal- und Geldpolitik

	$\bar{\epsilon}$	ϵ
Fiskalpolitik	Maximal effektiv	Völlig ineffektiv
Geldpolitik	Völlig ineffektiv	Maximal effektiv

Maximal effektiv bedeutet hier, dass expansive Fiskalpolitik nunmehr von keinem partiellen Crowding-Out bei der Investitionsgüternachfrage begleitet wird ($r = \bar{r}^a$) und bei expansiver Geldpolitik, dass diese nicht nur Zinssenkungseffekte hervorruft, sondern auch Abwertungen der € bedingt, so dass die Summe aus Investitionsgüternachfrage I und Außenbeitrag A ansteigt, bis wieder $r = \bar{r}^a$ erreicht ist.

Die grundlegende Keynes'sche Kausalkette in einer geschlossenen Volkswirtschaft[39]

$$r \to I(r - \bar{\pi}^e) = S(Y) \to Y \to L^d,$$

die über die Vermögensmärkte den Zinssatz r bestimmt und hierüber das Investitionsvolumen I und (über das Gütermarktgleichgewicht) den Output Y sowie die Beschäftigung L^d festlegt, lautet im Falle einer kleinen offenen Volkswirtschaft bei festen Wechselkursen wie folgt[40]

$$\bar{r}^a \to I(\bar{r}^a - \bar{\pi}^e) + A(Y, \bar{\epsilon}/p) = S(Y) \to Y = \frac{1}{s+j}(\ldots) \to L^d.$$

Preissenkungen (aufgrund von Lohnsenkungen) und Geldmengenerhöhungen wirken hier nicht mehr im Sinne des Keynes-Effekts zinssenkend und damit positiv auf Investitionen, Gütermarktgleichgewicht und Beschäftigung ein, da der heimische Zinssatz durch den Weltzinssatz jetzt fixiert ist.[41] Geldpolitik

[39] Vgl. dazu Abschnitt 3.2.

[40] $\bar{p}^a = 1$.

[41] Es gilt daher wieder die Multiplikatortheorie im engeren Sinne, ohne Verdrängungseffekte über Zinssteigerungen, so als ob die Situation einer Liquiditätsfalle vorliegen würde.

ist damit, wie schon gezeigt, völlig ineffektiv, während Lohn– und Preissenkungen jetzt auf andere Art und Weise expansiv wirken, nämlich über den realen Wechselkurs ϵ/p auf den Außenbeitrag und damit auf Produktion und Beschäftigung. Das Resultat einer solchen Lohn– und Preissenkung kann allerdings gleichwertig durch eine entsprechende Abwertung , $\bar{\epsilon}\uparrow$, erreicht werden.

Bei flexiblen Wechselkursen ergibt sich anstelle der obigen Wirkungsketten als radikaler Umbau des Keynes'schen Ansatzpunktes

$$r = \bar{r}_a \to M/p = kY + h_0 - h_1\bar{r}^a \to Y \to L^d,$$

d.h. die Gütermarktgleichgewichtsbedingung und der Multiplikatorprozess sind für diese Kausalitätskette jetzt irrelevant geworden. Ein Keynes–Effekt auf das Zinsniveau und die Investitionen ist auch hier nicht mehr vorhanden. Stattdessen funktioniert die Wirtschaft bei flexiblen Wechselkursen so, als ob die reine Quantitätstheorie des Geldes vorliegen würde, während die IS-Kurve durch sich anpassende Wechselkurse lediglich das durch den Geldmarkt hervorgerufene Ergebnis bestätigt.

Lohn– und Preissenkungen wirken hier über den Geldmarkt unmittelbar auf den Output Y expansiv ein und fördern damit auch die Beschäftigung L^d. Alternativ dazu steht jetzt auch wieder Geldpolitik, $\bar{M}\uparrow$, zur Verfügung, um gleiches zu erreichen, da flexible Wechselkurse der Zentralbank die Kontrolle über die heimische Geldbasis belassen.

Wir beenden damit hier unsere IS-LM Gleichgewichtsanalyse des Außenhandels auf der Grundlage von vollkommen mobilem Kapitalverkehr, bei dem Wechselkursänderungserwartungen noch keine Rolle spielten. Der interessierte Leser findet bei Dornbusch/Fischer (1995, Kap. 6) weitere Ausführungen dazu, die in den Kontext des hier Besprochenen passen und unsere Darstellung sinnvoll abrunden. Der folgende Abschnitt 3.7 wird das Modell dieses Abschnitts um eine explizite Wechselkursdynamik erweitern und damit einhergehend auch Erwartungen über die Änderungen von Wechselkursen in die Analyse integrieren.

3.7 Wechselkurserwartungen und überschießende Wechselkurse

Wir haben in Abschnitt 3.6 die IS–LM–Analyse dieses Kapitels für den Fall einer kleinen offenen Volkswirtschaft reformuliert und dabei bzgl. Geld– und Fiskalpolitik bei festen Wechselkursen ($\bar{\epsilon}$) bzw. flexiblen Wechselkursen (ϵ) die folgenden Resultate erhalten:
Maßgeblich für die hier dargestellten Anpassungsprozesse war dabei der Saldo der Zahlungsbilanz

$$Z = p(X - J) + (p_b \Delta B - \epsilon \bar{p}_b^a B^a)$$

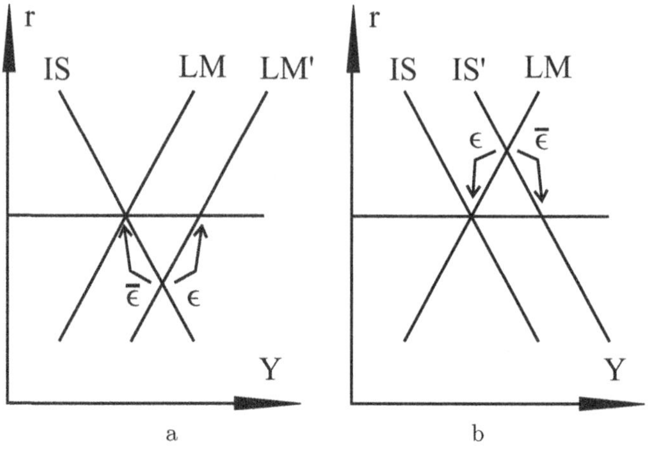

Abb. 3.31. Fiskal- und Geldpolitik im offenen IS–LM–Modell

gewesen, der bei festen Wechselkursen die Veränderungen der heimischen Geldbasis darstellte und bei flexiblen Wechselkursen die Veränderungsrichtung des Wechselkurses ϵ bedingte. Wir wollen in diesem Abschnitt nur flexible Wechselkurse betrachten und dabei die Beziehung zwischen Z und ϵ, die bisher nur verbal der obigen IS–LM–Analyse hinzugefügt worden war, in elementarer Form formalisieren, um die oben grafisch dargestellten Anpassungsmuster auch mathematisch untersuchen zu können.

Wir hatten bislang argumentiert, dass der Wechselkurs negativ auf den Zahlungsbilanzsaldo Z reagiert, da z.B. $Z > 0$ ein Überangebot an \$ darstellt, was eine Aufwertung, $\epsilon \downarrow$, nach sich ziehen sollte. Zudem entsprach das Vorzeichen von Z dem Vorzeichen des Zinsdifferentials $r - \bar{r}^a$, da z.B. höhere Inlandszinsen Nettokapitalimporte (Bondexporte) bedeuten und die Handelsbilanz dann stets von der Kapitalbilanz dominiert wird. Eine elementare Formalisierung dieser zwei Beobachtungen ist die folgende:

$$\widehat{\epsilon} = \beta_\epsilon(\bar{r}^a - r), \quad \beta_\epsilon > 0, \tag{3.33}$$

wobei hier eine große Anpassungsstärke β_ϵ der Wechselkurse ϵ hohe Kapitalmobilität zum Ausdruck bringen soll. Im Rahmen von Abbildung 3.31. haben wir früher oft einfach perfekte Kapitalmobilität unterstellt, also den Grenzfall $\beta_\epsilon = \infty$ betrachtet, wo der heimische Zinssatz r stets mit dem Weltzinssatz $\bar{r}^a$ übereinstimmen muss: $\widehat{\epsilon}/\beta_\epsilon = \bar{r}^a - r = 0$. In diesem Fall sind nur die Gleichgewichte in Abbildung 3.31. relevant, während im Fall $\beta_\epsilon < \infty$ der dann stattfindende Anpassungsprozess verbal erörtert worden war.

Im Falle solcher ungleichgewichtigen Übergangsprozesse kann der Prozess (3.33) allerdings noch nicht als vollständig ausformuliert angesehen werden, da Wechselkursänderungen auch Änderungen bei den Wechselkurserwartungen bedeuten sollten, die es zu modellieren gilt. Wechselkurserwartungen sind also bislang ignoriert worden, was eine deutliche Schwäche der bisherigen IS–LM–Analyse offener Volkswirtschaften darstellt. Wie aber können Wechselkurserwartungen in Gleichung (3.33) integriert werden?

Zur Beantwortung dieser Frage müssen wir die Rendite einer Auslandsanlage zum Zinssatz $\bar{r}^a$ bestimmen, wobei dabei von einem momentanen Wechselkurs vom Betrag ϵ und einem erwarteten Wechselkurs ϵ^e zum Zeitpunkt der Fälligkeit der Zinszahlungen ausgegangen werden soll. Für jede € Auslandsanlage ergibt sich dann als Rendite inklusive Rückzahlung $\epsilon^e(1+\bar{r}^a)/\epsilon$ €, was auch durch

$$(1+\bar{r}^a)(1+\widehat{\epsilon}^e) = 1+\bar{r}^a+\widehat{\epsilon}^e+\bar{r}^a\widehat{\epsilon}^e, \quad \widehat{\epsilon}^e = (\epsilon^e-\epsilon)/\epsilon$$

wiedergegeben werden kann [mit $\widehat{\epsilon}^e$ als der erwarteten Änderungsrate beim Wechselkurs ϵ]. Die Ertragsrate auf eine Auslandsanlage ist damit angenähert durch $\bar{r}^a+\widehat{\epsilon}^e$, die Summe aus Weltzinssatz und erwarteter Wechselkursänderung gegeben, da demgegenüber $\bar{r}^a\widehat{\epsilon}^e$ von zu vernachlässigender Größenordnung ist. Die Auslandsanlage wird bei Abwertungserwartungen ($\widehat{\epsilon}^e > 0$) durch Kursgewinne in ihrer Rendite über den nominellen Weltzinssatz hinaus erhöht und im gegenteiligen Fall natürlich unter diesen gesenkt. Das für internationale Kapitalmobilität und daraus resultierende Wechselkursänderungen relevante Zinsdifferential ist somit durch $\bar{r}^a+\widehat{\epsilon}^e-r$ gegeben und Gleichung (3.33) damit wie folgt zu respezifizieren:

$$\widehat{\epsilon} = \beta_\epsilon(\bar{r}^a+\widehat{\epsilon}^e-r). \tag{3.34}$$

Dies ist die einfachste Form, mit der der Zusammenhang zwischen internationalen Zinsraten und daraus resultierenden Wechselkursänderungen zum Ausdruck gebracht werden kann. So reformuliert weist Gleichung (3.34) aber noch auf eine weitere Unterlassung bei der bisherigen IS–LM–Analyse offener Volkswirtschaften hin, nämlich das Problem, wie Wechselkurserwartungen sich bestimmen und damit in das nunmehr erweiterte Modell einzuführen sind.

Dieses Problem soll hier wie in dem grundlegenden Aufsatz von Dornbusch (1976) gelöst werden, der die Konsequenzen der Gleichung (3.34) für die IS–LM–Analyse offener Volkswirtschaften mit dem Phänomen 'überschießender Wechselkurse' in prägnanter Weise in Verbindung gebracht hat. Dornbuschs Ansatz zur Darstellung von Wechselkursänderungserwartungen ist regressiver Natur und kann in unserem Kontext wie folgt ausgedrückt werden:

$$\widehat{\epsilon}^e = \beta_\varepsilon(\epsilon_0/\epsilon-1), \quad \beta_\varepsilon > 0. \tag{3.35}$$

In dieser Gleichung bezeichnet ϵ_0 den aktuellen Steady–State Wert des Wechselkurses (den wir noch zu bestimmen haben werden). Abweichungen des Wechselkurses ϵ von seinem Steady–State Wert ϵ_0 erzeugen gemäß (3.35) Wechselkursänderungserwartungen, die davon ausgehen, dass sich der Wechselkurs ϵ wieder zum Steady–State ϵ_0 zurückentwickeln wird. Die Anpassungsstärke bei diesem Prozess ist wie auch sonst als konstant angenommen worden, primär aus Gründen der Einfachheit wieder. Die Gleichungen (3.34) und (3.35) stellen die beiden Ergänzungen dar, die wir dem IS–LM–Modell der offenen Volkswirtschaft des Anhangs 2 hinzufügen müssen, sollen dynamische Überlegungen im obigen Sinne besser fundiert werden. Zu prüfen wird sein, inwieweit z.B. die in Abbildung 3.31. dargestellten Implikationen der Geldpolitik der bisherigen Modellierung offener Volkswirtschaften dann aufrechterhalten werden können.

Gehen wir wie in Abschnitt 3.6 davon aus, dass der Nettoexport oder Außenbeitrag unserer offenen Volkswirtschaft der Gleichung

$$A = \bar{X} - \bar{J} - jY + v\tau, \qquad \tau = \epsilon\bar{p}^a/p$$

genügt und dieser Ausdruck den Bedingungen für Gütermarktgleichgewicht unseres IS–LM–Modells hinzuzufügen ist. Die IS–LM–Lösungen für Output Y und Zinssatz r, die wir für die geschlossene Volkswirtschaft in (3.29), (3.30) in Abschnitt 3.4 dargestellt haben, verändern sich durch diesen Zusatz (zunächst bei Y) wie folgt:

$$Y = \alpha[\bar{A}_1 + i_1/h_1\bar{M}/p + i_1\bar{\pi}^e + v\tau], \tag{3.36}$$

wobei die autonomen Terme in $\bar{A}_1$ jetzt um $\bar{X} - \bar{J}$ zu ergänzen sind und der Multiplikator α nun auch die marginale Importneigung j enthält: $\alpha = (1 - c + i_1k/h_1 + j)$. Für r ergibt sich entsprechend:

$$r = \alpha[k(\bar{A}_2 + i_1\bar{\pi}^e + v\tau) + (1 - c + j)(h_0 - \bar{M}/p)/h_1], \tag{3.37}$$

wobei $\bar{A}_2$ wie $\bar{A}_1$ gegenüber früherem zu erweitern ist. Wir betonen, dass im gegenwärtigen Kontext sowohl p als auch $\bar{\pi}^e$ gegebene Größen sind ($p = (1 + a)\bar{w}/\bar{y}$).

In diesem Kontext liefert Gleichung (3.37) zusammen mit (3.34) und (3.35) nun die folgende einfache Wechselkursdynamik für unser IS–LM–Modell:

$$\widehat{\epsilon} = \beta_\epsilon(\bar{r}^a + \beta_\varepsilon(\epsilon_0/\epsilon - 1) - r), \quad \text{mit}$$
$$r = \alpha_0 + \alpha_1\epsilon - \alpha_2\bar{M}/p, \quad \alpha_1, \alpha_2 > 0.$$

Im Steady–State dieser Dynamik gilt wegen $\hat{\epsilon}^e = 0$ per Konstruktion der regressiven Erwartungsbildung $\epsilon = \epsilon_0$ [42] und damit wegen $\widehat{\epsilon} = 0$ auch $r = \bar{r}^a$, genau wie im früher behandelten IS–LM–Modell einer offenen Volkswirtschaft (man vgl. hierzu auch die Grafik A1 am Anfang des Abschnitts 3.6). Für die Ableitung der rechten Seite dieser nichtlinearen Differentialgleichung gilt nach Einsetzen der Zinsformel des Weiteren

$$\widehat{\epsilon}'(\epsilon) = -\beta_\epsilon\beta_\varepsilon\epsilon_0/\epsilon^2 - \beta_\epsilon\alpha_1 < 0$$

d.h. es ergibt sich die folgende Situation

[42] Der Steady State Wert ϵ_o von ϵ ist durch die LM–Kurve bei Zugrundelegung des langfristig gültigen Zinsniveaus $r = \bar{r}^a$ bestimmt: $\epsilon_o = (\bar{r}^a - \alpha_o + \alpha_2\bar{M}/p)/\alpha_1$. Er stimmt mit dem Steady State Wert der IS–LM Analyse kleiner offener Volkswirtschaften des Abschnitts 3.6 überein, da die neuen Modellgleichungen (3.34),(3.35) keinen Beitrag zur Steady State Analyse leisten.

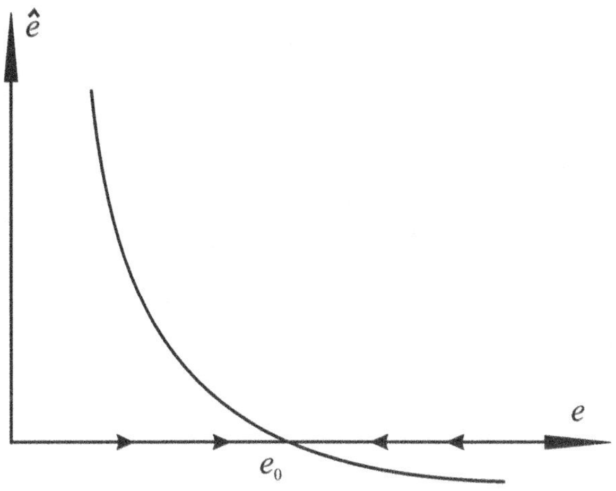

Abb. 3.32. Wechselkursanpassungen

Der Steady–State des obigen dynamischen Wechselkursmodells ist damit wieder in offensichtlicher Weise global asymptotisch stabil und der im Zusammenhang mit Abbildung 3.31. nur verbal begründete Anpassungsprozess jetzt durch ein explizites Bewegungsgesetz für den Wechselkurs ϵ erfasst worden.

Expansive Geldpolitik, $\bar{M}\uparrow$, senkt in einem solchen Steady–State den heimischen Zinssatz r zu jedem vorgegebenen Wechselkurs ϵ und verlagert deshalb die $\hat{\epsilon}$–Kurve nach rechts, so dass der neue Steady–State ϵ_0' im Vergleich zum alten durch eine Abwertung , $\epsilon_0\uparrow$, gekennzeichnet ist, ganz so, wie dies schon in Abbildung 3.31.a seinen Ausdruck gefunden hat. Unsere obige dynamische Analyse ergänzt diesbezüglich nur folgendes:

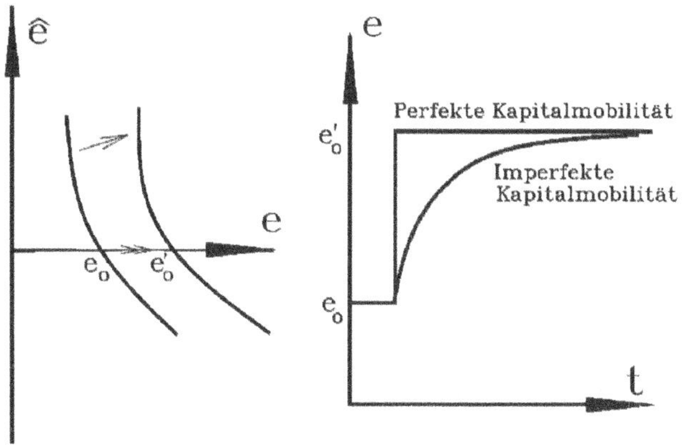

Abb. 3.33. Expansive Geldpolitik und Abwertungsdynamik

Sie fügt der früheren IS–LM–Analyse offener Volkswirtschaften lediglich eine explizite Darstellung des Anpassungsprozesses des Wechselkurses ϵ [43] und über (3.36), (3.37) des Zinssatzes r hinzu ($\epsilon \uparrow, r \uparrow, Y \uparrow$), bis wieder das 'langfristige' Wechselkursgleichgewicht $\epsilon_o = (\bar{r}^a - \alpha_o + \alpha_2 \bar{M}/p)/\alpha_1$ erreicht ist. Man beachte hier, dass während dieses Prozesses das gleichgewichtige Bruttoinlandsprodukt Y gemäß Gleichung (3.36) ebenfalls monoton ansteigt ($\tau \uparrow$) und Geld wegen der fehlenden Anpassung beim Preisniveau nicht 'neutral' sein kann, sondern solche Geldpolitik wegen der auch langfristig erfolgenden Abwertung der € den Output langfristig steigern muss ($r_o = \bar{r}^a$).[44]

Die Analyse dieses Abschnitts bestätigt damit nur das in Abbildung 3.31.a für die Wirkung von Geldpolitik bei flexiblen Wechselkursen Dargestellte. Entsprechendes kann für den Fall einer expansiven Fiskalpolitik gezeigt werden. Schließlich gilt, dass vollkommene Kapitalmobilität, $\beta_\epsilon = \infty$,[45] uns stets direkt in das neue Gleichgewicht versetzt und damit die in Abbildung 3.31.a dargestellten Anpassungsprozesse durch einen Sprung, der unmittelbar ins neue Gleichgewicht führt, zu ersetzen sind (vgl. die obige Abbildung 3.33.).

Das wesentliche Fazit dieses Abschnitts ist, dass eine explizite Modellierung der Kapitalmobilität im IS-LM Rahmen durch eine entsprechende Differentialgleichung, die auch Wechselkursänderungserwartungen berücksichtigt, nichts an unseren früheren Analysen der Wirkung von Geld– und Fiskalpolitik in einer offenen keynesianischen Volkswirtschaft ändert und insbesondere keine Grundlage dafür hergibt, hinsichtlich der langfristigen Gleichgewichtswerte überschießende Wechselkursreaktionen[46] und damit eine u.U. zu hohe Vola-

[43] Dieser durchläuft, dem sich wieder schließenden Zinsdifferential $\bar{r}^a + \hat{\epsilon}^e - r$ folgend, schwächer werdende Abwertungsrunden.

[44] Ein Problem dieser Analyse verzögerter Wechselkursanpassungen ist, dass Zins- und Outputanpassungen hier stets als unendlich schnell vonstatten gehend angenommen worden sind, da stets ein (in der Zeit variierendes) Geld- und Gütermarktgleichgewicht herrscht. Zumindest bei Anpassungsvorgängen am Gütermarkt sollte deshalb später – zusammen mit träger Preisanpassung – auch eine träge Mengenanpassung ins Auge gefasst werden, also von der Annahme permanenten Gütermarktgleichgewichts Abstand genommen werden. Es ist dann wiederum zu untersuchen, was die obige Wechselkursdynamik im Kontext solch einer trägen Preis-Mengen-Dynamik impliziert. Gegenwärtig mag man unsere obige Analyse dahingehend interpretieren, dass sie lediglich die vorhandene IS-LM Analyse kleiner offener Volkswirtschaften um die dabei i.a. nur verbal erörterten Wechselkursreaktionen auch formal gesehen – den verbalen Äußerungen folgend – ergänzt hat.

[45] Dies ist gleichbedeutend mit der permanenten Gültigkeit der Zinsparitätsregel $\bar{r}^a + \hat{\epsilon}^e = r$.

[46] Überschießende Wechselkursreaktionen kommen – wie wir später noch sehen werden – zustande, wenn eine Situation eintritt, wo expansive Geldpolitik langfristig die Preise und die Wechselkurse erhöhen muss (eine Abwertung der € erzeugt), aber das zunächst induzierte Zinsdifferential $\bar{r}^a - r > 0$ aufgrund einer raschen Wiederherstellung der Zinsparität $\bar{r}^a + \hat{\epsilon}^e - r = 0$ Aufwertungserwartungen erzwingt, die nur bei einer übermäßigen Abwertung zustandekommen können. Im

tilität der Wechselkurse in diesem Kontext herleiten zu können. Wir werden im 5ten Kapitel sehen, dass sich dies in spezifischer Form ändern kann, wenn die mittelfristige Reaktion der Löhne und damit der Güterpreise – die dann die Outputexpansion begleiten – in Rechnung gestellt wird.

3.8 Probleme keynesianischer Globalsteuerung

Die folgenden Überlegungen sollen dazu dienen, die bisher vorgestellte Analyse zur Wirkungsweise von Fiskal- und Geldpolitik zum einen kritisch zu überdenken und zum anderen aufzuzeigen, welche Änderungen sich ergeben, wenn weitere Faktoren in diese Analyse aufgenommen werden. Hierbei wird es zunächst um zwei ergänzende Betrachtungen zur Konsumnachfrage gehen, nämlich die auf M. Friedman zurückgehende Permanent–Einkommens–Hypothese und die Lebenszyklushypothese von F. Modigliani. Als nächstes werden wir einen Blick auf das Barro–Ricardianische Äquivalenztheorem werfen, welches eine alternative Sichtweise der expansiven Wirkungen eines 'deficit spending' bietet. Einige Überlegungen zu Wirkungsverzögerungen im Zusammenhang mit Stabilisierungspolitik schließen diesen Abschnitt ab. Ausdrücklich sei darauf hingewiesen, dass sich die folgenden Ausführungen inhaltlich in weiten Teilen an Dornbusch/Fischer (1995) anlehnen, wo der interessierte Leser auch eine Fülle von weiterführenden Erörterungen zu den hier nur angeschnittenen Themen findet.

3.8.1 Permanenteinkommens–Hypothese und Multiplikator–Effekte

Während die bisherigen Überlegungen von einer ausschließlichen Abhängigkeit des Konsums vom laufenden Einkommen[47] und einem dementsprechend engen Zusammenhang zwischen beiden Größen ausgingen, wurde hieran, nicht zuletzt mit Blick auf die Empirie, Kritik geübt, derzufolge die privaten Haushalte ihrer Konsumplanung eher eine langfristige Perspektive zugrunde legen. Diese, von M. Friedman (1957) vorgetragene sog. Permanenteinkommens–Theorie nimmt dementsprechend an, dass sich eine Veränderung des laufenden Einkommens nur in dem Maße in den Konsumausgaben niederschlägt, wie diese Einkommensänderung als permanent angesehen wird.

Zur Verdeutlichung dieser Theorie und der durch sie bewirkten neuartigen Multiplikatoreffekte wollen wir hier der Einfachheit halber unterstellen, dass die Haushalte bei der Bestimmung dessen, was sie als permanentes Einkommen betrachten (und damit ihren Konsumplänen zugrundelegen), nunmehr

obigen IS-LM Modell ist dieser Fall ausgeschlossen, da die Wiederherstellung der Zinsparität zeitgleich mit der Erreichung des langfristigen Gleichgewichts stattfindet.

[47] Die Unterscheidung in gesamtes und disponibles Einkommen lassen wir hier aus Gründen der Vereinfachung unberücksichtigt.

eine Konvexkombination von laufendem Einkommen und dem Einkommen der Vorperiode vornehmen:

$$Y^{perm} = \Theta Y + (1-\Theta)Y_{-1}$$

Dementsprechend ergibt sich dann als Konsumnachfrage:

$$C = cY^{perm} = c\Theta Y + c(1-\Theta)Y_{-1}$$

Somit lautet die Gleichung für das Gütermarkt–Gleichgewicht jetzt wie folgt:

$$Y = C + \bar{A} = c\Theta Y + c(1-\Theta)Y_{-1} + \bar{A}$$

mit $\bar{A}$ als Sammelterm für die autonomen Ausgaben. Aufgelöst nach dem laufenden Einkommen Y ergibt sich:

$$Y = \frac{1}{1-c\Theta}\bar{A} + \frac{c(1-\Theta)}{1-c\Theta}Y_{-1}$$

Eine kurzfristige Veränderung eines autonomen Ausgabenterms wirkt jetzt also nur noch in Höhe des Multiplikators $\frac{1}{1-c\Theta}$, der kleiner ist als der bisherige Multiplikator $\frac{1}{1-c}$ (von Zinseffekten und Crowding–Out sehen wir hier der Einfachheit halber ab). Diese Wirkung betrifft jedoch nur die kurze Sicht. Ist demgegenüber die momentane Einkommensänderung von Dauer, d.h. gilt $Y = Y_{-1}$, ergibt sich:

$$\begin{aligned} Y &= \frac{1}{1-c\Theta}\bar{A} + \frac{c(1-\Theta)}{1-c\Theta}Y \\ \Leftrightarrow Y &= \frac{1}{1-c}\bar{A}, \end{aligned}$$

d.h. langfristig wirkt wieder der bisherige Multiplikator in voller Höhe. Zu unterscheiden ist somit jetzt zwischen einem Kurzfristmultiplikator $\alpha_{SR} = \frac{1}{1-c\Theta}$ und einem Langfristmultiplikator $\alpha_{LR} = \frac{1}{1-c}$ bei einer Änderung der autonomen Ausgaben um den Betrag $\Delta\bar{A}$. Den Anpassungsprozess hin zum langfristigen IS–Gleichgewicht kann man sich dabei wie folgt vorstellen:

$$\begin{aligned} \Delta Y_0 &= \frac{1}{1-c\Theta}\Delta\bar{A} \\ \Delta Y_1 &= \frac{c(1-\Theta)}{1-c\Theta}\Delta Y_0 = \frac{c(1-\Theta)}{1-c\Theta}\frac{1}{1-c\Theta}\Delta\bar{A} \\ \Delta Y_2 &= \frac{c(1-\Theta)}{1-c\Theta}\Delta Y_1 = \left(\frac{c(1-\Theta)}{1-c\Theta}\right)^2\frac{1}{1-c\Theta}\Delta\bar{A} \\ &\vdots \\ &\vdots \\ \Delta Y_t &= \frac{c(1-\Theta)}{1-c\Theta}\Delta Y_{t-1} = \left(\frac{c(1-\Theta)}{1-c\Theta}\right)^t\frac{1}{1-c\Theta}\Delta\bar{A} \end{aligned}$$

Diese Gleichungen besagen, dass es weitere durch den kurzfristigen Einkommensanstieg induzierte Konsumausgaben gibt, auf die jeweils der kurzfristige Multiplikator anzuwenden ist. Der kumulative Effekt ergibt sich somit als:

$$\sum_{i=0}^{t} = \frac{1}{1-c\Theta}\Delta\bar{A}\sum_{i=0}^{t}\left(\frac{c(1-\Theta)}{1-c\Theta}\right)^{i} = \frac{1}{1-c\Theta}\Delta\bar{A}\frac{1-\left(\frac{c(1-\Theta)}{1-c\Theta}\right)^{t+1}}{1-\frac{c(1-\Theta)}{1-c\Theta}}$$

Der Grenzübergang $t \to \infty$ liefert dann:

$$\lim_{t\to\infty}\sum_{i=0}^{t} = \frac{1}{1-c\Theta}\Delta\bar{A}\frac{1-\left(\frac{c(1-\Theta)}{1-c\Theta}\right)^{t+1}}{1-\frac{c(1-\Theta)}{1-c\Theta}} = \frac{1}{1-c\Theta}\Delta\bar{A}\frac{1}{1-\frac{c(1-\Theta)}{1-c\Theta}} = \frac{1}{1-c}\Delta\bar{A},$$

da $\frac{c(1-\Theta)}{1-c\Theta} < 1$ gilt. Das entscheidende Resultat in diesem Zusammenhang besteht also darin, dass die volle Multiplikatorwirkung zwar schon zur Entfaltung kommt, allerdings nur mit einer entsprechenden zeitlichen Verzögerung. Kurzfristig ist der Multiplikatoreffekt demgegenüber umso niedriger, je geringer das Gewicht Θ des laufenden Einkommens bei der Bildung des Permanenteinkommens Y^{perm} ausfällt.

Expansiv angelegte Fiskalpolitik muss deshalb unter Umständen erhebliche Wirkungsverzögerungen bei ihrem Timing in Rechnung stellen oder sich ansonsten auf nur sehr geringe Multiplikatorwirkungen einstellen.

3.8.2 Lebenszyklus–Hypothese und Vermögens–Effekte

In eine ähnliche Richtung wie die zuvor behandelte Permanenteinkommens–Theorie geht die sog. Lebenszyklushypothese von Modigliani, Brumberg und Ando. Hierbei wird davon ausgegangen, dass der einzelne Haushalt sein Lebenseinkommen und sein Vermögen möglichst gleichmäßig über seine Lebenszeit verteilen möchte. Unsere Betrachtung beschränkt sich dabei auf das Arbeitseinkommen und nimmt weiterhin vereinfachend an, dass letzteres in jedem Zeitpunkt gleich ist. Des Weiteren wird von den folgenden Daten ausgegangen:

t_1: Länge des Erwerbslebens (z.B. $t_1 = 65$)
t_2: Lebensende (z.B. $t_2 = 80$)
t: momentanes Lebensalter (z.B. $t = 40$)
W: Realwert des Vermögens in t
$\omega\bar{L}$: reales Lohneinkommen in jedem Zeitpunkt

Zum Zeitpunkt t sieht sich der betrachtete Haushalt nun einem noch zu erwartenden Arbeitseinkommensstrom in Höhe von $(t_1 - t)\omega\bar{L}$ sowie seinem bereits vorhandenen Realvermögen W gegenüber. Will er, wie angenommen, beide Ressourcen gleichmäßig über den Rest seines Lebens, $t_2 - t$, verteilen, so ergibt sich für ihn als Lebenszeit–Budgetrestriktion:

$$W + (t_1 - t)\omega\bar{L} = C(t_2 - t) \quad \text{für } t \leq t_1 \text{ und } W = C(t_2 - t) \text{ für } t_1 < t \leq t_2,$$

wobei C für den realen Konsum in jedem Zeitpunkt steht. Aufgelöst ergibt sich dann:

$$C = \frac{t_1 - t}{t_2 - t}\omega \bar{L} + \frac{1}{t_2 - t}W \quad \text{für} \quad t \leq t_1 \quad \text{und} \quad C = \frac{1}{t_2 - t}W \quad \text{für} \quad t_1 < t \leq t_2,$$

also mit den eingangs aufgeführten Beispieldaten

$$C = 0.625\omega \bar{L} + 0.025W.$$

Im allgemeinen spart das Individuum also während seines Erwerbslebens immer einen Teils seines Einkommens (es sei denn, seine Anfangsausstattung an Vermögen, W_0, ist sehr hoch), wobei diese Ersparnis sein Vermögen vergrößert. Während des Ruhestandes werden die Konsumausgaben dann stets aus dem bis dahin angefallenen Vermögen bestritten, welches am Lebensende (bei korrekter Antizipation desselben) vollständig aufgebraucht ist.

In Bezug auf die gesamtwirtschaftlichen Konsequenzen ist nun zu beachten, dass sich die bisherigen Ausführungen auf ein einzelnes Wirtschaftssubjekt bezogen haben, die Aggregation also ohne weitere Annahmen nicht möglich ist. Hier wollen wir jedoch nicht weiter ins Detail gehen und einfach annehmen, dass sich dabei eine aggregierte Konsumfunktion ergibt, die von einem ähnlichen Typ ist wie die obige individuelle Konsumfunktion:

$$C = c\omega L^d + a\frac{\bar{M}}{p},$$

wobei jetzt das tatsächlich erzielte reale Arbeitseinkommen ωL^d relevant ist und die vorhandene Realkasse $\frac{\bar{M}}{p}$ hier für das Realvermögen steht.

Hinsichtlich des IS–LM–Systems würde jetzt also über die reale Lohnsumme ein Einkommensverteilugseffekt auftreten und über $\frac{\bar{M}}{p}$ ein Realkasseneffekt hinzukommen. Während der erstere zur Folge hat, dass jetzt auch Verteilungsaspekte bei der aggregierten Nachfrage zum Tragen kommen, bewirkt der letztere, dass Lohn- und Preisniveausenkungen nun auch bei Vorliegen einer Investitions– oder Liquiditätsfalle eine Einkommensexpansion in die Wege leiten, indem über das dann steigende Realvermögen der Konsum gesteigert und die IS–Kurve nach rechts verschoben wird. Nach seinem 'Entdecker' A.C. Pigou ist dieser Realkassen-Effekt auch unter der Bezeichnung 'Pigou–Effekt' bekannt. Dieser Pigou-Effekt verstärkt den früher behandelten (Vollbeschäftigung stabilisierenden) Keynes-Effekt, da durch ihn weitere und direktere Expansionseffekte in Bezug auf die aggregierte Nachfrage bei einem absinkenden Lohn- und Preisniveau zustandekommen.

Denkbar ist schließlich auch eine Kombination aus diesem Ansatz und der zuvor besprochenen Permanenteinkommens–Hypothese, etwa in der folgenden Form:

$$C = cY^{perm} + a\left(\frac{\bar{M}}{p} + \bar{K} + \frac{\bar{B}_g p_b}{p}\right),$$

wobei sich die Berücksichtigung des Realvermögens hier nicht wie oben auf die Realkasse beschränkt, sondern noch das vorhandene Realkapital und den Realwert des Bondbestands als Vermögenskomponenten ausweist.

Somit hätten also auch Veränderungen bei den anderen Vermögensbestandteilen eine Wirkung auf den Konsum und damit auf die IS–Kurve.

3.8.3 Das Barro-Ricardianische Äquivalenztheorem zwischen Steuer– und Schuldenfinanzierung

Wie wir aus früheren Überlegungen wissen, war die expansive Wirkung einer schuldenfinanzierten Staatsausgabenerhöhung größer als die einer steuerfinanzierten. Der Grund bestand in dem begleitenden kontraktiven Effekt, den die Steuererhöhung über das disponible Einkommen auf den privaten Konsum ausübte und der bei einer schuldenfinanzierten Expansion kein Pendant fand. Demgegenüber wurde von R. Barro ein bereits auf D. Ricardo zurückgehendes Argument wieder aufgegriffen, demzufolge die Wirkung beider Finanzierungsarten gleich ist, zwischen ihnen also eine 'Äquivalenz' besteht.

Der Grundgedanke dieses Arguments besteht darin, dass eine Schuldenfinanzierung von Staatsausgaben, also eine Emission von Bonds, den Staat in der Zukunft zu einem entsprechenden Schuldendienst verpflichtet, der ihn dazu zwingt, künftig die Steuern anzuheben. Sehen die Haushalte dies nun voraus, so ist eine Schuldenfinanzierung von Staatsausgaben letztlich das gleiche wie eine abdiskontierte künftige Steuererhöhung, so dass der Staat eigentlich auch gleich die Steuern hätte heraufsetzen können.

Betrachten wir diesen Ansatz nun etwas genauer und gehen wir der Einfachheit halber von Fixpreisbonds aus, d.h. $p_b = 1$. Ist mit $\bar{B}_g$ der Bestand an staatlichen Bonds und mit r der Zinssatz gegeben, den der Staat auf diese zu zahlen hat, so ergibt sich als Barwert der zukünftigen Zinsbelastung:

$$D = \int_0^\infty r\bar{B}_g \exp(-rt)dt = r\bar{B}_g(-\frac{1}{r}\exp(-rt))|_0^\infty = r\bar{B}_g[0 - (-\frac{1}{r})] = \bar{B}_g.$$

Der Barwert der Zinszahlungen ist also mit dem Wert des Bondbestandes gerade identisch. Umgekehrt stellt D dann auch den Barwert der künftigen Steuererhöhungen dar. Sehen wir uns nun das Vermögen der privaten Haushalten an und stellen dabei in Rechnung, dass diese die künftigen Steuererhöhungen, die ihr Vermögen schmälern werden, perfekt voraussehen, so ergibt sich:

$$W = \frac{\bar{M}}{p} + \bar{K} + \frac{\bar{B}_g}{p} - \frac{D}{p} = \frac{\bar{M}}{p} + \bar{K}.$$

Der Vermögensbestandteil, der aus staatlichen Wertpapieren besteht, wird also durch den Barwert der dadurch induzierten künftigen Steuererhöhungen gerade kompensiert, so dass sich die gleiche Wirkung ergibt, als wenn die Haushalte gar keine staatlichen Wertpapiere besäßen.

Wie wirkt sich dieser Sachverhalt nun auf den Konsum aus? Wie wir wissen, bemisst sich dieser nach dem verfügbaren Einkommen, welches nun als das Einkommen definiert wird, welches konsumiert werden könnte, ohne dabei das vorhandene Vermögen zu verändern. Anders ausgedrückt: Das verfügbare Einkommen ist derjenige potentielle Konsum, bei dem gerade $\dot{W} = 0$ gelten würde. Legen wir dabei noch den eben hergeleiteten Vermögensbegriff zugrunde, so folgt:

$$\dot{W} = \frac{\dot{M}}{p} - \frac{M}{p^2}\dot{p}^e + \dot{K}$$

Berücksichtigt man nun noch die staatliche Budgetrestriktion[48]

$$\frac{\dot{M}}{p} = G - T - \frac{\dot{B}_g}{p}$$

sowie die Beziehungen $\frac{\dot{p}^e}{p} = \pi^e$ und $\dot{K} = I$, so folgt für $\dot{W}$:

$$\dot{W} = G - T - \frac{\dot{B}_g}{p} - \frac{M}{p}\pi^e + I.$$

Hierin wiederum lässt sich G noch anders ausdrücken, wenn man die Gleichung für die aggregierte Nachfrage ins Auge fasst:

$$Y = C + I + \delta\bar{K} + G \rightarrow G = Y - C - I - \delta K$$
$$\Rightarrow \dot{W} = Y - \delta K - T - \frac{M}{p}\pi^e - \frac{\dot{B}_g}{p} - C$$

Jetzt bestimmen wir den Konsum C^*, der dieses Vermögen W gerade unverändert lässt:

$$\dot{W} = 0 \Leftrightarrow Y - \delta K - T - \frac{M}{p}\pi^e - \frac{\dot{B}_g}{p} - C^* = 0$$
$$\Leftrightarrow C^* = Y - \delta K - T - \frac{M}{p}\pi^e - \frac{\dot{B}_g}{p}$$

Gemäß unserer neuen Definition des disponiblen Einkommens ist das eben hergeleitete Konsumniveau C^* gerade mit diesem identisch, so dass gilt:

$$Y^D = Y - \delta K - T - \frac{M}{p}\pi^e - \frac{\dot{B}_g}{p}$$

Im Vergleich zu unserer früheren Definition, $Y^D = Y - \delta K - T$, sind jetzt also noch die beiden Terme $-\pi^e M/p$ und $\dot{B}_g/p$ hinzugekommen, durch welche die (erwartete) Vermögensentwertung bzw. -schmälerung berücksichtigt wird, die

[48] Die Steuern sind hier – wie bisher – um die Zinszahlungen des Staates bereinigt ausgewiesen.

durch die erwartete Inflation π^e und die durch die Erhöhung der Staatsschuld bedingten künftigen Steuererhöhungen verursacht wird.

Bezieht sich nun der tatsächliche Konsum, der typischerweise von C^* abweicht, auf das so definierte disponible Einkommen, so folgt:

$$C = c\left(Y - \delta K - T - \frac{M}{p}\pi^e - \frac{\dot{B}_g}{p}\right)$$

Auf Basis dieses Ergebnisses ist es dann offenbar in der Tat egal, ob eine Staatsausgabenerhöhung direkt über höhere Steuern ($T \uparrow$) oder durch zusätzliche Verschuldung $\dot{B}_g/p > 0$ finanziert wird, da sich in beiden Fällen derselbe kontraktive Effekt auf den Konsum ergibt.

Somit folgt, sofern wir von Zinseffekten absehen, für den Staatsausgabenmultiplikator:

$$\frac{dY}{d\bar{G}}\Big|_{d\bar{G}=d\bar{T}} = \frac{dY}{d\bar{G}}\Big|_{d\bar{G}=d\frac{\dot{B}_g}{p}} = 1$$

Bei Berücksichtigung von Zinseffekten würde sich diese Wirkung durch Crowding-out-Effekte noch weiter verringern:

$$\frac{dY}{d\bar{G}}\Big|_{d\bar{G}=d\bar{T}} = \frac{dY}{d\bar{G}}\Big|_{d\bar{G}=d\frac{\dot{B}_g}{p}} = \frac{1-c}{1-c+\frac{i_1 k}{h_1}} < 1$$

Schuldenfinanzierung hätte also genauso einen geringen expansiven Effekt wie Steuerfinanzierung, so dass eigentlich nur die Geldfinanzierung als sinnvolle Alternative übrigbliebe.

Allerdings ist bei dem vorgestellten Ansatz zu beachten, dass die unterstellten Annahmen keineswegs so zwingend sind, wie sie auf den ersten Blick erscheinen mögen. Denn immerhin sind Steuererhöhungen nicht der einzige Weg, durch den der Staat seinen künftigen Schuldendienst leisten kann. Denkbar sind sowohl Ausgabenkürzungen als auch eine Monetisierung der Schuld. Zwar schreibt Barro letzterer Maßnahme einen ähnlichen Effekt zu, wie es in seinem Äquivalenztheorem zum Ausdruck kommt, dies liegt jedoch an seiner quantitätstheoretischen Annahme, das Preisniveau stiege stets in gleichem Maße wie die Geldmenge[49], was jedoch im IS–LM–Modell nicht der Fall ist.

Es bleibt somit letztlich Ansichtssache, inwieweit man dem Barro–Ricardianischen Äquivalenztheorem folgt oder nicht, insbesondere wenn man die obige Redefinition des wahrgenommenen privaten Vermögens aus empirischen Gründen als fragwürdig ansieht.

3.8.4 Wirkungsverzögerungen und Stabilisierungspolitik

Bei unseren früheren Überlegungen zur Fiskal– und Geldpolitik sind wir stets davon ausgegangen, dass deren Wirkungen unmittelbar erfolgen, was natürlich

[49] R. Barro, Macroeconomics, 1987, 2. Auflage, S.396.

eine grobe Vereinfachung darstellt. Zwar haben wir schon über die Multiplikatorprozesse einen gewissen Zeitbedarf bis zur Anpassung an das jeweilige neue Gleichgewicht in Rechnung gestellt, die primäre Wirkung etwa einer Staatsausgaben– oder Geldmengenerhöhung jedoch stets als frei von Verzögerungen unterstellt.

Demgegenüber ist in der Realität eine Vielzahl von Wirkungsverzögerungen (Wirkungslags) anzutreffen, von denen hier die wichtigsten kurz genannt werden sollen. Zunächst ist zwischen einem Innenlag und einem Außenlag zu unterscheiden. Der erstere ist ein Oberbegriff für alle Verzögerungen, die von der Entstehung einer ökonomischen Störung – etwa einem Nachfrageeinbruch – bis zur Durchführung einer entsprechenden Gegenmaßnahme entstehen. Der Außenlag bezieht sich demgegenüber auf die zeitliche Verteilung der Wirkungen einer Maßnahme nach ihrer Durchführung.

Der Innenlag zerfällt seinerseits noch einmal in einen Erkenntnislag, einen Entscheidungslag und einen Durchführungslag. Der Erkenntnislag bezieht sich, wie der Name schon sagt, auf die Zeitspanne zwischen Auftreten einer Störung und ihrem Erkennen durch die 'zuständigen' politischen Instanzen. Daran schließt sich der Entscheidungslag an, der auf den Zeitbedarf abstellt, der vonnöten ist, um eine Entscheidung über die zu ergreifenden Maßnahmen herbeizuführen. Der Durchführungslag schließlich erfasst den Zeitraum zwischen einer Beschlussfassung und der Umsetzung desselben.

Wie sich leicht vorstellen lässt, können diese Verzögerungen in ihrer Gesamtheit dazu führen, dass eine an und für sich richtige Maßnahme erst dann zu wirken beginnt, wenn die entsprechende Störung bereits verschwunden ist; so können beispielsweise in einer Boom–Phase zur Eindämmung der inflationären Tendenzen beschlossene kontraktive Maßnahmen erst in der Rezession ihre Wirkung entfalten und diese damit verstärken. Aus einer stabilisierenden, antizyklisch intendierten Politik kann daher unter Umständen eine prozyklische werden. Nicht zuletzt deswegen kommt sog. 'automatischen Stabilisatoren' wie beispielsweise der Einkommensteuer oder der Arbeitslosenversicherung eine wichtige Bedeutung zu, da diese auf sich ändernde Konjunkturlagen automatisch und in der erforderlichen Richtung reagieren. So verringert sich bei rückläufigem Einkommen über die Einkommenssteuer uno actu die Steuerbelastung der Wirtschaftssubjekte, während sie in Zeiten der Hochkonjunktur steigt. Ebenso nehmen in der Rezession die Ausgaben der Arbeitslosenversicherung zu und ihre von den Wirtschaftssubjekten erhobenen Einnahmen ab, während sich im Boom diese Verhältnisse gerade umkehren. Somit liegt mit diesen automatisch reagierenden Abgaben und Transferleistungen ein Regelwerk vor, das geeignet erscheint, die konjunkturellen Wechsellagen zu glätten. Als Problem bleibt aber, ob sie von ihrer Größenordnung her ausreichen, eine hinreichend starke Gegenwirkung auf den Konjunkturverlauf zu entfalten.

Ist der Stabilisierungserfolg daher von zusätzlichen geld– oder fiskalpolitischen Maßnahmen abhängig, so erhebt sich die Frage, ob an die Stelle einer fallweisen Politik nicht besser eine Regelbindung treten sollte, um zumindest den Innenlag auszuschalten. Praktisch würde dies bedeuten, dass bei Unter–

oder Überschreitung bestimmter ökonomischer Kennziffern automatisch entsprechende Maßnahmen seitens der geld- oder finanzpolitischen Instanzen ergriffen werden müssten. Der Nachteil solcher Regeln ist allerdings u.a. darin zu sehen, dass in diesem Zusammenhang wichtige ökonomische Größen wie beispielsweise die verschiedenen Multiplikatoren im allgemeinen in der Zeit nicht konstant sind. Somit wäre eine ständige Anpassung der Regeln an die jeweils aktuellen Werte notwendig. Dies aber würde wiederum entsprechende Lags hervorrufen, so dass eine solchermaßen modifizierte Regelbindung letztlich mit den gleichen Schwierigkeiten zu kämpfen hätte wie eine diskretionäre Politik.

Sofern man aber auf eine solche, fallweise entscheidende Politik mit all ihren genannten Schwächen weiterhin angewiesen ist, stellt sich als nächstes die Frage, ob und ggfs. wie sich Fiskal- und Geldpolitik mit Blick auf die verschiedenen 'Timelags' unterscheiden.

Dabei wird rasch erkennbar, dass die unter dem Innenlag zusammengefassten Wirkungsverzögerungen bei der Fiskalpolitik typischerweise größer sein dürften als bei der Geldpolitik, da erstere normalerweise mit länger andauernden und kontrovers geführten politischen Entscheidungsprozessen verbunden sind, während sich das zuständige Gremium der Zentralbank regelmäßig zusammensetzt und im allgemeinen auch schneller zu einer Beschlussfassung gelangt.

Demgegenüber dürfte der Außenlag bei der Geldpolitik höher zu veranschlagen sein, da solche Maßnahmen, wie beispielsweise eine Diskontsatzänderung, nur indirekt wirken; so ist beispielsweise keineswegs sicher, ob die Geschäftsbanken eine Senkung der Leitzinsen auch an ihre Kreditnehmer, also z.B. die Investoren, weitergeben. Fiskalpolitische Maßnahmen, so sie denn erst einmal beschlossen sind, dürften damit verglichen relativ rasch wirken, da z.B. ein staatliches Ausgabenprogramm die Nachfrage unmittelbar erhöht.

Abschließend lässt sich festhalten, dass offensichtlich ein Dilemma besteht zwischen der Notwendigkeit einer diskretionären Fiskal- und Geldpolitik einerseits und den mit ihr verbundenen Wirkungsverzögerungen andererseits. Erst recht ist vor diesem Hintergrund ein 'Finetuning' der ökonomischen Aktivität als äußerst schwierig einzuschätzen.

3.8.5 Fazit

Wie wir in den vorausgegangenen Abschnitten gesehen haben, sind mit Blick auf eine Erweiterung des IS-LM-Ansatzes in Richtung Realität eine ganze Reihe zusätzlicher Faktoren und Zusammenhänge in dieses Modell einzubinden, wobei die vorgestellte Auswahl natürlich keineswegs erschöpfend ist. Dabei ergaben sich im Zusammenhang mit der Permanenteinkommens-Theorie, der Lebenszyklushypothese, dem Barro-Ricardianischen Äquivalenztheorem und der Berücksichtigung von Wirkungsverzögerungen bei der Geld- und Fiskalpolitik Einflüsse, die traditionelle keynesianische Schlussweisen z.T. deutlich abschwächten.

In Anbetracht der jeweils unterschiedlichen Politikimplikationen der einzelnen Effekte, gerade was die jeweilige quantitative Wirkung von Geld- und Fiskalpolitik betrifft, drängt sich der Eindruck auf, dass die – qualitative – Diagnose der jeweiligen wirtschaftlichen Lage offenbar einfacher ist als die – quantitative – Therapie. Generell sollten sämtliche vorgestellten Ansätze daher eher als Denkmodelle aufgefasst werden und nicht als unmittelbare wirtschaftspolitische Handlungsanweisung.

Zum Schluss sei noch auf eine bemerkenswerte Eigenschaft verwiesen, die allen bisher betrachteten Modellvarianten des IS–LM–Ansatzes gemeinsam war: Zu jedem gegebenen Nominallohnsatz und somit jedem gegebenen Preisniveau existierte bei gegebenen Werte aller übrigen Parameter und Variablen stets (genau) ein Geldmengenvolumen, mit dem ein Output in Höhe der Vollbeschäftigungsproduktion herbeigeführt werden konnte. Somit erhebt sich die Frage, wieso dieses Geldmengenvolumen zumindest mit Blick auf die mittlere Sicht nicht bereitgestellt wird. An dieser Stelle möchten wir es jedoch bei der Fragestellung bewenden lassen, da die Analyse der mittleren Sicht erst in Kapitel 6 erfolgt.

3.9 Diverse Zusatzüberlegungen

3.9.1 Geschäftsbanken und endogenes Geldangebot

Bisher waren wir implizit davon ausgegangen, dass der Geldschöpfungsprozess allein von der Zentralbank betrieben wird. Nun wollen wir einen wichtigen Schritt auf die Realität zugehen, indem wir einen Geschäftsbankensektor einführen, wodurch, wie wir sehen werden, zum einen das Geldangebot endogenisiert wird und zum anderen auch Effekte wie eine Veränderung des Mindestreserve- oder Refinanzierungssatzes in einem entsprechend erweiterten IS–LM–Rahmen analysierbar werden. Die hier nur kurze Darstellung orientiert sich wieder weitgehend an Dornbusch/Fischer (1995).

Um den Geschäftsbankensektor in unser bisheriges IS–LM–Modell zu integrieren, benötigen wir zunächst eine neue Geldmengendefinition, zu der wir nun neben Bargeld (CU) auch die vom Publikum bei den Geschäftsbanken gehaltenen Sichteinlagen (D) zählen:

$$M = CU + D$$

Hierbei nehmen wir zusätzlich an, dass die privaten Nichtbanken Bargeld und Depositen in einem konstanten Verhältnis zueinander halten wollen, gemäß dem sog. Bargeldkoeffizienten, welchen wir mit $\bar{cu}$ bezeichnen:

$$\frac{CU}{D} = \bar{cu} = \text{ konst.}, \quad 0 < \bar{cu} < 1.$$

Demgegenüber setzt sich das Zentralbankgeld (H), das die Notenbank direkt kontrollieren kann, aus dem Bargeld (CU) und den Reserven (RE) zusammen, die die Geschäftsbanken bei der Zentralbank unterhalten. Letztere bestehen aus der gesetzlich vorgeschriebenen Mindestreserve und freien Liquiditätsreserven. Bereits an dieser Stelle sei darauf hingewiesen, dass sich somit die zur Geldmenge M zählenden Sichteinlagen der direkten Kontrolle durch die Zentralbank entziehen, da es sich hierbei um (Buch–)geld handelt, welches die Geschäftsbanken in eigener Regie schaffen können. Hierin ist auch die entscheidende Ursache für die Existenz des (noch abzuleitenden) Geldmengenmultiplikators zu sehen.

Eine weitere Frage besteht nun darin, welches Verhältnis von Reserven (RE) und Sichteinlagen (D) seitens der Geschäftsbanken gewünscht wird, welches wir im Folgenden mit re bezeichnen. Dieses hängt nun, wie sich intuitiv leicht nachvollziehen lässt, von einer Reihe von Größen ab. Zunächst ist hier der uns schon bekannte Nominalzinssatz für Finanzanlagen, r, zu nennen, von dem wir annehmen können, dass er auch von den Banken für die von ihnen vergebenen Kredite gefordert wird. Je höher nun dieser Zinssatz ist, desto höher sind konsequenterweise die Alternativkosten der Reservehaltung, da diese im Falle von Barreserven nicht und im Falle von Guthaben beider Zentralbank vergleichsweise niedrig verzinst werden. Somit wird re also negativ von r abhängen. Eine weitere wichtige Größe stellt der Refinanzierungssatz r_R dar, zu dem die Geschäftsbanken bei der Notenbank Kredite aufnehmen können. Je höher dieser Satz ist, desto teurer ist diese Refinanzierung für die Banken, so dass es sich für sie lohnt, durch entsprechend höhere Reservehaltung die Wahrscheinlichkeit zu senken, auf diese Refinanzierungsmöglichkeit zurückgreifen zu müssen. Folglich ist eine positive Abhängigkeit zwischen re und r_R anzunehmen. Gleiches gilt auch in Bezug auf den Mindestreservesatz r_M, wobei dessen Wirkung unmittelbar ist, da die Banken gezwungen sind, einen entsprechenden Anteil ihrer Einlagen als Mindestreserve zu halten. Schließlich ist noch die Unsicherheit (σ) der Banken über die Einlagenzu– und –abflüsse zu nennen. Je größer diese ist, desto größer ist auch die Gefahr für die Bank, unerwarteten Bargeldforderungen ihrer Kunden nicht oder nur zu entsprechenden Refinanzierungskosten nachkommen zu können, so dass die Reserven–Einlagen–Relation re auch positiv von σ abhängen dürfte. Insgesamt ergibt sich somit:

$$re = re(\underset{-}{r}, \underset{+}{r_R}, \underset{+}{r_M}, \underset{+}{\sigma}), \qquad 0 < re < 1$$

Diese Reserven–Einlagen–Relation re gestattet es nun zusammen mit dem Bargeldkoeffizienten $\bar{cu}$, die beiden Aggregate M und H in Abhängigkeit von den Depositen D zu bestimmen, wobei die Kausalrelation natürlich umgekehrt zu sehen ist.

$$M = D + CU = \left(1 + \frac{CU}{D}\right) D = (1 + \bar{cu})D$$

$$H = CU + RE = \left(\frac{CU}{D} + \frac{RE}{D}\right) D = (\bar{cu} + re)D$$

Auflösen beider Gleichungen nach D und Gleichsetzen der entsprechenden Terme liefert sodann die Beziehung zwischen Geldmenge M und Zentralbankgeldmenge H:

$$M = \frac{1 + \bar{cu}}{\bar{cu} + re} H = \alpha_m H,$$

wobei mit $\alpha_m = \frac{1+\bar{cu}}{\bar{cu}+re}$ der Geldmengenmultiplikator bezeichnet ist, der sowohl von $\bar{cu}$ als auch von re negativ abhängt:

$$\alpha_m = \alpha_m(\underset{-}{\bar{cu}}, \underset{-}{re})$$

In Anbetracht der Abhängigkeit der Reserven–Einlagen–Relation re von r, r_R, r_M und σ ergibt sich für α_m:

$$\alpha_m = \alpha_m(\underset{+}{r}, \underset{-}{r_R}, \underset{-}{r_M}, \underset{-}{\sigma}, \underset{-}{\bar{cu}})$$

Wir repräsentieren das gewonnene Ergebnis hier noch mit Hilfe der Bilanz des Geschäftsbankensektors wie folgt:

Tabelle 3.6. Die Bilanz des Geschäftsbankensektors

Aktiva	Passiva
$RE = reD$	$D(= CU/\bar{cu})$
$p_b B$	$p_e E_b$
Λ	–

Sollte die Reservehaltung der Geschäftsbanken, RE, im Sinne der prozentualen Erfordernisse re zu gering sein, so gibt es im Kontext der in unseren Modellen unterstellten Finanzaktiva zwei Möglichkeiten dies über eine Anpassung der Sichteinlagen oder des Giralgeldes $D = M - CU$ der Banken zu korrigieren. Die Geschäftsbanken könnten ihr Aktienkapital erhöhen und damit ihre Depositen an die vorhandenen Reserven anpassen oder auch Staatsanleihen verkaufen, um das gleiche Ziel zu erreichen. Natürlich kann aber auch der Bestand RE über Transaktionen mit der Zentralbank angepasst werden und somit ebenfalls zu einer Modifikation der Tabelle 3.6 führen, die den berechneten Multiplikator α_m gewährleistet.

Die Kreditvergabe Λ der Banken ist hier residual zu verstehen und sie kann sich aus nachfrage- wie angebotsseitigen Gründen im Zeitablauf ändern, wobei natürlich wieder die dazu nötigen Anpassungen bei Sichteinlagen bzw. Reservehaltung durch die Geschäftsbanken vorgenommen werden müssen.

Hiermit ist die Erweiterung um den Geschäftsbankensektor komplett, und wir können uns jetzt wieder dem IS–LM–Modell zuwenden. Der entscheidende Unterschied zu seiner bisherigen Version besteht nun darin, dass wir bislang das Geldangebot mit der Zentralbankgeldmenge H identifiziert hatten. Jetzt sind beide Größen nur noch indirekt über den Geldschöpfungsmultiplikator

α_m miteinander verbunden, der so gesehen nichts anderes ist als die formale Entsprechung der 'Zwischenschaltung' der Geschäftsbanken zwischen Zentralbank und Publikum (Nichtbanken). Zudem weist dieser Multiplikator eine ganz entscheidende Eigenschaft auf: Er ist, unter anderem, vom Zinssatz r abhängig und damit von einer der beiden Größen, die im IS–LM–Modell endogen bestimmt werden! Damit aber wird die Geldmenge selbst zu einer endogenen Variablen, wie auch die beiden folgenden Abbildung des Geldmarktes verdeutlichen, wobei sich Abbildung 3.34.a auf eine Erhöhung der Zentralbankgeldmenge und damit des Geldangebots und Abbildung 3.34.b auf eine Erhöhung der Geldnachfrage infolge eines gestiegenen Einkommens bezieht:

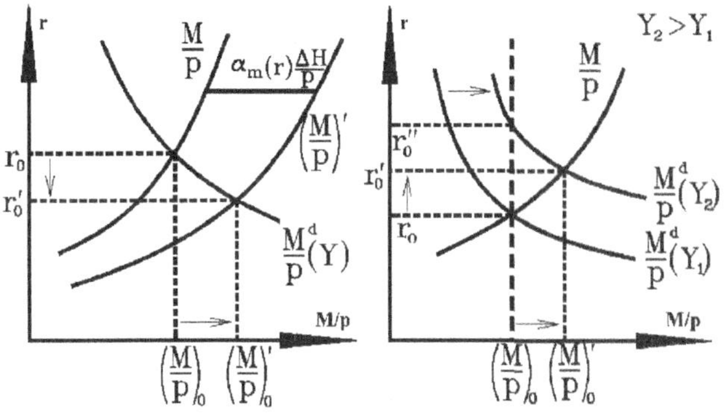

a b

Abb. 3.34. Der Geldmarkt bei endogenem Geldangebot ($m = M/p$)

Wie Abbildung 3.34.a zeigt, hat eine Erhöhung der Zentralbankgeldmenge qualitativ gesehen dieselbe Wirkung wie bisher, nur dass der quantitative Effekt je nach Abhängigkeit des Multiplikators α_m vom Zinssatz r ein anderer sein kann. Jedenfalls wird durch die monetäre Expansion wie bisher für jedes gegebene Einkommensniveau der geldmarkträumende Zinssatz gesenkt mit der Konsequenz einer Rechtsverschiebung (bzw. 'Nach–unten–Verschiebung') der LM–Kurve.

Demgegenüber zeigt die in Abb. 3.34.b dargestellte Erhöhung der Geldnachfrage, die wir uns als Reaktion auf ein gestiegenes Einkommen – etwa infolge einer fiskalischen Expansion – vorstellen können, das eigentlich Neue an diesem erweiterten Ansatz. Während sich die Wirkung bisher in einer Erhöhung des gleichgewichtigen Zinssatzes (auf r_0'') bei unverändert gebliebener Geldmenge erschöpft hätte, kommt es nun aufgrund der positiven Abhängigkeit des Geldangebots vom Zinssatz auch zu einer Erhöhung der Geldmenge. Dies wiederum hat zur Folge, dass die Zinssteigerung (auf r_0') jetzt schwächer ausfällt, als dies bei exogenem Geldangebot der Fall gewesen wäre. Dementsprechend wird die LM–Kurve jetzt flacher verlaufen, was in der

Tendenz keynesianische Sichtweisen, beispielsweise hinsichtlich der Wirksamkeit von Fiskalpolitik, unterstützen dürfte.

Dass dies in der Tat der Fall ist, zeigt auch sehr schnell die formale Ableitung der LM–Kurve in diesem neuen Kontext. Wir erhalten nämlich

$$\frac{M}{p} = \alpha_m(r,)\frac{H}{p} = kY + h_0 - h_1 r = \frac{M^d}{p}$$

als Geldmarktgleichgewichtsbedingung. Implizite Differentiation liefert dann für die LM–Kurve:

$$\frac{dr}{dY} = \frac{k}{\alpha'_m(r,)\frac{H}{p} + h_1} < \frac{k}{h_1}$$

Somit verläuft die LM–Kurve tatsächlich flacher bzw. weist, umgekehrt betrachtet, eine höhere Zinssensitivität des Einkommens auf, als dies bei exogenem Geldangebot der Fall war.

Diese erweiterte IS–LM–Version gestattet es nun auch, Vorgänge, wie wir sie von der Praxis her kennen, wie z.B. eine Erhöhung des Refinanzierungssatzes, im Rahmen dieses Modells nachzuvollziehen und auf ihre Konsequenzen hin untersuchen zu können. Da nämlich der Geldmengenmultiplikator α_m negativ vom Refinanzierungssatz r_R abhängig ist, verschiebt sich also die Geldangebotskurve nach links. Die Folge: Ein höherer Gleichgewichtszinssatz auf dem Geldmarkt und eine Verringerung der Geldmenge M, wobei letztere durch eine entsprechende Verminderung der Depositen zustandekommt. Zu jedem Einkommen Y ergibt sich somit ein höherer geldmarkträumender Zinssatz r: Die LM–Kurve verschiebt sich nach links, was einen Rückgang des gleichgewichtigen Einkommens und einen Anstieg des gleichgewichtigen Zinsniveaus bewirkt. Die Konsequenzen sind also vergleichbar mit denen einer Reduktion der Zentralbankgeldmenge: Das neue IS–LM–Gleichgewicht ist durch einen höheren Zinssatz und ein niedrigeres Einkommen gekennzeichnet.

Ebenso ließen sich nun die Konsequenzen einer Veränderung des Mindestreservesatzes oder des Bargeldkoeffizienten durchspielen, was wir an dieser Stelle jedoch dem Leser zur Übung überlassen.

Insgesamt gesehen tritt damit jetzt neben den auf indirekten Konsumausgaben beruhenden Fiskalmultiplikator ein durch gänzlich andere Prozesse begründeter Geldschöpfungsmultiplikator, der aber wie der Fiskalmultiplikator zu 'Multiplikatorunsicherheit' Anlass geben kann, da die indirekten Effekte einer Erhöhung der Zentralbank-Geldmenge auf die Geldmenge M unter Umständen ebenso schwer abschätzbar sind, wie die indirekten Effekte einer fiskalischen Expansion.

3.9.2 Die alte neoklassische Synthese

Betrachten wir rückblickend noch einmal das neoklassische und das Keynes'sche Basismodell als Ausgangspunkte unserer Analyse, so ist ein wesentlicher Unterschied zwischen beiden Ansätzen sicherlich darin zu sehen, dass beim neoklassischen Modell in der Version mit flexiblem Nominallohn infolge des Verlaufs der 'QT–Kurve' stets (genau) ein Preisniveau existiert, bei welchem Vollbeschäftigung herrschte, wohingegen dies mit Blick auf die senkrechte AD–Kurve im Keynes–Modell nicht der Fall war. Ursache für letzteres war ein über den Bond–Markt vorgegebener Zinssatz, der über die Investitionen und die Ersparnis das Einkommen bestimmte, selbst aber vom sonstigen wirtschaftlichen Geschehen unberührt blieb.

Im Vergleich dazu wurde im IS–LM–Modell über die Zinsabhängigkeit der Geldnachfrage diese Lücke geschlossen mit der Konsequenz einer nun negativ vom Preisniveau abhängigen aggregierten Nachfrage. Somit war die neoklassische Welt zumindest insoweit wiederhergestellt, als es jetzt im Falle von Lohnflexibilität wieder ein Preisniveau gab, welches Vollbeschäftigung ermöglichte. Zwar blieben weiterhin gravierende inhaltliche Unterschiede zwischen beiden Ansätzen bestehen, wohl aber liefen beide auf den Vollbeschäftigungsoutput für den Fall hinaus, dass Nominallöhne und Preise auch in der kurzen Sicht flexibel waren und unendlich schnell reagierten. Ausnahmen hiervon bildeten lediglich die Situationen der Investitions– oder Liquiditätsfalle, die jedoch in der vorliegenden Form und mit Blick auf ihre empirische Relevanz nicht unbedingt als repräsentativ anzusehen sind. Darüber hinaus bleibt selbst in diesen Extremfällen eine Wirkung des Preisniveaus auf Einkommen und Beschäftigung nicht aus, sofern, wie wir gesehen haben, das Realvermögen der Haushalte einen (positiven) Einfluss auf den Konsum hat, so dass eine Senkung des Preisniveaus eine Rechtsverschiebung der IS-Kurve zur Folge hat (Pigou–Effekt).

Von daher verwundert es nicht, dass im Zusammenhang mit dem IS–LM–Modell bzw. dem hieraus bei flexiblem Preisniveau resultierenden AS–AD–Zusammenhang häufig von einer 'neoklassischen Synthese' die Rede ist. Die Frage erhebt sich, ob somit die wesentlichen Einwände von Keynes gegen die Neoklassik obsolet geworden sind, da eben Vollbeschäftigung im keynesianischen Modell doch durch Anpassungsprozesse im privaten Sektor erreichbar sein könnte. Gegen diese Sicht lassen sich jedoch zumindest zwei Einwände ins Feld führen, die zudem bereits den Blick auf Sachverhalte lenken, die im 5ten Kapitel – wo es um die Analyse der mittleren Frist geht – von Bedeutung sein werden.

So ist zum einen darauf zu verweisen, dass zwar sowohl der Keynes– als auch der Realvermögens– (Pigou–) Effekt eine negative Abhängigkeit der aggregierten Nachfrage vom Preisniveau implizieren, gleichwohl aber auch gegenläufige Wirkungen denkbar sind. So vertrat bereits I. Fisher die Auffassung, dass neben Sachkapital (bzw. Anteilsrechten an selbigem) und Forderungen gegenüber dem Staat (Geld und ggfs. staatliche Bonds) auch Forderungen und Verbindlichkeiten innerhalb des privaten Sektors eine Rolle spielen, und zwar insoweit, als sie für ein beliebig herausgegriffenes Wirtschaftssubjekt für die Bemessung seines individuellen Vermögens zweifelsohne relevant sind, auch wenn sie sich im Aggregat gerade gegenseitig aufheben. Sofern nun aber Schuldner eine höhere Ausgabenneigung haben als Gläubiger, wird ein

Preisniveaurückgang, der neben der Zunahme des Realwerts der Forderungen eben auch eine entsprechende Erhöhung der realen Verbindlichkeiten bewirkt, letztere ceteris paribus zu einer Rücknahme ihres Konsums veranlassen, der größer sein wird als der Mehrkonsum seitens der Gläubiger.[50] Somit ist – per Saldo gesehen – auch ein negativer Realvermögenseffekt durchaus vorstellbar. Man beachte aber, dass dies nicht für alle Werte des gesamtwirtschaftlichen Preisniveaus der Fall sein kann. Spätestens wenn man letzteres gedanklich gegen Null streben lässt, wird jedes Wirtschaftssubjekt, das auch nur über einen 10-Euro-Schein verfügt, "unendlich reich" – mit naheliegenden Auswirkungen auf den Konsum. Somit wird ab einem bestimmten Preisniveau abwärts der Realvermögenseffekt stets den Fisher-Effekt überkompensieren.

Ein völlig anderer, aber in eine ähnliche Richtung wie der Fisher-Effekt wirkender Zusammenhang kann sich ergeben, wenn – unter bestimmten Bedingungen – die erwartete Inflationsrate positiv mit dem aktuellen Preisniveau verbunden ist. Dieser für die Analyse der mittleren Frist bedeutsame sog. Mundell–Effekt hat zur Folge, dass eine Senkung des momentanen Preisniveaus zu einer geringeren erwarteten Inflationsrate und daher (ceteris paribus) zu einem höheren erwarteten Realzins führt, mit der Konsequenz, dass die hiervon abhängigen Investitionen[51] zurückgehen.

Ein weiteres Argument kann sich ergeben, wenn Veränderungen des Nominallohns nicht nur in Bezug auf die aggregierte Angebotskurve , sondern auch bei der AD–Kurve berücksichtigt werden. Haben nämlich, wie häufig angenommen wird, Lohnempfänger eine höhere marginale Konsumneigung als Kapitaleigner, so kann bei gegebenem Preisniveau eine Nominallohnerhöhung, die dann mit einem entsprechend höheren Reallohn verbunden wäre, zu einer Steigerung des Konsums und damit zu einer Verlagerung der IS–Kurve nach rechts führen, wodurch sich angesichts der Tatsache, dass dies bei jedem Preisniveau der Fall wäre, ebenfalls die AD–Kurve nach rechts bewegen würde.

Zu beachten ist in diesem Fall jedoch, dass die resultierende Gleichgewichtslage nach wie vor vom Schnittpunkt zwischen AD- und AS-Kurve abhängig ist. Bei Zugrundelegung einer neoklassischen Produktionsfunktion bedeutet dies aber zwingend, dass ein höheres Beschäftigungsvolumen nur bei einem geringeren Reallohn möglich ist. Selbst wenn man also bei einer Nominallohnerhöhung einen expansiven Nachfrageeffekt bei gegebenem Preisniveau unterstellt und sich die AD-Kurve infolgedessen nach rechts verschiebt, müsste der neue Schnittpunkt mit der (sich nach links verlagernden) AS-Kurve durch einen geringeren Reallohn gekennzeichnet sein, sollte die Beschäftigung tatsächlich zunehmen. Da dies aber in Widerspruch zu der Annahme steht, ein höherer Reallohn wirke expansiv auf die Nachfrage, kann das Beschäftigungsvolumen nach einer Nominallohnerhöhung bestenfalls unverändert bleiben. Die neue AD- und die neue AS-Kurve würden sich dann also beim gleichen

[50] Vgl. Felderer/Homburg (1984, S.205 ff.).

[51] In einer erweiterten Modellfassung kann dies gegebenenfalls auch den gesamtwirtschaftlichen Konsum betreffen.

Output, aber einem höheren Preisniveau schneiden. Geht man nun noch von der Wirksamkeit des Keynes- und/oder Realvermögenseffekts aus, so wird das neue Gleichgewicht sogar – wie bisher – durch einen geringeren Outputlevel gekennzeichnet sein; die letztgenannten Effekte führen dann bezüglich der aggregierten Nachfrage zu einer Überkompensation des gestiegenen Reallohns.

Nicht anders sieht es bei Vorliegen einer horizontalen AS-Kurve aus, so wie sie bisher in diesem Buch weitestgehend angenommen wurde. Bei unverändertem Markup-Faktor bleibt hier der Reallohn stets konstant – ganz egal, wie hoch oder wie niedrig der Nominallohn auch immer angesetzt werden mag. *Im Schnittpunkt* zwischen AD- und AS-Kurve kann somit ein höherer Nominallohn auch hier nicht expansiv wirken, auch wenn sich die AD-Kurve nach rechts verschiebt. Ein gegenteiliges Resultat ist allenfalls dann zu erwarten, wenn die Lohnsteigerung nicht an das Preisniveau weitergegeben wird, was aber gleichbedeutend mit einer Absenkung des Markup-Faktors wäre. Inwieweit hiermit zu rechnen ist, kann aber nur bei expliziter mikroökonomischer Betrachtung des Entscheidungskalküls eines beliebig herausgegriffenen Unternehmens ermittelt werden. Ohne auf die Einzelheiten einer solchen Erweiterung näher einzugehen sei an dieser Stelle nur vermerkt, dass sich ein solches Resultat – wenn überhaupt – nur unter sehr speziellen Voraussetzungen ergibt, was sowohl die theoretische als auch die praktische Relevanz des geschilderten Szenarios stark einschränkt. Nicht zuletzt ist zu beachten, dass selbst der expansive Effekt einer Nominallohnerhöhung (bei gegebenem Preisniveau) auf die Nachfrage nicht zwingend ist, da dem expansiv wirkenden "Kaufkrafteffekt" ein gegenläufiger "Kosten"- beziehungsweise "Profitabilitätseffekt" auf die Investitionsgüternachfrage entgegensteht.

Dennoch bleibt festzuhalten, dass durch den IS-LM-Ansatz (selbst in Gestalt der "neoklassischen Synthese") die Relevanz und Diskussion der gerade skizzierten Einflussfaktoren überhaupt erst möglich geworden ist, und zwar infolge der im Vergleich zum neoklassischen Say'schen Theorem alternative Sicht der Nachfrageseite.

Eine zweite Argumentationslinie, die zumindest von ihrem Grundgedanken her ebenfalls im 5ten Kapitel Berücksichtigung finden wird, betrifft die Annahme einer sofortigen Lohn– und Preisanpassung, ohne die das IS–LM–Modell seinen Charakter als neoklasssische Synthese sofort verliert. Sind nämlich Löhne und Preise in der hier immer noch betrachteten kurzen Sicht fix, so sind es die Mengen, die sich anpassen müssen, wobei sich auf dem jeweiligen Markt dann typischerweise die 'kürzere Seite' durchsetzt. Eine Reaktion der Preise und Löhne auf die entstandenen Ungleichgewichte findet dann erst beim Übergang von einem Zeitpunkt zum nächsten statt. Diese Überlegungen bilden den wichtigsten Bestandteil sogenannter 'nichtwalrasianischer Rationierungsmodelle', die – auch unter dem Begriff der 'neokeynesianischen Theorie' zusammengefasst – in den 70er Jahren entstanden und u.a. durch die Ökonomen R.W. Clower, R. Barro, H. Grossman, J.P. Bénassy, J. Drèze und E. Malinvaud maßgeblich geprägt wurden.

Bevor wir diese Überlegungen in Bezug auf unseren Modellrahmen im nächsten Abschnitt kurz skizzieren werden, sei abschließend noch einmal vermerkt, dass unter diesem Blickwinkel das IS–LM–Modell in seiner bisherigen Form im Prinzip von beiden Seiten als gemeinsames 'Obermodell' angesehen werden kann und der Unterschied zwischen neoklassischem und neokeynesianischem Denkansatz in der jeweils entgegengesetzten Beantwortung der Frage gesehen werden kann, was schneller reagiert: Preise oder Mengen.

3.9.3 Nichtwalrasianische Rationierungsmodelle

Sind nun Löhne und Preise in der betrachteten kurzen Frist – wie im IS-LM Modell unterstellt – als fix anzusehen, stellt sich als nächstes die Frage, welcher Output unter diesen Bedingungen nun produziert wird. Unter Berücksichtigung der bisher verwendeten linear–limitationalen Produktionsfunktion kommen hierfür drei Möglichkeiten in Frage, je nachdem, welche Größe im konkreten Fall die bindende Restriktion darstellt:

- der IS–LM–Gleichgewichtsoutput Y_0, also der Ansatz, der bislang als gültig unterstellt worden ist,
- der arbeitsseitige Potenzialoutput = Vollbeschäftigungsoutput $\bar{Y} = \bar{y}\bar{L}$,
- der kapazitätsseitige Potenzialoutput $Y^p = \bar{x}K$.

Insgesamt ergeben sich in Bezug auf die Größenverhältnisse $3! = 6$ mögliche Konstellationen, wenn man die Situationen zunächst unberücksichtigt lässt, in denen jeweils zwei dieser Größen übereinstimmen:

$$\begin{aligned} Y_0 < \bar{Y} < Y^p &\qquad (K1)\\ Y_0 < Y^p < \bar{Y} &\qquad (K2)\\ Y^p < Y_0 < \bar{Y} &\qquad (C1)\\ Y^p < \bar{Y} < Y_0 &\qquad (C2)\\ \bar{Y} < Y^p < Y_0 &\qquad (I1)\\ \bar{Y} < Y_0 < Y^p &\qquad (I2) \end{aligned} \tag{3.38}$$

Graphisch lassen sich diese Situationen wie in Abb. 3.35 illustrieren, wobei jeweils $p_1 < p_2 < p_3$ in Bezug auf das Preisniveau gelten soll.

Somit ergibt sich bei gegebenem Y^p und $\bar{Y}$ das (temporäre) Gleichgewicht in Abhängigkeit vom Preisniveau, welches ceteris paribus Y_0 bestimmt. Alternativ dazu könnte man auch das Nominallohnniveau nehmen, wenn man weiterhin vom Markup–Pricing und konstanten Werten für den Markup–Faktor a und die Arbeitsproduktivität $\bar{y}$ ausgeht.

Eine kompaktere, inhaltlich aber völlig äquivalente Darstellung ergibt sich, wenn man beispielsweise das Arbeitsangebot $\bar{L}$ und damit $\bar{Y}$ als gegeben annimmt und die sechs verschiedenen Konstellationen dann in einem (Y^p, p)-Diagramm einfängt.

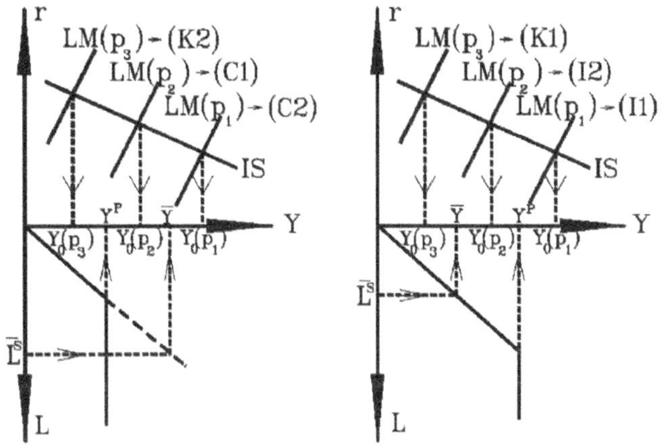

Abb. 3.35. Rationierungsgleichgewichte in Abhängigkeit vom Preisniveau

Hierzu werden die drei verschiedenen Outputgrößen Y_0, Y^p und $\bar{Y}$ jeweils paarweise miteinander verglichen und der (Y^p, p)–Raum jedesmal durch eine entsprechende Trennlinie in zwei Halbräume unterteilt:

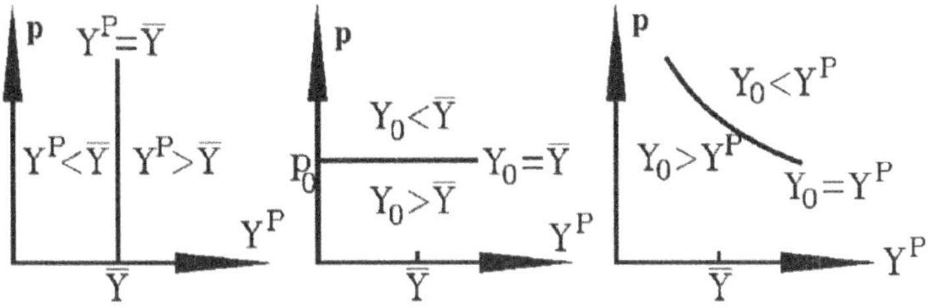

a b c

Abb. 3.36. Unterteilungen des (Y^p, p)–Raums

Die Trennlinien für b) und c) ergeben sich dabei aus der Abhängigkeit des IS–LM–Gleichgewichtsoutputs Y_0 vom Preisniveau p entsprechend Gleichung (3.29). Daher stimmt auch – formal gesehen – die Kurve in c) mit der sich aus dem IS–LM–Modell ergebenden AD–Kurve überein.

Legt man nun die Abbildungen 3.36.a, 3.36.b und 3.36.c übereinander, so ergibt sich die Einteilung des (Y^p, p)–Raums in sechs verschiedene Bereiche, sogenannte 'Regime', die gerade den eingangs vorgestellten Rationierungskonstellationen entsprechen:
Vergleichen wir diese Einteilung mit Abbildung 3.8. aus Abschnitt 3.2, so ist es offenbar das Regime (K1), welches wir dort (bislang nur) betrachtet haben. Angesichts der anderen Konstellationen stellt der jetzt vorliegende Rationie-

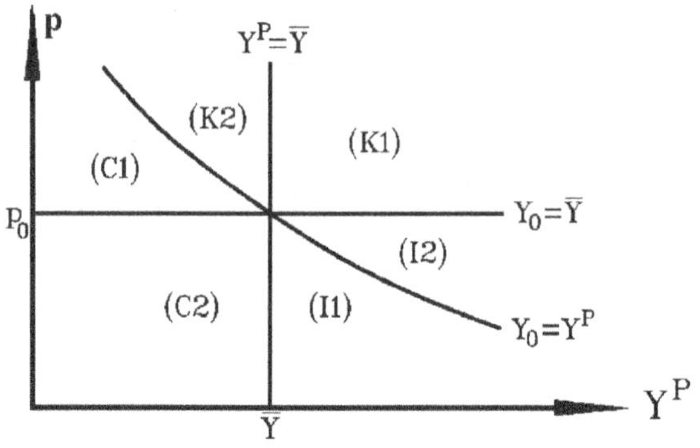

Abb. 3.37. Die Regime im (Y^p, p)–Raum

rungsansatz deshalb offenbar eine Verallgemeinerung früherer Überlegungen dar. Dies wird insbesondere dann ersichtlich, wenn wir auch die anderen Regime kurz auf ihren inhaltlichen Gehalt hin überprüfen.

Während sich das Regime (K2) nur insofern von (K1) unterscheidet, als sich dort das Größenverhältnis zwischen $\bar{Y}$ und Y^p gerade umkehrt, während Y_0 und damit die aggregierte Nachfrage beim gegebenen Preisniveau weiterhin die bindende Restriktion darstellt, weswegen (K1) und (K2) auch als ‘keynesianische’ Regime bezeichnet werden, stellt in (C1) und (C2) der kapazitätsseitige Potenzialoutput Y^p die ‘kurze Seite’ dar. Diese beiden, als ‘klassische’ Regime bezeichneten Bereiche sind also durch Kapitalmangelarbeitslosigkeit geprägt, wobei die Bezeichnung dieser Konstellationen als ‘klassisch’ zunächst etwas unmotiviert erscheint. Eine mögliche Begründung hierfür kann in unserem Modellkontext einer linear–limitationalen Technologie darin gesehen werden, dass diese Art von Arbeitslosigkeit auch in einem ansonsten neoklassischen Rahmen (Gültigkeit des Say'schen Theorems etc.) vorstellbar wäre, also insbesondere nicht von einer defizitären Nachfrage wie bei Keynes (1936) abhängig ist.

Die beiden Bereiche (I1) und (I2) schließlich stellen Regime der ‘unterdrückten Inflation’ dar, da hier zu wenig Arbeitskräfte vorhanden sind, um die vorhandenen Kapazitäten auszulasten bzw. die Nachfrage zu bedienen. Dementsprechend sollten eigentlich Lohn– und Preissteigerungen, also inflationäre Tendenzen, zu erwarten sein, die aber aufgrund der vorliegenden Lohn– und Preisstarrheiten in der kurzen Sicht nicht zustandekommen.

Der Punkt $(\bar{Y}, p_0)$ schließlich repräsentiert ein walrasianisches Gleichgewicht, in dem $Y_0 = \bar{Y} = Y^p$ gilt, somit sämtliche Märkte geräumt sind und zudem der Kapitalstock voll ausgelastet ist.

Die entscheidende Frage ist nun, wie sich Löhne und Preise in der mittleren Sicht als Reaktion auf diese kurzfristigen Ungleichgewichtskonstellationen anpassen und wie sich möglicherweise auch die Kapazitäten infolge der getätigten – positiven oder negativen – Nettoinvestitionen verändern. Während der zuletzt genannte Effekt erst in Kapitel 6 zum Tragen kommt, wird sich das 5te Kapitel im Wesentlichen mit der Lohn– und Preisdynamik und ihren Konsequenzen auseinandersetzen, wobei dort allerdings die hier noch unberücksichtigte Dynamik der Inflationserwartungen hinzukommt. Des Weiteren werden wir uns dort ausschließlich im Keynesianischen Regime bewegen, wodurch zugleich demonstriert wird, dass ein Konjunkturzyklus keineswegs alle hier vorgestellten Bereiche durchlaufen muss.

3.9.4 Volkswirtschaftliche Gesamtrechnung im IS–LM–Modell der offenen Volkswirtschaft

Im Folgenden sollen kurz die im IS–LM–Modell der offenen Volkswirtschaft stattfindenden Zahlungsströme im Rahmen der Volkswirtschaftlichen Gesamtrechnung (VGR) dargestellt werden. Die Darstellung erfolgt dabei in Kontenform[52], wobei natürlich die Matrixform oder ein entsprechendes Flussdiagramm (wie bei der Darstellung des Quesnayschen 'Tableaus' in Kapitel 1) ebenfalls denkbar wären. Zweck dieses Abschnitts ist es, die üblicherweise in Lehrbüchern der Makroökonomik einleitend dargestellte 'Volkswirtschaftliche Gesamtrechnung' hier so zu präsentieren, dass sie genau mit der Reichweite des von uns benutzten gesamtwirtschaftlichen Modells zusammengeht. Sie zeigt deshalb hier auf anderem Wege, welche empirisch relevanten Vorgänge aus der bisherigen Analyse entweder ausgeklammert worden sind oder durch geeignete Buchungsprinzipien wie geschehen behandelt werden können.

Zunächst seien noch diejenigen Variablen definiert, die bei den bisherigen Betrachtungen nicht explizit vorgestellt wurden, für den VGR–Zusammenhang jedoch wichtig sind:

FD_f: Finanzierungsdefizit der Unternehmen
FD_g: Finanzierungsdefizit des Staates
FS_h: Finanzierungsüberschuss der Haushalte
ΔB_i^j: Wertpapiere (Bonds), die vom Sektor i emittiert und vom Sektor j erworben werden
V: Vorleistungen innerhalb des Unternehmenssektors
I^b: Bruttoinvestitionen (= Nettoinvestitionen + Abschreibungen)

Des Weiteren sei darauf verwiesen, dass wir hier stets die nominellen Größen im Auge haben (auch wenn die Symbole für die realen Größen der Übersichtlichkeit halber verwendet werden). Sofern das Ausland involviert ist, unterstellen wir bereits eine entsprechende Umrechnung auf Basis des Wechselkurses. In Bezug auf letzteren wollen wir zudem zunächst Flexibilität annehmen, um nicht noch zusätzlich Veränderungen des Devisenbestandes und damit die Zentralbank als weiteren Sektor berücksichtigen zu müssen. Der Fall fixer Wechselkurse wird anschließend bei der Darstellung der Zahlungsbilanz betrachtet,

[52] Eine ähnliche Darstellung findet sich in Haslinger, Volkswirtschaftliche Gesamtrechnung, 3. Auflage, 1984, S.35 f.

wo die Berücksichtigung von Devisenbestandsveränderungen problemlos, d.h. ohne großen Aufwand, möglich ist. Ferner werden wir Zinszahlungen, egal von welcher Seite, der Einfachheit halber ebenso unberücksichtigt lassen wie indirekte Steuern und Subventionen oder Kassenhaltung und Ersparnisbildung seitens der Unternehmen.

Im Folgenden betrachten wir nun die jeweils relevanten Konten für die bisher unterschiedenen vier Sektoren Unternehmen, Haushalte, Staat und Ausland, wobei wir bei letzterem alle In– und Outflows in einem einzigen, 'aggregierten' Konto zusammenfassen werden. Diese Kontendarstellungen verfolgen den Zweck, die bisherigen Überlegungen auch aus Sicht der 'Volkswirtschaftlichen Gesamtrechnung' zusammenzufassen, allerdings unter Weglassung aller Begrifflichkeiten dieser Gesamtrechnung, die bei unseren Modellbildungen keine Rolle gespielt haben.[53]

Unternehmen

S Produktion	H
V	V
J	X
δK	I^b
$Y - \delta K$	C
	G

S Vermögensänderung	H
I^b	δK
	FD_f

S Finanzierung	H
FD_f	ΔB_f^h

Man sieht, dass im Sektor 'Unternehmungen' kein Einkommenskonto aufgeführt ist. Dies korrespondiert zu der von uns bisher getroffenen Annahme, dass alle Unternehmenseinahmen (bis auf die Abschreibungen) an die Haushalte transferiert werden (und erst dort versteuert werden).

Haushalte

S Einkommen	H
T	$Y - \delta K$
C	
S_h	

S Vermögensänderung	H
FS_h	S_h

S Finanzierung	H
ΔB_g^h	FS_h
ΔB_f^h	
ΔB_a^h	
ΔM	

Korrespondierend zur Darstellung des Unternehmenssektors ist im Haushaltssektor unterstellt, dass dort keine produktiven Aktivitäten stattfinden, also auf die Darstellung des Produktionskontos dort verzichtet werden kann. Dies ist sicherlich zunächst eine zulässige vereinfachende Annahme, die auch durch eine geeignete Erhebung der Daten und deren Zuordnung zu den einzelnen Sektoren gerechtfertigt werden kann.

[53] Wie z.B. 'indirekte Steuern', Subventionen, etc...

Staat

S Einkommen	H
G	T
S_g	

S Vermögensänderung	H
FS_g $(= -FD_g)$	S_g

S Finanzierung	H
FD_g	$-\Delta B_g^h$
	ΔB_g^a
	ΔM

S Ausland	H
X	J
ΔB_g^a	ΔB_a^h

Wie im privaten Sektor wird auch im öffentlichen Sektor von einem Produktionskonto und damit von produktiven Aktivitäten des Staates abgesehen. Eine solche Vorgehensweise ist auch hier als vereinfachende Annahme zu werten und auch wieder zum Teil durch eine geeignete Erhebung der Daten und deren Zuordnung zu den einzelnen Sektoren rechtfertigbar. In Bezug auf die Finanztransaktionen mit dem Ausland wird vereinfachend angenommen, dass nur staatlich emittierte Wertpapiere international gehandelt werden. Andernfalls müsste man beispielsweise eine detaillierte Aufspaltung des Gewinns der Unternehmen vornehmen um festzulegen, welcher Teil davon – via Zinszahlungen – an die inländischen Haushalte und welcher Teil ins Ausland fließt (und welcher gegebenenfalls noch in den Unternehmen selbst verbleibt). Zur Begründung dieser Vereinfachung sei nochmals darauf verwiesen, dass sich die hier vorgenommene Darstellung möglichst eng an die Gegebenheiten der bisher diskutierten Modelle anlehnen soll.

Zu beachten ist des Weiteren, dass der angenommene flexible Wechselkurs dazu führt, dass einem Exportüberschuss $X - J$ stets ein Nettokapitalexport $\Delta B_a^h - \Delta B_g^a$ in gleicher Höhe gegenübersteht (bzw. einem Importüberschuss ein wertmäßig gleicher Nettokapitalimport). Dieser Sachverhalt wird auch noch einmal deutlich, wenn man die gesamtwirtschaftliche Ersparnis S betrachtet, und zwar zum einen über die Verwendungsseite der Produktion und zum anderen finanzierungsseitig. Produktionsseitig ergibt sich hierbei:

$$\begin{aligned} Y - \delta K &= C + I^n + G + X - J \\ \Rightarrow S &= Y - \delta K - C - G = I^n + X - J, \end{aligned}$$

wobei I^n für die Nettoinvestition steht. Die Verwendung der Ersparnis der privaten Haushalte liefert:

$$\begin{aligned} S_h &= \Delta B_g^h + \Delta M + \Delta B_f^h + \Delta B_a^h \\ &= \Delta B_g^h + \Delta M + FD_f + \Delta B_a^h \\ &= (FD_g - \Delta B_g^a) + (I^b - \delta K) + \Delta B_a^h \\ &= (-S_g - \Delta B_g^a) + I^n + \Delta B_a^h \\ \Rightarrow S &= S_h + S_g = I^n + \Delta B_a^h - \Delta B_g^a. \end{aligned}$$

Die gesamtwirtschaftliche Ersparnis zerfällt in einer offenen Volkswirtschaft also in die Nettoinvestitionen und den Außenbeitrag, der bei flexiblen Wechselkursen wertmäßig mit dem Saldo der Kapitalverkehrsbilanz übereinstimmt.

In Bezug auf die Finanzierungskonten ist es noch wichtig, ausdrücklich darauf hinzuweisen, dass die Bestandsveränderungen bei den Finanzaktiva, in denen beispielsweise die Verwendung der Ersparnis der privaten Haushalte zum Ausdruck kommt, im IS–LM–Modell infolge der Verwendung von Walras' Gesetz der Bestände unberücksichtigt bleiben.

Wenden wir uns abschließend noch kurz der Zahlungsbilanz zu, in welcher auf der Habenseite die Zuflüsse und auf der Sollseite die Abflüsse an Devisen (in der Regel auf Jahresbasis) erfasst werden. Der Saldo gibt dann dementsprechend die Devisenbestandsveränderung bei der Zentralbank an, sofern wir von einer Devisenhaltung auch durch andere Sektoren absehen. Steht dieser Saldo, den wir mit ΔR bezeichnen, auf der Sollseite, sind die Devisenzuflüsse größer gewesen als die Abflüsse, so dass sich der Devisenbestand der Zentralbank erhöht hat. Entsprechend liegt eine Verringerung dieser Devisenreserven vor, wenn der Saldo ΔR auf der Habenseite steht. Wir verweisen an dieser Stelle noch einmal darauf, dass dieser Saldo in der vorausgegangenen VGR–Betrachtung infolge der Annahme flexibler Wechselkurse gleich Null war.

In ihrer heutigen Form besteht die Zahlungsbilanz im wesentlichen aus fünf Teilbilanzen:[54]

1. LEISTUNGSBILANZ, bestehend aus
   - Handelsbilanz
   - Dienstleistungsbilanz
   - Erwerbs- und Vermögenseinkommen
   - Laufende Übertragungen
2. VERMÖGENSÜBERTRAGUNGEN
3. KAPITALBILANZ
4. VERÄNDERUNG DER WÄHRUNGSRESERVEN DER ZENTRALBANK
5. RESTPOSTEN

Hierbei besteht die erste Teilbilanz, die Leistungsbilanz, ihrerseits wiederum aus vier Unterbilanzen. Während in der Handelsbilanz die Warenströme zwischen Inland und Ausland (also Exporte und Importe) erfasst sind, beinhaltet die Dienstleistungsbilanz beispielsweise Posten wie den Reiseverkehr. Früher wurden hier auch die Kapitalerträge (z.B. Zinsen), die vom Ausland ins Inland und umgekehrt transferiert wurden, verbucht; gemäß der neuen Zahlungsbilanzsystematik finden sich diese mittlerweile aber in dem eigens hierfür eingerichteten Teilkonto der Erwerbs- und Vermögenseinkommen, in welchem auch im Ausland erzielte Arbeitseinkommen der Inländer und im Inland erzielte Arbeitseinkommen von Ausländern ihren Niederschlag finden. Die Bilanz der

[54] Eine ausführliche Darstellung hierzu findet sich beispielsweise in Bartling/Luzius (2002), S. 279 ff.

laufenden Übertragungen schließlich enthält unilaterale Transfers zwischen Inländern und Ausländern beispielsweise Überweisungen ausländischer Arbeitskräfte in ihre Heimatländer und Leistungen des Inlandes an internationale Organisationen.

Die nächste Teilbilanz der Vermögensübertragungen (die ebenfalls ein Novum gegenüber der früheren Zahlungsbilanzsystematik darstellt) beinhaltet im Gegensatz zu den laufenden Übertragungen einmalige unilaterale Transfers von Vermögensgegenständen wie etwa die Überlassung von Gebäuden an ein anderes Land oder eine internationale Organisation, aber auch z.B. einen Schuldenerlass für Entwicklungsländer.

Eine weitere wichtige Teilbilanz stellt die Kapitalbilanz dar, welche sämtliche Kapitalimporte und Kapitalexporte des Inlands umfasst. Auch diese Teilbilanz wird normalerweise weiter untergliedert, so etwa hinsichtlich verschiedener Arten von Transaktionen (Direktinvestitionen, Portfolioinvestitionen, Investitionen in Finanzderivate, Kredite etc.) und innerhalb dieser Arten oft auch noch einmal hinsichtlich ihrer Fristigkeit (kurzfristiger versus langfristiger Kapitalverkehr).

Da im Falle nicht völlig flexibler Wechselkurse der Devisenmarkt (dessen Angebots- und Nachfrageseite sich gerade aus den Transaktionen in den eben vorgestellten Teilbilanzen ergeben) im allgemeinen nicht im Gleichgewicht ist, resultiert aus den bisher genannten Aktivitäten i.a. ein Nettozufluss oder Nettoabfluss an Devisen. Dieser findet seinen Niederschlag in der Veränderung der Währungsreserven der Zentralbank.

Die letzte Teilbilanz der "Restposten" dient gewissermaßen als "Auffangbecken" für statistische Ermittlungsfehler und Buchungsprobleme im Zusammenhang mit einer periodengerechten Abgrenzung der Geschäftsvorfälle.

Für unsere Zwecke sind allerdings letztlich nur die Leistungsbilanz, die Kapitalbilanz und die Veränderung der Währungsreserven der Zentralbank von Belang, wobei wir uns bei der Leistungsbilanz zudem auf die Handelsbilanz beschränken. Ein dementsprechend vereinfachtes Schema, das zudem die von uns bisher benutzten Symbole enthält, hätte dann in etwa den folgenden Aufbau:

Tabelle 3.7. Die Zahlungsbilanz

S Zahlungsbilanz H	
Handelsbilanz:	
J	X
Kapitalbilanz:	
ΔB_a^h	ΔB_g^a
Veränderung des Devisenbestandes der ZB:	
ΔR	

Abschließend sei noch auf eine wichtige Unterscheidung hingewiesen, die sich bei der Sozialproduktsberechnung durch die Einbeziehung der außenwirtschaftlichen Verflechtungen ergibt, nämlich die zwischen dem Inlands- und dem Inländerkonzept, die sich im Unterschied zwischen Bruttoinlandsprodukt (BIP) und Bruttonationaleinkommen (BNE)[55] niederschlägt. Die Differenz zwischen beiden Größen besteht in den Faktoreinkommen (also Arbeitseinkommen und Kapitalerträge), die Inländer im Ausland bzw. Ausländer im Inland erwerben. Bezeichnen wir erstere mit FE_i und letztere mit FE_a, so ergibt sich der Zusammenhang:

$$BIP + FE_i - FE_a = BNE$$

Die Umrechnung dieser Brutto- auf die entsprechenden Nettogrößen geschieht in beiden Fällen in gewohnter Weise durch Abzug der Abschreibungen:

$$BIP - \delta K = NIP \quad \text{(Nettoinlandsprodukt)}$$

$$BSP - \delta K = NNE \quad \text{(Nettonationaleinkommen)},$$

wobei es sich jeweils um die entsprechenden Größen zu Marktpreisen handelt. Der Abzug der indirekten Steuern und die Addition der Subventionen – die in unseren Modellen aber keine Rolle spielen – führt dann zum Nettoinlandsprodukt bzw. Nettonationaleinkommen zu Faktorkosten. Das disponible Einkommen der privaten Haushalte ergibt sich schließlich, wenn von diesen Größen noch die direkten Steuern subtrahiert und gegebenenfalls staatliche Transferzahlungen hinzuaddiert werden.

[55] Hierbei handelt es sich um das frühere Bruttosozialprodukt (BSP), das 1999 im Zusammenhang mit der Einführung des Europäischen Systems Volkswirtschaftlicher Gesamtrechnungen entsprechend umbenannt wurde.

4

Konventionelle Analysen von Inflation und Wachstumsprozessen

Nachdem die Analyse der kurzen Frist in Kapitel 3 abgeschlossen wurde, stellt sich nun die Frage nach den Konsequenzen, die sich ergeben, wenn den Betrachtungen ein längerer Zeithorizont zugrundegelegt wird. Inhaltlich geht es dabei in erster Linie um die Anpassungsprozesse bei denjenigen Größen, die in der kurzen Frist als konstant angenommen wurden. Das vorliegende Kapitel verfolgt nun das Ziel, die angesprochenen Sachverhalte zunächst in möglichst einfacher und elementarer Form aufzuarbeiten und dabei insbesondere so weit wie möglich auf komplexere mathematische Hilfsmittel (wie etwa die Analyse von Differentialgleichungssystemen) zu verzichten. Es eignet sich daher vor allem für solche Leser, die sich einen kurzen Überblick über die genannten Erweiterungen verschaffen wollen und ebenfalls für die Behandlung der entsprechenden Sachverhalte im Rahmen von Bachelor-Studiengängen. Des Weiteren soll hier vor allem der Stand der Betrachtungsweise herausgearbeitet werden, wie er auch in anderen Lehrbüchern zu finden ist, wie etwa in Mankiw (1994) oder Blanchard (2003). Die darüber hinausgehenden Erweiterungen im vorliegenden Buch werden erst im letzten Abschnitt dieses Kapitels kurz angesprochen. Eine detailliertere und anspruchsvollere Analyse der hier vorgestellten Themen, wie sie etwa in Master-Studiengängen erfolgen kann, bleibt dann den Kapiteln 5 und 6 vorbehalten, welche zudem so aufgebaut sind, dass sie auch ohne vorherige Lektüre von Kapitel 4 gelesen werden können.

Die bereits angesprochenen Erweiterungen der Kurzfristanalyse sollen hier prinzipiell in zwei Schritten erfolgen. In Abschnitt 4.1 wird der Zeitrahmen nur dahingehend erweitert, dass Löhne und Preise auf temporäre Ungleichgewichtslagen reagieren können, während der Kapazitätseffekt von Investitionen zunächst noch ausgeklammert bleibt. In einem zweiten Schritt wird dann in Abschnitt 4.2 auch letzterem Rechnung getragen, so dass jetzt der Kapitalstock als weitere dynamische Variable in Erscheinung tritt. In Anlehnung an das übliche Vorgehen wird dabei allerdings eine bereits kurzfristig wirkende Lohn- und Preisanpassung unterstellt, so dass die Kapazitätsdynamik der einzige endogene Prozess ist, der an dieser Stelle betrachtet wird. Abschnitt 4.3 bietet dann einen kurzen Ausblick auf diejenigen Erweiterungen, die in Kapitel 5 und 6 vorgenommen werden. Dies betrifft insbesondere eine integrierte Betrachtung der kurzen, mittleren und langen Frist.

4.1 Textbuch-Inflationstheorie

In diesem Abschnitt soll, wie bereits angesprochen, der Frage nachgegangen werden, wie Löhne und Preise auf kurzfristige Ungleichgewichtslagen (insbesondere am Arbeitsmarkt) reagieren und welche Konsequenzen sich daraus für die mittlere Frist ergeben. In Unterabschnitt 4.1.1 sollen die entscheidenden neuen Bausteine vorgestellt und in ihrer Interaktion kurz beschrieben werden. Unterabschnitt 4.1.2 beschäftigt sich dann mit dem mittelfristigen Anpassungsprozess. Anschließend, in Unterabschnitt 4.1.3, wird dann die Frage untersucht, welche Konsequenzen sich ergeben, wenn die Zentralbank versucht, mithilfe einer entsprechenden Geldpolitik die Arbeitslosenrate auf Dauer niedrig zu halten.

4.1.1 Stabile Marktprozesse

Grundlage für die weiteren Betrachtungen sei zunächst ein kurzfristiges IS-LM-Gleichgewicht mit bestehender Unterbeschäftigung. Eine erste, naheliegende, Frage besteht nun darin, wie mittelfristig der Nominallohn hierauf reagiert. Rein intuitiv kann man sich hier bereits vorstellen, dass Lohnerhöhungen im allgemeinen umso schwerer durchsetzbar sein dürften, je höher die Arbeitslosenrate ist. Auf empirischer Basis wurde diese Vorstellung bereits 1958 eindrucksvoll durch eine Studie von A.W. Phillips bestätigt, der seiner Analyse eine Zeitreihe für Großbritannien von 1861 bis 1957 zugrundelegte (nähere Details hierzu in Kapitel 5). Eine solche "originäre Phillipskurve" sei auch für die folgenden Überlegungen angenommen, allerdings der Einfachheit halber zunächst in linearisierter Form:

$$\hat{w}_{t+1} = (-\beta_w)(U_t - \bar{U}), \tag{4.1}$$

mit $\hat{w}_{t+1} = \frac{w_{t+1} - w_t}{w_t}$ als Wachstumsrate des Nominallohns, $\beta_w > 0$ als Anpassungsgeschwindigkeit und U_t als Arbeitslosenrate, wobei $\bar{U}$ ein später noch näher zu betrachtendes Referenzniveau, die sogenannte "natürliche Arbeitslosenrate", darstellt. Aus Gründen der Anschaulichkeit ist der Zusammenhang hier zudem in zeitdiskreter Form dargestellt. Als nächstes ist nun zu klären, welche Auswirkungen die Wachstumsrate der Löhne auf die Preise hat. Diese Frage ist jedoch einfach zu beantworten, wenn man wie bisher von einer linear-limitationalen Produktionsfunktion und Markup-Pricing ausgeht:

$$p_t = (1 + a)\frac{w_t}{y}. \tag{4.2}$$

Bei Konstanz der Arbeitsproduktivität y und des Markup-Faktors a übersetzt sich die Wachstumsrate der Löhne, $\hat{w}_{t+1}$, eins zu eins in die Wachstumsrate des Preisniveaus $\hat{p}_{t+1}$, also die Inflationsrate: $\hat{w}_{t+1} = \hat{p}_{t+1}$. Setzt man dies nun in (4.1) ein, so ergibt sich die sogenannte "modifizierte Phillipskurve" im Sinne von Solow und Samuelson (1960):

$$\hat{p}_{t+1} = (-\beta_w)((U_t - \bar{U}). \tag{4.3}$$

Dieser Zusammenhang scheint zunächst eine Wahlmöglichkeit zwischen Arbeitslosen- und Inflationsrate zu eröffnen. So kann offenbar ein geringes Maß an Arbeitslosigkeit durch eine höhere Inflationsrate "erkauft" werden (und umgekehrt). Allerdings stellt sich die Frage, ob der Zusammenhang in der vorliegenden Form wirklich überzeugend ist: gesetzt den Fall, die aktuelle Arbeitslosenrate U_t stimme zufälligerweise mit der "natürlichen" Rate $\bar{U}$ überein, so würde sich gemäß (4.1) eine Lohnsteigerungsrate von Null ergeben. Dies mag vernünftig erscheinen, solange die Wirtschaftssubjekte (insbesondere die Gewerkschaften, welche die Löhne mit den Unternehmen aushandeln) für die Zukunft Preisstabilität erwarten. In einer Situation aber, die vielleicht durch hohe Inflationsraten und ebensolche Inflationserwartungen gekennzeichnet ist, ist ein solcher Ausgang wenig plausibel. Vielmehr ist zu erwarten, dass die Gewerkschaften einen Ausgleich für die erwarteten Preissteigerungen durchsetzen wollen – und es angesichts des herrschenden Inflationsklimas auch können. Dann aber wird die Lohnsteigerungsrate bei $U_t = \bar{U}$ nicht mehr Null, sondern $\hat{p}^e_{t+1}$ betragen (mit p^e_{t+1} als erwartetem künftigen Preisniveau und $\hat{p}^e_{t+1} = \frac{p^e_{t+1} - p_t}{p_t}$ als der zum Verhandlungszeitpunkt erwarteten Inflationsrate). Eine in diesem Sinne "erweiterte Phillipskurve", die im übrigen auf M. Friedman (1968) zurückgeht, hätte also folgendes Aussehen:

$$\hat{w}_{t+1} = \hat{p}_{t+1} = (-\beta_w)((U_t - \bar{U}) + \hat{p}^e_{t+1}. \tag{4.4}$$

Dies führt jedoch gleich zur nächsten Frage, nämlich der, wie die Wirtschaftssubjekte ihre Inflationserwartungen bilden. Hier sei im Folgenden von adaptiven Erwartungen ausgegangen, d.h. die bisherigen Inflationserwartungen werden in einem bestimmten Maße an die bisherige Entwicklung angepasst:

$$\begin{aligned} \hat{p}^e_{t+1} &= \hat{p}^e_t + \alpha(\hat{p}_t - \hat{p}^e_t) \\ &= \alpha\hat{p}_t + (1-\alpha)\hat{p}^e_t \end{aligned} \tag{4.5}$$

Mit (4.4) und (4.5) stehen jetzt aber alle Informationen zur Verfügung, die zur Bestimmung der tatsächlichen Inflationsrate $\hat{p}_{t+1}$ beim Übergang vom Zeitpunkt t zum Zeitpunkt $t+1$ benötigt werden. Als letztes ist jetzt noch zu fragen, welches Beschäftigungsniveau beziehungsweise welche Arbeitslosenrate sich auf dieser Basis in der Folgeperiode $t+1$ einstellt. Dieses ist – den bisher bereits getroffenen Festlegungen folgend – wiederum durch das IS-LM-Modell gegeben. Um nun das zu entwickelnde Modell hinsichtlich seiner Konsequenzen möglichst nahe an den "Mainstream" heranzuführen, sei hier von der "neoklassischen Extremversion" des IS-LM-Modells in Gestalt der sogenannten "Neoquantitätstheorie" ausgegangen. Sie ist durch die Annahme einer zinsunelastischen Geldnachfrage mit der Konsequenz einer senkrechten LM-Kurve gekennzeichnet. Formal lässt sie sich einfach durch die Gleichung

$$\bar{v}M_t = p_t Y_t \tag{4.6}$$

erfassen. In Analogie zur klassischen Quantitätstheorie geht sie von einer konstanten Umlaufgeschwindigkeit $\bar{v}$ aus, lässt aber im Unterschied zur Erstgenannten bei kurzfristig konstanten Preisen eine Reaktion des Einkommens Y_t auf Geldmengenvariationen zu. Nach Y_t aufgelöst ergibt sich dann auch der für die weiteren Betrachtungen entscheidende Zusammenhang:

$$Y_t = \bar{v}\frac{M_t}{p_t} \tag{4.7}$$

Sofern also von einer Periode t zur nächsten $(t+1)$ die Geldmenge mit einer höheren Rate wächst als das Preisniveau, wird der Output steigen, im umgekehrten Fall dagegen abnehmen. Geht man des Weiteren zunächst von einer in der Zeit konstanten Wachstumsrate der Geldmenge $\hat{M}$ aus, so entscheidet offenbar die durch (4.4) und (4.5) festgelegte Preissteigerungsrate darüber, ob in $t+1$ der Output gegenüber der Ausgangsperiode t ansteigt, gleichbleibt oder sinkt. Über die Produktionsfunktion wird damit auch gleich über die Beschäftigung in $t+1$ mitentschieden, die ihrerseits aber uno actu die Arbeitslosenrate U_{t+1} festlegt und hierüber den Grundstein für die Entwicklung in der übernächsten Periode $t+2$ legt. Schematisch lassen sich die bisherigen Abläufe folgendermaßen zusammenfassen:

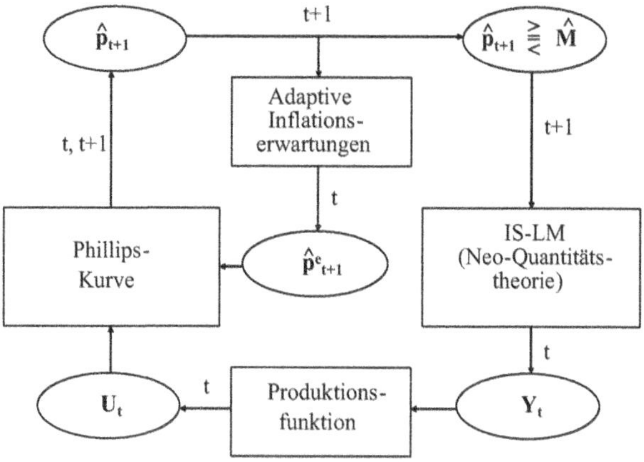

Abb. 4.1. Wechselseitige Beeinflussung der mittelfristig variablen Größen im Zeitablauf

In Periode t wird also mithilfe der kurzfristig gegebenen Geldmenge M_t und des ebenfalls kurzfristig festliegenden Preisniveaus p_t über die Neoquantitätstheorie (4.6) der Output Y_t bestimmt. Die Produktionsfunktion übersetzt diesen in die aktuelle Arbeitslosenrate U_t, die ihrerseits im Zusammenspiel mit den Inflationserwartungen $\hat{p}^e_{t+1}$ die Preissteigerungsrate zwischen der laufenden und der nächsten Periode ($\hat{p}_{t+1}$) festlegt. Letztere legt nun zusammen mit der (nach wie vor konstanten) Wachstumsrate der Geldmenge $\hat{M}$ das Outputniveau in der Periode $t+1$ fest (verschiebt also die LM-Kurve nach links oder rechts). Außerdem werden mithilfe von $\hat{p}_{t+1}$ die Inflationserwartungen aktualisiert. Damit sind nun wiederum alle Größen gegeben, die zur Bestimmung von U_{t+1} und $\hat{p}_{t+2}$ benötigt werden, so dass der "Zyklus" von vorne beginnen kann.

Die entscheidende Frage, die sich nun stellt, besteht natürlich darin, welcher Zeitpfad hierdurch generiert wird und insbesondere, ob dieser Prozess irgendwann einmal einem – sich selbst stets reproduzierenden – Ruhezustand zustrebt oder nicht. Diese Frage soll im nächsten Unterabschnitt beantwortet werden.

4.1.2 Geldpolitisches Versagen

Bevor die zum Ende von Abschnitt 4.1.1 aufgeworfene Frage beantwortet werden kann, muss zunächst geklärt werden, ob es einen entsprechenden Ruhezustand überhaupt gibt und wodurch er gegebenenfalls charakterisiert ist. Diesbezüglich führt schon ein kurzer Blick auf die erweiterte Phillipskurve (4.4) zu einer weitreichenden Erkenntnis. Egal, wodurch ein langfristiges Gleichgewicht auch immer im Einzelnen gekennzeichnet sein mag, es ist ganz sicher nicht möglich, dass *auf Dauer* die erwartete Inflationsrate von der tatsächlichen abweicht. Somit muss in einem Zustand, der in der Zeit stabil sein soll, mit Sicherheit $\hat{p}^e_t = \hat{p}_t \forall t$ gelten. Dies geht gemäß (4.4) aber nur, wenn zugleich $U_t = \bar{U}$ erfüllt ist, die tatsächliche Arbeitslosenrate also mit ihrem "natürlichen" Niveau übereinstimmt. In einem langfristigen Gleichgewicht kann also die Arbeitslosenrate nie von dem Wert $\bar{U}$ abweichen. Jeder Versuch, etwa von Seiten der Geldpolitik, die langfristige Arbeitslosenrate unter das Niveau $\bar{U}$ zu drücken, ist also von vorneherein zum Scheitern verurteilt! Mit der Arbeitslosenrate ist aber über die Produktionsfunktion zugleich der Output festgelegt, der somit langfristig ebenfalls eine Konstante darstellt.[1] Dies wiederum bedeutet aber mit Blick auf die Neoquantitätstheorie (4.7), dass das Preisniveau mit derselben Rate wachsen muss wie die Geldmenge. Damit liegen die beiden wichtigsten Charakteristika eines langfristigen Gleichgewichts fest: $U_t = \bar{U}$ und $\hat{p}_t = \hat{M} \quad \forall t$.

Es bleibt jedoch zu klären, ob dieses Gleichgewicht langfristig überhaupt erreicht wird, ob also der in Abschnitt 4.1.1. beschriebene Prozess auf dieses Gleichgewicht hinführt oder nicht. Eine endgültige Antwort darauf muss jedoch der Analyse in Kapitel 5 vorbehalten bleiben, da Stabilitätsanalysen nicht ohne weitergehende mathematische Hilfsmittel möglich sind. Es sei daher an dieser Stelle das Ergebnis einfach vorweggenommen: man kann zeigen, dass

[1] Man beachte, dass Dinge wie Kapitalakkumulation oder technischer Fortschritt bei der hier betriebenen mittelfristigen Analyse noch keine Rolle spielen.

das Gleichgewicht unter den gemachten Annahmen in der Tat asymptotisch stabil ist, die betrachtete Volkswirtschaft sich ihm also im Zeitablauf "beliebig genau" nähert. Allerdings kann es durchaus sein, dass sich dieses Ergebnis erst nach einer Reihe von "Konjunkturzyklen" (mit abnehmender Amplitude) einstellt. Um ein wenig Intuition für einen solchen Anpassungsprozess zu wecken, seien die einzelnen Phasen eines solchen Zyklus im Folgenden kurz vorgestellt.

Abbildung 4.2. zeigt eine mögliche Entwicklung von Arbeitslosenrate und Inflationsrate im Zeitablauf:

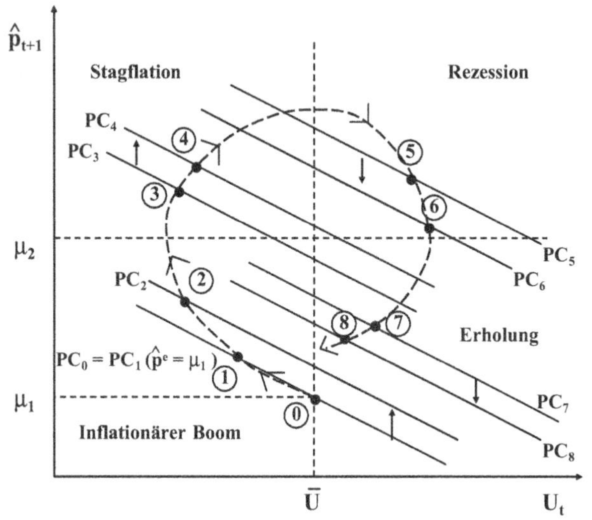

Abb. 4.2. Konjunkturphasen während des Anpassungsprozesses

Die Ausgangslage ist durch Punkt 0, eine wie eben beschriebene Gleichgewichtslage, beschrieben; die Arbeitslosenrate befindet sich auf dem Niveau $\bar{U}$ und die Inflationsrate entspricht der Wachstumsrate der Geldmenge, die im Folgenden mit der Variablen μ bezeichnet wird und im Punkt 0 den Wert μ_1 hat. Abbildung 4.2 zeigt nun, wie die betrachtete Ökonomie auf eine (einmalige) Erhöhung der Geldmengenwachstumsrate von μ_1 auf μ_2 reagiert.

Die erste Phase des jetzt einsetzenden Konjunkturzyklus ist durch die Punkte 1 und 2 beschrieben. In einem ersten Schritt bewirkt die erhöhte Wachstumsrate der Geldmenge, dass die Volkswirtschaft bei zunächst noch unveränderten Inflationserwartungen auf der alten Phillipskurve PC_0 (mit PC für "Phillips-curve") nach links oben wandert (zu Punkt 1). Die sinkende Arbeitslosenrate heizt die Inflationsrate an, die ihrerseits zu höheren Inflationserwartungen und einer dementsprechenden Verschiebung der Phillipskurve nach oben führt. Da die Inflationsrate aber immer noch unter der neuen Wachstumsrate der Geldmenge (μ_2) liegt, steigt in der Folgeperiode gemäß

Neoquantitätstheorie (4.7) der Output weiter an, so dass die Arbeitslosenrate weiter zurückgeht. Dies in Verbindung mit den bereits gestiegenen Inflationserwartungen führt zu einem weiteren Anstieg der Preissteigerungsrate (Punkt 2 auf der neuen Phillipskurve PC_2). Da der Übergang von Punkt 1 zu Punkt 2 somit durch $U \downarrow$ und $\hat{p} \uparrow$ gekennzeichnet ist, kann man hier von einem "inflationären Boom" sprechen, zumal die Arbeitslosenrate bereits unter dem Niveau $\bar{U}$ liegt.

Nach einer gewissen Zeit wird dann aber die Inflationsrate die neue Wachstumsrate der Geldmenge μ_2 überschreiten mit der Folge eines Outputrückgangs und eines dementsprechenden Anstiegs der Arbeitslosenrate. Dennoch kommt es zu einer weiteren Steigerung der Inflationsrate, da die vorausgegangenen Preissteigerungsraten entsprechend hohe Inflationserwartungen hervorgerufen haben, die nun in die Lohnverhandlungen eingehen. Dementsprechend verschiebt sich die Phillipskurve weiter nach oben. Diese Kombination von steigender Arbeitslosigkeit und weiter steigender Inflationsrate, so wie sie beispielsweise beim Übergang von Punkt 3 zu Punkt 4 zu beobachten ist, wird üblicherweise als "Stagflation", also eine Mischung aus "Stagnation" und "Inflation", bezeichnet.

Aufgrund der anhaltend über der Geldmengenwachstumsrate liegenden Inflationsraten kommt es im Zuge der weiteren Entwicklung zu einem immer weiteren Anstieg der Arbeitslosenrate (weiterhin vermittelt über den neoquantitätstheoretischen Zusammenhang), die somit beim Lohnfindungsprozess ein starkes Gegengewicht gegen die nach wie vor hohen Inflationserwartungen darstellt. Die Folge: die weitere Zunahme der Inflationsrate wird abgebremst und mit ihr auch die Zunahme der Inflationserwartungen. Damit aber fallen auch die Verschiebungen der Phillipskurve nach oben immer schwächer aus, bis sie schließlich nicht mehr ausreichen, um den über die Arbeitslosenrate ausgeübten Druck auf die Löhne (und hierüber auf die Preise) zu kompensieren. Damit entstehen schließlich Situationen wie die durch Punkt 5 und 6 dargestellte. Hier sind die inflationären Auftriebstendenzen bereits gebrochen, allerdings liegt die Preissteigerungsrate immer noch oberhalb von μ_2, so dass es zu einem weiteren Anstieg der ohnehin schon oberhalb von $\bar{U}$ liegenden Arbeitslosenrate kommt. Aus diesem Grunde kann diese Phase mit dem Begriff der "Rezession" beschrieben werden. Aufgrund der rückläufigen Inflationsrate nehmen aber auch die Inflationserwartungen ab, so dass sich die Phillipskurve wieder nach unten verschiebt (z.B. von PC_5 nach PC_6).

Irgendwann wird dann die Inflationsrate wieder unter die Geldmengenwachstumsrate μ_2 fallen mit der Folge, dass die Arbeitslosenrate zurückgeht. Aufgrund der weiter abnehmenden Inflationserwartungen verschiebt sich die Phillipskurve weiter nach unten, so dass sich die ansteigende Beschäftigung nicht gleich wieder in eine höhere Preissteigerungsrate übersetzt. In dieser Phase, wie sie etwa durch den Übergang von Punkt 7 nach Punkt 8 gekennzeichnet ist, kann man von einer "Erholung" der Volkswirtschaft sprechen.

Somit ist man prinzipiell wieder am Ausgangspunkt angelangt, allerdings mit dem Unterschied, dass sich die Ökonomie jetzt bereits näher an ihrer neuen Gleichgewichtslage $(\bar{U}; \mu_2)$ befindet als im Punkt 0, so wie es auch in Abbildung 4.2 suggeriert wird. Auch wenn der eben beschriebene Zyklus in der Folge noch ein paar Mal durchlaufen wird, so ist doch die Distanz zu diesem Gleichgewicht nach jedem Durchgang geringer als zuvor; langfristig strebt sie gegen Null.

4.1.3 Akzelerierende Inflation

Wie im vorangegangenen Abschnitt gezeigt, kann eine einmalige Erhöhung der Wachstumsrate der Geldmenge die Arbeitslosenrate allenfalls kurzfristig günstig beeinflussen; langfristig jedoch kehrt letztere stets auf ihr "natürliches" Niveau zurück und das einzige Resultat einer expansiven Geldpolitik besteht in einer Erhöhung der gleichgewichtigen Inflationsrate. Andererseits kann sich die natürliche Arbeitslosenrate aber durchaus auf einem aus gesellschaftspolitischer Sicht inakzeptabel hohen Niveau befinden, so dass sich die Frage stellt, ob sich nicht doch durch geeignetes Eingreifen eine auch dauerhaft vorteilhaftere Situation erreichen lässt. Und auf den ersten Blick scheint Abbildung 4.2. tatsächlich eine Möglichkeit aufzuzeigen, wie die Arbeitslosenrate nachhaltig auf einem Niveau unterhalb von $\bar{U}$ stabilisiert werden könnte. Offenbar muss spätestens zu dem Zeitpunkt, an dem die Inflationsrate die Wachstumsrate der Geldmenge übersteigt, durch eine abermalige Erhöhung des Geldmengenwachstums, etwa auf einen Wert $\mu_3 > \mu_2$, den kontraktiven Wirkungen der Preissteigerungsrate entgegengewirkt werden.

Allerdings zeigt sich bei näherer Betrachtung sehr schnell, dass damit die bereits bekannten Probleme nur hinausgezögert werden, denn früher oder später wird die Preissteigerungsrate auch den Wert μ_3 erreichen und übersteigen. Soll die Arbeitslosenrate weiterhin niedrig gehalten werden, so erfordert dies offenbar eine weitere Erhöhung der Geldmengenwachstumsrate auf ein Niveau $\mu_4 > \mu_3$. Der weitere Verlauf ist damit klar: nur durch fortgesetzte Erhöhungen des Geldmengenwachstums und damit einhergehend immer höheren Preissteigerungsraten kann eine Arbeitslosenrate unterhalb von $\bar{U}$ auf Dauer aufrechterhalten bleiben. Der Preis für eine niedrigere Arbeitslosenrate ist also eine akzelerierende, also eine sich immer weiter beschleunigende, Inflation. Spätestens dann jedoch, wenn letztere das Stadium einer Hyperinflation erreicht hat, kann die Funktionsfähigkeit einer Volkswirtschaft ernsthaft beeinträchtigt werden, etwa dadurch, dass die heimische Währung nicht mehr als Zahlungsmittel akzeptiert wird. Wahrscheinlich aber wird schon in einer weitaus früheren Phase eine derartige Politik an die Grenzen der Akzeptanz stoßen. Dies aber kann nur bedeuten, die Wachstumsrate der Geldmenge zumindest auf einem bestimmten Level einzufrieren, möglicherweise sogar, sie im Zeitablauf wieder zu reduzieren. Damit aber kehrt die Arbeitslosenrate langfristig wieder auf das Niveau $\bar{U}$ zurück.

Eine nachhaltige Politik zur Senkung einer hohen Sockelarbeitslosigkeit muss also an anderer Stelle ansetzen. Konkret sind hierbei diejenigen Faktoren gemeint, welche die Höhe von $\bar{U}$ direkt beeinflussen, wie etwa das Lohnforderungsverhalten der Gewerkschaften. Nur dann, wenn auch bei niedrigeren Arbeitslosenraten die Nominallohnerhöhungen nicht über die erwartete Inflationsrate[2] hinausgehen, ist eine dauerhafte Senkung der Arbeitslosenrate denkbar. Eine Umverteilung des Einkommens zugunsten der Arbeitnehmer, die je nach konkreter Lage der Dinge und politischem Standpunkt eventuell als wünschenswert angesehen werden kann, sollte somit auf anderem Wege (etwa im Rahmen der Steuerpolitik) erfolgen, sollen langfristige "Kollateralschäden" in Form hoher Arbeitslosigkeit oder galoppierender Inflation vermieden werden.

4.2 Textbuch-Wachstumstheorie

Im Folgenden soll nun die Analyse auf die lange Frist ausgedehnt werden, womit insbesondere gemeint ist, dass der Kapazitätseffekt von Investitionen jetzt explizit zu berücksichtigen ist. Um aber zum einen die nachfolgenden Betrachtungen so einfach wie möglich zu halten und zum anderen die Analogie zu den einschlägigen Modellen in diesem Zusammenhang zu wahren, soll hierbei von den gerade diskutierten mittelfristigen Anpassungsprozessen abstrahiert werden. Vielmehr wird davon ausgegangen, dass sich Löhne und Preise stets hinreichend schnell anpassen, um in jeder Periode ein Vollbeschäftigungsgleichgewicht zu gewährleisten. In Abschnitt 4.2.1 wird zunächst die einfachste denkbare Version der Langfristanalyse vorgestellt, in welcher sowohl eine konstante Arbeitsbevölkerung als auch ein gegebener Stand der Technik unterstellt wird. Eine Integration des Bevölkerungswachstums erfolgt dann in Abschnitt 4.2.2. Aus Gründen der Anschaulichkeit wird in beiden Fällen wieder ein zeitdiskreter Modellrahmen verwendet.

4.2.1 Kapitalakkumulation

Ausgangspunkt des im Folgenden zu entwickelnden Solow–Modells ist eine Volkswirtschaft mit neoklassischer Produktionsfunktion F in den Faktoren Arbeit L_t und Kapital K_t. Durch die zusätzliche Annahme der Linearhomogenität kann diese Produktionsfunktion auch in intensiver Form dargestellt werden, wie schon an früherer Stelle ausgeführt wurde:

$$F(K_t, L_t) = L_t F(\frac{K_t}{L_t}, 1) = L_t f(k_t), \tag{4.8}$$

wobei $k_t := \frac{K_t}{L_t}$ die Kapitalintensität bezeichnet und $f(k_t)$ den Pro–Kopf–Output. Wird nun zunächst von einem zeitinvarianten Arbeitsinput, also $L_t =$

---

[2] Im Falle technischen Fortschritts könnten die Lohnsteigerungen um dessen Rate höher ausfallen.

$\bar{L}\ \forall t$ ausgegangen, so stimmt die Wachstumsrate von k_t mit der von K_t überein:

$$\hat{k}_{t+1} := \frac{k_{t+1} - k_t}{k_t} = \frac{\frac{1}{\bar{L}}(K_{t+1} - K_t)}{\frac{1}{\bar{L}}K_t} = \frac{K_{t+1} - K_t}{K_t} =: \hat{K}_{t+1} \tag{4.9}$$

Entscheidend für die weiteren Überlegungen ist nun die bereits eingangs genannte Annahme, dass stets der Vollbeschäftigungsoutput produziert wird und dieser auch absetzbar ist. Die gesamte Ersparnis S_t wird also in voller Höhe am Kapitalmarkt angelegt und dort zu Investitionszwecken nachgefragt. Gleichung (4.9) lässt sich somit fortführen zu:

$$\frac{k_{t+1} - k_t}{k_t} = \frac{K_{t+1} - K_t}{K_t} = \frac{I_t}{K_t} = \frac{S_t - \delta K_t}{K_t} = \frac{S_t}{K_t} - \delta \tag{4.10}$$

Im Unterschied zum bisherigen Vorgehen in diesem Buch wird an dieser Stelle davon ausgegangen, dass den Haushalten stets das gesamte Einkommen zufließt, letzteres also nicht bereits vorab um die Abschreibungen vermindert wird. Auf den Grund für diese Abweichung von der bisherigen Praxis wird weiter unten kurz eingegangen. Die Ersparnis stimmt somit hier mit den Bruttoinvestitionen überein. Zur Ermittlung der Nettoinvestitionen und damit der Veränderung des Kapitalstocks muss die Ersparnis folglich um die Abschreibungen δK_t vermindert werden, so wie in Gleichung (4.10) geschehen.

Der letzte Schritt besteht nun in der Spezifizierung des Sparverhaltens. Hier wird von einer einkommensabhängigen Sparfunktion $S_t = sY_t = sF(K_t, \bar{L})$ ausgegangen, die zudem das einzige keynesianische Element in diesem ansonsten rein neoklassischen Modell darstellt. Dies in (4.10) eingesetzt liefert dann:

$$\begin{aligned} \frac{k_{t+1} - k_t}{k_t} &= \frac{sF(K_t, \bar{L})}{K_t} - \delta = s\frac{F(K_t, \bar{L})}{\bar{L}}\frac{\bar{L}}{K_t} - \delta \\ &= sf(k_t)\frac{1}{k_t} - \delta, \end{aligned} \tag{4.11}$$

woraus durch Multiplikation mit k_t dann der endgültige Zusammenhang

$$k_{t+1} - k_t = sf(k_t) - \delta k_t, \tag{4.12}$$

beziehungsweise

$$k_{t+1} = sf(k_t) + (1 - \delta)k_t, \tag{4.13}$$

resultiert. Grafisch lassen sich die letzten beiden Gleichungen wie folgt darstellen:[3]

[3] An dieser Stelle wird zusätzlich noch die Gültigkeit der beiden sogenannten Inada-Bedingungen $f'(k) \to \infty$ für $k \to 0$ und $f'(k) \to 0$ für $k \to \infty$ angenommen. Die Steigung der Kurve im oberen Teil von Abbildung 4.3. strebt damit mit wachsendem k_t gegen den Wert $1 - \delta$.

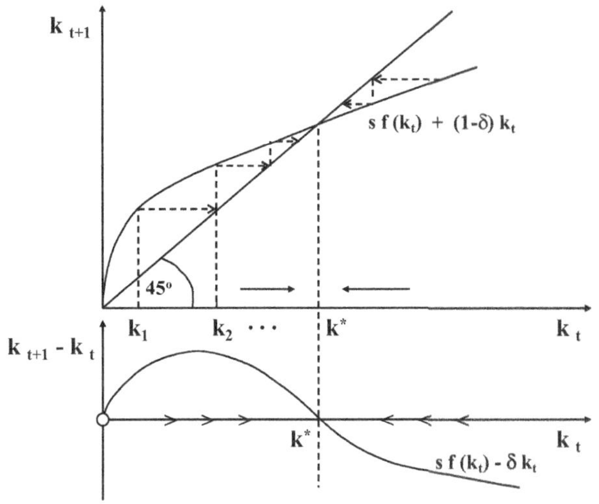

Abb. 4.3. Gleichgewichtsbestimmung und Anpassungspfad im Solow–Modell

Die Volkswirtschaft strebt also im Zeitablauf einem stabilen Gleichgewichtszustand zu, der durch die Kapitalintensität k^* und einen entsprechenden Wert für den Pro–Kopf–Output gekennzeichnet ist. Zudem lassen sich mithilfe von Abbildung 4.3. unmittelbar einige komparativ-statische Ergebnisse ableiten. So verschiebt beispielsweise eine höhere Sparneigung s die "$(sf(k)+(1-\delta)k)$-Kurve" nach oben mit der Konsequenz einer höheren gleichgewichtigen Kapitalintensität k^*, während eine höhere Abschreibungsrate den gegenteiligen Effekt hätte. Abschließend sei noch kurz die Begründung nachgeliefert, weshalb im Rahmen dieses Modells von der bisherigen Praxis abgewichen wurde, das verfügbare Einkommen der Haushalte bereits um die Abschreibungen zu bereinigen. Würde man nämlich hier von einer Sparfunktion der Form $S_t = s(Y_t - \delta K_t)$ ausgehen, so wäre die sich ergebende Gleichgewichtslage durch $Y^* = \delta K^*$ gekennzeichnet, d.h. das gesamte Einkommen würde zur Deckung der Abschreibungen verwendet. Würde man jedoch von vorneherein weitere Effekte wie das Bevölkerungswachstum oder technischen Fortschritt in die Analyse einbeziehen (was hier nur aus Vereinfachungsgründen bisher unterlassen wurde), so würde dieses Kuriosum sofort verschwinden.

4.2.2 Natürliches Wachstum

Die zuletzt angesprochenen Erweiterungsmöglichkeiten sollen hier kurz am Beispiel des Bevölkerungswachstums demonstriert werden. Dazu sei angenommen, dass die Bevölkerung mit der konstanten Rate n im Zeitablauf wächst, also $\hat{L}_t = n \quad \forall t$ gilt. Im Unterschied zum Vorgehen im vorangegangenen Abschnitt ist jetzt die Wachstumsrate der Kapitalintensität $k_t = \frac{K_t}{L_t}$ neu zu bestimmen, da jetzt auch der Nenner einem Wachstumsprozess unterliegt.

Hierzu empfiehlt es sich, in einem ersten Schritt die Wachstumsrate von k_t wie folgt zu approximieren:

$$\begin{aligned}\hat{k}_{t+1} &= \frac{k_{t+1}-k_t}{k_t} \approx \ln\left(1+\frac{k_{t+1}-k_t}{k_t}\right) = \ln\left(\frac{k_{t+1}}{k_t}\right)\\ &= \ln(k_{t+1}) - \ln(k_t),\end{aligned} \tag{4.14}$$

wobei die Approximation durch Anwendung der bekannten Näherungsformel für den Logarithmus $\ln(1+x) \approx x$ für hinreichend kleine Werte von x zustandekommt, die hier lediglich von rechts nach links gelesen wurde. Als nächstes ist jetzt der Zusammenhang

$$\ln(k_t) = \ln\left(\frac{K_t}{L_t}\right) = \ln(K_t) - \ln(L_t) \tag{4.15}$$

zu berücksichtigen, der sich direkt aus der Definition von k_t und den bereits zuvor angewandten Rechenregeln für Logarithmen ergibt. Da Gleichung (4.15) natürlich für alle Werte von t und somit u.a. auch für $t+1$ gelten muss, lässt sich die Differenz zwischen $\ln(k_{t+1})$ und $\ln(k_t)$ (und damit gemäß (4.14) approximativ die Wachstumsrate von k_t) folgendermaßen berechnen:

$$\begin{aligned}\ln(k_{t+1}) &= \ln(K_{t+1}) - \ln(L_{t+1}) \qquad &|1\\ \ln(k_t) &= \ln(K_t) - \ln(L_t) \qquad &|(-1)\end{aligned}$$

$$\Rightarrow \underbrace{\ln(k_{t+1}) - \ln(k_t)}_{\approx \hat{k}_{t+1}} = \underbrace{\ln(K_{t+1}) - \ln(K_t)}_{\approx \hat{K}_{t+1}} - \underbrace{(\ln(L_{t+1}) - \ln(L_t))}_{\approx \hat{L}_{t+1} = n} \tag{4.16}$$

Die Wachstumsrate von k_t ergibt sich also approximativ aus der Differenz zwischen den Wachstumsraten von K_t und L_t. Dies aber bedeutet, dass Gleichung (4.11) aus Abschnitt 4.2.1 nahezu unverändert übernommen werden kann; es ist lediglich auf der rechten Seite nun zusätzlich die Wachstumsrate von L_t, also n, in Abzug zu bringen. Anstelle von (4.12) bzw. (4.13) ergibt sich somit:

$$k_{t+1} - k_t = sf(k_t) - (\delta + n)k_t, \tag{4.17}$$

beziehungsweise

$$k_{t+1} = sf(k_t) + (1 - \delta - n)k_t. \tag{4.18}$$

Damit ist aber auch die grafische Repräsentation zur Bestimmung des Gleichgewichts und des Anpassungsprozesses qualitativ von gleicher Gestalt wie Abbildung 4.3. in Abschnitt 4.2.1. Es ist lediglich zu berücksichtigen, dass die Lage der Kurven jetzt eben auch von der Bevölkerungswachstumsrate n mitbeeinflusst wird, die in gleicher Weise wie die Abschreibungsrate δ auf die Gleichgewichtslage einwirkt. Der wesentliche Unterschied zum Fall ohne

Bevölkerungswachstum ist darin zu sehen, dass jetzt die Niveaugrößen Y_t und K_t auch im Gleichgewicht im Zeitablauf wachsen, und zwar beide mit der Rate des Bevölkerungswachstums, n. Dies ergibt sich unmittelbar aus der Konstanz der Kapitalintensität $k = \frac{K}{L}$ und des Pro–Kopf–Outputs $\frac{Y}{L}$ im Steady State.

Auch bezüglich des neuen Parameters n lässt sich nun eine komparativ-statische Untersuchung vornehmen. So bewirkt ein Anstieg der Bevölkerungswachstumsrate eine niedrigere Kapitalintensität und damit auch einen geringeren Pro–Kopf–Output im neuen Steady State. Dies kommt daher, dass im alten Gleichgewicht die Ersparnis einer Periode nicht mehr ausreicht, um den Kapitalstock mit der gleichen Rate wachsen zu lassen, mit der jetzt – nach der Erhöhung von n – die Bevölkerung wächst. Infolgedessen nimmt nun die Kapitalintensität solange ab, bis ein Wert erreicht ist, der in der Zeit aufrechterhalten werden kann.

Abschließend soll noch kurz auf einen Schwachpunkt der bisherigen Modellstruktur hingewiesen werden, der darin besteht, dass – egal ob mit Bevölkerungswachstum oder ohne – das Gleichgewicht stets dadurch charakterisiert ist, dass der Pro–Kopf–Output konstant bleibt. Eine Veränderung dieser Größe findet nur während des Anpassungsprozesses statt. Dies lässt sich jedoch nur schwer damit in Einklang bringen, dass in der Realität das Sozialprodukt pro Kopf auch langfristig zunimmt, zumindest in den meisten Ländern. Der Grund für diese Diskrepanz besteht darin, dass technischer Fortschritt bisher nicht berücksichtigt worden ist. Bezieht man diesen (in geeigneter Form) in das Modell ein, so ergibt sich eine dynamische Gleichgewichtslage, in welcher sowohl Kapitalintensität als auch Pro–Kopf–Output im Zeitablauf zunehmen. Durch eine Neudefinition der beteiligten Variablen lässt sich das Modell aber unter formalen Gesichtspunkten wieder in die gleiche Form wie im vorliegenden Abschnitt bringen. Die Details einer solchen Reformulierung des Ansatzes mithilfe sogenannter "Effizienzeinheiten" werden in Kapitel 6 näher beschrieben.

4.3 Ausblick: Die keynesianische Theorie der Beschäftigung, der Inflation und des Wachstums

Wie die bisherigen Überlegungen gezeigt haben, scheinen sich in der mittleren und langen Frist stets die Angebotskräfte in einer Volkswirtschaft durchzusetzen. Faktoren wie etwa die aggregierte Nachfrage und ihre Determinanten scheinen damit allenfalls kurzfristig von Bedeutung zu sein. Bei genauem Hinsehen allerdings wird rasch deutlich, dass in beiden Fällen (also bei der mittelfristigen wie der langfristigen Erweiterung) bereits die kurze Frist gar nicht durch das zuvor entwickelte IS-LM-Modell in seiner Normalform (im Sinne von normal geneigter IS– und LM-Kurve) gekennzeichnet war. Von daher kann es kaum verwundern, dass Nachfrageaspekte auch auf längere Sicht nicht zum Tragen kamen.

Somit drängt sich die Frage auf, welche Konsequenzen sich bei einer konsequenten Weiterentwicklung des in Kapitel 3 entwickelten Modellrahmens ergeben würden. Für die Analyse der mittleren Frist würde dies bedeuten, dass anstelle der Neoquantitätstheorie von einer normal geneigten LM-Kurve (und somit einer variablen Umlaufgeschwindigkeit der Geldmenge) auszugehen wäre. Wie im nächsten Kapitel näher ausgeführt wird, würde dies alleine aber dennoch nicht wesentlich über die bereits dargestellten Abläufe hinausführen. Berücksichtigt man allerdings noch den Tatbestand, dass nicht nur die Preisniveaudynamik, sondern auch die Investitionen von der erwarteten Inflationsrate abhängen, so zeigt sich, dass die Stabilität des mittelfristigen Gleichgewichts nicht länger garantiert ist. Stattdessen sind jetzt konstante Zyklen um die mittelfristige Gleichgewichtslage nicht mehr auszuschließen.

Ähnliches gilt für die Analyse der langen Frist, die ebenfalls von kurzfristigen IS-LM-Gleichgewichten ihren Ausgangspunkt nehmen müsste. Ebenso müsste sie den gerade angesprochenen mittelfristigen Anpassungsprozessen Rechnung tragen, die natürlich im Wachstumskontext noch entsprechend zu modifizieren sind (etwa durch mögliche Einflüsse des Auslastungsgrades der Unternehmen auf die Bestimmung des Preisniveaus). Wie in Kapitel 6 gezeigt wird, werden im Lichte dieser Erweiterungen monotone Anpassungsprozesse wie im Rahmen des in Abschnitt 4.2 kurz angesprochenen Solow–Modells eher unwahrscheinlich. Stattdessen ergeben sich auch in der langen Frist eher zyklische Verläufe.

Teil II

Makroökonomik für Fortgeschrittene

5

Keynesianische Inflationstheorie: Die mittlere Sicht

Während wir im ersten Teil dieses Buches die Analyse und Schlussfolgerungen bzgl. der Funktionsweise einer modernen Volkswirtschaft und der Konsequenzen von Geld- und Fiskalpolitik in der kurzen Frist darstellten, ist unser Ziel in diesem zweiten Teil eine ausführliche und konsistente Darstellung dieser Zusammenhänge für die mittlere Frist zu liefern.

Die vorzunehmenden Erweiterungen der behandelten Kurz-Frist Modelle werden, wie wir sehen werden, weitreichende Konsequenzen haben, da viele Eigenschaften der analysierten kurzfristigen Gleichgewichte (egal ob diese Voll- oder Unterbeschäftigungssituationen implizierten) der Tatsache geschuldet sind, dass sich einige Nominal- und Real-Größen wie der Nominallohn, das Preisniveau und die erwartete Inflationsrate, nicht beliebig schnell anpassen (können). In den nun zu betrachtenden theoretischen Modellen der mittleren Frist wird dies jedoch möglich sein, so dass neben stabilisierenden und destabilisierenden Effekten auch eine dynamische Ruhelage sichtbar wird, also eine Art spezielles temporäres Gleichgewicht, dessen reale Größen wie Einkommen, Beschäftigung, Reallohn und reale Geldmenge auch angesichts der mittelfristigen Dynamik unverändert bleiben.

Weiterhin konstant gehalten werden in der Analyse dieses Kapitels indes die Bestände der Produktionsfaktoren, also von Arbeitskräftepotenzial und Kapital. Ihre Veränderungen in der Zeit – wie etwa Bevölkerungswachstum oder Zunahme des Kapitalstocks infolge der Nettoinvestitionen (Kapazitätseffekt) – werden Thema des 6. Kapitels sein.

Ein besonderer Schwerpunkt der Ausführungen dieses Kapitels wird die Rolle der Erwartungen der Wirtschaftssubjekte, und insbesondere deren Erwartungen bzgl. zukünftiger Inflationsentwicklungen sein. Wie wir sehen werden, wirft eine konsistente Einbindung ihrer Rolle in ein erweitertes IS-LM Modell mit graduellen Lohn- und Preisanpassungen eine völlig andere Perspektive auf die mittelfristige Dynamik einer Volkswirtschaft auf und macht darüberhinaus deutlich, wie wichtig die Rolle des Staates (durch die adequate Durchführung insbesondere von Geldpolitik) als Stabilisierungsfaktor ist.

Im folgenden werden wir als Einstieg in die Analyse der mittleren Sicht zunächst das monetaristische Basismodell behandeln, welches, wie wir noch sehen werden, in vielem neoklassische Züge trägt und im Endeffekt sogar als mittelfristige Erweiterung des neoklassischen Basismodells aufgefasst werden kann. Demgegenüber wird als nächstes ein IS–LM–Modell der mittleren Sicht (IS–LM–PC–Modell) vorgestellt, wobei sich die Darstellung zunächst an Dornbusch/Fischer (1995), orientieren wird. Dies, jedoch, wird nicht das Ende unserer Ausführungen darstellen, da, wie wir sehen werden, eine solche Erweiterung des IS-LM Modells von einem wesentlichen Sachverhalt, nämlich von der Rolle der Inflationserwartungen, abstrahiert. In einer entsprechend korrigierten und um einen weiteren empirischen Sachverhalt angereicherten Version des IS-LM Modells der mittleren Frist werden wir dann deutlich machen, dass eine mittelfristige Analyse einer Volkswirtschaft nur umfassend sein kann, wenn die Dynamik der Inflationserwartungen der Wirtschaftssubjekte voll in das Modell integriert ist.

Als nächstes werden wir zwei Erweiterungen dieses Ansatzes diskutieren. Zum Einen werden wir, wie in neueren Textbücher wie Carlin / Soskice (2005), die Rolle von Geldpolitik durch eine Zinssteuerungsregel anstatt der vorhin unterstellten Geldmengensteuerung diskutieren. Zum anderen werden wir, durch die Unterscheidung zwischen einem kurz– und einem langfristigen Zinssatz, die Komplexität der Transmissionsmechanismen in einer modernen Volkswirtschaft verdeutlichen. Abschließend wird ein Alternativmodell vorgestellt, welches sich von den vorangegangenen Ansätzen vor allem durch eine andere Art der Lohn– und Preisbestimmung unterscheidet und dadurch auch zu deutlich anderen Schlussfolgerungen gelangt. Damit soll u.a. demonstriert werden, dass bestimmte, in der Makrotheorie wie in der wirtschaftspolitischen Diskussion häufig anzutreffende Argumentationsmuster keineswegs so zwangsläufig sind, wie mitunter suggeriert wird.

5.1 Output, Inflation und Inflationserwartungen: Grundbausteine

Mittelfristige Preis- und Mengendynamik im Sinne einer angebotsorientierten theoretischen Sichtweise, wie z.B. im Mankiw (2003) und Blanchard / Illing (2006) zu finden ist, lässt sich am einfachsten anhand des monetaristischen Basismodells darstellen, da dieses auf nur wenigen elementaren Bausteinen beruht, die auch oft mit einfachen empirischen Regularitäten in Verbindung gebracht werden. Bevor dieses Modell in seinen wichtigsten Implikationen im folgenden untersucht werden wird, werden in den nächsten Abschnitten seine Bausteine eingeführt und diskutiert werden und werden wir Alternativen zu diesen Strukturgleichungen darstellen. Diese werden in den darauffolgenden keynesianischen Modifikationen des monetaristischen Basismodells Verwendung finden, wo wir schrittweise verdeutlichen wollen, dass die Implikationen des letzteren auf viel zu engen Annahmen beruhen und deshalb bei einer keynesianischen Reformulierung der mittelfristigen Preis-Mengen-Dynamik erhebliche Veränderungen erfahren werden. Es ist wichtig, dass der Leser sich mit den folgenden Alternativvorstellungen zu Phillipskurve, Okuns Gesetz und Inflationserwartungen sehr vertraut macht, damit Modellveränderungen auf dieser Basis ihm jeweils schon geläufig sind und die Modelltypen des gegenwärtigen Kapitels keine Orientierungsschwierigkeiten hervorrufen.

5.1.1 Der Monetarismus und die Quantitätstheorie des Geldes

Wie wir bereits in den Betrachtungen zur Geld– und Fiskalpolitik im Rahmen des IS–LM–Modells gesehen haben, hängt deren jeweilige Wirksamkeit bei gegebenem Kassenhaltungskoeffizienten und gegebener marginaler Konsumneigung entscheidend von den Steigungen der beiden Kurven ab, die ihrerseits nunmehr die jeweils unterstellte Zinselastizität der Geld– und Investitionsgüternachfrage widerspiegeln. Dabei gingen (früh–) keynesianische Ansätze von einer sehr flachen LM– und einer steilen IS–Kurve aus, was im theoretischen Extremfall auf die Konstellation einer 'Investitionsfalle' (vertikale IS–Kurve) und einer 'Liquiditätsfalle' (horizontale LM–Kurve) hinausläuft, wobei bereits jeweils eine der beiden Situationen ausreicht, um keynesianische Ergebnisse in 'Reinform' (wie z.B. das Lohnparadox) zu erhalten. Entscheidend ist dabei in beiden Fällen ein Versagen des Zinsmechanismus, sei es, dass die Investitionen auf etwaige Zinsänderungen gar nicht reagieren (was z.B. in einer starken Rezession der Fall sein könnte, wo die Absatzerwartungen der Investoren derartig schlecht sind, dass auch Verbesserungen auf der Finanzierungsseite in Form sinkender Kapitalkosten nicht ausreichen, um die Investitionstätigkeit zu beleben), sei es, dass Zinsänderungen infolge etwaiger Veränderungen der Geldmenge oder des Preisniveaus überhaupt nicht zustande kommen, weil bei einer Unterschreitung der Minimalverzinsung kein Wirtschaftssubjekt (aus dem privaten Sektor) mehr bereit wäre, Bonds zu halten mit der Konsequenz, dass ein bond– und geldmarkträumender Zinssatz unterhalb dieser Schwelle nicht existiert und der Zinssatz selbige somit nicht unterschreiten kann. In den betrachteten Fällen erwies sich daher die Geldpolitik als völlig wirkungslos, wohingegen Fiskalpolitik in voller Höhe des einfachen Multiplikators wirkte.

Genau die gegenteilige Situation ergibt sich hingegen, wenn infolge einer sehr geringen Zinssensitivität der Geldnachfrage die LM–Kurve nahezu vertikal und aufgrund einer sehr hohen Zinselastizität der Gütermarktnachfrage die IS–Kurve nahezu horizontal verläuft. Hier hat Fiskalpolitik so gut wie keinen expansiven Effekt, wohl aber die Geldpolitik. Eine solche Konstellation deutet bereits die Richtung an, in die monetaristische Ansätze mit Blick auf die kurze Sicht (diese Einschränkung ist wichtig!) gehen. Dies soll im Folgenden anhand einer Reformulierung der vorangegangenen Überlegungen in Form der Fisher'schen Geldverkehrsgleichung verdeutlicht werden.

Diese stellt in ihrer allgemeinen Form,

$$\nu M = pY, \tag{5.1}$$

die Beziehung zwischen Geldmenge M, Umlaufgeschwindigkeit ν sowie Preisniveau p und realem Output Y dar. Nach ν aufgelöst, definiert sie sehr anschaulich die Umlaufgeschwindigkeit als nominales Transaktionsvolumen pro Geldeinheit[1] ($\frac{pY}{M}$). Unter Zugrundelegung dieser Definition repräsentiert diese Gleichung trotz ihrer auffallenden Ähnlichkeit zur neoklassischen Quantitätstheorie einen Zusammenhang, der immer erfüllt sein muss. Die Unterschiede in den bisher vorgestellten theoretischen Ansätzen schlagen sich dementsprechend auch nicht in der Akzeptanz oder Ablehnung dieser Beziehung, sondern vielmehr darin nieder, welche Größen in dieser Gleichung jeweils als konstant bzw. von der Geldmenge unabhängig angesehen werden und welche nicht.

Die quantitätstheoretische Interpretation: Die erwähnte Quantitätstheorie nimmt eine konstante Umlaufgeschwindigkeit ν in Gleichung (5.1) an. Betrachtet man das neoklassische Basismodell und unterstellt zudem eine jeweils sofortige Anpassung von Preisen und Löhnen (mit dem Resultat einer durchgängig senkrechten Y^s-Kurve), so ist weiterhin auch der reale Output Y bereits durch das Arbeitsmarktgleichgewicht vorherbestimmt, so dass in Gleichung (5.1) nur noch die Geldmenge und das Preisniveau als Variablen übrigbleiben. Jede Veränderung der Geldmenge schlägt sich daher ausschließlich in einer prozentual gleichen Steigerung des Preisniveaus nieder, ohne an den realen Größen (realer Output, Beschäftigung und Reallohn) irgendetwas zu ändern. Dies war das zentrale Resultat der klassischen Quantitätstheorie, welches auch unter den Bezeichnungen 'klassische Dichotomie' (Zweiteilung zwischen realem und monetärem Sektor), 'Neutralität des Geldes' oder 'Geldschleier' (Geld liegt wie ein Schleier über dem realen Geschehen, ohne dieses zu beeinflussen) bekannt ist.

Die keynesianische Interpretation: Demgegenüber geht der keynesianische Ansatz implizit von einer variablen Umlaufgeschwindigkeit aus. Steigt beispielsweise infolge einer fiskalischen Expansion bei konstanter Geldmenge und konstantem Preisniveau der gleichgewichtige Output, so ist dies nach Gleichung (5.1) nur bei einer gleichzeitigen Erhöhung der Umlaufgeschwindigkeit möglich. Bleibt demgegenüber bei Vorliegen der Liquiditätsfalle eine Geldmengenerhöhung in Bezug auf das Gleichgewichtseinkommen wirkungslos, so muss bei weiterhin konstantem Preisniveau eine entsprechende Senkung der Umlaufgeschwindigkeit die gestiegene Geldmenge gerade kompensieren. Ginge man dagegen – ähnlich wie die Quantitätstheorie – von einer – zumindest weitestgehend – konstanten Umlaufgeschwindigkeit aus, so müsste eine Erhöhung der Geldmenge gemäß Gleichung (5.1) zwangsläufig eine Wirkung auf das nominale Einkommen pY haben.

Genau dies wird von Friedman und der maßgeblich durch ihn geprägten monetaristischen Denkweise angenommen. Zwar geht er nicht so weit, zu behaupten, das Geldangebot sei die einzige Bestimmungsgröße des Nominaleinkommens – eine gewisse Variabilität der Umlaufgeschwindigkeit wird also auch

---

[1] Vgl. Malliaropulos (1994, S.3).

von ihm zugestanden –, wohl aber sieht er das Geldangebot als dominierenden Einflussfaktor an, so dass die Unterstellung einer völlig konstanten Umlaufgeschwindigkeit als zulässige Approximation des Friedman'schen Ansatzes interpretiert werden kann.[2] Im IS-LM-Kontext ergibt sich, wie bereits gesagt, eine vergleichbare Konstellation im Fall einer senkrechten LM-Kurve, was auch formal sofort ersichtlich wird, wenn aus Gleichung (3.11) der zinsabhängige Block $(h_0 - h_1 r)$ entfernt wird. Übrig bleibt als Geldmarktgleichgewichtsbedingung dann nur $M/p = M^d/p = kY$, also ein rein quantitätstheoretischer Zusammenhang. Wie bereits an früherer Stelle ausgeführt, führt Fiskalpolitik in diesen Situationen zu einem totalen Crowding-out, d. h. in Höhe der zusätzlichen Staatsausgaben werden über die steigenden Zinsen private Investitionen verdrängt, so dass sich nur die Verwendung des Einkommens ändert, nicht aber seine Höhe. Demgegenüber bewirkt eine Erhöhung des Geldangebots, beispielsweise eine Verdopplung desselben, auch eine Verdopplung des IS-LM-Gleichgewichtsoutputs und damit eine Verdopplung der aggregierten Nachfrage zum gegebenen Preisniveau.

Als nächstes stellt sich die Frage, wie sich der geschilderte nachfrageseitige Impuls einer Erhöhung des Geldangebots nun auf Preisniveau und Output verteilt. Man erinnere sich, dass die klassische Quantitätstheorie, die durch Friedmans Annahmen einer (nahezu) konstanten Umlaufgeschwindigkeit zu einem guten Teil wiederhergestellt erscheint, diese Frage in Richtung auf eine ausschließliche Wirkung auf das Preisniveau beantwortet. Beim monetaristischen Ansatz hingegen ist es von entscheidender Bedeutung, hier zwischen der kurzen und der langen Frist zu unterscheiden:

- Kurzfristig ergibt sich eine expansive Wirkung sowohl auf das Preisniveau als auch auf den Output, also in der Tendenz das gleiche Resultat, das sich beim neoklassischen Basismodell im Falle eines fixen Nominallohns oder auch einem 'gemäßigten' keynesianischen Ansatz, d.h. bei Abwesenheit einer Investitions- oder Liquiditätsfalle, ergäbe, auch wenn die monetaristische Begründung in diesem Zusammenhang eine andere ist.
- Langfristig gesehen verbleibt jedoch allein ein Preiseffekt, während der Output arbeitsmarktseitig durch die noch vorzustellende sogenannte 'natürliche Arbeitslosenrate (NAR)' bestimmt ist. Langfristig ergibt sich somit wieder der klassische 'Geldschleier', allerdings – wie wir noch sehen werden – in Gestalt einer sog. 'Superneutralität des Geldes', die sich auf die reale Wirkungslosigkeit der Wachstumsrate der Geldmenge anstelle ihres Niveaus bezieht.

Die Gründe für diese Unterscheidung zwischen kurz- und langfristigen Effekten der Geldpolitik können erst im Zusammenhang mit der (erweiterten) Phillipskurve und der Art der Erwartungsbildung der Wirtschaftssubjekte (konkret der Arbeitnehmer) diskutiert werden. Dennoch lässt sich bereits an

[2] Vgl. Froyen (1993, S.264), an dem sich auch die übrigen Ausführungen teilweise orientieren.

dieser Stelle noch eine weitere naheliegende Frage ansprechen: Wenn eine expansive Geldpolitik kurzfristig reale Effekte hat, langfristig dagegen nicht, wird ein sich selbst überlassener privater Sektor nach einem exogenen (also z.B. durch die Notenbank verursachten) monetären Schock von selbst wieder zum langfristigen Gleichgewicht zurückkehren oder nicht? Diese Frage wird vom Monetarismus eindeutig bejaht, und damit wird bereits eine dem Keynesianismus diametral zuwiderlaufende Sichtweise deutlich: Ging letzterer davon aus, dass ein Schock nicht endogen und rasch verarbeitet wird, sondern – u.a. unterstützt durch eine starke Instabilität der Geldnachfragefunktion – längere Depressionslagen oder auch zyklische Schwankungen zur Folge haben kann, wobei ein solcher Schock zudem auch aus dem privaten Sektor selbst kommen kann (z.B. über die Investitionsnachfrage), geht der Monetarismus von einer inhärenten Stabilität des privaten Sektors aus. Die Ursachen für mögliche Abweichungen vom 'Normal– oder Potenzialoutput' (der nach Diskussion der Phillipskurve im Zusammenhang mit Okuns Gesetz näher erläutert wird) liegen nach dieser Auffassung somit nicht im privaten Sektor, sondern in einer unstetigen und damit verfehlten Geldpolitik der Notenbank und damit beim Staat[3]. Spätere Betrachtungen in diesem Kapitel werden indes zeigen, dass selbst bei Übernahme wichtiger Bausteine des monetaristischen Basismodells dieses Stabilitätsresultat keineswegs zwangsläufig ist.

Bevor abschließend noch auf eine praktische Anwendung der vorgestellten Neoquantitätstheorie eingegangen wird, sollen deren wesentliche Aussagen noch einmal stichpunktmäßig zusammengefasst werden:

1. Die Umlaufgeschwindigkeit des Geldes ist (näherungsweise) konstant:
$$\bar{\nu}M = pY. \tag{5.2}$$
Man beachte, dass sich hieraus in Wachstumsraten ausgedrückt $\widehat{\bar{\nu}} + \widehat{M} = \widehat{M} = \widehat{p} + \widehat{Y}$ ergibt, bzw. mit $\widehat{M} =: \mu$ und $\widehat{Y} =: \gamma$ die Wachstumsformel $\mu = \widehat{p} + \gamma$. Der monetaristischen Empfehlung folgend sei dabei die Wachstumsrate der Geldmenge als konstant angenommen ($\mu = \bar{\mu}$), so dass mit
$$\bar{\mu} = \widehat{p} + \gamma \tag{5.3}$$
der erste Baustein des später zu diskutierenden monetaristischen Basismodells vorliegt.
2. Ein monetärer Schock beeinflusst kurz- bis mittelfristig sowohl die Preise als auch den Output, langfristig dagegen bleibt ein reiner Preiseffekt übrig.
3. Der private Sektor ist inhärent stabil, findet also nach einem exogenen Schock (sofern nicht permanent neue folgen) selbständig zu seiner langfristigen Gleichgewichtslage zurück. Insbesondere ist die Geldnachfragefunktion stabil, wohingegen die (Früh–)Keynesianer von erratischen Schwankungen derselben ausgingen.

---
[3] Konsequenterweise empfiehlt Friedman (1969, S.45-47) daher eine konstante, am Wachstum des realen Outputs orientierte Wachstumsrate der Geldmenge, um eben solche Schwankungen von der Volkswirtschaft fernzuhalten.

Exkurs: Die Quantitätstheorie in ökonometrischen Modellen

Abschließend soll exemplarisch der Einfluss der neuen Quantitätstheorie auf die praktische Geldpolitik aufgezeigt werden. Hierbei geht es um die Gestalt der entsprechenden Gleichung in ökonometrischen Modellen, die von Notenbanken in der Realität verwendet werden, um daraus letztlich eine Beziehung zwischen gleichgewichtigem Preisniveau (p_t^*) und Geldmenge (M_t) abzuleiten und ihre künftige Geldpolitik daran ausrichten zu können (sog. p–Stern–Konzepte). Die folgende Darstellung stützt sich dabei auf Malliaropulos (1994), der zunächst das 'Federal–Reserve–Board–Modell' und das 'Bundesbank–Modell'[4] gegenüberstellt. Hierbei geht das FED–Modell von dem beschriebenen quantitätstheoretischen Ansatz aus, wobei, um eine lineare Schätzgleichung zu bekommen, die logarithmierte Version verwendet wird:

$$\ln(M_t) = \beta_0 + \ln(p_t) + \ln(Y_t) + u_t.$$

Während in diesem Modell also eine stationäre Umlaufgeschwindigkeit ($\nu^* = -\beta_0$, vgl. das Folgende) angenommen wird, lässt sich in den meisten Industrieländern ein negativer stochastischer Trend derselben beobachten. Deswegen geht die Bundesbank von einem leicht modifizierten Ansatz aus:

$$\ln(M_t) = \beta_0 + \ln(p_t) + \beta_2 \ln(Y_t) + u_t$$

Hat der Störterm u_t den Erwartungswert Null, so hängt das gleichgewichtige Preisniveau in der folgenden Weise von Y_t und M_t ab:

$$\ln(p_t^*) = -\beta_0 - \beta_2 \ln(Y_t^*) + \ln(M_t).$$

Y_t^* ist dabei der Potenzialoutput, der sich über eine Produktionsfunktion und Zugrundelegung der 'natürlichen' Arbeitslosenrate in Abhängigkeit von Arbeitskräfteangebot und Kapitalstock in t bestimmen lässt. Für die gleichgewichtige Umlaufgeschwindigkeit ν^* gilt via

$$\ln(\nu_t^*) = \ln(p_t^*) + \ln(Y_t^*) - \ln(M_t)$$

dann:

$$\ln(\nu_t^*) = -\beta_0 + (1 - \beta_2) \ln(Y_t^*).$$

Da der Potenzialoutput nun einen steigenden Trend aufweist und $\beta_2 > 1$ gilt, wie empirische Tests ergeben haben, ist ν_t^* somit mit einem langfristigen Abwärtstrend behaftet. Die extreme quantitätstheoretische Annahme einer stationären Umlaufgeschwindigkeit ist hier also durch die Berücksichtigung des langfristigen Trends abgeschwächt worden. Andererseits ist, wie die letzte Gleichung gezeigt hat, die gleichgewichtige Umlaufgeschwindigkeit immer noch von der jeweiligen Geldmenge unabhängig.

---

[4] Vgl. dazu auch: Monatsbericht der Deutschen Bundesbank, Januar 1992: Zum Zusammenhang zwischen Geldmengen- und Preisentwicklung in der Bundesrepublik Deutschland.

Hier geht nun Malliaropulos in seinem eigenen Modell noch einen Schritt weiter, indem er auch den Parameter für das Preisniveau frei schätzt und diesen nicht, wie die beiden anderen Ansätze, von vornherein auf den Wert 1 fixiert. Somit gelangt er zu dem allgemeinen Ansatz

$$\ln(M_t) = \beta_0 + \beta_1 \ln(p_t) + \beta_2 \ln(Y_t) + u_t,$$

der in Bezug auf das gleichgewichtige Preisniveau zu

$$\ln(p_t^*) = \frac{1}{\beta_1}(-\beta_0 - \beta_2 \ln(Y_t) + \ln(M_t))$$

und hinsichtlich der gleichgewichtigen Umlaufgeschwindigkeit zu

$$\ln(\nu_t^*) = -\frac{\beta_0}{\beta_1} + \left(1 - \frac{\beta_2}{\beta_1}\right) \ln(Y_t^*) - \left(1 - \frac{1}{\beta_1}\right) \ln(M_t)$$

führt. Für $\beta_1 > 1$ hat nun eine Erhöhung des Geldangebots sowohl einen (positiven) Preiseffekt als auch einen (negativen) Effekt auf die Umlaufgeschwindigkeit, wobei sich letzteres auch als Liquiditätsanstieg interpretieren lässt. Malliaropulos erklärt das damit, dass Geldpolitik nicht nur einen langfristigen Einfluss auf die Güterpreise, sondern auch auf die Preise von Finanzanlagen, z.B. Aktienkurse, hat und damit langfristig auch eine größere Liquidität benötigt wird, um die damit verbundenen Transaktionen abzuwickeln. Im Unterschied zur Quantitätstheorie geht hier also eine monetäre Expansion auch langfristig nicht zu 100% in die Preise, sondern wird teilweise durch eine Senkung der gleichgewichtigen Umlaufgeschwindigkeit 'absorbiert'. Andererseits hat auch im Ansatz von Malliaropulos Geld keinen langfristigen realen Effekt, da der Potenzialoutput Y_t^* bereits über die Produktionsfunktion und das Faktorangebot bestimmt ist.

5.1.2 Die Lohn–Phillipskurve

Im vorigen Abschnitt haben wir darauf hingewiesen, dass aus monetaristischer Sicht die kurz– und langfristigen Folgen einer Geldmengenerhöhung getrennt zu betrachten sind und sich bezüglich ihres Ergebnisses deutlich unterscheiden. Den entscheidenden Beitrag zur Erklärung dieses Zusammenhangs – und damit den nächsten Baustein des monetaristischen Basismodells – liefert die sog. 'Phillipskurve', die auf eine empirische Studie von A.W. Phillips zurückgeht, die dieser über den Zusammenhang zwischen der Wachstumsrate der Nominallöhne und der Arbeitslosenrate in Großbritannien erstellte und 1958 veröffentlichte. Die Untersuchung umfasste den Zeitraum von 1861 bis 1957 und lieferte folgendes Bild:[5]

[5] Aus: A.W. Phillips (1958): The Relation Between Unemployment and the Rate of Change of Money Wage Rates in the United Kingdom, 1861 – 1957 (S.285).

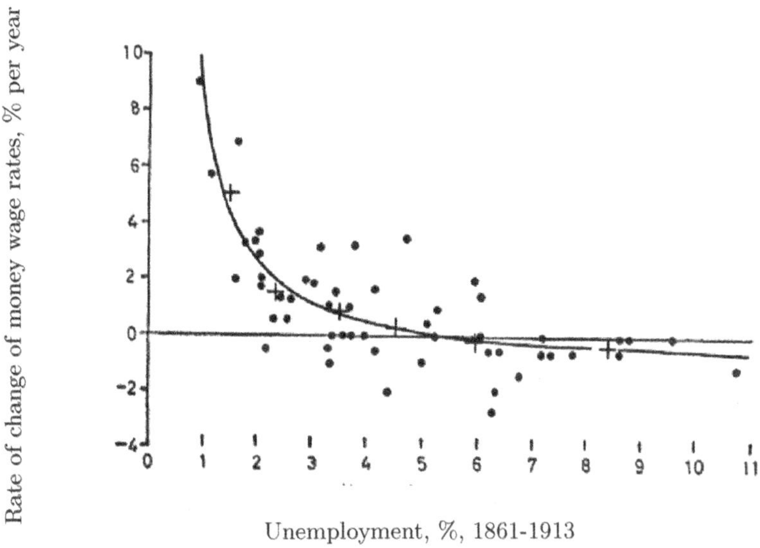

Abb. 5.1. Die Original-Phillips-Kurve

Hiernach besteht also ein negativer, nichtlinearer Zusammenhang zwischen der Wachstumsrate des Nominallohns und der Arbeitslosenrate, wobei die Löhne bei einer Arbeitslosenrate von etwa 5,5% gerade konstant bleiben. Neben dieser empirischen Korrelation waren es jedoch auch die Versuche einer theoretischen Fundierung, die zu einer raschen Verbreitung der Phillipskurve in ökonomischen Modellen beitrugen. Eine der ersten Erklärungen dieser Art stammt von Lipsey (1960) und beruht zum einen auf der (naheliegenden) Annahme, dass die Nominallöhne infolge einer Überschussnachfrage auf dem Arbeitsmarkt (die natürlich auch negativ sein kann) zu steigen beginnen, wobei zwischen dieser Steigerungsrate und der Überschussnachfrage ein linearer Zusammenhang unterstellt wird. Demgegenüber wird von einer negativen nichtlinearen Beziehung zwischen Überschussnachfrage auf dem Arbeitsmarkt und Arbeitslosenrate ausgegangen, wobei der Kurvenverlauf qualitativ dem der Phillipskurve in Fig. 5.1. entspricht. Begründet wird dieser Zusammenhang damit, dass auch bei 'Arbeitsmarkträumung' eine positive Arbeitslosenrate vorliegt (mit Blick auf die Original–Phillipskurve gerade 5,5%), die einfach daraus resultiert, dass aus diversen Gründen (Informations– oder Mobilitätsmangel) auch bei Vorliegen des gleichgewichtigen Lohnsatzes nicht alle offenen Stellen besetzt werden können. Des Weiteren wird unterstellt, dass auch bei hoher Überschussnachfrage am Arbeitsmarkt , die sich so gesehen auch als Überhang offener Stellen im Vergleich zur Zahl der Arbeitslosen interpretieren lässt, die Arbeitslosenrate zwar sinkt, aber nicht Null wird; dies erklärt den nichtlinearen Verlauf der Kurve. Substituiert man nun aufgrund des erwähnten positiven linearen Zusammenhangs die Überschussnachfrage am

Arbeitsmarkt durch die dadurch induzierten Lohnsteigerungen, erhält man die Phillipskurve.

Zu beachten ist, dass Lipsey selbst diese Überlegungen zunächst in Bezug auf einen beliebig herausgegriffenen Teilarbeitsmarkt anstellte und anschließend eine Aggregation vornahm. Deswegen blieb bei ihm auch noch ein weiterer Grund für die simultane Existenz von Arbeitslosigkeit und offenen Stellen außen vor, der in der Realität neben den bereits erwähnten Informations- und Mobilitätsdefiziten ebenfalls eine Rolle spielt, nämlich das Auseinanderklaffen von nachgefragter und vorhandener Qualifikationsstruktur der Arbeitskräfte. Zusammenfassend lässt sich jedoch sagen, dass auch bei Vorliegen eines gleichgewichtigen Zustands der Ökonomie ein gewisses Maß von Arbeitslosigkeit besteht, welches friktioneller Natur ist; ob diese tatsächlich bei über 5% angesiedelt werden sollte, sei dahingestellt. – Ein alternativer, aber ebenfalls recht bekannter Ansatz zur theoretischen Fundierung der Phillipskurve ist der von Hansen (1970), der vor allem die aus dem Vorhandensein von Informationsmängeln resultierende Sucharbeitslosigkeit in den Mittelpunkt stellt[6].

Im Folgenden wollen wir von einer linearisierten Version der Phillipskurve ausgehen, die sich durch eine einfache Taylorapproximation an der Nullstelle der Phillipskurve ergibt, die auch als 'natürliche Arbeitslosenrate (NAR)' bezeichnet und mit dem Symbol $\bar{U}$ versehen wird; das Etikett 'natürlich' kann dabei mit Blick auf die vorgenannten Begründungen friktioneller Arbeitslosigkeit plausibilisiert werden.

Bereits an dieser Stelle sei aber ausdrücklich auf eine zusätzliche Eigenschaft hingewiesen, die diese 'natürliche' Arbeitslosenrate im Hinblick auf die Resultate erlangen wird, die sich aus dem monetaristischen Basismodell ergeben werden: Darin nämlich wird dies zugleich jene Arbeitslosigkeit sein, gegen die die Ökonomie langfristig konvergiert. Selbst wenn durch Modifikationen dieses Modells permanente zyklische Schwankungen generiert werden können, bleibt die NAR in der Regel als zeitlicher Durchschnitt der Arbeitslosenrate erhalten, es sei denn, das jeweilige Modell sei in einer solchen Weise nichtlinear, dass sich daraus etwa unsymmetrische Schwankungen im Zeitpfad der Arbeitslosigkeit ergeben. Man beachte den dramatischen Bedeutungswandel der NAR, der hiermit verbunden ist: Während die im Zusammenhang mit dem Lipsey-Modell angesprochene friktionelle Arbeitslosigkeit in der Realität zweifelsohne eine Rolle spielt und sich sicherlich auch nicht unter ein bestimmtes Maß herabdrücken lässt, sind andererseits doch Zweifel daran angebracht, dass die gesamte, im zeitlichen Durchschnitt zu beobachtende Arbeitslosigkeit in westlichen Industrieländern ausschließlich hierin ihre Ursache findet. Genau dies wird aber von vielen Modellen suggeriert, bei denen die Steady-State-Arbeitslosenrate mit der Nullstelle der (Lohn-)Phillipskurve übereinstimmt. Deswegen werden im Rahmen dieses Buches u.a. auch Ansätze Berücksichtigung finden, die eine Abweichung dieser beiden Größen voneinander erlauben.

[6] Vgl. hierzu auch Frisch (1980), in dem sich auch eine gute Darstellung des Lipsey-Ansatzes findet.

Zunächst aber soll die Bedeutung der Phillipskurve für das monetaristische Basismodell weiter verfolgt werden, wobei man sich der soeben geschilderten Problematik aber bewusst bleiben sollte. Während sich nach der erwähnten Linearisierung die Form

$$\widehat{w} = -\beta_w(U - \bar{U}) = \beta_w(\bar{U} - U) \tag{5.4}$$

ergibt (mit β_w als Anpassungsgeschwindigkeit), wurde von Friedman (1968) eingewandt, dass es mit Blick auf die Lohnverhandlungen notwendig sei, die Inflationserwartungen π^e der Arbeitnehmer in die Bestimmung der Lohndynamik mit aufzunehmen, so dass von einer entsprechend erweiterten Phillipskurve auszugehen sei:

$$\widehat{w} = -\beta_w(U - \bar{U}) + \pi^e$$

bzw.

$$\widehat{w} = \beta_w(e - \bar{e}) + \pi^e \tag{5.5}$$

mit $e = 1 - U$ als Beschäftigungsgrad und $\bar{e} = 1 - \bar{U}$ als dem zur natürlichen Arbeitslosenrate korrespondierenden Beschäftigtengrad.

Auch wenn die Betrachtung des vollständigen Modells und eine mathematisch exakte Analyse des monetaristischen Basismodells dem Abschnitt 5.2 vorbehalten bleibt, kann das sich daraus ergebende Szenario bereits an dieser Stelle in groben Zügen skizziert werden: Befindet sich in der Ausgangssituation die betrachtete Ökonomie in einem durch die NAR $\bar{U}$ gekennzeichneten Gleichgewichtszustand, führt eine monetäre Expansion (Erhöhung der Wachstumsrate der Geldmenge) seitens der Notenbank in einem ersten Schritt zu einer Überschussnachfrage am Gütermarkt. In Anbetracht der hierdurch möglich gewordenen Preissteigerungen lohnt sich für die Firmen auch eine höhere Produktion, so dass sie zum gegebenen Nominallohn mehr Arbeitskräfte nachfragen. Dies führt gemäß Phillipskurve zu einem Anstieg der Geldlöhne, der seinerseits die Arbeitnehmer veranlasst, mehr Arbeit anzubieten. Entscheidend für das letztere ist, dass die Arbeitnehmer die Preiserhöhungen erst mit einer gewissen Verzögerung wahrnehmen, so dass sie zunächst einer Geldillusion erliegen, d.h. die gestiegenen Nominallöhne fälschlicherweise mit gestiegenen Reallöhnen gleichsetzen. Die – kurzfristige – Folge ist ein tatsächlicher Anstieg der Beschäftigung und der Inflation. Nach einer gewissen Zeit realisieren die Arbeitnehmer jedoch die gestiegene Inflationsrate und reagieren darauf gemäß Gleichung (5.5) mit erhöhten Lohnforderungen bzw. einer Rücknahme ihres Arbeitsangebots zum jeweils gegebenen Nominallohn. Infolgedessen beginnt die Beschäftigung wieder zu sinken, bis die alte Arbeitslosenrate $\bar{U}$ wieder erreicht ist. Übrig bleibt lediglich eine gestiegene Inflationsrate, die gemäß Quantitätstheorie in Form von Gleichung (5.3) gerade der erhöhten Wachstumsrate der Geldmenge entspricht.

Soweit zum Zusammenhang zwischen Lohnentwicklung und Arbeitslosenrate. Mit Blick auf spätere Alternativmodelle sollen abschließend noch zwei weitere Modellierungen dieser Beziehung vorgestellt werden. So enthält ein auf Rose (1990) zurückgehender Ansatz eine Konvexkombination aus aktueller, tatsächlicher Inflationsrate $\widehat{p}$ und den Inflationserwartungen π^e, in denen sich so etwas wie ein mittelfristiges Inflationsklima widerspiegeln kann:

$$\begin{aligned}\widehat{w} &= -\beta_w(U - \bar{U}) + \kappa_w\widehat{p} + (1 - \kappa_w)\pi^e \\ &= \beta_w(e - \bar{e}) + \kappa_w\widehat{p} + (1 - \kappa_w)\pi^e \end{aligned} \qquad (5.6)$$

Hierbei kann der erste Summand, $\beta_w(e - \bar{e})$, in Analogie zur ursprünglichen Phillipskurve als 'demand–pull–Term' interpretiert werden, da eine das 'natürliche' Maß übersteigende Arbeitskräftenachfrage die Löhne nach oben 'zieht'. Demgegenüber stellt der zweite Summand, $\kappa_w\widehat{p}$, aus Sicht der Arbeitnehmer die aktuelle Steigerung ihrer Lebenshaltungskosten dar, weswegen dieser Ausdruck auch als 'cost–push–Term' bezeichnet wird. Eine kleine Umformulierung von Gleichung (5.6), die auch dem von Rose (1990) formulierten Original entspricht, macht dabei den Unterschied zur Friedman'schen erweiterten Phillipskurve noch einmal besonders deutlich:

$$\widehat{w} = -\beta_w(U - \bar{U}) + \pi^e + \kappa_w(\widehat{p} - \pi^e) \qquad (5.7)$$

Wie ein Vergleich von (5.5) und (5.7) unmittelbar zeigt, unterscheiden sich beide Gleichungen nur bezüglich des Terms $\kappa_w(\widehat{p} - \pi^e)$, der beim Ansatz von Rose hinzukommt. So gesehen lässt sich letzterer auch dahingehend interpretieren, dass sich hier auch die Abweichung der aktuellen Inflationsrate von der erwarteten mit dem Gewicht κ_w unmittelbar in den Lohnforderungen der Arbeitnehmer niederschlägt, diese also etwas schneller auf aktuelle Preisänderungen reagieren als von Friedman unterstellt.

Eine Phillipskurve ganz anderer Art basiert auf einem Ansatz von Kuh (1967). Dieser bezieht sich auf eine weitere Beobachtung von Phillips (1958), die aus didaktischen Gründen bis jetzt unterschlagen wurde: Die Wachstumsrate der Löhne korrelierte nicht nur mit dem Niveau der Arbeitslosenrate, sondern auch – negativ – mit deren Zeitableitung. So fielen die Lohnsteigerungen in einer Boom–Phase (→ Rückgang der Arbeitslosigkeit) stärker und in einer Rezession (→ Anstieg der Arbeitslosenrate) schwächer aus als von der Phillipskurve in ihrer bisherigen Form suggeriert. Abbildung 5.2. [7] verdeutlicht diesen Zusammenhang:

Kuh geht dabei sogar von einem dominierenden Einfluss der zeitlichen Veränderungsrate der Beschäftigung aus und unterstellt den folgenden Zusammenhang:

$$\widehat{w} = \beta_w\widehat{e} + \widehat{p}. \qquad (5.8)$$

Herleiten lässt sich dieser aus einer statischen Lohntheorie, derzufolge die nominale Lohnsumme wL^d einen positiv vom aktuellen Beschäftigungsgrad e abhängigen Anteil des nominalen Sozialprodukts pY bildet:

$$wL^d = \alpha_w(e/\bar{e})^{\beta_w}pY \Leftrightarrow \quad w = \alpha_w(e/\bar{e})^{\beta_w}pY/L^d \qquad (5.9)$$

[7] Vgl. Frisch (1980, S.25).

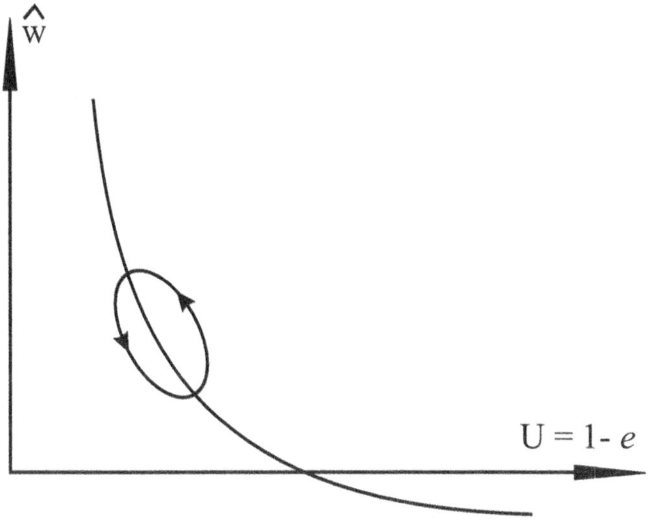

Abb. 5.2. Phillips-Kurve und Phillips-Loops

Damit folgt für die Wachstumsrate des Nominallohns:

$$\begin{aligned}\widehat{w} &= \widehat{(e^{\beta_w})} + \widehat{p} + \widehat{(Y/L^d)} = \frac{\beta_w e^{\beta_w - 1}\dot{e}}{e^{\beta_w}} + \widehat{p} + \widehat{(Y/L^d)} \\ &= \beta_w \widehat{e} + \widehat{p} + \widehat{(Y/L^d)} \end{aligned} \tag{5.10}$$

Ist – etwa infolge einer linear–limitationalen Produktionsfunktion – die Arbeitsproduktivität Y/L^d konstant und ihre Wachstumsrate somit gleich Null, ergibt sich hieraus gerade Gleichung (5.8).

Auch wenn die Konsequenzen dieses Ansatzes erst später ersichtlich werden können, sei schon an dieser Stelle vermerkt, dass dieser in Verbindung mit einer bestimmten Art der Preisbildung insofern weitreichende Konsequenzen hat, als die Steady–State–Arbeitslosenrate nicht mehr mit der Nullstelle der Lohn–Phillipskurve zusammenfallen wird, wodurch der bereits erwähnten Kritik am Konzept der NAR Rechnung getragen wird.

Denkbar ist schließlich auch eine Zusammenfassung der bisher vorgestellten Ansätze zur Nominallohndynamik in folgender Form:

$$\widehat{w} = \beta_w(e - \bar{e}) + \widetilde{\beta}_w \widehat{e} + \kappa_w \widehat{p} + (1 - \kappa_w)\pi^e \tag{5.11}$$

In dieser Allgemeinheit wird sie jedoch im weiteren Verlauf keine Verwendung finden.

5.1.3 Der Output–Beschäftigungs–Zusammenhang: Okuns Gesetz

Während im vorigen Abschnitt bei der Skizzierung der Effekte einer monetären Expansion aus monetaristischer Sicht bereits unterschwellig eine positive Korrelation zwischen Output und Beschäftigung unterstellt wird, was intuitiv auch naheliegt, soll dieser Zusammenhang nun explizit gemacht werden. Hier bedienen wir uns wieder einer linear-limitationalen Produktionsfunktion, wie sie bereits aus den Kapiteln 2 und 3 bekannt ist. Erinnert sei noch einmal daran, dass mit $\bar{Y} = \bar{y}\bar{L}$ der arbeitsseitige und mit $Y^p = \bar{x}K$ der kapitalseitige Maximal- oder auch Potenzialoutput gegeben ist, wobei wir bei der in diesem Kapitel zu analysierenden mittleren Sicht weiterhin davon ausgehen wollen, dass $\bar{Y}$ und Y^p übereinstimmen, d.h. im Falle des vollständigen Einsatzes der beiden Faktorpotenziale eine effiziente Produktion vorliegt.

Unterstellen wir nun in Anlehnung an den vorangegangenen Abschnitt eine 'natürliche' Arbeitslosenrate $\bar{U}(= 1 - \bar{e})$ und definieren hierüber $Y^* = \bar{y}(\bar{e}\bar{L})$ als 'Normalauslastungsoutput', so stimmt wegen $\bar{Y} = Y^p$ der 'natürliche Beschäftigungsgrad'

$$\bar{e} = \frac{\bar{e}\bar{L}}{\bar{L}} = \frac{Y^*/\bar{y}}{\bar{Y}/\bar{y}} = \frac{Y^*}{\bar{Y}}$$

mit dem 'Normalauslastungsgrad' des bestehenden Kapitalstocks

$$\bar{u} := \frac{Y^*}{Y^p} = \frac{Y^*}{\bar{Y}}$$

überein. Darüber hinaus kann es selbstverständlich vorkommen, dass die laufende Produktion von dem Normalauslastungsoutput Y^* abweicht, so dass die jeweils aktuelle Produktion als $Y = \bar{y}L^d$ mit L^d als tatsächlicher, von der Nachfrageseite am Arbeitsmarkt her bestimmter Beschäftigung notiert werden kann.

Während hiermit bereits in einfachster Form der Zusammenhang zwischen Output und Beschäftigung vorliegt, soll als nächstes ein Blick auf die sich daraus ergebenden zeitlichen Veränderungsraten geworfen werden, da wir diese als dritten Baustein – neben Quantitätstheorie und Phillipskurve – für das monetaristische Basismodell benötigen. Aus

$$e = \frac{L^d}{\bar{L}} = \frac{\bar{y}L^d}{\bar{y}\bar{L}} = \frac{Y}{\bar{Y}} = \left(\frac{Y}{Y^p}\right)$$

für den aktuellen Beschäftigungsgrad folgt unmittelbar

$$\widehat{e} = \widehat{Y} - \widehat{\bar{Y}} = \widehat{Y} - \widehat{Y^p} = \gamma - \gamma_o \tag{5.12}$$

für seine Wachstumsrate (mit $\gamma = \widehat{Y}$ und $\gamma_o = \widehat{\bar{Y}} = \widehat{Y^p}$) und hieraus wiederum $\dot{e} = \widehat{e}e = e(\gamma - \gamma_o)$ für seine Zeitableitung. Dabei könnte die Wachstumsrate γ_o des Potenzialoutputs mit Blick auf die mittlere Sicht auch Null gesetzt werden, was später auch angenommen wird; zunächst aber wird von der allgemeinen Form ausgegangen, um später die Erweiterung in einem wachstumstheoretischen Kontext zu erleichtern (wo Wachstum des Produktionspotenzials dann eine Rolle spielen wird). Für die Zeitableitung der Arbeitslosenrate folgt aus der letzten Gleichung:

$$U = 1 - e \to \dot{U} = -\dot{e} = (-e)(\gamma - \gamma_o).$$

Nimmt man an, dass der jeweilige Beschäftigungsgrad e nicht allzu stark vom Wert 1 abweicht,[8] lässt sich diese Beziehung auch in Form von

$$\dot{U} = \gamma_o - \gamma \tag{5.13}$$

approximieren. Dies hat den Vorteil, dass alle Differentialgleichungen des monetaristischen Basismodells linear sein werden, was die Analyse dieses dynamischen Systems nicht unwesentlich erleichtert.

Abschließend sei noch erwähnt, dass sich ein ähnlicher Zusammenhang wie der in (5.12) aus einem empirischen Ansatz von A. Okun (1970) ergeben hat, der auch unter der Bezeichnung 'Okuns Gesetz' in die Literatur eingegangen ist. Dabei ging Okun von folgender Beziehung zwischen Y/Y^p auf der einen und $e/\bar{e}$ auf der anderen Seite aus:

$$e/\bar{e} = (Y/Y^*)^a. \tag{5.14}$$

Ein Wachstum des Output–Verhältnisses um 1% bewirkt danach eine Veränderung des Beschäftigungsgrad–Verhältnisses um $a\%$. Zur empirischen Schätzung dieses Ansatzes nahm Okun an, dass der Normaloutput Y^* mit einer konstanten Wachstumsrate γ_o im Zeitablauf wächst, für Y_t^* somit $Y_t^* = Y_o^* e^{\gamma_o t}$ gilt. Somit ergab sich aus (5.14) die Beziehung

$$e_t = (Y^a \bar{e})/(Y_o^*)^a e^{a\gamma_o t},$$

was in logarithmierter Form

$$\ln e_t = \ln(\bar{e}/(Y_o^*)^a) + a \ln Y_t - a\gamma_o t \tag{5.15}$$

lieferte mit $\ln(Y_t)$ und t als unabhängigen Variablen und $\ln(e_t)$ als abhängiger; $\bar{e}$ wurde dabei mit 0,96, die 'natürliche' Arbeitslosenrate also mit 4% angesetzt. Die ökonometrische Schätzung lieferte für a einen Wert um 0,35, mit dessen Hilfe wiederum der Regressionskoeffizient für t nach γ_o und der Schätzwert des ersten Summanden nach Y_o^* 'aufgelöst' werden konnte.

Leitet man nun (5.15) nach der Zeit ab, so ergibt sich gerade

$$\widehat{e} = a(\widehat{Y} - \gamma_o) = a(\gamma - \gamma_o), \tag{5.16}$$

also mit Ausnahme des Faktors a der gleiche Zusammenhang wie in (5.12).

Inhaltlich bedeutet ein Parameterwert a von 0,35, wie Okun ihn herausgefunden hatte, dass die Wachstumsrate der tatsächlichen Outputs die des Normaloutputs um ca. 3 Prozentpunkte übersteigen muss, um den Beschäftigungsgrad um 1% zu erhöhen. Dieser '1:3' –Zusammenhang stellt denn

[8] Im Hinblick auf die nachfolgende empirische Form von Okuns Gesetz wäre hier der Wert 0.96 angebrachter.

auch den Kern dessen dar, was üblicherweise unter 'Okuns Gesetz' verstanden wird. Demgegenüber liefert Gleichung (5.12) diesbezüglich einen '1:1'–Zusammenhang, d.h. es reicht bereits ein Outputwachstum von einem Prozentpunkt über der Wachstumsrate des Potenzialoutputs aus, um den Beschäftigungsgrad um 1% heraufzusetzen. Obwohl Gleichung (5.12) aus der Annahme einer linear–limitationalen Produktionsfunktion resultiert und daher mit Okuns Gesetz nicht direkt etwas zu tun hat (und sich zudem in dem Wert für a von ihm unterscheidet), werden wir mit Blick auf die starke formale Ähnlichkeit im Weiteren auch in Bezug auf (5.12) resp. (5.13) von 'Okuns Gesetz' sprechen.

5.1.4 Aggregiertes Angebot und die Preis–Phillipskurve

Mit Blick auf die bisherigen Bausteine fehlt zu einem vollständigen Makromodell neben einer Festlegung der Erwartungsbildung vor allem noch eines: eine Theorie der Preisbildung.

Hier greifen wir wieder die Annahme des Markup-Pricings auf, die im Zusammenhang mit der linear-limitationalen Produktionsfunktion die bereits bekannte horizontale AS-Kurve liefert:

$$AS\,2: \quad p = (1+a)wL^d/Y = (1+a)w/\bar{y}. \tag{5.17}$$

Verbindet man nun dieses Markup–Pricing mit der Lohn–Phillipskurve (5.4) aus Abschnitt 5.1.2, so gelangt man zu der 'modifizierten Phillipskurve', die auf Solow und Samuelson (1960) zurückgeht und anstelle des ursprünglichen Zusammenhangs zwischen Arbeitslosenrate und Nominallohnwachstum nun eine Beziehung zwischen Arbeitslosen– und Inflationsrate herstellt. Aus (5.17) folgt nämlich unmittelbar[9]:

$$\widehat{p} = \widehat{w} \tag{5.18}$$

In Verbindung mit (5.4) gewinnt man so:

$$\widehat{p} = -\beta_w(U - \bar{U}),$$

eine Gleichung, die einen Trade–off zwischen Arbeitslosigkeit und Inflation zum Ausdruck bringt und der wirtschaftspolitischen Instanz ein entsprechendes 'menue of choice' zu offerieren scheint. Verwendet man dagegen die Friedman'sche erweiterte Phillipskurve (5.5), so ergibt sich

$$\widehat{p} = -\beta_w(U - \bar{U}) + \pi^e. \tag{5.19}$$

Demnach existiert der geschilderte Trade–off nur so lange, wie die Inflationserwartungen konstant bleiben, d.h. so lange sich eine erhöhte tatsächliche Inflationsrate noch nicht in den Erwartungen niederschlägt. Da dies aber früher

[9] Bei variabler Arbeitsproduktivität würde der Zusammenhang $\widehat{p} = \widehat{w} - \widehat{y}$ lauten.

oder später geschehen wird, muss langfristig gesehen $\widehat{p} = \pi^e$ und somit gemäß (5.19) $U = \bar{U}$ gelten. Wir erhalten somit die gleiche Zerlegung eines monetären Impulses in einen kurzfristigen und einen langfristigen Effekt wie in Abschnitt 5.1.2, nur jetzt in Bezug auf die aus den Lohnsteigerungen resultierenden Preissteigerungsraten. Da somit jeder Versuch, die Arbeitslosenrate mit geldpolitischen Mitteln unter ihr 'natürliches' Niveau herabzudrücken, langfristig scheitern muss und stattdessen in einer erhöhten Inflationsrate mündet, erlangt die NAR in diesem monetaristischen Kontext eine weitere Charakterisierung, nämlich die einer die Inflation nicht beschleunigenden Arbeitslosenrate, kurz NAIRU (non–accelerating inflation rate of unemployment) genannt.

Gleichung (5.19) wird zudem diejenige Form sein, in welcher der Phillipskurven–Zusammenhang (als zweiter Baustein) in unser monetaristisches Basismodell Eingang finden wird. Im Rahmen des danach zu besprechenden Dornbusch-Fischer Modells wird diese Gleichung unter Verwendung der in ihr bereits unterstellten linear–limitationalen Produktionsfunktion lediglich in Abhängigkeit des Outputs anstelle der Arbeitslosenrate reformuliert:

$$\begin{aligned}\widehat{p} &= -\beta_w(U - \bar{U}) + \pi^e = \beta_w(e - \bar{e}) + \pi^e \\ &= \beta_w(Y - Y^*)/(\bar{y}\bar{L}) + \pi^e = \lambda(Y - Y^*) + \pi^e. \qquad (5.20)\end{aligned}$$

Wie die Umformungen zeigen, ist sie zu (5.19) völlig äquivalent.

Analog zum Vorgehen in Abschnitt 5.1.2 sollen auch hier bereits einige Alternativen zu obiger Preis–Phillipskurve, die an späterer Stelle Verwendung finden, kurz angesprochen werden. So besteht eine Variante in der Annahme, dass die Unternehmen ihren angestrebten Anteil am Sozialprodukt, sprich ihre angestrebte Gewinnquote Π^*, positiv vom Auslastungsgrad ihrer Kapazitäten abhängig machen: $\Pi^* = \Pi^*(u/\bar{u})$, wobei $\bar{u}$ wieder für die Normalauslastung steht (vgl. 5.1.3).

Die Veränderungsrate des Preisniveaus kann dann als abhängig von der Differenz zwischen angestrebter und aktueller Profitquote sowie dem allgemeinen inflationären Klima π^e aufgefasst und als Anspruchsinflation interpretiert werden:

$$AS\,3: \quad \pi = \widehat{p} = \beta_p(\Pi^*(u/\bar{u}) - \Pi) + \pi^e, \qquad \beta_p > 0. \qquad (5.21)$$

Dies ist übrigens einer jener Bausteine, die zusammen mit der Kuh'schen Lohn–Phillipskurve (5.9) zu einer nichtmonetaristischen Steady–State Arbeitslosenrate führen werden. Die genauen Zusammenhänge werden an späterer Stelle erläutert.

Eine andere Version wiederum ergibt sich als Pendant zu Roses (1990) Lohn–Phillipskurve (5.6):

$$AS\,4: \quad \pi = \widehat{p} = \beta_p(u - \bar{u}) + \kappa_p\widehat{w} + (1 - \kappa_p)\pi^e. \qquad (5.22)$$

Ähnlich wie (5.6) weist auch diese Gleichung einen 'demand–pull'–Term, $\beta_p(u - \bar{u})$, und einen 'cost–push'–Term, $\kappa_w\widehat{w}$, auf, nur diesmal aus Sicht der

Unternehmen. Man beachte, dass auch hier – wie bei (5.21) – der Auslastungsgrad der Kapazitäten, u, in die Preisbildung einfließt. Im Unterschied zum einfachen Markup–Pricing mit konstantem Aufschlagsfaktor a und infolgedessen[10] ebenfalls konstantem Reallohn w/p (vgl. Gleichung (5.17)) erlaubt (5.22) auch ein Schwanken des letzteren und hat diesbezüglich den gleichen Effekt wie ein vom Auslastungsgrad abhängiger Markup–Faktor. Diese vierte aggregierte Angebotsfunktion wird in Kapitel 6 Verwendung finden.

5.1.5 Inflationserwartungen

Wie wir bereits bei der Diskussion der erweiterten Phillipskurve im Rahmen des monetaristischen Szenarios gesehen haben, spielen Erwartungen (hier bzgl. der künftigen Preisentwicklung) und die Art und Weise ihrer Bildung eine überaus wichtige Rolle für das Verhalten einer Ökonomie im Zeitablauf und ihrer Reaktion auf (exogene) Schocks. Während wir uns an der entscheidenden Stelle damit begnügten, von einer nicht näher spezifizierten Verzögerung in der Wahrnehmung der tatsächlichen Preissteigerungen durch die Arbeitnehmer (mit der Konsequenz einer zeitweiligen Geldillusion) auszugehen, sollen hier nun die wichtigsten in der Literatur anzutreffenden Erwartungsbildungshypothesen kurz vorgestellt und ihre wesentlichen Implikationen angesprochen werden. Dabei wird im ersten Schritt der besseren Anschaulichkeit wegen von einer zeitdiskreten Version ausgegangen, im Weiteren werden dann jedoch ihre stetigen Entsprechungen verwendet (auch wenn der hierzu erforderliche Grenzübergang nicht ganz unproblematisch ist). Im Folgenden sei mit π_t die tatsächliche Inflationsrate und mit π^e_{t+1} die in t gebildete Inflationserwartung für den Zeitpunkt $t+1$ gegeben.

- **Adaptive Erwartungen** :

$$\begin{aligned} \pi^e_{t+1} &= \pi^e_t + \alpha(\pi_t - \pi^e_t) \\ &= \alpha\pi_t + (1-\alpha)\pi^e_t, \quad 0 < \alpha < 1. \end{aligned}$$

  Die in t gebildete Inflationserwartung für die Folgeperiode $t+1$ basiert also auf der bisherigen Erwartung π^e_t, die in $t-1$ für t gebildet wurde, korrigiert um den in t beobachteten Fehler $(\pi_t - \pi^e_t)$, wobei dieser mit dem Gewicht α in die neue Erwartungsbildung π^e_{t+1} eingeht. Alternativ lässt sich diese Art der Erwartungsbildung auch als Konvexkombination aus bisheriger Erwartung und aktueller Realisation darstellen. In dem Spezialfall $\alpha = 1$ reduziert sich diese Gleichung auf $\pi^e_{t+1} = \pi_t$, wodurch die sogenannten 'statischen Erwartungen' definiert sind; statisch in dem Sinne, dass der jeweils aktuelle Wert auch für die Folgeperiode als gültig angesehen wird. Demgegenüber beinhalten adaptive Erwartungen , wie gleich gezeigt wird, nicht nur die gerade aktuelle Preissteigerung, sondern auch sämtliche Werte der Vergangenheit (wenn auch mit abnehmender Gewichtung), so dass

[10] Bei gleichzeitigem Vorliegen einer linear–limitationalen Technologie.

adaptive Erwartungen mit Blick auf die Berücksichtigung der bisherigen Entwicklung ein Element des Lernens aufweisen. Dies wird rasch ersichtlich, wenn man sich den Zeitpfad der Inflationserwartungen, beginnend bei einem Zeitpunkt $t = 0$, ansieht:

$$\begin{aligned}
\pi_1^e &= (1-\alpha)\pi_o^e + \alpha\pi_o \\
\pi_2^e &= (1-\alpha)\pi_1^e + \alpha\pi_1 = (1-\alpha)[(1-\alpha)\pi_o^e + \alpha\pi_o] + \alpha\pi_1 \\
&= (1-\alpha)^2\pi_o^e + \alpha(1-\alpha)\pi_o + \alpha\pi_1 \\
\pi_3^e &= (1-\alpha)\pi_2^e + \alpha\pi_2 = \ldots \\
&= (1-\alpha)^3\pi_o^e + \alpha(1-\alpha)^2\pi_o + \alpha(1-\alpha)\pi_1 + \alpha\pi_2 \\
&\vdots \\
\pi_{t+1}^e &= \ldots = (1-\alpha)^{t+1}\pi_o^e + \alpha(1-\alpha)^t\pi_o + \alpha(1-\alpha)^{t-1}\pi_1 + \ldots \\
&\quad +\alpha(1-\alpha)\pi_{t-1} + \alpha\pi_t \\
\Leftrightarrow \pi_{t+1}^e &= (1-\alpha)^{t+1}\pi_o^e + \sum_{\tau=0}^{t}\alpha(1-\alpha)^{(t-\tau)}\pi_\tau
\end{aligned} \tag{5.23}$$

Wegen $0 < \alpha < 1$ kann für große t der erste Summand vernachlässigt werden, so dass die Inflationserwartung für die nächste Periode, π_{t+1}^e, als gewogenes arithmetisches Mittel der bisherigen tatsächlichen Preissteigerungsraten (mit geometrisch abnehmender Gewichtung der früheren Zeitpunkte) erscheint.

Der Übergang zur zeitstetigen Betrachtungsweise kann nun durch eine variable Periodenlänge h bewerkstelligt werden:

$$\pi_{t+h}^e = \pi_t^e + \alpha(\pi_t - \pi_t^e),$$

was sich mit $\alpha =: \beta_{\pi^e} h$ dann auch so schreiben lässt:

$$\begin{aligned}
\pi_{t+h}^e - \pi_t^e &= (\beta_{\pi^e} h)(\pi_t - \pi_t^e) \\
\Leftrightarrow \frac{\pi_{t+h}^e - \pi_t^e}{h} &= \beta_{\pi^e}(\pi_t - \pi_t^e).
\end{aligned}$$

Dies ergibt mittels eines geeigneten Grenzübergangs dann in stetiger Zeit den Ausdruck:

$$\dot{\pi}^e = \beta_{\pi^e}(\pi - \pi^e), \tag{5.24}$$

wobei die Raten π, π^e jetzt die Dimension 'Kalenderzeit' enthalten.

Diese adaptive Erwartungsbildung liegt auch dem monetaristischen Ansatz zugrunde, so dass wir Gleichung (5.24) ebenfalls als Baustein des monetaristischen Basismodells im nächsten Abschnitt wiederfinden werden.

- **Rationale Erwartungen**:
  Zuvor sei jedoch auf eine wichtige Kritik dieser Annahme hingewiesen. Wie

wir bereits anhand von Gleichung (5.23), die sich übrigens auch im stetigen Kontext mit vergleichbarem Ergebnis reproduzieren lässt,[11] gesehen haben, bestand der Fortschritt der adaptiven im Vergleich zur statischen Erwartungsbildung darin, dass nicht nur π_t, sondern auch alle früheren tatsächlichen Preissteigerungen in die Erwartung des künftigen Wertes Eingang finden. So gesehen könnte man sie auch als 'dynamische Erwartungsbildung' bezeichnen, da im Gegensatz zu den statischen Erwartungen nicht nur der aktuelle Wert, sondern auch so etwas wie eine aus der Vergangenheit abgeleitete Prognose seiner Veränderung Berücksichtigung findet.

Genau hier setzt allerdings auch die Kritik an, die in Form der Hypothese der sogenannten 'Rationalen Erwartungen' die Entwicklung der Makrotheorie entscheidend mitgeprägt hat. Diese wirft der adaptiven Erwartungsbildung gerade ihre ausschließliche Vergangenheitsorientierung vor, während sich in der Realität auch Informationen über künftige Entwicklungen finden lassen. So scheint es z.B. mit Blick auf die hier diskutierten Inflationserwartungen nicht recht einsichtig zu sein, warum beispielsweise ein – glaubwürdiges! – Statement der Notenbank zur künftigen Geldpolitik keinerlei Niederschlag in der erwarteten Preissteigerungsrate finden sollte. Daher geht die rationale Erwartungshypothese davon aus, dass die Wirtschaftssubjekte alle zum gegebenen Zeitpunkt verfügbaren Informationen, die für die zu prognostizierende Größe von Bedeutung sind, berücksichtigen und ihre Erwartungen in Form des entsprechenden bedingten mathematischen Erwartungswertes bilden: $\pi^e = E(\pi|I)$, wobei I die zum Entscheidungszeitpunkt vorhandene Informationsmenge repräsentiert.[12] Während dieser Ansatz in einem stochastischen Modell 'nur' bedeutet, dass die Individuen bei ihrer Erwartungsbildung keine systematischen Fehler machen, also keine perfekte Voraussicht in jedem Zeitpunkt erfordert, ist genau dies die unausweichliche Folge in deterministischen Modellen, wie sie in diesem Buch verwendet werden; in Bezug auf die Inflationserwartungen muss dann also stets $\pi^e = \pi = \widehat{p}$ gelten.

John Muth, auf den die rationale Erwartungshypothese zurückgeht, untermauerte seine Argumentation noch mit dem Hinweis darauf, dass bei Nichtnutzung vorhandener Informationen Gewinnmöglichkeiten für diejenigen bestünden, die diese Informationen besitzen.[13] Allein dieses zwingt aber bereits auch die übrigen Agenten zur Berücksichtigung der verfügbaren Informationen, wollen sie nicht aufgrund von – selbstverschuldeten! – Informationsasymmetrien am Markt den kürzeren ziehen.

So überzeugend dieser Ansatz auch auf den ersten Blick ist, so hat auch er entscheidende Schwächen.[14] Zum einen vernachlässigt er die Tatsache,

---

[11] Vgl. Sargent (1987, S.117).

[12] Vgl. Snowdon/Vane/Wynarczyk (1994, S.190).

[13] Vgl. die entsprechenden Ausführungen in Felderer/Homburg (2005, S.261).

[14] Vgl. für das Folgende auch Snowdon/Vane/Wynarczyk (1994, S.191f.).

dass die Beschaffung von Informationen im allgemeinen nicht kostenlos ist, selbst wenn es sich nur um die Zeit handelt, die erforderlich ist, um sich öffentlich zugängliche Informationen zu Gemüte zu führen. Dann aber kann es im Rahmen einer Kosten–Nutzen–Analyse sinnvoll sein, auf einen Teil der verfügbaren Informationen zu verzichten. Da sich hierbei aber der Nutzenverlust durch unberücksichtigte Informationen nur dann exakt beziffern ließe, wenn man diese Informationen eben doch berücksichtigen würde, dürfte man bei einer entsprechenden Abschätzung zudem auf heuristische Methoden angewiesen sein.

Eine zweite, nicht minder schwere Kritik bezieht sich darauf, dass die gegenwärtig verfügbaren Daten nur unter Zugrundelegung eines ökonomischen Modells eine Prognose gestatten. Genau hier liegt aber ein entscheidendes Problem, da es *das* Modell, welches die Realität immer und überall korrekt beschreibt, nicht gibt. Vielmehr existiert – und das sollte das vorliegende Buch bereits an dieser Stelle hinreichend verdeutlicht haben – eine ganze Reihe konkurrierender Ansätze, die sich sowohl in ihren Annahmen als auch in ihren Schlussfolgerungen mitunter erheblich unterscheiden. Auf welches Modell sollte sich dann aber ein Individuum bei seiner Erwartungsbildung stützen? Zwar könnte es versuchen, sich an der bisherigen empirischen Evidenz zu orientieren und notfalls, wenn hieraus kein eindeutiger 'Sieger' hervorgeht, irgendeine gewichtete Durchschnittsbildung der durch die 'besten' Modelle bereitgestellten Prognosen vorzunehmen. Da aber, wie gesagt, jedes Modell auf einer ganz bestimmten Annahmenkonstellation basiert, kann deren Realitätsnähe und damit die Güte des Modells durchaus im Zeitablauf schwanken, so dass nicht einzusehen ist, warum die Wirtschaftssubjekte im Mittel mit ihrer Prognose immer richtig liegen sollten. Hinzu kommt, dass selbst im Fall des Vorhandenseins eines 'richtigen' Modells bereits kleinste Messfehler in den Daten zu deutlichen Fehlprognosen führen können, vor allem, wenn das Modell nichtlineare Strukturen aufweist.

Auf der anderen Seite unterstellt die rationale Erwartungshypothese nicht zwingend, dass die – zumindest im Mittel – richtigen Prognosen auch auf einer zutreffenden Argumentationsgrundlage beruhen; selbstverständlich kann man auch aus falschen Annahmen im Endeffekt die richtigen Schlüsse ziehen. Allerdings wirkt in diesem Fall die Annahme, dass trotzdem keine systematischen Fehler gemacht werden, wenig überzeugend. Somit ist mit Blick auf die Realitätsnähe die Annahme rationaler Erwartungen zumindest nicht unproblematisch.

Dennoch soll nicht verschwiegen werden, dass es im Rahmen (makro)ökonomischer Theoriebildung zumindest zwei gute Gründe für diese Hypothese gibt: Zum einen überwindet sie – wenn auch in sehr extremer Weise – die in der Tat nicht unbedingt plausible Ausblendung von Informationen über die Zukunft, wie dies bei den adaptiven Erwartungen der Fall war. Und zum anderen hat sie den Vorteil, dass gut begründbar ist, warum die Wirtschaftssubjekte in dem jeweils betrachteten Modell ihre Erwar-

tungen so bilden, wie sie sie bilden: Da sie keine systematischen Fehler machen, besteht für sie auch kein Anlass, an der Art und Weise ihrer Erwartungsbildung irgendetwas zu ändern. Genau dies aber wäre der Fall, wenn sie sich infolge eines alternativen Erwartungsbildungsprozesses mit systematischen Erwartungsfehlern konfrontiert sähen.
Zusammenfassend lässt sich daher sagen, dass sich die Annahme rationaler Erwartungen im Rahmen eines ökonomischen Modells durchaus gut vertreten lässt, vor allem, wenn man den Einfluss von (systematischen) Erwartungsfehlern auf das ökonomische Geschehen eliminieren will, um dadurch z.B. die Wirkungsweise anderer Faktoren besser isolieren zu können. Zudem ist die rationale Erwartungshypothese, wie wir noch sehen werden, trotz ihres vielfach weitreichenden, mitunter sogar dramatischen Effekts auf die Dynamik eines Modells durchaus mit sehr unterschiedlichen Ansätzen und Denkrichtungen kompatibel. Zwingend ist sie auf der anderen Seite jedoch keineswegs.
Dies verdeutlichen auch die folgenden alternativen Erwartungsbildungshypothesen, die ebenfalls vorausschauende Elemente erhalten, ohne aber andererseits zu perfekter Voraussicht – dem Pendant rationaler Erwartungen in deterministischen Modellen – zu führen:

- **Asymptotisch rationale Erwartungen** :

$$\dot{\pi}^e = \beta_{\pi^e}(\bar{\mu} - \gamma_o - \pi^e) \tag{5.25}$$

Hierbei werden die Inflationserwartungen jeweils in Bezug auf den langfristigen Durchschnitt $(\bar{\mu} - \gamma_o)$ hin korrigiert. Dazu rufe man sich in Erinnerung, dass sich im Falle der langfristigen Gültigkeit der Quantitätstheorie die Inflationsrate gemäß Gleichung (5.3) als Differenz zwischen Geldmengen– und Outputwachstum ergibt (vgl. 5.1.1). Ist entsprechend des NAR–Konzepts die Wachstumsrate des 'Normaloutputs' eine Konstante und betreibt die Notenbank eine monetaristische Geldpolitik $(\mu = \bar{\mu})$, ergibt sich gerade $(\bar{\mu} - \gamma_o)$ als Steady–State–Inflationsrate.

- **Erwartungen gemäß dem p^*–Konzept der Bundesbank**:

$$\dot{\pi}^e = \beta_{\pi^e}(\widehat{p}^* - \pi^e) \text{ mit } \widehat{p}^* = \widehat{M} - \widehat{Y}^p \tag{5.26}$$

Diese Gleichung unterscheidet sich von der vorangegangenen dadurch, dass sie sich auch auf den Fall anwenden lässt, dass sich die Notenbank nicht immer strikt an eine konstante Geldmengenwachstumsrate hält, sondern – zumindest zwischenzeitlich – eine davon verschiedene Expansion $\widehat{M}$ wählt und die Wachstumsrate des Potenzialoutputs keine Konstante darstellt. Somit stellt dieses Konzept eine Verallgemeinerung der asymptotisch rationalen Erwartungen gemäß Gleichung (5.25) dar.

- **Durchschnitt aus adaptiven und asymptotisch rationalen Erwartungen:**

$$\begin{aligned}\dot{\pi}^e &= \beta_{\pi^e}(q\widehat{p} + (1-q)\widehat{p}^* - \pi^e) \\ &= q\beta_{\pi^e}(\widehat{p} - \pi^e) + (1-q)\beta_{\pi^e}(\widehat{p}^* - \pi^e), \quad 0 < q < 1 \qquad (5.27)\end{aligned}$$

Wie man unmittelbar erkennt, führt dieser Mix aus den genannten Ansätzen für das Gewicht $q = 1$ zu adaptiven und für $q = 0$ zu asymptotisch rationalen Erwartungen gemäß dem p^*–Konzept. Für $q = 1$ und $\beta_{\pi^e} \to \infty$ würden sich darüber hinaus statische Erwartungen ergeben, was zwar formal gesehen nicht schön ist, sich aber nichtsdestoweniger aus dem eingangs beschriebenen Grenzübergang aus der diskreten zur stetigen Darstellungsweise ergibt, da statische Erwartungen im diskreten Kontext ein α von 1 und damit beim Übergang zur stetigen Formulierung ein β_{π^e} in Höhe von $\frac{1}{h}$ erfordern.

5.2 Das monetaristische Basismodell

Auf Basis der vorausgegangenen Erörterungen starten wir zusammenfassend mit dem folgenden, in seiner Struktur noch sehr einfachen makroökonomischen Modell der mittleren Sicht und der Interaktion von Arbeitslosigkeit, Wachstum, Inflation und Inflationserwartungen, welches das Okuns Gesetz, die Phillipskurve in der von Friedman (1968) erweiterten Form, das Konzept adaptiver Erwartungsbildung sowie die einfache Quantitätstheorie in Wachstumsratenformulierung zum Ausgangspunkt nimmt:

$$\bar{\mu} = \widehat{p} + \gamma \qquad \bullet \text{ Quantitätstheorie} \qquad (5.28)$$

$$\widehat{p} = \widehat{w} = -\beta_w(U - \bar{U}) + \pi^e \qquad \bullet \text{ Phillipskurve} \qquad (5.29)$$

$$\dot{U} = -(\gamma - \gamma_o) \qquad \bullet \text{ Okun's Gesetz} \qquad (5.30)$$

$$\dot{\pi}^e = \beta_{\pi^e}(\widehat{p} - \pi^e) \qquad \bullet \text{ adaptive Erwartungen} \qquad (5.31)$$

Die vier endogenen Variablen dieses dynamischen Modells sind: $\widehat{p} = \pi$, die Inflationsrate, γ, die Wachstumsrate des Outputs, U, die Arbeitslosenrate und π^e, die Inflationserwartungen, während die Wachstumsrate der Geldmenge, $\bar{\mu}$, die natürliche Arbeitslosenrate $\bar{U}$ und die Wachstumsrate des Potenzialoutputs γ_o als exogen gegeben betrachtet werden. Trotz seiner einfachen Gestalt erfasst das obige Modell auch Wachstumsphänomene als Abweichungen vom Trendwachstum, also Phänomene, deren genauere Analyse aus keynesianischer Sicht wir erst im nächsten Kapitel behandeln werden.

Bevor wir uns nun den dynamischen Eigenschaften des obigen Systems zuwenden, wollen wir zunächst noch einmal kurz sowohl den Zusammenhang mit der Kurzfrist–Analyse in Kapitel 3 als auch die Erweiterungen derselben übersichtsartig zusammenstellen, nicht zuletzt, um die Abgrenzung zwischen bereits Bekanntem und Neuem möglichst deutlich hervortreten zu lassen.

Die kurze Frist wird durch zwei Gleichungen bestimmt, nämlich die Quantitätstheorie und den Output–Beschäftigungszusammenhang. Obwohl wir die Quantitätstheorie im Rahmen des neoklassischen Basismodells kennengelernt haben, wissen wir, dass sich ein analoger Zusammenhang ergibt, wenn wir einen Extremfall des IS–LM–Modells betrachten, nämlich den einer völlig zinsunelastischen Geldnachfrage, also einer senkrechten LM–Kurve. Es gilt somit wieder:

$$\bar{v}M = pY.$$

Im Gegensatz zum neoklassischen Basismodell mit flexiblen Nominallöhnen ist jetzt der Output Y aber nicht mehr durch die Vollbeschäftigungsproduktion vorherbestimmt, sondern Resultat der kurzfristig gegebenen Werte für die Geldmenge und das Preisniveau. Die Outputbestimmung der kurzen Frist ist hier also durch einen Spezialfall des keynesianischen IS–LM–Modells gegeben. Die zu diesem Output gehörige Beschäftigung ergibt sich, wie gehabt, aus der linear–limitationalen Produktionsfunktion:

$$Y = \bar{y}L^d = \bar{y}eL.$$

Diese beiden Gleichungen kennzeichnen also das temporäre Gleichgewicht und finden letztlich ihre Entsprechungen in den Gleichungen (5.28) und (5.30) des obigen Gleichungssystems, wobei dort der Output–Beschäftigungs–Zusammenhang nicht durch den Beschäftigtengrad, sondern sein Pendant, die Arbeitslosenrate, wiedergegeben ist (die in diesem Zusammenhang noch vorgenommene Approximation wurde in Abschnitt 5.1.3 ausgeführt, ist für das inhaltliche Verständnis hier aber unwesentlich).

Soweit die kurze Frist, deren Modellierung also noch nicht über bereits bekannte Strukturen hinausführt. Wenn wir jetzt aber die mittlere Sicht betrachten wollen, so können wir die Annahme fixer Nominallöhne und Preise nicht länger aufrechterhalten. Insbesondere gehen wir jetzt davon aus, dass die sich aus dem jeweiligen kurzfristigen Gleichgewicht ergebende Lage am Arbeitsmarkt den Nominallohn verändert. So wird eine 'unterdurchschnittliche' Arbeitslosenrate ($U < \bar{U}$) dazu führen, dass die Arbeitnehmerseite Lohnforderungen erheben und auch durchsetzen kann, die über den Inflationsausgleich (also die erwartete Inflationsrate) hinausgehen. Umgekehrt wird eine 'überdurchschnittliche' Arbeitslosenrate ($U > \bar{U}$) bewirken, dass die Arbeitnehmer erwartete Reallohneinbußen hinnehmen. Über das Markup–Pricing, $p = (1 + a)\frac{w}{\bar{y}}$, das wir ebenfalls von der bisherigen Kurzfristanalyse übernehmen, werden diese Lohnveränderungen $1:1$ in die Preise überwälzt. Dies führt, nebenbei bemerkt, auch dazu, dass der tatsächliche Reallohn entgegen den Erwartungen der Arbeitnehmer, stets konstant bleibt.

Die soeben beschriebene Preisdynamik, die in obiger Gleichung (5.29) ihren Niederschlag gefunden hat, stellt somit die erste über die kurzfristige Analyse hinausgehende Erweiterung dar. Allerdings ist die Modellierung der mittleren Sicht damit noch nicht abgeschlossen, denn wie wir der soeben beschriebenen Phillipskurve (5.29) entnehmen können, taucht bei der Bestimmung der Preisdynamik noch die erwartete Inflationsrate auf. Da es nun höchst unrealistisch wäre, anzunehmen, dass diese in der Zeit konstant bleibt, d.h. auf die tatsächlichen Preissteigerungen und deren Veränderungen überhaupt nicht reagiert, muss zur Vervollständigung unseres Modells noch etwas über die zeitliche Veränderung der Inflationserwartungen π^e ausgesagt werden. Dies geschieht in Gleichung (5.31), welche die Veränderung der erwarteten Inflationsrate von der Differenz zwischen ihrem jeweils aktuellen Wert und der tatsächlichen Preissteigerungsrate abhängig macht. Die Gleichungen (5.29) und (5.31) stellen also das im Vergleich zur bisherigen Kurzfristanalyse eigentlich Neue dar.

Da wir nun also gewissermaßen eine Sequenz von (kontinuierlich vielen) temporären Gleichgewichtslagen in der Zeit betrachten, müssen wir in einem letzten Schritt noch die Quantitätstheorie ($\bar{v}M = pY$) und den Output–Beschäftigungszusammenhang ($Y = \bar{y}eL$) in ihrer zeitlichen Veränderung darstellen, was letztlich durch einfache Bildung von Wachstumsraten auf Basis dieser beiden Gleichungen geschieht. Dies liefert uns Gleichung (5.32) und (5.33) in ihrer vorliegenden Form, wobei letztere noch die Steigerungsrate des Potenzialoutputs, γ_o, enthält, die allerdings in der hier betrachteten mittleren Sicht gleich Null gesetzt werden kann. Wenn wir sie im folgenden dennoch explizit ausweisen, so geschieht dies mit Blick auf später (in Kapitel 6) vorzunehmende langfristige Erweiterungen.

Nach diesen Vorüberlegungen inhaltlicher Art wollen wir uns jetzt der Analyse der Implikationen dieses Miniaturmodells der mittleren Sicht zuwenden. Unser erstes Ziel ist es dabei, dieses Modell so zu reduzieren, dass wir uns ganz auf die Interaktion von Arbeitslosenrate U und Inflationsrate $\pi = \widehat{p}$ konzentrieren können. Zu diesem Zwecke differenzieren wir zunächst die Phillipskurve (5.29) nach der Zeit und eliminieren anschließend die dabei entstehenden Zeitableitungen $\dot{U}, \dot{\pi}^e$ von U, π^e mit Hilfe der Gleichungen (5.30) und (5.31). Dies ergibt:

$$\begin{aligned} \dot{\pi} &= -\beta_w \dot{U} + \dot{\pi}^e \\ &= \beta_w(\gamma - \gamma_o) + \beta_{\pi^e}(\pi - \pi^e) \\ &= \beta_w(\bar{\mu} - \gamma_o - \pi) - \beta_{\pi^e}\beta_w(U - \bar{U}) \end{aligned} \tag{5.32}$$

Um die letzte Gleichung zu erhalten, haben wir zudem ausgenutzt, dass nach Quantitätstheorie (5.28) für die Wachstumsrate γ der Ausdruck $\bar{\mu} - \pi$ verwandt werden kann und die Abweichung der Inflationsrate von den Inflationserwartungen $\pi - \pi^e$ gemäß Phillipskurve (5.29) proportional zur Abweichung der Arbeitslosenrate von der natürlichen Arbeitslosenrate $U - \bar{U}$ ist (mit dem Proportionalitätsfaktor β_w). In entsprechender Weise ergibt sich – sehr viel einfacher – als $\dot{U}$–Gesetz:

$$\begin{aligned} \dot{U} &= (-1)(\gamma - \gamma_o) \\ &= (-1)(\bar{\mu} - \pi - \gamma_o) \end{aligned} \tag{5.33}$$

Zusammengefasst haben wir damit das obige monetaristische Basismodell auf ein linear inhomogenes Differentialgleichungssystem der Dimension 2 und Ordnung 1 reduziert:

$$\begin{pmatrix} \dot{U} \\ \dot{\pi} \end{pmatrix} = \begin{pmatrix} 0 & 1 \\ -\beta_{\pi^e}\beta_w & -\beta_w \end{pmatrix} \begin{pmatrix} U \\ \pi \end{pmatrix} + \begin{pmatrix} (-1)(\bar{\mu} - \gamma_o) \\ \beta_w(\bar{\mu} - \gamma_o) + \beta_{\pi^e}\beta_w\bar{U} \end{pmatrix}$$
$$= A\begin{pmatrix} U \\ \pi \end{pmatrix} + b \tag{5.34}$$

Dieses System erlaubt es, die dynamische Beziehung zwischen Arbeitslosenrate U und Inflationsrate π autonom, d.h. rechnerisch befreit von den anderen endogenen Variablen des Modells, (π^e, γ), zu untersuchen.

Der stationäre Zustand $\dot{U} = 0, \dot{\pi} = 0$ oder Steady State[15] dieses Modells mittelfristiger Dynamik ist gemäß den obigen Formeln eindeutig bestimmt und durch $U_o = \bar{U}$ und $\pi_o = \pi_o^e = \bar{\mu} - \gamma_o$ charakterisiert (sowie $\gamma = \gamma_o$). Eine Ruheposition der Dynamik liegt deshalb nur vor, wenn die Arbeitslosenrate U gleich der natürlichen Arbeitslosenrate ist und die Inflationsrate gleichzeitig ihrem Trendwert entspricht. Der Steady State der Dynamik ist damit eindeutig monetaristischer Natur, da in ihm kein tradeoff zwischen Arbeitslosigkeit und Inflation existiert und die Inflationsrate durch die Geldmengenwachstumsrate abzüglich der normalen Wachstumsrate der betrachteten Volkswirtschaft determiniert ist.

Die (lokale) asymptotische Stabilität dieses Steady State ist darüber hinaus unmittelbar ersichtlich, vgl. Abbildung 3.14., da

$$\det A = \beta_{\pi^e}\beta_w > 0 \text{ und}$$
$$\text{spur } A = -\beta_w < 0$$

gilt. Die Eigenwertformel

$$\lambda_{1,2} = \text{ spur A}/2 \pm \sqrt{\text{ spur A}^2/4 - \det A}$$

liefert darüber hinaus, dass die Eigenwerte der Matrix A komplexer Natur sind, wenn der Ausdruck unter der Wurzel, also

$$\beta_w^2/4 - \beta_{\pi^e}\beta_w = \beta_w(\beta_w/4 - \beta_{\pi^e}),$$

negativ ist. Es ist ersichtlich, dass dies für kleine Anpassungsstärken bei Phillipskurve und Okuns Gesetz (bei gegebenem β_π^e) oder für flexible Inflationserwartungen (bei gegebenem β_w) der Fall ist. In diesen Fällen ist also der Anpassungsprozess an den Steady State zyklischer Natur (ein stabiler Wirbel).[16]

---

15 $= -A^{-1}b$ in abstrakter mathematischer Notation.

16 Man vgl. hierzu Abschnitt 3.2.2.

Soweit zur formalen Analyse des Differentialgleichungssystems (5.34). Aus ökonomischer Sicht wichtig ist aber darüber hinaus die phasendiagrammatische Darstellung der Interaktion von Arbeitslosenrate U und Inflationsrate π. Für die partiellen Gleichgewichtskurven oder Isoklinen $\dot{U} = 0, \dot{\pi} = 0$ ergibt sich aus den obigen Formeln:

$$\dot{U} = 0: \qquad \pi_{01} = \bar{\mu} - \gamma_o$$
$$\dot{\pi} = 0: \qquad \pi_{02} = (-\beta_{\pi^e})(U - \bar{U}) + \bar{\mu} - \gamma_o$$

wobei $\dot{U} > 0 \quad (\dot{U} < 0)$ für $\pi > \pi_{01} \quad (\pi < \pi_{01})$ gilt und $\dot{\pi} > 0 \quad (\dot{\pi} < 0)$ für $\pi < \pi_{02} \quad (\pi > \pi_{02})$.

Die grafische Darstellung dieser Beziehungen liefert damit das folgende Phasendiagramm im (U, π)–Phasenraum:

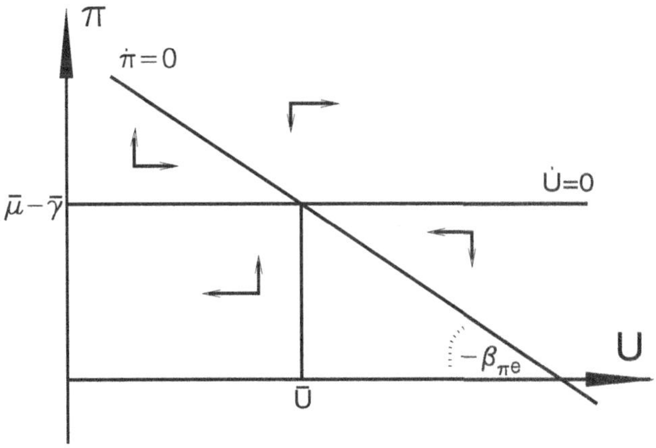

Abb. 5.3. Das Phasenportrait des monetaristischen Basismodells (Man beachte, dass in dieser Abbildung $\bar{\mu} > \gamma_o$, also Steady State Inflation, unterstellt ist)

Dieses Bild vermag weder über Stabilität noch Zyklizität der (U, π)–Dynamik Aufschluss zu geben, sondern zeigt lediglich die Anpassungsrichtung in den durch die Isoklinen definierten vier Teilen des Phasenraums.

Gemäß dieser Anpassungsrichtungen lässt sich der Phasenraum ökonomisch jedoch wie folgt charakterisieren:

Dieses Phasenbild zeigt, dass Phasen des Booms, wo Inflation mit steigender Beschäftigungsrate einhergeht, notwendig von Phasen der sog. Stagflation (= Stagnation + Inflation) abgelöst werden ($U \uparrow \pi \uparrow$), in denen sich also zwei 'Übel' (Arbeitslosigkeit und Inflation) parallel zueinander entwickeln. Diese Phase der Kombination zweier Negativentwicklungen ist jedoch ebenfalls nicht von Dauer, sondern führt bei weiterhin zunehmender Arbeitslosigkeit schließlich zu einer Brechung der inflationären Tendenzen und damit

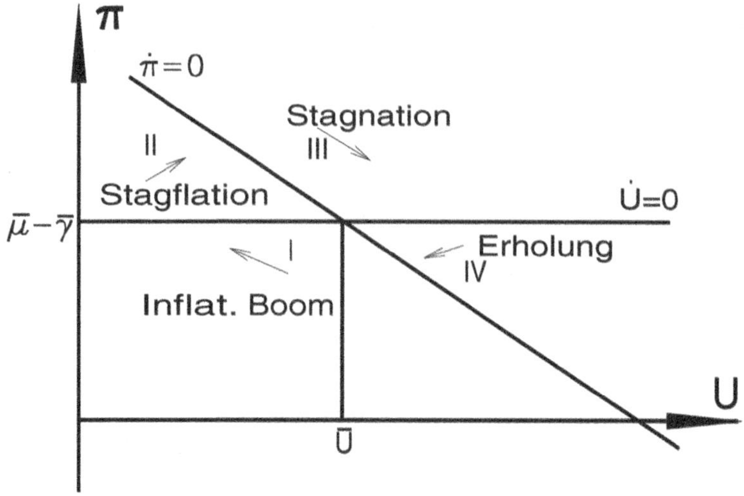

Abb. 5.4. Konjunkturphasen des monetaristischen Basismodells

zu einer zurückgehenden Inflationsrate. Ist schließlich der Punkt erreicht, wo die Inflationsrate unter ihren langfristigen Wert gesunken ist ($\pi < \bar{\mu} - \gamma_o$), so kommen gemäß Quantitätstheorie übernormale Wachstumsraten zustande, und damit findet nach Okuns Gesetz ein Abbau der Arbeitslosigkeit (von einem unnatürlich hohen Niveau aus) statt. Dieser Abbau der Arbeitslosigkeit muss gemäß obigem Diagramm über die natürliche Arbeitslosenrate hinausschießen ($\rightarrow U < \bar{U}$) und bringt damit notwendigerweise wieder eine erneute Boomphase zustande.

Wir haben damit die Dynamik in der obigen Darstellung so kommentiert, dass es zu einem beständigen Überschießen an den Gleichgewichtswerten $\bar{\mu}-\gamma_o, \bar{U}$ vorbei kommt. Gemäß unserer obigen mathematischen Überlegungen wissen wir, dass dieser Prozess stets mit abnehmender Amplitude verläuft und auf der Voraussetzung $\beta_w < 4\beta_{\pi^e}$ beruht. Trifft letztere Annahme nicht zu, so gilt stattdessen, dass in den Teilbereichen I und III die geschilderten Anpassungsvorgänge direkt ins Gleichgewicht $\pi_o = \bar{\mu} - \gamma_o, U_o = \bar{U}$ hineinführen, ohne erneut Stagflationsphänomene oder Erholungstendenzen hervorzurufen.

5.2.1 Kurz-, mittel- und langfristige Implikationen des monetaristischen Basismodells

Wir gehen im Folgenden davon aus, dass die Wirtschaft sich in ihrer Ausgangslage in einem relativ inflationsfreien Steady State befindet, also z.B. durch $\pi_o^e = \widehat{p}_o = \bar{\mu} - \gamma_o = 3\%, \gamma_0 = \gamma_o$ und $U_o = \bar{U}$ gekennzeichnet ist. Der Parameter $\gamma_o (= 3\%$ z.B.), das Trendwachstum, ist als positiv unterstellt, wie auch die Wachstumsrate $\bar{\mu} > \gamma_o$ der Geldmenge $\bar{M}$ (= 6%). Die Arbeitslosenrate befindet sich auf ihrem natürlichen Niveau, welches hier zwar als exogen gegeben unterstellt ist, z.B. = 6% , aber, obwohl Datum für das Modell, keineswegs als solches für die Wirtschaftspolitik erkennbar sein muss. Stattdessen mag gelten, dass die wirtschaftspolitischen Instanzen nur 3% Arbeitslosigkeit als tolerierbar ansehen und auf Dauer hinnehmen wollen. Diese Einstellung mag mit der Einsicht verknüpft sein, dass bei 3% Arbeitslosigkeit gewisse inflationäre Tendenzen sich durchsetzen werden, also von einem trade-off zwischen Arbeitslosigkeit und Inflation ausgegangen wird. So lautete eine einfache politische Devise der frühen siebziger Jahre: 'Lieber 6% Inflation als 6% Arbeitslosigkeit', wäre also damals z.B. 6% Inflation und 3% Arbeitslosigkeit der umgekehrten Konstellation wohl vorgezogen worden.[17]

Wir wollen im Folgenden zeigen, dass diese Vorstellung im Kontext des monetaristischen Basismodells als dynamischer Vorstellung gesamtwirtschaftlicher Interdependenzen nur kurzfristig aufrecht erhaltbar und damit 'kurzsichtig' ist. Mittelfristig wird in diesem Kontext eine solche Politik – wenn sie nicht zu akzelerierender Inflation führt – nicht nur Stagnationsprozesse auslösen, sondern zuvor sogar zu einem doppelten Übel führen: Stagnation und Inflation oder, wie auch kurz stattdessen gesagt wird: Stagflation. Und langfristig, so wird sich herausstellen, ist eine solche Politik rein inflationär, ohne dass es zu Verbesserungen bei der als zu hoch eingeschätzten Arbeitslosenrate von 6% letztendlich gekommen wäre.

Nehmen wir also an, dass die geldpolitische Instanz eine 'Politik des leichten Geldes' verfolgt und statt bisher 6% Wachstum bei der Geldmenge diese Wachstumsrate auf 9% heraufsetzt. Die Vorstellung dahinter mag sein, dass dies zu niedrigeren Zinsen und damit zu einer höheren Wachstumsrate des BSP und zu einer niedrigeren Arbeitslosenrate führt, eine Vorstellung, die hinsichtlich des Zinsmechanismus im monetaristischen Basismodell kein direktes Pendant hat. Um die kurzfristige Wirksamkeit einer solchen Wirtschaftspolitik demonstrieren zu können, nehmen wir an, dass die Inflationserwartungen im Rahmen dieser Frist stationär sind, also für diese Zeitdauer im Modell des Abschnitts 5.1.5 quasi $\beta_{\pi^e} = 0$ und $\pi^e \equiv 3\%$ erfüllt ist. Die Inflationserwartungen bleiben deshalb auf ihren alten Steady State Niveau fixiert ($\pi_o^e = \bar{\mu} - \gamma_o = 3\%$). Aufgrund der Änderung der Geldpolitik gilt aber nun $\bar{\mu}' = 9\% > \bar{\mu} = 6\%$. Was sind die Konsequenzen einer solchen wirtschaftspolitischen Maßnahme bei statischen Inflationserwartungen?

Auf Basis der verbleibenden Modellgleichungen (5.28) – (5.30) des monetaristischen Basismodells ergibt sich in diesem Fall

$$\begin{aligned}\dot{U} &= (-1)(\bar{\mu}' - \widehat{p} - \gamma_o) = (-1)(\bar{\mu}' + \beta_w(U - \bar{U}) - \pi_o^e - \gamma_o) \\ &= -\beta_w U + [\beta_w \bar{U} - (\bar{\mu}' - \gamma_o - \pi_o^e)].\end{aligned}$$

---

[17] Die gewählten Größenordnungen entsprechen nicht exakt den Größenordnungen, die in den 70er Jahren von Bundeskanzler Helmut Schmidt diesbzgl. genannt worden sind.

Dies ist eine lineare Differentialgleichung in der einzigen Variablen U, die sich wie üblich wie folgt darstellen lässt:

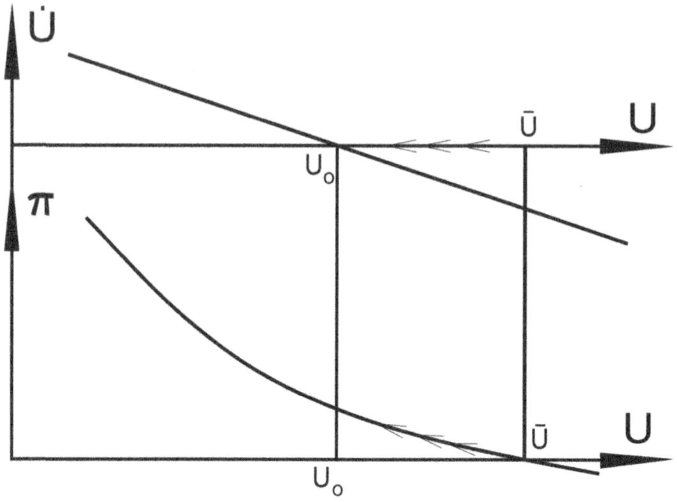

Abb. 5.5. Kurzfristig expansive Geldpolitik

Der stationäre Punkt dieser Differentialgleichung ist durch

$$U_o = \bar{U} - \frac{\bar{\mu}' - \gamma_o - \pi_o^e}{\beta_w} < \bar{U} \qquad (\bar{\mu}' > \gamma_o + \pi_o^e!)$$

gegeben und ist offensichtlich global asymptotisch stabil. Die Wende in der Geldpolitik hat den ursprünglich stabilen Punkt $\bar{U}$ durch den niedrigeren Wert U_o ersetzt und gleichzeitig Kräfte in Gang gesetzt, die die Wirtschaft von $\bar{U}$ nach U_o – ganz dem Wunsch der wirtschaftspolitischen Instanz entsprechend – führen. Während dieses Übergangsprozesses ist wegen $\pi^e \equiv \pi_o^e = 3\%$ die Inflationsrate gemäß Gleichung (5.29) gegeben durch

$$\widehat{p} = -\beta_w(U - \bar{U}) + \pi_o^e > 0 \to \widehat{p}_o = -\beta_w(U_o - \bar{U}) + \pi_o^e = \bar{\mu}' - \gamma_o$$

und sie steigt beständig in Richtung ihres neuen stationären Niveaus $\widehat{p}_o = \bar{\mu}' - \gamma_o = 6\%$. Für die reale Wachstumsrate γ gilt während dieses Übergangsprozesses nach Quantitätstheorie schließlich:

$$\gamma = \bar{\mu}' - \widehat{p} \to \gamma_o = \bar{\mu}' - \widehat{p}_o$$

d.h. sie wird anfänglich auf ein sehr hohes Niveau katapultiert und sinkt anschließend beständig gegen ihren Trendwert γ_o. Nichtsdestoweniger hat dieser

Prozess die Arbeitslosenrate von 6% auf z.B. $U_o = 3\%$ gedrückt (wenn $\beta_w = 1$ unterstellt wird). Damit hätte sich die von der Wirtschaftspolitik präferierte Kombination $U_o = 3\%$ und $\widehat{p}_o = 6\%$ tatsächlich realisieren lassen.

Kann dies aber wirklich als persistente Lage der Ökonomie verstanden werden? Wir haben hier einen Zustand erreicht, wo für die wirkliche Inflationsrate $\widehat{p}_o = 6\%$ gilt, während die Inflationserwartungen (annahmegemäß) bei 3% verblieben sind. Es ist offensichtlich, dass ein solcher Zustand nicht von Dauer sein kann. Die dargestellte Wirtschaftspolitik hat somit sicherlich nicht alle Konsequenzen ihres Handels bedacht.

Im Modellrahmen naheliegende Konsequenz ist, dass die Inflationserwartungen π^e zu steigen beginnen (also eben doch $\beta_{\pi^e} > 0$ gilt). Die Berücksichtigung dieses Sachverhalts würde damit den im vorherigen Abschnitt dargestellten zyklischen Anpassungsprozess hin zum wirklichen Steady State Wert: $U_o = \bar{U} = 6\%$, $\widehat{p}_o = \pi^e_o = 6\%$ in Gang bringen, was im Endresultat bedeutet, dass die Inflationsrate um 3% erhöht worden ist, ohne dass bei der Arbeitslosenrate letztlich eine Verbesserung erzielt worden wäre. Kurzfristig positive Wirtschaftsentwicklung würde mittelfristig Stagflationsperioden und dann Stagnation hervorrufen, bevor Erholungstendenzen den alten realen Zustand wieder herstellen (dieser mittelfristige Prozess mag sich – wegen der dargestellten überschießenden Reaktionen – mehrfach wiederholen). Dass dies das Endresultat ihres Handels ist, mag der wirtschaftspolitischen Instanz aber nicht bewusst sein. Statt dessen könnten die beobachteten Stagnationstendenzen (d.h. ein erneuter Anstieg bei der Arbeitslosenrate U) sie dazu veranlassen, die expansive Geldpolitik zu wiederholen. Um diese Politik in ihrer extremen Konsequenz im vorliegenden Modell darzustellen, wollen wir annehmen, dass sie dahingehend erfolgreich ist, die Arbeitslosenrate tatsächlich auf dem gewünschten Niveau U_o zu fixieren. In diesem Fall gilt (man vgl. die Gleichungen (5.28) – (5.31)):

$$\dot{U} = 0[\gamma \equiv \gamma_o], U \equiv U_o : \pi = \widehat{p} = -\beta_w(U_o - \bar{U}) + \pi^e, \text{ also}$$
$$\dot{\pi}^e = \dot{\pi} = \beta_{\pi^e}(-\beta_w(U_o - \bar{U})) = \beta_{\pi^e}\beta_w(\bar{U} - U_o) > 0$$

d.h. es muss eine zeitliche Veränderung der Inflationsrate π und der Inflationserwartungen π^e erzeugt werden, die dem dann konstanten Term $\beta_{\pi^e}\beta_w(\bar{U}-U_o)$ entspricht. Da die Wachstumsrate γ daran gehindert wird, unter das Trendniveau zu sinken (um zunehmende Arbeitslosigkeit auszuschalten), ja genauer γ sogar auf dem Niveau γ_o fixiert werden muss, folgt aus der Quantitätstheorie (5.28) dann zwangsläufig, dass die Wachstumsrate der Geldmenge μ jetzt endogen sein muss, und zwar wie folgt: $\dot{\mu} = \dot{\pi}$. Es folgt, dass diese Wachstumsrate – und mit ihr die Inflationsrate – beständig steigen muss, soll in der Tat U auf dem Niveau $U_o < \bar{U}$ gehalten werden.

Besagt der erste Teil unserer Kurzfristanalyse, dass expansiv angelegte Geldpolitik nur erfolgreich sein kann, solange ihre inflationären Folgen nicht gesehen werden, so fügt die obige Akzelerationsaussage hinzu, dass bei Wahrnehmung dieser Folgen in der unterstellten adaptiven Form eine beständige

Beschleunigung der Geldmengenexpansion betrieben werden muss, damit keine stagnativen Tendenzen ($\dot{U} > 0$) sich durchsetzen können. Es folgt, dass früher oder später sich die Einsicht durchsetzen wird, mit diesen akzelerierenden Maßnahmen Schluss zu machen, um dem permanenten Anstieg der Inflationsrate Einhalt zu gebieten. Dies mag in Form einer vorsichtigen Kurskorrektur seitens der geldpolitischen Behörde geschehen oder auch – als Konsequenz von Wahlen – durch einen radikalen Stimmungsumschwung in der wirtschaftlichen Sichtweise. Die folgenden phasendiagrammatischen Darstellung stellen dar, was die Folgen eines graduellen Wechsels in der Geldpolitik bzw. eines solchen radikalen Wechsels im Politikregime nach einer Phase akzelerierender Inflationsentwicklung im Rahmen des monetaristischen Basismodells sein werden.

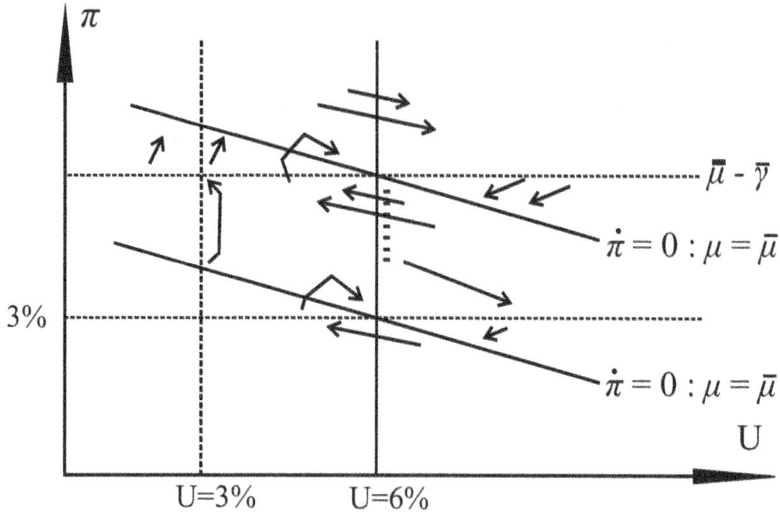

Abb. 5.6. Anti-inflationäre Geldpolitik vom graduellen Typ

Dabei ist im ersten Fall unterstellt, dass die geldpolitische Behörde die Geldmengenwachstumsrate auf einem während der Akzelerationsphase erreichten hohen Niveau $\bar{\bar{\mu}}$ einfriert und im zweiten Fall, dass im Sinne einer Radikalkur die Wachstumsrate der Geldmenge μ auf $\bar{\mu} = 0$ heruntergesetzt wird.

In Abbildungen 5.6. und 5.7. ist unterstellt, dass der Anpassungsprozess des unregulierten monetaristischen Basismodells nicht oder nur geringfügig zum Überschießen neigt (also der Parameter β_{π^e} relativ zu anderen Parametern hinreichend klein ist). Im ersten Fall gelingt es der Politikbehörde, die akzelerierende Inflation zu stoppen und nach Phasen der Stagflation (I) und Stagnation (II) auf einem hohen Niveau zu stabilisieren, jedoch ohne jeglichen beschäftigungspolitischen Erfolg. Relativ moderate Phasen zunehmender Arbeitslosigkeit mögen hier genügen, dieses Ziel zu erreichen, allerdings vielleicht

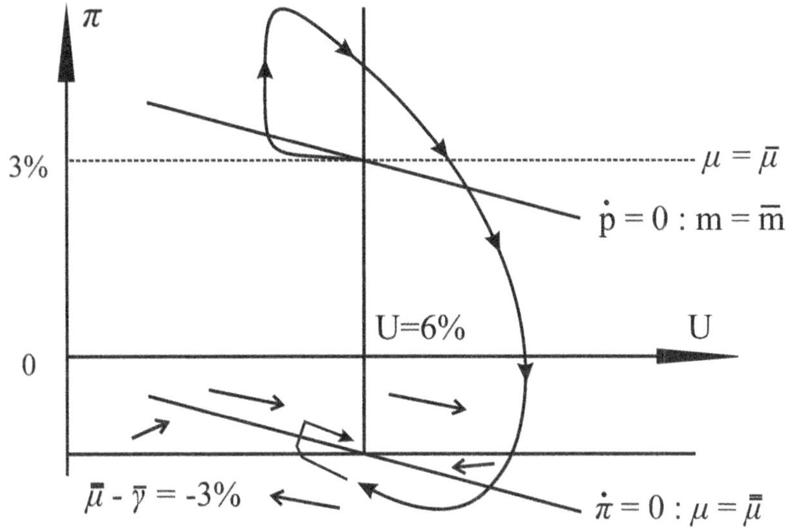

Abb. 5.7. Anti-inflationäre Geldpolitik vom 'Cold Turkey' Typ

nur als Zwischenstadium, da die erreichten hohen Inflationsraten weitere restriktive Maßnahmen bei der Geldpolitik als erforderlich erscheinen lassen können. Mit Hilfe weiterer Stagnationsphasen mag auf diese Weise in langwieriger Form der Inflationsprozess wieder auf sein Ausgangsniveau $\widehat{p}_o = 3\%$ zurückgeführt werden. Dies ist der graduelle Weg, eine verfehlte Beschäftigungspolitik im monetaristischen Basismodell wieder rückgängig zu machen.

Die alternative Politik der zweiten Abbildung, auch 'cold turkey' genannt, führt die Wachstumsrate der Geldmenge auf '0' herunter und verlagert damit die $\dot{\pi} = 0$–Isokline weit nach unten. Die Wirtschaft in ihrer momentanen Lage (Punkt A) gerät damit unmittelbar in den Stagnationsbereich, da bei der herrschenden Inflation $\widehat{p}$ wegen $\bar{\bar{\mu}}= 0$ sehr negative Wachstumsraten $\gamma =\bar{\bar{\mu}} -\widehat{p}$ erzeugt werden, die gemäß Okun–Gesetz die zeitliche Veränderung $\dot{U}$ der Arbeitslosenrate U so stark hochschnellen lassen, dass $\dot{\pi} = -\beta_w \dot{U} + \dot{\pi}^e$ trotz Inflationsmentalität ($\dot{\pi}^e > 0$) unmittelbar negativ wird, d.h. die Inflationsrate π zu sinken beginnt. Aufgrund der radikalen Verlagerung des Steady States hin zu $U = \bar{U}, \pi_o = -\gamma_o = -3\%$ ist der Weg hin zu niedrigen Inflationsraten, der hier quasi einstufig vollzogen wird, von sehr hohen Arbeitslosenraten U begleitet, die erst in einer sehr späten Phase des Prozesses wieder zu sinken beginnen [man vgl. Abbildung 5.7.].

Dieser Prozess ist umso langwieriger, je träger die Inflationserwartungen auf sich verändernde Inflationsraten reagieren (je kleiner der Parameter β_{π^e} ist), also je mehr Inertia in Form der Entwicklung hinterherhinkender Erwartungsbildung in das System eingebaut ist und je schwächer die Lohnanpassung auf hohe Arbeitslosenraten reagiert.[18] Okuns Gesetz $\dot{U} = (-1)(\gamma - \gamma_o)$ wirkt deshalb lange ($\gamma = -\pi$) in Richtung eines andauernden Anstiegs der Arbeitslosigkeit mit schwerwiegenden gesellschaftlichen Konsequenzen. Es stellt sich die Frage, ob eine solche Politik des 'cold turkey' (sollte die Analyse des Wirkungszusammenhangs korrekt sein) gesellschaftspolitisch akzeptiert werden kann.

Das sich damit abzeichnende Dilemma zwischen 'Gradualismus' und 'Cold Turkey' kann hier nicht weiter vertieft werden, da dazu eine nähere Charakterisierung des dynamischen Systems des letzten Abschnitts nötig wäre, die zu weit über eine elementare Phasendiagramm–Analyse hinausgehen würde. In Bezug auf die Eigenwertformel des Abschnitts 5.2

$$\lambda_{1,2} = -\beta_w/2 \pm \sqrt{\beta_w^2/4 - \beta_w\beta_{\pi^e}}$$

sei hier deshalb nur noch kurz festgestellt, dass die Bedingungen

$$4\beta_{\pi^e} = \beta_w \text{ und } \beta_w \uparrow$$

große negative Eigenwerte erzeugen, was impliziert, dass eine Anpassung an den Steady State dann rasch und monoton verläuft. Im Rahmen des vorliegenden Modells könnte damit insbesondere Lohnflexibilität ($\beta_w \uparrow$) zu weniger schwerwiegenden Anpassungsprozessen Anlass geben.

Fazit der bisherigen Analyse ist, dass in der kurzen Frist expansiv ($U_o < \bar{U}$) angelegte Geldpolitik ($\bar{\mu} \uparrow$) tatsächlich expansiv sein kann, dass sie aber ihre Effekte nur mittels akzelerierender Inflation zeitlich ausdehnen kann, da sie zur Erreichung 'unnatürlich' niedriger Arbeitslosenraten $U_o < \bar{U}$ beständig für eine Inflationsrate π sorgen muss, die die nachhinkenden Inflationserwartungen übertrifft. Wird diese Konsequenz nicht mehr gewünscht, so stellt sich je nach Stärke des Gegensteuerns Stagflation und später Stagnation oder gleich eine bedeutsame Stagnation ein, die die erreichten inflationären Tendenzen bremst oder radikal umkehrt. Langfristig ist jede solche Geldpolitik neutral, da die reale Entwicklung wieder gegen den Wachstumstrend γ_o und die natürliche Arbeitslosenrate $\bar{U}$ strebt, während die Inflationsrate voll die Veränderung der Geldmengenwachstumsrate aufnimmt: $\widehat{p}_o = \bar{\mu} - \gamma_o$.

Es gibt alternative Formulierungen der Bildung von Inflationserwartungen, die die Reaktionsweise der Wirtschaft auf geldpolitische Änderungen stark bis radikal verändern können und die deshalb hier ansatzweise belegen sollen, wie wichtig die Art der Bildung von Erwartungen für das Wirtschaftsgeschehen ist:

1. Asymptotisch rationale Erwartungen :

$$\dot{\pi}^e = \beta_{\pi^e}(\bar{\mu} - \gamma_o - \pi^e)$$

,

[18] Dies ist aus der zweiten Differentialgleichung $\dot{\pi} = \beta_w(\bar{\mu} - \gamma_o - \pi) - \beta_{\pi^e}\beta_w(U - \bar{U})$ ansatzweise ersichtlich.

2. Rationale Erwartungen:

$$\pi^e = \pi$$

.

Regressive Erwartungen schauen auf die Differenz zwischen Steady State Inflation $\pi_o = \bar{\mu} - \gamma_o$ und momentaner Inflation $\widehat{p} = \pi$ und korrigieren sich in Richtung dieser Diskrepanz. Asymptotisch rationale Erwartungen nehmen (indirekt) auf das sog. p^*–Konzept gewisser Zentralbanken Bezug, wonach die langfristige Entwicklung p^* des Preisniveaus p quantitätstheoretisch durch Bezugnahme auf den Potenzialoutput Y^p der Wirtschaft gegeben ist: $p^* = \bar{\nu}\bar{M}/Y^p$. In Wachstumsraten ausgedrückt ist damit im gegenwärtigen Modellkontext die Veränderungsrate $\widehat{p}^*$ durch $\bar{\mu} - \gamma_o$ gegeben (da $\bar{\nu}$ = konstant gilt). Erwartete Inflationsraten π^e werden dann in Bezug auf diese Referenzgröße wie dargestellt korrigiert. Rationale Erwartungen schließlich gehen davon aus, dass die Wirtschaftssubjekte die (Modell–)Welt, in der sie agieren müssen, durchschauen und damit im Rahmen deterministischer Modelle, wie sie hier vorliegen, zu korrekten Inflationsprognosen kommen.

Die Konsequenzen der Annahme 'rationaler Erwartungen' $\pi^e = \pi$ sind im gegenwärtigen Kontext radikal. Gemäß Phillipskurve (5.29) und Okungesetz (5.30) kann sich die Wirtschaft dann nie aus ihren realen Steady State Werten entfernen: $U = \bar{U}, \gamma = \gamma_o$. Eine Erhöhung der Wachstumsrate $\bar{\mu}$ der Geldmenge $\bar{M}$ führt dann also unmittelbar zu einer Anpassung der Inflationsrate

$$\widehat{p} = \bar{\mu} - \gamma_o$$

an ihren neuen Steady State Wert. Geld ist damit hier auch kurzfristig (super–)neutral und damit auch die kurzfristige Potenz einer expansiv angelegten Geldpolitik ($\bar{\mu}\uparrow$) abhanden gekommen. Rationale Erwartungen können somit Wirtschaftspolitik als völlig ineffektiv begreifbar werden lassen. Ihre Unterstellung ist jedoch so lange problematisch, wie nicht der Lernmechanismus erfasst wird, als dessen Resultat sie zustandekommen können.

Asymptotisch rationale Erwartungen liefern im gegenwärtigen Kontext eine Differentialgleichung für die Anpassung dieser Erwartungen, die vom Rest des Geschehens unabhängig ist:

$$\dot{\pi}^e = \beta_{\pi^e}(\bar{\mu} - \gamma_o - \pi^e).$$

Sie konvergieren damit monoton gegen den jeweils vorliegenden Steady State Wert der Inflationsrate $\widehat{p}$ und werden dabei von einem ebenfalls monotonen Anpassungsprozess der Arbeitslosenrate U an ihren Steady State Wert $\bar{U}$ begleitet:

$$\dot{U} = (-1)(\bar{\mu} - \widehat{p} - \gamma_o) = (-1)(\bar{\mu} - \gamma_o + \beta_w(U - \bar{U}) - \pi^e).$$

5.2.2 Monetaristisches und neoklassisches Basismodell: Ein Vergleich

Das neoklassische Basismodell des Kapitels 2, zusammenfassend dargestellt in Abschnitt 2.1.4, bestand in seiner '$\bar{w}$-Version' aus den folgenden vier Gleichungen als Beschreibung der kurzen Frist

$$p = \bar{w}/F'(L^d) \qquad [\text{ AS1, vgl. 5.1.4}] \tag{5.35}$$
$$Y = F(L^d), \quad F'(L^d) > 0, F''(L^d) < 0 \tag{5.36}$$
$$p = \bar{\nu}\bar{M}/Y \tag{5.37}$$
$$I(r) = S(r) \quad [B^s(r) = B^d(r)] \tag{5.38}$$

Dieses Modell verwendet, was die Angebotsseite angeht, die Grenzproduktivitätstheorie des Reallohns, hier dargestellt in der Form: Preis = Grenzkosten der Produktion. Wir haben bei der Formulierung des einfachsten Keynes–Modells in Kapitel 2 und des keynesianischen IS–LM–Modells in Kapitel 3 diese Theorie der Preisniveaubestimmung weiter vereinfacht, indem wir konstante Grenzprodukte der Arbeit annahmen ($F'(L^d) =$ const. $, F''(L^d) = 0$) und das Preisniveau durch einen Aufschlag auf die Lohnstückkosten bestimmten. Diese Vereinfachung ist implizit auch im monetaristischen Basismodell (5.28) – (5.31) enthalten, wie wir bei der Diskussion der Phillipskurve in Abschnitt 5.1.2 gesehen haben. Mittels dieser Vereinfachung reformuliert lautet das neoklassische Basismodell wie folgt:

$$p = (1+a)wL^d/Y = (1+a)w/\bar{y} \qquad [\text{ AS2, vgl. 5.1.4}] \tag{5.39}$$
$$Y = \bar{y}L^d \tag{5.40}$$
$$p = \bar{\nu}M/Y \tag{5.41}$$
$$I(r) = S(r) \tag{5.42}$$

Fügt man nun diesem Modell die Lohn-Phillipskurve und die adaptive Inflationserwartungsbildung wie beim monetaristischen Basismodell hinzu

$$\widehat{w} = -\beta_w(U - \bar{U}) + \pi^e = \beta_w(e - \bar{e}) + \pi^e \tag{5.43}$$
$$\dot{\pi}^e = \beta_{\pi^e}(\widehat{p} - \pi^e) \tag{5.44}$$

so erhält man, wie wir gleich zeigen werden, ein dynamisches (mittelfristiges) Modell, welches von der Struktur her gesehen dem monetaristischen Basismodell völlig gleichwertig ist. Dieses Basismodell kann deshalb auch als Ausdehnung der neoklassischen Analyse auf die mittlere Sicht begriffen werden, die das, was wir dort in Abschnitt 2.1.3 als Lohn–Preis–Spirale angedeutet haben, exakt macht.[19] Das monetaristische Basismodell dehnt daher vom Prinzip her gesehen die neoklassische Analyse des Unterbeschäftigungsgleichgewichts auf die mittlere Sicht aus, indem es im Angesicht von Unterbeschäftigung die Theorie der Lohnanpassung (als Lohn– und Preisinflation) und der Inflationserwartungen hinzufügt.

Zum Zwecke eines einfachen Vergleichs des Modells (5.28) – (5.31) mit dem obigen Modell (5.39) –(5.44) reformulieren wir zunächst Abschnitt 5.1.3 folgend das Okungesetz (5.30) dergestalt, dass wir anstelle der Arbeitslosenrate $U = (\bar{L} - L^d)/\bar{L}$ den Beschäftigtengrad $e = L^d/\bar{L} = 1 - U$ verwenden (und von $\gamma_o = 0$ jetzt ausgehen). Im Kontext linear-limitationaler Produktionsfunktionen ohne technischen Wandel lautet das Okungesetz (5.30), wie wir gesehen haben, sehr einfach

$$\widehat{e} = \dot{e}/e = \widehat{Y} = \gamma \text{ oder } \dot{e} = -\dot{U} = \gamma e, \tag{5.45}$$

da die Produktionskoeffizienten $\bar{y}, \bar{x}$ und die Ausstattung mit Produktionsfaktoren $\bar{L}, \bar{K}$ hier noch konstante Größen sind ($e = L^d/\bar{L} = (Y/\bar{y})/\bar{L}$). Da die Gleichungen (5.39) und (5.40) unmittelbar wieder $\widehat{p} = \widehat{w}$ und $\bar{\mu} = \widehat{p} + \gamma = \pi + \gamma$ implizieren, lautet das um mittelfristige Aspekte erweiterte neoklassische Basismodell (ohne Wachstumsaspekte[20]) des Kapitels 2 in kompakter Form wie folgt:

$$\bar{\mu} = \widehat{p} + \gamma \tag{5.46}$$

$$\widehat{p} = \pi = \beta_w(e - \bar{e}) + \pi^e, \quad e = 1 - U, \bar{e} = 1 - \bar{U} \tag{5.47}$$

$$\widehat{e} = \gamma \tag{5.48}$$

$$\dot{\pi}^e = \beta_{\pi^e}(\widehat{p} - \pi^e) \tag{5.49}$$

Man beachte hierbei, dass das Saysche Gesetz $I(r) = S(r)$ des neoklassischen Basismodells für die mittelfristige Dynamik des Modells keine Rolle spielt, da gemäß diesem lediglich im Hintergrund sichergestellt wird, dass der quantitätstheoretisch mögliche Output auch seine entsprechende Nachfrage findet.

Wir überlassen es hier dem Leser, weiter zu prüfen, dass das Modell (5.46) – (5.49) weitgehend mit dem Modell (5.28) – (5.31) identisch ist und zu gleichlautenden Implikationen führt. Wichtig für uns ist hier nur, gezeigt zu haben, dass diese Variante der monetaristischen Theorie (und Kritik am Keynesianismus) im Kern wiederum nur eine Rückkehr zu präkeynesianischen Denkvor-

[19] Anstelle der zwei dynamischen Gleichungen des Abschnitts 2.1.3 für Löhne und Preise haben wir hier stets gleichgewichtige Preise (in Bezug auf den Gütermarkt) vorliegen, die nunmehr mit Lohn- und Inflationserwartungsdynamik konfrontiert werden.

[20] Steady State: $e_o = \bar{e}, \hat{p}_o = \pi_o^e = \bar{\mu}, \gamma_o = 0$.

stellungen darstellt, auch wenn mit den Gleichungen (5.43) und (5.44) vom Prinzip her wichtige Ergänzungen der kurzfristigen Analyse hin zu ihrer mittelfristigen Anwendung im Zuge der Debatte um den 'hydraulischen Keynesianismus' entstanden sind, die es in die keynesianische Theorie der mittleren Sicht ebenfalls zu integrieren gilt.

Ein prominenter Integrationswunsch ist auf Textbuch–Niveau durch das Lehrbuch zur Makroökonomik von Dornbusch und Fischer (1995) gegeben, das wir in Abschnitt 5.3.3 in seinem theoretischen Kern darstellen wollen.

5.2.3 Neuklassische Makroökonomik

Wie wir im vorangegangenen Abschnitt gesehen haben, lässt sich der monetaristische Ansatz als Ausdehnung des neoklassischen Basismodells auf die mittlere Sicht interpretieren. Dabei ist der Steady–State angebotsseitig über die 'natürliche Arbeitslosenrate' resp. den 'Normalauslastungsoutput' festgelegt und außerdem (lokal) asymptotisch stabil. Dies heißt, wie wir gesehen haben, jedoch nicht, dass nachfrageseitige Impulse, etwa infolge einer Erhöhung der Geldmengenwachstumsrate, auch in der kurzen Sicht keinen Effekt hätten; nur langfristig gesehen kehren Output und Beschäftigung zu ihren 'normalen' Niveaus zurück. Diese verzögerte Anpassung hatte im Wesentlichen zwei Ursachen:

- Die verzögerte Nominallohnanpassung infolge des Phillipskurven–Zusammenhangs sowie
- die adaptive Erwartungsbildung mit der Konsequenz einer nur allmählichen Wahrnehmung der tatsächlichen Preissteigerungen durch die Wirtschaftssubjekte.

Genau an diesen Punkten entzündete sich eine Kritik, die in Modellen ihren Niederschlag fand, die unter der Bezeichnung 'Neuklassische Makroökonomik' die Entwicklung der Volkswirtschaftslehre seit den 70–er Jahren stark beeinflusst haben. Als maßgebliche Vertreter dieser Richtung sind neben ihrem Initiator *Robert Lucas* vor allem *Thomas Sargent, Robert Barro, Edward Prescott, Neil Wallace* und *Patrick Minford* zu nennen.

Ausgangspunkt des neuklassischen Ansatzes ist die bereits in Abschnitt 5.1.5 erwähnte Kritik an der rein vergangenheitsorientierten adaptiven Erwartungsbildung. Rationale Wirtschaftssubjekte, so die neuklassische Argumentation, lassen demgegenüber alle zum gegebenen Zeitpunkt erhältlichen Informationen in ihre Erwartungsbildung einfließen und gelangen so zu Prognosen, mit denen sie zumindest im Durchschnitt richtig liegen. Letzterem liegt die Annahme zugrunde, dass die Entscheidungsträger die Welt, in der sie leben, kennen und somit anhand ihrer modellmäßigen Beschreibung die für sie wichtigen, sprich: handlungsrelevanten ökonomischen Größen prognostizieren. Auf die Problematik dieser Sichtweise wurde bereits hingewiesen. Akzeptiert man sie jedoch, können Erwartungsfehler eigentlich nur dadurch auftreten, dass infolge von exogenen Schocks Änderungen bestimmter Variablen eintreten, die – da exogen – aus dem zugrundeliegenden Modellrahmen nicht prognostizierbar waren.

Wie bereits im Zusammenhang mit dem monetaristischen Basismodell gezeigt wurde, hat diese Annahme weitreichende Konsequenzen. Vollzieht sich nämlich das Geschehen in der betrachteten Ökonomie gemäß den Modellgleichungen, führen rationale Erwartungen der Wirtschaftssubjekte zu perfekter Voraussicht der Inflationsrate und damit zu einer sofortigen Anpassung des entsprechenden Erwartungsterms in der Phillipskurve. Eine vorausgesehene Erhöhung der Geldmengenwachstumsrate würde sich somit unmittelbar in einer entsprechenden Erhöhung der Inflationsrate niederschlagen, ohne reale Größen wie Output und Beschäftigung auch nur vorübergehend zu tangieren.

Allerdings weicht der neuklassische Ansatz noch in einem anderen Punkt von monetaristischen Vorstellungen ab, und zwar in Bezug auf die Lohn- und Preisanpassung. Um dies zu verdeutlichen, wollen wir etwas näher auf das Geschehen am Arbeitsmarkt eingehen, wie es sich aus neuklassischer Sicht darstellt. Dabei wird im Gegensatz zu unserer bisherigen Darstellungsweise angenommen, dass das Arbeitsangebot positiv vom Reallohn abhängt. Begründet wird dies damit, dass die Arbeitnehmer eine Erwartung bezüglich des künftigen Reallohns bilden und den jeweils aktuellen damit vergleichen[21]. Eine intertemporale Nutzenmaximierung führt dann zu dem Ergebnis, dass ein aktueller Reallohn, der über dem künftig erwarteten liegt, die Arbeitnehmer zu einem größeren Arbeitsangebot veranlasst, da sich der mit der Arbeit verbundene Freizeitverzicht heute mehr lohnt als in der Zukunft. Das umgekehrte Resultat ergibt sich dementsprechend, wenn der für die Zukunft erwartete Reallohn den heutigen übersteigt. In Bezug auf die Arbeitsnachfrage kann vereinfachend mit der Grenzproduktivitätstheorie (in Verbindung mit einer neoklassischen Produktionsfunktion) argumentiert werden, zumal neuklassische Ansätze typischerweise von kompetitiven Märkten ausgehen. Somit ergibt sich aus dem Schnittpunkt von positiv geneigter Arbeitsangebotsfunktion und negativ geneigter Arbeitsnachfragefunktion ein gleichgewichtiger Reallohn und eine gleichgewichtige Beschäftigung, womit in diesem Kontext zugleich die 'natürliche Beschäftigung' definiert ist:
Über die Produktionsfunktion ergibt sich dann über $Y^* = F(L^*)$ der 'Normalauslastungsoutput'. Wie aus Abbildung 5.8. unmittelbar folgt, ist die bei L^* vorliegende 'natürliche' Arbeitslosenrate $\bar{U} = \frac{\bar{L}-L^*}{\bar{L}}$ in voller Höhe freiwilliger Natur, da sie nur aus denjenigen Arbeitskräften besteht, die zum Gleichgewichtsreallohn ω^* nicht arbeiten wollen. Wie man ferner sieht, ist die dargestellte Situation am Arbeitsmarkt mit Ausnahme der Steigung der Arbeitsangebotsfunktion mit dem Gleichgewicht im neoklassischen Basismodell bei flexiblem Nominallohn identisch. Da nun aber, wie bereits in unserer Kritik an Engels ausgeführt, am Arbeitsmarkt nur über den Nominallohn verhandelt werden kann, während sich das Preisniveau durch das Zusammenspiel

[21] Vgl. dazu auch Snowdon/Vane/Wynarczyk (1994, S.194).

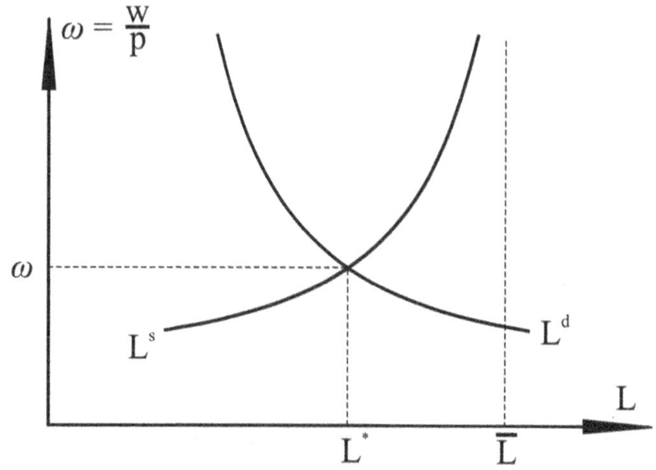

Abb. 5.8. Der neuklassische Arbeitsmarkt

von Angebot und Nachfrage am Gütermarkt herausbildet, ist Abbildung 5.8. realistischerweise wie folgt zu modifizieren:

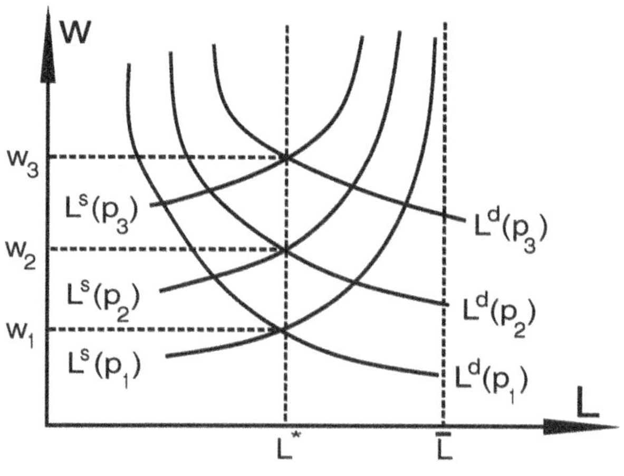

Abb. 5.9. Zur Nominallohndarstellung am Arbeitsmarkt

Je nach Preisniveau, das sich am Gütermarkt ergibt (hier exemplarisch für p_1, p_2 und p_3 dargestellt), verschieben sich Angebots– und Nachfragekurve, die nunmehr vom Nominallohn w abhängig sind. Dabei spiegeln beide Kurven zum jeweils gegebenen Preisniveau exakt den Zusammenhang aus Abbildung 5.8. wider. Dementsprechend gilt für die sich ergebenden Gleichgewichtslagen natürlich auch $w_1/p_1 = w_2/p_2 = w_3/p_3 = \omega^*$. Entscheidend für dieses Ergebnis war, wie wir bereits im Zusammenhang mit dem neoklassischen Basismodell gesehen haben, eine sofortige Anpassung von Löhnen und Preisen.

Eine weitere wesentliche Voraussetzung besteht jedoch darin, dass die jeweils aktuellen Löhne und Preise auch unverzüglich von den Agenten wahrgenommen werden können. Hier nun weicht die Neuklassik von der neoklassischen Betrachtungsweise ab, indem sie davon ausgeht, dass sich im Gegensatz zum Nominallohn das Preisniveau der direkten Beobachtbarkeit durch die Arbeitnehmer entzieht. Letztere sind somit darauf angewiesen, diesbezüglich eine Erwartung zu bilden, und welcher Art diese sein wird, braucht angesichts der vorausgeganenen Ausführungen sicher nicht weiter erörtert zu werden: Sofern keine – unvorhersehbaren – Schocks auftreten, werden die Arbeitsanbieter infolge ihrer rationalen Erwartungsbildung genau dasjenige Preisniveau prognostizieren, welches sich nachher auch tatsächlich ergeben wird. Dann aber kann auch die gleichgewichtige Beschäftigung nicht von L^* abweichen.

Somit scheint die im Gegensatz zum neoklassischen Basismodell unvollständige Information der Arbeitnehmer in Bezug auf das jeweils aktuelle Preisniveau auf den ersten Blick konsequenzenlos zu sein, da sie durch die perfekte Antizipation desselben vollständig kompensiert wird. Anders sieht der Fall jedoch aus, wenn infolge unvorhersehbarer Ereignisse das laufende Preisniveau von dem erwarteten abweicht. Denkbar wäre in diesem Zusammenhang etwa, dass die Notenbank die Wirtschaftssubjekte mit einer plötzlichen Erhöhung ihrer Geldemission überrascht. Während nun die Firmen die resultierenden Preiserhöhungen auf den Märkten für ihre Produkte beobachten können und sich als Reaktion darauf mit ihrer Arbeitsnachfragekurve nach rechts bewegen, verbleiben die Arbeitnehmer auf derjenigen Angebotskurve, die ihrer (in der Vorperiode gebildeten) Preiserwartung p^e entspricht:[22]

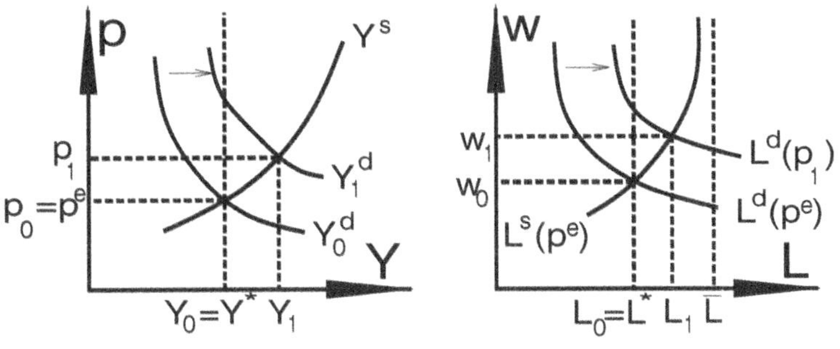

Abb. 5.10. Arbeitsmarkt und Preisniveauerwartungen

[22] Das Folgende entspricht auch in wesentlichen Punkten den Darstellungen in anderen Textbüchern, so etwa Froyen (1993, S.319ff).

Ob die 'Nachfrageseite' am Gütermarkt dabei quantitätstheoretischer oder keynesianischer Natur ist, spielt für das Ergebnis keine Rolle. Man beachte jedoch, dass die positive Neigung der Güterangebotsfunktion nur dadurch zustande kommt, dass die Arbeitsangebotskurve auf die stattfindende Preisänderung nicht reagiert. Im neoklassischen Basismodell dagegen wäre die Angebotskurve auf dem Gütermarkt infolge der jederzeit perfekten Information aller Agenten eine Senkrechte, und zwar unabhängig davon, ob das Arbeitsangebot positiv vom Reallohn abhängig ist oder nicht. Die sich demgegenüber im neoklassischen Kontext ergebende positive Abhängigkeit des Angebots vom laufenden Preisniveau kommt daher ausschließlich durch Erwartungsirrtümer infolge – auch für rationale Agenten – unvorhersehbarer Ereignisse zustande, weshalb sie mitunter auch als Lucas'sche 'surprise–supply–function'[23] bezeichnet wird. In linearer Form lässt sie sich einfach als

$$Y = Y^* + \alpha(p - p^e), \quad \alpha > 0$$

angeben.[24] Wie Abbildung 5.10. ferner zeigt, impliziert das dahinterstehende Modell, dass auch Beschäftigungsschwankungen infolge solcher Erwartungsfehler stets mit einem Gleichgewicht auf dem Arbeitsmarkt einhergehen. Somit ist nicht nur die natürliche Arbeitslosigkeit, sondern auch jede davon abweichende Unterbeschäftigung freiwilliger Natur. Zwar lässt sich einwenden, dass im Falle eines negativen Nachfrageschocks der Teil der Arbeitslosigkeit, welcher das 'natürliche' Niveau übersteigt, insofern von den Arbeitnehmern unerwünscht ist, als er unter vollständiger Information nicht zustandekäme. Nichtsdestoweniger liegt auch dieser Anstieg der Arbeitslosigkeit an einer bewussten Zurücknahme des Arbeitsangebots durch die Arbeitnehmer, so dass eine Etikettierung als 'unfreiwillig' schwerfallen dürfte.

Vergleichen wir nun Annahmen und Ergebnisse dieses Ansatzes mit dem monetaristischen Basismodell, so ist zunächst festzustellen, dass im Falle des Ausbleibens exogener Schocks auch kurzfristig Output und Beschäftigung nicht von ihren 'natürlichen' Niveaus abweichen können. Auch Änderungen der Geldmengenwachstumsrate haben, sofern von den Wirtschaftssubjekten vorausgesehen, keinerlei reale Effekte, sondern schlagen sich unmittelbar in einer entsprechend höheren Inflationsrate nieder. Sofern also eine bestimmte Geldpolitik angekündigt und diese Ankündigung dann auch eingehalten wird, bleiben Produktion und Beschäftigung davon völlig unberührt. Gleiches gilt selbstverständlich auch für die Fiskalpolitik oder jede andere denkbare Einflussnahme des Staates. Somit sind Versuche, durch geld– oder fiskalpolitische Maßnahmen die Beschäftigung zu erhöhen, mit Blick auf die permanente Arbeitsmarkträumung nicht nur völlig sinnlos, sondern auch praktisch unmöglich.

Anders sieht es freilich aus, wenn unerwartete Änderungen staatlicher Politik vorgenommen werden. Dann ergeben sich in Analogie zum monetaris-

[23] Vgl. Snower/Vane/Wynarczyk (1994, S.195).
[24] Vgl. ebenda.

tischen Ansatz Output– und Beschäftigungseffekte, die jedoch sofort wieder verschwinden, sobald sich die Erwartungen an die veränderte Situation angepasst haben. Im Gegensatz zum Monetarismus erfolgt die endogene Verarbeitung eines exogenen Schocks also wesentlich schneller, da im neuklassischen Modellrahmen weder die Verzögerungen bei der Erwartungsbildung noch eine verzögerte Lohnanpassung im Sinne der Phillipskurve vorkommen.

Letzteres wird daraus ersichtlich, dass die von der Neuklassik unterstellte Arbeitsmarkträumung nur möglich ist, wenn der Nominallohn zu jedem Zeitpunkt frei beweglich ist. Würde der Lohn demgegenüber entsprechend der Phillipskurve gebildet, wäre er eine statisch exogene Variable mit allen – bereits aus dem neoklassischen Basismodell bekannten – daraus resultierenden Konsequenzen. Insbesondere dürfte dann für eine sofortige Rückkehr der Ökonomie zum mittelfristigen Gleichgewicht (L^*, Y^*) nach einem unerwarteten Schock die schnelle Anpassung der Erwartungen nicht mehr ausreichen. Man führe sich ferner vor Augen, dass die aus der Lohn–Phillipskurve abgeleitete Preis–Phillipskurve auf einer von den Unternehmen vorgenommenen Preissetzung basierte, was angesichts der konkreten Form des Markup–Pricings im Widerspruch zur neuklassischen Annahme von Wettbewerbsmärkten steht.

Während also, wie wir gesehen haben, auch unerwartete Änderungen staatlicher Politik nur einen kurzfristigen Effekt haben und zudem auch als unnötig erscheinen, könnte ihnen immer noch die Funktion zukommen, andere exogene Schocks wie z.B. unerwartete Änderungen von Importgüterpreisen oder Einbrüche bei den privaten Investitionen durch geeignete, ebenfalls unerwartete Maßnahmen zu kompensieren. Dies würde jedoch voraussetzen, dass der Staat diese Schocks im Gegensatz zum privaten Sektor vorhersehen kann, eine Vorstellung, für die es zumindest aus neuklassischer Sicht überhaupt keine Rechtfertigung gibt. An dem neuklassischen Resultat der 'Policy–Ineffectiveness' ändert somit auch das Auftreten solcher Schocks nichts, deren Ursache nicht beim Staat liegt, zumal die rasche Rückkehr der Ökonomie zu ihrer 'natürlichen' Gleichgewichtslage durch rationale Erwartungen sowie Lohn– und Preisflexibilität sowieso gesichert ist.

Demgegenüber hat die Politik des Staates und hierbei insbesondere die der Notenbank durchaus einen Einfluss auf die Inflationsrate; schließlich ist die sofortige Absorption einer monetären Expansion durch die Preise gerade das Spiegelbild der realen (Super–)Neutralität des Geldes. Im Umkehrschluss legt das nun die Vermutung nahe, dass Reduktionen der Geldmengenwachstumsrate, sofern sie angekündigt werden und glaubwürdig sind, sofort zu Senkungen der Inflationsrate führen werden, ohne dadurch zunächst eine Rezession auszulösen, wie dies im monetaristischen Modell der Fall war. Insbesondere würde sich eine Abwägung zwischen einer gradualistischen und einer 'Cold–turkey'–Strategie erübrigen, da in keinem der beiden Fälle irgendwelche negativen Auswirkungen auf Output und Beschäftigung eintreten und der Gradualismus die Herbeiführung der gewünschten Inflationsrate nur unnötig verzögern würde. In der Realität löste jedoch die restriktive Geldpolitik der Reagan–Administration ebenso wie die der Thatcher–Regierung Anfang der 80er Jahre tiefe Rezessionen aus, was von neuklassischer Seite allerdings damit begründet wurde, dass diese Politik trotz ihrer Ankündigung vom privaten Sektor u.a. mit Blick auf das jeweilige Budgetdefizit des Staates nicht für glaubwürdig gehalten wurde.[25] Im Kern bedeutet dies aber nichts anderes, als dass mangelnde Glaubwürdigkeit der Politik in den Augen privater Agenten dazu führen kann, dass deren Erwartungen, obwohl 'rational' gebildet, durchaus über mehr als einen nur kurzen Zeitraum hinweg falsch sein können; dann allerdings lässt sich die Behauptung der völligen realen Wirkungslosigkeit von Geld– und Fiskalpolitik in dieser strikten Form offensichtlich nicht mehr halten.

Zusammenfassend lässt sich sagen, dass der neuklassische Ansatz letztlich auf das neoklassische Basismodell mit flexiblem Nominallohn in seiner ursprünglichen Form zurückführt, wobei lediglich die Annahme vollkommener Information zugunsten der Hypothese rationaler Erwartungen aufgegeben sowie von einem positiv vom Reallohn abhängigen Arbeitsangebot ausgegangen wurde. Vor allem hinsichtlich der sofortigen Preis– und Lohnanpassung in Verbindung mit der Annahme kompetitiver Märkte und der damit verbundenen jederzeitigen Markträumung können daher gegen die neuklassische Makroökonomik die gleichen Einwände ins Feld geführt werden wie gegen das neoklassische Basismodell. Keynesianische Kritik, die hier ansetzt, ist also keineswegs obsolet, zumal auch die empirische Evidenz der neuklassischen Theorie zumindest fragwürdig erscheint[26]. Dies gilt natürlich ebenso in Bezug auf den durchweg freiwilligen Charakter, den Arbeitslosigkeit unter den genannten Annahmen hier zwangsläufig hat.

5.3 Die IS-LM-Variante des monetaristischen Basismodells

Vor dem Hintergrund der monetaristisch/neoklassischen Analyse der mittleren Sicht und ihrer Preis-Mengenanpassungsprozesse setzen wir jetzt die kurzfristige IS-LM Analyse des Kapitels 3 fort, indem wir Dornbusch/Fischer (1995) folgend dieses Modell um mittelfristige Aspekte erweitern und damit dynamisieren. Langfristige Aspekte, wo dann Wachstum der Produktionsfaktoren Berücksichtigung findet, werden bzgl. dieses Modelltyps erst im nächsten Kapitel in ihn integriert werden können.

5.3.1 Die dynamische AD-Kurve (DAD) und der Keynes-Effekt

Es gibt nicht viele Lehrbücher der Makroökonomik, die versuchen, auf Basis des IS–LM–Schemas der Analyse kurzfristiger Unter– oder Überbeschäftigungssituationen eine geschlossene Darstellung der mittelfristig dadurch bedingten Wirkungen auf die Lohn–Preis–Dynamik zu entwickeln. Ein promi-

[25] Vgl. Snower/Vane/Wynarczyk (1994, S.203 f.).
[26] Vgl. ebenda, S.202.

nentes Lehrbuch, das dies versucht, ist Dornbusch/Fischer (1995): Makroökonomik (6. Auflage). Im Folgenden soll versucht werden, die Darstellung dieser beiden Autoren zur mittleren Sicht, also die Interaktion von dynamischer aggregierter Nachfragekurve wie auch Angebotskurve im Rahmen der von uns benutzten zeitstetigen Modellierungen nachzuzeichnen, zu analysieren und im Vergleich mit dem monetaristischen Basismodell zu bewerten [man vgl. hierzu in Dornbusch/Fischer (1995) die Kapitel 7, 8, 16 und 17].

Im Rahmen dieser Aufgabenstellung wenden wir uns zunächst der Nachfrageseite zu, also der Herleitung der dynamischen Nachfragekurve (DAD) aus dem IS–LM–Modell des Kapitels 2.

Gemäß Kapitel 3 und dem Abschnitt über Zinseffekte wissen wir, dass das IS–LM–Gleichgewicht hinsichtlich des Outputniveaus Y wie folgt mittels der exogenen Größen und Parameter des IS–LM–Modells dieses Abschnitts ausgedrückt werden kann:

$$\begin{aligned} Y &= \frac{i_1(\bar{M}/p - h_0)/h_1 + i_0 + i_1\pi^e + \bar{G} - c(\bar{T} - \delta\bar{K}) + \delta\bar{K}}{1 - c + i_1 k/h_1} \\ &= H(\bar{M}/p, \pi^e, \bar{G} - c\bar{T}) = H(\bar{M}/p, \pi^e, \bar{F}), \qquad H_i > 0, i = 1,2,3. \end{aligned}$$

Die zweite Gleichung zeigt in symbolischer Form, dass diese Darstellung besagt, dass der Gleichgewichts-Output Y eine Funktion der Realkasse, $\bar{M}/p$, der Inflationserwartungen, π^e und der fiskalpolitischen Parameter, $\bar{G}, \bar{T}$ ist. Der Einfachheit halber haben wir hier die Wirkung von Steuern und Staatsausgaben in aggregierter Form erfasst, $\bar{F} = \bar{G} - c\bar{T}$ und werden dementsprechend im Folgenden nicht näher auf die Art der angewandten Fiskalpolitik eingehen, sondern nur auf F Bezug nehmen. Der gleichgewichtige Output des IS–LM–Modells hängt, wie wir aus Kapitel 3 wissen, positiv von Realkasse $\bar{M}/p$ und den Inflationserwartungen π^e sowie vom Parameter F ab (expansive Fiskalpolitik: $\bar{G} \uparrow \bar{T} \downarrow$!). Die positive Abhängigkeit von $\bar{M}/p$ spiegelt den sog. *Keynes–Effekt* wider:

$$p \downarrow \rightarrow \bar{M}/p \uparrow \rightarrow r \downarrow \rightarrow I \uparrow \rightarrow Y \uparrow$$

und die positive Abhängigkeit von π^e, den sog. *Mundell–Effekt*:

$$\pi^e \uparrow \rightarrow (r - \pi^e) \downarrow \rightarrow I \uparrow \rightarrow Y \uparrow,$$

wobei in der ersten Wirkungskette die Inflationserwartung π^e als fix angesehen wird und in der zweiten Wirkungskette der Nominalzins r, also die beiden Effekte gedanklich voneinander getrennt worden sind. In der wirklichen dynamischen Analyse werden die beiden Effekte zusammenwirken und gemeinsam an der Reaktion des Outputs Y beteiligt sein. Man beachte schließlich, dass wir in diesem Kapitel nur mittelfristige Aspekte untersuchen wollen, also Wachstumsphänomene ausgeklammert bleiben ($\bar{K}, \bar{L}$ = konstant).

Die obige abstrakte Form der Darstellung des gleichgewichtigen Outputs $Y = H(M/p, \pi^e, F)$ ist sehr hilfreich bei der Herleitung der DAD–Kurve von Dornbusch/Fischer (1995, S.610):

$$\Delta Y = \phi(m - \pi) + \eta(\Delta\pi^e) + \sigma\bar{f},$$

wo ϕ, η, σ gegebene Parameter sind, $\bar{f}$ für die Änderung der Fiskalpolitik steht und m die Wachstumsrate der nominellen Geldmenge, also unser $\bar{\mu}$, wiedergibt. Das Kürzel Δ bezeichnet den Differenzoperator, also $\Delta x = x - x_{-1}$. Wie lässt sich nun eine solche dynamische Darstellung der AD–Kurve, also der Abhängigkeit der Gütermarkt–Gleichgewichtsposition und ihrer Veränderung von Veränderungen der realen Geldmenge, der erwarteten Inflationsrate und der Fiskalpolitik F herleiten?

Differenzieren wir zu diesem Zweck die Y–Gleichung nach der Zeit, so folgt

$$\begin{aligned}\dot{Y} &= H_{\bar{M}/p}(\dot{\bar{M}/p}) + H_{\pi^e}\dot{\pi}^e + H_F\dot{F}\\ &= (H_{\bar{M}/p}\bar{M}/p)\widehat{\bar{M}/p} + H_{\pi^e}\dot{\pi}^e + H_F\dot{F}\\ &= (H_{\bar{M}/p}\bar{M}/p)(\mu - \pi) + H_{\pi^e}\dot{\pi}^e + H_F\dot{F}\\ &= \phi(\bar{\mu} - \pi) + \eta\dot{\pi}^e + \sigma\bar{f}, \quad \bar{f} = \dot{F}.\end{aligned} \tag{5.50}$$

Bis auf den Sachverhalt, dass wir Zeitableitungen $\dot{Y}, \dot{\pi}^e$ anstelle von zeitlichen Differenzen $\Delta Y, \Delta\pi^e$ verwenden, haben wir damit die DAD–Kurve von Dornbusch–Fischer hergeleitet, wobei den beiden Autoren folgend zusätzlich unterstellt worden ist, dass die auftretenden Ausdrücke $H_{M/p}M/p$, H_π, H_F konstant sind. Bis auf den ersten Ausdruck ist dies bei unserer expliziten Formel für $Y = H(.,.,.)$ auch gerade der Fall. Es kann hier aber akzeptiert werden, dass aus Gründen der Einfachheit im Folgenden mit $\phi(\bar{\mu} - \pi)$, $\phi =$ const. anstelle des eigentlich korrekten Ausdrucks $\phi(\mu - \pi)\bar{M}/p$ gerechnet wird.

In Bezug auf ihr Pendant zur obigen Gleichung (5.50) vermerken Dornbusch/Fischer (1995) am Ende der Seite 610: 'Im Text vereinfachen wir, indem wir die Veränderungen der erwarteten Inflationsrate $\Delta\pi^e$ vernachlässigen.' Die DAD–Kurve lautet damit:

$$\dot{Y} = \phi(\bar{\mu} - \pi) + \sigma\bar{f}. \tag{5.51}$$

Sie erfasst damit den Keynes–Effekt und die Wirkung von Fiskalpolitik in dynamischer Form.

5.3.2 Die dynamische AS-Kurve (DAS) und der Output–Inflation–Tradeoff

Die dynamische Angebotskurve von Dornbusch/Fischer (1995) ist uns im Prinzip ebenfalls schon bekannt, da hierbei lediglich die Bausteine (5.39), (5.40), die wir auch im IS–LM–Modell vorfinden, mit der Lohn–Phillipskurve geeignet zu verbinden sind und diese Kurve mit Aufschlags–Preiskalkulation und der einfachen Form des Okunschen Gesetzes bei linear-limitationaler Produktionsfunktion zu einer Preis–Inflationsgleichung, die auf den Output Bezug nimmt, zusammenzufügen ist (man vgl. hierzu Abschnitt 5.1.3)). Wir betonen hier, dass durch diese Integration verschiedener Strukturgleichungen der Makrotheorie mehr als nur die Phillipskurve (vgl. Abschnitt 5.1.2) oder die Angebotsseite der Unternehmungen (vgl. Abschnitt 5.1.4) involviert ist.

$$\begin{aligned}\widehat{p} = \widehat{w} &= -\beta_w(U - \bar{U}) + \pi^e \\ U &= (\bar{L} - L^d)/\bar{L} = (\bar{L} - Y/\bar{y})/\bar{L} \\ \bar{U} &= (\bar{L} - L^*)/\bar{L} = (\bar{Y} - Y^*)/\bar{y}/\bar{L}, \text{ also}\end{aligned}$$

$$\widehat{p} = \beta_w(Y - Y^*)/(\bar{y}\bar{L}) + \pi^e = \lambda(Y - Y^*) + \pi^e. \tag{5.52}$$

Dies ist der Output–Inflation–Tradeoff des Dornbusch/Fischer–Modells der mittleren Sicht, in dem Lohninflation in Preisinflation und Arbeitslosenraten in Outputniveaus umformuliert worden sind. Man beachte hierbei, dass $\bar{Y} = \bar{y}\bar{L}$ wie früher den Vollbeschäftigungsoutput darstellt, wir also zur Darstellung des (fixen) Outputniveaus, welches der natürlichen Arbeitslosenrate $\bar{U}$ entspricht, ein anderes Symbol, Y^*, benutzen mussten.

Dornbusch/Fischer (1995, S.582) integrieren schließlich in die Angebotsseite des Modells eine einfache Form der adaptiven Inflationserwartungsbildung, die wir im zeitstetigen Modell jedoch so nicht vornehmen können und wir deshalb den Prozess der Erwartungsbildung separat von der DAS–Kurve wie gewohnt durch

$$\dot{\pi}^e = \beta_{\pi^e}(\widehat{p} - \pi) \tag{5.53}$$

erfassen wollen. Damit sind alle Bausteine für die dynamische Analyse der mittleren Sicht des Dornbusch–Fischer (1995) Ansatzes dargestellt, wenn man von ihrer separaten Analyse von Realzinseffekten momentan noch absieht.

5.3.3 Die 'keynesianische' Form des monetaristischen Basismodells

Wir haben im Abschnitt 5.2.2 das neoklassische Basismodell (5.39) – (5.44) der mittleren Sicht dargestellt und wollen uns hier einleitend fragen, was sich an diesem Modell durch die Vorgehensweise der beiden vorausgegangenen Abschnitte, also bei Dornbusch/Fischer (1995), geändert hat. Die Antwort hierauf ist einfach, da sich bei den Gleichungen (5.39), (5.40) und (5.43), (5.44) keine Änderung ergeben hat, sondern lediglich die klassische Quantitätstheorie (5.41) und das klassische Saysche Gesetz (5.42) durch die interdependente keynesianische IS–LM–Analyse der Zins– und Einkommensbestimmung

$$Y = c(Y - \delta\bar{K} - \bar{T}) + i_0 - i_1(r - \pi^e) + \delta\bar{K} + \bar{G} \tag{5.54}$$

$$M/p = kY + h_0 - h_1 r \tag{5.55}$$

ersetzt worden sind. Die Theorie des temporären Gleichgewichts ist damit jetzt eine andere, während Produktionsfunktion, Preissetzungsverhalten, Lohndynamik und Erwartungsbildung wie gehabt sind. Die Frage ist, was sich durch diese erneute 'Verbesserung' des neoklassischen Modells hin zu einem keynesianischen Modell an neuen Einsichten gewinnen lässt.[27]

Um diese Frage zu beantworten, wollen wir das Modell (5.51) - (5.53)

$$\dot{Y} = \phi(\bar{\mu} - \pi) + \sigma \bar{f} \tag{5.56}$$

$$\pi = \lambda(Y - Y^*) + \pi^e \tag{5.57}$$

$$\dot{\pi}^e = \beta_{\pi^e}(\widehat{p} - \pi^e) \tag{5.58}$$

von Dornbusch–Fischer erneut auf zwei interdependente Differentialgleichungen reduzieren.

Zu diesem Zweck differenzieren wir zunächst die Gleichung (5.52) nach der Zeit: $\dot{\pi} = \lambda \dot{Y} + \dot{\pi}^e \quad (\pi = \widehat{p})$ und setzen dann die Gleichungen (5.51), (5.53) in diese dynamische Beziehung ein: $\dot{\pi} = \lambda\phi(\bar{\mu} - \pi) + \lambda\sigma\bar{f} + \beta_{\pi^e}\lambda(Y - Y^*)$, wobei zudem erneut die Phillipskurven–Beziehung $\pi - \pi^e = \lambda(Y - Y^*)$ zur Anwendung gekommen ist. Zusammen mit (5.51) erhalten wir damit das lineare Differentialgleichungssystem

$$\dot{Y} = \phi(\bar{\mu} - \pi) + \sigma \bar{f} \tag{5.59}$$

$$\dot{\pi} = \lambda\phi(\bar{\mu} - \pi) + \beta_{\pi^e}\lambda(Y - Y^*) + \lambda\sigma\bar{f} \tag{5.60}$$

in den beiden Variablen Output Y und Inflationsrate π.

Stellt man diesen beiden Differentialgleichungen die Differentialgleichungen (5.32), (5.33) in den Variablen U und π des monetaristischen Basismodells gegenüber $[\dot{U} = -\dot{Y}/(\bar{y}\bar{L})!]$:

$$\dot{U} = -(\bar{\mu} - \gamma_o - \pi), \quad \dot{\pi} = \beta_w(\bar{\mu} - \gamma_o - \pi) + \beta_{\pi^e}\beta_w(\bar{U} - U)$$

so ersieht man unmittelbar, dass bis auf die Variablentransformation $U = (\bar{L} - Y/\bar{Y})/L$, die die Arbeitslosenrate U durch ihre Determinante, den volkswirtschaftlichen Output Y, ersetzt und die Umbenennung der Parameter, formal gesehen, kein Unterschied besteht (wenn γ_o und $\bar{f}$ der Einfachheit halber gleich 'Null' gesetzt werden). Das Dornbusch–Fischer IS–LM-Modell der mittleren Sicht muss deshalb alle im monetaristischen Basismodell erzielten Ergebnisse bestätigen. Die Einfügung der keynesianischen Theorie der effektiven Nachfrage als Beschränkung an den Output der Unternehmungen an Stelle der puren Quantitätstheorie und des klassischen Sayschen Gesetzes scheint deshalb für die Analyse der mittleren Sicht konsequenzlos zu sein.

Gemäß Abschnitt 5.2 gilt (oder würde gelten), dass der private Sektor (Haushalte und Firmen) asymptotisch stabil ist, also wie ein Shock–Absorber oder Stoßdämpfer alle von außen kommenden Störungen letztlich – u.U. mit

[27] Man beachte allerdings, dass Dornbusch/Fischer (1995) den Einfluss der erwarteten Inflationsrate in ihrer Dynamisierung der Gleichungen (5.54) und (5.55) unterschlagen haben.

zyklischen Schwankungen – abbaut. Expansiv angelegte Geldpolitik ($\bar{\mu}$ ↑) würde erneut expansiv wirken, aber leider nur kurzfristig. Mittel- und langfristig treten die in den früheren Abschnitten geschilderten Stagnations- und Stagflationstendenzen erneut und in gleicher Weise zutage. Und langfristig ist solche Geldpolitik ineffektiv oder neutral und erhöht damit letztlich nur die Inflationsrate π. Darüber hinaus gilt im jetzigen Modellaufbau auch, dass expansive Fiskalpolitik das gleiche Schicksal ereilt, was die mittelfristigen Beschäftigungswirkungen angeht, da der Steady State des Modells (5.59), (5.60) durch

$$\dot{Y} = 0, \; \dot{\pi} = 0: \quad \pi_o = \pi_o^e = \bar{\mu} + \sigma \bar{f}/\phi; \quad Y = Y^*$$

charakterisiert ist. Permanent expansiv angelegte Fiskalpolitik $\bar{f} > 0$ $[\dot{G} - C\dot{T} > 0]$ erhöht damit mittelfristig nur die Inflationsrate, beeinflusst aber letztendlich nicht die reale Seite des Systems. Darüber hinaus sind die Anpassungsprozesse natürlich die gleichen wie im neoklassisch orientierten monetaristischen Basismodell.

Das gleiche gilt ebenfalls in Bezug auf Angebotsschocks, die man sich in diesem Modellkontext als Veränderung des Markup-Faktors a vorstellen kann. Im Falle einer Erhöhung dieses Faktors kommen als Ursache hierfür sowohl Umstände in Frage, die den Unternehmen die Realisierung einer höheren Gewinnspanne über höhere Preise gestatten (z.B. Abnahme des Wettbewerbsdrucks), als auch externe Einflüsse wie beispielsweise eine Erhöhung der Importpreise, wie dies z.B. bei den Ölpreisschocks der Fall war. Im Gegensatz zu einer permanenten Erhöhung der Geldmengenwachstumsrate oder einer – ebenfalls permanenten – Erhöhung der Staatsausgaben haben solche Angebotsschocks jedoch nicht nur keinen Effekt auf den Steady-State-Output, sondern lassen selbst die langfristige Inflationsrate unangetastet, da die Variable a in den dynamischen Gleichungen (5.59) und (5.60) gar nicht mehr vorkommt. Die einzige nachhaltige Wirkung besteht in einer entsprechenden Senkung des Reallohns.

Auf der anderen Seite kann der Markup-Faktor a aber durchaus den Ausgangspunkt für interessante Modellerweiterungen bieten, indem man beispielsweise annimmt, dass seine Höhe von der jeweiligen konjunkturellen Lage abhängig ist. So kann man sich durchaus vorstellen, dass in einer Rezession die Konkurrenz zwischen den Anbietern zunimmt und diese zu einer moderateren Preisgestaltung zwingt, während die wachsenden Absatzmöglichkeiten in einem Aufschwung gewisse Spielräume für Preiserhöhungen eröffnen. In gewissem Sinne ist ein solcher Zusammenhang in der aggregierten Angebotskurve vom Rose-Typ (AS 4) enthalten, die wir bereits in Abschnitt 5.1.4 kurz vorgestellt hatten und die in Kapitel 6 wieder aufgegriffen wird. Der hier diskutierte Effekt war dort in dem 'demand-pull'-Term $\beta_p(u - \bar{u})$ enthalten, wobei sich die Variable u auf den Auslastungsgrad des Kapitalstocks bezog. Jedoch ist auch in diesem Fall nicht sichergestellt, dass sich der Gang der Dinge dadurch wesentlich verändern wird, zumal sich in der hier betrachteten mittleren Sicht wegen der Konstanz des Potenzials an den Produktionsfaktoren Arbeit und Kapital der Auslastungsgrad des letzteren,u, und der Beschäftigungsgrad, e, parallel zueinander entwickeln werden und die angesprochene Erweiterung somit die von der Lohndynamik ausgehenden (stabilisierenden) Wirkungen nur noch verstärken dürfte. Es folgt, dass auch im keynesianischen Kontext aktive Geld– und Fiskalpolitik große Probleme aufweist und ein 'laissez–faire' in Bezug auf den stabilen privaten Sektor die bessere Alternative darstellt, es sei denn, man findet einen Weg, langwierige Anpassungsprozesse desselben zu beschleunigen.

Man muss schlussfolgern (wirklich?), dass die Keynes'sche Revolution gegen das Saysche Gesetz eigentlich nur eine kleine Revolte gewesen sein kann, da sie zwar die Analyse der kurzen Sicht verbessert hat, aber mittelfristig und (dem Solow–Modell nach) auch langfristig nichts zu bieten hat, was nicht schon in elementarer neoklassischer oder monetaristischer Sichtweise dargestellt und analysiert werden könnte. Angesichts dieses Ergebnisses muss man sich fragen, warum um den Keynes'schen Ansatz überhaupt so viel Aufregung und Debatte entstanden ist.

5.3.4 Inflationserwartungen und Realzinseffekte: Der fehlende Mundell-Effekt

Wir haben schon mit Hilfe der Gleichungen (5.59), (5.60) gezeigt, dass das keynesianisch fundierte Inflationsmodell von Dornbusch/Fischer vom gleichen Typ ist wie das monetaristische Basismodell. Anstelle der Arbeitslosenrate $U = (\bar{L} - L^d)/\bar{L}, L^d = Y/y$ wird lediglich der Output Y als Maßstab für Richtung und Ausmaß der Änderung von gesamtwirtschaftlicher Aktivität verwandt, also sozusagen ein positives Maß anstelle eines negativen Maßes derselben. Die Bewegung im (U, π)–Phasenraum ändert damit ihren Drehsinn, wenn man an seiner Stelle den (Y, π)–Phasenraum verwendet. Im Fall der dynamischen Gleichungen (5.59), (5.60) ergibt sich als phasendiagrammatische Darstellung des Geschehens das folgende Bild, dessen Herleitung (in Analogie zu der Abbildung 5.3.) dem Leser als Übung überlassen bleibt:
Dieses Bild korrespondiert unmittelbar zur Abb. 16.9. aus Dornbusch/Fischer (1995, S.597), wobei jedoch zu beachten ist, dass dort im Rahmen eines zeitdiskreten Modells argumentiert wird und als Erwartungsbildungsprozesses einfach $\pi^e = \pi_{-1}$ (statische Erwartungen als Grenzfall adaptiver Erwartungen) unterstellt ist. Dieser Fall entspricht im obigen Bild (grob gesagt) dem Fall einer sehr raschen Anpassung der Inflationserwartungen $\beta_{\pi^e} \sim \infty$, also einer dort (fast) senkrechten $\dot{\pi} = 0$–Kurve.

Dornbusch/Fischer (1995, S.597) komplettieren ihre grafische Darstellung der monetaristischen Sicht von Inflation, Stagflation und Stagnation wie folgt indem sie der Interaktion zwischen Output Y und Inflation π über die IS–Kurve

$$Y = C(Y - \delta\bar{K} - \bar{T}) + i_0 - i_1(r - \pi^e) + \delta\bar{K} + \bar{G} \tag{5.61}$$

die dadurch implizierte Bestimmung des erwarteten Realzinses hinzufügen. Man sieht dadurch ihren Erläuterungen nach, wie sich im oben dargestellten Konjunkturverlauf der Realzins und damit auf Basis der Dynamik der

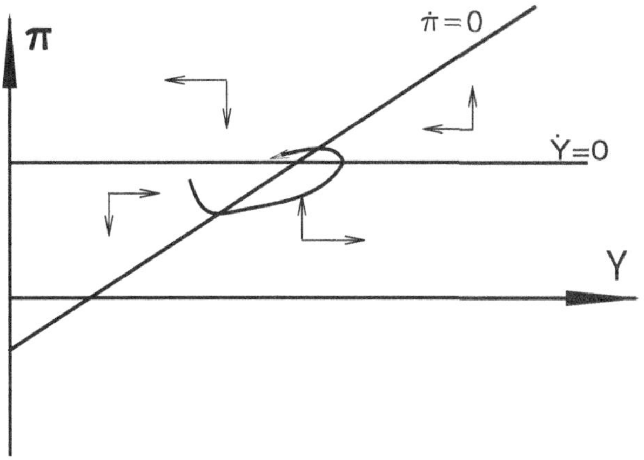

Abb. 5.11. Die Dornbusch/Fischer Variante des monetaristischen Basismodells. ($\dot{\pi} = 0 : \pi = \sigma \bar{f}/\phi + \bar{\mu} + (\beta_{\pi^e}/\phi)(Y - Y^*)$)

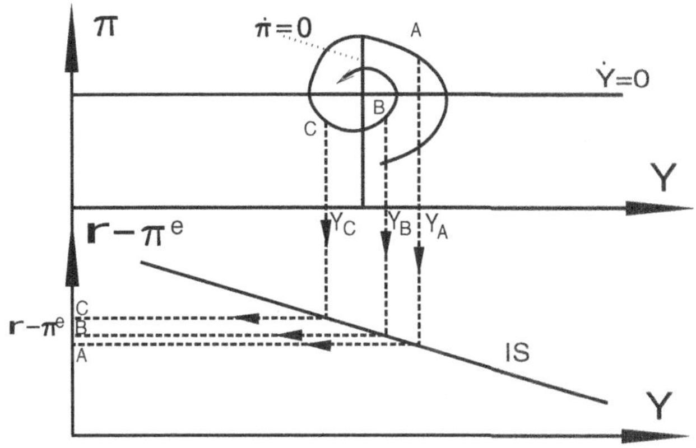

Abb. 5.12. Konjunktur und Realzinseffekte im Dornbusch-Fischer Modell

Inflationserwartungen

$$\dot{\pi}^e = \beta_{\pi^e}(\pi - \pi^e),$$

die den beobachteten Bewegungen der Inflationsrate π folgen, auch der Nominalzins $r = (r - \pi^e) + \pi^e$ entwickeln.

Diese Auffassung von der Bestimmung des Realzinses ist jedoch faktisch wieder vom Typ des Sayschen Gesetzes, vgl. dazu insbesondere Abb. 2.26., da hierdurch suggeriert wird, dass die Netto-Investitionen $I = i_0 - i_1(r - \pi^e)$ sich an jedes vorgegebene Outputniveau Y gemäß Gleichung (5.61) anpassen werden, indem sie die durch die dann bereits gegebene, durch die Ersparnis

$$S = Y - \delta\bar{K} - c(Y - \delta\bar{K} - \bar{T}) - \bar{G}$$

bedingte Gütermarktlücke füllen. Die Keynes'sche Kausalkette, vgl. insbesondere Abb. 2.21., steht damit wieder Kopf, alldieweil die Nachfrage sich hier wieder an das Angebot anpasst, so wie es das Saysche Gesetz will. Man sieht erneut, wie die Neoklassik bemüht werden muss, um die monetaristische Sicht von Arbeitslosigkeit und Inflation und der Rolle der Wirtschaftspolitik bei dieser dynamischen Interaktion im scheinbar keynesianischen Kontext begründen zu können.

Diese Vorgehensweise von Dornbusch/Fischer (1995) verwundert insofern sehr, da die Autoren, wie im Abschnitt über die DAD–Kurve ausgeführt, die im IS–LM–Kontext korrekte Vorgehensweise in einem Anhang (S.609/10) zur obigen Analyse doch selbst darstellen. Wie bei der Darstellung der DAD–Kurve in Abschnitt 5.3.1 gezeigt wurde, lautet deren vollständige(re) Form

$$\dot{Y} = \phi(\bar{\mu} - \pi) + \eta\dot{\pi}^e$$

wobei

$$\phi = (i_1/h_1)\alpha \text{ und } \eta = i_1\alpha, \quad \alpha = \frac{1}{1 - c + i_1 k/h_1}$$

gemäß der dort dargestellten Bestimmung des gleichgewichtigen Outputs Y gilt.[28] Die dynamisch aggregierte Nachfragekurve *muss* neben dem Keynes–Effekt $(-\phi\pi)$ auch den Mundell–Effekt $(+\eta\pi^e)$ enthalten, da ϕ und η nur beide gleichzeitig positiv oder Null sein können.

> 'Im Text vereinfachen wir, indem wir die Veränderungen der erwarteten Inflationsrate $\Delta\pi^e$ vernachlässigen.' (Dornbusch/Fischer, 1995, S.610).

Genau diese Vereinfachung ist aber nicht möglich, da der Realzins $r - \pi^e$ als Ganzes in der aggregierten Nachfragekurve enthalten ist und nicht Nominalzins r und erwartete Inflationsrate π^e in separater Form oder in separierbaren Ausdrücken.

Die dynamischen Gleichungen (5.59), (5.60), um den Mundell–Effekt erweitert, lauten

$$\begin{aligned}\dot{Y} &= \phi(\bar{\mu} - \pi) + \eta\dot{\pi}^e = \phi(\bar{\mu} - \pi) + \eta\beta_{\pi^e}\lambda(Y - Y^*) \\ \dot{\pi} &= \lambda\dot{Y} + \dot{\pi}^e = \lambda\phi(\bar{\mu} - \pi) + \lambda\eta\beta_{\pi^e}\lambda(Y - Y^*) + \beta_{\pi^e}\lambda(Y - Y^*)\end{aligned}$$

Dieses lineare Differentialgleichungssystem in den Variablen Y, π erfüllt bzgl. seiner Systemmatrix A die Bedingungen

$$\begin{aligned}\det A &= \phi\lambda\beta_{\pi^e} \\ \operatorname{spur} A &= \eta\beta_{\pi^e}\lambda - \lambda\phi = -\lambda(\phi - \eta\beta_{\pi^e}).\end{aligned}$$

---

[28] Wir sehen hier vom Fiskalpolitikterm $\bar{f}$ ab ($\bar{f} = 0$). Man vgl. zur obigen $\dot{Y}$–Gleichung auch Dornbusch/Fischer (1995, S.610, Gleichung (16.A7)).

Es ist damit global asymptotisch stabil, wenn $\eta = 0$, wie bei Dornbusch-Fischers Inflationsanalyse angenommen, gilt. Da aber gemäß obigem diese Annahme nur bei $\phi = 0$ möglich ist (was keinen Sinn machen würde), muss also der Fall $\eta > 0$ als zutreffend unterstellt werden. Da Dornbusch/Fischer (1995), wie wir gesehen haben, zugleich aber adaptive Erwartungen, die nur die unmittelbare Vergangenheit betreffen ($\pi^e = \pi_{-1}$), unterstellen, d.h. von einem sehr (unendlich) großen Parameterwert β_{π^e} ausgehen, ist bei ihnen die Stabilitätsbedingung $\eta\beta_{\pi^e} < \phi$ verletzt, das System also dann instabil.

Das in Abbildung 5.12. dargestellte Resultat der Dornbusch/Fischer (1995) Analyse ist somit dann in einem doppelten Sinne falsch. Zum einen kann die Realzinsbewegung nicht als Anhang der Inflationsdynamik dargestellt werden, sondern ist in diesen Prozess zu integrieren, und zum anderen konvergiert der im oberen Teil von Abbildung 5.12. dargestellte dynamische Prozess unter den Annahmen von Dornbusch/Fischer (1995, Kap.16) nicht. Eine solch unvollständige Analyse ist leider auch in dem Lehrbuch von Olivier Blanchard (in deutscher Sprache als Blanchard / Illing (2006, Kap. 17)) zu finden, in dem die Analyse der Rolle der Inflationserwartungen für die wirtschaftliche Aktivität nur in einer verbalen und nicht formalen Form erfolgt.

5.3.5 Fazit

Unser Fazit aus diesen Überlegungen ist, dass es nicht hilfreich ist, die keynesianische Nachfrageseite mit den aufgezeigten Ungenauigkeiten zu dynamisieren, um damit Ergebnisse zu erzielen, die zwar den kontraktiv wirkenden Keynes–Effekt ($Y_p < 0$) berücksichtigen, aber den gleichermaßen vorhandenen expansiv wirkenden Mundell–Effekt ($Y_\pi > 0$) unterschlagen. Da sich, wie wir gesehen haben, die wirklich neuen Bausteine der Modelle dieses Kapitels auf die beiden Gleichungen (5.43) und (5.44) beschränken, ist es im IS–LM–Kontext die konsequenteste Vorgehensweise, diese beiden Bausteine der mittleren Frist, Lohn–Phillipskurve und adaptive Inflationserwartungen, dem kurzfristigen IS–LM–Modell aus Abschnitt 3.2 einfach hinzuzufügen und es als Ganzes, ohne Manipulationen an den es konstituierenden Gleichungen, zu analysieren. Die ganzen Debatten des momentanen Kapitals laufen deshalb auf eine klar umrissene Fragestellung von letztlich sehr eingegrenztem Umfang hinaus, nämlich nach den analytischen Konsequenzen, wenn das IS–LM–Modell (3.7) - (3.20) aus Kapitel 3 um die beiden Gleichungen (5.43) und (5.44) ergänzt wird. Der Untersuchung dieses elementar erweiterten Modells wollen wir uns im nächsten Abschnitt dieses Kapitels zuwenden.

5.4 IS-LM-Analyse der mittleren Sicht: Das IS-LM-PC Modell

5.4.1 Das korrekt erweiterte IS-LM-Modell: Lohninflation und Inflationserwartungen

In den vorangegangenen Abschnitten haben wir versucht zu verdeutlichen, dass eine mittelfristige Analyse von monetären Volkswirtschaften nur hinreichend umfassend ist, wenn (jedoch nicht ausschließ lich) die Entwicklung der Inflationserwartungen der Wirtschaftssubjekte in einer konsistenten Weise in das Modell miteinbezogen wird. Um unsere Darstellung einer Volkswirtschaft aus keynesianischer Sicht konsistent und geschlossen zu halten, bauen wir in diesem Abschnitt auf das IS-LM-Modell der kurzen Frist von Kapitel 3 auf.

Wie in Abschnitt 5.3 bereits gezeigt wurde, können die Lösungen des linearen IS-LM Modells der kurzen Frist, siehe Gleichungen (3.7) - (3.20), in mathematisch expliziter Form ermittelt werden. Der Einfachheit halber wiederholen wir hier diese expliziten Ausdrücke, welche als die sogenannte reduzierte Form dieses Modells bezeichnet werden können:

$$\begin{aligned} Y &= \frac{-c(\bar{T}+\delta\bar{K}) + i_0 + i_1(\bar{M}/p - h_0)/h_1 + i_1\pi^e + \delta\bar{K} + \bar{G}}{1 - c + i_1 k/h_1} \\ &= \alpha_1(i_1\bar{M}/(ph_1) + i_1\pi^e + const.),\ \alpha_1 > 0, \qquad (5.62) \\ r &= \frac{k[-c(\bar{T}+\delta\bar{K}) + i_0 + i_1\pi^e + \delta\bar{K} + \bar{G}] + (1-c)(h_0 - \bar{M}/p)}{(1-c)h_1 + i_1 k} \\ &= \alpha_2(i_1 k\pi^e - s\bar{M}/(ph_1) + const.),\ \alpha_2 > 0, s = 1 - c > 0. \qquad (5.63) \end{aligned}$$

Wir ergänzen diese beiden Gleichgewichtslösungen um die im Kapitel 3 eingeführte Markup-Pricing Theorie des Preisniveaus:

$$p = (1+a)wL^d/Y \qquad [\hat{p} = \pi = \hat{w}] \tag{5.64}$$

und die einfache Beschäftigungsfunktion

$$L^d = Y/\bar{y}. \tag{5.65}$$

Diese Gleichungen zusammen stellen in kompakter Form die keynesianische Theorie der kurzen Sicht dar, also des Einkommens, des Zinses, des Preisniveaus und der Beschäftigung.

Um dieses IS-LM Modell der kurzen Frist auf die mittlere Frist zu erweitern, fügen wir gemäß diesem Kapitel und Dornbusch/Fischer (1995) die Bestimmungsgleichung der Lohndynamik, vgl. (5.43), also die Lohn-Phillipskurve hinzu:

$$\widehat{w} = -\beta_w(U - \bar{U}) + \pi^e = \beta_w(e - \bar{e}) + \pi^e \tag{5.66}$$

und die Hypothese adaptiver Inflationserwartungen

$$\dot{\pi}^e = \beta_{\pi^e}(\widehat{p} - \pi^e) \tag{5.67}$$

wobei für Arbeitslosenrate U und den Beschäftigtengrad e gilt

$$e = 1 - U = L^d/\bar{L} = Y/\bar{Y} \quad [\bar{e} = 1 - \bar{U}]. \tag{5.68}$$

Die Gleichungen (5.62) – (5.68) konstituieren das keynesianische Modell der mittleren Sicht, das wir im Folgenden auch kurz als das *IS–LM–PC–Modell* bezeichnen werden. Dieses Modell ist die konsequente Fortsetzung des in Kapitel 3 Begonnenen und ist nun auf seine dynamischen Implikationen hin zu untersuchen.

Zu diesem Zweck vereinfachen wir zunächst die Darstellung des Modells in etwas anderer Form als in der üblichen Art und Weise. Gleichungen (5.62), (5.64), (5.65) und (5.68) liefern zusammengenommen als expliziten Ausdruck für den Beschäftigtengrad e:

$$\begin{aligned} e &= \frac{-c(\bar{T} + \delta\bar{K}) + i_0 + i_1(\frac{\bar{M}\bar{y}}{(1+a)w} - h_0)/h_1 + i_1\pi^e + \delta\bar{K} + \bar{G}}{(1 - c + i_1 k/h_1)\bar{Y}} \\ &= e(w, \pi^e), \quad e_w < 0, e_{\pi^e} > 0. \end{aligned} \tag{5.69}$$

Mittels dieses Ausdrucks ist es möglich, die obige Dynamik in ihrer ursprünglichen Form zu belassen, d.h. mittels der dynamischen Variablen w (Nominallohn) und π^e (Inflationserwartungen) darzustellen:

$$\widehat{w} = \beta_w(e(w, \pi^e) - \bar{e}) + \pi^e \tag{5.70}$$

$$\dot{\pi^e} = \beta_{\pi^e}\beta_w(e(w, \pi^e) - \bar{e}), \tag{5.71}$$

da gemäß Gleichung (5.64) und (5.65) wieder $\widehat{p} - \pi^e = \widehat{w} - \pi^e = \beta_w(e - \bar{e})$ gilt. Wir vermerken erneut, dass $e_w < 0$ für den *Keynes–Effekt* steht ($\pi^e =$ const.):

$$w \uparrow \to p \uparrow \to r \uparrow \to I \downarrow \to Y \downarrow \to L^d \downarrow \to e \downarrow$$

und dass e_{π^e} den *Mundell–Effekt* erfasst ($r =$ const.):

$$\pi^e \uparrow \to (r - \pi^e) \downarrow \to I \uparrow \to Y \uparrow \to L^d \uparrow \to e \uparrow .$$

Mit den obigen beiden Differentialgleichungen bewegen wir uns deshalb trotz anderer Symbolik auf bereits vertrautem Gelände. Die obige Darstellung von e zeigt jedoch, dass dieses Differentialgleichungssystem jetzt nichtlinear ist, da Preise p und Löhne w auf den Nenner der Realkasse M/p einwirken. Abgesehen von dieser Schwierigkeit haben wir aber wieder ein dynamisches System vom üblichen Typ vorliegen.

5.4.2 Dynamische Analyse des IS-LM-PC Modells

Um die gerade erwähnte Problematik, die die Nicht-Linearität zwischen w und e für die Darstellung des Modells impliziert, umgehen zu können, empfiehlt es sich aus mathematischer Sicht die dynamische Analyse unseres IS-LM-PC Modells in den Variablen m und π^e durchzuführen. Wie aus Gleichung (5.69) ersichtlich ist, ist die Abhängigkeit des Beschäftigtengrades e in Bezug auf die Variablen Realkasse (in Lohneinheiten) und Inflationserwartungen: $m = M/w$ und π^e linear, die Nichtlinearität im Geldlohn w also nur der diesbezüglichen Nennerbildung M/w geschuldet.

Der Übersicht wegen stellen wir die Gleichung (5.69) zudem in der folgenden Form dar

$$e = a_0 + a_1 m + a_2 \pi^e \tag{5.72}$$

wobei

$$\begin{aligned}
a_0 &= \alpha[-c(\bar{T} + \delta\bar{K}) + i_0 - i_1 h_0/h_1 + \delta\bar{K} + \bar{G}] \\
a_1 &= \alpha \frac{\bar{y}}{1+a} \frac{i_1}{h_1} > 0 \\
a_2 &= \alpha i_1 > 0 \\
\alpha &= \frac{1}{(1 - c + i_1 k/h_1)\bar{y}\bar{L}}
\end{aligned}$$

gilt. Wir nehmen an, dass die Parameterwerte des Modells so sind, dass $a_0 < \bar{e}$ gilt. Diese Annahme stellt sicher, dass der im Folgenden bestimmte Steady–State–Wert von m_o positiv ist. Die Wahl von m als Zustandsvariable empfiehlt sich im übrigen auch aus inhaltlichen Gründen, da Output und Beschäftigung im temporären Gleichgewicht positiv von der Geldmenge und negativ vom Preisniveau und damit – über das Markup-Pricing – vom Nominallohn abhängen. Die Größe m lässt sich somit gut als 'Spannungsvariable' zwischen Geldversorgung einerseits und kostendruckbedingter Preisbildung andererseits interpretieren, mit der Produktion und Beschäftigung positiv zusammenhängen. Dies besagt, dass das Beschäftigungsproblem im keynesianischen IS-LM Modell letztlich aus einer Disproportionalität zwischen Geldmengenvolumen M einerseits und Lohnniveau andererseits w herrührt, also die Veränderung von m in diesem Sinne anzeigt, ob sich die Lage am Arbeitsmarkt entspannt ($m \uparrow$) oder verschärft ($m \downarrow$).

Nimmt man an, dass die Geldmenge M eine konstante Wachstumsrate $\bar{\mu}$ aufweist (die auch Null sein kann), so lässt sich anstelle der dynamischen Gleichung für den Nominallohn w auch die dynamische Gleichung für die Realkasse M/w verwenden, da dann $\hat{m} = \bar{\mu} - \hat{w}$ gilt. Wir haben damit insgesamt gesehen ein dynamisches Modell mit zwei einfachen Bewegungsgleichung für die Zustandsvariablen m, π^e und einer linearen Gleichgewichtsbeziehung, die die IS-LM–Theorie des Outputs und der Beschäftigung repräsentiert, vorliegen. Dieses System wird im folgenden auf seine dynamischen Eigenschaften hin zu untersuchen sein.

Betrachten wir zunächst den Fall einer stationären Geldmenge $\bar{M}$, also $\bar{\mu} = \widehat{M} = 0$. Aus der Definition von $m = \bar{M}/w$ folgt dann sofort $\widehat{m} = -\widehat{w}$ und somit

$$\widehat{m} = -\beta_w(a_0 + a_1 m + a_2\pi^e - \bar{e}) - \pi^e \tag{5.73}$$

$$\dot{\pi}^e = \beta_{\pi^e}\beta_w(a_0 + a_1 m + a_2\pi^e - \bar{e}) \tag{5.74}$$

als neuer Form des Differentialgleichungssystems (5.70), (5.71).

Aufgrund der Tatsache, dass $\widehat{m}$ und nicht $\dot{m}$, also die Wachstumsrate und nicht die zeitliche Veränderung von m auf der linken Seite von Gleichung 5.73 zu finden ist, ist eine Fallunterscheidung bei der Bestimmung der Steady States des Dynamischen Systems notwendig. Im ersten, ökonomisch relevanten Steady State (wo $m > 0$ gilt), finden wir durch Gleichsetzung beider Differentialgleichungen zu Null, $\dot{m} = 0$, $\dot{\pi}^e = 0$, folgende Gleichgewichtswerte:

$$\pi_o^e = 0, m_o = (\bar{e} - a_0)/a_1 > 0.$$

Darüber hinaus ist aber auch noch $m_o = 0, \pi_o^e = (\bar{e} - a_0)/a_2$ ein von der mathematischen Seite mögliches Steady State dieses Systems, wie die folgende Reformulierung von (5.73) für diesen Fall zeigt:

$$\dot{m} = -[\beta_w(a_0 + a_1 m + a_2\pi^e - \bar{e}) + \pi^e]m.$$

Wie wir noch sehen werden wird diese auf dem ersten Blick vielleicht eher nicht notwendige Fallunterscheidung eine entscheidende Rolle für die lokale und globale Stabilität dieses dynamischen Systems haben.

Bestimmen wir aber zunächst die Isoklinen $\dot{m} = 0$ bzw. $\dot{\pi}^e = 0$ dieses Systems:

$$\dot{\pi}^e = 0: \quad \pi^e = \frac{\bar{e} - a_0 - a_1 m}{a_2}$$

$$\dot{m} = 0: \quad \pi^e = \frac{\bar{e} - a_0 - a_1 m}{1/\beta_w + a_2}$$

Damit ergibt sich für das System (5.73), (5.74) das folgende Phasendiagramm Für die Jacobische (die Matrix der partiellen Ableitungen) im ökonomischen Steady State gilt:

$$J = \begin{pmatrix} -\beta_w a_1 m_o & -(\beta_w a_2 + 1)m_o \\ \beta_{\pi^e}\beta_w a_1 & \beta_{\pi^e}\beta_w a_2 \end{pmatrix}$$

Es folgt:
$\det J = \beta_{\pi^e}\beta_w a_1 m_o > 0$ und

$$\text{spur } J = \beta_w \alpha i_1 \left[\beta_{\pi^e} - \frac{\bar{y}}{1+a}\frac{1}{h_1}m_o\right] \gtreqless 0.$$

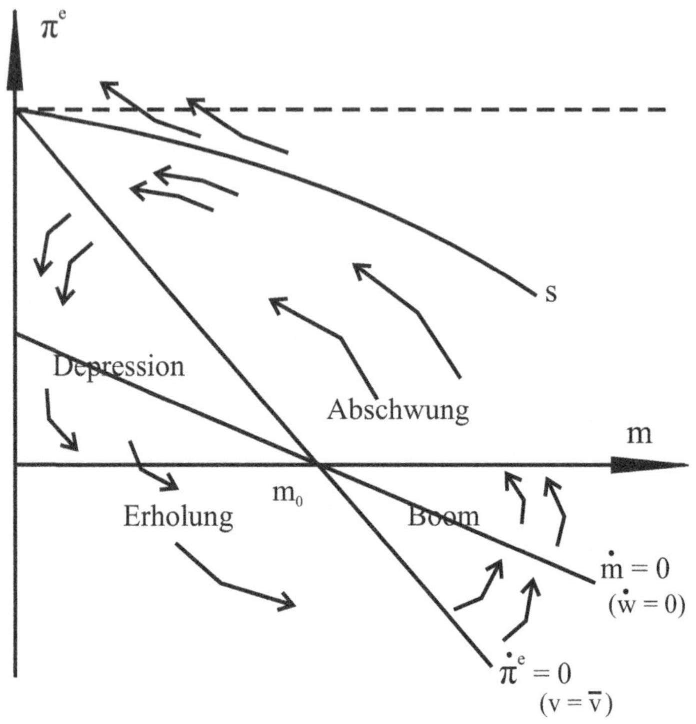

Abb. 5.13. Mittelfristige IS-LM-PC Dynamik bei einem konstanten Geldmengenangebot $\bar{\mu} = 0$

Man beachte hierbei, dass $\frac{\bar{y}}{1+a}$ der dem Markup–Pricing zurechenbare Reallohn $\bar{\omega}$ ist, vgl. (5.64) und (5.65). Es folgt somit

$$\text{spur } J < 0 \Leftrightarrow \beta_{\pi^e} h_1 < \bar{\omega} m_o = \left(\frac{M}{p}\right)_o .$$

Dies ist ein erstes wichtiges Resultat, da es besagt, dass die Dynamik (5.73), (5.74) nur dann lokal asymptotisch stabil ist, wenn die Zinssensitivität der Geldnachfrage h_1 und die Anpassungsstärke β_{π^e} bei den Inflationserwartungen hinreichend niedrig sind (also dann ein stabiler Knoten oder Wirbel resultiert). Schnelle adaptive Erwartungen und Nähe zur Keynes'schen Liquiditätsfalle machen somit die mittelfristige Dynamik des IS–LM–Modells lokal um den Steady State explosiv, erzeugen also einen instabilen Knoten oder Wirbel.[29] Wir behaupten hier nur, zeigen dies aber nicht, dass dann die Dy-

[29] Es ist nicht schwer zu zeigen, dass die vier genannten Typen an lokaler Dynamik nacheinander alle auftreten, wenn die Anpassungsstärke β_{π^e} der Inflationserwartungen von Null aus gegen Unendlich geht.

namik des Systems, wenn sich selbst überlassen, auch global explosiv ist, also aus ökonomischer Sicht nicht lebensfähig wäre.[30]

Aber selbst wenn die obigen Bedingungen für lokale Stabilität erfüllt wären, ist die dargestellte Dynamik *nicht* global stabil. Dies folgt aus der Tatsache , dass im betrachteten System die Variable m, wenn sie ursprünglich positiv war, per Definition nie negativ werden kann. Da infolge die Ordinate von der $\dot{\pi}^e = 0-$ und der $\dot{m} = 0-$ Isoklinen nicht gekreuzt werden kann, verläuft die Dynamik des Systems, wenn dort angelangt, vertikal auf der Ordinate, wie in Abbildung 5.13. skizziert. Dies wiederum deutet auf die Existenz einer sogenannten Separatrix (dargestellt in Abb. 5.13. durch die Linie S) hin, die den Phasenraum des Systems in einer stabilen und einer instabilen Region trennt. Wie in Abb. 5.13. skizziert, kann die Systemdynamik, wenn oberhalb der S–Linie angelangt, aus eigener Kraft nicht mehr eigenständig in die stabile Region unterhalb der S-Linie zurückkehren. Dies folgt aus der Tatsache, dass im Phasenraum oberhalb der S-Separatrix π^e und $\hat{w}$ immer weiter steigen, mit der Konsequenz dass $m = \bar{M}/w$ beständig fällt. Dieses Sachverhalt stellt genau eine nicht mehr endende $\hat{w}, \hat{p}, \pi^e$–Spirale oder Inflationsspirale dar, die nur durch Eingriffe von außen noch gebremst werden kann.

Grundlage für diese Inflationsspirale ist, dass in dieser Position der bei Preissteigerungen kontraktiv wirkende Keynes–Effekt, der eine solche Inflationstendenz bremsen könnte, den expansiv wirkenden Mundell–Effekt steigender Inflationserwartungen (auf die Investitionsnachfrage) nicht mehr kompensieren kann und dieser destabilisierende Effekt die weitere Entwicklung dominiert.

5.4.3 Dynamische Analyse des IS-LM-PC Modells mit einer 'geknickten' Lohn-Phillips Kurve

So wie wir unser IS-LM-PC Modell formuliert haben, gibt es neben dem Bereich des Phasenraums in dem eine nach oben gerichtete Lohn-Preis-Spirale permanent wird (mit $\hat{w} \uparrow$, $\hat{p} \uparrow$, $\pi^e \uparrow$ and $m \downarrow$) auch einen Bereich des Phasenraums, in dem $m \uparrow$ und damit $\hat{w} \downarrow$, wo also eine tatsächliche Lohn- und Preisdeflation möglich ist.

Schon Keynes (1936, Kap.2) wies jedoch auf den empirischen Sachverhalt hin, dass es (nahezu) unmöglich ist, eine allgemeine Lohnsenkung zuwege zu bringen. Und tatsächlich ist eine solche gesamtwirtschaftliche Lohndeflation in der realen Welt, oder zumindest in der Nachkriegszeit, nicht beobachtet worden.

Aus diesem Grund modifizieren wir die Lohn–Phillipskurve (5.66) wie folgt:

---

[30] Der interessierte Leser findet in Flaschel, Groh, Proaño und Semmler (2007) eine ausführlichere Diskussion des IS-LM-PC Modells bzgl. seiner globalen Stabilitätseigenschaften.

$$\widehat{w} = \max\{\beta_w(e - \bar{e}) + \pi^e, 0\}.$$

Die Phillipskurve ist daher im Mindesten als 'kinked' oder geknickt anzusetzen, soll sie empirische Relevanz besitzen (vgl. dazu bereits Phillips (1958)). Dies ist eine wichtige Kritik des landläufigen Gebrauchs der Phillipskurve.

Betrachten wir zunächst den Fall eines konstanten Geldangebots für diese modifizierte Modellspezifikation. In dem Bereich des Phasendiagrams wo m steigt und w damit sinkt (d.h. unterhalb der $\dot{m} = 0$–Kurve), ist das dynamische System jetzt anders zu beschreiben, und zwar wie folgt

$$\widehat{m} = -\widehat{w} = 0 \tag{5.75}$$

$$\dot{\pi}^e = \beta_{\pi^e}(0 - \pi^e) \tag{5.76}$$

Diese Ergänzung liefert unmittelbar die folgende modifizierte Situation für das oben dargestellte Phasendiagramm:

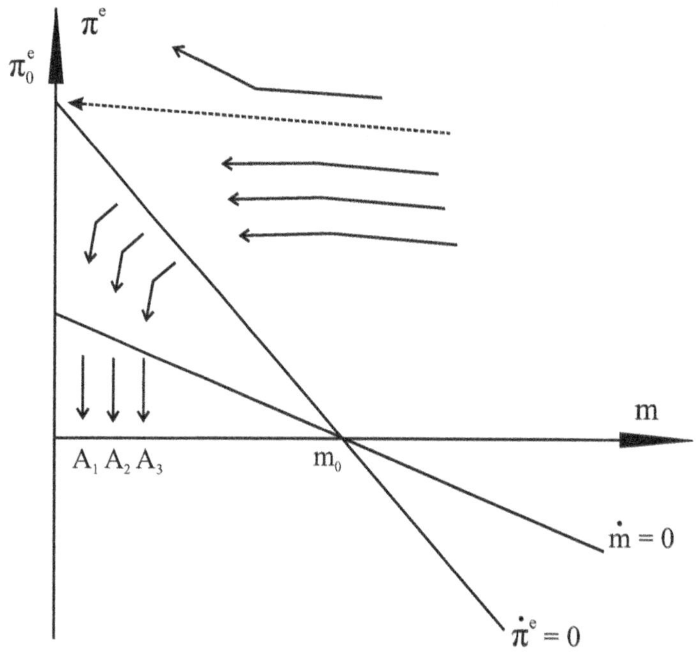

Abb. 5.14. Mittelfristige IS-LM-PC Dynamik mit einer geknickten Phillips-Kurve und einem konstanten Geldmengenangebot $\bar{\mu} = 0$: Stabile Depressionsgleichgewichte

Die m–Dynamik (und mit ihr die von $w = \bar{M}/m$) kommt damit links von m_o an der $\dot{m} = 0$–Isokline zum Stillstand, da die Löhne nicht sinken können und damit lediglich noch die erwartete Inflationsrate im Hinblick auf die jetzt vorliegende Lohn– und Preisstabilität gegen Null konvergiert. Die

Punkte $A_1, A_2, A_3, \ldots$ sind damit stabile stationäre Punkte des Geschehens, und sie verhindern jedenfalls, dass die Wirtschaft in eine möglicherweise instabile Deflationsspirale gerät, so wie sie Abbildung 5.13. noch zulässt. Problem ist jetzt nur, dass für $m < m_o$ die Ungleichung $e(m, 0) < \bar{e}$ gilt [da $e_m > 0$ und $e(m_o, 0) = \bar{e}$]. Die Punkte $A_1, A_2, A_3, \ldots$ stellen damit stabile Depressionslagen dar, wie sie Keynes vor Augen hatte, als er 1936 seine 'Allgemeine Theorie' veröffentlichte.

Was kann die Wirtschaftspolitik in solchen Situationen tun? Wie die Abbildungen 5.13. und 5.14. zeigen, kann das Herbeireden von Lohnsenkungen, abgesehen von deren Praktikabilität, gefährlich sein, da selbst in diesem einfachen Modell wegen des kontraktiven Mundell–Effekts von Deflationen eine Erholungstendenz bei der Beschäftigung mit gefährlichen Destabilisierungen einhergehen kann. Was sonst steht aber als wirtschaftspolitische Handlungsmöglichkeit zur Verfügung?

Es ist sicherlich einsichtig, dass expansive geld– oder fiskalpolitische Maßnahmen in den oben dargestellten Depressionslagen unproblematisch sind, da sie dort keine Lohn– und Preissteigerungen verursachen können. Gemäß Gleichung (5.62) erhöhen sie aber den Output und damit die Beschäftigung der Wirtschaft und wirken damit wirklich expansiv, indem sie die A_i–Punkte nach rechts verlagern.

Die Wirkungen solcher Maßnahmen mögen begrenzt sein, sie stellen aber dennoch erste Schritte in die richtige Richtung dar und könnten positive Impulse bei den Firmen auslösen, z.B. in Form eines Anstiegs der autonomen Investitionen i_0, der ebenfalls expansive Auswirkungen hat, wie wir wissen.

Es gibt noch einen verwandten, wichtigen Sachverhalt, der die in Abb. 5.14. dargestellte Situation entschärfen kann und in vielen dieser Situationen einen selbständigen Aufschwung ermöglicht, wenn die Dynamik die $\dot{m} = 0$–Linie links von m_o kreuzt. Auch hier passt eine Beobachtung von Keynes (1936, Kap.2), nämlich, dass Arbeiter sich vehement gegen eine allgemeine Senkung des nominellen Lohnniveaus wehren mögen, dass sie aber eine Senkung ihres *Real*lohns auf dem Wege der Erhöhung des Preisniveaus bei gegebenem Nominallohnniveau in bestimmten Situationen hinzunehmen bereit sind. Mit anderen Worten: Wir vermuten, dass sich die in Abbildung 5.14. dargestellten Depressionstendenzen teilweise auflösen können, wenn die Wirtschaft (hier noch ohne Wachstum) inflationäre Tendenzen aufweist, also die Geldmenge $\bar{M}$ wie im monetaristischen Basismodell eine positive Wachstumsrate $\bar{\mu}$ zugewiesen bekommt.

Die einfache Konsequenz dieser Annahme ist, dass $m = M/w$ jetzt in Wachstumsraten die Beziehung $\widehat{m} = \bar{\mu} - \widehat{w}$ liefert, also Gleichung (5.73) jetzt Gleichung (5.75) folgend durch

$$\widehat{m} = \mu - \pi^e - \beta_w(a_0 + a_1 m + a_2 \pi^e - \bar{e})$$

zu ersetzen ist. Die $\dot{m} = 0$–Isokline lautet damit jetzt

$$\pi^e = \frac{\bar{e} + \bar{\mu}/\beta_w - a_0 - a_1 m}{1/\beta_w + a_2}$$

während die alte $\dot{m} = 0$–Isokline (unter ihr) weiterhin den Bereich bestimmt, wo dem Zustand am Arbeitsmarkt gemäß Lohnsenkungen hervorkommen müssten, aber nicht hervorkommen. Das letzte Phasendiagramm modifiziert sich bei Unterstellung von $\bar{\mu} > 0$ deshalb wie folgt:[31]

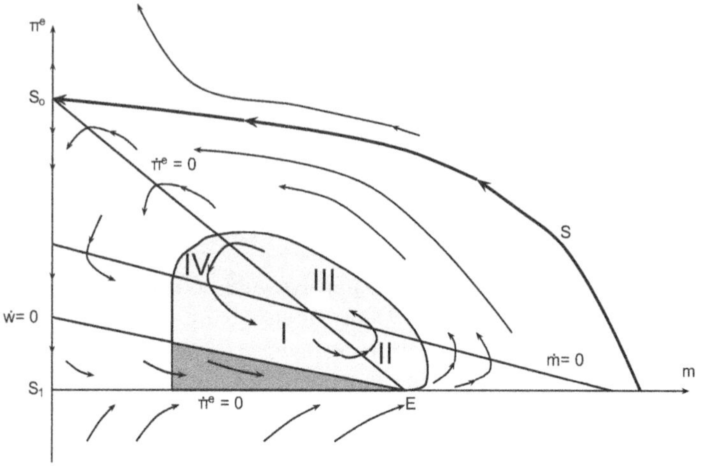

Abb. 5.15. Mittelfristige IS-LM-PC Dynamik mit einer geknickten Phillips-Kurve und einer positiven Wachstumsrate der Geldmengenangebotes: Grenzzyklen und Korridorstabilität ($m_o = \frac{\bar{e}-a_o-a_2\bar{\mu}}{a_1}$, $\pi_o^e = \bar{\mu}$ jetzt)

Das System findet jetzt selbständig aus den Depressionsverläufen der Abbildung 5.14 zu einem Vollbeschäftigungspunkt zurück (wenn es den Punkt E erreicht), in dem die Inflation und die Inflationserwartungen Null sind. Die positive Wachstumsrate der Geldmenge impliziert dann, dass dieser Punkt kein stationärer Punkt ist, sondern das System aufgrund des Keynes-Effekts zu Überbeschäftigung weiterschreitet. Damit ist die Ausgangslage für eine neue Runde von Lohn– und Preissteigerungen gegeben, die in einem zyklischen Verhalten wieder zu depressiven Lagen längs der $\dot{w} = 0$ Kurve zurückführen kann oder – insbesondere bei monotoner asymptotischer Stabilität des Steady State – hin zu Normalbeschäftigung und der Inflationsrate $\pi = \bar{\mu}$ führt.

Betrachten wir nun die einzelnen Phasen dieses Konjunkturzyklus etwas genauer. Dabei ist es zweckmäßig, sich noch einmal die inhaltliche Bedeutung der beiden dynamischen Variablen m und π^e sowie ihren Einfluss auf das temporäre Gleichgewicht zu vergegenwärtigen. Mit $m = \frac{M}{w}$ ergab sich $\widehat{m} = \widehat{M} - \widehat{w} = \mu - \widehat{w}$. Welchen Einfluss hatten nun die Geldmenge M und

[31] Abbildung 5.14. suggeriert die Existenz eines sog. Grenzzyklus, der zudem alle Dynamik um sich herum attrahiert. Ein Beweis der Existenz und der Stabilität sowie die Bestimmung der genauen Form dieses Grenzzyklus sind jedoch nicht ohne Probleme und müssen deshalb hier aus Gründen der Einfachheit unterbleiben.

der Nominallohnsatz w auf das IS–LM–Gleichgewicht? Wie wir uns erinnern, verschiebt eine steigende Geldmenge die LM–Kurve nach rechts, führt somit zu sinkenden Zinsen und einem höheren Gleichgewichts–Output. In Bezug auf die Lohndynamik $\widehat{w}$ ist nach wie vor zu beachten, dass sie sich über das Markup–Pricing in eine gleich hohe Preissteigerung übersetzt ($\widehat{p} = \widehat{w}$). Somit führen Lohnsteigerungen zu gleich hohen Preissteigerungen, die ihrerseits die LM–Kurve nach links verschieben mit dem Resultat höherer Zinsen, geringeren Investitionen und geringerem gleichgewichtigen Einkommen. Eine Steigerung der Geldmenge M und eine Steigerung der Löhne bewirken also beide eine Verschiebung der LM–Kurve, wenn auch in jeweils entgegengesetzter Richtung. Der hier relevante Wirkungszusammenhang ist also in beiden Fällen nichts anderes als der Keynes–Effekt, so dass sich die Variable m einfach als Repräsentant desselben auffassen lässt. Ein steigendes m (gleichgültig, ob aus $M \uparrow$ oder $w \downarrow$ resultierend) bedeutet somit stets: Rechtsverschiebung der LM–Kurve, sinkende Zinsen, steigende Investitionen, höheres Einkommen und höhere Beschäftigung. Letzteres ist auch unmittelbar Gleichung (5.72) zu entnehmen.

Demgegenüber steht die erwartete Inflationsrate, π^e, für den anderen uns bekannten Wirkungszusammenhang, nämlich den Mundell–Effekt. So bewirkt eine Erhöhung von π^e eine Verschiebung der IS–Kurve nach rechts, was zwar zu einem höheren Nominalzinssatz im neuen Gleichgewicht führt, der Realzins $(r - \pi^e)$ aber per Saldo dennoch gesunken ist mit der Folge höherer Investitionen, höherer Produktion und höherer Beschäftigung.

Hält man nun eine der beiden dynamischen Variablen konstant und erhöht die andere, ist dies somit stets mit steigender Produktion und steigender Beschäftigung verbunden. In den Bereichen II und IV des Phasenraums, wo sich m und π^e gleichgewichtet bewegen, ergeben sich in Bezug auf letztgenannte Größen also eindeutige Resultate; man kann auch sagen, dass sich hier Keynes– und Mundell–Effekt gegenseitig verstärken. Demgegenüber wirken in den Sektoren I und III die beiden Effekte einander entgegengesetzt, wobei nahe der Null–Isokline des einen der jeweils andere dominiert. Mit Blick auf die Entwicklungen der realen Größen wie Einkommen und Beschäftigung ist ferner zu beachten, dass rechts der $\dot{\pi}^e = 0$–Isokline $e > \bar{e}$ und links davon das Gegenteil vorliegt. Ferner steigt oberhalb der $\dot{w}$–Isokline der Nominallohn, während er unterhalb derselben gemäß der geknickten Phillipskurve konstant bleibt.

Nach diesen Vorbemerkungen ist es nun möglich, das Geschehen in den einzelnen Abschnitten I – IV etwas näher zu beleuchten. Beginnen wir in dem Teil des Sektors I, der unter der $\dot{w} = 0$–Isokline liegt. In diesem Bereich führte bei konstanter Geldmenge ($\mu = 0$) die Dynamik wegen der ausbleibenden Lohnsenkungen zu einer stabilen Depressionslage, da durch die Lohnrigidität auch das Preisniveau nicht sinken konnte und daher der belebende Keynes–Effekt ausblieb. Zudem sorgte die weiter sinkende Inflationsrate für einen kontraktiv wirkenden Mundell–Effekt und damit für eine fortgesetzten Rückgang von Einkommen und Beschäftigung, der erst mit Erreichen der m–Achse zum Stehen kam.

All diese Effekte wirken nun nach wie vor, werden jetzt aber konterkariert durch eine positive Wachstumsrate der Geldmenge und einen dementsprechend expansiv wirkenden Keynes–Effekt; dass dieser tatsächlich positiv ist, gewährleisten die in diesem Bereich immerhin nicht steigenden Nominallöhne. Da ebenso wie in der Ausgangssituation auch hier die Strecke $[0, E]$ der m–Achse eine $\dot{\pi}^e$ =–Isokline darstellt, wird jetzt spätestens in deren Nachbarschaft der Keynes–Effekt dominieren, d.h. die durch die Geldmengenexpansion bewirkten Nominalzinssenkungen werden stärker auf den für die Investitionen relevanten Realzinssatz $(r - \pi^e)$ durchschlagen als die jetzt nur noch schwach rückläufigen Inflationserwartungen. Genau dies verhindert hier eine stabile Depressionslage, wie das noch bei konstant gehaltener Geldmenge der Fall war.

All dies führt dazu, dass Einkommen und Beschäftigung immer mehr zunehmen, bis schließlich letztere ein Niveau erreicht, ab dem der Nominallohn wieder zu steigen beginnt, die $\dot{w} = 0$–Isokline also überschritten wird. Werfen wir nun noch einmal einen kurzen Blick auf die beiden dynamischen Gleichungen

$$\widehat{m} = \widehat{M} - \widehat{w} = \bar{\mu} - \widehat{w}$$
$$\dot{\pi}^e = \beta_{\pi^e}(\hat{p} - \pi^e) = \beta_{\pi^e}(\widehat{w} - \pi^e),$$

so wird unmittelbar ersichtlich, dass die eingetretene Lohninflation gegenläufige Effekte hat. Einerseits wird der weiterhin expansiv wirkende Keynes–Effekt jetzt abgebremst (bleibt aber positiv, da wir uns noch links der $\dot{m} = 0$–Isokline befinden), andererseits gilt gleiches aber auch mit Blick auf den immer noch kontraktiven Mundell–Effekt ($\dot{\pi}^e < 0$).

Hier sorgen die Lohnsteigerungen sogar mit dafür, dass schließlich die $\dot{\pi}^e = 0$–Isokline und damit die Grenze zu Sektor II überschritten wird, in welchem der Mundell–Effekt jetzt über eine steigende Inflationsrate in Bezug auf Investitionen, Einkommen und Beschäftigung expansiv wirkt und in dieser Eigenschaft mehr und mehr den durch die Lohnsteigerungen immer schwächer werdenden Keynes–Effekt dominiert. Dieser verschwindet schließlich völlig ($\dot{m} = 0$), und die Ökonomie tritt in den Sektor III ein.

In diesem Bereich nun wirkt der Keynes–Effekt kontraktiv, da die Lohn– und damit die Preissteigerungen größer sind als die Geldmengenwachstumsrate mit der Folge einer Linksverschiebung der LM–Kurve und dementsprechend höherem gleichgewichtigem Nominalzins. Investitionen, Output und Beschäftigung werden somit in ihrem Wachstum gehindert, welches jedoch anfänglich aufgrund des weiterhin expansiv auf die Investitionen wirkenden Mundell–Effekts noch positiv bleibt.

Die weitere Entwicklung lässt nun zwei Möglichkeiten offen. Entweder kommt es zu einer akzelerierenden Lohn–Preisspirale mit einer persistenten 'Überbeschäftigung' ($e > \bar{e}$), eine Situation, in welcher der expansive Mundell–Effekt den Keynes-Effekt überkompensiert. Oder es kehrt sich irgendwann das

Kräfteverhältnis zwischen beiden Effekten um, und die Ökonomie strebt mit schwächer werdenden Steigerungen der tatsächlichen und erwarteten Inflationsrate wieder der 'Normalauslastung' zu, d.h. eine Rezession setzt ein. In diesem Fall wird früher oder später mit $e = \bar{e}$ die $\dot{\pi}^e = 0$–Isokline erreicht, nach deren Überschreitung die inflationären Auftriebstendenzen gebrochen sind.

Damit befinden wir uns bereits in Abschnitt IV, wo Keynes– und Mundell–Effekt wieder in die gleiche Richtung wirken, jetzt aber kontraktiv. Die Lohn– und damit zugleich die Preisinflation ist einerseits nach wie vor so hoch, dass dadurch die Geldmengenwachstumsrate überkompensiert wird mit der Folge eines negativen Keynes–Effekts, andererseits ist sie nicht hoch genug, um die Inflationserwartungen weiter steigen und damit den Mundell–Effekt positiv wirken zu lassen. Die Beschäftigung, die bereits unterhalb des NAIRU–Niveaus $\bar{e}$ liegt, nimmt weiter ab, bis schließlich der Punkt erreicht ist, wo die Lohnsteigerungen auf die Höhe der Geldmengenwachstumsrate abgesunken sind. Hier nun sorgt allein der Mundell–Effekt für eine Fortdauer der Rezession, so dass die Ökonomie nach Durchschreiten der $\dot{m} = 0$–Isokline wieder in den Abschnitt I eintritt.

In diesem Bereich sind nun ebenfalls im Prinzip zwei Verläufe denkbar. Im ersten Fall erreicht die Ökonomie schon oberhalb der $\dot{w} = 0$–Isokline die Talsohle, und der jetzt wieder positive Keynes–Effekt dominiert das Geschehen gegenüber dem weiterhin kontraktiven Mundell–Effekt. Dann wird irgendwann wieder die $\dot{\pi}^e = 0$–Isokline erreicht, und der bereits zuvor eingetretene Aufschwung mündet in Sektor II wieder in einen Boom. Die andere Möglichkeit ist mit einer Dominanz des Mundell–Effekts und somit einer weiteren Verschärfung der Rezession verbunden. Schließlich unterschreitet der Beschäftigungsgrad e sogar das Niveau, ab dem keine weiteren Lohnsteigerungen mehr stattfinden und der Lohnsatz entsprechend der geknickten Phillipskurve konstant bleibt. Hier ist es dann wieder die positive Wachstumsrate der Geldmenge $\bar{\mu}$, die über den Keynes–Effekt die Ökonomie von einer stabilen Depressionslage bewahrt und schließlich einen neuen Aufschwung ermöglicht.

Dies sind die wirklichen Konsequenzen des Modellansatzes von Dornbusch/Fischer (1995), wenn man ihren Überlegungen hinzufügt, dass die zu verwendende Phillipskurve keine Lohndeflation zulassen darf. Die Ähnlichkeiten dieser Ergebnisse mit denen des monetaristischen Basismodells haben deutlich abgenommen, auch wenn es weiterhin Situationen gibt, in denen der innere Steady–State des Modells lokal asymptotisch stabil ist ($\beta_{\pi^e} \downarrow, h_1 \downarrow$), um diesen herum also wieder gedämpfte Stagflationszyklen existieren.

Exkurs: Eine einfache grafische Darstellung des Instabilitätsproblems

Zur weiteren Veranschaulichung der erzielten (In–)Stabilitätsresultate wollen wir in diesem Anhang kurz den Extremfall des Vorliegens der Liquiditätsfalle betrachten, also den Fall einer horizontalen LM–Kurve, die durch den erreichten minimalen Nominalzins $r_{\min}$ gekennzeichnet ist:

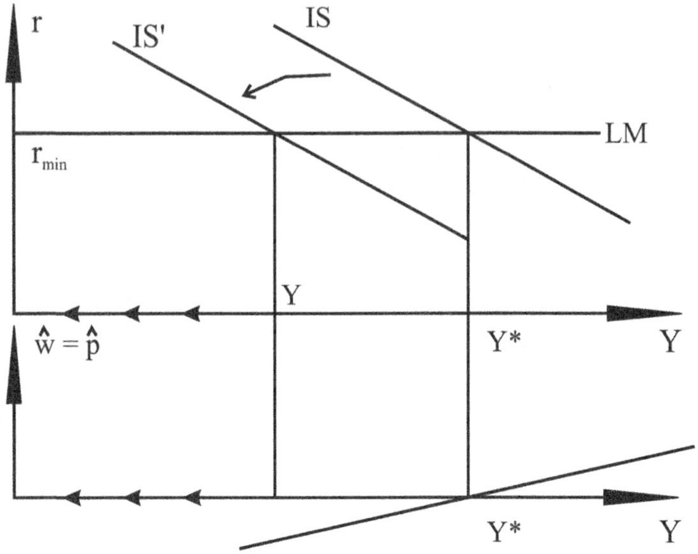

Abb. 5.16. IS-LM-PC Dynamik: Liquiditätsfalle und Instabilität

In Abbildung 5.16. ist unterstellt, dass sich der gleichgewichtige Output Y unterhalb des zur NAIRU $\bar{U} = 1 - \bar{e}$ gehörigen Outputniveaus befindet: $Y^* = \bar{e}\bar{L}\bar{y} > Y$. Nehmen wir der Einfachheit halber an, dass die Ausgangslage durch IS gekennzeichnet war, also die Wirtschaft sich (bei Nullinflation $\widehat{w} = \widehat{p} = 0$) im Steady State befand. Ein kontraktiver Schock, z.B. eine Reduktion der autonomen Investitionen i_0, verlagert anschließend die IS–Kurve, wie gezeigt, nach links. Es folgt:

$$\widehat{p} = \widehat{w} = \beta_w(Y - Y^*)/(\bar{y}\bar{L}) + 0 < 0,$$

d.h. Preise und Löhne beginnen zu sinken und werden von ihnen folgenden Deflationserwartungen $\pi^e < 0$ begleitet. Die Konsequenz ist, dass auch der Output Y

$$Y = \frac{-c(\bar{T} + \delta\bar{K}) + i_0 - i_1(r_{\min} - \pi^e) + \delta\bar{K} + \bar{G}}{1 - c}$$

zu sinken beginnt, da der Mundell–Effekt $+i_1\pi^e$ hier kontraktiv wirkt und ein expansiv wirkender Zinssenkungseffekt (der Keynes–Effekt) nicht mehr verfügbar ist. Die Wirtschaft gerät damit in eine Deflationsspirale

$$w \downarrow p \downarrow \pi^e \downarrow Y \downarrow w \downarrow\downarrow \text{ etc.},$$

die im Kontext des vorliegenden Modells zum Kollaps führen muss, da sich die IS–Kurve mehr und mehr nach links verlagert. Und erneut ist es die folgende, empirisch plausible Modifikation der Lohn–Phillipskurve:

$$\widehat{w} = \max\{\beta_w(Y - Y^*)/(\bar{y}\bar{L}) + \pi^e, 0\},$$

die diesen Prozess vollständig verhindert und damit die Wirtschaft in der depressiven Lage $Y < Y^*$ belässt.

> 'Die Arbeiter sind daher glücklicherweise, obschon unbewusst, instinktiv vernünftigere Wirtschaftler als die klassische Schule, indem sie sich gegen eine Kürzung der Geldlöhne wehren, die selten oder nie allgemeinen Charakter hat, ...'(Keynes, 1936, S.12).[32]

Während Geldpolitik in der gezeigten Situation impotent ist, da sie keine Zinssenkung erreichen kann, kann eine dosierte Fiskalpolitik die IS–Kurve nach rechts so verlagern, dass (möglicherweise) weitere expansive Impulse entstehen, die den Output Y wieder an Y^* heranführen.

Auch wenn diese Betrachtung auf der extremen Situation einer Liquiditätsfalle basiert, so ist sie doch insofern von erheblicher Bedeutung, als sie die Vermutung stärkt, dass auch im allgemeinen Fall des Abschnitts 5.4.1 eine Erholung keineswegs sichergestellt ist, wenn sich die Ökonomie erst einmal unterhalb der $\dot{m} = 0$– und $\dot{\pi}^e = 0$–Isokline befindet und die Geldnachfrage hochgradig elastisch auf Zinsänderungen reagiert. Vielmehr scheint die Gefahr einer Deflationsspirale im Falle von Nominallohnsenkungen durchaus zu bestehen, was erhebliche Auswirkungen auf die Bewertung der nachfolgend eingeführten Lohnrigiditäten haben dürfte. Würden diese nämlich eine mögliche Erholung verhindern, so wäre Engels zwar nicht mit Blick auf seine Argumentation, wohl aber hinsichtlich seiner Schlussfolgerungen zumindest insoweit zuzustimmen, als er institutionelle Hemmnisse, die einer freien Lohnbewegung (nach unten) entgegenstehen, für die anhaltend hohe Arbeitslosigkeit verantwortlich macht. Demgegenüber erscheinen Lohnrigiditäten in einem völlig anderen Licht, wenn sie zwar zu stabilen Depressionslagen führen, gerade dadurch aber eine weitere Verschlimmerung der Situation verhindern. Angesichts des so gesehen zumindest unsicheren Ausgangs können Lohnsenkungen, selbst wenn sie praktisch durchführbar wären, durchaus ein Spiel mit dem Feuer sein.[33]

5.4.4 Moderne Geldpolitik: Direkte Zinssteuerung

Ein Vorwand gegen die aktuelle Relevanz des IS-LM-PC Modells in der gerade beschriebenen Form könnte die Tatsache sein, dass in den letzten fünfzehn Jahren ein faktischer Wechsel bzgl. der Art wie die Geldpolitik von den

[32] Man vgl. hierzu insbesondere Abschnitt 2.1.1.

[33] Anzumerken ist jedoch, dass sich diese Überlegungen sich auf den Fall einer geschlossenen Volkswirtschaft beziehen. Die Einführung von internationalem Handel und Wettbewerbsfähigkeitseffekten kann jedoch zu anderen Schlussfolgerungen in unserem Modell führen.

Zentralbanken der meisten Industrieländer durchgeführt wird stattgefunden hat. Während in den 70er und 80er Jahren wichtige Zentralbanken wie die Deutsche Bundesbank das Geldmengenangebot als Steuerungsvariable und Politik-Ziel betrachtet haben, ist die gezielte Nutzung des kurzfristigen Zinses als Politik-Variable seit den 90er Jahren sowohl in der Praxis als auch in der akademischen Literatur nach dem Aufsatz von Taylor (1993) immer mehr in den Vordergrund gerückt.

Dabei hat dieser Paradigmenwechsel eher ungewollt stattgefunden: Was in Taylor's (1993) Aufsatz als eine rein deskriptive Regel zur Nachvollziehung der Zinsreaktionen auf Inflations- und Outputentwicklungen dargestellt wurde, wurde durch eine Reihe von theoretischen Aufsätzen wie Rotemberg/Woodford (1997)und Svensson (1999) zu einer normativen Regel 'aufgewertet'.

Obwohl die genaue Spezifikation von geldpolitischen Zinsregeln von Aufsatz zu Aufsatz variiert, beinhalten die Mehrheit solcher Regeln einen Term für die Preisstabilität (den sogenannten *inflation gap*) und eventuell einen Term für die ökonomische Aktivität (den sogenannten *output gap*).

Wir können diese Art von geldpolitischer Durchführung in unserem IS-LM-PC Modell in einer relativ einfachen Weise einführen indem wir die bisher benutzte geldpolitische Regel einer konstanten Wachstumsrate durch eine Zinsregel ersetzen. Dies bedeutet jedoch nicht, dass die Realkasse m aus unserem Model verschwindet, sondern dass wir die Kausalität zwischen Geldangebot und Zinsrate umdrehen: In der jetzigen Fassung unseres Modells wird nicht das Geldmengenangebot das aktuelle Zinsniveau bestimmen, sondern es wird sich dem von der Zentralbank festgelegten Zinssatz anpassen. In der Tat wird heutzutage der kurzfristige Zinssatz von den Entscheidungsträgern bei den Zentralbanken festgelegt und das dazu passende Geldangebot wird dementsprechend in dem Geldmarkt angeglichen.[34]

Für die Darstellung des IS-LM-PC Modells mit einer Taylor-Regel werden wir von der folgenden Spezifikation ausgehen:

$$r_{\mathrm{T}} = r_o + \phi_\pi(\hat{p} - \bar{\pi}) + \phi_y(Y - \bar{Y}) \tag{5.77}$$

Wie die Zinsregel hier formuliert ist, reagiert die Zentralbank mit einer Stärke ϕ_π auf Abweichungen von der aktuellen Inflationsrate

$$\hat{p} = \beta_w(Y - \bar{Y})/(\bar{y}\bar{L}) + \pi^e = \tilde{\beta}_w(Y - \bar{Y}) + \pi^e$$

von dem vorgegebenen Inflationsziel und mit einer Stärke ϕ_y auf Abweichungen des aktuellen Produktionsniveau Y von dem NAIRU-entsprechenden Produktionsniveau $\bar{Y}$, wobei r_o das gleichgewichtige Zinsniveau bezeichnet.

In der Literatur wird oft unterstellt, dass die Zentralbanken einen gewissen Gradualismus bei der Bestimmung des kurzfristigen Zinssatzes betreiben –

[34] Siehe Blanchard / Illing (2006, Kap. 25) für eine didaktische Einführung in die Geldpolitik der EZB.

bekannt als *interest rate smoothing* – u.a. um ruckartige und allzu volatile Zinsbewegungen zu vermeiden, die eventuell die Finanzmärkte destabilisieren würde. Eine solche Strategie würde durch die folgende Differentialgleichung dargestellt:

$$\dot{r} = \alpha_r(r_{\mathrm{T}} - r). \tag{5.78}$$

Die tatsächliche nominale Zinsrate r würde also steigen, wenn die von der Zentralbank erwünschte Zielrate r_{T} über die tatsächliche Zinsrate r liegt, und umgekehrt.

Um unsere Darstellung jedoch weiterhin auf nur zwei Dimensionen zu beschränken nehmen wir an, dass die zeitliche Entwicklung der nominalen Ziel-Zinsrate durch die folgende dynamische Gleichung beschrieben wird

$$\begin{aligned} \dot{r}_{\mathrm{T}} &= \alpha_r(r_{\mathrm{T}} - r_o) \\ &= \alpha_r(\phi_\pi(\hat{p} - \bar{\pi}) + \phi_y(Y - \bar{Y})). \end{aligned} \tag{5.79}$$

Durch Einsetzung von Gleichung (5.77), der bereits eingeführten Taylor-Regel anstelle von der LM-Relation (das Geldmarkt-Gleichgewicht bei konstantem Geldangebot) in Gleichung (5.79) bekommen wir eine alternative Darstellung des Gleichgewichts-Outputs aus der IS-Relation

$$\begin{aligned} Y &= \frac{1}{1-c}\left[-c(\bar{T} + \delta\bar{K}) + i_0 - i_1(r_{\mathrm{T}} - \pi^e) + \delta\bar{K} + \bar{G}\right] \\ Y &= d_0 - d_1(r_{\mathrm{T}} - \pi^e). \end{aligned} \tag{5.80}$$

Um die Abhängigkeit des Gütermarkt-Gleichgewichtes und dessen Veränderungen von Veränderungen in r_{T} und π^e zu untersuchen, leiten wir – wie im Abschnitt 5.3.1 – die IS-Gleichung nach der Zeit ab

$$\begin{aligned} \dot{Y} &= -d_1\dot{r}_{\mathrm{T}} + d_1\dot{\pi}^e \\ &= -d_1\alpha_r(\phi_\pi(\tilde{\beta}_w(Y - \bar{Y}) + \pi^e - \bar{\pi}) + \phi_y(Y - \bar{Y})) \\ &\quad + d_1\beta_{\pi^e}\tilde{\beta}_w(Y - \bar{Y}) \end{aligned} \tag{5.81}$$

welche mit der schon bekannten Zeitableitung der erwarteten Inflationsrate,

$$\dot{\pi}^e = \beta_{\pi^e}\tilde{\beta}_w\left(Y - \bar{Y}\right) \tag{5.82}$$

die zwei Gleichungen des neuen dynamischen Systems im $(Y - \pi^e)$– Phasenraum darstellen.

Die Jacobi–Matrix dieses modifizierten Systems um den Steady State ist

$$J = \begin{bmatrix} J_{11} & J_{12} \\ J_{13} & J_{14} \end{bmatrix}$$

mit

$$J_{11} = \left.\frac{\partial \dot{Y}}{\partial Y}\right|_{GGW} = d_1(\beta_{\pi^e}\tilde{\beta}_w - \alpha_r(\tilde{\beta}_w\phi_\pi + \phi_y)) \tag{5.83}$$

$$J_{12} = \left.\frac{\partial \dot{Y}}{\partial \pi^e}\right|_{GGW} = -d_1\alpha_r\phi_\pi < 0 \tag{5.84}$$

$$J_{21} = \left.\frac{\partial \dot{\pi}^e}{\partial Y}\right|_{GGW} = \beta_{\pi^e}\tilde{\beta}_w > 0 \tag{5.85}$$

$$J_{22} = \left.\frac{\partial \dot{\pi}^e}{\partial \pi^e}\right|_{GGW} = 0 \tag{5.86}$$

Das System ist lokal asymptotisch stabil, wenn folgende Proposition gilt:

Proposition 5.1 *Der Steady State des Systems (5.81) – (5.82) ist lokal asymptotisch stabil, wenn die Bedingung*

$$\alpha_r(\tilde{\beta}_w\phi_\pi + \phi_y) > \beta_{\pi^e}\tilde{\beta}_w \tag{5.87}$$

erfüllt ist.

Beweis:
Bei Gültigkeit von Proposition 5.1 gilt für das Steady State des Systems

$$\begin{aligned} \mathrm{tr}(J) &= d_1[\beta_{\pi^e}\tilde{\beta}_w - \alpha_r(\tilde{\beta}_w\phi_\pi + \phi_y)] < 0 \\ \det(J) &= d_1\beta_{\pi^e}\tilde{\beta}_w\alpha_r\phi_\pi > 0. \end{aligned}$$

Das Steady State des Systems ist also asymptotisch stabil wenn $\alpha_r(\tilde{\beta}_w\phi_\pi + \phi_y) > \beta_{\pi^e}\tilde{\beta}_w$, also wenn die Reaktion des nominalen Zinssatzes auf die Inflations- und/oder Produktionslücke höher ist als der destabilisierende Mundell-Effekt von höheren Inflationserwartungen.

Diese Schlussfolgerung ist auch ersichtlich durch die in Abb. 5.17. skizzierten Isoklinen

$$\begin{aligned} \pi^e|_{\dot{Y}=0} &= \frac{1}{\alpha_r\phi_\pi}(\beta_{\pi^e}\tilde{\beta}_w - \alpha_r(\tilde{\beta}_w\phi_\pi + \phi_y))(Y - \bar{Y}) + \bar{\pi} \\ Y|_{\dot{\pi}^e=0} &= 0. \end{aligned}$$

Wie man anhand der Steigung der Isoklinen deutlich merken kann, bedingt die Erfüllung von Proposition 5.1 sowohl die Stabilität der Gütermarkt-Dynamik (der $\dot{Y} = 0$–Isokline) als auch deren Steigung.

So ergibt sich im Falle von $\alpha_r(\tilde{\beta}_w\phi_\pi + \phi_y) > \beta_{\pi^e}\tilde{\beta}_w$ (skizziert in Abbildung 5.17.), dass die Gütermarkt-Dynamik stabil ist und die $\dot{Y} = 0$–Isokline eine negative Steigung hat. Dies führt dazu, wie bereits erwähnt, dass die Dynamik des Systems lokal asymptotisch stabil ist, so dass die Volkswirtschaft nach einem Schock immer zum gleichgewichtigen Output $Y = \bar{Y}$ (bei $\pi^e = \pi = \bar{\pi}$) durch die aktive Geldpolitik der Zentralbank zurückkehrt. Um dies zu verdeutlichen, da

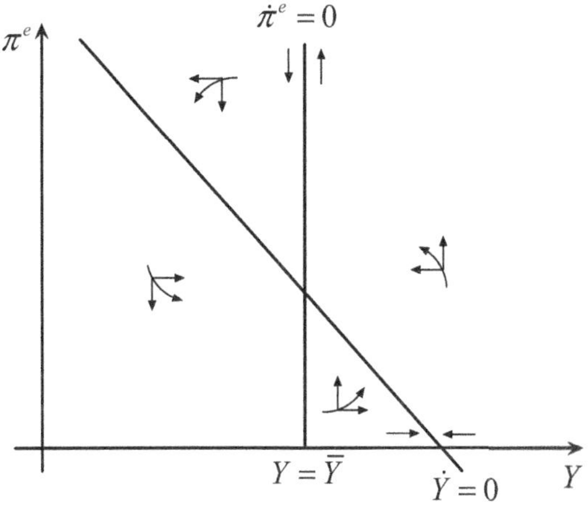

Abb. 5.17. Das IS-MR-PC Modell: Lokale Stabilität durch aktive Geldpolitik $\alpha_r(\beta_w\phi_\pi + \phi_y) > \beta_{\pi^e}\beta_w$

$$Y \uparrow \rightarrow \left\{ \begin{array}{c} \hat{w} \uparrow \rightarrow \hat{p} \\ \dot{\pi}^e \uparrow \rightarrow \hat{p} \\ \longrightarrow \end{array} \right\} \rightarrow i \uparrow \rightarrow Y \downarrow \rightarrow \hat{w} \downarrow \rightarrow \hat{p} \downarrow \rightarrow \pi^e \downarrow \rightarrow Y \downarrow$$

Wie es leicht anhand von Gleichungen (5.81) und (5.82) zu sehen ist, kommt die Dynamik bzw. der Anpassungsprozess des Systems nur wieder zum Stillstand wenn die gleichgewichtige Situation

$$\pi^e = \hat{p} = \bar{\pi} \quad \text{und} \quad Y = \bar{Y}$$

wiederhergestellt ist.

In Abbildung 5.18. zeigen wir, auf der anderen Seite, das Phasendiagramm unseres Modells für den Fall, dass der destabilisierende Mundell-Effekt von steigender Inflationserwartungen den stabilisierenden Effekt von der Geldpolitik übertrifft $\beta_{\pi^e}\tilde{\beta}_w > \alpha_r(\tilde{\beta}_w\phi_\pi + \phi_y)$. In diesem Fall gilt tr$(J)$¿0, was ein instabiles Steady State bedeutet. Diese Eigenschaft kann auch in Abbildung 5.18. betrachtet werden. Wie dort verdeutlicht ist, führt eine nicht genügend aktive Geldpolitik zur lokalen Instabilität des Steady States, aufgrund der Tatsache dass der destabilisierende Einfluss der Inflationserwartungen auf die wirtschaftliche Aktivität nicht hinreichend kontrolliert wird.

In dieser Modellvariante vom IS-LM-PC der letzten Abschnitt, in der der Geldpolitik einer aktiveren Rolle zugestanden wird, ist diese tatsächlich entscheidend für die Stabilität des Systems, gegeben der destabilisierende Rolle der Inflationserwartungen. Wie wir gezeigt haben, kann die Geldpolitik für die Stabilität des Systems nur dann gewährleisten, wenn sie hinreichend aktiv bzw. aggressiv auf inflationäre Entwicklungen reagiert.

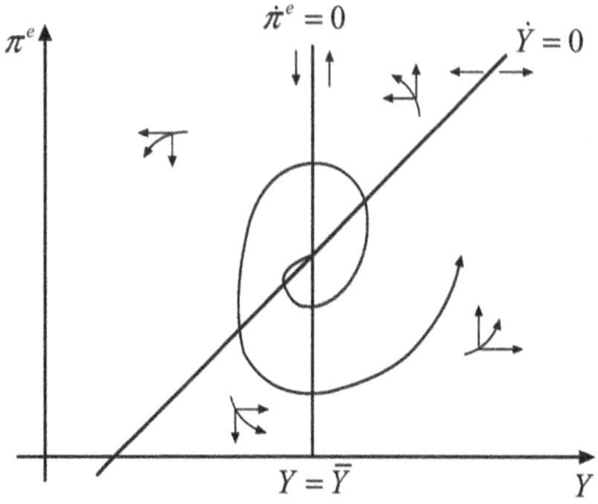

Abb. 5.18. Das IS-MR-PC Modell: Lokale Instabilität- wegen passiver Geldpolitik $\beta_w \beta_{\pi^e} > \alpha_r(\beta_w \phi_\pi + \phi_y)$

5.4.5 Kurz- und Langfrist-Zinsen im IS-LM-PC Modell

Wir haben im vorausgegangenen Abschnitt gesehen, dass die von den Monetaristen behauptete asymptotische Stabilität des privaten Sektors nur vorliegt, wenn die Bedingung

$$\beta_{\pi^e} h_1 < \left(\frac{M}{p}\right)_o$$

im Steady State erfüllt ist. Bei gegebener Anpassungsgeschwindigkeit β_{π^e} der Inflationserwartungen wird diese Bedingung aber, wie wir gesehen haben, spätestens dann verletzt, wenn wir uns in der Nähe der Liquiditätsfalle befinden, also die LM–Kurve fast horizontal ist ($h_1 \to \infty, h_0 = h_1 r_o$ bei $h_1/h_0 = const.$, vgl. den Anhang des vorausgegangenen Abschnittes). Das einfache Gegenargument gegen dieses Instabilitätsergebnis ist empirischer Natur und besagt, dass eine Situation sehr hoher Zinsreagibilität der Geldnachfrage von sehr exzeptioneller Natur ist und deshalb weitgehend ignoriert werden kann. Die asymptotische Stabilität des privaten Sektors und seine beständige Fähigkeit, Shocks absorbieren und in Richtung auf seine Steady State Position abbauen zu können, ist damit im Wesentlichen gegeben und somit diese grundsätzliche Sichtweise der Monetaristen anscheinend auch im IS–LM–PC–Modell korrekt.

Wir wollen im Folgenden zeigen, dass eine solche Schlussfolgerung keineswegs zwingend ist, sondern dass auch bei einer normal geneigten LM–Kurve (mit einer mittleren Steigung) bei nur maßvoll reagierenden Inflationserwartungen der Steady State unseres IS–LM–PC–Modells lokal instabil sein kann. Um dies bewerkstelligen zu können, müssen wir uns zunächst in Bezug auf die Vermögensmärkte mit einer wichtigen Unterscheidung befassen, nämlich mit der Trennung in kurz- und langfristige Zinssätze, der sog. Zinslücke.

Zu diesem Zweck wollen wir von einer etwas anderen – und moderneren – Herleitung der LM-Kurve ausgehen, als wir dies in Kapitel 3 getan haben, wo wir noch gedanklich strikt zwischen einkommensabhängiger Transaktionskasse ($M_T^d/p = kY$) und zinsabhängiger Spekulationskasse ($M_S^d/p = h_0 - h_1 r$) unterschieden haben. Demgegenüber ersetzen wir jetzt die Flexpreisbonds aus Kapitel 3 durch eine Anlageart, die mit den Fixpreisbonds aus Kapitel 2 vergleichbar ist. Da eine solche Anlage aber einen Zins abwirft, ohne dabei einem Kursrisiko zu unterliegen und zudem jederzeit wieder veräußert werden kann, ist sie so gesehen reiner Geldhaltung vorzuziehen, so dass die Abwägung zwischen diesen beiden Vermögensformen eigentlich zu einer gewünschten Geldhaltung von Null führen müsste.

Dies ändert sich jedoch in dem Augenblick, wo die Liquidation der 'Fixpreisbonds' (die man auch als Spareinlagen auffassen könnte) mit fixen Transaktionskosten – etwa in Form von Gebühren, die die Banken verlangen, oder bestimmten Steuern – verbunden ist, die jedesmal anfallen, wenn eine solche Liquidation vorgenommen wird. Eine ausschließliche Bondhaltung hätte dann zur Folge, dass zur Abwicklung des alltäglichen Zahlungsverkehrs in einer gegebenen Periode sehr oft Bonds zu verkaufen wären und dementsprechend oft die genannten Transaktionskosten anfielen. Somit besteht ein Trade-off zwischen dem Zinsertrag, den die Bonds bieten, und den Transaktionskosten, die sie verursachen: Je höher der Teil des Vermögens ist, der in Form von Bonds gehalten wird, desto höher ist zwar der Zinsertrag, umso öfter aber müssen Bonds zu Geld gemacht werden und umso öfter fallen dementsprechend die Transaktionskosten an.

Es ergibt sich somit ein ähnliches Entscheidungsproblem wie in der Betriebswirtschaftslehre bei der Bestimmung des optimalen Lagerbestandes, wo zwischen Kapitalkosten, d.h. entgangenen Kapitalerträgen infolge der Kapitalbindung durch die Lagerhaltung, und bestellfixen Kosten abzuwägen ist, unter denen man sich z.B. die in Rechnung gestellten Anfahrtskosten des Lieferanten vorstellen kann. Dementsprechend führen obige Überlegungen für gegebenen Zinssatz und gegebene Transaktionskosten auch zu einem ähnlichen Ergebnis wie der Ansatz von Andler/Harris bei der Bestimmung der optimalen Losgröße, nur dass es sich jetzt eben um den optimalen durchschnittlichen 'Lagerbestand' an Geld handelt, der, wie sich zeigen ließe und wie es auch der Intuition entspricht, in der Tat negativ vom Zinssatz und positiv von den fixen Transaktionskosten und vom Einkommen, dem Transaktionsvolumen, abhängt. Bekannt geworden ist dieser auch in der Literatur so genannte 'Lagerhaltungsansatz' der Geldhaltung als 'Baumol–Tobin–Modell', dessen Details entweder bei diesen beiden Autoren selbst oder in einer Kurzfassung, z.B. McCallum (1989, S.48 ff.), nachgelesen werden können. Wir wollen es an dieser Stelle bei dieser kurzen inhaltlichen Skizzierung belassen und abschließend nur noch einmal betonen, dass auch aus diesem Ansatz heraus eine positiv vom Einkommen und negativ vom Zinssatz abhängige Geldnachfrage und damit der gleiche LM-Zusammenhang wie in Kapitel 3 resultiert, nur mit einer anderen inhaltlichen Begründung.

Nehmen wir nun des Weiteren an, dass für die privaten Haushalte die einzige Alternativanlage zu Geld in verzinslichen Sparguthaben (oder ähnlichen Bankeinlagen) besteht, und bei jeder Abhebung die genannten Transaktionskosten anfallen. Sind sowohl diese als auch das Einkommen gegeben, hängt, wie eben ausgeführt, die Geldhaltung dann nur noch negativ von dem Zinssatz r ab, den die Banken auf die Guthaben zahlen. Diesen wollen wir im Weiteren als kurzfristigen Zinssatz bezeichnen, da die Anlage ja jederzeit liquidisierbar ist.

Demgegenüber stehen den Banken neben etwaigen freien Liquiditätsreserven sowohl kurz- als auch langfristige Anlagen zur Verfügung, wobei wir die Betrachtung hier auf jeweils eine kurzfristige und eine langfristige Anlagealternative beschränken wollen. Erstere können wir uns in Form der bereits erwähnten, u.U. vom Staat emittierten Fixpreisbonds vorstellen, wobei wir davon ausgehen, dass diese den gleichen (kurzfristigen) Zinssatz abwerfen, den die Banken ihren Kunden für ihre Sparguthaben gewähren. Durch diese Annahme wird nicht zuletzt sichergestellt, dass der kurzfristige Zinssatz auch aus Sicht der Banken ein Datum darstellt, diese sich also diesbezüglich als Preisnehmer verhalten.

Bei den langfristigen Anlagemöglichkeiten wollen wir uns auf langfristige Firmenkredite (loans) konzentrieren, die sich von den Fixpreisbonds vor allem darin unterscheiden, dass sie nicht jederzeit liquidisierbar sind, es also keinen 'Wiederverkaufsmarkt' hierfür gibt und sich die Banken aus der eingegangenen Verpflichtung im allgemeinen auch nicht ohne weiteres vorzeitig lösen können. Sofern für diese Kredite ein über die gesamte Laufzeit konstanter Nominalzinssatz r^* vereinbart wird (und davon gehen wir im folgenden aus), handelt es sich offensichtlich um einen langfristigen Zinssatz, der typischerweise vom kurzfristigen abweichen dürfte. Bevor wir uns näher mit seiner Bestimmung befassen, sollen die bisherigen Zusammenhänge noch einmal kurz schematisch zusammengefasst werden, wobei wir von einer Geldhaltung der Banken (Mindestreserve oder Überschussreserven) der Einfachheit halber absehen:

Geld (zinslos)
$\nearrow$
PRIV. HAUSHALTE
$\searrow$
Sparguthaben (kurzfristiger Zinssatz r) $\longrightarrow$ BANKEN
$\nearrow$ Firmenkredite (langfristiger Zinssatz r^*)
$\searrow$ Fixpreisbonds (kurzfristiger Zinssatz r)

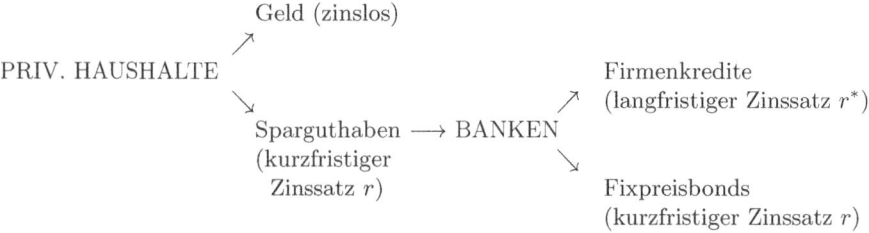

Aus der Differenz zwischen kurz- und langfristigem Zinssatz , der sogenannten 'Zinslücke', ist nun aber eine Lücke der keynesianischen Theorie temporärer Gleichgewichtslagen geworden. Denn während der kurzfristige Zinssatz r, wie ausgeführt, für die Ableitung der LM-Kurve maßgebend ist, ist für die Firmenkredite und damit für das Investitionsverhalten der Unternehmen der langfristige Zinssatz r^* relevant, so dass über

$$I = i_0 - i_1(r^* - \pi^e).$$

auch die IS-Kurve von letzterem abhängt. Wir haben damit das einfache, aber im Hinblick auf herkömmliche Makrotheorie verblüffende Resultat, dass IS- und LM-Kurve nicht mehr in ein und demselben Diagramm untergebracht werden können.

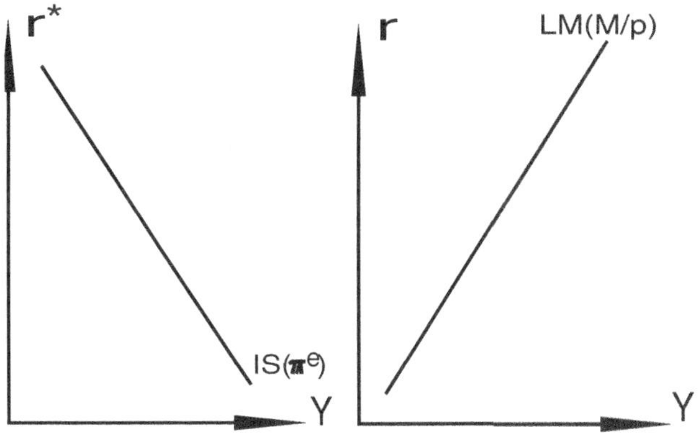

Abb. 5.19. IS–LM–Analyse und die Zinslücke

Bevor wir diesem Problem jetzt weiter nachgehen, soll festgestellt werden, dass das hier nur andeutungsweise Ausgeführte auf einem in Baily und Friedman (1991) breit dargestellten makrotheoretischen Ansatz aufbaut, der nachdrücklich zur Lektüre empfohlen wird. Baily/Friedman (1991) nutzen diesen Ansatz, um im Rahmen eines erweiterten sog. IS–ALM–Modells eine Reihe von komparativ–statischen Überlegungen durchzuführen, während wir im Folgenden versuchen werden, die Implikationen dieses Ansatzes für die hier eingeführte dynamische IS–LM–PC–Analyse zu ermitteln.

Zur Erreichung dieses Ziels muss als erstes die hier aufgewiesene Zinslücke geschlossen werden, aber natürlich nicht, wie dies in der üblichen Makrotheorie geschieht, beseitigt werden. Dies kann hier nur in elementarer Form geschehen, sollte aber dennoch deutlich zeigen, dass die Unterscheidung in kurz– und langfristige Zinssätze sehr große Bedeutung für die mittel– und langfristige Wirtschaftsentwicklung besitzt.

Betrachten wir einen Zeitraum der Länge $n, n = 10$ Jahre z.B., und einen Kredit, der sich auf diesen Zeitrahmen bezieht. Für diesen Zeitraum sei eine Folge von kurzfristigen Zinssätzen gegeben, wobei r für den momentanen

Zinssatz steht und $r_2^e, \ldots, r_n^e$ für die erwarteten Zinssätze der Folgeperioden. Im Hinblick auf diese Zinsstruktur sollte im Gleichgewicht gelten

$$(1+r^*)^n = (1+r)(1+r_2^e)\ldots(1+r_n^e)$$

Die Finanzierung eines Investitionsprojekts würde dann über kurz– oder langfristige Kredite gleich teuer zu stehen kommen. Gleichwohl wird ein Investor langfristige Kredite zum Zinssatz r^* vorziehen, da die Zinssätze $r_2^e, \ldots, r_n^e$ nur Vermutungen sind und deshalb ein erhebliches Investitionsrisiko darstellen. Langfristige Investitionsprojekte brauchen eine klare Kalkulationsbasis, wenn sie mehr als reine Spekulationsgeschäfte darstellen sollen.

Die obige Zinsformel ergibt für den Zinssatz r^* weiter umgeformt

$$n\ln(1+r^*) = \ln(1+r) + \ln(1+r_2^e) + \ldots + \ln(1+r_n^e),$$

was näherungsweise liefert:

$$nr^* = r + r_2^e + \ldots + r_n^e = r + (n-1)r^e \Longleftrightarrow r^* = \frac{1}{n}r + \frac{n-1}{n}r^e$$

wenn man der Einfachheit halber unterstellt, dass $r_2^e = \ldots = r_n^e = r^e$ gilt.[35]

Wir haben oben schon festgestellt, dass ein Investor die langfristige Finanzierung zu r^* einer sequentiellen Finanzierung zu r und dem, was sich in der Zukunft bei kurzfristigen Krediten tut, vorziehen würde. Umgekehrt gesehen gilt natürlich, dass ein Kreditgeber lieber liquide bleiben möchte und deshalb kurzfristige Kreditvergabe vorzieht. Es folgt, dass die Beziehung zwischen lang– und kurzfristigen Zinssätzen noch um eine sog. Liquiditätsprämie ζ, z.B. 3%, ergänzt werden muss, die den Kreditgeber veranlasst, die für ihn Illiquidität bedeutende langfristige Kreditvergabe zu tätigen. Die Formel für die Zinslücke $r^* - r$ lautet deshalb letztendlich bzgl. der von uns vorgenommenen einfachen Approximation:

$$r^* = \frac{1}{n}r + \frac{n-1}{n}r^e + \zeta = b_1 r + b_0 \tag{5.88}$$

In dieser Formel sind r^e und ζ als Shiftparameter aufzufassen, die die zukünftig erwartete Kurzfrist–Zinsstruktur zum Ausdruck bringen und die momentan erforderliche Liquiditätsprämie in Bezug auf langfristige Kreditvergabe.

Die Gleichung (5.88) liefert nun die erforderliche Brücke zwischen IS– und LM–Kurve wie folgt:
Wir haben in dieser Grafik vier Shiftparameter mit aufgeführt: Den Mundell–Effekt π^e, den Keynes–Effekt M/p und die soeben besprochenen Effekte von r^e und ζ. Abbildung 5.20. zeigt mittels Füllung der Zinslücke ein simultanes IS–LM–Gleichgewicht, welches jetzt, wie schon gesagt, nicht mehr mittels eines einfachen IS–LM–Diagramms wiedergegeben werden kann. Um dies dennoch

[35] Die Taylorreihenentwicklung von $\ln 1 + r$ um $r = 0$ lautet bis zum ersten Glied $\ln(1+r) = 0 + \frac{1}{0+1}(r-0) = r$.

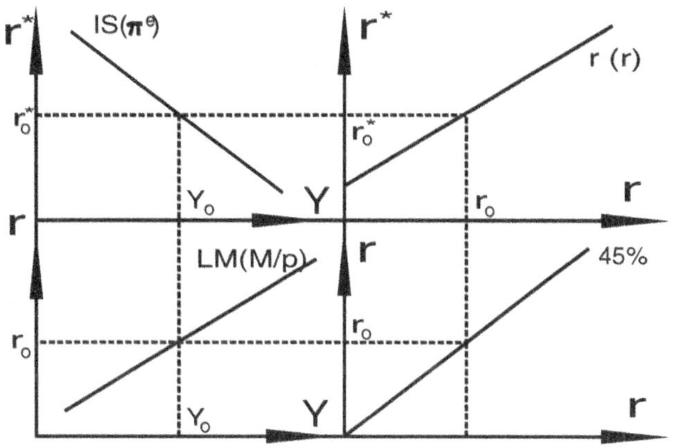

Abb. 5.20. Das erweiterte IS–LM–Modell

formal zur Bestimmung von Güter– und Geldmarktgleichgewicht zu ermöglichen, muss die LM–Kurve, $r(Y)$, in die Gleichung (5.88) eingesetzt werden:

$$r^* = \frac{1}{n} r(Y) + \frac{n-1}{n} r^e + \zeta. \tag{5.89}$$

Die resultierende $r^*(Y)$–Funktion wollen wir im folgenden als LM*–Kurve bezeichnen. Abbildung 5.21. zeigt mittels dieser LM*–Kurve die Bestimmung des langfristigen Zinssatzes r_o^* und des Outputs Y_o, bei denen Güter– und Geldmarktgleichgewicht vorliegt.

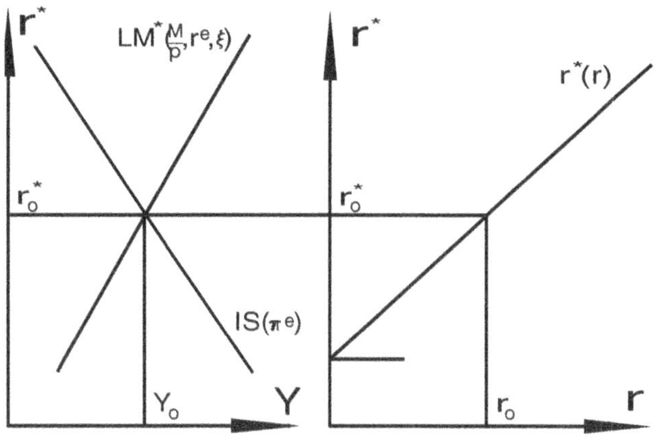

Abb. 5.21. Das erweiterte IS-LM-Diagramm

Die angegebenen Vorzeichen bei den Shiftparametern bedeuten dabei Expansion = Rechtsverschiebung bei + und Kontraktion = Linksverschiebung bei -. Natürlich gibt es implizit noch weitere Shiftparameter, so z.B. die Keynes'sche Grenzleistungsfähigkeit des Kapitals als Ausdruck für Gewinnerwartungen und die sog. Liquiditätspräferenz, die die Stärke des Geldhaltungswunsches charakterisiert. Es ist bei dynamischen Analysen üblich, wenn auch nicht unproblematisch im Hinblick auf reale Prozesse, solche Shiftparameter während des Ablaufs der Dynamik konstant zu halten.

Da wir die Investitionsfunktion jetzt mit $I = i_0 - i_1(r^* - \pi^e)$ zu spezifizieren haben, liegt es nahe, auch die erwartete Inflationsrate als langfristig orientiert aufzufassen. Um dies zu ermöglichen, wollen wir die folgende elementare Verallgemeinerung des früheren adaptiven Erwartungsbildungsprozesses $\dot{\pi}^e = \beta_{\pi^e}(\widehat{p} - \pi^e)$ vornehmen:

$$\begin{aligned}\dot{\pi}^e &= \beta_{\pi^e}((q\widehat{p} + (1-q)\widehat{p}^*) - \pi^e) \qquad (5.90)\\ &= \beta_{\pi^e}(q\widehat{p} + (1-q)(\bar{\mu} - \gamma - \pi^e)), \qquad q \in [0,1]\end{aligned}$$

Diese formale Erweiterung des früheren Prozesses hat inhaltlich mehrere Vorteile. Erstens integriert sie im Sinne des Abschnitts 5.1.5 über das monetaristische Basismodell mit dem Gewicht q 'rationale Erwartungen', da mit diesem Gewicht die korrekt antizipierte kurzfristige Inflationsrate $\widehat{p}$ in die Beeinflussung von π^e jetzt Eingang findet. Zweitens integriert sie im Sinne dieses Abschnitts auch die mittelfristige p^*–Prognose der Bundesbank (mit dem Gewicht $1-q$). Der gewichtete Durchschnitt $q\widehat{p} + (1-q)\widehat{p}^*$ aus momentaner und im Trend zu erwartender Inflation ist somit jetzt die Referenz, in Bezug auf welche die langfristige Inflationserwartung beständig korrigiert wird. Wir vermerken, dass die obige Formel für die Änderung dieser Inflationserwartungen auch in der Form

$$\dot{\pi}^e = q\beta_{\pi^e}(\widehat{p} - \pi^e) + (1-q)\beta_{\pi^e}(\bar{\mu} - \gamma_o - \pi^e)$$

dargestellt werden kann. Es ist nicht schwer, die Modifikationen darzustellen, die das Vorausgegangene für die dynamische Analyse des vorherigen Abschnitts impliziert. Mittels der Kurzform $r^* = b_1 r + b_o$ aus Gleichung (5.88) ergibt sich für die LM*–Kurve aus Gleichung (5.63):

$$r^* = b_1 \frac{kY - \bar{M}/p + h_0}{h_1} + b_0 \qquad (5.91)$$

und damit für das IS–LM–Gleichgewicht (5.62), (5.63):

$$Y = \frac{-c(\bar{T} + \delta\bar{K}) + i_0 + i_1 b_1(\frac{\bar{M}}{p} - h_0)/h_1 - i_1 b_0 + i_1\pi^e + \delta\bar{K} + \bar{G}}{1 - c + i_1 b_1 k/h_1} \qquad (5.92)$$

$$r = \frac{k[-c(\bar{T} + \delta\bar{K}) + i_0 + i_1 b_o + i_1\pi^e + \delta\bar{K} + \bar{G}] + (1-c)(h_0 - \frac{\bar{M}}{p})}{(1-c)h_1 + i_1 k b_1} \qquad (5.93)$$

sowie natürlich wieder $e = Y/(\bar{y}\bar{L})$ gilt. Die übrigen Gleichungen sind bis auf den Erwartungsmechanismus die alten, so dass damit jetzt die Dynamik

$$\begin{aligned} \widehat{m} &= \bar{\mu} - \beta_w(e - \bar{e}) - \pi^e, \qquad m = M/w \\ \dot{\pi}^e &= \beta_{\pi^e} q \beta_w(e - \bar{e}) + (1-q)\beta_{\pi^e}(\bar{\mu} - \gamma_o - \pi^e) \end{aligned}$$

zu untersuchen ist. Es ist nicht schwer, erneut zu zeigen, dass die Determinante der Matrix J der partiellen Ableitungen im ökonomischen Steady State erneut positiv ist und dass sich für die Spur dieser Matrix jetzt ergibt:

$$\text{spur } J = \beta_w \alpha i_1 \left[q\beta_{\pi^e} - \frac{\bar{y}}{1+a}\frac{1}{h_1} m_o b_1 \right] - (1-q)\beta_{\pi^e}$$

$$\text{mit } \alpha = \frac{1}{(1 - c + i_1 b_1 k/h_1)\bar{y}\bar{L}} > 0 \text{ und } b_1 = (1 + r^e)/n.$$

Die für die lokale asymptotische Stabilität notwendige und hinreichende Bedingung ist damit jetzt erheblich komplizierter und lautet leicht reformuliert

$$\alpha(i_1/h_1)\beta_w \left[q\beta_{\pi^e} h_1 - b_1 \left(\frac{M}{p}\right)_o \right] - (1-q)\beta_{\pi^e} < 0$$

In dieser Formel sind die neuen Elemente im Wesentlichen durch die Parameter q und b_1 gegeben. Wir sehen, dass $q \in (0,1)$ die Chance für die Erfülltheit dieser Ungleichung erhöht und damit Stabilität umso wahrscheinlicher wird, je mehr vorausschauend die Erwartungen π^e orientiert sind ($q \uparrow$). Andererseits ist b_1 wesentlich kleiner als 'Eins' (z.B. ≈ 0.1 für $n = 10$), somit die Möglichkeit lokaler Instabilität damit deutlich wahrscheinlicher geworden. Sollte der Ausdruck

$$q\beta_{\pi^e} h_1 - b_1 \left(\frac{M}{p}\right)_o > 0$$

sein, so entscheidet u.a. der Grad der Lohnflexibilität (β_w) jetzt mit darüber, ob die Spur negativ bleiben kann oder nicht und ist damit jetzt ebenfalls für die lokale Stabilität des Systems mitentscheidend ($\beta_w \downarrow$!).

Zu betonen ist hier noch, dass unsere Formel (5.88) in ihrer einfachen 'Mechanik' noch viel zu optimistisch sein kann. Es ist leicht vorstellbar, dass beispielsweise die Erwartungen bezüglich der künftigen kurzfristigen Zinssätze oder die Liquiditätsprämie von der jeweiligen konjunkturellen Situation oder der erwarteten Geldpolitik der Notenbank abhängen können[36] mit allen sich daraus ergebenden Folgen für die Stabilität der betrachteten Ökonomie. Insbesondere eine negative Abhängigkeit der Liquiditätsprämie (und damit von b_0) von der jeweiligen gesamtwirtschaftlichen Lage – z.B. repräsentiert durch den Beschäftigungsgrad e oder die Kapitalauslastung u – dürfte geeignet sein, die jeweilige Konjunkturphase noch zu verschärfen und so zur Destabilisierung der Volkswirtschaft beitragen.

[36] Vgl. dazu Baily/Friedman (1991, S.250 ff).

5.4.6 Fazit

Das Vorausgegangene hat gezeigt, dass im Unterschied zu monetaristisch / keynesianischen Ansichten lokale Instabilität des Steady State der mittleren Sicht nicht unwahrscheinlich ist und auf dieser Basis sowohl persistente Zyklen wie Korridorstabilität relevante Themenstellungen werden.

Insbesondere ist die bisherige Keynes'sche Wirkungs– und Rückwirkungskette jetzt um den langfristigen Zinssatz r^* ergänzt worden, der sich zwischen kurzfristigen Zinssatz r und Investitionen schiebt:

$$\begin{array}{llllllll} r\rightarrow & r^*\rightarrow & I\rightarrow & S\rightarrow & Y\rightarrow & L & \} & \text{kurzfristiger IS–LM–Zusammenhang}\\ \uparrow & & & & & \downarrow & & \\ \longleftarrow\!\!\longleftarrow & & p\longleftarrow\!\!\longleftarrow & w & \longleftarrow\!\!\longleftarrow & & \} & \text{mittelfristige Lohn–Preis–Dynamik}\end{array}$$

Im Vergleich zum kurzfristigen, durch das Geldmarktgleichgewicht gebildeten Zinssatz r unterscheidet sich der für die Investitionsentscheidungen der Unternehmen relevante langfristige reale Zinssatz $r^* - \pi^e$ in dreierlei Hinsicht:

1. Die erwarteten künftigen kurzfristigen Zinssätze fließen mit ein (in unserem Modell über b_0). Dabei werden vor allem für die Zukunft erwartete Steigerungen des kurzfristigen Zinssatzes den langfristigen nach oben treiben.
2. Als weiterer wesentlicher Faktor kommt die von den Anlegern verlangte Liquiditäts– und Risikoprämie (ebenfalls in b_0 enthalten) hinzu.
3. Schließlich kommt noch die erwartete Inflationsrate zum Tragen, die den langfristigen nominalen in den langfristigen realen Zinssatz transformiert.

In Bezug auf den letzten Punkt haben wir bereits bei der Diskussion des Mundell–Effekts gesehen, dass die stabilisierende Wirkung des Keynes–Effekts ($w \downarrow\rightarrow p \downarrow\rightarrow Y \uparrow$) empfindlich gestört werden kann, wenn Preisveränderungen auch auf die erwartete Inflationsrate π^e wirken: Sinkt letztere infolge eines Preisrückgangs, gehen wegen $(r - \pi^e) \uparrow$ auch die Investitionen zurück, so dass unsicher ist, welcher der beiden Effekte das Geschehen letztlich dominieren wird. Nominallohnsenkungen könnten also, entgegen ihrer erhofften stabilisierenden Wirkung, ungünstigstenfalls auch das genaue Gegenteil bewirken, nämlich eine Deflationsspirale in Gang setzen, eben weil die Rückwirkungen recht umwegig und komplex sind.

Diese Argumentation wird nun durch die Berücksichtigung der Zinslücke zusätzlich untermauert. Wie bereits ausgeführt, kann ein kleiner Wert für den Parameter b_1 das System destabilisieren, was durch eine höhere Anpassungsgeschwindigkeit des Nominallohns, β_w, noch begünstigt würde. Hinzu kommt, dass das vorgestellte Modell noch eine Fülle von Erweiterungen zulässt, wie z.B. eine Endogenisierung der Zinserwartungen oder der Liquiditätsprämie. Hierbei wäre nicht auszuschließen, dass Veränderungen des kurzfristigen Zinssatzes ganz oder teilweise durch induzierte Änderungen bei den Zinserwartungen oder der Liquiditätsprämie kompensiert oder sogar in ihr Gegenteil verkehrt werden.

5.5 Die NAIRU und der Verteilungskonflikt

Wir integrieren jetzt zum ersten Mal Probleme der Auslastung der Unternehmungen in die mittelfristige Preis-Mengen-Dynamik. Des Weiteren werden wir in Anlehnung an einen Aufsatz von Rowthorn (1980) demonstrieren, dass durch eine alternative Sicht des Lohn-Preis-Sektors auch die – bisher exogen vorgegebene – Steady State Arbeitslosenrate endogenisiert werden kann.

5.5.1 Definitionen der NAIRU

Im Gegensatz zu den bisher behandelten Ansätzen, die von einer exogen vorgegebenen Steady–State–Arbeitslosenrate ausgingen, wird das im folgenden zu besprechende Modell diese endogenisieren. Deshalb ist es wichtig, noch einmal kurz auf die mit der NAIRU verbundenen inhaltlichen Vorstellungen einzugehen. Während die Abkürzung NAIRU selbst zunächst lediglich besagt, dass bei der entsprechenden Arbeitslosenrate keine Steigerung der Inflationsrate hervorgerufen wird (Non–Accelerating–Inflation–Rate–of–Unemployment), wurde in den vorangegangenen Modellen jeweils von einem ganz speziellen Zusammenhang zwischen Arbeitslosenquote und Inflationsrate ausgegangen, nämlich der – in Anlehnung an Friedman – erweiterten Lohn–Phillipskurve $\widehat{w} = \beta w(\bar{U} - U) + \pi^e$ und ihrer Modifikation à la Solow/Samuelson, die in Verbindung mit der Annahme des Markup–Pricings (und einer linear–limitationalen Produktionsfunktion) die Lohnsteigerungen in Steigerungen des Preisniveaus übersetzte: $\widehat{p} = \widehat{w} = \beta_w(\bar{U} - U) + \pi^e$.

Ausschlaggebend für die Preisdynamik und auch für die dynamische Ruhelage war somit neben den Inflationserwartungen einzig und allein die Lage am Arbeitsmarkt: Erst eine Arbeitslosenrate in Höhe von $\bar{U}$ konnte bewirken, dass Lohn– und damit auch Preissteigerungen nicht mehr über die erwartete Inflationsrate hinausgingen. Auch die im Zusammenhang mit dem erweiterten mittelfristigen IS–LM–PC–Modell eingeführte 'geknickte' Phillipskurve änderte an diesem Zusammenhang letztlich nichts wesentliches, da im Falle einer positiven Geldmengenwachstumsrate die Steady–State–Arbeitslosenrate auch hier mit $\bar{U}$ gegeben war.

Wie bereits bei der Diskussion der Lohn–Phillipskurve in Abschnitt 5.1.2 im Vorfeld des monetaristischen Basismodells ausgeführt wurde, waren die Gründe für diese Arbeitslosenrate u.a. funktioneller Natur, also durch Informations– und Mobilitätsmängel, Nichtübereinstimmungen zwischen angebotener und nachgefragter Qualifikationsstruktur, Suchprozesse und ähnliche Faktoren bedingt, weswegen die NAIRU im Rahmen des Monetarismus mit der sogenannten 'natürlichen Arbeitslosenrate' (NAR) zusammenfiel. Friedman selbst sah sie dementsprechend als eine Art walrasianischen Gleichgewichtszustand an, wenn in seinen konstituierenden Gleichungen die genannten Aspekte Berücksichtigung finden.[37]

[37] Vgl. Friedman, M. (1968): The role of monetary policy.

Eine andere Möglichkeit, die NAIRU zu definieren, scheint auf den ersten Blick die Preis–Phillipskurve zu eröffnen: Offensichtlich gilt bei $U = \bar{U}$, dass $\widehat{p} = \pi^e$ erfüllt ist, die tatsächliche Preissteigerungsrate also mit der erwarteten Inflationsrate übereinstimmt.

Da beide Definitionen der NAIRU jedoch auf der genannten Preis–Phillipskurve aufbauen, sind sie offenbar ungeeignet für Modelle mit einer alternativen Sicht des Lohn–Preis–Sektors, zu denen auch der nachfolgende Ansatz zu zählen ist, wo die dynamische Ruhelage der Arbeitslosenrate nicht nur von der Lage am Arbeitsmarkt , sondern auch vom Auslastungsgrad der Unternehmen abhängig ist, so dass die Friedman'sche 'NAR'–Definition nicht mehr zutrifft. Darüber hinaus existieren auch Modelle, die trotz der Annahme kurzfristig perfekter Voraussicht hinsichtlich der Inflationsrate Zyklen erzeugen, so dass die Bedingung $\widehat{p} = \pi^e$ nicht mehr auf den Steady–State beschränkt ist. Daher empfiehlt sich eine möglichst weite Definition der NAIRU, worunter wir dementsprechend im folgenden einfach die 'Steady–State–Arbeitslosenrate' verstehen wollen. Es sei noch einmal betont, dass dieser Begriff der NAIRU nun die verschiedensten inhaltlichen 'Füllungen' zulässt, also insbesondere nicht mehr an die monetaristische Interpretation als 'natürliche' Arbeitslosenrate gebunden ist.

5.5.2 Eine alternative Sicht des Lohn–Preis–Sektors

Darstellungen des Lohn–Preis–Sektors oder, wie i.a. kurz gesagt wird, der aggregierten Angebotsseite *AS* differieren in der makrotheoretischen Literatur beträchtlich und haben deshalb noch nicht die Standardisierung erfahren, wie sie bei der Nachfrageseite *AD* durch das IS–LM–Modell vorliegt. So haben wir auch in diesem Buch bisher zwei grundsätzliche Darstellungen der Angebotsseite kennengelernt, die Preisnehmertheorie des neoklassischen Basismodells 2.1.2 und die Preissetzertheorie des Keynes'schen Basismodells 2.2.3 und der keynesianischen IS–LM–Analyse der mittleren Sicht im vorausgegangenen Abschnitt.

Die *Angebotsseite des neoklassischen Basismodells* beruht, wie wir gesehen haben, auf der Grenzproduktivitätstheorie der Beschäftigung und des Outputs

$$\bar{w}/p = F'(L^d), \quad Y = F(L^d)$$

wonach preisnehmende Unternehmungen profitmaximierend bei abnehmenden Grenzprodukten der Arbeit diejenige Beschäftigung L^d wählen und damit dasjenige Produktionsprogramm Y durchführen, wo der Preis p (= Erlös pro Outputeinheit) gleich den Grenzkosten dieser Einheit ist: $p = \bar{w}F'(L^d)$.

In mathematisch kompakter Form lässt sich diese Angebotstheorie wie folgt ausdrücken:

$$AS1: \qquad Y(p) = F((F')^{-1}(\bar{w}/p)),$$

wenn man also die Umkehrfunktion $(F')^{-1}$ der Ableitung F' der Produktionsfunktion F mit der Produktionsfunktion verknüpft oder in diese einsetzt. Im neoklassischen Basismodell wurde diese Angebotsgleichung dann mit der Quantitätstheorie des Geldes konfrontiert: $\bar{v}\bar{M} = pY$[38] und mit ihr zusammen zur Bestimmung der temporären Gleichgewichtsposition von Output Y und Preisniveau p benutzt. Es war und ist erneut ersichtlich, dass diese Gleichgewichtspositionen vom Niveau des Nominallohns $\bar{w}$ abhängen, dessen Reaktion bei Unterbeschäftigung im neoklassischen Basismodell unerklärt blieb. Wir haben jedoch im Abschnitt 5.2 gesehen, dass das neoklassische Basismodell, wie das monetaristische Basismodell, lediglich um eine Nominallohn–Phillipskurve (5.43) und das Bildungsgesetz der Inflationserwartungen (5.44) ergänzt werden muss, um die dynamische Interaktion von Quantitätstheorie und AS–Kurve im Zeitablauf darstellen zu können.

Die *Angebotsseite des Keynes'schen Basismodells* und seiner Erweiterung im hier vorausgegangenen Abschnitt ist formal gesehen deutlich einfacher als die des neoklassischen Basismodells, da die AS–Kurve hier einfach durch Markup–Pricing bei konstanter Arbeitsproduktivität beschrieben wird:

$$AS2: \qquad p = (1+a)\bar{w}L^d/Y, \; Y/L^d = \bar{y} = \text{ konstant }.$$

Diese Gleichung beschreibt Preissetzer–Verhalten und ist damit genau genommen eine Angebotspreis–Kurve statt einer Angebots–Kurve. Auch diese Gleichung wurde um Phillipskurve (5.43) und Inflationserwartungen (5.44) ergänzt, um damit die dynamische Interaktion des IS–LM–Nachfrageteils mit dieser Preisbildungstheorie im Zeitablauf zu analysieren.

Wir werden in diesem Abschnitt eine dritte Formulierung des Lohn–Preis–Sektors vorstellen, die es uns ermöglichen wird, eine Definition der NAIRU zu geben, die nicht der arbeitsmarktorientierten Sichtweise, wie sie durch die bisherigen Lohn–Phillipskurven repräsentiert wird, entspricht. Eine weitere (vierte) Formulierung des Lohn–Preis–Sektors wird in Kapitel 6 vorgestellt und diskutiert werden.

Wir haben bislang die Nominallohn–Phillipskurve in der folgenden Form postuliert

$$\widehat{w} = -\beta_w(U - \bar{U}) + \pi^e = \beta_w(e - \bar{e}) + \pi^e \quad U = 1 - e, \bar{U} = 1 - \bar{e}.$$

Die Lohnsteigerungsrate $\widehat{w}$ wird dabei insbesondere durch die Abweichung der Arbeitslosenrate von der NAIRUrate $\bar{U}$ oder (in äquivalenter Form) von der

[38] Die man auch als AD–Kurve interpretiert hat, vgl. z.B. Froyen (1993, 4.1).

Abweichung des Beschäftigtengrades e vom zur NAIRU gehörigen Beschäftigtengrad $\bar{e}$ getrieben. Kuh (1967) hat in empirischen Untersuchungen jedoch festgestellt, dass Veränderungsraten $\dot{e}$ der Beschäftigtenrate u.U. signifikanter in der Erklärung der Lohnwachstumsrate $\widehat{w}$ sein können als e selbst, also statt der obigen Phillipskurve auch die Beziehung $\widehat{w} = \beta_w \widehat{e} + \widehat{p}$ gelten könnte. Wir haben in 5.1.2 schon gesehen, dass auch Phillips (1958) Effekte der Änderung $\dot{U}$ der Arbeitslosenrate in seine Beobachtung mit eingeschlossen hatte. Im Folgenden wollen wir uns im Sinne der obigen Kuhschen Formulierung, vgl. hierzu auch Abschnitt 5.1.3, ganz auf diese Effekte konzentrieren.

Hintergrund der neuen Phillipskurve $\widehat{w} = \beta_w \widehat{e} + \widehat{p}$ ist, wie beim Markup–pricing $p = (1+a)\bar{w}L^d/Y$, eine statische Lohntheorie der folgenden Form:

$$w = \alpha_w (e/\bar{e})^{\beta_w} pY/L^d, \qquad \alpha_w, \beta_w > 0$$

die besagt, dass das Lohnniveau sich je nach Lage am Arbeitsmarkt $e/\bar{e}$ um einen Anteil $\alpha_w pY/L^d$ an den Erlösen pro Arbeitseinheit pY/L^d herum bewegt. Da, wie in diesem Kapitel üblich, die Arbeitsproduktivität $Y/L^d = \bar{y}$ als konstant angenommen wird, liefern die üblichen Wachstumsratenformeln aus dieser Niveaugleichung die oben vorgegebene Wachstumsratenbeziehung:

$$\widehat{w} = \beta_w \widehat{e} + \widehat{p} \qquad [\text{ wegen } \widehat{\alpha}_w, \widehat{\bar{e}}, \widehat{Y/L^d} = 0].$$

Wir wollen im Folgenden jedoch von der obigen Niveaubeziehung ausgehen, die aber wie folgt reformuliert wird

$$v = \frac{wL^d}{pY} = \frac{\omega}{\bar{y}} = \alpha_w (e/\bar{e})^{\beta_w}. \tag{5.94}$$

Diese Formulierung zeigt, dass die Lohnquote v, der Anteil der Löhne am Sozialprodukt pY, eine einfache positiv geneigte Funktion des Beschäftigtengrades e in seiner Abweichung vom als normal erachteten Beschäftigtengrad $\bar{e}$ ist. Dies ist die Lohntheorie des jetzt folgenden Modells.

Wir haben im monetaristischen Basismodell das Okungesetz, vgl. (5.30), wie folgt formuliert gehabt: $\dot{U} = -(\gamma - \gamma_o)$. Okun (1970) selbst hat – wie wir in Abschnitt 5.1.3 gesehen haben – bei seinen empirischen Untersuchungen eine zur Gleichung (5.94) typverwandte Niveauformulierung dieses Gesetzes zugrundegelegt:

$$e/\bar{e} = \alpha_u (u/\bar{u})^{\beta_u}, \qquad \alpha_u, \beta_u > 0.$$

Diese Formulierung besagt, dass die Abweichung $e/\bar{e}$ des Beschäftigtengrades e von dem als normal erachteten Beschäftigtengrad $\bar{e}$ positiv korreliert zur Abweichung der Auslastung $u = Y/Y^p \in (0,1)$ der Unternehmen von dem bei ihnen als normal erachteten Auslastungsgrad $\bar{u}$. In kurzen Worten ausgedrückt besagt dies, dass sich die Auslastungsgrade von Kapital und Arbeit in spezifischer Form parallel zueinander entwickeln.

Wir haben im Abschnitt über das Okungesetz aber auch gesehen, dass die Annahme fixer Koeffizienten $\bar{y}, \bar{x}$ in der Produktion (wie es in (5.94) unterstellt ist) zusammen mit den vereinfachenden Annahmen $\bar{Y} = \bar{y}\bar{L} = Y^p =$

$\bar{x}K, \quad \widehat{K} = \widehat{L} = 0$ für das Okungesetz die Form

$$e = u \qquad [\alpha_u = \beta_u = 1, \bar{e} = \bar{u}] \tag{5.95}$$

impliziert $[e = L^d/L, u = Y/Y^p]$. In Wachstumsraten liefert diese Vereinfachung des Okungesetzes erneut:

$$\widehat{e} = \widehat{u} = \widehat{Y} - \widehat{Y}^p = \gamma \tag{5.96}$$

Wir werden im Folgenden sowohl die Formulierung (5.95) wie auch (5.96) bei der Auswertung der neuen Modellbausteine dieses Abschnitts verwenden müssen.

Wir haben mit Gleichung (5.94) jetzt eine statische Reformulierung der früheren dynamischen Phillipskurve (5.43) vorgenommen und wollen stattdessen jetzt eine dynamische Formulierung der Preisniveaubildung heranziehen anstelle der statischen Markup–Gleichung $p = (1 + a)wL^d/Y$. Die Rollen von statischen und dynamischen Elementen in der 'Lohn–Preis–Spirale' werden damit also gerade ausgetauscht. Diese dynamische Formulierung lautet (vgl. 5.1.5)

$$AS3: \qquad \widehat{p} = \pi = \beta_p(\Pi^* - \Pi) + \pi^e, \beta_p > 0.$$

Die Inflationsrate $\widehat{p}$ ist nach diesem Ansatz durch die Anspruchslücke $\Pi^* - \Pi$ und die erwartete Inflationsrate (in Form einer Selbstreferenz) determiniert. Die Symbole Π^*, Π bezeichnen die von den Unternehmen angestrebte bzw. die de facto momentan erreichte Profitquote, den Anteil der Profite am Sozialprodukt. Es gilt also insbesondere $\Pi = 1 - v$, wo v gemäß Obigem die Lohnquote ist.

Wie bei den Löhnen unterstellen wir auch hier, dass das Anspruchsniveau der Firmen Π^* eine steigende Funktion des Auslastungsgrades, jetzt der Unternehmen, ist, und zwar erneut von der speziellen Form

$$\Pi^* = \alpha_{\Pi^*}(u/\bar{u})^{\beta_{\Pi^*}}, \qquad \alpha_{\Pi^*}, \beta_{\Pi^*} > 0.$$

Im Unterschied zur statischen Lohngleichung passen die Unternehmen, wie oben gezeigt, die Preise verzögert in Richtung der Anspruchslücke $\Pi^* - \Pi = \Pi^* + v - 1$ an. Zusammengefasst liefert diese Preisniveaudynamik damit jetzt die Gleichung (vgl. dazu (5.94):

$$\pi = \beta_p[\alpha_{\Pi^*}(u/\bar{u})^{\beta_{\Pi^*}} + \alpha_w(e/\bar{e})^{\beta_w} - 1] + \pi^e \tag{5.97}$$

Diese Phillipskurve tritt an die Stelle der Phillipskurve (5.29) des monetaristischen Basismodells. Sie besagt, dass die relativen Auslastungsgrade $u/\bar{u}$ und $e/\bar{e}$ von Kapital und Arbeit zusammen festlegen, ob die dadurch induzierten Ansprüche Π^*, v an das Sozialprodukt und seine Verteilung mit diesem kompatibel sind oder nicht. Damit hat insbesondere zum ersten Mal der

Auslastungsgrad der Unternehmungen Berücksichtigung in der mittelfristigen Analyse dieses Kapitels gefunden. Ist die Summe der angestrebten Verteilungsquoten $\Pi^* + v$ größer als '1', so wird die faktische Inflationsrate über die erwartete hinausgetrieben, während bei $\Pi^* + v < 1$ das Umgekehrte gilt. Dies ist die neue Sicht des Lohn–Preis–Sektors, die wir der folgenden Analyse zugrundelegen wollen.

Wir haben schon festgestellt, dass diese 'neue Sichtweise' mit einer vereinfachten Formulierung des Okungesetzes (5.95), (5.96) einhergeht, die es uns nun gestattet, die Gleichung (5.97) auf den relativen Auslastungsgrad am Arbeitsmarkt $e/\bar{e}$ wie folgt zu reduzieren:

$$\pi = \beta_p(\alpha_{\Pi^*}(e/\bar{e})^{\beta_{\Pi^*}} + \alpha_w(e/\bar{e})^{\beta_w} - 1] + \pi^e \tag{5.98}$$

Damit ist die endgültige Form einer Preis–Phillipskurve erreicht, die wie diejenige des monetaristichen Basismodells nur noch die Variablen $e = 1 - U$ und π^e aufweist. Zusammen mit dem Okungesetz in der Formulierung (5.96) anstelle von Gleichung (5.30):

$$\widehat{e} = \hat{u} \tag{5.99}$$

und zusammen mit den anderen Bausteinen des monetaristischen Basismodells, der Quantitätstheorie (5.28) und dem Bildungsgesetz der Inflationserwartungen (5.31)

$$\bar{\mu} = \gamma + \pi, \qquad \dot{\pi}^e = \beta_{\pi^e}(\pi - \pi^e) \tag{5.100}$$

haben wir damit vier Gleichungen für die vier Variablen e, γ, π, π^e, die im Wesentlichen mit den Gleichungen (5.28) – (5.31) des monetaristischen Basismodells übereinstimmen und die damit im Wesentlichen Gleiches liefern werden, allerdings mit einer wichtigen Neuerung, wie wir gleich sehen werden.

5.5.3 Monetaristische Dynamik bei nichtmonetaristischem Steady State

Das modifizierte monetaristische Standardmodell (5.98) – (5.100) lässt sich durch Einsetzen gewisser Gleichungen auf die folgende Form reduzieren:

$$\widehat{e} = \bar{\mu} - \beta_p(H(e/\bar{e}) - 1) - \pi^e \tag{5.101}$$

$$\dot{\pi}^e = \beta_{\pi^e}\beta_p[H(e/\bar{e}) - 1] \tag{5.102}$$

wobei gilt:

$$H(e/\bar{e}) = \alpha_{\Pi^*}(e/\bar{e})^{\beta_{\Pi^*}} + \alpha_w(e/\bar{e})^{\beta_w}.$$

Anders als das Differentialgleichungssystem des monetaristischen Basismodells (dort in den Variablen U, π) ist dieses autonome Differentialgleichungssystem in den Variablen $e, \dot{\pi}^e$ nicht mehr linear, und zwar wegen der Verwendung von $\widehat{e} = \dot{e}/e$ anstelle von $\dot{e}$ und wegen der Gestalt der Funktion H.

Bestimmen wir zunächst wieder den Steady State e_o, π_o^e dieses Systems: $\dot{e} = \dot{\pi}^e = 0$. Wie man sofort sieht, genügt dieser den Gleichungen $H(e_o/\bar{e}) = 1$ und $\pi_o^e = \bar{\mu}$, und er ist wegen der Monotonie der Funktion H eindeutig bestimmt. Da $H(0) = 0$ und $H(\infty) = \infty$ gilt, existiert stets eine positive Lösung e_o von $H(e_o/\bar{e}) = 1$. Wir wollen annehmen, dass die Parameter der Funktion H dergestalt sind, dass $e_o \in (0, 1)$ erfüllt ist.

Der Parameter $\bar{e}$ ist von Okun (1970) durch den Wert 0.96 festgelegt worden und als Messlatte für ein spannungsfreies Wachstum der Volkswirtschaft, was inflationäre Tendenzen angeht, angesehen worden. Die obige Steady State Bestimmung zeigt jedoch, dass dem Wert e_o diese Rolle zufallen sollte, wobei aber die dazugehörige Steady State Inflationsrate $\pi_o = \pi_o^e = \bar{\mu}$ je nach Geldpolitik $\bar{\mu}$ positiv, Null oder negativ sein kann. Für diesen zur NAIRU–Definition korrespondierenden Beschäftigungsgrad $e_o (= 1 - U_o)$ gilt nun:

$$e_o \begin{smallmatrix}\leq \\ = \\ >\end{smallmatrix} \bar{e} \Leftrightarrow \alpha_{\Pi^*} + \alpha_w \begin{smallmatrix}\geq \\ = \\ <\end{smallmatrix} 1.$$

Dies ist aus der strengen Monotonie der Funktion H und ihrer Eigenschaft $H(1) = \alpha_{\pi^*} + \alpha_w$ unmittelbar ersichtlich. Die in diesem Modell endogen bestimmte NAIRU $U_o = 1 - e_o$ bewegt sich damit unabhängig von der von Okun (1970) und anderen exogenen NAIRU–Vorstellungen festgelegten Benchmark $\bar{U} = 1 - \bar{e}$. Sie ist, wie die obige Analyse zeigt, von den Größenordnungen der Parameter $\alpha_w, \alpha_{\Pi^*}, \beta_w, \beta_{\Pi^*}$ abhängig und insbesondere größer als $\bar{U}$, wenn $\alpha_{\Pi^*} + \alpha_w > 1$ gilt, wenn also gewissermaßen die durchschnittlichen Ansprüche von Kapital und Arbeit (bei Normalauslastung $\bar{e}$), wie sie durch die Parameter α_{Π^*} und α_w repräsentiert werden, zu hoch sind, um bei dem Beschäftigtengrad $\bar{e}$ miteinander kompatibel zu sein. Mehr Arbeitslosigkeit $U_o = 1 - e_o$ und mehr Unterauslastung $U_o^c = 1 - u_o$ der Unternehmungen ist dann im Steady State nötig, um diese zu hohen Anspruchserwartungen von Arbeit und Kapital miteinander verträglich zu machen, d.h. um eine konstante Inflationsrate $\pi_o = \pi_o^e = \bar{\mu}$ zu ermöglichen. Wir haben damit auch, dass die Situationen bei Kapital und Arbeit in dem Sinn interdependent sind, als eine einseitige Anspruchserhöhung von einer Seite ($\alpha_{\Pi^*} \uparrow$ oder $\alpha_w \uparrow$) stets zu Lasten beider geht, also sich die Beschäftigungslage beider Produktionsfaktoren dadurch verschlechtert.

Der Steady State dieser Revision des monetaristischen Basismodells ist damit, was die Beschäftigung der Produktionsfaktoren angeht, Resultat der Stärke der Konfliktparteien im Verteilungskampf und nach obigem für beide Seiten in Bezug auf die Auslastung um so günstiger, je moderater die gemeinsamen Ansprüche an das Sozialprodukt ausfallen. Diese Ansicht über das langfristige Verhalten einer kapitalistischen Ökonomie ist grundsätzlich von der Ansicht Friedmans zu diesem Sachverhalt verschieden, vgl. dazu Abschnitt 5.5.2 Sie eröffnet für die auf langfristig hohe Beschäftigung von Kapital und Arbeit ausgerichtete Wirtschaftspolitik ganz andere Perspektiven, als dies die Laisser–faire Mentalität des monetaristischen Ansatzes der natürlichen Arbeitslosenrate suggeriert.

Wir haben schon betont, dass die Dynamik (5.101), (5.102) vom gleichen Typ ist wie die des monetaristischen Basismodells, so dass bis auf die neue Auffassung von der NAIRU U_o die sonstigen Eigenschaften des Modells die gleichen sein sollten wie dort. Für die Matrix J der partiellen Ableitungen des Systems (5.101), (5.102) ergibt sich im Steady State

$$J = \begin{pmatrix} -\beta_p H'/\bar{e}e_o & -e_o \\ \beta_{\pi^e}\beta_p H'/\bar{e} & 0 \end{pmatrix} = \begin{pmatrix} - & - \\ + & 0 \end{pmatrix}$$

also wegen $\det J > 0$, $\operatorname{spur} J < 0$ unmittelbar wieder lokale asymptotische Stabilität. Und auch die Aussagen über monotone vs. zyklische Anpassung an den Steady State sind die gleichen wie im monetaristischen Basismodell.

Im gegenwärtigen Fall können wir darüber hinaus trotz der Nichtlinearität des Systems globale asymptotische Stabilität für alle positiven e und alle π^e zeigen, und zwar so, dass während der jeweiligen Konvergenz hin zum Steady State nur positive Beschäftigungsgrade auftreten können. Die dazu nötigen Hilfsmittel werden dabei hier nur andeutungsweise vorgestellt werden, da die dahinterstehende Theorie der sog. Liapunov–Funktionen hier nicht detailliert erörtert werden kann und soll.

Für die angestrebte Beweisskizze zur globalen asymptotischen Stabilität ist es zunächst zweckmäßig, die dynamischen Gleichungen (5.101), (5.102) abstrakt wie folgt zu notieren:[39]

$$\begin{aligned} \widehat{e} &= -g_1(e) - g_2(\pi^e), \qquad g_1', g_2' > 0 \\ \dot{\pi}^e &= h(e), \qquad h' > 0 \end{aligned}$$

Mittels dieser Information bilden wir jetzt die Hilfsfunktion

$$\Lambda(e, \pi^e) = \int_{e_o}^{e} h(\widetilde{e})/\widetilde{e}d\widetilde{e} + \int_{\pi_o^e}^{\pi^e} g_2(\widetilde{\pi}^e)d\widetilde{\pi}^e$$

die für alle $\widetilde{e} > 0$ wohldefiniert ist. Da h' und g_2' positiv sind, ist es nicht schwer zu zeigen, dass

$$\Lambda(e, \pi^e) \geq 0 \text{ gilt} \qquad [= 0 \Leftrightarrow e = e_o, \pi^e = \pi_o^e]$$

gilt. Die Funktion Λ ist somit bis auf den Steady State positiv. Und für die zeitliche Ableitung $\dot{\Lambda}$ der Funktion Λ längs der Lösungskurven $e(t), \pi^e(t)$ gilt gemäß den Differentiationsregeln der mehrdimensionalen Analysis:

---

[39] $g_1(e) = \beta_p(H(e/\bar{e}) - 1), h(e) = \beta_{\pi^e}\beta_p(H(e/\bar{e}) - 1$ und $g_2(\pi^e) = \pi^e - \bar{\mu}$.

$$\begin{aligned}\dot{\Lambda} &= \Lambda_e \dot{e} + \Lambda_{\pi^e} \dot{\pi}^e \\ &= h(e)/e\dot{e} + g_2(\pi^e)\dot{\pi}^e \\ &= h(e)\widehat{e} + g_2(\pi^e)\dot{\pi}^e \\ &= h(e)[-g_1(e) - g_2(\pi^e)] + g_2(\pi^e)h(e) \\ &= -h(e)g_1(e) \\ &= -\beta_{\pi^e}\beta_p[H(e/\bar{e}) - 1]\beta_p[H(e/\bar{e}) - 1] \\ &< \text{ für } e \neq e_o \qquad (\text{ sonst } = 0).\end{aligned}$$

Wir wissen somit, dass der Funktionswert von Λ längs der Bahnkurven $e(t), \pi^e(t)$ des dynamischen Systems beständig abnimmt. Man kann zeigen, dass dieser Vorgang erst bei $\Lambda = 0$ zum Stillstand kommt, d.h. die Bahnkurven des dynamischen Systems müssen zum Steady State konvergieren, da nur dort $\Lambda = 0$ erfüllt ist. Dies ist in aller Kürze der Beweis, dass alle Bahnkurven des Systems vom Steady State e_o, π_o^e attrahiert werden.

Wir beenden diese Untersuchung mit einer phasendiagrammatischen Darstellung des obigen dynamischen Systems (5.101), (5.102). Man beachte hierbei, dass in diesem System die dynamischen Variablen e, π^e anstelle der Zustandsvariablen $U = 1 - e, \pi$ vorliegen. Der Bereich der Stagflation ($U \uparrow \pi \uparrow$) ist damit im folgenden Diagramm nicht ohne weiteres ersichtlich.

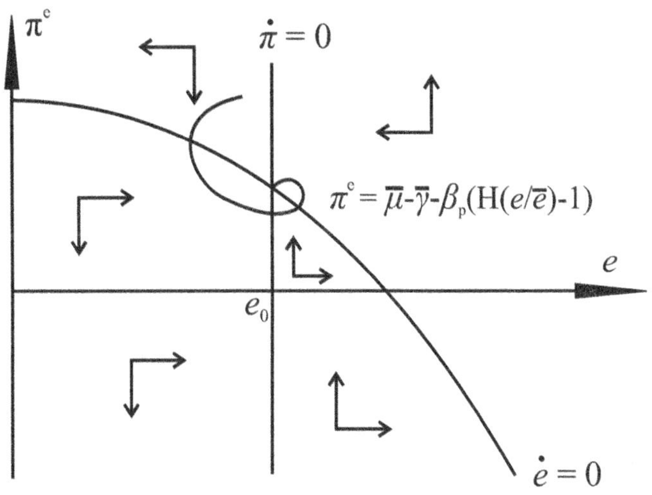

Abb. 5.22. Monetaristische Dynamik bei nichtmonetaristischem Steady State

Wir betonen zum Abschluss erneut, dass die wesentliche Neuerung dieser Alternative zum monetaristischen Basismodell die Erklärung der NAIRU $U_o = 1 - e_o$ (und von $U_o^c = 1 - u_o$!) ist. Alle anderen Schlussfolgerungen des monetaristischen Modells sind hier, im Unterschied zum vorausgegangenen Abschnitt, unangetastet geblieben.

5.5.4 IS-LM-PC Dynamik und die nichtmonetaristische NAIRU

Ziel dieses Abschnitts ist es, das soeben für das monetaristische Basismodell Formulierte in den Kontext des IS–LM–Modells und seine Dynamik einzubeziehen, also die IS–LM–Analyse der mittleren Sicht des Abschnitts 5.4 mittels dieses neuen Lohn–Preis–Sektors zu reformulieren. Ausgangspunkt für eine solche Reformulierung ist erneut die Theorie der effektiven Nachfrage oder die AD–Kurve (5.62) des IS–LM–Modells, erweitert um die Theorie der Zinslücke (5.92):

$$\begin{aligned} Y &= \frac{-c(\bar{T}+\delta\bar{K})+i_0+i_1b_1(\bar{M}/p-h_0)/h_1-i_1b_0+i_1\pi^e+\delta\bar{K}+\bar{G}}{1-c+i_1b_1k/h_1} \\ &= \alpha(i_1b_1\bar{M}/(ph_1)+i_1\pi^e+const.) \end{aligned} \tag{5.103}$$

die es jetzt mit dieser alternativen Lohn–Preis–Dynamik zu umgeben gilt. Da im IS–LM–Modell Wachstum erst im nächsten Kapitel zur Behandlung ansteht, gehen wir hierbei erneut im Rahmen unserer linear–limitationalen Produktionsfunktion von den Daten

$$Y^p = \bar{x}\bar{K}, \bar{Y} = \bar{y}\bar{L}$$

aus, unterstellen der Einfachheit halber wieder $Y^p = \bar{Y}$ und haben somit erneut die einfachste Formulierung des Okungesetzes

$$u = e = L^d/\bar{L} = Y/(\bar{y}\bar{L}). \tag{5.104}$$

Auf Basis dieser Beziehung, der Lohnbestimmung (5.94) und der Inflationstheorie (5.97) ergibt sich wie im Vorausgegangenen die folgende Preis–Phillipskurve

$$\widehat{p} = \beta_p(\alpha_{\Pi^*}(e/\bar{e})^{\beta_{\Pi^*}} + \alpha_w(e/\bar{e})^{\beta_w} - 1) + \pi^e. \tag{5.105}$$

Schließlich ist erneut die Erwartungsbildung adaptiv formuliert:

$$\dot{\pi}^e = \beta_{\pi^e}(\widehat{p} - \pi^e). \tag{5.106}$$

Dies ist bereits das neue IS–LM–Modell der mittleren Sicht mit, wie gesagt, dem Lohn–Preis–Sektor, der eine endogene Bestimmung der NAIRU erlaubt. Aus Vereinfachungsgründen wollen wir bei der Betrachtung dieses Modells von einer konstanten Geldmenge $\bar{M}$ ausgehen, so dass wegen der angenommenen realen Wachstumsrate von 'Null' der Steady–State des Modells inflationsfrei sein wird.

Gemäß (5.103) ist der Beschäftigtengrad in (5.104) eine lineare Funktion von $\bar{M}/p$ und π^e, was wie üblich den Keynes– und den Mundell–Effekt zum Ausdruck bringt:

$$\begin{aligned} e &= e(\bar{M}/p, \pi^e), \qquad e_1, e_2 > 0 \text{ oder besser} \\ e &= e(p, \pi^e), \qquad e_p < 0, e_{\pi^e} > 0. \end{aligned}$$

Eingesetzt in (5.105) und (5.106) ergibt sich damit jetzt das autonome (nichtlineare) Differentialgleichungssystem

$$\widehat{p} = \beta_p(H(e(p,\pi^e)/\bar{e}) - 1) + \pi^e \qquad (5.107)$$
$$\dot{\pi}^e = \beta_{\pi^e}\beta_p(H(e(p,\pi^e)/\bar{e}) - 1) \qquad (5.108)$$

in den Zustandsvariablen p, π^e, wobei die Funktion H wie im Vorausgegangenen durch

$$H(e/\bar{e}) = \alpha_{\Pi^*}(e/\bar{e})^{\beta_{\Pi^*}} + \alpha_w(e/\bar{e})^{\beta_w} \qquad (5.109)$$

definiert ist.

Die lokale Stabilitätsanalyse ist vom gleichen Typ wie die in Abschnitt 5.4 durchgeführte und soll deshalb hier nur kurz angedeutet werden. Die Matrix J der partiellen Ableitungen des obigen Systems lautet im Steady State (p_o, π_o^e):

$$J = \begin{pmatrix} \beta_p H' e_p/\bar{e}p_o & (\beta_p H' e_{\pi^e}/\bar{e} + 1)p_o \\ \beta_{\pi^e}\beta_p H' e_p/\bar{e} & \beta_{\pi^e}\beta_p H' e_{\pi^e}/\bar{e} \end{pmatrix} = \begin{pmatrix} - & + \\ - & + \end{pmatrix}$$

Für die Determinante dieser Matrix gilt wieder $\det J = -\beta_{\pi^e}\beta_p H' e_p/\bar{e}p_o > 0$, da der Keynes–Effekt $e_p < 0$ impliziert. Und für die Spur von J ergibt sich erneut:

$$\begin{aligned}\text{spur } J &= \beta_p H' e_p/\bar{e}p_o + \beta_{\pi^e}\beta_p H' e_{\pi^e}/\bar{e} \\ &= \beta_p H'/\bar{e}[e_p p_o + \beta_{\pi^e} e_{\pi^e}]\end{aligned}$$

also erneut das von Anpassungsstärke β_{π^e} der Inflationserwartungen abhängige Kräftemessen von Keynes–Effekt $e_p = Y_p/(\bar{y}\bar{L})$ und Mundell–Effekt $e_{\pi^e} = Y_{\pi^e}/(\bar{y}\bar{L})$. Die Stabilitätsbedingungen sind deshalb so, dass sich die gesamte Analyse des Abschnittes 5.4 hier wiederholen ließe, was jedoch nicht geschehen soll.

Stattdessen wollen wir uns auf das Neue der obigen Modellierung konzentrieren, d.h. wie im vorausgegangenen Abschnitt auf die Untersuchung der Steady–State Position dieses Modells. Sei also für die Dynamik (5.107), (5.108) jetzt unterstellt, dass $\widehat{p} = 0, \dot{\pi}^e = 0$ gilt. Aus (5.108) folgt dann $H(e/\bar{e}) = 1$ und damit aus (5.107) $\widehat{p}_o = \pi_o^e = 0$, d.h. der Steady–State ist in der Tat inflationsfrei. Die Gleichung (5.109) liefert dann wie im vorausgegangenen Abschnitt genau eine Lösung $e_o = -L_o^d/\bar{L} = Y_o/(\bar{y}\bar{L})$ mit $H(e_o/\bar{e}) = 1$, die jetzt wiederum endogene NAIRU $U_o = 1 - e_o$ und das dazugehörige Outputniveau $Y_o = \bar{e}\bar{Y}$, $\bar{Y} = \bar{y}\bar{L}$. Gleichung (5.103) schließlich ist bzgl. dieses Outputniveaus nach p_o aufzulösen $(\pi_o^e = 0)$, um schließlich damit das gleichgewichtige Preisniveau zu bestimmen. Wir wollen diese Auflösung hier nur mit ihrem Resultat wiedergeben:

$$p_o = \frac{b_1 i_1 \bar{M}/h_1}{(1 - c + i_1 b_1 k/h_1)Y_o + c(\bar{T} + \delta\bar{K}) - \delta\bar{K} - \bar{G} - i_0 + i_1 b_1 h_0/h_1 + i_1 b_o}$$

und uns im Weiteren einer grafischen Analyse dieser Steady–State Bestimmungen zuwenden. Die folgende Darstellung von $H(e/\bar{e})$ basiert auf der Gleichung (5.109) und die AD–Kurve ist durch (5.103) gegeben, wobei allerdings dort der Steady–State $\pi^e = \pi^e_o = 0$ eingesetzt werden muss.

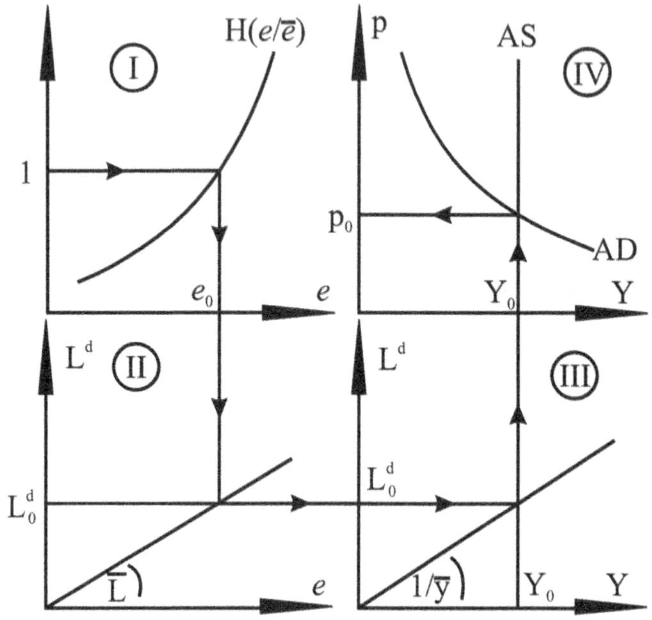

Abb. 5.23. Die nichtmonetaristische NAIRU im IS-LM-PC Modell

Das in Teil IV in Abbildung 5.23. dargestellte AD–AS–Schema entspricht in seiner formalen Struktur dem des neoklassischen Basismodells bei Vollbeschäftigung und dem des Dornbusch–Fischer–Modells aus Abschnitt 5.3. (bei $\bar{\mu} = 0$). Der Unterschied zu letzterem besteht zum einen allerdings darin, dass im Anpassungsprozess die AD–Kurve von den Inflationserwartungen abhängt (den Mundell–Effekt aufweist) und damit dieser Anpassungsprozess komplexer als der bei Dornbusch/Fischer ausgewiesene ist. Zum anderen – und dies ist das Hauptthema dieses Abschnitts – ist das Steady State Outputniveau Y_o nicht mehr exogen durch die natürliche Arbeitslosenrate vorgegeben (das in Abschnitt 5.2.2. bestimmte Y^*), sondern jetzt Resultat der Interaktion der Preis–Phillipskurve (5.105), in die Lohn-Phillipskurve (5.94) und Okuns Gesetz (5.104) Eingang gefunden haben, mit dem Rest des IS-LM-PC Modells.

Um dies zu verdeutlichen, wollen wir kurz die Konsequenz erhöhter Ansprüche an das Sozialprodukt seitens der Arbeitgeber oder Arbeitnehmer betrachten, d.h. annehmen, dass einer oder mehrere der Parameterwerte $\alpha_{\Pi^*}, \beta_{\Pi^*}, \alpha_w, \beta_w$ sich erhöhen. Die Konsequenz ist, dass die $H(e/\bar{e})$–Kurve in I sich nach oben verlagert, also Beschäftigtengrad e_o (und Auslastungsgrad u_o) und mit ihm Beschäftigung L_o^d und Output Y_o sinken. Gemäß IV impliziert dies ein steigendes Preisniveau, so dass die Steady–State Folgen einer solchen aggressiveren Verteilungsauseinandersetzung eindeutig stagflationär sind.[40] Die gesamtwirtschaftlichen Folgen steigender Ansprüche an das Sozialprodukt sind damit eindeutig negativ. Aggressives Verhalten allein einer Seite im Tarifkonflikt allerdings senkt die Einkommensquote der anderen Seite und erhöht die eigene, da konstante α's und β's bei sinkendem Auslastungsgrad dies für die eine Seite unmittelbar implizieren und die Verteilungsquoten sich zu '1' summieren müssen. Offen bleibt hier allerdings, ob eine steigende Einkommensquote bei rückläufigem Gesamteinkommen auch eine Verbesserung des Einkommensniveaus der 'aggressiven' Seite bewirken kann.

Sicher demgegenüber ist, dass hochgeschraubte Ansprüche beider Seiten einen niedrigeren Beschäftigtengrad und eine niedrigere Auslastung der Unternehmen bedeuten, da diese Ansprüche nur durch höhere Unterbeschäftigung beider Faktoren diszipliniert und mit dem zu verteilenden Sozialprodukt kompatibel gemacht werden können.

5.5.5 Fazit

Verglichen mit seinen 'Vorgängern' stellt der zuletzt abgehandelte Modellansatz sicherlich die ausgeprägteste Gegenposition zum monetaristischen Basismodell dar: Während das – um den Mundell-Effekt und die Zinslücke erweiterte – Dornbusch-Fischer-Modell bereits die Stabilität des Steady State in Frage stellte, dieser selbst jedoch weiterhin monetaristischer Natur war, führte der Ansatz über den Verteilungskonflikt in Verbindung mit der Berücksichtigung des Auslastungsgrades der Unternehmen auch diesbezüglich zu einer Änderung, da nun die Steady-State-Arbeitslosenrate, also die NAIRU, und die als 'normal' empfundene Arbeitslosenrate, $\bar{e}$, nicht länger übereinstimmen.

Keynesianische Bedenken gegenüber den 'Selbstheilungskräften' des Marktes sind also auch mit Blick auf die mittlere Sicht anzumelden, zumal, wie wir gesehen haben, die Instabilität des privaten Sektors zu explosiven Entwicklungen ebenso wie zu stabilen Depressionslagen führen kann. Somit ergibt sich auch mittelfristig die Frage nach geeigneten wirtschaftspolitischen Maßnahmen, die in der Lage sind, die Volkswirtschaft zu stabilisieren und möglicherweise sogar ihr durchschnittliches Aktivitätsniveau zu erhöhen, wie ansatzweise in den IS-LM-PC und IS-MR-PC Modellen gezeigt wurde.

Bevor wir nun zu der Analyse der langen Sicht (mit Wachstum der Produktionsfaktoren L und K) in Kapitel 6 übergehen, wollen wir zunächst noch einen Blick auf diejenigen Veränderungen werfen, die sich gegenüber dem bisher Ausgeführten im Falle einer offenen Volkswirtschaft ergeben. Anders gewendet erhebt sich die Frage, welche Modifikationen bei den entsprechenden Ansätzen aus Kapitel 3 auftreten, wenn diese um die mittelfristige Lohn-Preis-Dynamik erweitert werden.

[40] Wobei 'stagflationär' sich jetzt auf Veränderungen des Steady–State Preis*niveaus* bezieht.

5.6 Mittelfristige Analyse kleiner offener Volkswirtschaften

5.6.1 Überschießende Wechselkurse im IS–LM–PC Modell

Im vorausgegangenen Kapitels zur kurzfristigen Analyse haben wir Wechselkursdynamik und die Dynamik von Wechselkurserwartungen im IS–LM–Modell bei fixiertem Güterpreis betrachtet. Wir haben dort herausgefunden, dass diese beiden Zusätze zur komparativ–statischen Analyse offener IS–LM–Modelle im Wesentlichen nur die Analyse monotoner Anpassungsprozesse an durch Schocks veränderte Gleichgewichtspositionen hinzugefügt haben. Dadurch sind in diesem Rahmen übliche verbale Vorstellungen über solche Übergangsprozesse mathematisch präzisiert worden, aber keine neuen Phänomene entdeckt worden, die der Interaktion von Wechselkursdynamik und diesbezüglichen Erwartungsbildungen zugerechnet werden könnten.

In einer sehr beachteten Arbeit hat Dornbusch (1976, 1980) gezeigt, dass eine solche dynamische Interaktion im Zusammenhang mit träger, gütermarktgesteuerter Preisdynamik kurzfristige Überanpassung von Wechselkursen hinsichtlich der Gleichgewichtswerte eines IS–LM–Modells einer offenen Volkswirtschaft bewirkt, ein Resultat, das wir im IS–LM–Modell mit fixiertem Preisniveau im vorausgegangenen Kapitel nicht nachweisen konnten. Da wir im gegenwärtigen Kapitel Lohn– und Preis–Dynamik im IS–LM–Rahmen breit untersucht haben, stellt sich nunmehr die Frage, ob diese Erweiterung des IS–LM–Modells auch Dornbuschs (1976) überschießende Wechselkurse darstellen kann und worin der Grund für solches Überschießen, das wir in der Tat jetzt finden werden, zu sehen ist.

Dornbusch (1980, Kapitel 11) hat überschießende Wechselkurse im Rahmen eines loglinearen Modells analysiert, wo wie bei uns in Kapitel 3, Anhang 5, Zinsparität ($\beta_\epsilon = \infty$) und regressive Erwartungen das Geschehen auf den internationalen Kapitalmärkten darstellen. Das nationale Zinsniveau wird durch eine sehr einfache Geldmarktgleichgewichtsbedingung ermittelt, die keine Bezüge zur aggregierten Nachfrage aufweist und damit den Zins auch unabhängig vom Wechselkurs ermittelt. Die aggregierte Nachfrage Y^d spielt dagegen bei der Preisdynamik eine Rolle, die gemäß dem Gesetz von Angebot Y und Nachfrage Y^d in einfachster Form begründet wird. Das Angebot Y ist im Dornbusch Modell fixiert und durch den Normaloutput $\bar{Y} = \bar{y}\bar{L}$ bestimmt, während die Güternachfrage Y^d positiv vom realen Wechselkurs und negativ vom *nominalen* Zinssatz r abhängt. Inflationserwartungen spielen in diesem Ansatz keine Rolle.

Wir wollen diesen Ansatz jetzt dahingehend reformulieren, dass wir neben Geldmarktgleichgewicht auch ein Gütermarktgleichgewicht vom keynesianischen Typ unterstellen. Dieses Gleichgewicht Y weicht, wie in diesem Kapitel ausführlich untersucht, vom Normaloutput $\bar{Y}$ in der Regel ab und ruft dann gemäß Phillipskurve Lohndynamik und Preisdynamik hervor, die an die Stelle des obigen Gesetzes von Angebot und Nachfrage tritt. Wir kombinieren damit jetzt die Dornbuschsche Wechselkursdynamik mit dem IS–LM–PC–Modell dieses Kapitels. Im Lichte von Kapitel 3, Anhang 5 bedeutet dies einfach, den dortigen Gleichungen die Gleichungen für den Beschäftigtengrad, die Preis= Lohn–Dynamik und die Inflationserwartungen hinzuzufügen, was in der dortigen Notation das folgende Modell ergibt:[41]

$$Y = \alpha[\bar{A}_1 + i_1/h_1 M/p + i_1\pi^e + v\tau], \quad \tau = \epsilon\bar{p}^a/p \tag{5.110}$$

$$e = L^d/\bar{L} = Y/(\bar{y}\bar{L}) \tag{5.111}$$

$$\widehat{p} = \beta_w(e - \bar{e}) + \pi^e, \quad \beta_w > 0 \tag{5.112}$$

$$\dot{\pi}^e = \beta_{\pi^e}(\widehat{p} - \pi^e) = \beta_{\pi^e}\beta_w(e - \bar{e}), \quad \beta_{\pi^e} > 0 \tag{5.113}$$

$$r = \alpha[k(\bar{A} + i_1\pi^e + v\tau) + (1 - c + j)(h_0 - M/p)/h_1] \tag{5.114}$$

$$\widehat{\epsilon} = \beta_\epsilon(\bar{r}^a + \widehat{\epsilon}^e - r), \quad \beta_\epsilon > 0 \tag{5.115}$$

$$\widehat{\epsilon}^e = \beta_\varepsilon(\epsilon_o/\epsilon - 1), \quad \beta_\varepsilon > 0 \tag{5.116}$$

Da wir Konsequenzen des Mundell–Effekts ($\pi^e \uparrow\downarrow$) in diesem Kapitel ausführlich thematisiert haben und sich diese Konsequenzen auch im gegenwärtigen Kontext wieder nachweisen lassen, wollen wir diese Analyse hier der Einfachheit halber nicht mehr wiederholen, sondern statt dessen bei der Behandlung des obigen Modells von $\beta_{\pi^e} = 0$ ($\pi^e \equiv 0$) ausgehen. Des Weiteren und dazu passend gehen wir hier von einer jeweils stationären Geldmenge $\bar{M}$ aus ($\widehat{\bar{M}} = 0$) und normieren das ausländische Preisniveau $\bar{p}^a$ auf den Wert 1. Schließlich fassen wir die konstanten Größen dieses Modells wieder kurz in Koeffizienten $\alpha_0, \alpha_1, \alpha_2, \ldots$ zusammen, damit wir uns auf die qualitativen dynamischen Eigenschaften des obigen Modells konzentrieren können, die nicht vom ökonomischen Hintergrund dieser konstanten Koeffizienten abhängen. Dies liefert die folgende Kurzform des obigen dynamischen Modells:

$$\widehat{\epsilon} = \beta_\epsilon(\bar{r}^a + \beta_\varepsilon(\epsilon_o/\epsilon - 1) - r), \quad r = \alpha_0^\epsilon - \alpha_1^\epsilon \bar{M}/p + \alpha_2^\epsilon \epsilon/p \tag{5.117}$$

$$\widehat{p} = \beta_w(e - \bar{e}), \quad e = \alpha_0^p + \alpha_1^p \bar{M}/p + \alpha_2^p \epsilon/p, \tag{5.118}$$

Die Parameterwerte dieses Modells sind dabei alle als positive Größen annehmbar. Sie bringen zum Ausdruck, dass der Keynes-Effekt positiv auf die Beschäftigtenrate einwirkt und negativ auf den nominalen Zinssatz, während der reale Wechselkurs beide Größen positiv beeinflusst.

Der Steady State dieses Systems ist durch $\epsilon = \epsilon_o$, $\bar{r}^a = r_o$, $e = \bar{e}$ gekennzeichnet. Wegen $Y = \bar{Y} = \bar{y}\bar{L}$ ist dabei das Preisniveau p_o aus der Geldmarkt–Gleichgewichtsbedingung $\bar{M}/p_o = k\bar{Y} + h_0 - h_1\bar{r}^a$ ermittelbar, und zwar so, dass in dieser Sicht 'langfristig' Geld neutral ist, da eine multiplikative Veränderung von $\bar{M}$ stets eine gleich große multiplikative Veränderung von p_o bewirkt. Der Steady State Wert ϵ_o wird auf dieser Basis durch die Gütermarkt–Gleichgewichtsbedingung ermittelt:

$$\bar{Y} = c(\bar{Y} - \delta\bar{K} - \bar{T}) + i_0 - i_1\bar{r}^a + \delta\bar{K} + \bar{G} + \bar{X} - \bar{J} - j\bar{Y} + v\frac{\epsilon_o}{p_o}.$$

[41] $\alpha = (1 - c + i_1 k/h_1 + j)^{-1}$.

Langfristig garantiert der Wechselkurs somit die Gleichheit von Normaloutput $\bar{Y}$ und aggregierter Nachfrage Y^d, und zwar so, dass er sich ebenfalls proportional zu $\bar{M}$ (und p) verändert, falls eine solche Geldmengenveränderung durchgeführt wird. Es folgt, dass der reale Wechselkurs $\tau_o = \epsilon_o/p_o$ in diesem Modelltyp stets von gleichem Wert ist, was in der Literatur mit dem Begriff der relativen Kaufkraftparität verbunden wird. Man beachte hier, dass der langfristige Wert des Wechselkurses gemäß der obigen Form regressiver Erwartungsbildung als den Wirtschaftssubjekten bekannt vorausgesetzt worden ist, was wegen der gerade festgestellten Beziehungen, $d\bar{M}/\bar{M} = dp_o/p_o = d\epsilon_o/\epsilon_o$, nicht unplausibel ist.

Für das Folgende sei eine Steady State Lösung ϵ_o, p_o des dynamischen Systems (5.117), (5.118) gegeben. Unser nächster Schritt besteht darin, die Isoklinen $\dot{p} = 0, \dot{\epsilon} = 0$ und ihre Steigungseigenschaften um diese Steady State Lösung herum zu ermitteln.

Die $\dot{p} = 0$–Isokline ($e = \bar{e}$) impliziert die folgende Beziehung zwischen Wechselkurs ϵ und Preisniveau p:

$$\bar{\epsilon} = \alpha_0^p + \alpha_1^p \bar{M}/p + \alpha_2^p \epsilon/p$$

und somit für die damit implizit definierte Funktion $p(\epsilon)$:

$$0 = -(\alpha_1^p \bar{M}/p^2)p'(\epsilon) + \alpha_2^p/p - (\alpha_2^p \epsilon/p^2)p'(\epsilon).$$

Aufgelöst nach $p'(\epsilon)$ ergibt diese Gleichung

$$p'(\epsilon) = \frac{\alpha_2^p/p}{\alpha_1^p \bar{M}/p^2 + \alpha_2^p/p\epsilon/p} = \frac{1}{\epsilon/p + (\alpha_1^p \bar{M}/p^2)p/\alpha_2^p} < \frac{1}{\epsilon/p} = \frac{p}{\epsilon}$$

Es folgt, dass diese Isokline eine positive Steigung aufweist, die aber stets kleiner ist als die Steigung des Fahrstrahls aus dem Ursprung an den jeweiligen Isoklinenwert.

Für die $\dot{\epsilon} = 0$–Isokline ergibt sich demgegenüber aus Obigem:

$$\bar{r}^a + \beta_\varepsilon(\epsilon_o/\epsilon - 1) - \alpha_0^\epsilon + \alpha_1^\epsilon \bar{M}/p - \alpha_2^\epsilon \epsilon/p = 0$$

oder in Kurzform

$$H(\epsilon, p) = 0, \quad H_\epsilon < 0, \quad H_p < 0,$$

falls der Parameter v und damit α_2^ϵ hinreichend klein gewählt wird, so dass der Realkasseneffekt den realen Wechselkurseffekt auf den inländischen Zinssatz dominiert.

Auf dieser Basis ergibt sich zusammengefasst bzgl. der gegebenen Steady State Situation die folgende grafische Darstellung:
Wir haben in dieses Diagramm die Anpassungsrichtungen des Wechselkurses ϵ und des Preisniveaus p eingezeichnet, die durch die oben diskutierten Isoklinen impliziert werden. Oberhalb der $\dot{p} = 0$–Isokline gilt gemäß Gleichung (5.117) für die Inflationsrate $\widehat{p} < 0$ (und unterhalb entsprechend $\widehat{p} > 0$), d.h. das

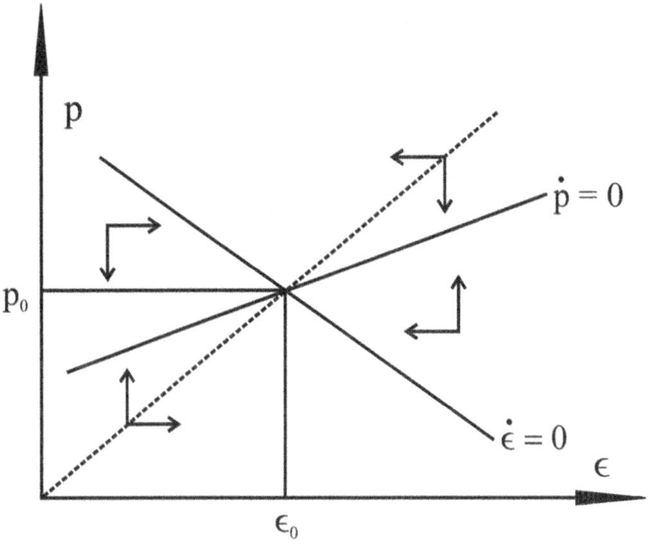

Abb. 5.24. Das Phasenportrait der Wechselkursdynamik im mittelfristigen IS–LM–PC–Modell

Preisniveau passt sich in Richtung der $\dot{p} = 0$–Isokline an. Entsprechendes gilt auch bzgl. der Isokline $\dot{\epsilon} = 0$ und Wechselkursanpassungen ϵ, da ein steigender Wechselkurs ϵ sowohl $\widehat{\epsilon}^e = \beta_\varepsilon(\epsilon_o/\epsilon - 1)$ als auch $-r$ sinken lässt.

Die Gleichungen (5.117), (5.118) zeigen darüber hinaus, dass eine monetäre Expansion, $\bar{M} \uparrow$, beide Isoklinen nach oben verschieben muss, also die folgenden Veränderungen bewirkt:

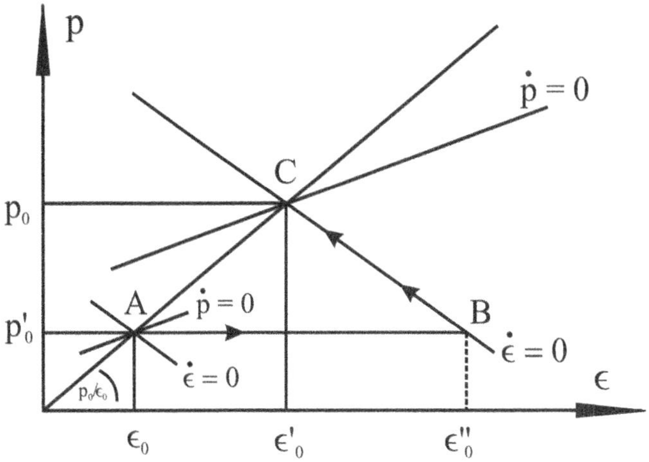

Abb. 5.25. Die Konsequenzen einer monetären Expansion: $\bar{M} \uparrow, \beta_\epsilon = \infty$

In Abbildung 5.25 betrachten wir zunächst den Fall $\beta_\epsilon = \infty$, der auf der perfekten Gültigkeit der Zinsparität $\bar{r}^a + \widehat{\epsilon}^e = r$ beruht und dem in Dornbusch (1980, Kap.11.4) Ausgeführten qualitativ gesehen entspricht ($\beta_{\pi^e} = 0$). Zu jedem gegebenen Preisniveau p ist die Dynamik (5.117) global asymptotisch stabil und führt uns bei hohen Anpassungsgeschwindigkeiten β_ϵ sehr schnell und bei $\beta_\epsilon = \infty$ unmittelbar durch einen Sprung des Wechselkurses von ϵ_o zu ϵ_o'' und damit zum Punkt B in Abbildung 5.25. In diesem Punkt gilt $\epsilon_o'' > \epsilon_o'$ und damit $\widehat{\epsilon}^e < 0, r = \bar{r}^a + \widehat{\epsilon}^e < \bar{r}^a$. In Bezug auf den neuen langfristigen Gleichgewichtswert des Wechselkurses ϵ_o' haben wir damit eine überschießende Abwertung $\epsilon_o'' - \epsilon_o > \epsilon_o' - \epsilon_o$ und damit einen doppelten expansiv wirkenden Effekt auf den gleichgewichtigen Output

$$Y = \alpha[\bar{A}_1 + i_1/h_1\bar{M}/p + v\epsilon/p],$$

den durch $\bar{M} \uparrow$ ($r \downarrow$) hervorgerufenen Zinseffekt auf die Nettoinvestitionen $i_0 - i_1 r$ und damit auf den gleichgewichtigen Output Y und den durch $\epsilon \uparrow$ bewirkten ebenfalls positiv wirkenden Effekt über den Außenbeitrag $A = \bar{X} - J$. Diese Wirkungen auf Y ergeben nun, dass die ursprüngliche Normalbeschäftigung $e = \bar{e}$ sich in eine Situation der Überbeschäftigung $e > \bar{e}$ wandelt, in der Löhne und Preise zu steigen beginnen. Da die Isokline $\dot{\epsilon} = 0$ (wie gezeigt) eine fallende Kurve ist, bewirken solche Preissteigerungen, dass der Wechselkurs von seinem hohen Niveau ϵ_o'' aus wieder zu fallen beginnt, dass somit die Aufwertungserwartungen $\widehat{\epsilon}^e < 0$ zu sinken und der inländische Zins r zu steigen beginnen. Dieser Prozess setzt sich so lange fort, wie die Preissteigerungen anhalten, also bis wieder $e = \bar{e}$ hergestellt worden ist. In diesem Punkt C der obigen Abbildung gilt $\epsilon = \epsilon_o', r = \bar{r}^a$ $[\widehat{\epsilon} = 0]$ und ist der Output Y wieder auf den Normaloutput $\bar{Y}$ zurückgegangen, als Konsequenz der Steigerungen des Preisniveaus p und der Rückgänge beim Wechselkurs ϵ (man vgl. dazu Gleichung (5.110)).

Diese Ereigniskette kann auch wie folgt dargestellt werden. Expansive Geldpolitik ist bei kurzfristiger Preisstarrheit gemäß Gleichung (5.114) erfolgreich und senkt das heimische Zinsniveau r unter den Weltzins $\bar{r}^a$. Hierbei wird benötigt, dass der Parameterwert v hinreichend klein ist, so dass $\dot{\epsilon} = 0$ negativ geneigt ist und damit die den Zinseffekt begleitende Abwertung , $\epsilon \uparrow$, hinreichend groß ausfällt. Zins und Abwertungseffekt fallen damit so aus, dass $\widehat{\epsilon}^e = r - \bar{r}^a < 0$ eintritt, was zur Konsequenz hat, dass die Wirtschaftssubjekte Aufwertungserwartungen hegen. Diese Aufwertungserwartungen werden durch den mit dem Geldmengenschock unvorhergesehenen Abwertungsschock auch möglich, da die dabei erzielte Überabwertung der € durch die dann ausgelösten Preissteigerungen in einer Sequenz von Aufwertungen auf ihren langfristigen Wert ϵ_o' zurückgeschraubt wird, begleitet von regressiv bedingten Aufwertungserwartungen. Dies ist das grundsätzliche Erklärungsmuster des Dornbusch–Modells überschießender Wechselkurse.

Wir wollen die Analyse jetzt auch für den Fall durchführen, dass Kapitalmobilität zwar hoch, aber nicht perfekt ist, somit der Parameter $\beta_\epsilon < \infty$

(aber groß) ist. Für diesen Fall ist zunächst die lokale Stabilität des Differentialgleichungssystems (5.117), (5.118) zu untersuchen. Die Matrix der partiellen Ableitungen J dieses Systems lautet im Steady State:

$$J = \begin{pmatrix} -p\beta_w(\alpha_1^p \bar{M}/p^2 + \alpha_2^p \epsilon/p^2) & p\beta_w \alpha_2^p/p \\ \epsilon\beta_\epsilon(-\alpha_1^\epsilon \bar{M}/p^2 + \alpha_2^\epsilon \epsilon/p^2) & \epsilon\beta_\epsilon(-\beta_\varepsilon \epsilon_o/\epsilon^2 - \alpha_2^\epsilon/p) \end{pmatrix} = \begin{pmatrix} - & + \\ ? & - \end{pmatrix}$$

Da bei der Berechnung von $\det J$ der zweite Term in J_{21} keine Rolle spielt, sondern sich gegen ein Produkt der Hauptdiagonale wegkürzt, gilt

$$\det J = \det \begin{pmatrix} - & + \\ - & - \end{pmatrix} > 0.$$

Da zugleich $\text{spur } J < 0$ gilt, haben wir somit:

Proposition 5.2 *Der Steady State ϵ_o, p_o der Dynamik (5.117), (5.118) ist lokal asymptotisch stabil.*

Als nächstes stellt sich die Frage, ob dieser Steady State ein stabiler Wirbel oder ein stabiler Knoten ist (man vgl. dazu Abb. 3.14.). Für hinreichend große β_ϵ fällt die Antwort auf diese Frage leicht, da für die Diskriminante Δ dann gilt:

$$\Delta = (\text{ spur } J)^2/4 - \det J > 0,$$

da ihr erster Term eine quadratische Funktion von β_ϵ ist, während der zweite nur linear von β_ϵ abhängt. Durch hinreichend große Wahl von β_ϵ ist damit erreichbar, dass $(\text{ spur } J)^2/4 > \det J$ gilt. In solchen Fällen ist also der Steady State nicht von Fluktuationen von Wechselkurs ϵ und Preisniveau p umgeben.

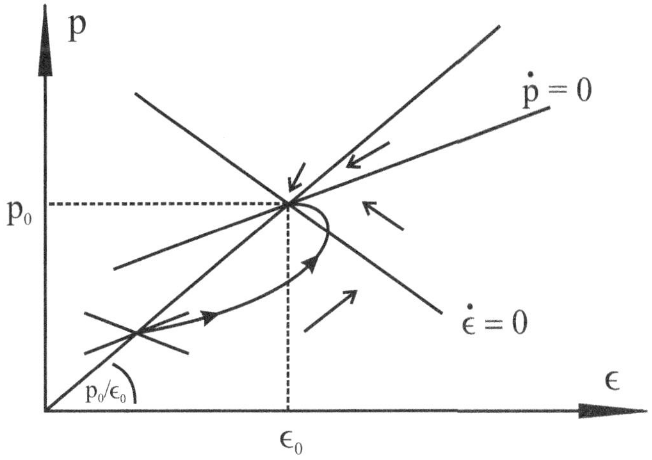

Abb. 5.26. Expansive Geldpolitik bei Vorliegen von ausgeprägter Kapitalmobilität

Abbildung 5.26. verdeutlicht erneut das Überschießen der Wechselkurse ϵ in Bezug auf ihren langfristigen Gleichgewichtswert ϵ'_o, wobei dieses Überschießen um so kräftiger ausfällt, je höher die Anpassungsstärke β_ϵ der Wechselkursdynamik ausfällt. In jedem Fall ist dabei jedoch die zu beobachtende Abwertung , $\epsilon \uparrow$, von Preisniveausteigerungen begleitet, die sich je nach Anpassungsgeschwindigkeit der Preise und der Wechselkurse, β_p und β_ϵ, mehr oder weniger während der Abwertungsphase entfalten können. Wenn die $\dot{\epsilon} = 0$–Isokline erreicht wird, schlägt Abwertung der € in ihre Aufwertung um, bis mit weiteren Preisniveausteigerungen schließlich der 'langfristige' Zustand ϵ'_o, p'_o erreicht wird. Diese Dynamik bestätigt deshalb die im Grenzfall $\beta_\epsilon = \infty$ beobachteten dynamischen Anpassungsmuster.

Bei hinreichend großer Anpassungsstärke β_ϵ ergeben sich damit die folgenden Zeitreihenmuster bzgl. Wechselkurs– und Preisniveauanpassung.

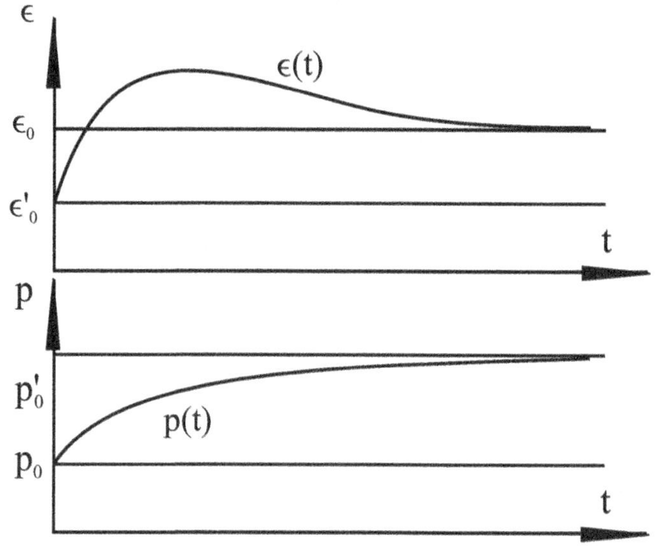

Abb. 5.27. Zur zeitlichen Entwicklung von Wechselkurs und Preisniveau

Für Zins r und Output Y ergeben sich in Ergänzung zu Abbildung 5.27. die Zeitpfade in Abb. 5.29.

Gemäß Gleichung (5.110) hängt der gleichgewichtige Output Y positiv vom Wechselkurs ϵ und negativ vom Preisniveau p ab, und für den Zinssatz r gilt gemäß (5.114), dass dieser positiv sowohl auf ϵ als auch auf p reagiert (v wie bisher als hinreichend klein angenommen). Im Zeitpunkt des monetären Schocks, $\bar{M} \uparrow$, sind beide Größen gemäß ihrer Bewegungsgesetze (5.117), (5.118) noch fixiert, weshalb (5.110) und (5.114) dann einen sprunghaften Anstieg beim Output und eine sprunghafte Zinssenkung – wie dargestellt – implizieren. In der nachfolgenden Phase steigender Wechselkurse und

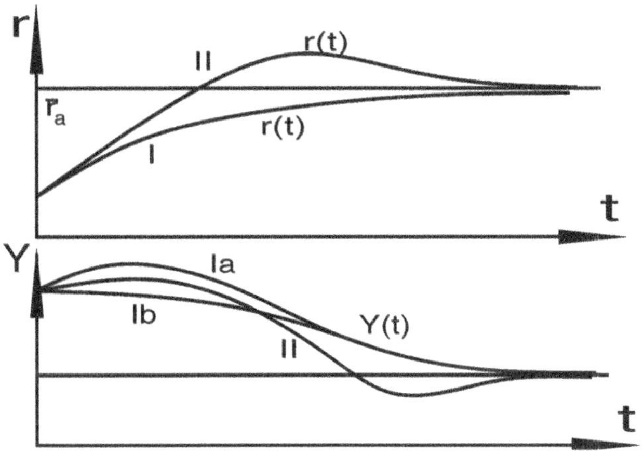

Abb. 5.28. Die Entwicklung der Gleichgewichtswerte von r und Y

steigender Preise muss der Zinssatz notwendig wieder steigen, während beim Output je nach relativem Ausmaß von expansiven Wechselkurseffekten und kontraktiv wirkenden Preiseffekten ein weiterer Anstieg oder bereits eine Kontraktion hin zum Normaloutput vorstellbar ist (Situation Ia bzw. Ib in der obigen Grafik). Darüber hinaus ist vorstellbar, dass der Zinssatz r (und auch der Output Y) bei dieser Anpassung an die Steady State Werte überschießt, wie dies durch die Situationen II oben angedeutet worden ist.

Wir haben in Kapitel 3 gesehen, dass im ursprünglichen IS–LM–Modell die obige Wechselkursdynamik keine überschießenden Wechselkurseffekte auslösen kann, anders als im gerade diskutierten IS–LM–PC–Modell. Grundlage des Überschießens der Wechselkurse in letzterem Modell ist der Sachverhalt, dass ausgehend vom Normaloutput $\bar{Y}$ und von Normalbeschäftigung $\bar{L}$ in dieser Ökonomie expansive Geldpolitik Überbeschäftigung erzeugt, die sich in einer Lohn–Preis–Spirale fortpflanzt. Da diese Ökonomie aufgrund des kontraktiv wirkenden Keynes–Effektes wieder zur Normalbeschäftigung zurückfindet, muss die bei hoher Kapitalmobilität stattfindende Überreaktion des Wechselkurses, $\epsilon \uparrow\uparrow$, durch nachfolgende Aufwertungseffekte wieder rückgängig gemacht werden, da Geld 'langfristig' neutral ist und der Zinssatz r ebenfalls zu seinem Gleichgewichtsniveau $\bar{r}^a$ zurückfindet. Es folgt, dass die Überreaktion des Wechselkurses der Tatsache geschuldet ist, dass eine expansive Geldpolitik eine 'vollbeschäftigte' Ökonomie zur Überbeschäftigung anregt, was sie der Modellphilosophie folgend besser unterlassen hätte.

Dieses Fazit wird weiter verdeutlicht, wenn man z.B. zur Analyse keynesianischer Depressionen auf Basis der geknickten Phillipskurve (vgl. Abbildung 5.14. in Abschnitt 5.4.2)

$$\widehat{w} = \max\{\beta_{\pi^e}(e - \bar{e}), 0\}$$

zurückkehrt und von einem Gleichgewichtswert $e_o < \bar{e}$ startet. Derartige Lohnrigidität nach unten geht dann mit einem Preisniveau $p = (1+a)\bar{w}/\bar{y} > p_o$, also mit $Y < \bar{Y}$ einher. Die Preisdynamik (5.117) ist dann wieder ausgeschaltet, und für die Wechselkursdynamik gilt dann:

$$\widehat{\epsilon} = \beta_\epsilon(\bar{r}^a + \beta_\varepsilon(\epsilon_o/\epsilon - 1) - \alpha_0^\epsilon + \alpha_1^\epsilon \bar{M}/p - \alpha_2^\epsilon \epsilon/p).$$

Diese Gleichung weist den Steady State Wert

$$\bar{r}^a = \alpha_0^\epsilon - \alpha_1^\epsilon \bar{M}/p + \alpha_2^\epsilon \epsilon_o/p, \text{ d.h.}$$
$$\epsilon_o = \frac{(\bar{r}^a - \alpha_0^\epsilon)p + \alpha_1^\epsilon \bar{M}}{\alpha_2^\epsilon}$$

auf und liefert bzgl. diesem wieder unmittelbar die folgende Situation:

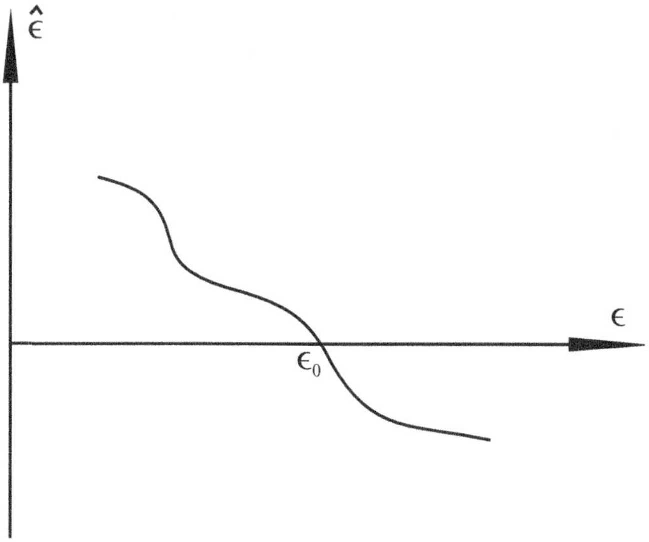

Abb. 5.29. Wechselkursanpassung bei Unterbeschäftigungsgleichgewichten

Expansive Geldpolitik, $\bar{M} \uparrow$, erhöht wieder den langfristigen Wechselkurs ϵ_o und jetzt auch den langfristigen Gleichgewichtsoutput Y_o:

$$\bar{M}/p = kY_o + h_0 - h_1\bar{r}^a.$$

Der Anpassungsprozess an diese Situation ist gemäß Abbildung 5.29. durch einen reinen Abwertungsprozess, $\epsilon \uparrow$, der € gekennzeichnet, der von ebenfalls monotonen Zinssteigerungen

$$r(t) = \alpha_0^\epsilon - \alpha_1^\epsilon \bar{M}/p + \alpha_2^\epsilon \epsilon(t)/p$$

begleitet ist.[42] Entsprechendes gilt für den Output Y und den Beschäftigtengrad e:

$$\epsilon(t) = \alpha_0^p + \alpha_1^p \bar{M}/p + \alpha_2^p \epsilon(t)/p.^{43}$$

Expansive Geldpolitik erreicht damit in dieser Situation ihr Ziel einer permanenten Steigerung der Beschäftigung durch eine permanente Abwertung der € gegenüber dem \$, und dies ohne ein Überschießen des Wechselkurses über sein langfristiges Niveau ϵ_o hinaus. Dieser Prozess läuft umso schneller ab, je höher die Kapitalmobilität und damit je höher die Anpassungsstärke β_ϵ der Wechselkurse ist, ohne dabei – wie gesagt – Anlass zu Überreaktionen des Wechselkurses zu geben.

Wir bemerken abschließend, dass die Rolle von Preis– und Wechselkursanpassungen hinsichtlich des 'Überschießens' sich gerade vertauscht, wenn der Fall vorliegt, dass β_w sehr groß und β_ϵ sehr klein ist, also die Hierarchie der Anpassungsgeschwindigkeit genau vom umgekehrten Typ unterstellt ist. Eine derartige Hierarchie ist aber empirisch gesehen sehr unplausibel. Gleichermaßen gilt jedoch, dass die bisherige Annahme $\beta_y = \infty$ (Gütermarktgleichgewicht), vgl. dazu auch Kapitel 6, Anhang 4, nicht unproblematisch ist. Beim Ausbau der obigen Analyse sollte somit neben träge Lohnanpassung ($\beta_w << \infty$) auch entsprechend träge Outputanpassung ($\beta_y << \infty$) treten und auf ihre Implikationen hin untersucht werden. Im keynesianischen Kontext bedeutet dies, im Rahmen von Gütermarktungleichgewicht den Metzlerschen Lageranpassungsprozess der Firmen in die obige dynamische Analyse zu integrieren. Des Weiteren sollte endliche (wenn auch hohe) Anpassungsgeschwindigkeit β_ϵ der Wechselkurse mit einer entsprechenden hohen Anpassungsgeschwindigkeit β_r bei den nominellen kurzfristigen Zinsen verbunden werden (oder man sollte bei beiden Sachverhalten gleichermaßen von Gleichgewichtsbedingungen ausgehen), um auch hier keine problematischen Hierarchien bei den unterstellten Anpassungsgeschwindigkeiten entstehen zu lassen. Schließlich wäre hier natürlich auch wieder der Fall reagierender Inflationserwartungen ($\beta_{\pi^e} > 0$) zu betrachten und diese Betrachtung mit den im Zusammenhang mit der Zinslücke $r^* - r$ behandelten Instabilitätsproblemen zu verbinden. Derartige Fortsetzungen der gebrachten Analyse der Wechselkursdynamik im IS–LM–PC Rahmen müssen hier jedoch unterbleiben.

Dornbusch/Fischer (1995, Kap.20) ergänzen die Analyse dieses Abschnitts zum einen um den Fall fixer Wechselkurse bei flexiblen Preisen, die dem Phillipskurven–Mechanismus genügen. Dabei werden Änderungen der Wirtschaftspolitik wie auch automatische Anpassungsmechanismen diskutiert, und es werden J–Kurven–Effekte sowie Hysterese–Probleme erörtert. Ein weiterer Abschnitt betrifft dort den monetären Ansatz der Zahlungsbilanztheorie. Diese Sachverhalte sollen hier nicht dargestellt werden, weshalb der Leser an dieser Stelle auf die Ausführungen von Dornbusch/Fischer (1995) verwiesen

[42] Zurück zu $\bar{r}^a$.

[42] Dabei kann auch von träger Outputanpassung gemäß der Regel $\dot{Y} = \beta_y(Y^d - Y)$ ausgegangen werden.

wird. Schließlich behandeln Dornbusch/Fischer in Kapitel 20 ebenfalls den Fall flexibler Wechselkurse und (bis zu einem gewissen Grade) flexibler Preise, zunächst ohne Wechselkursänderungserwartungen ($\beta_\varepsilon = 0$) und dann auch unter Einbeziehung derselben. Der Leser kann hier Ergänzungen zu unserer eher formal orientierten Analyse dieser Sachverhalte finden.[44]

5.6.2 Verzögerte Outputanpassung und Wechselkursdynamik

Wir haben im vorausgegangenen Abschnitt im Rahmen des mittelfristigen IS–LM–Modells, also bei gradueller Lohn– und Preisanpassung, die Dynamik der Wechselkurse und diesbezügliche Erwartungsbildungen untersucht. Im Unterschied zum IS–LM–Modell der kurzen Sicht (Anhang 4 und 5 in Kapitel 3), wo Löhne und Preise gegeben waren, ergaben sich hierbei nichtmonotone, überschießende Wechselkursanpassungen für den Fall, dass expansive Geldpolitik zu Überbeschäftigungssituationen ($e > \bar{e}$) führte und damit Lohn– und Preissteigerungen in Gang setzte.

Grundlage für dieses Ergebnis war, dass (auch im Grenzfall unendlich schneller Wechselkursanpassungen ($\beta_\epsilon = \infty$)) der kurzfristige Wechselkurseffekt $\epsilon_o'' - \epsilon_o$ nicht mehr mit dem letztendlichen Wechselkurseffekt $\epsilon_o' > \epsilon_o$ übereinstimmte (vgl. Abb. 3.31.a und 5.27., da die resultierende Outputexpansion (des Mundell–Fleming–Modells der kurzen Sicht des Kapitels 3, $\beta_\epsilon = \infty$) in der jetzt vorliegenden mittleren Sicht nicht mehr 'haltbar' ist, sondern Lohn– und Preissteigerungen so lange Outputanpassungen bewirken, wie $Y > \bar{Y}$ gilt. Regressive Erwartungen, die den langfristig haltbaren Wechselkurs ϵ_o' betreffen, beziehen sich deshalb jetzt auf einen niedrigeren Wechselkurs ϵ_o', als er aus den kurzfristigen Anpassungen im IS–LM–Modell bei gegebenen Preisen $\bar{w}, p$ resultierte: ϵ_o''. Dies bedeutet, dass bei ϵ_o'' Aufwertungserwartungen induziert werden,[45] die gemäß Abb. 3.32. des vorausgegangenen Abschnitts mit faktischen Aufwertungseffekten zusammen mit Preis– und Zinssteigerungen (mit eventuellem Überschießen) einhergehen, bis der Output Y auf sein Normalniveau zurückgekehrt ist.

Die im kurzfristigen Kontext des Kapitels 3 letztendlich (oder via $\beta_\epsilon = \infty$ direkt) erzeugte Gesamtreaktion ist damit nicht die korrekte Kurzfrist–Reaktion des IS–LM–PC–Modells, da dieses einen anderen (niedrigeren) Gleichgewichtskurs ϵ_o' als das IS–LM–Modell aufweist und deshalb kurzfristig $\widehat{\epsilon}^e < 0$ und $r < \bar{r}^a$ resultiert, anstelle von $\widehat{\epsilon}^e = 0$ und $r = \bar{r}^a$ (bei $\beta_\epsilon = \infty$, man vgl. erneut Kapitel 3, Anhang 5). Es folgt, dass die Analyse des Anhangs 4 und 5 in Kapitel 3 (die gängige Mundell–Fleming–Analyse kleiner offener Volkswirtschaften bei flexiblen Wechselkursen) unzutreffend ist, da sie die Konsequenzen von erzeugten Überbeschäftigungssituationen bei regressiven Erwartungen nicht korrekt darstellt. Wir haben aber gesehen, dass sie im Falle

---

[44] Man beachte hier, dass die zu Abbildung 5.28. gehörige Analyse auch den Grenzfall $\beta_\varepsilon = 0, \widehat{\epsilon}^e = 0$ erfasst.

[45] $\widehat{\epsilon}^e = \beta_\varepsilon(\epsilon_o'/\epsilon - 1) < 0$.

von Unterbeschäftigungssituationen korrekt sein kann, falls Nominallohnrigiditäten Lohn–Preis–Anpassungen nach unten verhindern.

IS–LM–PC–Analyse offener Volkswirtschaften stellt damit eine Verbesserung der IS–LM–Analyse dar, weist aber ihrerseits noch Probleme auf, die in diesem Abschnitt besprochen und behoben werden sollen. Diese Probleme betreffen primär die Hierarchie der Anpassungsgeschwindigkeiten bei Preisen und Mengen bei der IS–LM–PC–Analyse. Hier galt bislang (man vgl. den vorausgegangenen Abschnitt) die folgende symbolisch gefasste Rangordnung:

$$\beta_w << \beta_\epsilon \leq \infty = \beta_y, \beta_r.$$

Lohnanpassungen sind bisher als mehr oder weniger träge ($\beta_w << \infty$) aufgefasst worden, Wechselkursanpassungen als sehr schnell oder unendlich schnell, und auf Güter– und Geldmarkt war stets Gleichgewicht unterstellt worden, was bedeutet, dass Output– und Zinsanpassung unendlich schnell vonstatten gehen ($\beta_y, \beta_r = \infty$).

Im Hinblick auf das tatsächliche Funktionieren von Arbeits–, Güter–, Vermögens– und Devisenmärkte könnte jedoch die folgende Rangfolge der obigen Anpassungsstärken zutreffender sein:

$$0 < \beta_w < \beta_y < \beta_r \leq \beta_\epsilon \leq \infty.$$

Dies deshalb, weil Lohnanpassungen aufgrund institutioneller Gegebenheiten relativ träge auf Arbeitsmarktungleichgewichte reagieren und Anpassungen der Produktionsrate Y an Nachfrageveränderungen zwar schneller getätigt werden können, aber ebenfalls nicht mit sehr hoher Geschwindigkeit vonstatten gehen. Zins– und Wechselkursanpassung sind demgegenüber aufgrund der dahinterstehenden Marktorganisation als rasch ablaufend ansehbar, so dass im Extremfall eher $\beta_w, \beta_y << \infty, \beta_r, \beta_\epsilon = \infty$ als die Hierarchie des IS–LM–PC–Modells bzgl. dieser Anpassungsgeschwindigkeiten für eine Analyse der betroffenen Märkte adäquat sein sollte. Im folgenden soll nun geprüft werden, was sich an der Analyse des IS–LM–PC–Modells ändert, wenn letztere Hierarchie an Anpassungsstärken bei ihm unterstellt wird. Wir werden dabei jetzt auch wieder Inflationserwartungen und den durch sie hervorgerufenen Mundell–Effekt auf die Güternachfrage und damit auf die Beschäftigung und Inflation in die Analyse einbeziehen.

Zunächst ist aber neu und damit auszugestalten, wie Outputanpassungen bei Gütermarktungleichgewicht mit endlicher Anpassungsstärke vonstatten gehen. Hier soll erneut und der Einfachheit halber der dynamische Multiplikatorprozess, wie er in den Abschnitten 3.2 und 3.3 dargestellt worden ist, Anwendung finden. Im um den Außenhandel erweiterten Gütermarkt kann dieser dynamische Multiplikator wie folgt formuliert werden:

$$\dot{Y} = \beta_y[(c - j - 1)Y - c(\delta\bar{K} + \bar{T}) + i_0 - i_1(r - \pi^e) + \delta\bar{K} + \bar{G} + \bar{X} - \bar{J} + v\epsilon\bar{p}^a/p] \tag{5.119}$$

wobei der Zinssatz r mittels Geldmarktgleichgewicht wie üblich durch

$$r = (kY + h_0 - \bar{M}/p)/h_1 \tag{5.120}$$

gegeben ist, also ebenfalls vom Outputwert Y abhängt. Die eckige Klammer in Gleichung (5.119) ist der rechnerische Ausdruck für die Überschussnachfrage $Y^d - Y = C + I + \delta\bar{K} + \bar{G} + \bar{X} - J - Y$ des IS–LM–Modells der Abschnitte 3.4, 3.6.

Die obige Outputdynamik, die sich also an der Überschussnachfrage am Gütermarkt orientiert, wird (wie im IS–LM–PC–Modell geläufig) durch Lohn–Preis–Anpassungen $\widehat{w} = \widehat{p}$ und Inflationserwartungen π^e wie folgt ergänzt:

$$\widehat{p} = \beta_w(e - \bar{e}) + \pi^e, \quad e = Y/(\bar{y}\bar{L}), \tag{5.121}$$

$$\dot{\pi}^e = \beta_{\pi^e}(\widehat{p} - \pi^e) = \beta_{\pi^e}\beta_w(e - \bar{e}). \tag{5.122}$$

Neu ist in diesem Zusammenhang nur, dass der Beschäftigtengrad e mit dem Output Y nicht mehr durch Gütermarktgleichgewicht bestimmt wird, sondern wie oben dargestellt durch eine zeitlich verzögerte Anpassung des Outputs an den Stand der gesamtwirtschaftlichen Güternachfrage Y^d.

Was den außenwirtschaftlichen Teil des Modells betrifft, so gehen wir (obigem folgend) von der Gültigkeit der Zinsparitätsbedingung aus ($\beta_\epsilon = \infty$):

$$\bar{r}^a + \widehat{\epsilon}^e = r \tag{5.123}$$

und bei den Wechselkurserwartungen wieder von regressiven Erwartungen der Form

$$\widehat{\epsilon}^e = \beta_\varepsilon(\epsilon_o/\epsilon - 1) \tag{5.124}$$

mit ϵ_o als Steady State Wert des Wechselkurses ϵ unter den momentanen Modellrahmenbedingungen. Die Parameterkonstellation $\beta_y < \infty$, $\beta_\epsilon = \infty$ ist damit im Wesentlichen das Neue gegenüber der IS–LM–PC–Analyse offener Volkswirtschaften des vorausgegangenen Abschnitts.

Zur Ermittlung der Implikationen des dergestalt modifizierten IS–LM–PC–Modells untersuchen wir zunächst den Gleichgewichtsteil dieses Modells mittels der Gleichungen (5.120), (5.123) und (5.124). In (5.123) eingesetzt ergeben dieses Gleichungen

$$\bar{r}^a + \beta_\varepsilon(\epsilon_o/\epsilon - 1) = (kY + h_0 - \bar{M}/p)/h_1$$

Diese Gleichung kann nach dem Wechselkurs ϵ, der mit Zinsparität, regressiven Erwartungen und Geldmarktgleichgewicht kompatibel ist, aufgelöst werden:

$$\epsilon = \frac{\beta_\varepsilon}{\beta_\varepsilon + (kY + h_0 - \bar{M}/p)/h_1 - \bar{r}^a}\epsilon_0.$$

Wir setzen hierbei voraus, dass der Nenner in diesem Ausdruck im relevanten ökonomischen Bereich größer Null ist, was z.B. durch geeignete Wahl der Anpassungsstärke β_ε der Wechselkurserwartungen sichergestellt werden kann. Man ersieht, dass der laufende Wechselkurs ϵ negativ vom momentanen Preis–

und Outputniveau, p, Y, abhängt: $\epsilon(Y,p), \epsilon_1, \epsilon_2 < 0$. Auf Basis dieser Beziehung ergibt sich als autonomes dynamisches System in den Zustandvariablen Y, p, π^e für das Modell (5.119) – (5.124):

$$\dot{Y} = \beta_y \left[\left(c - j - 1 - i_1 \frac{k}{h_1} \right) Y + \frac{i_1}{h_1} \frac{\bar{M}}{p} + i_1 \pi^e + v\epsilon(.) \frac{\bar{p}^a}{p} + \text{const.} \right] \quad (5.125)$$

$$\widehat{p} = \beta_w [Y/(\bar{y}\bar{L}) - \bar{e}] + \pi^e, \quad (5.126)$$

$$\dot{\pi}^e = \beta_{\pi^e} \beta_w [Y/(\bar{y}\bar{L}) - \bar{e}]. \quad (5.127)$$

Man sieht, dass die anspruchsvolle Gleichung dieses Systems durch die Gütermarktdynamik (5.125) geliefert wird, während die Gleichungen (5.126), (5.127) jetzt in einfacher Form nur von den Zustandsvariablen Y, π^e abhängen. Da das Modell des vorausgegangenen Abschnitts durch $\beta_y = \infty$ (bei $\beta_\epsilon = \infty$) zurückgewonnen werden kann, ist der Steady State des Systems (5.125) – (5.127) derselbe wie im vorausgegangenen Abschnitt und braucht deshalb hier nicht erneut untersucht zu werden. Geändert hat sich die Dynamik um diesen Steady State herum, die es jetzt zu analysieren gilt.

Im vorliegenden Fall ist dies trotz nunmehr dreier Differentialgleichungen einfach, da die Matrix J der partiellen Ableitungen des Systems (5.125) – (5.127) am Steady State die folgende Vorzeichenstruktur aufweist:

$$J = \begin{pmatrix} J_{11} & J_{12} & J_{13} \\ J_{21} & J_{22} & J_{23} \\ J_{31} & J_{32} & J_{33} \end{pmatrix} = \begin{pmatrix} - & - & + \\ + & 0 & + \\ + & 0 & 0 \end{pmatrix}.$$

Proposition 5.3 *(Routh-Hurwitz-Bedingungen für lokale asymptotische Stabilität)*

Der Steady State Y_o, p_o, π_o des Systems (5.125) – (5.127) ist lokal asymptotisch stabil genau dann, wenn gilt:

a) *spur* $J < 0$ *und* $\det J < 0$

b) $J_1 + J_2 + J_3 = \begin{vmatrix} J_{22} & J_{23} \\ J_{32} & J_{23} \end{vmatrix} + \begin{vmatrix} J_{11} & J_{13} \\ J_{31} & J_{33} \end{vmatrix} + \begin{vmatrix} J_{11} & J_{12} \\ J_{21} & J_{22} \end{vmatrix} > 0$

c) (- *spur* $J)(J_1 + J_2 + J_3) + \det J > 0$.

Beweis: Gantmacher (1971, S.168 ff.)

Bemerkung: Das charakteristische Polynom der Matrix J lautet mittels dieser Kennzahlen der Matrix J:

$$\lambda^3 + a_1\lambda^2 + a_2\lambda + a_3 = \lambda^3 - \text{ spur } J\lambda^2 + (J_1 + J_2 + J_3)\lambda - \det J.$$

Es hat somit im Stabilitätsfall nur positive Koeffizienten a_1, a_2, a_3, die dann zudem auch noch $a_1 a_2 - a_3 > 0$ erfüllen (müssen).

Für die obige spezielle Form der Matrix J ergibt sich unmittelbar:

$$\begin{aligned}
\text{spur}\, J &= J_{11} < 0 \\
\det J &= J_{12}J_{23}J_{31} < 0 \\
J_1 &= 0 \\
J_2 &= -J_{31}J_{13} < 0 \\
J_3 &= -J_{12}J_{21} > 0
\end{aligned}$$

Im Lichte des obigen Stabilitätskriteriums ist deshalb nur $J_2 < 0$ ein Problem. Aus ökonomischer Sicht gilt es natürlich zu verstehen, warum dies der Fall ist. Dazu sind die Einträge J_{ik} in der obigen Matrix jetzt auf ihren ökonomischen Hintergrund hin zu untersuchen.

Wir ersehen aus Gleichung (5.125), dass $J_{11} < 0$ die Stabilitätsbedingung dafür ist, dass der dynamische Multiplikatorprozess am Gütermarkt für sich genommen asymptotisch stabil ist: $Y_Y^d < 1(\dot{Y}_Y < 0)$. Dies besagt wie im keynesianischen 45°–Diagramm, dass die Nachfragefunktion bei Y–Variationen schwächer als Y reagiert und sie damit flacher als die 45°–Linie ist.[46] Wir haben des Weiteren in (5.125) wegen $J_{12} < 0$ wieder den stabilisierenden Keynes–Effekt, $i_1/h_1\bar{M}/p$, der jetzt durch die negative Reaktion des realen Wechselkurses, $\tau = \epsilon(Y,p)\bar{p}^a/p$, auf Preisniveauerhöhungen noch verstärkt wird. Und schließlich haben wir wieder $J_{13} = \beta_y i_1 > 0$, den Mundell–Effekt, von dem wir wissen, dass er destabilisierend wirkt. Die weiteren partiellen Ableitungen J_{ik} in der Matrix J, die nicht Null sind, $J_{21}, J_{23}, J_{31} > 0$, besagen einfach, dass Outputsteigerungen und Steigerungen bei den Inflationserwartungen die Inflationsrate $\widehat{p}$ und die Inflationserwartungen π^e positiv beeinflussen.

Damit folgt für die obige formale Analyse als Interpretationsmöglichkeit:

$$\begin{aligned}
\text{spur}\, J < 0 &: \text{ Der stabile dynamische Multiplikatorprozess.} \\
\det J < 0 &: \text{ Der stabilisierende Keynes–Effekt: } J_{12} < 0. \\
J_3 > 0 &: \text{ Der stabilisierende Keynes–Effekt: } J_{12} < 0. \\
J_2 < 0 &: \text{ Der destabilisierende Mundell–Effekt: } J_{13} > 0.
\end{aligned}$$

Um Outputanpassungen erweitert haben wir damit wieder die üblichen, die Stabilität des IS–LM–PC–Modells bedingenden Effekte in ihrer typischen Wirksamkeit vorliegen, da die begleitenden Wechselkurseffekte $\epsilon(Y,p), \epsilon_1, \epsilon_2 < 0$ mit sonstigen Output– und Preisniveaueffekten parallel gehen.

Proposition 5.4 *Der Steady State des Systems (5.125) – (5.127) ist lokal asymptotisch stabil, wenn die Anpassungsstärke β_{π^e} der Inflationserwartungen hinreichend klein ist.*

Beweis: $\beta_{\pi^e} = 0$ impliziert $J_2 = 0$ und $\det J = 0$, aber $J_3 > 0$, spur $J < 0$ so, dass in diesem Falle die Routh–Hurwitz–Bedingungen b), c) von Proposition

[46] Man beachte hierbei, dass der Wechselkurs ϵ ebenfalls negativ auf Outputveränderung reagiert.

5.4 erfüllt sind. Aus Stetigkeitsgründen sind diese Bedingungen deshalb auch für alle β_{π^e} hinreichend nahe bei Null erfüllt.

Bemerkung: Setzt man den Parameter β_{π^e} schrittweise hoch, so wird J_2 negativer und negativer, während J_3 konstant bleibt. Die Bedingung $J_1 + J_2 + J_3 > 0$ wird deshalb für hinreichend große β_{π^e} verletzt sein, was impliziert, dass der Steady State von (5.125) – (5.127) dann nicht mehr lokal asymptotisch stabil ist. Da $\det J$ stets ungleich Null ist, kann dies nur erreicht werden, indem komplexe Eigenwerte mit negativem Realteil zu einem positiven Realteil überwechseln, da alle Eigenwerte stets von Null verschieden sein müssen ($\det J = \lambda_1\lambda_2\lambda_3$). Es folgt, dass das System seine Stabilität nur mittels Schwingungen verlieren kann, also in diesem Bereich zu Konjunkturschwankungen Anlass gibt.

Wir haben im Hinblick auf das nichtlineare Differentialgleichungssystem (5.125) – (5.127) bislang die lokale asymptotische Stabilität des Steady States untersucht, ohne diesen selbst bestimmt zu haben. Anders als im vorausgegangenen Abschnitt haben wir dabei keine einschränkenden Annahmen über den Parameter v machen müssen und haben jetzt auch endogene Inflationserwartungen ($\pi^e \neq 0$) in die Analyse einbezogen. Im Hinblick auf Dornbuschs (1976) Problem überschießender Wechselkurse (vgl. den vorausgegangenen Abschnitt) ist aber primär die kurzfristige und die langfristige Reaktion der endogenen Variablen des Modells von Interesse und nicht so sehr der Anpassungspfad, der uns vom kurz– zum langfristigen Gleichgewicht führt (und der hier auf drei sich dann anpassenden Variablen p, π^e, Y beruht).

Die ökonomisch relevante langfristige Position wird durch $\dot{Y} = \dot{p} = \dot{\pi}^e = 0, p \neq 0$ beschrieben. Die Gleichungen (5.125) – (5.127) liefern auf dieser Basis[47] $Y_o = \bar{Y}, \pi^e_o = 0$ und mittels der Zinsparität bei hier stationären Wechselkurserwartungen ($\epsilon = \epsilon_o$):

$$r_o = \bar{r}^a = (kY_o + h_0 - \bar{M}/p_o)/h_1 \tag{5.128}$$

den Steady State Wert für das Preisniveau p.[48] Der Steady State Wert ϵ_o, der die Grundlage für die regressive Erwartungsbildung abgibt, wird eindeutig durch die Gütermarktgleichgewichtsbedingung bestimmt, die im Steady State wie folgt lautet:

$$Y_o = c(Y_o - \delta\bar{K} - \bar{T}) + i_o - i_1(\bar{r}^a - \bar{\pi}^e_o) + \delta\bar{K} + \bar{G} + \bar{X} - \bar{J} - jY_o + v\epsilon_o\bar{p}^a/p_o \tag{5.129}$$

Gleichung (5.128) besagt, dass die Realkasse $\bar{M}/p$ über alle Steady States hinweg konstant sein muss, und Gleichung (5.129) besagt dasselbe für den Wert des realen Wechselkurses ϵ/p. In Wachstumsraten ausgedrückt liefert dies

$$\frac{d\bar{M}}{\bar{M}} = \frac{dp_o}{p_o}\left(= \frac{dw_o}{w_o}\right) = \frac{d\epsilon_o}{\epsilon_o},$$

[47] $\bar{Y}/(\bar{y}\bar{L}) = \bar{e}$.

[48] $w_o = p_o\bar{y}/(1+a)$.

d.h. langfristig gilt hier wie im vorausgegangenen Abschnitt die Neutralität des Geldes (da $Y_o = \bar{Y}$ und $r_o = \bar{r}^a$ von Geldmengenveränderungen nicht betroffen werden) und die Aussage der relativen Kaufkraftparitätentheorie. Dieser letzte Sachverhalt rechtfertigt auch Kenntnis von ϵ_o, die bei der Bildung der regressiven Erwartungen bei den Wirtschaftssubjekten unterstellt worden war, da die langfristige Reaktion des Wechselkurses auf Geldmengenveränderungen hier eben sehr einfacher Natur ist.

Insgesamt haben wir damit, dass die langfristigen Implikationen des gegenwärtigen Modells die gleichen sind wie im IS–LM–PC–Modell des vorherigen Abschnitts. Dies ist insofern leicht verständlich, da das gegenwärtige Modell zum einen das vorherige Modell als Grenzfall aufweist ($\beta_y = \infty$) und im allgemeinen sein Vorgängermodell nur um verzögerte Outputanpassung der Firmen erweitert hat, was für die Steady–State–Bestimmung selbst belanglos ist.

Die Kurzfristanalyse ist jedoch von der des vorausgegangenen Abschnitts verschieden, da der Outputwert Y jetzt bei jedem monetären Schock $d\bar{M} < 0$ zunächst konstant ist. Die unmittelbare Reaktion findet am Geldmarkt statt, wo bei gegebenem Outputniveau und Preisniveau der Nominalzins sinken muss, um die Geldnachfrage mit dem Geldangebot wieder kompatibel zu machen. Es folgt $r < \bar{r}^a$ (wenn vorher ein Steady State mit $r = \bar{r}^a$ vorgelegen hat). Die Konsequenz dieses Zinsdifferentials ist, dass eine Aufwertungserwartung $\widehat{\epsilon}^e < 0$ erzwungen wird, da anderenfalls die Zinsparitätsbedingung verletzt wäre:[49] $\bar{r}^a + \widehat{\epsilon}^e = r$. Damit folgt als Bestimmungsgleichung für die unmittelbare Reaktion des Wechselkurses ϵ

$$\beta_\varepsilon(\epsilon_o/\epsilon - 1) = \bar{r}^a - r < 0 : \epsilon > \epsilon_o,$$

wobei hier ϵ_o den neuen langfristigen Gleichgewichtswert des Wechselkurses darstellt. Der Wechselkurs ϵ überschießt deshalb sein langfristiges Ziel ϵ_o. Das Ausmaß dieser Überabwertung der € ist dabei durch

$$\epsilon = \frac{\beta_\varepsilon}{\beta_\varepsilon + \bar{r}^a - r} = \frac{1}{1 + (\bar{r}^a - r)/\beta_\varepsilon}, \quad r = \frac{kY + h_0 - \bar{M}/p}{h_1}$$

gegeben und damit lediglich von Geldmarktparametern und β_ε abhängig (bei gegebenem Output- und Preisniveau).

Es folgt, dass die expansive Geldpolitik im doppelten Sinne erfolgreich ist, da sie durch Zinssenkungen die Investitionsgüternachfrage und aufgrund der Abwertung die Nettoexporte erhöht, was beides als Zunahme der aggregierten Nachfrage am Gütermarkt erscheint.

War vor dem monetären Schock ein Steady State gegeben, so kommt es jetzt in der mittleren Sicht aufgrund der drei Bewegungsgesetze für Output, Preisniveau und Inflationserwartungen zu Steigerungen dieser Größen und damit auch wieder zu Zinssteigerungen und Aufwertungen der €, die langfristig

[49] Der monotone Prozess, der solche Aufwertungserwartungen erzeugt, ist in Abb. 3.32. dargestellt worden ($\beta_\epsilon \to \infty$).

auf eine mehr oder weniger komplizierte Art die wieder auf das Niveau $\bar{Y}$, den Normaloutput der Wirtschaft, zurückführen. Wie oben gezeigt, gilt dies natürlich nur, wenn der Parameter β_{π^e}, die Anpassungsstärke bei den Inflationserwartungen, nicht zu groß ist und damit der tendenziell destabilisierende Mundell–Effekt nicht erfolgreich ist. Schließlich gilt, dass weitere monetäre Schocks, die im Verlaufe eines solchen Anpassungsprozesses erfolgen, nicht so einfach wie Störungen eines Steady States zu analysieren sind, da dabei sehr unterschiedliche Momentansituationen vorliegen können.

Anmerkung 1: Dornbuschs (1976) Aufsatz zu überschießenden Wechselkursen verwendet anstelle des dynamischen Systems (5.125) – (5.127) das folgende einfache (walrasianische) Anpassungsverhalten des Preisniveaus p:

$$\widehat{p} = \beta_p(Y^d(\underset{-}{\epsilon}, \underset{-}{p}, \underset{-}{r}, \underset{+}{\bar{M}}) - \bar{Y}),$$

wobei aufgrund von Geldmarktgleichgewicht und Zinsparität bei ihm zusätzlich wieder Funktionen $\epsilon(p)$ und $r(p)$ herleitbar sind, die $\epsilon' < 0, r' > 0$ erfüllen.

Anmerkung 2: Die keynesianische Outputanpassungsregel (5.125), der sog. dynamische Multiplikatorprozess, ist ebenfalls noch Vereinfachung eines komplexeren Mengenanpassungsprozesses der Firmen, der unfreiwillige Lagerveränderungen aufgrund von Irrtümern beim erwarteten Absatz und korrigierende geplante Lagerveränderungen bei den Unternehmungen thematisieren müsste.

Anmerkung 3: Unterstellt man anstelle von regressiven Wechselkursänderungserwartungen myopisch perfekte Voraussicht $\widehat{\epsilon}^e = \widehat{\epsilon}$, so erhält man über die Zinsparität

$$\bar{r}^a + \widehat{\epsilon} = r = (kY + h_0 - \bar{M}/p)/h_1 \text{ oder}$$

$$\widehat{\epsilon} = (kY + h_0 - \bar{M}/p)/h_1 - \bar{r}^a = \widehat{\epsilon}(\underset{+}{Y}, \underset{+}{p})$$

Es ist bzgl. dieser, zum System (5.125) – (5.127) dann hinzukommenden vierten Differentialgleichung nicht schwer zu zeigen, dass die Matrix der partiellen Ableitungen im Steady State dieses Systems eine negative Determinante aufweist. Die Routh–Hurwitz Bedingungen der Dimension 4 besagen dann, dass der Steady State in diesem Falle stets lokal instabil sein muss. Aufgrund der Nichtlinearität des vorliegenden Differentialgleichungssystems sind aber globale Aussagen über das dynamische Verhalten der Variablen Y, p, π^e, ϵ dann praktisch kaum möglich.

6

Keynesianische Wachstumstheorie: Die lange Sicht

6.1 Wachstumstheorie im Gefolge von Keynes' 'Allgemeiner Theorie'

Bevor wir in diesem Kapitel zu einer Integration von Wachstumsaspekten in die keynesianische IS-LM-PC Analyse übergehen werden, wollen wir in diesem Abschnitt zwei keynesianisch orientierte wachstumstheoretische Ansätze betrachten, die im Gefolge und auf Basis der Keynes'schen Theorie des temporären Gleichgewichts (der Multiplikatortheorie) entstanden sind, die Instabilitätsanalyse kapitalistischer Wachstumsprozesse von Harrod (1939) und den stagnationstheoretischen Ansatz von Domar (1946). Diese Ansätze werden anschließend mit dem sog. neoklassischen Wachstumsmodell konfrontiert werden, welches von Solow (1956) als Kritik des Harrodschen Ansatzes konzipiert worden war. Wir werden sehen, dass diese Kritik Solows nicht gut fundiert ist, da sein Modell anstelle des Keynes'schen Multiplikatorprozesses der Bestimmung von Einkommen und Produktion (auf Basis gegebenen Investitionsverhaltens) wieder zum Sayschen Gesetz (bei Vollbeschäftigung des Faktors Arbeit) zurückkehrt und damit eine keynesianische Analyse von Wachstum und Stabilität qua Annahme einfach ausblendet.

Trotz dieses Sachverhalts ist das Solowsche Wachstumsmodell das Wachstumsmodell der Literatur geworden und dies mit einem gewissem Recht, da es in einfachster Weise eine Reihe stilisierter Fakten des Wachstums erklären kann und sich problemlos einer Vielzahl von Verallgemeinerungen anpasst. Demgegenüber ist das Harrodsche und das Domarsche Wachstumsmodell nicht nennenswert weiterentwickelt worden, wobei ein Grund dafür darin gesehen werden kann, dass die in diesen Modellen thematisierten Auslastungsprobleme beim Kapitalstock und ein darauf gegründetes Investitionsverhalten sich nicht in einfacher Weise auf Produktionsfunktionen, die stetige Faktorsubstitution erlauben, ausdehnen lassen. Solche Auslastungsprobleme sind in der Makrotheorie und erst recht in der makroökonomischen Wachstumstheorie selten einer akzeptablen Modellierung zugeführt worden.

Wir werden deshalb nach diesen einleitenden Abschnitten über Harrodsche, Domarsche und Solowsche Wachstumstheorie ebenfalls nicht mit solchen Problemen starten, sondern zunächst auf Basis des Kapitels 4 und des dort breit eingeführten IS-LM-PC Modells der mittleren Sicht uns dem Sachverhalt nähern, dass Produktionsfaktoren und der von ihnen erzeugte Output in der Regel einem Wachstumstrend unterliegen, den es auch aus Sicht dieser Modellierung zu erklären gilt. Dabei wird es im wesentlichen darum gehen, die Kräfte zu beschreiben, die das Wachstum des Faktors Arbeit und des Faktors Kapital bedingen und daraus das Wachstum des Outputs (und später des Potenzialoutputs) herzuleiten. Wir werden sehen, dass dadurch die Analyse der mittleren Sicht im wesentlichen um ein Bewegungsgesetz (der relativen Faktorausstattung) angereichert werden wird.

6.1.1 Harrod– und Domarsche Wachstumstheorie: Akzelerierendes Wachstum und persistente Depression

Wenden wir uns zunächst Harrods (1939) Analyse des befriedigenden Wachstums auf des Messers Schneide zu. Zu diesem Zweck vereinfachen wir die IS-LM-PC Analyse des vorherigen Kapitels in radikaler Weise, um uns eben ganz auf Wachstumsphänomene konzentrieren zu können. Wir nehmen in diesem Abschnitt deshalb an, dass die folgenden Parameter

$$\bar{G}, \bar{T}, \delta, i_1, \beta_w, \beta_{\pi^e}$$

des IS-LM-PC Modells alle gleich Null gesetzt sind. Es gibt damit im Folgenden keine explizite Betrachtung des Staatssektors, keine Ersatzinvestitionen und keine Zinsabhängigkeit der Nettoinvestitionen sowie starre Preise und Löhne und damit auch keine Inflationserwartungen. Als Konsequenz dieser Annahmen gilt die keynesianische Multiplikatortheorie in der folgenden einfachst möglichen Form:

$$Y = \frac{1}{s}I = \frac{1}{1-c}I \quad [Y = cY + I, \ I = i_o].$$

Gemäß der Annahmen von Kapitel 3 und 4 ist diese Multiplikatortheorie vor dem Hintergrund einer linear-limitationalen Produktionsfunktion

$$Y = \min\{\bar{x}K, \bar{y}L^d\}$$

angesiedelt, wo $\bar{x}, \bar{y}$ wie gewohnt die als konstant angenommenen Faktorproduktivitäten von Kapital und Arbeit bezeichnen und K, L^d die von den Firmen eingesetzten Mengen dieser Produktionsfaktoren. In diesem einfachen Modellrahmen erhält man eine Darstellung von Harrods Analyse der Instabilität kapitalistischer Wachstumsprozesse, wenn man als neue Investitionserklärung jetzt die sog. Akzeleratorhypothese über das Investitionsverhalten einführt, was wir in grober Anlehnung an Harrod (1939) in der folgenden einfachen Form tun wollen:

$$\begin{aligned}\widehat{I/K} &= \beta_\gamma(Y/K - Y^p/K), \beta_\gamma > 0 \\ &= \beta_\gamma(u-1)Y^p/K = \bar{x}\beta_\gamma(u-1), \qquad u = Y/Y^p.\end{aligned}$$

Wir wollen das Datum $\bar{x} = Y^p/K$ hier als 'normale Kapitalproduktivität' interpretieren, die unter– und (bis zu einem gewissen Grade) überschritten werden kann. Die soeben definierte Größe $u = Y/Y^p \geq 1$ kann damit als Auslastungsgrad des Kapitalstocks aufgefasst werden, wobei ihr Wert '1' Normalauslastung signalisiert. Die obige Investitionsformel besagt deshalb, dass die Investitionsanstrengung der Unternehmungen, d.h. hier die Wachstumsrate des Kapitalstocks $\gamma_k = \dot{K}/K = \widehat{K} = I/K$ bei Überauslastung $u > 1$ $(Y/K > Y^p/K)$ steigt und bei Unterauslastung desselben fällt, was als ein erster Zugang zur kapazitätsgesteuerten Investitionstheorie sicherlich nicht unplausibel ist. Kombiniert mit der Keynes'schen Multiplikatortheorie $Y = I/s$ ergibt sich aus dieser neuen Sichtweise über das Investitionsverhalten als fundamentale Bewegungsgleichung für dieses Multiplikator - Akzelerator - Modell:

$$\widehat{u} = \dot{u}/u = \widehat{Y} - \widehat{Y}^p = \widehat{I} - \widehat{K} = \widehat{I/K} = \bar{x}\beta_\gamma(u-1).$$

Dies ist eine nichtlineare autonome Differentialgleichung für die Dynamik des Auslastungsgrades u der Unternehmungen. Grafisch dargestellt gilt für diese Differentialgleichung die folgende Situation:

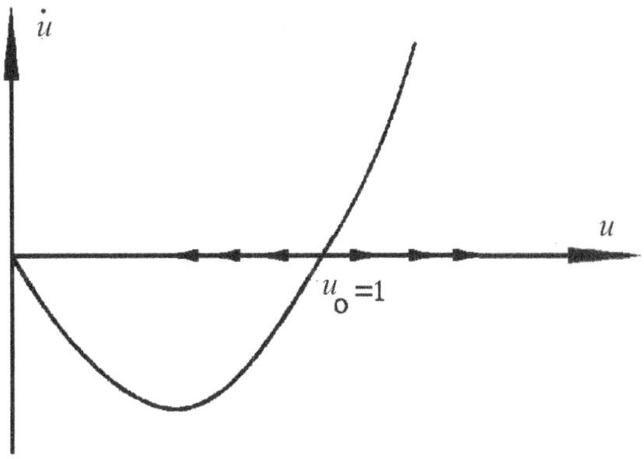

Abb. 6.1. Harrod: Instabiles Wachstum

Es folgt in bekannter Weise, dass Abweichungen vom Normalauslastungsgrad (1) die Tendenz haben, sich zu verstärken. Die Interaktion von kapazitätsbedingtem akzelerierenden Investitionsverhalten mit den keynesianischen Multiplikatorwirkungen der Investitionen am Gütermarkt führt somit zu sich selbst verstärkenden Expansions- oder Kontraktionsprozessen bei der Auslastung der Firmen.

Die obige dynamische Beziehung liefert darüberhinaus die folgenden wachstumstheoretischen Aussagen:

1. Gilt Normalauslastung $u = 1$, so ist $\gamma_k = I/K$ konstant und wegen $x = Y/K = Y^p/K = \bar{x}$, $I = sY$ gleich der Wachstumsrate $\gamma_w = s\bar{x}$. Diese steady–state Wachstumsrate heißt bei Harrod die befriedigende Wachstumsrate (warranted rate of growth).
2. Investieren die Unternehmen mit der Rate $\gamma_w = s\bar{x}$, d.h. gilt $I/K = \gamma_w$, so folgt $Y/K = \bar{x}$ und damit $Y = Y^p$ oder $u = 1$, d.h. die Unternehmen werden dazu angeregt, diese Investitionsrate beizubehalten. Dies erklärt die Namensgebung bei dieser speziellen Wachstumsrate, die dann das uniforme Wachstum von $Y = Y^p$ sowie K, I charakterisiert.
3. Da (wie gesehen) Abweichungen des Auslastungsgrades u von 1 die Tendenz haben, sich zu verstärken, ist der Pfad des befriedigenden Wachstums von zentrifugalen Kräften umgeben (wegen $\hat{Y} - \hat{Y}^p = \beta_\gamma \bar{x}(u-1)$). Die Abweichungen der tatsächlichen Wachstumsrate von der befriedigenden werden deshalb mit der Zeit immer größer (Wachstum auf des Messers Schneide).
4. Nur durch Zufall stimmt die befriedigende Wachstumsrate $\gamma_w = s\bar{x}$ mit der natürlichen Wachstumsrate n_1 der Arbeitsbevölkerung überein.[1]

Dieses einfache Multiplikator-Akzelerator-Modell der Harrodschen Wachstumstheorie weist damit auf zwei gravierende Probleme kapitalistischer Marktwirtschaften hin, erstens die Instabilität des Wachstumsprozesses solcher Ökonomien und zweitens das Fehlen eines offensichtlichen Mechanismus, der ein für Vollbeschäftigung in der Zeit adäquates Wachstum des Kapitalstocks und der Produktion hervorbringt.

Diese keynesianische Theorie der Güternachfrage und der Investitionen stellt damit die doppelte Frage, was die zentrifugalen Kräfte des Wachstumsprozesses in Grenzen hält, also nur einen gewissen Wachstumskorridor zulässt, und des weiteren, was die Investitionstätigkeit in ihrer Interaktion mit der volkswirtschaftlichen Ersparnis $S = sY$ und dem Output–Kapital–Verhältnis x so beeinflusst, dass ein mit dem Bevölkerungswachstum gleichschrittiges Wachstum von Kapital und Output erzeugt wird.

Im Unterschied zu Harrods (1939) Instabilitätsanalyse fragt Domar (1946) zunächst nur nach den Bedingungen, die ein Wachstumsprozess erfüllen muss, bei dem die Auslastung der Unternehmungen unverändert bleibt, wo also insbesondere Vollauslastung in der Zeit erhalten bleibt. Diese Frage stellt sich für ihn aufgrund des dualen Charakters der Investitionen, einerseits aus Sicht der Multiplikatortheorie Einkommen und Produktion in ihrer Höhe zu determinieren: $Y = \frac{1}{s}I$ und andererseits die produktiven Kapazitäten der Firmen auszuweiten: $\dot{K} = I, \dot{Y}^p = \bar{x}\dot{K}$. Hintergrund dieses Ansatzes ist erneut die Annahme einer linear-limitationalen Produktionsfunktion wie im Harrod-Modell. Das Symbol Y^p steht damit erneut für den mit dem gegenwärtigen Kapitalstock K erzeugbaren Normaloutput, während Y den gemäß keynesianischer

[1] Wobei für die Rate des technischen Wandels n_2 hier der Einfachheit halber der Wert 0 angenommen worden ist.

Theorie möglichen Absatz der Firmen bezeichnet. Der gegenwärtige Auslastungsgrad der Unternehmungen ist damit wieder durch $u = Y_o/Y^p$ gegeben.

Vollauslastung $u \equiv 1$ verlangt $Y = Y^p$ in jedem Zeitpunkt und impliziert damit $I/s = \bar{x}K$ sowie auch mittels $\dot{Y} = \dot{Y}^p : \dot{I}/s = \bar{x}\dot{K} = \bar{x}I$, also $\dot{K}/K = I/K = s\bar{x}$ und $\widehat{I} = \dot{I}/I = s\bar{x}$. Der Kapitalstock und die Investitionen müssen also mit der exogen vorgegebenen Rate $s\bar{x}$ wachsen, soll der Kapitalstock in der Zeit voll ausgelastet bleiben. Nur in dieser Situation ist der durch die Investitionen generierte Einkommenseffekt $Y = I/s$ genauso groß wie der Kapazitätseffekt und wachsen Y und Y^p mit der Rate $s\bar{x}$. Es folgt, dass eine solche Ökonomie – unabhängig von den Entwicklungen beim Produktionsfaktor Arbeit – zum Wachstum 'verurteilt' ist, wenn Probleme für die Vollauslastung des Kapitalstocks vermieden werden sollen. Die Analogie zu Harrods Aussagen über die befriedigende Wachstumsrate sind offensichtlich, auch wenn bei Domar nicht von einer Hypothese über das Investitionsverhalten ausgegangen worden ist, um dieses Resultat zu erhalten.

Um zu verdeutlichen was passiert, wenn diesem Wachstumszwang nicht Genüge getan wird, sei jetzt angenommen, dass die Investitionen nur mit der Rate $\bar{\gamma} = \widehat{I}$ mit $0 < \bar{\gamma} < s\bar{x}$ wachsen. Für den Auslastungsgrad u der Unternehmungen ergibt sich damit mittels der bekannten Wachstumsratenformeln und auf Basis von $Y = \frac{1}{s}I$:

$$\dot{u}/u = \widehat{u} = \widehat{Y} - \widehat{Y}^p = \widehat{I} - \widehat{K} = \bar{\gamma} - (I/Y)(Y^p/K)(Y/Y^p) = \bar{\gamma} - s\bar{x}u,$$

also jetzt eine Differentialgleichung von dem folgenden qualitativen Typ:

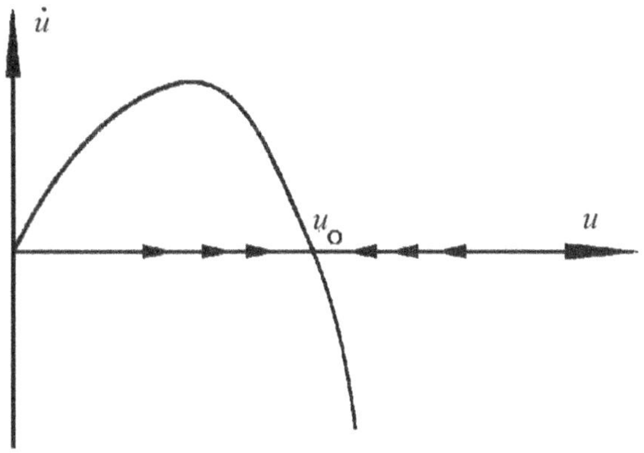

Abb. 6.2. Domar: Stabile Depressionslagen

Wie schon von analogen Fällen her bekannt folgt in dieser Situation unmittelbar, dass der gleichgewichtige Auslastungsgrad u_o dieser Dynamik im ökonomisch relevanten Bereich global asymptotisch stabil, also globaler Attraktor ist.

Dieser Auslastungsgrad, gegen den die Wirtschaft hier strebt, berechnet sich wie folgt:

$$\dot{u} = 0 = \bar{\gamma} - s\bar{x}u_o, \text{ d.h. } u_o = \bar{\gamma}/(s\bar{x}).$$

Für $\bar{\gamma} = s\bar{x}/2$ folgt damit z.B., dass die Auslastung der Unternehmen langfristig auf 50% absinken wird, wenn die Wachstumsrate der Investitionen $\widehat{I}$ nur halb so groß wie die erforderliche Wachstumsrate $s\bar{x}$ ist. Wachstumsschwäche bei den Investitionen kann im Rahmen dieses Ansatzes somit dramatische Konsequenzen für die Wirtschaft haben. Der Zwang zu ausreichendem Wachstum ist damit in elementarer und drastischer Form dargestellt.

Harrods Analyse instabiler Wachstumsprozesse und Domars Aussagen über stabile Depressionslagen können in elementarer (verbaler) Weise zu einer Theorie des zyklischen Wachstums zusammengefügt werden, also zu einer Synthese von Konjunktur- und Wachstumsdynamik. Dazu stellen wir uns zunächst vor, dass Überauslastung der Unternehmen im Ausgangspunkt vorliegt, was gemäß Harrod zu einem sich selbst tragenden, ja sogar sich beschleunigenden Aufschwungsprozess führt. Das so erzeugte dynamische Wachstum wird auf Dauer die Wachstumsrate der Erwerbsbevölkerung überschreiten und damit zu Engpässen am Arbeitsmarkt wie auch an anderen Faktormärkten führen. Allmählich resultierende Steigerungen bei den Faktorkosten senken die Profitabilität der getätigten Investitionen und implizieren (in Ergänzung der oben diskutierten Investitionsdeterminanten) eine in der Tendenz nachlassende Investitionstätigkeit. Gemäß der Multiplikatortheorie führt dies zu Bremseffekten bei der Entwicklung des Absatzes und damit der Auslastung der Unternehmungen. Diese Entwicklung bestärkt den Eindruck nachlassender Wirtschaftsdynamik und veranlasst die Firmen, ihre Investitionen mehr und mehr einzuschränken, was im Gefolge (erneut gemäß Multiplikatortheorie) ihren Absatz mehr und mehr bremst. Dieser Stockungsprozess im Wirtschaftswachstum setzt sich solange fort, bis der Punkt erreicht ist, wo auch die Kapitalmärkte auf die sich abzeichnende Flaute reagieren – mit einem Anstieg des für die Investoren relevanten Marktzinssatzes aufgrund steigender Liquiditätspräferenz der Kreditgeber. Wenn dies in ausreichend starken Ausmaß geschieht, ist eine ausgeprägte Depression die Folge.

Nimmt man in einer solchen Situation dem Domar–Modell folgend an, dass sich die Investionen bzw. ihre Wachstumsrate auf einem niedrigen Niveau stabilisieren können (aufgrund des Zwangs, gewisse Investitionsprojekte weiterführen zu müssen), so folgt gemäß diesem Ansatz, dass sich die Wirtschaft bei einem niedrigen Auslastungsgrad stabilisieren wird. Wir haben oben gesehen, dass es endogene Mechanismen geben kann, die einen dynamischen Wachstumsprozess zum Erlahmen kommen lassen und einen (oberen) Wendepunkt im Konjunkturgeschehen herbeiführen können. Gibt es aber auch in der stabilen Depressionslage des Domar–Ansatzes modellexogene Zusatzkräfte, die aus dieser Depressionslage wieder herausführen können? Eine mögliche Vorstellung dieser Art kann sich darauf berufen, dass in der Depression einerseits die Entwicklung der Faktorkosten sich wieder umkehren wird und zudem unprofitabel gewordenes Realkapital vernichtet wird, also die Abschreibungsrate des Kapitalstocks durch Firmenzusammenbrüche signifikant nach oben geht. Das verbleibende Kapital wird also allmählich sowohl von der Profitabilität wie auch von der Nachfrageseite her besseren Bedingungen ausgesetzt sein und somit auch die Investitionstätigkeit sich allmählich wieder beleben. Die Folge ist, dass der Multiplikatorprozess wieder verstärkt zum Absatz der Unternehmungen beiträgt. Es kann sein, dass dadurch der Punkt erreicht wird, wo die Liquiditätspräferenz sich zurückentwickelt und folglich auch von dieser Seite her für die Investoren die Signale für einen neuen Aufschwung gesetzt werden. Dies ist in aller Kürze die Skizze einer auf Aspekten bei Keynes (1936),[2] Harrod (1939) und Domar (1946) aufbauenden Konjunktur- und Wachstumstheorie, die die Existenz wiederkehrender Wirtschaftszyklen primär aus dem Investitionsgeschehen heraus begründet.[3] Es sollte offensichtlich sein, dass Basis solcher Überlegungen Keynes' Negation des Sayschen Gesetzes ist und notwendig sein muss. Darüber hinaus gilt aber, dass die Theorie der Investitionsdeterminanten (bislang nur $r^* - \pi^e$ und u) noch wesentlich gründlicher angegangen werden muss, soll wirklich eine geschlossene Theorie des Konjunkturgeschehens (seiner Auf- und Abschwünge und deren Wendepunkte) sowie der daraus resultierenden Wachstumsprozesse möglich werden. Dies wird in diesem Buch nur ansatzweise geschehen können.

6.1.2 Solowsche Wachstumstheorie

Wenden wir uns jetzt noch der neoklassischen Wachstumstheorie zu, die auf dem Solow–Modell[4] des wirtschaftlichen Wachstums beruht. In diesem Modell wird in Anlehnung an Harrod und Domars Modellierungen von einer keynesianischen Konsum– bzw. Sparfunktion der Form

$$S = s(Y - \delta K) = (1 - c)(Y - \delta K)$$

als Grundlage der stattfindenden Kapitalakkumulation ausgegangen.[5] Wie aber wird die Nachfragelücke $Y - \delta K - C = S = s(Y - \delta K)$ im Solowschen

[2] Keynes (1936, Kap. 22) hat das Verhalten der Investoren als die zentrale Ursache des Konjunkturzyklus herausgestellt und den Nachfrage– und Kapazitätseffekt der Investitionen – im Zusammenhang mit dem Zinsmechanismus – für den Aufschwung und sein Ende wie auch für den Abschwung und dessen Wende hin zu einem neuen Aufschwung verantwortlich gemacht.

[3] Der Multiplikator-Akzelerator Ansatz ist von Hicks (1950) auf Basis gegebener Wachstumstrends zu einer umfassenden Konjunktur- und Wachstumstheorie ausgebaut worden, die den Kern der Theorie der Wirtschaftsschwankungen bis zum Beginn der siebziger Jahre ausmachte. Die monetaristische Kritik des Keynesianismus hat diesen Ansatz dann aber seiner theoretischen Bedeutung beraubt und stattdessen das Inflationsproblem in den Vordergrund theoretischer Analysen treten lassen.

[4] Solow (1956).

[5] Wie beim Harrod– und Domar–Modell sehen wir hier vom Staatssektor ab.

Wachstumsmodell geschlossen? Einfach per Definition: $I \equiv S = s(Y - \delta K)$, d.h. alle Ersparnis wird automatisch zur (Direkt–)Investition. Dies ist die einfachste Version von Says Gesetz, wo nicht einmal eine explizite Betrachtung des Zinssatzes r vonnöten ist, um Sparpläne und Investitionspläne zur Deckung zu bringen. Die nachfolgende Wachstumstheorie ist damit trotz der Verwendung einer keynesianischen Sparfunktion in ganz entscheidender Weise neoklassisch und damit angebotsorientiert. Defizitäre Güternachfrage in Bezug auf irgendeinen und insbesondere den Vollbeschäftigungsoutput Y ist hier per Definition ausgeschlossen.

Die entscheidende Neuerung des Solow-Modells gegenüber den Modellen des vorausgegangenen Abschnittes ist die Annahme von Substitutionsmöglichkeiten beim Einsatz der Produktionsfaktoren Kapital K und Arbeit L, also die Annahme einer neoklassischen Produktionsfunktion wie im neoklassischen Basismodell des Kapitels 2. Damit sollte laut Solow (1956) die entscheidende Flexibilität gegeben sein, die das Problem des Wachstums auf des Messers Schneide vermeidbar werden lässt. Um diese neoklassische Wachstumstheorie in ihrer Reichweite hier kurz darzustellen, nehmen wir wie in Abschnitt 2.1 des Kapitels 2 an,[6] dass die unterstellte neoklassische Produktionsfunktion den dort diskutierten technischen Wandel aufweist, also von der Form

$$Y = F(K, Le^{n_2 t})$$

ist. Arbeit L wächst mit der natürlichen Rate $n_1 : L = L(0)e^{n_1 t}$ und Kapital K gemäß der unterstellten Sparfunktion mit der Rate

$$\widehat{K} = \dot{K}/K = S/K = s(Y - \delta K)/K = s(Y/K - \delta).$$

In Ergänzung zur obigen Unterstellung des Sayschen Gesetzes nimmt das Solow–Modell schließlich an, dass Arbeit (und Kapital) stets vollbeschäftigt sind und damit die Faktorangebote in jedem Zeitpunkt den tatsächlichen Output determinieren.

Diese Bausteine reichen bereits aus, den Wachstumspfad dieses Modells eindeutig zu bestimmen. Zu diesem Zweck ist das Rechnen in intensiven Größen, also in geeigneten Relationen, erforderlich. Die folgenden Definitionen gesamtwirtschaftlicher Größen in intensiver Form

$$k = K/(Le^{n_2 t}), \quad y = Y/(Le^{n_2 t}), \quad l = 1/k$$

sind dabei besonders nützlich. Sie stellen die Kapitalintensität k, die Arbeitsintensität l und die Arbeitsproduktivität y im Sinne der VGR dar, aber in sog. Effizienzeinheiten gemessen, wo der arbeits(leistungs)vermehrende technische Wandel mit in Rechnung gestellt wird. Bzgl. solcher Relationen ergibt sich dann sofort [$\widehat{k} = \dot{k}/k$]:

[6] Ausführliche Darstellungen der neoklassischen Produktionsfunktion in extensiver und in intensiver Form findet der Leser in Sargent (1987, Kap. 1/5) und in Jones (1975).

$$\begin{aligned}\widehat{k} &= \widehat{K} - n_1 - n_2 = s(Y/K - \delta) - (n_1 + n_2)\\ &= sF(1, Le^{n_2 t}/K) - (s\delta + n_1 + n_2)\\ &= sF(1, 1/k) - (s\delta + n_1 + n_2) \quad \text{und somit}\end{aligned}$$

$$\dot{k} = sf(k) - (s\delta + n_1 + n_2)k, \quad f(k) = F(k, 1).$$

Die Entwicklung der Kapitalintensität wird in dieser Wachstumstheorie damit durch eine einzige Differentialgleichung beschrieben, die sich grafisch wie folgt darstellen lässt:

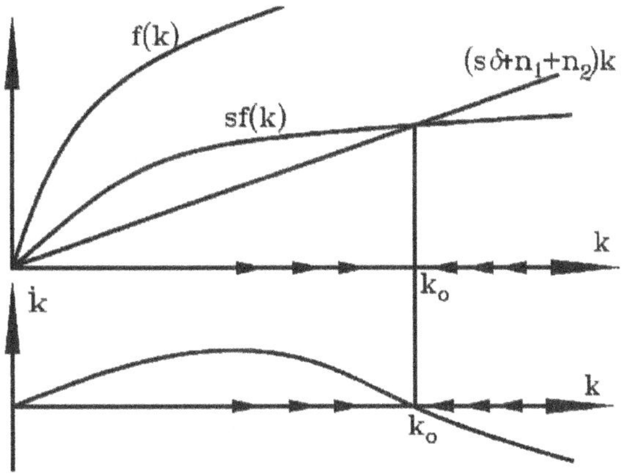

Abb. 6.3. Steady State und Stabilität im Solow–Modell des wirtschaftlichen Wachstums

Wie inzwischen geläufig ist, ist die globale asymptotische Stabilität der k–Dynamik in Bezug auf den Steady State Wert k_o wieder unmittelbar aus dieser Grafik erkennbar. Die Entwicklung der Faktorangebots-Relation $k = K/L$ verläuft damit zwangsläufig so, dass sie stets gegen ein und denselben stationären Wert k_o strebt. Für diesen langfristigen Gleichgewichtswert k_o gilt dabei:[7]

$$H(k_o) = \frac{f(k_o)}{k_o} = \delta + \frac{n_1 + n_2}{s}, \quad H' < 0 \quad \text{also} \quad k_o = H^{-1}(\delta + (n_1 + n_2)/s).$$

Es folgt, dass die langfristige Kapitalintensität k_o negativ von den Modellparametern δ, n_1, n_2 und positiv vom Parameter s abhängt.

[7] Die nachstehende Behauptung $H' < 0$ folgt unter Verwendung der Quotientenregel der Differentialrechnung unmittelbar aus der Eigenschaft $f'(k_o)k_o < f(k_o)$ der neoklassischen Produktionsfunktion in der obigen intensiven Form.

Der auf temporären Vollbeschäftigungslagen basierende Anpassungsprozess der Kapitalintensität an ihren langfristigen Wert basiert jedoch allein auf der Dynamik der Faktorangebote und hat damit kaum etwas mit der Evolution temporärer Gleichgewichte des Keynes'schen Basis–Modells des Kapitels 2 und der darauf aufbauenden Wachstumstheorie von Harrod und Domar gemein. Angenommene Flexibiltät in der Verwendung der Produktionsfaktoren K und L geht hier einher mit dem Verzicht auf eine eigenständige Investitionshypothese und auf dadurch bedingte Unterbeschäftigung. Das Solow–Modell ist damit als Kritik des Harrodschen Instabilitätstheorems ungeeignet.

Trotz solcher Kritik kann man aber der Auffassung sein, dass die langfristige Position des Solow–Modells eine brauchbare Darstellung des Steady State kapitalistischer Marktwirtschaften liefert, da sich langfristig die Angebotsseite durchsetzen wird, also sich folgende Beziehungen einstellen werden:

$$y_o = f(k_o), \quad k_o, y_o = \text{ const.}$$
$$\widehat{Y} = \widehat{K} = n_1 + n_2, \quad \widehat{L} = n_1.$$

Aus $n_1 + n_2 = s(f(k_o)/k_o - \delta) = s((Y/L)_o/(K/L)_o - \delta) = s((Y/K)_o - \delta) = s(x_o - \delta)$ folgt darüberhinaus, dass die natürliche Wachstumsrate mit der befriedigenden Wachstumsrate $s(x - \delta)$ dieses Modells im Steady State übereinstimmen muss, also der diesbezügliche fundamentale Gegensatz des Harrod-Modells ebenfalls verschwunden ist.[8] Aufgrund der angenommenen Vollbeschäftigung des Faktors Arbeit ist dieses Ergebnis aber nicht weiter verwunderlich.

Die neoklassische makroökonomische Verteilungstheorie (vgl. Kapitel 2.3) liefert dazu passend

$$\hat{\omega} = n_2, \quad \rho = \text{ const.}$$

Das Solowsche neoklassische Wachstumsmodell liefert damit einen theoretischen Rahmen für die in Abschnitt 2.1 des Kapitels 2 diskutierten Wachstumsbeziehungen, und es zeigt damit auch, dass diese nur durch sehr einseitig orientierte Annahmen einfach zu begründen sind.[9] Inwieweit solche Beziehungen in einem keynesianischen Kontext gelten können, bleibt hier noch abzuwarten. Ersichtlich sollte jedoch sein, dass ein Abrücken vom Sayschen Gesetz, wie es die korrekte Analyse von monetären Ökonomien (mit Geld und Bonds als Finanzaktiva) verlangt, eine erhebliche Schwierigkeit bei der Analyse ihres langfristigen Verhaltens darstellen dürfte und deshalb Schritt für Schritt zu entwickeln ist.

---

[8] Wobei im Solow Modell zusätzlich noch technischer Wandel und Abschreibung Berücksichtigung gefunden hat, also bei einem direktem Vergleich mit dem Harrod Modell dieses Kapitels die Raten n_1, δ gleich Null zu setzen sind.

[9] Die Details des Solowschen Modells des wirtschaftlichen Wachstums sind in Mankiw (1994, Kap. 3/4) ausführlich dargestellt.

6.1.3 Fazit: Textbücher – Endstation Solow–Modell?

Zum Abschluss dieses einleitenden Teils zur keynesianischen Wachstums- und Konjunkturtheorie wollen wir festhalten, dass – von ganz wenigen Ausnahmen abgesehen (Textbücher, die sich nur dem Markträumungsansatz verpflichtet fühlen) – die Lehrbuchliteratur fast durchgängig die kurze Sicht auf Basis keynesianischer IS-LM-Analyse, eventuell mit zeitweiligen Regimewechseln versehen,[10] darstellt und analysiert, also insbesondere im Rahmen einer monetären Ökonomie. In der langen Sicht herrscht dagegen das realwirtschaftlich orientierte Solowsche Wachstumsmodell vor, ohne dass erklärt wird, wie dessen Steady State, geschweige denn dessen Anpassungsprozess an den Steady State, auf Basis der IS-LM Analyse zustandekommen kann. Diese Lehrbücher suggerieren somit lediglich, dass die lange Sicht monetärer Ökonomien vom IS-LM Typ rein neoklassisch und realwirtschaftlich orientiert verstanden werden kann, ohne dafür einen Beweis oder eine ausreichend plausible Erklärung anzubieten. Die korrekte Antwort auf diesen Sachverhalt kann aber nur sein, die keynesianische IS-LM-PC Analyse der mittleren Sicht um Wachstumsprozesse und die Sicht der langen Sicht anzureichern, um damit zu prüfen, wie der Steady State und die Dynamik um ihn herum im Falle einer solchen Geldwirtschaft aussieht. Dies ist das Thema der jetzt folgenden Abschnitte, die damit eine konsequente Fortführung unserer Analyse der kurzen Sicht (Kapitel 3) und der mittleren Sicht (Kapitel 4) darstellen.

6.2 Das IS-LM-PC Modell als Wachstumsmodell

6.2.1 Bekannte Strukturen und neue Aspekte

Aufbauend auf dem unvollständig spezifizierten kurz– und mittelfristigen Modell von Dornbusch/Fischer (1995), vgl. hier 4.2, haben wir in Abschnitt 4.3 untersucht, was die wirklichen Konsequenzen dieses IS–LM–PC Modells sind, wenn man den Mundell–Effekt $Y_{\pi^e} > 0$ nicht willkürlich aus diesem Modell herausstreicht, wenn man berücksichtigt, dass die IS–Kurve über das Investitionsverhalten mit dem langfristigen Zinssatz r^* zu verbinden ist, während in der LM–Kurve der kurzfristige Zinssatz r Verwendung findet ($r^* = b_1 r + b_0$, vgl. 4.3.3) und wenn man die Lohn–Phillipskurve dahingehend verbessert, dass Lohndeflation bei ihr ausgeschlossen wird. Dies alles sind aus empirischen Gründen zwingende Ergänzungen der Modellierung der mittelfristigen Inflation–Output–Dynamik bei Dornbusch/Fischer (1995), die dort einfach fehlen. Deshalb scheint ein global asymptotisch stabiles sog. DAD–DAS–Modell dort[11] das Endergebnis der Analyse zu sein, welches im keynesianischen Gewande detailgenau die im monetaristischen Basismodell erzielten Ergebnisse widerspiegelt (Abschnitt 4.1). Diese Ergebnisse wirken plausibel, einfach und in ihrer Plastizität sehr überzeugend, haben allerdings den Nachteil,

[10] Man vergleiche hierzu Abschnitt 3.6.2.

[11] Vgl. hier Abschnitt 4.2

dass sie im allgemeinen inkorrekt sind, wie wir in 4.3 auf Basis der obigen notwendigen Ergänzungen zu Dornbusch/Fischer (1995) der mittleren Sicht zeigen konnten.

Wir wollen in diesem Kapitel diese mittelfristige IS–LM–PC Analyse auf die lange Sicht ausdehnen. Beim Übergang von der kurzen zur mittleren Sicht haben wir in Kapitel 3 die Parameter: Geldlohn w, Inflationserwartungen π^e und Geldmenge M des kurzfristigen Modells durch zwei Bewegungsgesetze und eine Politikregel erklärt und damit endogenisiert.[12]

Beim Übergang von der mittleren zur langen Sicht sollen jetzt auch Wachstumsprozesse (bei den Produktionsfaktoren und beim Output) in die Analyse des IS–LM–PC Modells aufgenommen werden. Wir werden daher die bisherigen Daten: Kapitalstock $\bar{K}$, Arbeitsangebot $\bar{L}$ und die fiskalpolitischen Parameter $\bar{G}$ und $\bar{T}$ jetzt endogenisieren, d.h. durch Bewegungsgesetze in ihrer zeitlichen Entwicklung beschreiben und damit in die Ablaufanalyse einbeziehen. Diese Erweiterung der Untersuchung ergibt sich im großen und ganzen in natürlicher Weise aus den bereits bekannten Strukturen und den in der Literatur üblichen Endogenisierungen der obigen Größen. Wie wir gesehen haben ist diese Vorgehensweise jedoch nicht die in der (Lehrbuch-) Literatur übliche Vorgehensweise, so dass die im folgenden erzielten Implikationen nicht zum Standard in der makroökonomischen Wachstumsliteratur gezählt werden können.[13]

Gehen wir zunächst auf die Veränderungen ein, die im Wachstumskontext an unserer bisherigen IS–LM–PC Analyse vorgenommen werden müssen. Die folgenden Gleichungen beschreiben in ihrer Gesamtheit die dann notwendigen *Änderungen*, wobei wir aber für die Zwecke dieses Buches einige Vereinfachungen vorgenommen haben, die im folgenden noch kurz zu begründen sein werden.[14]

---

[12] Durch die Phillipskurve, adaptive Erwartungen und eine konstante Wachstumsrate der Geldmenge.

[13] Eine Ausnahme hiervon bildet Sargents (1987, Kap.5) 'Dynamische Analyse eines keynesianischen Modells', die die Interaktion von Keynes–Effekt, Mundell–Effekt, Phillipskurve, NAIRU und Inflationserwartungen im Kontext eines monetären Wachstumsmodells einerseits zwar formuliert, aber andererseits in wesentlichen Punkten unanalysiert lässt.

[14] Da das Arbeitsangebot jetzt einer zeitlichen Veränderung unterworfen ist, entfällt in diesem Kapitel insbesondere der Querstrich über dem Buchstaben L, wird also die Beschäftigtenrate jetzt durch $e = L^d/L$ wiedergegeben.

$$M^d/p = kY + (h_0 - h_1 r)W, \quad W = K \text{ statt } M^d/p = kY + h_0 - h_1 r \tag{6.1}$$
$$I/K = i_0 + i_1(\bar{\rho} - (r^* - \pi^e)) \quad \text{statt} \quad I = i_0 - i_1(r^* - \pi^e) \tag{6.2}$$
$$G = \bar{g}K, \quad T = \bar{t}K \quad \text{statt} \quad G = \bar{G}, \quad T = \bar{T} \tag{6.3}$$
$$\widehat{K} = \dot{K}/K = I/K \quad \text{statt} \quad K = \bar{K} \tag{6.4}$$
$$\widehat{L} = \dot{L}/L = n \quad \text{statt} \quad L = \bar{L} \tag{6.5}$$
$$\widehat{n} = \beta_n(i_0 - n), \; \beta_n > 0 \quad \text{statt} \quad n = 0 \tag{6.6}$$

Gleichung (6.1) verdeutlicht, dass die bisherige Geldnachfragefunktion, was ihre Zinskomponente angeht, im Wachstumskontext eine vom jeweiligen Stand der Vermögens-Akkumulation abhängige Bezugskomponente aufweist und aufweisen muss, die wir hier durch das Realvermögen, approximiert durch den Realwert des Kapitalstocks, wiedergeben. Dies geschieht hier deshalb so, um möglichst eng an der von Dornbusch/Fischer (1995, S.127) benutzten Geldnachfragefunktion auch im Wachstumskontext bleiben zu können. Entsprechendes gilt für die Investitionsnachfrage I, die natürlich jetzt relativ zum vorhandenen Kapitalstock zu formulieren ist und in die wir eine hier exogene normale Ertragsrate $\bar{\rho}$ des Kapitals als Bezugsgröße für die realen Zinsen $r^* - \pi^e$ aufgenommen haben. Diese Reinterpretationen der bisherigen Parameterwerte h_0, h_1, i_0, i_1 sind nötig, da K, W jetzt keine exogenen Größen mehr sind und 'Profitabilität' zumindest als Parameter $\bar{\rho}$ im Investitionsverhalten Berücksichtigung finden sollte.[15] Im Wachstumskontext können des weiteren die Staatsausgaben G und Pauschalsteuern T nicht mehr konstant sein. Wie bei Geldpolitik ($\widehat{M} = \bar{\mu}$) wollen wir uns hier mit einfachsten Politikregeln auch bei der Fiskalpolitik begnügen: $G/K = \text{const.} = \bar{g}$ und $T/K = \text{const.} = \bar{t}$ und das Studium entwickelter Politikszenarien einer späteren Analyse überlassen.

Die bisherigen Modifikationen haben lediglich gewisse Verhaltensweisen der Wirtschaftssubjekte an Wachstumsprozesse angepasst und dies, wie gesagt, für die Zwecke des Folgenden in möglichst einfacher Form. Die beiden neuen, jetzt folgenden Gleichungen sind dagegen zwingende einfache Erweiterungen des IS–LM–PC Modells. Im keynesianischen Kontext wächst der Kapitalstock gemäß den Investitionsplänen der Unternehmungen ($\dot{K} = I$) und das Arbeitsangebot mit einer noch zu spezifizierenden Rate n. Im Solow Modell, vgl. 2.3.2, und anderen neoklassischen Wachstumsmodellen ist es üblich, diese Wachstumsrate n als exogen gegeben aufzufassen und für den Fall, dass zwischen Ersparnis S und Investitionen I unterschieden wird, den Parameter i_0 der obigen Investitionsfunktion I/K durch n festzulegen, vgl. hierzu z.B. Sargent (1973) und Sargent (1987, Kap.5). Im Steady State gilt dann $\widehat{K} = I/K = \widehat{L} = n$ und deshalb für die realen Ertragsraten auf langfristige Bonds und Kapital $r^* - \pi^e = \bar{\rho}$. Eine einfache Formulierung des Prozes-

[15] Wir betonen hier, dass W zumindest eigentlich noch die Realkasse M/p umfassen sollte und ρ eigentlich eine Modellvariable ist, vgl. dazu den späteren Abschnitt über Reallohneffekte.

ses, gemäß dem die Wachstumsrate der Arbeitsbevölkerung Eingang in das Investitionsverhalten der Unternehmungen findet (was zunächst als paradox erscheinen mag), ist die folgende:

$$\widehat{i_o} = \beta_{i_0}(n - i_o), \quad \beta_{i_0} > 0.$$

Diese Regel besagt, dass sich der oben unerklärte Trendterm bei den Investitionen I/K an den am Arbeitsmarkt erzielten Zuwächsen orientiert und dementsprechend sich anpasst. Im Grenzfall $\beta_{i_0} = \infty$ gilt stets $i_o = n$, und damit ergibt sich die im Wachstumsrahmen gewünschte neoklassische Investitionsfunktion als

$$I/K = n + i_1(\bar{\rho} - (r^* - \pi^e)).$$

Wir wollen im Folgenden diesen Sachverhalt gerade umgekehrt sehen, da wir die autonome Investition i_o pro Kapitaleinheit als die wirklich unabhängige Variable betrachten wollen (gewissen 'animal spirits' folgend) und unterstellen werden, dass sich das Arbeitsmarktgeschehen durch Zu– oder Abgänge am Arbeitsmarkt an diesen Trendterm anpasst, so wie oben in (6.6) formuliert. Und analog zum Grenzfall $\beta_{i_0} = \infty$ vereinfachen wir dies für die Zwecke dieses Buches durch die Annahme $\beta_n = \infty$, was erneut $n = i_o$ impliziert (mit einer Hintergrunddynamik, die n an i_o anpasst und nicht umgekehrt).

Anstelle von (6.5), (6.6) wird also im Folgenden einfach die Gleichung

$$n = i_o \tag{6.7}$$

Verwendung finden. Dies ist nicht schlechter, aber unter Umständen auch nicht viel besser als die umgekehrte Annahme $i_o = n(i_o \to n)$, die im neoklassischen Kontext oft Verwendung findet.

Damit haben wir die Anpassung des IS–LM–PC Modells an Wachstumsphänomene vollzogen und müssen das derart nur elementar erweiterte Modell analog zur Vorgehensweise im Solow–Modell jetzt für Analysezwecke aufbereiten, d.h. insbesondere seine extensive Darstellung auf intensive Form bringen, also zu geeigneten Relativgrößen oder Wachstumsrelationen übergehen. Betrachten wir dazu zunächst erneut das IS–LM–Gleichgewicht Y, r, vgl. die Gleichungen (5.92), (5.93) in 4.3:

$$Y = \frac{i_1 b_1(\frac{M}{p} - h_0)/h_1 + i_1\pi^e + \delta K + G - c(T + \delta K) + i_0 + i_1(\bar{\rho} - b_0)}{1 - c + i_1 k + k i_1 b_1} \tag{6.8}$$

$$r = \frac{(1-c)(h_0 - \frac{M}{p}) + i_1 k\pi^e + k[\delta K + G + i_o + i_1(\bar{\rho} - b_0) - c(T + \delta K)]}{(1-c)h_1 + k i_1 b_1} \tag{6.9}$$

Gemäß der obigen Reformulierung (6.1), (6.2) von Geldnachfrage– und Investitionsfunktion sind jetzt anstelle von h_0, h_1, i_o, i_1 die Werte h_0K, h_1K, i_oK, i_1K zu verwenden, so dass die Bezugsgröße K jetzt an vielen Stellen in den beiden Gleichungen (6.8), (6.9) auftaucht. Mittels der Relationen

$$x = Y/K, \quad m = M/(pK)$$

ergeben diese beiden Gleichungen damit letztendlich in der neuen Notation:

$$\begin{aligned} x &= \frac{i_1 b_1(m-h_0)/h_1 + i_1\pi^e + \delta + \bar{g} - c(\bar{t}+\delta) + i_0 + i_1(\bar{\rho}-b_0)}{1-c+i_1 k b_1/h_1} \qquad (6.10)\\ &= \alpha_0 + \alpha_1 m + \alpha_2 \pi^e, \quad \alpha_1, \alpha_2 > 0 \end{aligned}$$

$$\begin{aligned} r &= \frac{(1-c)(h_0-m) + i_1 k\pi^e + k[\delta + \bar{g} + i_0 + i_1(\bar{\rho}-b_0) - c(\bar{t}+\delta)]}{(1-c)h_1 + k i_1 b_1} \qquad (6.11)\\ &= \beta_0 - \beta_1 m + \beta_2 \pi^e, \quad \beta_1, \beta_2 > 0 \end{aligned}$$

Dies sind die kurzfristigen IS–LM–Gleichgewichtswerte x, r (bei zu jedem Zeitpunkt gegebenem Kapitalstock K), ausgedrückt als Funktionen der Realkasse pro Kapitaleinheit m und der Inflationserwartungen π^e. Man beachte, dass die Vorzeichen vor den Parametern dieser Variablen erneut wieder den *Keynes–Effekt* und den *Mundell–Effekt* jetzt in Bezug auf die Variablen x, das Output–Kapital–Verhältnis, und (wie gewohnt) r, den Nominalzins, zum Ausdruck bringen.

Die kurze Frist (6.10), (6.11) wird gemäß Kapitel 4 ergänzt um die dynamischen Gleichung der mittleren Frist, vgl. 4.3.1

$$\widehat{p} = \widehat{w} = \beta_w(e-\bar{e}) + \pi^e \qquad (6.12)$$

$$\dot{\pi}^e = \beta_{\pi^e}(\widehat{p} - \pi^e) \qquad (6.13)$$

$$\widehat{M} = \bar{\mu} = \text{ const.} \qquad (6.14)$$

und die langfristigen (neuen) Beziehungen

$$\widehat{K} = i_0 + i_1(\bar{\rho} - (r^* - \pi^e)), \quad i_0 = \widehat{L} = const. \qquad (6.15)$$

sowie die neuen konstanten Parameter $\bar{t}, \bar{g}$ zur Kennzeichnung von fiskalpolitischen Maßnahmen im jetzigen Wachstumskontext. Wir erinnern an die Definitionen von $e = L^d/L = Y/\bar{y}/L$ und die Gleichung für $r^* = b_0 + b_1 r$. Damit ist die Erweiterung der IS–LM–PC Dynamik um Wachstumsaspekte abgeschlossen. Wir betonen, dass technischer Wandel hier noch keine Berücksichtigung gefunden hat.

6.2.2 Das IS–LM–PC–Wachstumsmodell in intensiver Form

Die folgende Analyse der Wachstumsdynamik des soeben eingeführten Modells verwendet die folgenden dynamischen Zustandsvariablen

$l = L/K$, die Vollbeschäftigungs–Arbeitsintensität

$m = M/(pK)$, die Realkasse pro Kapitaleinheit

$\pi^e = \hat{p}^e$, die Inflationserwartungen.

Bzgl. dieser Variablen erhält man aus den Gleichungen (6.10) – (6.15) wegen $\widehat{l} = \widehat{L} - \widehat{K}$, $\widehat{m} = \widehat{M} - \widehat{p} - \widehat{K}$:[16]

$$\widehat{l} = -i_1(\bar{\rho} - (r^* - \pi^e)) \tag{6.16}$$
$$\widehat{m} = \bar{\mu} - \beta_w(e - \bar{e}) - \pi^e - i_o + \widehat{l} \tag{6.17}$$
$$\dot{\pi}^e = \beta_{\pi^e}(\beta_w(e - \bar{e})) \tag{6.18}$$

mit

$$e = Y/(\bar{y}L) = x/(\bar{y}l) \quad \text{und} \quad r^* = b_0 + b_1 r$$

und x, r wie in den Gleichungen (6.10), (6.11):

$$x = \alpha_0 + \alpha_1 m + \alpha_2 \pi^e, \quad r = \beta_0 - \beta_1 m + \beta_2 \pi^e.$$

Durch Einsetzen dieser Beziehungen in die Gleichungen (6.16) – (6.18) erhält man ein autonomes Differentialgleichungssystem der Dimension 3 in den Variablen l, m, π^e, welches zudem bis auf die Verwendung von Wachstumsraten $\widehat{l}, \widehat{m}$ anstelle von Zeitableitungen $\dot{l}, \dot{m}$ und bis auf den Quotienten

$$e = \frac{\alpha_0 + \alpha_1 m + \alpha_2 \pi^e}{\bar{y}l}$$

in den Zustandsvariablen l, m, π^e linear ist. Die in e ihren Ausdruck findenden Nichtlinearitäten $m/l, \pi^e/l$ sind allerdings nicht unbedingt als geringfügig anzusehen.

Untersuchen wir als erstes die Frage nach der Existenz eines ökonomisch gehaltvollen Steady States ($l, m > 0$) der Dynamik (6.16) – (6.18). Es gilt hier:

Proposition 6.1 *Es gibt genau einen Steady State der Dynamik (6.16) – (6.18) mit $l \neq 0$, $m \neq 0$. Dieser ist charakterisiert durch:*

$$\begin{aligned}
e_o &= \bar{e} \\
\pi_o^e &= \bar{\mu} - i_o \\
r_o^* &= \bar{\rho} + \pi_o^e = \bar{\rho} + \bar{\mu} - i_o \\
r_o &= (r_o^* - b_0)/b_1 = (\bar{\rho} + \bar{\mu} - i_o - b_0)/b_1 \\
x_o &= \frac{\bar{g} - c\bar{t} + i_o}{1 - c} + \delta \qquad [= \alpha_0 + \alpha_1 m_o + \alpha_2 \pi_o^e] \\
m_o &= kx_o + h_0 - h_1 r_o \qquad [= (\beta_0 - r_o + \beta_2 \pi_o^e)/\beta_1] \\
l_o &= x_o/(\bar{y}\bar{e}) \qquad [l_o^d = x_o/\bar{y}]
\end{aligned}$$

[16] Man beachte, dass $\hat{L} = i_0$ gilt. Man beachte des weiteren, dass in die Berechnung von $\bar{\rho}$ auch eine Art Risikoprämie Eingang gefunden haben mag.

Bemerkung: Hinsichtlich der vorliegenden Parameter nehmen wir an,

1. $\bar{g} \geq c\bar{t}$
2. $r_o = (\bar{\rho} + \bar{\mu} - i_o - b_0)/b_1 > 0$
3. $m_o = kx_o + h_0 - h_1 r_o > 0$

Die erste Annahme impliziert $x_o > 0$ und stellt mit den beiden anderen Annahmen zusammengenommen sicher, dass alle Steady-State-Werte ökonomisch gehaltvoll sind.

Zum Beweis von Proposition 6.1: Die ersten vier Steady State Gleichungen sind elementare Konsequenz der Bedingungen: $\dot{l} = 0 (l \neq 0), \dot{m} = 0 (m \neq 0)$ und $\dot{\pi}^e = 0$. Die Gleichung für x_o repräsentiert Steady State Gütermarktgleichgewicht

$$x_o = c(x_o - \delta - \bar{t}) + i_o + \delta + \bar{g},$$

die für m_o Geldmarktgleichgewicht, und die letzten beiden Gleichungen folgen unmittelbar aus der Bedingung $e_o = \bar{e}$ der langfristigen Gleichgewichtsposition.

Das dynamische System, das es um die obige Steady- State-Position herum zu analysieren gilt, lautet, auf die Zustandsvariablen l, m, π^e reduziert:

$$\widehat{l} = -i_1[\bar{\rho} - b_0 - b_1(\beta_0 - \beta_1 m + \beta_2 \pi^e) + \pi^e], \tag{6.19}$$

$$\widehat{m} = \bar{\mu} - \beta_w[(\alpha_0 + \alpha_1 m + \alpha_2 \pi^e)/(\bar{y}l) - \bar{e}] - \pi^e - i_o + \hat{l}, \tag{6.20}$$

$$\dot{\pi}^e = \beta_{\pi^e}\beta_w[(\alpha_0 + \alpha_1 m + \alpha_2 \pi^e)/(\bar{y}l) - \bar{e}]. \tag{6.21}$$

Wir werden in den folgenden Abschnitten zunächst die oben nachgewiesene Steady-State-Situation in ihren Eigenschaften näher untersuchen, um daran anschließend Stabilitätseigenschaften dieses gleichförmigen Wachstumspfades zu bestimmen. Dabei werden allerdings nur elementar erreichbare Ergebnisse in die Betrachtung einbezogen werden.

6.2.3 Steady-State-Analyse

Wir haben in Proposition 6.1 die ökonomisch relevante langfristige Steady-State-Position unseres IS–LM–PC Wachstumsmodells bestimmt und wollen deren Eigenschaften jetzt näher untersuchen. Dabei wollen wir als wichtige Kennziffern des Steady State auch noch den Pro–Kopf–Output y_o und den privaten Pro–Kopf–Konsum c_o ausweisen, die sich aus den in Proposition 6.1 angegebenen Werten sehr leicht wie folgt bestimmen lassen:

$$\begin{aligned} y_o &= Y/L = (Y/K)/(L/K) = x_o/l_o = \bar{e}\bar{y} \\ c_o &= c(Y - \delta K - T)/L = c(Y - \delta K - T)/(L/K) \\ &= c(x_o - \delta - \bar{t})/l_o = c(x_o - \delta - \bar{t})(\bar{y}\bar{e})/x_o \end{aligned}$$

Diese Darstellung impliziert, dass der Pro–Kopf–Konsum c_o sich positiv mit dem Output–Kapital–Verhältnis x_o verändert (bei konstantem c). Bezüglich dieser und der früheren Steady-State-Werte beschreibt Tabelle 6.1., wie diese langfristigen Gleichgewichtspositionen von den Parametern des Modells abhängen.

Tabelle 6.1. Die komparative Dynamik des keynesianischen Wachstumsmodells

	$\bar{e}$	i_0	i_1	$\bar{\rho}$	$\bar{\mu}$	b_0	b_1	h_0	h_1	k	δ	$\bar{g}$	$\bar{t}$	c	$\bar{y}$
e_o	+	0	0	0	0	0	0	0	0	0	0	0	0	0	0
$\widehat{w} = \widehat{p} = \pi_o^e$	0	-	0	0	+	0	0	0	0	0	0	0	0	0	0
x_o	0	+	0	0	0	0	0	0	0	0	+	+	-	+	0
l_o^d	0	+	0	0	0	0	0	0	0	0	+	+	-	+	-
l_o	-	+	0	0	0	0	0	0	0	0	+	+	-	+	-
r_o^*	0	-	0	+	+	0	0	0	0	0	0	0	0	0	0
r_o	0	-	0	+	+	-	-	0	0	0	0	0	0	0	0
m_o	0	+	0	-	-	+	+	+	-	+	+	+	-	+	0
y_o	+	0	0	0	0	0	0	0	0	0	0	0	0	0	+
c_o	+	+	0	0	0	0	0	0	0	0	-	+	-	+	+

Die in Tabelle 6.1. dargestellten Reaktionen der Steady-State-Werte auf die Parameterwerte des Modells sind i.a. leicht ermittelbar und sollen jetzt in ihren wichtigsten Ergebnissen erörtert und veranschaulicht werden. Für diese Zwecke hilfreich ist die folgende Grafik.

In dieser Grafik bestimmen die IS– oder Gütermarktgleichgewichtskurve und die Zins = Profit–Bedingung KK jeweils eigenständig das gleichgewichtige Output–Kapital–Verhältnis x_o und den Steady State Wert des kurzfristigen Zinssatz r_o, während die LM–Kurve – anders als bei der Kurzfristanalyse des Kapitels 3 – sich hier so anpassen muss, dass sie durch den Schnittpunkt von IS– und KK–Kurve verläuft. Auf diese Art wird zu bereits determinierten x_o und r_o die Steady-State-Realkasse pro Kapitaleinheit m_o bestimmt.

Es ist unmittelbar ersichtlich, dass die in der IS–Kurve auftretenden Parameter die Determinanten des langfristigen Output–Kapital–Verhältnisses x_o darstellen, welches dementsprechend rein nachfrageseitig festgelegt ist. Für die Abhängigkeit von x_o von der marginalen Konsumneigung c bekommt man durch Differentation:

$$\frac{dx_o}{dc} = \frac{-(\delta + \bar{t})(1-c) - (\delta + \bar{g} - c(\delta + \bar{t}) + i_o)(-1)}{(1-c)^2}$$
$$= \frac{\bar{g} - \bar{t} + i_o}{(1-c)^2} > 0$$

aufgrund der oben getroffenen Annahmen, d.h. eine *Erhöhung der marginalen Konsumneigung* wirkt wie in der kurzfristigen Analyse expansiv. Und hinsichtlich einer Variation der exogenen Ausgaben– bzw. Steuergrößen $\bar{g}, i_o$ und

$\bar{t}$ gilt wie in der kurzfristigen Analyse die Multiplikatorformel:

$$\frac{dx_o}{d\bar{g}} = \frac{dx_o}{di_o} = \frac{1}{1-c} \text{ und } \frac{dx_o}{d\bar{t}} = -\frac{c}{1-c}.$$

Der reale Steady State des fortgeführten IS–LM–PC–Modells ist also ebenfalls von keynesianischen und nicht von neoklassisch/monetaristischen Aspekten geprägt.

Geldpolitik in Form einer geänderten Wachstumsrate $\bar{\mu}$ der Geldmenge ist hier in dem Sinne *superneutral*, als durch sie zwar die Inflationsraten $\widehat{p}_o, \widehat{w}_o$ und die nominellen Zinsen r_o^*, r_o positiv sowie die Realkasse pro Kapitaleinheit m_o negativ beeinflusst werden, aber dabei alle realen Größen, auch der Realzins, invariant bleiben.

Des weiteren ist festzustellen, dass der Wohlstandsindikator y_o, der Output pro Kopf, hier nur von der NAIRU $\bar{U} = 1 - \bar{e}$ und der gegebenen Arbeitsproduktivität $\bar{y} = Y/L^d$ abhängt, das Modell in dieser Hinsicht als noch ganz eng festgelegt zu interpretieren ist. Für den anderen Wohlstandsindikator c_o, den Pro–Kopf–Konsum, ergibt sich darüber hinaus eine positive Abhängigkeit vom Investitionstrend i_o sowie von $\bar{g}$ und c und eine negative Abhängigkeit von $\bar{t}$ (und δ).

Schließlich bleibt zu vermerken, dass der Beschäftigtengrad e_o – anders als im Modell des Abschnitts 4.4 – noch rein exogen determiniert ist und sich die Steady-State- Inflationsrate durch die Rate des monetären Wachstums $\bar{\mu}$ und des Trends beim Kapitalstockwachstum i_o ermittelt (als Differenz dieser beiden Größen). Damit sind die wesentlichen Steady-State-Aussagen unseres Wachstumsmodells ermittelt.

Basis dieser Aussagen waren insbesondere die Daten $\bar{\mu}, \bar{g}, \bar{t}$, die in einfachster Art und Weise geld– und fiskalpolitische Regeln im Wachstumskontext zum Ausdruck bringen. Es ist sicherlich unumgänglich, bei einer (in diesem Buch nicht mehr geleisteten) Neureflexion des hier vorgelegten Modells eine gehaltvollere Behandlung der staatlichen Wirtschaftspolitik in einer wachsenden Wirtschaft vorzunehmen. Im gegenwärtigen Text würde dadurch allerdings der mit einfachen Mitteln behandelbare Rahmen gesprengt werden.

Des weiteren gibt es auf der Unternehmensseite zwei als exogen gegeben unterstellte Parameter, die diesen Charakter nur vorübergehend haben sollten: der Trendterm i_o bei den Investitionen und der Wachstumsrate des Kapitalstocks und die Referenzprofitrate $\bar{\rho}$. Betont sei hier nochmals, dass wir hinter der Vorgabe des Trendterms i_o in einfachster Form einen Anpassungsmechanismus vom Typ

$$\hat{n} = \beta_n(i_o - n), \quad i_o \text{ exogen}$$

sehen, der die Zuwächse am Arbeitsmarkt in Richtung der autonomen Wachstumsrate des Kapitalstocks anpasst. Diese autonomen Investitionen pro Einheit Kapital werden hier als der eigentliche Motor des Wachstumsgeschehens angesehen. Das Geschehen am Arbeitsmarkt (auf dessen Angebotsseite) hat hier keinen Einfluss auf diesen Investitionsfluss und ist hier als sich an diesen Trend anpassende Variable zu sehen ($\beta_n = \infty : n = i_o$ im Extrem der obigen Steady State Analyse). Natürlich ist letztendlich auch der Parameter i_o zu endogenisieren und zu erklären, was jedoch kein einfaches Unterfangen darstellt. Es ist aber unsere Ansicht, dass i_o die zentrale Determinante des Wachstumsprozesses darstellt, also solange nichts Besseres zu ihrer Bestimmung vorliegt, sie als 'mathematisch unabhängige' Größe der Gesamtdynamik angesehen werden sollte.

Die in der Neoklassik im Wachstumskontext übliche (implizite) Sichtweise ist demgegenüber

$$\widehat{i}_o = \beta_{i_0}(n - i_o), \quad n \text{ exogen},$$

d.h. das Investitionsgeschehen passt sich letztendlich an das Arbeitsmarktgeschehen an, wobei i.a. ebenfalls der Extremfall $\beta_{i_0} = \infty : i_o = n$ unterstellt wird. Eine derartige Sichtweise der Abhängigkeit zwischen dem Wachstum beim Faktor Kapital und beim Faktor Arbeit halten wir für weniger überzeugend als die obige alternative Sicht. Welche Wahl man aber hier auch treffen mag, die obige Steady State Analyse und ihre komparative Statik gilt in beiden Fällen, nur dass im zweiten Fall der Parameter n anstelle des Parameters i_o dann in Tabelle 6.1. stehen muss.

Wir haben in Kapitel 4, Abschnitt 4.3, das um den Mundell–Effekt $Y_{\pi^e} > 0$ vervollständigte Modell der mittleren Sicht ausführlich diskutiert und es auch um eine einfache Version des Zusammenhangs zwischen Kurz– und Langfristzinssätzen ergänzt: $r^* = b_1 r + b_0$. Wir haben des weiteren in diesem Kapitel Wachstum der Produktionsfaktoren $\widehat{K} = I/K$ und $\widehat{L} = n = i_o$ in der einem keynesianischen IS–LM–Modell angemessenen Weise hinzugefügt und die Investitionsfunktion sowie die Geldnachfragefunktion in einfachster Form an den Sachverhalt einer wachsenden Wirtschaft angepasst. Schließlich sind Geld– und Fiskalpolitik jetzt durch $\bar{\mu}, \bar{g}, \bar{t}$ anstelle von $\bar{M}, \bar{G}, \bar{T}$ charakterisiert, also ebenfalls möglichst einfach für eine wachsende Wirtschaft reformuliert worden. Bis auf die neue, noch exogene Größe $\bar{\rho}$, die Referenzprofitrate in der Investitionsfunktion, ist damit das grundlegende makroökonomische Modell von Dornbusch–Fischer (1995) der kurzen und mittleren Sicht nur systematisch zuendegeführt worden und damit die obige Steady-State-Analyse als die zum DAD–DAS–Modell dieser Autoren gehörige lange Sicht zu bezeichnen (mit $i_o := n$ möglicherweise). Ihr mittelfristiges IS–LM–PC Modell muss also dergestalt eine im wesentlichen zwingende Ausformulierung erfahren.

Dornbusch–Fischer (1995, Kap.10) präsentieren losgelöst von einem solchen Ausbau ihres Modells das neoklassische Solow–Modell, vgl. hier Abschnitt 2.3.2, als Wachstumstheorie, also eine rein reale, keine Nachfragebeschränkungen kennende Angebotstheorie des wirtschaftlichen Wachstums als Sicht der langen Frist. Auf der Grundlage der Abb. 6.3. dieses Kapitels liefert diese Wachstumstheorie die folgende Tabelle komparativ–dynamischer Effekte:

Diese Ergebnisse sind leichter ersichtlich, wenn man die Solowsche Steady State Beziehung, vgl. erneut Abschnitt 2.3.2, wie folgt reformuliert:

Tabelle 6.2. Die komparative Dynamik des Solow–Modells

	s	$c = 1 - s$	δ	n_1	n_2
$x_o = (Y/K)_o$	-	+	+	+	+
$l_o = (L/K)_o$	-	+	+	+	+
$k_o = (K/L)_o = 1/l_o$	+	-	-	-	-
$y_o = (Y/L)_o = f(k_o)$	+	-	-	-	-
$c_o = (C/L)_o = cf(k_o)$	$\pm$	$\mp$	-	-	-

$$sf(k_o) = (s\delta + n_1 + n_2)k_o \Leftrightarrow (s\delta + n_1 + n_2)/s = f(k_o)/k_o,$$
$$f(k_o) = F((K/L)_o, 1)$$
$$\Leftrightarrow (s\delta + n_1 + n_2)/s = \widetilde{f}(l_o),$$
$$\widetilde{f}(l)_o = F(1, (L/K)_o)$$
$$\Leftrightarrow k_o = \widetilde{f}^{-1}(\delta + (n_1 + n_2)/s)$$

wobei $x = \widetilde{f}(l) = F(1, L/K), l = L/K$ wie $y = f(k), k = K/L$ die neoklassische Produktionsfunktion in intensiver Form wiedergibt und $\widetilde{f}$ wie f eine steigende Funktion, jetzt der Arbeitsintensität l anstelle des reziproken Werts $k = 1/l$, der Kapitalintensität, ist. Wir betonen, dass die uneindeutigen Ergebnisse beim Pro–Kopf–Konsum c_o (in Effizienzeinheiten ausgedrückt) bzgl. der Variation der Konsum- und Sparneigung c, s der Tatsache geschuldet sind, dass die Basis des Pro–Kopf–Konsums, der Pro–Kopf–Output y_o gerade umgekehrt zur Erhöhung der Konsum- und Sparneigung reagiert.

Tabelle 6.2. der komparativen dynamischen Effekte im Solow Modell zeigt durch ihren Umfang an, dass das Solow Modell des wirtschaftlichen Wachstums ein sehr eingeschränktes Modell gegenüber dem in Tabelle 6.1. dargestellten monetären Wachstumsmodell, zeigt aber zugleich auch, dass das Solow–Modell zwei Bausteine aufweist, die im IS–LM–PC Wachstumsmodell noch keine Berücksichtigung gefunden haben, nämlich Substitutionsmöglichkeiten in der Produktion, repräsentiert durch eine neoklassische Produktionsfunktion $Y = F(K, L)$, und Harrod–neutraler technologischer Wandel, repräsentiert durch die Wachstumsrate n_2 des Pro–Kopf–Outputs $y = Y/L$ $(n_1 = n)$. Wir werden auf diese weiterführenden Bausteine des Solow Modells im Folgenden noch zurückkommen müssen.

Das oben Festgestellte soll deshalb hier nur kurz verdeutlichen, dass neoklassische und keynesianische Wachstumstheorie in ihrer Reichweite deutlich voneinander verschieden sind. Dennoch muss hier auch zugestanden werden, dass die Steady States des Solow– und des IS–LM–PC Wachstumsmodells eine Reihe von Gemeinsamkeiten aufweisen. Diese kommen besonders deutlich hervor, wenn man in ersterem Modell $n_2 = 0$ annimmt und in letzterem $\bar{g} = \bar{t} = 0$, also auf gewisse Besonderheiten der jeweiligen Modellbildung verzichtet. Auf dieser Basis ergibt sich dann die folgende Vergleichstabelle 6.3:

Tabelle 6.3. Das Solow– und das IS–LM–PC Modell im Vergleich

IS-LM-PC Modell	Solow Modell
$x_o = \delta + i_o/(1-c)$	$x_o = \delta + n/(1-c)$, $n = n_1$
$l_o = x_o/(\bar{y}\bar{e})$	$l_o = (\tilde{f})^{-1}(x_o)$
$k_o = 1/l_o$	$k_o = 1/l_o$
$y_o = \bar{y}$	$y_o = f(k_o)$
$c_o = c\bar{y}$	$c_o = cf(k_o)$

Ein wesentlicher Unterschied ist demnach die Bestimmung der langfristigen Wachstumsrate des Systems (investitionsseitig durch den Trendterm i_o oder vom Arbeitsmarkt her durch die exogenen Zuwächse an diesem Markt mit der Rate n). In aller Einfachheit formuliert ist dies sicherlich ein fundamentaler Unterschied zwischen der Keynes'schen Theorie der effektiven Güternachfrage und ihren konjunktur- und wachstumstheoretischen Implikationen (man vgl. hierzu die kurze Darstellung von Keynes' Notes on the Trade Cycle in Abschnitt 6.1.1) und der neoklassischen Theorie des wirtschaftlichen Wachstums. Die gewinnorientierte Unabhängigkeit der Investitionsplanung vom angebotsseitigen Arbeitsmarktgeschehen sollte unseres Erachtens Ausgangspunkt der Analyse sein, wobei sich beim Fortgang der Untersuchung durchaus Einflüsse des Arbeitsmarktes auf das Investitionsgeschehen ergeben mögen. Dies aber eben als Konsequenz einer solchen Analyse und nicht wie im Solow Modell durchgängig auf Basis von Vollbeschäftigungsannahmen. Von der IS-LM Analyse der kurzen Frist herkommend ist dafür kein Anlass gegeben.

Ein weiterer, oft als wichtig erachteter Unterschied liegt darin begründet, dass auf der linken Seite Tabelle 6.3., nach Festlegung des Output-Kapital Verhältnisses x_o sich alle restlichen Beziehungen auf Basis der unterstellten fixen Koeffizienten in der Produktion ergeben. Auf der rechten Seite ist demgegenüber Faktorsubstitution unterstellt und sind damit die restlichen Zusammenhänge von der neoklassischen Produktionsfunktion in intensiver Form mitbestimmt. Wir werden im Folgenden sehen, dass dieser Modellunterschied nicht sehr wesentlich ist.

6.2.4 Stabilitätsanalyse

Wie wir in Abschnitt 2.3.2 gesehen haben, weist das neoklassische Angebotsmodell einer wachsenden Volkswirtschaft neben einer einfachen komparativen Dynamik auch ein extrem einfaches Anpassungsverhalten an seinen Steady State auf, in Form eines global stabilen monotonen Annäherungsprozesses der Kapitalintensität $k = K/L$ an ihren Steady-State-Wert k_o. Auch hier wird sich jetzt zeigen, dass dieser Prozess keine Parallele im IS–LM–PC Wachstumsmodell keynesianischer Ausprägung findet, auch wenn man, wie wir es später noch kurz darstellen wollen, Substitution zwischen Kapital und Arbeit gemäß einer neoklassischen Produktionsfunktion anstelle der linear–limitationalen Produktionsfunktion dieses Modells zulässt.

Bevor wir mit der Stabilitätsanalyse beginnen, wollen wir kurz auf dafür wichtige komparativ–statische und komparativ–dynamische Resultate eingehen, die das in Tabelle 6.1. Dargestellte vertiefen.

Proposition 6.2 *Für die Steady-State-Werte der diversen Zinssätze des IS-LM-PC-Wachstumsmodells gelten die folgenden komparativ-dynamischen Aussagen:*

$$dr_o^*/d\bar{\mu} = 1, \quad d(r_o^* - \pi_o^e)/d\bar{\mu} = 0$$
$$dr_o/d\bar{\mu} = 1/b_1, \quad d(r_o - \pi_o^e)/d\bar{\mu} = (1 - b_1)/b_1$$

Proposition 6.2 betrifft zunächst die Steady-State-Nominalzinseffekte r_o^*, r_o einer Veränderung der Wachstumsrate $\bar{\mu}$ der Geldmenge. Wir sehen, dass sich der langfristige Zinssatz um genau den Betrag, um den die Steady State Inflationsrate $\widehat{w}_o = \widehat{p}_o = \pi_o^e = \bar{\mu}$ ansteigt, erhöht und somit die Inflation voll in diese Nominalzinsen überwälzt wird. Der Realzins $r_o^* - \pi_o^e$ verbleibt damit unberührt auf seinem alten Niveau. Dieses Neutralitätsergebnis wird in der Literatur nach Irving Fisher der Fisher–Effekt genannt, vgl. dazu auch Dornbusch–Fischer (1995, S.602).

In der Beziehung

$$r_o^* = b_1 r_o + b_0$$

zwischen kurz– und langfristigen Zinssätzen dürfte gemäß dem in 4.3.3 Hergeleiteten, vgl. Gleichung (4.68), i.a. $b_1 < 1$ zutreffen. Es folgt, dass der Fisher–Effekt nicht gleichzeitig bei den kurzfristigen Zinssätzen zutrifft, da dort gemäß Obigem i.a. $dr_o/d\bar{\mu} > 1$, also $d(r_o - \pi_o^e)/d\bar{\mu} > 0$ gilt.

Die Beweise dieser Behauptungen sind gemäß dem bei Proposition 6.1 Ausgeführten elementar und werden deshalb hier übergangen.

Im Vergleich zu diesen komparativ–dynamischen Überlegungen gehört die Untersuchung von Effekten der Änderung von Inflationserwartungen π^e auf die oben betrachteten Zinssätze in den Bereich der Kurzfrist–Analyse oder der komparativen Statik, da langfristig π^e zu den endogenen Variablen gehört. Im Rahmen dieser Kurzfrist–Analyse gilt nun:

Proposition 6.3 *Sei* $b_1 < 1$. *Dann gilt:*

$$dr^*/d\pi^e < 1, \quad d(r^* - \pi^e)/d\pi^e < 0.$$

Kurzfristig überwälzen sich Inflationserwartungen π^e nicht 1 : 1 in den langfristigen Nominalzins r^*, sondern lassen diesen um weniger als die Inflationserwartung ansteigen, was impliziert, dass der erwartete Realzins $r^* - \pi^e$ bei einem Anstieg der Inflationserwartungen fällt.

Zum Beweis: Gemäß Gleichung (6.11) gilt $dr/d\pi^e = \beta_2 = i_1 k/((1-c)h_1 + b_1 i_1 k) < 1/b_1$, also $dr^*/d\pi^e = b_1 dr/d\pi^e < 1$.

Auf dieser Basis folgt für die Jacobi–Matrix J der partiellen Ableitungen der rechten Seite des dynamischen Systems (6.19) – (6.21) im Steady State:[17]

Proposition 6.4 *Am Steady State gilt für das System (6.19) – (6.21):*

a.) $\widehat{l}_l = 0, \quad \widehat{l}_m = -i_1 b_1 \beta_1 < 0, \quad \widehat{l}_{\pi^e} = -i_1(-b_1\beta_2 + 1) < 0$
b.) $\widehat{m}_l > 0, \quad \widehat{m}_m < 0, \quad \widehat{m}_{\pi^e} < 0$
c.) $\dot{\pi}_l^e < 0, \quad \dot{\pi}_m^e > 0, \quad \dot{\pi}_{\pi^e}^e > 0$

d.h. die damit gebildete Matrix J hat die folgende Vorzeichenstruktur:

$$J = \begin{pmatrix} 0 & - & - \\ + & - & - \\ - & + & + \end{pmatrix}$$

Mathematisches Lemma:
a.) Bezüglich der Eigenwerte $\lambda_1, \lambda_2, \lambda_3$ *solcher Matrizen J gilt:*

$$\det J = \lambda_1 \lambda_2 \lambda_3$$
$$spur\ J = \lambda_1 + \lambda_2 + \lambda_3$$

b.) Der stationäre Punkt des dynamischen Systems (6.19) – (6.21) ist lokal asymptotisch stabil genau dann, wenn für die Eigenwerte $\lambda_i, i = 1, 2, 3$ *seiner Jacobischen Matrix J gilt*

$$Re\ \lambda_1, \ Re\ \lambda_2, \ Re\ \lambda_3 < 0.$$

c.) Notwendige Bedingungen für solche lokale asymptotische Stabilität sind:

$$spur\ J < 0, \qquad \det J < 0.$$

Proposition 6.5 *Sei* $\beta_{\pi^e} > 0$. *Dann gilt:* $\det J < 0$.

Beweis: Bei der Berechnung von Determinanten dürfen ihre Zeilen (und deren Vielfache) von anderen Zeilen abgezogen werden, ohne dass sich dadurch der Wert der Determinante ändert. Aus (6.19) – (6.21) ist somit – aufgrund der in diesen Gleichungen sich wiederholenden Terme – ersichtlich, dass Gleichung (6.20) auf die Form $\widehat{m} =$ const. $- \pi^e$ gebracht werden kann, ohne dass dies die Systemdeterminate der betrachteten dynamischen Systeme verändert. Die Determinante von J kann somit durch den Ausdruck

$$\det \begin{pmatrix} 0 & - & - \\ 0 & 0 & - \\ - & + & + \end{pmatrix}$$

ermittelt werden. Die Determinante einer solchen Matrix ist aber stets negativ.

[17] Man beachte hier, dass diese Ableitungen sich zum Teil auf Wachstumsratengleichungen beziehen, also zur Ermittlung der Jacobischen J des dazugehörigen Differentialgleichungssystems die betreffende Zeile der Matrix J noch mit dem Nenner der jeweiligen Wachstumsrate zu multiplizieren ist.

Proposition 6.6 *Sei $\beta_{\pi^e} = 0$. Die Matrix*

$$J = \begin{pmatrix} 0 & - & - \\ + & - & - \\ 0 & 0 & 0 \end{pmatrix}$$

hat zwei Eigenwerte mit negativem Realteil und weist als dritten Eigenwert $\lambda_3 = 0$ auf.

Man kann damit feststellen, dass bei statischen Inflationserwartungen $\pi^e =$ const. $= \pi_o^e$ die Subdynamik der Variablen l, m lokal asymptotisch stabil ist. Dies sollte nicht verwundern, da $\beta_{\pi^e} = 0$ gerade den Mundell–Effekt $x_{\pi^e} > 0$ ausschaltet und somit der Keynes–Effekt $x_m < 0 : \widehat{m}_m < 0$ das Ergebnis dominiert.

Proposition 6.7 *Sei $\beta_{\pi^e} > 0$, aber hinreichend nahe an 0. Dann gilt:*

$$Re\ \lambda_1, \lambda_2, \lambda_3 < 0, \quad d.h.$$

das Gesamtsystem (6.19) – (6.21) ist dann lokal asymptotisch stabil.

Beweis: Kleine positive Parameterwerte β_{π^e} lassen das Ergebnis von Proposition 6.6 hinsichtlich Re λ_1, Re λ_2 weiterhin Bestand haben, da die Eigenwerte einer Matrix stetig von deren Komponenten abhängen. Wegen $\beta_{\pi^e} > 0$ gilt aber jetzt $\det J = \lambda_1\lambda_2\lambda_3 < 0$. Dies ist aber nur bei $\lambda_3 < 0$ möglich, egal, ob λ_1, λ_2 reell oder konjugiert komplex sind.

Proposition 6.8 *Für hinreichend großen Parameterwert β_{π^e} ist der Steady State von (6.19) – (6.21) lokal instabil.*

Beweis: Für die Spur der Matrix J gilt im Steady State:

$$\text{spur } J = -\beta_w \alpha_1/(\bar{y} l_o) + \widehat{l}_m + \beta_{\pi^e}\beta_w \alpha_2/(\bar{y} l_o)$$

wobei $\widehat{l}_m = -i_1 b_1 \beta_1 < 0$ gilt. Für hinreichend kleine β_{π^e} ist damit diese Spur negativ, während sie für hinreichend große β_{π^e} wegen $\beta_w, \alpha_2, \bar{y}, l_o > 0$ positiv werden muss.

Es folgt, dass der Steady State mit steigender Anpassungsstärke bei den Inflationserwartungen seine Stabilität verlieren muss. Dies ist auf Basis des in Kapitel 4 Dargestellten sicherlich nicht verwunderlich, da steigendes β_{π^e} die Stärke des destabilisierenden Mundell–Effekts zunehmen lässt.

Geometrisch gesprochen bedeutet dies, dass die Eigenwerte der Matrix J grob das folgende Verhalten zeigen müssen, da wegen $\det J = \lambda_1\lambda_2\lambda_3 < 0$ ein Eigenwert 0 unmöglich ist:[18]

[18] $\bar{\lambda}_1$ der konjugiert komplexe Eigenwert.

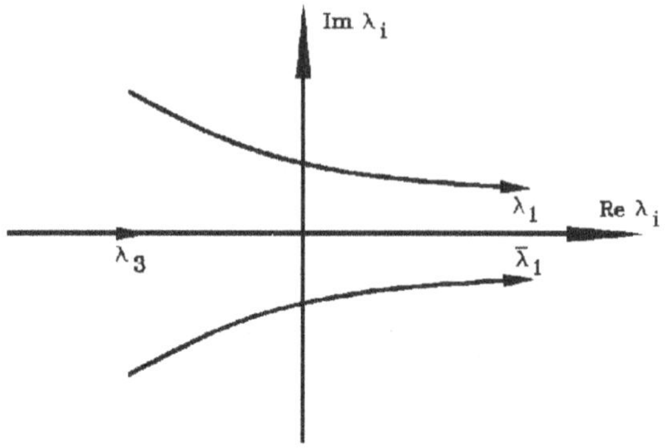

Abb. 6.4. Eigenwertverlagerungen bei einem Anstieg des Parameters β_{π^e}

Der Stabilitätsverlust kann somit nur mit komplexen Eigenwerten einhergehen und ist damit notwendig von zyklischer Natur.

Wir können damit im großen und ganzen feststellen, dass sich die Resultate der mittelfristigen Analyse des Kapitels 4 auf wachsende Volkswirtschaften übertragen lassen. Gemeinsamkeiten mit dem global stabilen, monotonen Anpassungsprozess des Solowschen Wachstumsmodells sind deshalb i.a. nicht zu erwarten.

Dieses Ergebnis lässt sich noch weiter zuspitzen, wenn man für die Anpassung der natürlichen Wachstumsrate n der Arbeitsbevölkerung an das Wachstum des Kapitalstocks sogar

$$\dot{n} = \beta_n(I/K - n)$$

unterstellt und der Einfachheit halber wieder das Extrem $\beta_n = \infty : n = I/K$ betrachtet. Dann folgt unmittelbar

$$\widehat{l} = n - \widehat{K} = n - I/K = 0,$$

so dass das Arbeitsangebot dann einfach wie der Kapitalstock (sich an dessen Wachstum stets anpassend) wächst. Das dynamische System (6.19) – (6.21) reduziert sich dann zu:[19]

$$\widehat{m} = \mu - \beta_w[(\alpha_0 + \alpha_1 m + \alpha_2 \pi^e)/(\bar{y}l_o) - \bar{e}] - \pi^e - i_o$$
$$\dot{\pi}^e = \beta_{\pi^e}\beta_w[(\alpha_0 + \alpha_1 m + \alpha_2 \pi^e)/(\bar{y}l_o) - \bar{e}]$$

für das sich die obige Analyse genau wie in Kapitel 4 auf zweidimensionale Basis vereinfacht wiederholen lässt.

Es gibt eine weitere radikal 'vereinfachte' Situation, bei der die oben geschilderten Stabilitätsprobleme vermieden werden können. Diese Situation ist

[19] $l = l_o$ d.E.h.

durch eine Rückkehr zur im Hinblick auf den Mundell–Effekt unvollständigen Modellierung von Dornbusch/Fischer (1995) gekennzeichnet, die wir in 4.2 detailliert betrachtet haben und die hier in den Kontext einer wachsenden Ökonomie zu übertragen ist. Im Modell von Dornbusch–Fischer gilt $b_0 = 0, b_1 = 1, \bar{\rho} = 0$ und, ganz wichtig, $\beta_2 = \alpha_2 = 0$ [kein Mundell–Effekt], was aber auch bedeutet, dass π^e in Gleichung (6.19) ganz entfällt. Die Jacobische J im Steady State von (6.19) – (6.21) lautet dann qualitativ gesehen

$$J = \begin{pmatrix} 0 & - & 0 \\ + & - & - \\ - & + & 0 \end{pmatrix}$$

Bei einer solchen Matrix J gilt weiterhin $\det J < 0$ und <u>stets</u> $\mathrm{spur}\, J < 0$, d.h. die obigen notwendigen Bedingungen für lokale asymptotische Stabilität können dann nie verletzt werden.

6.2.5 Fazit

In diesem Abschnitt haben wir die mittelfristige Analyse des IS–LM–PC–Modells auf die lange Frist ausgedehnt, indem wir Bevölkerungswachstum und den Kapazitätseffekt der Investitionen, also das Wachstum des Kapitalstocks, in die Betrachtung aufgenommen sowie die Güter– und Geldmarktgleichgewichtsbedingung in geeigneter Weise modifiziert haben. Ziel war es u.a., zu überprüfen, inwieweit sich die Ergebnisse mit denen des Solow–Modells in Übereinstimmung bringen lassen oder nicht.

In Bezug auf den Steady State ist diesbezüglich festzuhalten, dass ein wesentlicher Unterschied zum Solow–Modell darin zu sehen ist, dass die langfristige Wachstumsrate des Systems im IS–LM–PC–Modell durch das als unabhängig angesehene Trendwachstum der Investitionen festgelegt ist, während im neoklassischen Kontext von Solow die Wachstumsrate der Bevölkerung diese Funktion ausübte (ggfs. zuzüglich der exogenen Rate des technischen Fortschritts). Darüber hinaus haben im IS–LM–PC–Wachstumsmodell auch die Fiskalpolitikvariablen $\bar{g}$ und $\bar{t}$ einen Einfluss auf reale Steady–State–Variablen, wie beispielsweise den Pro–Kopf–Konsum c_o.

Hinsichtlich der Stabilitätseigenschaften des Steady States stellte sich heraus, dass in Analogie zur Analyse der mittleren Sicht das System seine asymptotische Stabilität (in zyklischer Weise) verliert, wenn die Anpassungsgeschwindigkeit der Inflationserwartungen, $\beta_{\pi}e$, hinreichend groß ist mit der Folge eines starken destabilisierenden Mundell–Effekts. Im Gegensatz zum Solow–Modell ist im IS–LM–PC–Kontext anstelle eines stetigen Wachstumspfads also eher mit einem zyklischen Wachstum zu rechnen, und dies bezeichnenderweise umso mehr, je schneller die Wirtschaftssubjekte ihre Inflationserwartungen korrigieren.

6.3 Lohn- und Preisdynamik: Die Reallohn–Wirkungskette

6.3.1 Problematische Aspekte des IS–LM–PC Wachstumsmodells

Wie wir aus Abschnitt 2.3.2 des zweiten Kapitels wissen und wie auch soeben wieder deutlich geworden sein sollte, ist das Solow–Modell des wirtschaftlichen Wachstums ein reines Angebotsmodell in dem Sinne, dass in ihm Kapital K und Arbeit L stets[20] im absoluten Sinne vollbeschäftigt sind, also die Wirtschaft auch stets ihren maximalen oder absoluten Potenzialoutput produziert. Vom Arbeitsmarkt getrieben wächst die Wirtschaft mit der natürlichen (biologischen) Rate n:[21]

$$\widehat{Y}_o = \widehat{K}_o = \widehat{L} = n$$

und es ist lediglich das Steady State Output–Kapital–Verhältnis x_o von einem Nachfrageelement abhängig

$$x_o = (Y/K)_o = \delta + \frac{n}{1-c},$$

der keynesianischen marginalen Konsumneigung c, während das Verhältnis $k_o = (K/L)_o = 1/l_o$ durch die Substitutionsmöglichkeiten in der Produktion passend zu x_o bestimmt wird, man vgl. Tabelle 6.3.

Demgegenüber hat das IS–LM–PC Wachstumsmodell fixe Koeffizienten in der Produktion $\bar{y} = Y/L^d, x = Y^p/K$, wobei L^d die zum Outputniveau Y gehörige Beschäftigung bezeichnet und Y^p den zu K gehörigen absoluten Potenzialoutput. Im Sinne des NAIRU–Beschäftigtengrades $\bar{e}$ ist Arbeit im Steady State vollbeschäftigt, aber dies eben nicht im absoluten Sinn, da $\bar{U} = 1-\bar{e}$ als Vollbeschäftigungs–Arbeitslosenrate den Steady State charakterisiert: $l^d_o/l_o = (L^d/L)_o = \bar{e}$.

Abseits vom Steady State gilt im IS–LM–PC Modell jedoch, dass das temporäre IS–LM–Gleichgewicht (6.10), (6.11) in jedem Zeitpunkt den Output Y [und das Output–Kapital Verhältnis $x = Y/K$] und damit die Beschäftigung $L^d = Y/\bar{y}$ determiniert, die dann i.a. von der Normalbeschäftigung $\bar{e}L$ abweicht. Momentane Lagen im IS–LM–PC Modell sind damit i.a. durch Unter– oder Überbeschäftigung gekennzeichnet ($L^d < \bar{e}L$ bzw. $\bar{e}L < L^d \leq L$) und haben die im Vorausgegangenen diskutierten dynamischen Konsequenzen.

Diese Darstellung sollte den aufmerksamen Leser aber spätestens jetzt stutzen lassen und die Frage aufwerfen, was eigentlich auf seiten der Unternehmungen bei der Auslastung des Kapitalstocks im IS–LM–PC Kontext als Sachverhalt vorliegt. Aus keynesianischer Sicht sollte es keineswegs auf Verwunderung stoßen, dass es hier neben Auslastungsschwankungen am Arbeitsmarkt auch Auslastungsvariation beim Kapitalstock geben muss. Diese

[20] Im Steady State wie auch im Anpassungsprozess dahin.

[21] Die Rate des technischen Fortschritts $n_2 = 0$ der Einfachheit halber.

zeigen sich kurzfristig in der Tatsache, dass der IS–LM–Output Y in Gleichung (6.8) i.a. nicht mit dem Potenzialoutput $Y^p = \bar{x}K$ übereinstimmt und, was viel gravierender ist, dass das Auslastungsverhältnis $x = Y/K$ auch im Steady State nicht dem technologisch vorgegebenen Ausbringungsverhältnis $\bar{x} = Y^p/K$ entsprechen muss:

$$x_o = \delta + \frac{\bar{g} - c\bar{t} + i_o}{1 - c} \neq \bar{x}.$$

Diese Sachverhalte wurden sowohl im Dornbusch/Fischer Modell des Abschnitts 4.2 als auch in unserem Ausbau dieses Modells zum vollen IS–LM–PC Wachstumsmodell völlig ignoriert. Letzteres Modell kann deshalb noch nicht als vollständig spezifiziert angesehen werden. In Ergänzung zum Auslastungsgrad am Arbeitsmarkt $e = L^d/L$ und seinem NAIRU–Niveau $\bar{e} = L^*/L$ definieren wir auf Basis des Festgestellten

$$u = Y/Y^p \text{ und } \bar{u} = Y^*/Y^p$$

den Auslastungsgrad u der Unternehmungen und sein als exogen angesehenes Normalniveau $\bar{u} \in (0, 1)$. Zu jedem gegebenen Arbeitsangebot L und Potenzialoutput Y^p gehört damit in jedem Zeitpunkt eine 'Normalbeschäftigung' L^* und ein Normaloutput Y^*, wobei jedoch nicht $Y^* = \bar{y}L^*$ zu gelten braucht, also Vorgänge am Arbeitsmarkt nicht mit Vorgängen in der Auslastung der Firmen gleichgeschaltet sein müssen. Dies zeigt sich insbesondere im folgenden Ausdruck

$$u = Y/Y^p = \frac{\bar{y}L^d}{L} \frac{L}{K} \frac{K}{Y^p} = (\bar{y}/\bar{x})el, \tag{6.22}$$

der besagt, dass ein Vergleich der Entwicklung von u und e vom variablen Verhältnis $l = L/K$ der Faktormengen L/K abhängt, die sich unabhängig voneinander entwickeln können.

Auf Basis des Obigen geht es somit jetzt um die Frage, welche Konsequenzen die beobachtete Situation $x \neq x_o \neq \bar{x}, u \neq \bar{u}$ für die mittel– und langfristige Dynamik haben sollte. Unsere einfache Schlussfolgerung hier ist, dass die bisherige Preisbildungsregel

$$p = (1 + a)w/\bar{y}, \text{ d.h. } \omega = \bar{y}/(1 + a)$$

zu revidieren ist und Auslastungsprobleme der Firmen deshalb bei der Preisbildung eine Rolle spielen sollten. Damit dürfte der Reallohn ω seinen bisherigen exogen gegebenen Charakter verlieren und im Konjunkturablauf zu schwanken beginnen, was sicherlich nicht unplausibel ist. Und schließlich gilt für die jeweilige Ertragsrate ρ auf Kapital

$$\rho = \frac{Y - \delta K - \omega L^d}{K} = x(1 - \omega/\bar{y}) - \delta. \tag{6.23}$$

Es folgt, dass auch diese Rate nicht mehr, wie in diesem Kapitel in der Formulierung der Investitionsfunktion geschehen, exogen vorgegeben werden kann.

Es gilt somit jetzt, die Variablen Auslastung $u = x/\bar{x}$, Reallohn ω und Profitrate ρ in das IS–LM–PC Wachstumsmodell einzubeziehen.

6.3.2 Eine allgemeine Fassung des Lohn–Preis–Sektors

Bis auf die isolierte Analyse einer endogenen Bestimmung der Steady-State-Arbeitslosenrate $U_o = 1 - e_o$ und Unterauslastung $U_o^c = 1 - u_o$ in der Produktion in Abschnitt 4.4 des Kapitels 4 sind wir in diesem Kapitel und dem vorausgegangenen Kapitel durchgängig von einer Preissetzung der folgenden einfachen Form ausgegangen (vgl. dazu auch 4.1.4):

$$AS2: \quad p = (1+a)wL^d/Y = (1+a)w/\bar{y}.$$

Das Preisniveau wird hier bestimmt durch einen konstanten Aufschlagssatz $1+a$ auf die Lohnstückkosten wL^d/Y bei konstanter Arbeitsproduktivität $\bar{y} = Y/L^d$. Diese Regel erlaubte die Identifikation von Preis– und Lohninflation $\widehat{p} = \widehat{w}$, was bei der Behandlung dynamischer mittelfristiger Prozesse oft eine angenehme und nützliche Vereinfachung dargestellt hat. Diese Vereinfachung hat jedoch den gravierenden Nachteil, dass sie annimmt, dass der Reallohn ω in der mittleren und langen Frist konstant ist: $\omega = \bar{y}/(1+a)$, und zwar einfach aufgrund des Preissetzungsverhaltens der Unternehmungen, so dass diese damit das Reallohnniveau vollständig kontrollieren.

Es ist aber eine einfache empirische Tatsache, dass Nominallohn w und Preisniveau p sich nicht völlig gleichartig entwickeln, sondern in gewissem Umfang eine Eigendynamik entfalten. Und aus theoretischer Sicht ist es außerdem sehr unbefriedigend zu sehen, dass gemäß Okuns Gesetz die Auslastungsgrade von Arbeit und Kapital, e und u, konjunkturellen Schwankungen unterworfen sind, aber nur der Beschäftigtengrad e gemäß Phillipskurve Effekte auf die Lohngestaltung ausübt, während ein paralleler Einfluss von u, des Auslastungsgrades in der Produktion, auf die Preisgestaltung der Unternehmungen gemäß der obigen Aufschlagskalkulation qua Annahme ausgeschlossen ist.

Diesen Mangel gilt es jetzt zu beheben, was in Form der folgenden dynamischen Preisbildungsgleichung geschehen soll:[22]

$$AS4: \quad \widehat{p} = \beta_p(u - \bar{u}) + \kappa_p\widehat{w} + (1-\kappa_p)\pi^e, \tag{6.24}$$

man vgl. dazu auch Abschnitt 4.1.4 in Kapitel 4.

Diese Gleichung enthält obiges Markup–Pricing als Spezialfall ($\beta_p = 0, \kappa_p = 1 : \widehat{p} = \widehat{w}$), jedoch jetzt in der allgemeineren Form, dass nur ein Teil $\kappa_p \in [0,1]$ des momentanen Lohnkostendrucks $\widehat{w}$ unmittelbar in die Preisinflation eingeht, nunmehr verkoppelt mit einem Inflationsterm, der die mittelfristige Inflationsentwicklung in Form von Erwartungen erfasst. Im Steady State sollte $u = \bar{u}$ und $\widehat{p} = \widehat{w} = \pi^e$ gelten, was aufgrund der Wahl der Gewichte $\kappa_p, 1-\kappa_p$ mit der obigen Gleichung (6.24) kompatibel ist. Außerhalb des Steady States existiert aber nicht nur kostendruckgetriebene Inflation,

[22] Man vgl. hierzu auch die Modellierung des Lohn-Preis-Sektors in Rose (1980), an die sich unsere Darstellung dieses Sektors anlehnt, mit der sie aber nicht identisch ist.

$\kappa_p\widehat{w} + (1-\kappa_p)\pi^e$, sondern ist auch ein Nachfragesog–Term, $\beta_p(u-\bar{u})$, gegenwärtig, der die bei gegebener Nachfragesituation Y resultierende Auslastung u der Unternehmungen in ihrer Abweichung von der exogen gegebenen Normalauslastung $\bar{u}$ berücksichtigt, vgl. hierzu erneut Abschnitt 4.1.4.

Gleichung (6.24) ist vom Typ einer Phillipskurve, hier allerdings bezogen auf die Güterpreisentwicklung $\widehat{p}$. Es ist plausibel, die Lohn–Phillipskurve parallel zu der obigen Preis–Phillipskurve zu formulieren:

$$\widehat{w} = \beta_w(e-\bar{e}) + \kappa_w\widehat{p} + (1-\kappa_w)\pi^e, \tag{6.25}$$

was noch nicht die allgemeinste Form einer solchen Phillipskurve ist, wie wir in Abschnitt 4.1.3 gesehen haben. Die Terme $\widehat{p}, \pi^e$ stehen erneut für Kostendruck–Komponenten (jetzt in Bezug auf die Lebenshaltungskosten p der Lohnempfänger), und $e-\bar{e}$ kennzeichnet wie üblich die Nachfragesituation am Arbeitsmarkt .

Diese beiden dynamischen Gleichungen beschreiben die 'Lohn–Preis–Spirale' bereits in einer sehr allgemeinen Form. Sie sind wie üblich durch eine Hypothese über die Bildung von Inflationserwartungen zu ergänzen, damit die Beschreibung des Lohn–Preis–Sektors vollständig wird:[23]

$$\begin{aligned}\dot{\pi}^e &= \beta_{\pi^e}([q\widehat{p} + (1-q)(\bar{\mu}-i_o)] - \pi^e) \\ &= q\beta_{\pi^e}(\widehat{p}-\pi^e) + (1-q)\beta_{\pi^e}(\bar{\mu}-i_o-\pi^e).\end{aligned} \tag{6.26}$$

Wir werden im Folgenden erneut nur den Spezialfall $q=1$ als adaptiv gebildete Inflationserwartungen behandeln. Wir bemerken erneut, dass das grundlegende keynesianische IS–LM–PC Modell des Abschnitts 4.3 auf den Annahmen

$$\kappa_w = 0, \beta_p = 0, \kappa_p = 1 \text{ und } q = 1$$

beruhte, also durch einen Grenzfall der jetzt folgenden Überlegungen wiedergewonnen werden kann.

Die Gleichungen (6.24), (6.25) lassen sich wie folgt in eine Theorie der *Real*lohndynamik überführen. Zunächst folgt aus ihnen

$$\begin{aligned}\widehat{p}-\pi^e &= \beta_p(u-\bar{u}) + \kappa_p(\widehat{w}-\pi^e) \\ \widehat{w}-\pi^e &= \beta_w(e-\bar{e}) + \kappa_w(\widehat{p}-\pi^e)\end{aligned}$$

Dies ist ein lineares Gleichungssystem in den Variablen $\widehat{p}-\pi^e, \widehat{w}-\pi^e$ der Form

$$\begin{pmatrix} 1 & -\kappa_p \\ -\kappa_w & 1 \end{pmatrix}\begin{pmatrix} \widehat{p}-\pi^e \\ \widehat{w}-\pi^e \end{pmatrix} = \begin{pmatrix} \beta_p(u-\bar{u}) \\ \beta_w(e-\bar{e}) \end{pmatrix}$$

Zur weiteren Behandlung dieses Systems wollen wir im Folgenden stets annehmen:

[23] Vgl. hierzu auch Abschnitt 4.1.6 in Kapitel 4.

Annahme: $\kappa_p, \kappa_w \in [0,1], \kappa_p\kappa_w < 1$.
Diese Annahme schließt aus, dass $\kappa_p = \kappa_w = 1$ gilt, also eine volle Überwälzung der Löhne in die Preise:

$$\widehat{p} = \beta_p(u - \bar{u}) + \widehat{w}$$

und der Preise in die Löhne

$$\widehat{w} = \beta_w(e - \bar{e}) + \widehat{p}$$

stattfindet, was eine problematische Extremversion der Lohn–Preis–Spirale darstellen würde. Die Reallohndynamik, $\widehat{\omega} = \widehat{w} - \widehat{p}$, wäre dann sowohl durch den Arbeitsmarkt isoliert als auch (isoliert) durch den Gütermarkt determiniert und damit nur bei Gleichschaltung dieser beiden Märkte ohne Widerspruch. Wie angenommen, soll dieser Fall aber im Folgenden ignoriert werden.

Unter dieser Annahme lautet die Lösung des obigen Gleichungssystems:

$$\begin{pmatrix} \widehat{p} - \pi^e \\ \widehat{w} - \pi^e \end{pmatrix} = \frac{1}{1 - \kappa_p\kappa_w} \begin{pmatrix} 1 & \kappa_p \\ \kappa_w & 1 \end{pmatrix} \begin{pmatrix} \beta_p(u - \bar{u}) \\ \beta_w(e - \bar{e}) \end{pmatrix}$$

oder ausgeschrieben:

$$\widehat{p} - \pi^e = \kappa[\beta_p(u - \bar{u}) + \kappa_p\beta_w(e - \bar{e})] \tag{6.27}$$

$$\widehat{w} - \pi^e = \kappa[\kappa_w\beta_p(u - \bar{u}) + \beta_w(e - \bar{e})] \tag{6.28}$$

mit $\kappa = (1 - \kappa_p\kappa_w)^{-1}$. Zieht man von (6.28) Gleichung (6.27) ab, so ergibt sich schließlich als Dynamik des Reallohns $\omega = w/p$:

$$\widehat{\omega} = \widehat{w} - \widehat{p} = \kappa[(1 - \kappa_p)\beta_w(e - \bar{e}) - (1 - \kappa_w)\beta_p(u - \bar{u})] \tag{6.29}$$

Die Gleichungen (6.26), (6.27) und (6.29) stellen die Beschreibung der Dynamik des Lohn–Preis–Sektors dar, die wir im Folgenden verwenden wollen. Sie sind Ausdruck der dynamischen Theorie des Angebotspreises (6.24), der Lohninflationsgleichung (6.25) und der vorwärts– und rückwärtsschauenden Inflationserwartungen (6.26). Und sie besagen, dass Abweichungen der Lohn– und Preisinflation, $\widehat{w}$ und $\widehat{p}$, von den mittelfristigen Inflationserwartungen π^e mit unterschiedlichen Gewichten jeweils simultan und positiv durch Arbeitsmarkt– und Gütermarktungleichgewicht, $e - \bar{e}$ und $u - \bar{u}$, bestimmt werden, während die Entwicklung $\widehat{\omega}$ des Reallohns ω positiv vom Arbeitsmarktungleichgewicht und negativ vom Gütermarktungleichgewicht abhängt.

6.3.3 IS-LM-PC Dynamik: Eine erneute Betrachtung

Das Vorausgegangene hat gezeigt, dass die Modellbildung des Abschnitts 6.1.1 dieses Kapitels ergänzungsbedürftig ist, und zwar zum einen um eine Theorie der Reallohndynamik der Gestalt

$$\widehat{\omega} = \kappa[(1-\kappa_p)\beta_w(e-\bar{e}) - (1-\kappa_w)\beta_p(u-\bar{u})] \tag{6.30}$$

zu erhalten, die auch Auslastungsprobleme am Gütermarkt und deren Einfluss auf das Preisniveau, den Nenner des Reallohns berücksichtigt. Parallel zu dieser Betrachtungsweise der Reallohndynamik hat sich als Theorie der Preis–Inflation ergeben

$$\widehat{p} = \kappa[\beta_p(u-\bar{u}) + \kappa_p\beta_w(e-\bar{e})] + \pi^e$$

anstelle der bisherigen Gleichung[24]

$$\widehat{p} = \widehat{w} = \beta_w(e-\bar{e}) + \pi^e.$$

Auch die Dynamik des Preisniveaus ist jetzt sowohl von einer Nachfragesog–Komponente $u-\bar{u}$ als auch einer Kostendruck–Komponente $e-\bar{e}$, die über die Lohninflation wirkt, abhängig.

Für die Bildung von Inflationserwartungen gilt deshalb jetzt die Gleichung

$$\dot{\pi}^e = \beta_{\pi^e}(\widehat{p} - \pi^e) = \beta_{\pi^e}\kappa[\beta_p(u-\bar{u}) + \kappa_p\beta_w(e-\bar{e})]. \tag{6.31}$$

Die Akkumulationsgleichung (6.16) des Abschnitts 6.1.2 bleibt im wesentlichen unverändert:

$$\widehat{l} = -i_1(\rho - (r^* - \pi^e)), \tag{6.32}$$

da jetzt lediglich von einer endogen bestimmten Profitrate $\rho = x(1-\omega/\bar{y}) - \delta$ ausgegangen wird an der Stelle der bisherigen exogenen Rate $\bar{\rho}$. Und schließlich gilt für die Dynamik der Realkasse $m = M/(pK)$ jetzt aufgrund der obigen Inflationstheorie, man vgl. Gleichung (6.17):

$$\widehat{m} = \bar{\mu} - \kappa[\beta_p(u-\bar{u}) + \kappa_p\beta_w(e-\bar{e})] - \pi^e - i_o + \widehat{l} \tag{6.33}$$

Diese Gleichungen sind um die temporären Gleichgewichtsbeziehungen für x, r und r^* zu ergänzen und bilden damit jetzt ein um die Reallohndynamik erweitertes vierdimensionales dynamisches System anstelle des bisherigen dreidimensionalen Systems für die Variablen $l, m, \dot{\pi}^e$ [Man beachte: $e = x/(\bar{y}l), u = x/\bar{x}$].

Bei der Bestimmung der temporären Gleichgewichtswerte x und r [$r^* = b_1 r + b_0$!] genügt es, bei deren bisheriger Darstellung (6.10), (6.11) zu berücksichtigen, dass dort jetzt von $\bar{\rho} = \rho = x(1-\omega/\bar{y}) - \delta$ ausgegangen werden muss. Dies besagt, dass zur Bestimmung von x der Term $x(1-\omega/\bar{y})$ ebenfalls auf die linke Seite der Gleichung (6.10) zu schaffen ist, bevor der Nenner in (6.10) gebildet werden kann.

Es ergibt sich damit:

---

[24] $\widehat{p} \neq \widehat{w}$ jetzt!

$$x = \frac{i_1 b_1(m - h_0)/h_1 + i_1\pi^e + \delta + \bar{g} - c(\bar{t} + \delta) + i_0 - i_1(\delta + b_0)}{1 - c + i_1 k b_1/h_1 - i_1(1 - \omega/\bar{y})} \tag{6.34}$$

und entsprechend für den Zinssatz r:

$$r = \frac{(1 - c)(h_0 - m) + i_1 k\pi^e + k[\delta + \bar{g} + i_0 - i_1(\delta + b_0) - c(\bar{t} + \delta)]}{(1 - c)h_1 + i_1 k b_1 - i_1 k(1 - \omega/\bar{y})}, \tag{6.35}$$

man vgl. Gleichung (6.11).

Neben *Keynes–Effekt* $x_m > 0$ ($x_p < 0!$) und *Mundell–Effekt* $x_{\pi^e} > 0$ haben wir damit jetzt einen weiteren Effekt auf das gleichgewichtige Output–Kapital Verhältnis x:

$$x_\omega < 0.$$

Wir wollen diesen Effekt in Anlehnung an Roses (1967) Analyse der Reallohndynamik den *Rose–Effekt* nennen, der dort zum Ausdruck brachte, dass die aggregierte Überschuss-Nachfrage negativ vom Reallohnniveau abhing, während dasselbe hier für das IS–LM–Gleichgewicht $x = Y/K$ gilt. Dieser Effekt spiegelt die orthodoxe Position in der Wirtschaftspolitik wider, nach der Reallohnsteigerungen primär als Kostensteigerungen wirken und damit einen negativen Effekt auf die aggregierte Nachfrage (auf dem Wege über die Investitionsgüternachfrage) und auf das Gütermarktgleichgewicht ausüben.

Zusammengefasst sind damit die Auslastungsgrade e, u von Arbeit und Kapital nicht nur dem Keynes– und Mundell–Effekt ausgesetzt, sondern auch dem Reallohneffekt, wodurch die Reallohndynamik mit den restlichen dynamischen Gleichungen verbunden wird. Zudem wirkt in Gleichung (6.32) die Reallohndynamik über die Ertragsrate des Kapitals $\rho = x(1 - \omega/\bar{y}) - \delta$, $\rho'(\omega) = x_\omega(1 - \omega/\bar{y}) - x/\bar{y} < 0$ negativ auf die Investition und Kapitalakkumulation ein

$$\widehat{K} = i_1(\rho - (r^* - \pi^e)) + i_0$$

und damit positiv auf die Wachstumsrate $\widehat{l}$ des Verhältnisses $l = L/K$, wie dies aus Gleichung (6.32) ersichtlich ist.

Dergestalt ist letztendlich die Dynamik unseres IS–LM–PC Wachstumsmodells, wenn man alle seine Komponenten zufriedenstellend aufeinander abstimmt, also alle ihm innewohnenden Ungleichgewichtskomponenten in ihren Konsequenzen voll ausbuchstabiert. Neben Keynes– und Mundell–Effekt ist dann der Rose–Effekt zur Kenntnis zu nehmen, und es ist zu berücksichtigen, dass i.a. sowohl der Faktor Kapital als auch der Faktor Arbeit unter– oder überausgelastet sein wird und diese beiden Ungleichgewichte zusammen den Gang der Handlung bestimmen werden. Es folgt aber auch, dass ein solches vollständiges IS–LM–PC Wachstumsmodell für die Zwecke dieses Buches bereits zu komplex ist und deshalb in seinen dynamischen Implikationen hier nur unter stark vereinfachenden Annahmen untersucht werden kann. Es ist gleichwohl wichtig, die ganze Komplexität eines hier noch elementaren keynesianischen Modells der kurzen, mittleren und langen Sicht zur Kenntnis zu nehmen, um daran erkennen zu können, wann in wirtschaftspolitischen Argumentationen zu unzulässigen Vereinfachungen gegriffen wird. Dabei ist es insbesondere wichtig, die drei wichtigsten Einwirkungen der dynamischen Variablen

$$p \text{ oder } m = M/(pK), \pi^e \text{ und } \omega = w/p$$

auf die Outputentwicklung gedanklich als partielle Wirkungsketten wie folgt voneinander trennen zu können:

Keynes–Effekt:	$p \uparrow (m \downarrow) \rightarrow r \uparrow \rightarrow r^* \uparrow \rightarrow I \downarrow \rightarrow Y \downarrow,$
Mundell–Effekt:	$\pi^e \uparrow \rightarrow (r^* - \pi^e) \downarrow \rightarrow I \uparrow \rightarrow Y \uparrow,$
Rose–Effekt:	$\omega \uparrow \rightarrow \rho \downarrow \rightarrow I \downarrow \rightarrow Y \downarrow .$

Die Lohn–Preis–Interaktion ist damit auf ceteris paribus Basis gedanklich in drei Teilmechanismen aufgegliedert worden, den Preis–Zins–Mechanismus, den Inflationserwartungs–Mechanismus und den Reallohnmechanismus der keynesianischen Theorie von Output und Beschäftigung und der dazu korrespondierenden Auslastungsgrade von Kapital und Arbeit. In der dynamischen Analyse des um den Lohn–Preis–Sektor erweiterten keynesianischen IS–LM–Wachstumsmodells greifen diese Mechanismen natürlich ineinander und bedingen damit in ihrer jeweiligen Größe gemeinsam den Gesamteffekt und damit einhergehende mögliche Stabilitätsszenarien.

6.3.4 Faktorsubstitution im IS-LM-PC–Modell

Wertet man das obige allgemeine IS–LM–PC Modell auf seine Steady-State-Ruheposition hin aus, so stößt man auf ein Problem, welches ein direktes Pendant im einfachen Solowschen Wachstumsmodell bei linear–limitationaler Produktionsfunktion hat. Im Solow–Modell gilt bei dieser Produktionsfunktion $x_o = \bar{x} =$ const. (und $y = \bar{y} =$ const.), aber andererseits vom Gütermarkt her gesehen: $x_o = \delta + n/(1-c)$. Es ist offensichtlich, dass diese beiden Bedingungen sich widersprechen können und damit in dieser Situation das Solow–Modell keine Steady-State-Position besitzt. Dies ist auch deshalb plausibel, weil bei der unterstellten rigiden Sparfunktion $S = s(Y^p - \delta K)$ die Wachstumsrate des Kapitalstocks durch $\dot{K}/K = S/K = s(\bar{x} - \delta)$ gegeben ist, während das Arbeitsangebot mit der davon unabhängigen Rate n wächst. Ein Vollauslastungs–Steady–State ist deshalb nicht mehr möglich, und das Solow-Modell benötigt damit einen zusätzlichen Freiheitsgrad, soll es unter diesen Bedingungen wie gehabt funktionieren.

Im obigen IS–LM–PC Modell gilt insofern Ähnliches, als dort die Ausbringung pro Kapitaleinheit x_o allein vom Gütermarktgleichgewicht her gesehen im Steady State wie folgt wieder determiniert ist:

$$x_o = c(x_o - \delta - \bar{t}) + i_o + \delta + \bar{g}, \text{ d.h.}$$

$$x_o = \frac{\bar{g} - c\bar{t} + i_o}{1-c} + \delta,$$

da wegen $\widehat{l} = 0$ die zusätzlichen ertragsratengesteuerten Investitionen $i_1(\rho - (r^* - \pi^e))$ im Steady State verschwunden sind. Im Steady State wird aber auch $u = \bar{u}$ gelten, d.h. $x_o = \bar{u}\bar{x}$, was erneut einen Widerspruch zur obigen Steady State Gütermarktgleichgewichtsbedingung ergibt. Auch hier muss ein Freiheitsgrad her oder eine zusätzliche Variable eingeführt werden, die diesen Widerspruch in der Bestimmung von x_o auflösen kann.

Es kann als glücklicher Umstand angesehen werden, dass dieser Widerspruch sich wie im Solow Modell durch die Hineinnahme von Substitutionsmöglichkeiten in der Produktion lösen lässt und wir damit zugleich eine frühere Ankündigung einlösen können, nämlich das IS–LM–PC Wachstumsmodell auf die gleiche Verallgemeinerungsstufe wie das Solow–Modell zu stellen.[25]

Wie sollte in einem keynesianischen Kontext eine neoklassische Produktionsfunktion Berücksichtigung finden? Unsere einfache Antwort ist, dass sie, wie es sein sollte, das Maß für den Potenzialoutput zu liefern hat, allerdings jetzt nicht mehr in einem rein technologischen Sinn wie bei einer linear–limitationalen Produktionsfunktion.

Gemäß unserer Gleichung (6.30) für die Reallohndynamik ist dieser in jedem Zeitpunkt ein Datum, wird aber in der Zeit durch die Ungleichgewichtspositionen an Arbeits– und Gütermarkt beeinflusst und verändert. Was ist die maximale Ausbringung der Unternehmungen, deren Technologie durch eine neoklassische Produktionsfunktion gegeben ist und die mit einem gegebenen Reallohn konfrontiert sind?

Man könnte dieses Maximum arbeitsmarktorientiert durch $Y^p = F(K, L)$ definieren, wo K den momentanen Kapitalstock und L das momentane Arbeitsangebot bezeichnet, d.h. man würde dann Y^p als den Vollbeschäftigungsoutput definieren. Aber was ist der Fall, wenn das Grenzprodukt der Arbeit $F_L(K, L)$ in einer solchen Situation kleiner als der Reallohn ω ist? Wir wissen aus Abschnitt 2.1 aus Kapitel 2, dass eine solche Situation kein Gewinnmaximum darstellt, da dann die realen Kosten an der Produktionsgrenze größer sind als die realen Erträge und sich durch Einschränkung der Produktion die Gewinne erhöhen lassen. Die maximal von den Unternehmen zugelassene Produktion Y^p und Beschäftigung L^p ist damit durch die Grenzproduktivitätstheorie determiniert, und zwar ganz im Sinne von Kapitel 2 wie folgt:

$$\omega = F_L(\bar{K}, L^p), \quad Y^p = F(\bar{K}, L^p).$$

In intensiver Form bedeutet dies

$$\omega = \widetilde{f}(l^p), l^p = L^p/\bar{K} \text{ und } x^p = \widetilde{f}(l^p), x^p = Y^p/\bar{K}^{26}$$

oder $l^p = (\widetilde{f}')^{-1}(\omega) = G(\omega)$ und $x^p = \widetilde{f}((\widetilde{f}')^{-1}(\omega)) = H(\omega)$, wobei G und H fallende Funktionen des Reallohns ω sind. Der in Bezug auf ein solches

[25] Die Hineinnahme von Harrod–neutralem technischem Wandel mit der Rate n_2 wird weiter unten Berücksichtigung finden.

[26] $\bar{K}$ zeigt hier an, dass der Kapitalstock K momentan eine gegebene Größe ist.

Profitmaximum in der Produktion bezogene Auslastungsgrad der Unternehmungen u lautet damit in Bezug auf den aktuellen Output Y und die aktuelle Beschäftigung L^d wie folgt:

$$u = x/x^p = Y/Y^p = F(\bar{K}, L^d)/F(\bar{K}, L^p)$$

ist also vom Prinzip her genauso wie zuvor definiert, nur dass jetzt das Maß für Vollauslastung x^p anders als früheres $\bar{x}$ endogen bestimmt ist und mit steigendem Reallohn ω sinkt, da die profitmaximale Produktion sich dann verringert.

Unsere Preisinflations–Phillipskurve verändert sich durch diese Reformulierung des maximalen Auslastungsgrades äußerlich nicht, außer dass u, wie oben gesehen, nun von x und ω (über x^p) abhängt:

$$\widehat{p} = \beta_p(u - \bar{u}) + \kappa_p\widehat{w} + (1 - \kappa_p)\pi^e.$$

Sie besagt weiterhin, dass die Unternehmen die Preise kostenorientiert ($\widehat{w}, \pi^e$ folgend) verändern und auch vor Erreichung der Vollauslastung $u = 1$ nachfragesog–bedingt Preisinflation gefördert wird, wenn der als normal erachtete Auslastungsgrad $\bar{u} < 1$ überschritten wird.

Mittels dieser Reinterpretation der Preis–Phillipskurve (6.24) gestaltet sich nun die Bestimmung des Steady States der Dynamik (6.30) – (6.33) wie folgt:

Alle vier Gleichungen gleich Null gesetzt, zeigt unmittelbar, dass dies nur der Fall sein kann, wenn simultan

$$e_o = \bar{e}, u_o = \bar{u}, \pi_o^e = \bar{\mu} - i_o, \rho_o = r_o^* - \pi_o^e$$

erfüllt ist. Des weiteren wissen wir nach obigem schon, dass dann das IS–Gleichgewicht durch

$$x_o = \frac{\bar{g} - c\bar{t} + i_o}{1 - c} + \delta, \quad l_o^d = \widetilde{f}^{-1}(x_o) \tag{6.36}$$

gegeben ist. Es folgt, dass die Steady-State-Werte

$$\begin{aligned} x_o^p &= x_o/\bar{u}, \quad x_o^p = \widetilde{f}(l_o^p), \quad \widetilde{f}'(l_o^p) = \omega_o \\ \rho_o &= x_o - \delta - \omega_o l_o^d, \quad r_o^* = \rho_o + \pi_o^e, \quad r_o = (r_o^* - b_0)/b_1, \\ m_o &\overset{LM}{=} kx_o + h_0 - h_1 r_o \quad \text{und} \quad l_o = l_o^d/\bar{e} \end{aligned}$$

sich sukzessive auseinander bestimmen lassen, wenn man die oben gelisteten prinzipiellen Steady-State-Vorgaben berücksichtigt. Im Vergleich zu Proposition 6.1 aus Abschnitt 6.1.2 ist jetzt die Bestimmung von x_o^p, ω_o und ρ_o hinzugekommen, die die Abkehr von rigidem Reallohn, fixer Profitrate und fixen Koeffizienten in der Produktion widerspiegeln. Darüber hinaus ist lediglich die Beschäftigung pro Kapitaleinheit l_o^d jetzt mittels der Produktionsfunktion $x_o = \widetilde{f}(l_o^d)$ anstelle von $\bar{y}l_o^d = x_o$ vorzunehmen.

Wir haben damit die Steady–State-Analyse um Reallohn– und Profitabilitätseffekte sowie neoklassische Faktorsubstitution erweitert, ohne dass sich etwas fundamental Neues ergeben hat. Die Variablen $x_o, l_o^d, e_o, \pi_o^e, l_o$ werden faktisch wie zuvor (qualitativ gesehen) bestimmt, die Variable u_o unmittelbar durch $\bar{u}$ und die jetzt neuen Variablen $x_o^p, l_o^p, \omega_o, \rho_o$ bedeuten lediglich, dass die Effekte auf die nominellen Größen r_o^*, r_o und m_o sowie auf den Realzins $r_o^* - \pi_o^e$ umfassender geworden sind.

Wichtig ist jedoch, dass die neue Reallohnvariable im Steady State in nicht ganz einfacher Weise durch

$$\omega_o = \widetilde{f}'((\widetilde{f})^{-1}(x_o/\bar{u}))$$

zu $x_o = (\bar{g} - c\bar{t} + i_o)/(1-c) + \delta$ zu bestimmen ist und eine fallende Funktion von x_o darstellt. Wir bemerken, dass sich daraus zumindest im Falle $\bar{u} = 1$ eine positive Abhängigkeit von ρ_o von x_o herleiten lässt, also eine Steigerung in der wirtschaftlichen Aktivität die Profitrate steigen lässt. Dies sind die wesentlichen Ergänzungen zur Tabelle 6.1. aus Abschnitt 6.1.3., die durch die wichtige Einbeziehung von Reallohneffekten, Profitabilitätsgesichtspunkten und (diese ergänzend) Substitutionssachverhalten entstehen.

Wir bemerken abschließend noch, dass die im Solow Modell schließlich noch vorhandene Verallgemeinerung auf Harrod–neutralen technischen Wandel, vgl. Tabelle 6.2., durch Erweiterung der Produktionsfunktion F auf den Typ

$$Y^p = F(K, Le^{n_2 t})$$

in der in Kapitel 2, Abschnitt 2.3.2 dargestellten Weise geschehen kann und damit das Solow–Modell ganz als Substruktur in dem damit gegebenen IS–LM–PC Wachstumsmodell enthalten ist.

6.4 Reale Konjunkturzyklen und endogenes Wachstum

6.4.1 Die neoklassische Theorie realer Konjunkturzyklen

Wie bereits in Abschnitt 4.1.9 ausgeführt, bildete sich in den 70–er Jahren mit der Neuen Klassischen Makroökonomik eine Gegenrichtung sowohl zur keynesianischen als auch zur monetaristischen Sichtweise ökonomischer Abläufe heraus. Bedingt durch die beiden Annahmen sofortiger Markträumung zu jedem Zeitpunkt und rationaler Erwartungen der Wirtschaftssubjekte waren im neuklassischen Modellrahmen Schwankungen der wirtschaftlichen Aktivität nur noch als Resultat unerwarteter Geldmengenveränderungen denkbar. Anfang der 80–er Jahre jedoch wurden hieran sowohl aus theoretischer als auch aus empirischer Sicht Zweifel laut, die schließlich zu alternativen Erklärungsansätzen der nach wie vor beobachtbaren Konjunkturzyklen führten.

Diese mündeten in die sog. 'Real business cycle'–Theorie, als deren wichtigste Repräsentanten u.a. *E. Prescott*, *F. Kydland*, *R. Barro*, *C. Nelson* und *C. Plosser* zu nennen sind.

Der Grundgedanke dieses neuen Ansatzes ist darin zu sehen, dass im Gegensatz zu den angesprochenen 'money surprise'–Modellen à la Lucas nicht mehr Geldmengenvariationen, sondern reale Angebotsschocks als Motor konjunktureller Schwankungen betrachtet wurden. Im Vordergrund steht hierbei die Wachstumsrate des technischen Fortschritts, von der angenommen wird, dass sie Zufallsschwankungen unterliegt. Bevor auf den konkreten Zufallsmechanismus eingegangen wird, soll zunächst der Zusammenhang mit bereits bekannten Ansätzen hergestellt werden, insbesondere mit dem IS–LM–Modell, das sich wie ein roter Faden durch die meisten bisher vorgestellten Denkansätze gezogen hat: So war es, wenn auch in jeweils sehr unterschiedlicher Art und Weise, nicht nur in keynesianischen Modellen vertreten, sondern lag ebenso monetaristischen und neuklassischen Betrachtungsweisen zugrunde. Ebenso wie letztere geht auch die Real-Business-Cycle–Theorie von rationalen Erwartungen und permanenter Markträumung aus. Da letzteres eine unendlich hohe Preisanpassungsgeschwindigkeit voraussetzt, passt sich die LM–Kurve in ihrer Lage zu jedem Zeitpunkt so an, dass sie die IS–Kurve im Vollbeschäftigungspunkt schneidet. Dieser ist jedoch keine feststehende Größe mehr, sondern verschiebt sich infolge der genannten technologischen Schocks. Ein expansiv wirkender Technologieschock würde also beispielsweise den Vollbeschäftigungsoutput von Y_{VB} nach Y'_{VB} verlagern:

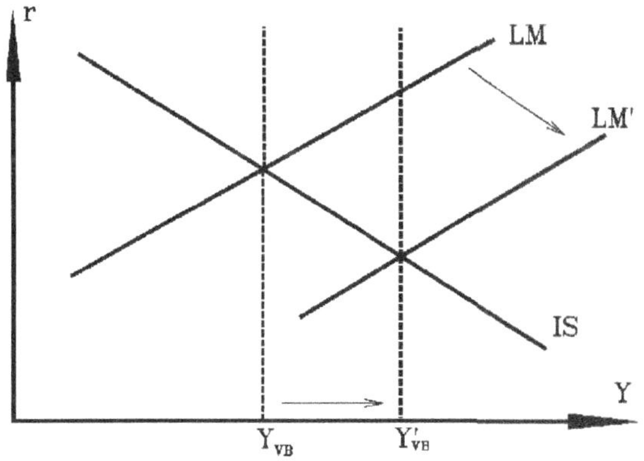

Abb. 6.5. Wirkung eines expansiven Technologieschocks in einem RBC-Modell

Technologisch bedingte Schwankungen des Outputs bewirken also nur Änderungen der Produktivität pro Arbeiter und gegebenenfalls Änderungen des Arbeitsangebots, nicht dagegen Schwankungen im Beschäftigungsgrad, da stets Vollbeschäftigung herrscht. Dies unterstreicht nachdrücklich die inhaltliche

Verwandtschaft der Real-Business-Cycle–Theorie (RBC) zur Neuklassik, derzufolge Schwankungen in der Beschäftigung ebenfalls stets ein Vollbeschäftigungsphänomen darstellten, d.h. in Schwankungen des Arbeitsangebots ihre Ursache hatten.

In Bezug auf diesen letzteren Aspekt ist der Hinweis wichtig, dass Neuklassik wie RBC–Theorie von der Annahme einer intertemporalen Substitution des Arbeitsangebots ausgehen, was bedeutet, dass in Phasen, in denen der Reallohn über demjenigen Niveau liegt, welches von den Arbeitnehmern als normal erachtet wird, das Arbeitsangebot steigt und im Falle eines unterdurchschnittlichen Reallohns zurückgeht. Da aber auch in diesem intertemporalen Kontext zwischen dem geschilderten Substitutionseffekt und dem entgegengesetzt wirkenden Einkommenseffekt zu unterscheiden ist, muss noch die Frage geklärt werden, welcher der beiden Effekte dominiert. Hierbei geht die RBC–Theorie davon aus, dass im Falle eines transitorischen positiven Technologieschocks und eines entsprechend höheren Reallohns der Substitutionseffekt überwiegt, während bei einer permanenten Erhöhung der Wachstumsrate des technischen Fortschritts der zweite Effekt die Oberhand gewinnt. Darüber hinaus ist von Barro eine positive Abhängigkeit des Arbeitsangebots vom Realzins in die Diskussion gebracht worden, so dass die in Abbildung 6.5. dargestellten 'Vollbeschäftigungsgeraden' auch eine positive Neigung aufweisen könnten. Wir wollen diese Verfeinerungen hier nicht weiter vertiefen, verweisen in diesem Zusammenhang aber auf die sehr gute Darstellung in dem Buch von Snowdon/Vane/Wynarczyk (1994), an dem sich auch die vorliegenden Ausführungen weitestgehend orientieren.

Als nächstes ist nun die Frage zu klären, wieso Technologieschocks in der Lage sein können, zyklische Outputschwankungen zu generieren. Eine solche Möglichkeit besteht, wenn der Output einem Random–walk (mit Drift) folgt, sich also in der folgenden Weise notieren lässt:

$$Y_t = d_t + Y_{t-1} + u_t$$

mit d_t als Drift–Term und u_t als Störgröße mit Erwartungswert Null. Genau ein solcher Zusammenhang wurde von Nelson und Plosser[27] durch empirische Studien bestätigt, wonach in Bezug auf die allgemeinere Gleichung

$$Y_t = d_t + bY_{t-1} + u_t$$

die Hypothese, dass $b = 1$ gilt, Y also eine Einheitswurzel besitzt, nicht verworfen werden konnte.

Inhaltlich hat dieses Ergebnis weitreichende Konsequenzen. Ein b in Höhe von 1 bewirkt nämlich, dass ein einmaliger Schock einen permanenten Einfluss auf den Output hat und somit unmittelbar seinen Trend beeinflusst.[28] Dies aber bedeutet, dass es sich bei den beobachtbaren Schwankungen des Outputs, also den Konjunkturzyklen, nicht um periodische Abweichungen von

[27] Vgl. Nelson/Plosser (1982).

[28] Vgl. auch hier Snowdon/Vane/Wynarczyk (1994, S.241 ff.).

einem konstanten Trend handelt, sondern um Schwankungen dieses Trends selber. Hierin unterscheidet sich die RBC–Theorie denn auch von allen zuvor behandelten Denkrichtungen, in denen Konjunkturzyklen stets als Schwankungen um einen fest vorgegebenen Wachstumspfad in Erscheinung traten. Demgegenüber ist eine Trennung zwischen Konjunkturtheorie und Wachstumstheorie aus RBC–Sicht nicht mehr möglich.

Die Politikimplikationen der RBC–Theorie ähneln stark denjenigen, die sich aus neuklassischen Ansätzen ergeben, insbesondere, was Output– und Beschäftigungsschwankungen angeht, die, da stets freiwilliger Natur, keinerlei staatlicher 'Korrektur' bedürfen. Der Hauptunterschied zwischen beiden Richtungen liegt, wie bereits erwähnt, darin, welche Ursachen für diese Schwankungen ins Feld geführt werden. Während die Neuklassik unvorhergesehene Unstetigkeiten im Geldangebot dafür verantwortlich macht, ist Geld in den RBC–Ansätzen völlig neutral. Das 'Policy–Ineffectiveness'–Resultat der Neuklassik findet somit in der RBC–Theorie quasi seine Vollendung, da Geld im Gegensatz zu neuklassischen, monetaristischen und erst recht keynesianischen Sichtweisen auch kurzfristig keinerlei reale Wirkungen entfaltet.

Was den empirischen Befund betrifft, so ist zum einen festzuhalten, dass das Verhalten des Outputs als Random-walk mit Drift heutzutage weitestgehend als stilisiertes Faktum angesehen werden kann und somit technologische Schocks, so sie denn auftreten, einen permanenten Einfluss ausüben. Dies bedeutet im Umkehrschluss jedoch nicht, dass sich die zu beobachtenden Outputschwankungen ausschließlich auf Zufallsschwankungen des technischen Fortschritts zurückführen lassen. Vor allem stellt sich die Frage, ob derartige Schocks nicht auch von der Nachfrageseite ausgehen können. Betrachtet man einmal in einem einfachen AS–AD–Diagramm die unterschiedliche Wirkung von Nachfrage– und Angebotsschocks,[29] so wird schnell ersichtlich, dass die induzierten Preisreaktionen jeweils gegensätzlich ausfallen. Abbildung 6.6.a zeigt die Auswirkungen eines positiven Angebotsschocks im RBC–Kontext, weswegen hier die AS–Kurve auch vertikal verläuft. Abbildung 6.6.b stellt demgegenüber die Wirkung eines positiven Nachfrageschocks in einem keynesianischen Modellansatz dar, in dem aufgrund kurzfristiger Nominallohnrigiditäten die AS–Kurve einen steigenden Verlauf hat.
Wie man sieht, impliziert der RBC–Ansatz ein antizyklisches und der Keynesianische Ansatz ein prozyklisches Verhalten des Preisniveaus. Dementsprechend ist der empirische Befund hier natürlich von besonders großem Interesse, scheint andererseits aber nicht eindeutig zu sein, was den Schluss nahelegt, dass in der Realität wohl beide Arten von Schocks eine Rolle spielen.

Ein ähnliches Problem ergibt sich bei der Frage, ob sich der Reallohn pro– oder antizyklisch verhält. Der zu beobachtende leicht prozyklische Verlauf wirft indes für die meisten makroökonomischen Modelle Probleme auf. In Bezug auf die RBC–Ansätze ist in diesem Zusammenhang festzuhalten,

[29] Vgl. Snowdon/Vane/Wynarczyk (1994, S.260).

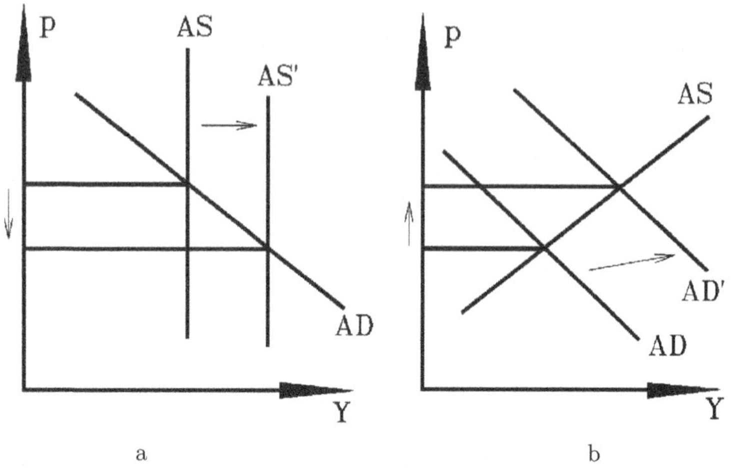

Abb. 6.6. a) Positiver Angebotsschock im RBC-Kontext. b) Positiver Nachfrageschock in einem keynesianischen Modell

dass diese nur dann mit dem empirischen Befund übereinstimmen, wenn das Arbeitsangebot sehr stark auf Veränderungen des Reallohns reagiert.

Abschließend lässt sich sagen, dass der RBC–Theorie sicherlich das Verdienst zukommt, aufgezeigt zu haben, dass Konjunkturschwankungen auch durch völlig andere Kräfte verursacht werden können, als dies in monetaristischen oder keynesianischen Erklärungsansätzen der Fall ist. Auf der anderen Seite sind gegen diese Richtung die gleichen Kritikpunkte anzumerken wie in Bezug auf den neuklassischen Ansatz, insbesondere was die Annahme sofortiger Markträumung und die Hypothese rationaler Erwartungen angeht. Sicherlich ist künftig Angebotsschocks eine größere Aufmerksamkeit zu widmen als bisher; ob sie als alleinige Erklärung konjunktureller Schwankungen ausreichen, bleibt dagegen fraglich.

6.4.2 Keynesianische Theorie realer Konjunkturzyklen: Ein Ausgangspunkt

Wir gehen in diesem Abschnitt d.E.h. wieder von einer linear–limitationalen Produktionsfunktion mit den Daten $\bar{x} = Y^p/K$ und $\bar{y} = Y/L^d$ aus. Angenommen sei aber, dass die Wahl der Technik (mittels hier implizit gehaltener Substitutionsprozesse) so stattgefunden hat, dass für den Steady-State-Wert x_o die doppelte Gleichung

$$x_o = c(x_o - \delta - \bar{t}) + i_o + \delta + \bar{g} = \bar{x}\bar{u}$$

erfüllt ist. Diese Voraussetzung erspart uns die explizite Behandlung von Substitutionsprozessen, wie sie in den vorausgegangenen Abschnitten durchgeführt worden ist.

Wir wollen im Folgenden den realen Sektor, also die Reallohn-Wachstumsdynamik ω, l vom monetären Sektor abkoppeln, um dieses Subsystem frei von Keynes– und Mundell–Effekten, die wir in Kapitel 4 explizit untersucht haben, studieren zu können. Dies geschieht hier auf Basis der Annahmen

$$b_1 = 0 : r^* = b_0 \text{ und } \beta_{\pi^e} = \infty : \pi^e = \bar{\mu} - i_o,$$

aus denen folgt, dass der Realzins $r^* - \pi^e$ jetzt ein Datum der Analyse ist. Es ist offensichtlich, dass dadurch ein extremer Grenzfall der gesamten Dynamik betrachtet wird. Die Frage aber, wie der Keynes–Effekt ($b_1 > 0$) und der Mundell–Effekt ($\beta_\pi^e < \infty$) diesen realwirtschaftlichen Wachstums– und Verteilungsprozess beeinflussen, muss aufgrund der Komplexität des dann zu betrachtenden Systems hier offen bleiben.

Gemäß Abschnitt 6.2.3 lautet das zu untersuchende dynamische System unter den obigen Annahmen wie folgt [man vgl. dazu die Gleichungen (6.30), (6.32) in 6.2.3]:

$$\widehat{\omega} = \kappa[(1-\kappa_p)\beta_w(e-\bar{e}) - (1-\kappa_w)\beta_p(u-\bar{u})] \tag{6.37}$$

$$\widehat{l} = -i_1(\rho - b_0 + \pi_o^e) \tag{6.38}$$

Die auftretenden Variablen e, u und ρ sind dabei jetzt wieder einfach durch

$$e = x/(\bar{y}l), \quad u = x/\bar{x} \text{ und } \rho = x(1-\omega/\bar{y}) - \delta$$

gegeben, wobei das IS–LM Gleichgewicht x gemäß obiger Annahmen jetzt einfach durch

$$x = \frac{i_1\pi_o^e + \delta + \bar{g} - c(\delta + \bar{t}) + i_0 - i_1(\delta + b_0)}{1 - c - i_1 + i_1/\bar{y}\omega} = x(\omega), \quad x' < 0$$

bestimmt ist. Wir setzen für das Folgende voraus, dass $1 - c - i_1 > 0$ gilt, was impliziert, dass die Funktion $x(\omega)$ für alle $\omega > 0$ wohldefiniert ist: $x(\infty) = 0$.

Wie üblich nehmen wir an, dass die Parameterwerte, die den Zähler im vorstehenden Bruch bestimmen, so sind, dass dieser Zähler positiv ist, woraus $x(0) > 0$ folgt. Das IS–LM–gleichgewichtige Output–Kapital–Verhältnis x ist damit eine streng fallende Funktion des Reallohns ω in den Grenzen $[0, x(0)]$. Es folgt, dass auch die Profitrate $\rho = x(1 - \omega/\bar{y}) - \delta$ eine fallende Funktion des Reallohns ist

$$\rho'(\omega) = x'(\omega)(1 - \omega/\bar{y}) - x/\bar{y},$$

mindestens solange $\omega \leq \bar{y}$ gilt,[30] solange also der Reallohn das Pro–Kopf–Produkt $\bar{y}$ nicht übertrifft, was aus ökonomischen Gründen eine absolute Grenze für eine zulässige Einkommensverteilung darstellt.

Der (innere)[31] Steady State der Wachstumsdynamik (6.37), (6.38) ergibt sich durch Nullsetzen dieser Gleichungen als:

[30] Der Anteil der Löhne am BSP ist bei $\bar{y} = \omega$ gleich 1!

[31] $\omega_o > 0, l_o > 0$.

$$\begin{aligned}
\widehat{l} = 0 : &\Rightarrow i_1() = 0 \Rightarrow x = x_o = \bar{x} \\
&\Rightarrow \bar{x}(1 - \omega_o/\bar{y}) = \delta + \pi_o^e - b_0 \\
&\Rightarrow \omega_o = \bar{y}(1 - \frac{\delta + \pi_o^e - b_0}{\bar{x}}) = (\bar{y}/\bar{x})(\bar{x} + b_0 - \delta - \pi_o^e) \\
\widehat{l} = 0, \widehat{\omega} = 0 : &\Rightarrow e_o = \bar{e} = (\bar{x}/\bar{y})/l_o \Rightarrow l_o = \bar{x}/(\bar{y}\bar{e}).
\end{aligned}$$

Dieser Steady State ist unter empirisch plausiblen Annahmen strikt positiv.

Proposition 6.9 *Für die Matrix J der partiellen Ableitungen des Differentialgleichungssystems (6.37), (6.38) gilt im Steady State:*

$$\begin{aligned}
J_{11} &= [\kappa((1-\kappa_p)\beta_w/(\bar{y}l_o)\omega_o - (1-\kappa_w)\beta_p\omega_o/\bar{x})]x_\omega \\
J_{12} &= -\kappa(1-\kappa_p)\beta_w(x_o/\bar{y})\omega_o/l_o^2 < 0 \text{ für } \kappa_p < 1 \\
J_{21} &= -i_1\rho'(\omega_o)l_o < 0 \\
J_{22} &= 0
\end{aligned}$$

Es folgt $\det J > 0$ *und* $\text{spur } J = J_{11}$.

Zum Beweis: Elementar. Man beachte beim Beweis, dass das System (6.37), (6.38) erst auf die Form $\dot{\omega} = \ldots, \dot{l} = \ldots$ gebracht werden muss, was beim Differenzieren der rechten Seiten die Anwendung der Produktregel verlangt. Diese wird jedoch im Steady State sehr vereinfacht, da stets einer der bei ihr auftretenden Summanden gleich Null sein muss.

Proposition 6.9 zeigt, dass der ökonomisch gehaltvolle Steady State unserer Wachstumsdynamik (6.37), (6.38) lokal asymptotisch stabil ist, genau dann, wenn

$$(1-\kappa_p)\beta_w - (1-\kappa_w)\beta_p > 0$$

ist, da wegen $x_\omega < 0$ (und $\bar{y}l_o = \bar{x}$) genau dann $J_{11} < 0$ gilt. Wie bei unserer Stabilitätsanalyse in Abschnitt 6.1.4 verliert das System bei

$$\beta_w^H = \frac{1-\kappa_w}{1-\kappa_p}\beta_p \quad (\kappa_p < 1)$$

seine Stabilität auf zyklische Art und Weise, da wegen $\det J > 0$ die zwei jetzt nur noch vorhandenen Eigenwerte λ_1, λ_2 wie dort an diesem Parameterwert β_w^H die imaginäre Achse von links nach rechts passieren, wenn β_w unter das Niveau von β_w^H von oben kommend sinkt. Das System verliert somit seine lokale asymptotische Stabilität, wenn die Lohnflexibilität β_w in Bezug auf das Arbeitsmarktungleichgewicht $e - \bar{e}$ hinreichend stark abnimmt <u>oder</u>, umgekehrt gesehen, wenn zu gegebenem β_w die Preisflexibilität β_p hinreichend stark zunimmt ($> \frac{1-\kappa_p}{1-\kappa_p}\beta_w$). Man ersieht, dass diese Aussagen auf der Betrachtung von Situationen mit $\kappa_p < 1, \kappa_w < 1$ beruhen, also auf Situationen, wo die laufende Kostendrucksituation $\widehat{p}, \widehat{w}$ bei Lohnempfängern bzw. Firmen nicht voll auf die Wachstumsrate der Löhne bzw. der Preise durchschlägt, vgl.

hierzu Abschnitt 6.2.2. Gilt stattdessen $\kappa_w = 1, \kappa_p < 1$, so ist der Steady State ω_o, l_o stets stabil, während er im umgekehrten Fall $\kappa_w < 1, \kappa_p = 1$ stets instabil ist.[32] Als ökonomisches Fazit bekommen wir damit insgesamt, dass in dem betrachteten Modell Lohnflexibilität gut und Preisflexibilität schlecht für lokale Stabilität ist.

Dieses im Grundsätzlichen orthodoxe Resultat ist insofern nicht verwunderlich, als es auf der orthodoxen Position beruht, dass der gleichgewichtige Output Y (und damit das Output–Kapital–Verhältnis x) negativ vom Reallohn ω abhängt, da der Reallohn nur als Kostenfaktor (bei den Investitionen) auftritt. Unterbeschäftigung und Unterauslastung der Firmen führt dann bei trägen Löhnen und sehr flexiblen Preisen zur folgenden Reallohnanpassung

$$w \downarrow, p \downarrow\downarrow \Rightarrow \omega \uparrow \Rightarrow x \downarrow,$$

also zu einer falschen, die Depression verschärfenden Anpassung von Reallohn ω und Output/Kapital-Verhältnis x.

Da Lohnflexibilität für Stabilität förderlich ist, wollen wir hier zum ersten (und einzigen) Mal eine nichtlineare Reaktionshypothese in unsere Modellierung wirtschaftlicher Dynamik einbeziehen, mit der im Falle lokaler Instabilität globale Stabilität, d.h. die Begrenztheit der Dynamik in einem ökonomisch relevanten Teil des (ω, l)–Phasenraums sichergestellt werden kann. Diese Annahme lautet grafisch wiedergegeben wie folgt:

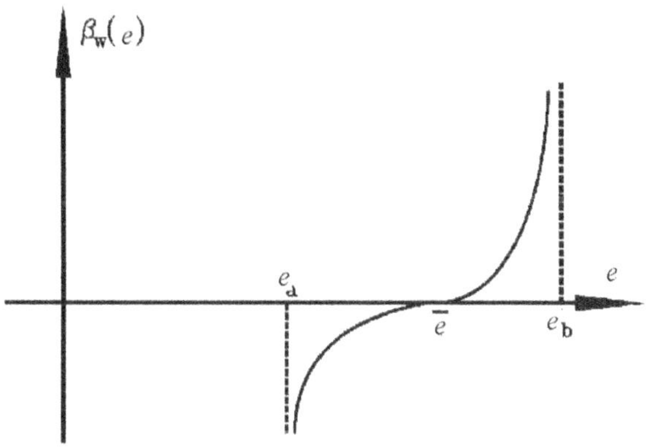

Abb. 6.7. Nichtlineare Nachfragesog–Wirkungen in der Lohn–Phillipskurve ($V = e$)

Diese Beziehung tritt an die Stelle der linearen Beziehung $\beta_w(e-\bar{e})$. Sie besagt, dass die Löhne w nahe am Steady State $\bar{e}$ relativ inflexibel sein mögen, dass ihre Flexibilität aber zunimmt, je weiter man sich vom Steady State entfernt und dass sie in der Nähe der Beschäftigungsgrade e_a, e_b sehr flexibel (unendlich

[32] Der Fall $\kappa_w = \kappa_p = 1$ ist gemäß früherem aus der Betrachtung ausgeschlossen.

flexibel d.E.h.) auf Unterbeschäftigung $e < \bar{e}(w \downarrow)$ bzw. auf Überbeschäftigung $e > \bar{e}(w \uparrow)$ reagieren.

Wir wollen im Folgenden die Situation untersuchen, wo der Steady State lokal instabil ist, wo also

$$\beta_p > \beta_w(\bar{e})\frac{1-\kappa_p}{1-\kappa_w}, \quad \kappa_w < 1$$

erfüllt ist. Zu zeigen wird sein, dass bei Annahme von $\kappa_p < 1$ diese lokale Instabilität global gesehen zu einer endogenen Konjunktur innerhalb der Grenzen $e_a < e_b$ des Beschäftigtengrades e führt, also persistente Zyklen dann vorliegen, die alle anderen dynamischen Verläufe attrahieren. Eine Beweisführung in diese Richtung kann hier allerdings nur mit grafischen, mathematisch nicht ganz zwingenden Argumenten durchgeführt werden, da eine formale Anwendung des sog. Theorems von Poincaré–Bendixson hier aus Gründen der Einfachheit unterbleiben muss.

Bestimmen wir zu diesem Zweck zunächst die partiellen Gleichgewichtskurven oder Isoklinen dieses nichtlinearen autonomen Differentialgleichungssystems für die Variablen ω und l. Sie lauten $(\kappa_w, \kappa_p < 1)$:

$$\begin{aligned}
\dot{\omega} = 0 : \beta_w(e) &= \frac{1-\kappa_w}{1-\kappa_p}\beta_p(u-\bar{u}), \text{ d.h.} \\
e = \frac{x}{\bar{y}l} &= \beta_w^{-1}\left(\frac{1-\kappa_w}{1-\kappa_p}\beta_p(u-\bar{u})\right) \text{ oder} \\
l &= \frac{x/\bar{y}}{\beta_w^{-1}(\frac{1-\kappa_w}{1-\kappa_p}\beta_p(\frac{x}{\bar{x}}-\bar{u}))} \\
\dot{l} = 0 : \rho = b_0 - \pi_o^e, \ x &= c(x-\delta-\bar{t}) + i_o + \delta + \bar{g}, \text{ d.h.} \\
x = \bar{x} \text{ und } \omega_o &= \frac{\bar{y}}{\bar{x}}(\bar{x} + b_0 - \delta - \pi_o^e)
\end{aligned}$$

Die erste Isokline ist im Falle $\kappa_w < 1$ eine Funktion von x und damit von ω, deren Steigung unklar ist. Im Falle $\kappa_w = 1$ ist, wie wir wissen, der Steady State lokal asymptotisch stabil, was einen Fall repräsentiert, den wir hier nicht betrachten wollen $(\beta_w^{-1}(0) = \bar{e} : l = x/(\bar{y}\bar{e}))$.

Neben diesen beiden Isoklinen sind für die grafische Darstellung die folgenden beiden Hilfskurven sehr wichtig:

$$e = e_a : \quad l = \frac{x/\bar{y}}{e_a}, \qquad e = e_b : \quad l = \frac{x/\bar{y}}{e_b}, x = x(\omega), x' < 0.$$

Gemäß der obigen nichtlinearen Gestalt des Nachfragesog–Terms der Lohn–Phillipskurve gilt bei $e = e_a$:

$$\widehat{\omega} = \widehat{w} - \widehat{p} << 0 \ (= -\infty)$$

und bei $e = e_b$:

$$\widehat{\omega} = \widehat{w} - \widehat{p} >> 0 \quad (= +\infty),$$

da die Lohnreaktion dann auf jeden Fall die Preisreaktion dominiert. Diese Sachverhalte liefern wegen $x'(\omega) < 0, x(0) > 0, x(\infty) = 0$ die folgende phasendiagrammatische Darstellung. Man beachte hierbei, dass aufgrund der Form der β_w–Funktion

$$\frac{x/\bar{y}}{e_b} < l = \frac{x/\bar{y}}{\beta_w^{-1}(\frac{1-\kappa_w}{1-\kappa_p}\beta_p(\frac{x(\omega)}{\bar{x}} - u))} < \frac{x/\bar{y}}{e_b}$$

erfüllt sein muss, die $\dot{\omega} = 0$–Isokline somit ‘irgendwie’ zwischen den Kurven $e = e_a$ und $e = e_b$ verlaufen muss. Die eingetragenen Anpassungsrichtungen für ω und l sind gemäß Obigem und aus den Gleichungen (6.37), (6.38) leicht ersichtlich.

Das folgende Phasendiagramm suggeriert, dass die Reallohn–Arbeitsintensitäts–Interaktion den dunkel unterlegten Teil des Phasendiagramms nicht verlassen kann und damit in diesem Bereich von persistenter zyklischer Natur sein muss.

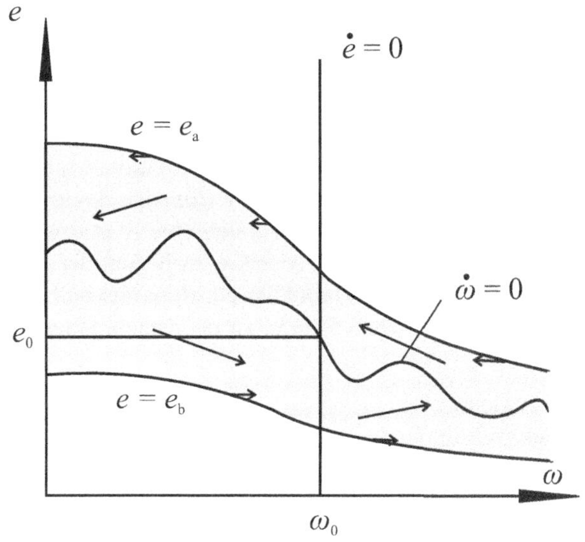

Abb. 6.8. Das Phasendiagramm des realen keynesianischen Wachstumsmodells

Eine detaillierte mathematische Erörterung der hinter Abb. 6.8. stehenden Beziehungen liefert darüberhinaus (ohne dass wir dies hier zeigen können) im gepunkteten Bereich die Existenz eines sog. Grenzzyklus und damit die folgende Situation:

Abbildung 6.9. stellt einen geschlossenen Orbit im ω, l–Phasenraum dar, der alle anderen zulässigen Bahnkurven in diesem Phasenraum attrahiert. Alle Dynamik wird also nach einer gewissen Zeit in der Nähe dieses persistenten

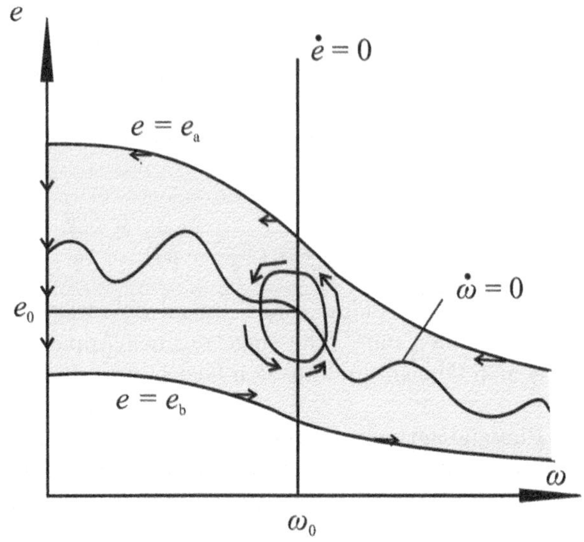

Abb. 6.9. Ein Beschäftigungszyklus vom Rose(1967)–Typ

Zyklus verlaufen und somit dann im wesentlichen mit diesem deckungsgleich sein. Dies sollte aufgrund des in Abb. 6.8. Dargestellten intuitiv klar sein, wobei aufgrund der in Abb. 6.7. gezeigten Gestalt für $\beta_w(e)$ auch einleuchtend sein könnte, dass dieser attrahierende Zyklus eindeutig bestimmt ist und damit wirklich global asymptotisch stabil ist (für alle ökonomisch relevanten Startsituationen). Anstelle eines global stabilen Steady States ω_o, l_o haben wir hier somit einen lokal instabilen Steady State vorliegen, der von einer persistenten Schwingung umgeben ist. Damit ist ein dynamisches Modell gegeben, das aus sich heraus, ohne exogene Shocks zu benötigen, einen Konjunkturzyklus generiert.

6.4.3 Endogenes Wachstum im neoklassischen Wachstumsmodell

Blicken wir noch einmal auf das in Abschnitt 6.1.2 behandelte neoklassische Solow–Modell zurück, in welchem wir technischen Wandel explizit berücksichtigt haben, so war dieser dort exogen gegeben, was angesichts seiner Schlüsselrolle, die er in Bezug auf wohlfahrtsrelevante Größen wie das Pro–Kopf–Einkommen und – noch entscheidender – den Pro–Kopf–Konsum im Steady State dieses Modells spielt, unbefriedigend erscheinen muss. Denn, wie wir uns erinnern, war die Wachstumsrate der zuletzt genannten Variablen im Steady State gerade durch die Rate des technischen Fortschritts bestimmt. Nicht minder unbefriedigend muss aus theoretischer Sicht der Umstand erscheinen, dass die Wachstumsrate beispielsweise des Pro–Kopf–Outputs unabhängig von der Ersparnisbildung und Investitionstätigkeit in der betrachteten Ökonomie ist; das Wachstum des Wohlstandes eines Landes erscheint demnach durch Wahlhandlungen der Wirtschaftssubjekte nicht beeinflussbar zu sein (und auch nicht durch Maßnahmen der Regierung).

Hinzu kommen Probleme auf empirischer Ebene, die gemäß Mankiw (1994) auf drei Ebenen anzusiedeln sind. Zum einen können im Rahmen des Solow–Modells die international beobachtbaren Unterschiede in der Sparquote und dem Bevölkerungswachstum nicht die gewaltigen Unterschiede im Pro–Kopf–Einkommen erklären. Zum anderen wird die Konvergenzrate, also die Geschwindigkeit, mit der eine Ökonomie ihrem jeweiligen Steady–State zustrebt, durch das Solow–Modell systematisch überschätzt. Schließlich müssten gemäß Solow–Modell gerade unterentwickelte Volkswirtschaften, deren Steady–State–Werte in Bezug auf Kapitalintensität und Output pro Effizienzeinheit also im internationalen Vergleich als stark unterdurchschnittlich einzustufen sind, sehr hohe Kapitalrenditen aufweisen, was einen enormen Kapitalfluss von den hochentwickelten zu den unterentwickelten Ländern induzieren müsste; beides jedoch ist in der Realität zumindest nicht in den entsprechenden Ausmaßen beobachtbar.

Zwar ist bei all diesen Betrachtungen zu berücksichtigen, dass die Schätzung einer Schlüsselvariablen, nämlich der Elastizität des Outputs pro Effizienzeinheit in Bezug auf die Kapitalintensität pro Effizienzeinheit gemäß Grenzproduktivitätstheorie über die Gewinnquote erfolgte, was angesichts der in diesem Buch bereits angeführten Vorbehalte gegenüber der Grenzproduktivitätstheorie nicht unproblematisch ist. Auf der anderen Seite ist es aber das Solow–Modell selbst, das auf dieser Annahme basiert, so dass bei einer empirischen Überprüfung desselben die genannte Annahme gerechtfertigt ist. Die Ergebnisse belegen daher klar, dass einige Implikationen des Solow–Modells mit empirischen Beobachtungen nicht in Übereinstimmung zu bringen sind.

Angesichts dieser theoretischen und empirischen Defizite wurden nun seit ungefähr Mitte der 1980er Jahre Anstrengungen unternommen, die auf eine Endogenisierung der Rate des technischen Fortschritts abzielten. Obwohl die zahlreichen Ansätze[33], die sich dieser Thematik widmen, inhaltlich z.T. stark differieren, lassen sich doch zumindest zwei Merkmale nennen, die sich in vielen dieser Modelle in der einen oder anderen konkreten Ausformulierung finden lassen:

- Zum einen die Existenz einer 'Produktionsfunktion' für Technologie bzw. Humankapital
- zum anderen das Vorhandensein positiver externer Effekte des in einer Gesellschaft insgesamt vorhandenen Wissens bzw. Technologie–Levels.

Hierbei reichen die ersten Ansätze zurück bis in die sechziger Jahre. So thematisieren Modelle von Arrow (1962), Sheshinski (1967) und anderen die genannten Externalitäten, während Uzawa (1965), Phelps (1966) und Shell (1967) ihr Augenmerk auf die Technologie–Produktionsfunktion richteten. Allerdings ist

[33] Eine Übersicht findet sich u.a. in Schneider/Ziesemer (1994), woran sich auch die vorliegenden Ausführungen in weiten Teilen orientieren.

es nur der Ansatz von Uzawa, der eine konstante Rate des technischen Fortschritts unabhängig vom Bevölkerungswachstum ermöglicht.

Die neueren Ansätze unterscheiden sich von ihren Vorgängern nun vor allem darin, dass sie versuchen, die hinter den Innovationen stehenden mikroökonomischen Entscheidungsgrundlagen offenzulegen. Dies betrifft zum einen die jeweils nutzenoptimale Entscheidung der Wirtschaftssubjekte über die Aufteilung ihres Einkommens auf Konsum und Ersparnis sowie darüber, wieviel Zeit auf die Akkumulation von Humankapital verwendet werden soll. Zum anderen geht es, soweit externe Effekte des technologischen Standes mit im Spiel sind, um die Frage nach dem Patentschutz in der jeweils betrachteten Volkswirtschaft, dessen Umfang maßgeblich darüber entscheidet, inwieweit sich ein technologischer Vorsprung für die einzelne Firma in Form einer zumindest zeitweiligen Monopolstellung auszahlt.

Im folgenden wollen wir kurz ein solches Modell in seinen Grundzügen betrachten, welches sowohl eine Technologie–Produktionsfunktion vom Uzawa–Typ als auch Externalitäten in einer ähnlichen Form enthält, wie sie Romer (1986) in einem seiner Modelle verwendet hat. Die Synthese selber stammt von Lucas (1988). Mit der Variablen A wird im folgenden der Stand der Technik bezeichnet, mit L_1 der Arbeitsinput im Produktionssektor und mit L_2 die im Technologiesektor geleistete Arbeit. Letzterer ist durch folgende Produktionsfunktion gekennzeichnet:

$$\widehat{A} = \eta(\frac{L_2}{L}),$$

wobei η eine Konstante ist. Der Güterproduktion liegt folgende Beziehung zugrunde:

$$Y = K^{\beta}(AL_1)^{1-\beta}A^{\gamma},$$

wobei A^{γ} gerade für den positiven externen Effekt des technischen Wissensstandes steht und AL_1 die Anzahl der jeweils direkt eingesetzten Effizienzeinheiten im Produktionssektor darstellt. Die Präferenzen der Wirtschaftssubjekte sind durch eine intertemporale Nutzenfunktion, etwa der folgenden Form[34]

$$U = \int_0^{\infty} e^{-\rho t}\frac{c(t)^{1-\sigma}}{1-\sigma}dt$$

gegeben, mit $c(t)$ als Pro–Kopf–Konsum im Zeitpunkt t, mit ρ als Diskontfaktor und σ als Maß, mit dem sich die intertemporale Substitutionselastizität ermitteln lässt. In dieser Nutzenfunktion spiegelt sich also der Trade–off zwischen heutigem und künftigem Konsum wider. Die Wirtschaftssubjekte versuchen nun, ihren Konsumpfad $c(t)$ sowie den Anteil der im Produktionssektor

[34] Wir verwenden hier der Anschaulichkeit halber eine 'CIES (constant intertemporal elasticity of substitution)'–Nutzenfunktion in Anlehnung an Schneider/Ziesemer (1994). Die von Lucas selbst verwendete Nutzenfunktion sieht demgegenüber wie folgt aus: $U = \int_0^{\infty} e^{-\rho t}\frac{1}{1-\sigma}[c(t)^{1-\sigma} - 1]N(t)dt$ mit $N(t)$ als gesamtem Arbeitsinput im Zeitpunkt t.

eingesetzten Arbeitszeit, $e(t) := \frac{L_1(t)}{L(t)}$, so zu wählen, dass die Zielfunktion U maximiert wird. Mit dem Ergebnis, also den optimalen Zeitpfaden $c^*(t)$ und $e^*(t)$, ist dann auch die Wachstumsrate $\widehat{A}$ des Humankapitals bzw. Technologiestandes bestimmt.

Im Unterschied zum Solow–Modell ist diese Rate des technischen Fortschritts jetzt also Resultat eines dynamischen Optimierungskalküls der Wirtschaftssubjekte. Wäre demgegenüber das Einsatzverhältnis $e = \frac{L_1}{L}$ eine Konstante und ferner $\gamma = 0$ (keine Externalität), so läge das Solow–Modell wieder in seiner ursprünglichen Form vor. Geändert hat sich somit nicht die Konstanz der Wachstumsrate im Steady State, sondern ihre Herleitung aus individuellen Wahlhandlungen der Wirtschaftssubjekte.

Ein weiterer Punkt ist es wert, in diesem Zusammenhang Erwähnung zu finden. Da im ursprünglichen Solow–Modell von einer exogen gegebenen Sparquote ausgegangen wurde, die übrigens das einzig 'keynesianische' Element in diesem ansonsten vollständig neoklassischen Kontext darstellt, war der Steady State im allgemeinen ineffizient, da in ihm der entscheidende Wohlstandsindikator, nämlich der Pro–Kopf–Konsum (bzw. sein in geeigneter Weise abdiskontierter Barwert), üblicherweise nicht maximal war. Die Endogenisierung der Konsum– und damit auch der Sparentscheidung im Lucas–Modell sorgt nun dafür, dass auch dieser letzte Schönheitsfehler aus der ansonsten harmonischen neoklassischen Welt verschwindet. Die 'goldene Regel der Akkumulation', die im Solow–Modell Bedingungen für einen effizienten Steady–State liefert, ist also im Lucas–Modell stets erfüllt, zumindest solange die Externalität (A^γ) des technologischen Wissens unberücksichtigt bleibt.

Ist diese Externalität jedoch vorhanden, ($\gamma > 0$), ergibt sich erneut eine Ineffizienz, da im Unterschied zu einem 'Social planner' die einzelnen Wirtschaftssubjekte bei ihrer Nutzenmaximierung den externen Effekt ihrer jeweils individuellen Humankapitalbildung als verschwindend gering ansehen und daher die aggregierte Externalität als exogen gegebene Größe betrachten. Lucas unterscheidet dementsprechend zwischen einem 'optimalen' und einem 'gleichgewichtigen' Wachstumspfad. Formal gesehen gilt in beiden Fällen der folgende dynamische Optimierungsansatz:

$$U(c(t)) \rightarrow \max_{c(t),e(t)} !$$

u.d.N.:

$$\begin{aligned}\dot{K} &= Y - C = K^\beta (AuL)^{1-\beta} B^\gamma - cL,\\ \dot{A} &= \eta(1-e)A.\end{aligned}$$

Die erste Nebenbedingung definiert die Akkumulation physischen Kapitals gemäß Say'schem Theorem über die Differenz zwischen Einkommen und Konsum, also die Ersparnis. Durch die zweite Nebenbedingung wird mit Hilfe der Technologie–Produktionsfunktion die Akkumulation des Humankapitals bestimmt. Die Kontrollvariablen sind der Konsum $c(t)$ und der auf die Güterproduktion verwandte Teil $e(t)$ der gesamten Arbeitsleistung L, die exogen gegeben ist und bei Lucas mit einer konstanten Rate im Zeitablauf wächst. Zielfunktion ist der vom Konsumzeitpfad abhängige Nutzen. Obwohl dieser also nicht direkt von der zweiten Kontrollvariablen, $e(t)$, beeinflusst wird, hat diese Variable dennoch einen indirekten Effekt, da in dem Maße, wie Arbeit in den Technologiesektor umgeleitet wird, Ressourcen aus der laufenden Güterproduktion abgezogen werden, und daher in dem jeweils gegebenen Zeitpunkt die Gütermenge sinkt, die auf Konsum und Ersparnis aufgeteilt werden kann.

Soll nun die 'optimale' Lösung ermittelt werden, so ist die bisher noch unerklärte Variable B in der ersten Nebenbedingung gleich A zu setzen. Bei der 'gleichgewichtigen' Lösung ist demgegenüber zunächst ein beliebiger Zeitpfad $B(t)$ hierfür anzusetzen, so dass die ermittelte Lösung $(c^*(t), e^*(t))$ von dessen jeweiliger Wahl abhängt. Erst im Anschluss an die Optimierung ist $B(t)$ dann so zu bestimmen, dass der resultierende Zeitpfad $A(t)$ mit $B(t)$ übereinstimmt, sich also eine konsistente Lösung in dem Sinne ergibt, dass die Wirtschaftssubjekte, die $B(t)$ ja als exogen betrachten, ihre quantitative Einschätzung dieser Größe in jedem Zeitpunkt auch bestätigt finden.

Sofern nun der Parameter σ in der konkreten Funktionsvorschrift für U größer als ein bestimmter kritischer Wert ist, kann gezeigt werden, dass die 'optimale' Wachstumsrate von A größer ist als die 'gleichgewichtige'. Da bei einem sich selbst überlassenen privaten Sektor sich aber der 'gleichgewichtige' Pfad ergeben wird, induziert die Externalität eine Abweichung vom sozialen Optimum, die sich in einer entsprechend geringeren Rate des technischen Fortschritts niederschlägt.

Zu bemerken ist ferner, dass in beiden Fällen die jeweilige Wachstumsrate positiv von η, der Effektivität von Investitionen in Humankapital, und negativ von ρ, der Diskontrate, abhängt. Des weiteren gilt, ebenfalls in beiden Fällen, die folgende Beziehung:

$$\widehat{K} - \widehat{L} = \frac{1 - \beta + \gamma}{1 - \beta}\widehat{A}.$$

Dies bedeutet, dass bei Abwesenheit externer Effekte ($\gamma = 0$) die Wachstumsrate des Kapitalstocks pro Kopf im Steady State mit der Rate des technischen Fortschritts übereinstimmt, ganz so, wie wir es bereits aus dem Solow–Modell her kennen (wenn wir dort, der Einfachheit halber, die Abschreibungsrate gleich Null setzen). Liegt demgegenüber eine Externalität des technologischen Wissensstandes ($\gamma > 0$) vor, so ist die Pro–Kopf–Wachstumsrate des Kapitalstocks größer als die Rate des technischen Fortschritts. Gleiches gilt für den Pro–Kopf–Konsum, der im Steady State stets mit der Wachstumsrate des Per–capita–Kapitalstocks übereinstimmt. Dieses Ergebnis werden wir auch im nächsten Abschnitt wiederfinden, wo wir versuchen werden, diesen Ansatz endogenen Wachstums in das IS–LM–PC–Modell der langen Sicht zu übertragen.

6.4.4 Endogenes Wachstum im IS-LM-PC Modell

Ausgehend von unseren Betrachtungen im vorangegangenen Abschnitt stellt sich nun die Frage, inwieweit endogenes Wachstum auch in unser IS–LM–PC–Modell eingebaut werden kann. Hierzu wollen wir den Ansatz von Lucas (1988) verwenden, der, wie bereits ausgeführt, eine Technologie–Produktionsfunktion à la Uzawa (1965) und das Vorhandensein positiver externer Effekte des vorhandenen technologischen Wissens in der Tradition von Romer (1986) miteinander verbindet.[35] Formal ergeben sich hierdurch die folgenden beiden Gleichungen:

$$\dot{A} = \eta(\frac{L_2}{L})A \Leftrightarrow \widehat{A} = \eta\frac{L_2}{L} \quad \text{(Technologie–Prod.fkt.)}, \tag{6.39}$$

$$Y = K^{\beta}(AL_1)^{1-\beta}A^{\gamma} \quad \text{(Güter–Prod.fkt. mit Externalität)}\ . \tag{6.40}$$

Die Variable A steht dabei wieder für den Stand des Wissens bzw. der Technologie, L_1 ist die Anzahl der in der Güterproduktion Beschäftigten und L_2 die Anzahl der im Technologiesektor Tätigen. Während, wie ausgeführt, bei Lucas die Kapitalakkumulation über die Maximierung einer intertemporalen Nutzenfunktion läuft, ist diese im IS–LM–PC–Modell bereits über die Investitionsfunktion gegeben. Des Weiteren wollen wir annehmen, dass das Verhältnis der tatsächlich eingesetzten Arbeitsmengen L_1^d und L_2^d zueinander stets konstant ist:

$$\frac{L_2^d}{L_1^d} = \text{const.} =: h, \tag{6.41}$$

wobei h aus empirischen wie inhaltlichen Gründen als hinreichend klein anzunehmen ist ($h \approx \frac{1}{100}$). Damit ist der Block an Neuerungen aber auch schon komplett, und wir können nun darangehen, diesen in das langfristige IS–LM–PC–Modell in der bisher umfassendsten Version des Abschnitts 6.3.4 zu integrieren. Zuvor jedoch ist es zweckmäßig, die neuen Gleichungen (6.39) – (6.41) noch etwas umzuformen, um sie anschließend möglichst nahtlos in den übrigen Modellkontext einfügen zu können. So folgt aus Gleichung (6.41):

$$e = \frac{L_1^d + L_2^d}{L} = (1+h)\frac{L_1^d}{L} \Leftrightarrow \frac{L_1^d}{L} = \frac{1}{1+h}e \tag{6.42}$$

bzw.

$$\frac{L_2^d}{L} = \frac{1}{1+\frac{1}{h}}e. \tag{6.43}$$

Aus (6.43) und (6.39) folgt dann:

$$\widehat{A} = \eta\frac{L_2^d}{L} = \eta\frac{1}{1+\frac{1}{h}}e =: \tilde{\eta}e. \tag{6.44}$$

[35] Vgl. Schneider/Ziesemer (1994, S.16/17).

Gleichung (6.40) lässt sich ferner wie folgt umschreiben:

$$Y = K^{\beta}(AL_1^d)^{1-\beta}A^{(1-\beta)\frac{\gamma}{1-\beta}} = K^{\beta}(A^{\frac{1-\beta+\gamma}{1-\beta}}L_1^d)^{1-\beta}. \tag{6.45}$$

Unter dem Ausdruck $A^{\frac{1-\beta+\gamma}{1-\beta}}L_1^d =: E_1^d$ wollen wir im folgenden die Anzahl der Effizienzeinheiten verstehen, die im Güterproduktionssektor eingesetzt werden. Zu beachten ist, dass (bei geg. L_1^d) die Zahl der Effizienzeinheiten infolge technischen Fortschritts ($\widehat{A} > 0$) hier aufgrund der Externalität (A^{γ}) stärker zunimmt, als wir dies von Harrod–neutralem technischem Fortschritt aus dem Solow–Modell kennen.

Zu einem gegebenen Zeitpunkt ist die Gesamtzahl aller verfügbaren Effizienzeinheiten mit $A^{\frac{1-\beta+\gamma}{1-\beta}}L$ gegeben, wobei wir im folgenden der Einfachheit halber von einer konstanten Bevölkerung ausgehen wollen. Die arbeitsangebotsseitige Arbeitsintensität l^{eff}, jetzt bezogen auf die Anzahl der Effizienzeinheiten, definiert sich dann wie folgt:

$$l^{eff} = \frac{A^{\frac{1-\beta+\gamma}{1-\beta}}L}{K}. \tag{6.46}$$

Entsprechend ist mit $A^{\frac{1-\beta+\gamma}{1-\beta}}eL$ die jeweils beschäftigte Anzahl von Effizienzeinheiten gegeben.

Die Vollbeschäftigungs–Arbeitsintensität in Effizienzeinheiten l^{eff} tritt nun an die Stelle von l, der Arbeitsintensität in 'physischen Einheiten' im bisherigen IS–LM–PC–Modell. Aus Gleichung (6.46) folgt für die Wachstumsrate von l^{eff}:

$$\widehat{l^{eff}} = \frac{1-\beta+\gamma}{1-\beta}\widehat{A} + \widehat{L} - \widehat{K} = \frac{1-\beta+\gamma}{1-\beta}\widehat{A} - \widehat{K}$$

In Verbindung mit (6.44) ergibt dies:

$$\widehat{l^{eff}} = \frac{1-\beta+\gamma}{1-\beta}\tilde{\eta}e - \widehat{K}.$$

Setzen wir nun noch die Investitionsgleichung (6.2) unseres bisherigen IS–LM–PC–Modells für $\widehat{K}$ ein, so folgt:

$$\widehat{l^{eff}} = \frac{1-\beta+\gamma}{1-\beta}\tilde{\eta}e - [i_0 + i_1(\rho - (r^* - \pi^e))]. \tag{6.47}$$

Bevor nun das Differentialgleichungssystem in seiner neuen Form angegeben werden kann, ist zunächst noch der Wert für den Parameter $\tilde{\eta}$ zu bestimmen, der, wie wir gleich sehen werden, nicht frei gewählt werden kann, wenn das System steady–state–fähig sein soll. Aus $x = \frac{Y}{K}$ und dementsprechend $\widehat{x} = \widehat{Y} - \widehat{K}$ ergibt sich nämlich mit Blick auf Gleichung (6.45):

$$\begin{aligned}\widehat{x} = \widehat{Y} - \widehat{K} &= \beta\widehat{K} + (1-\beta+\gamma)\widehat{A} + (1-\beta)\widehat{L}_1^d - \widehat{K}\\ &= (1-\beta)(\widehat{L}_1^d - \widehat{K}) + (1-\beta+\gamma)\widehat{A}.\end{aligned}$$

Aus (6.42) folgt: $L_1^d = \frac{1}{1+h}Le \Rightarrow \widehat{L_1^d} = \widehat{e}$. Dies in vorstehende Gleichung eingesetzt liefert:

$$\widehat{x} = (1-\beta)(\widehat{e} - \widehat{K}) + (1-\beta+\gamma)\widehat{A}. \tag{6.48}$$

Da im Steady State $\widehat{x} = 0$ und $\widehat{e} = 0$ erfüllt sein muss, folgt aus (6.48):

$$0 = -(1-\beta)(\widehat{K})_o + (1-\beta+\gamma)(\widehat{A})_o \Leftrightarrow (\widehat{A})_o = \frac{1-\beta}{1-\beta+\gamma}(\widehat{K})_o. \tag{6.49}$$

Wegen $\widehat{K} = i_0 + i_1(\rho - (r^* - \pi^e))$ und $\rho_o = r_o^* - \pi^e$ im Steady State ergibt sich:

$$(\widehat{A})_o = \frac{1-\beta}{1-\beta+\gamma} i_o. \tag{6.50}$$

Gemäß (6.44) gilt aber außerdem: $\widehat{A} = \widetilde{\eta}e$, was für den Steady State $(\widehat{A})_o = \widetilde{\eta}e_o = \widetilde{\eta}\bar{e}$ impliziert. Dies liefert nun zusammen mit (6.50)

$$(\widehat{A})_o = \widetilde{\eta}\bar{e} = \frac{1-\beta}{1-\beta+\gamma} i_o \Rightarrow \widetilde{\eta} = \frac{(1-\beta)}{(1-\beta+\gamma)\bar{e}} i_o \tag{6.51}$$

Dies eingesetzt in (6.47) ergibt für die Wachstumsrate von l^{eff} schließlich:

$$\widehat{l^{eff}} = \left(\frac{e}{\bar{e}} - 1\right) i_0 - i_1(\rho - (r^* - \pi^e)) \tag{6.52}$$

Diese Bestimmungsgleichung für $\widehat{l^{eff}}$ unterscheidet sich von derjenigen für $\widehat{l}$ im bisherigen Modellrahmen gerade durch den Term $(\frac{e}{\bar{e}} - 1)i_0$, der jetzt neu hinzugekommen ist.

Da wir l^{eff} jetzt zudem auf die Anzahl der Effizienzeinheiten beziehen, ist konsequenterweise im folgenden auch der Reallohn als Reallohn pro Effizienzeinheit festzulegen, den wir mit ω^{eff} bezeichnen wollen. Seine Dynamik kann dann aus dem bisherigen IS–LM–PC-Kontext 1:1 übernommen werden. Analog zu den Gleichungen (6.30) – (6.33) ergibt sich jetzt folgendes System:

$$\widehat{\omega}^{eff} = \kappa[(1-\kappa_p)\beta_w(e-\bar{e}) - (1-\kappa_w)\beta_p(u-\bar{u})] \tag{6.53}$$

$$\dot{\pi}^e = \beta_{\pi^e}\kappa[\beta_p(u-\bar{u}) + \kappa_p\beta_w(e-\bar{e})] \tag{6.54}$$

$$\widehat{l^{eff}} = (\frac{e}{\bar{e}} - 1)i_0 - i_1(\rho - (r^* - \pi^e)) \tag{6.55}$$

$$\begin{aligned}\widehat{m} = {} & \bar{\mu} - \kappa[\beta_p(u-\bar{u}) + \kappa_p\beta_w(e-\bar{e})] \\ & - \pi^e - i_0 - i_1(\rho - (r^* - \pi^e))\end{aligned} \tag{6.56}$$

In völliger Analogie zum bisherigen IS–LM–PC-Modell ohne technischen Fortschritt kann nun sehr schnell gezeigt werden, dass das System (6.53) – (6.56) tatsächlich eindeutig bestimmt ist, wenn man noch den temporären IS–LM–Block sowie die Produktionsfunktion und die Bestimmung des Potenzialoutputs mit hinzunimmt. Da wir im vorliegenden Fall den Vorteil einer konkreten Produktionsfunktion haben, wollen wir dies kurz durchrechnen, nicht zuletzt, um die vielleicht etwas abstrakt anmutenden Zusammenhänge in Abschnitt 6.3.4 noch ein wenig zu verdeutlichen.

Aus (6.10) folgt für das IS–LM–Gleichgewicht in allgemeiner Form:

$$x = \alpha_0 + \alpha_1 m + \alpha_2 \pi^e + \alpha_3 \rho, \qquad \alpha_1, \alpha_2, \alpha_3 > 0.$$

Die Profitrate ergibt sich über:

$$\rho = \frac{Y - \delta K - \omega L^d}{K} = x - \delta - \omega \frac{L}{K} e = x - \delta - \omega^{\mathit{eff}} \frac{L^{\mathit{eff}}}{K} e$$

mit L^{eff} als arbeitsangebotsseitige Anzahl an Effizienzeinheiten. Somit folgt:

$$\rho = x - \delta - \omega^{\mathit{eff}} l^{\mathit{eff}} e, \tag{6.57}$$

so dass sich für x ergibt:

$$\begin{aligned} x &= \alpha_0 + \alpha_1 m + \alpha_2 \pi^e + \alpha_3 (x - \delta - \omega^{\mathit{eff}} l^{\mathit{eff}} e) \\ \Leftrightarrow (1 - \alpha_3 x) &= \alpha_0 + \alpha_1 m + \alpha_2 \pi^e - \alpha_3 (\delta + \omega^{\mathit{eff}} l^{\mathit{eff}} e) \\ \Leftrightarrow x &= \widetilde{\alpha}_0 + \widetilde{\alpha}_1 m + \widetilde{\alpha}_2 \pi^e - \widetilde{\alpha}_3 (\delta + \omega^{\mathit{eff}} l^{\mathit{eff}} e) \end{aligned} \tag{6.58}$$

mit $\widetilde{\alpha}_1, \widetilde{\alpha}_2$ und $\widetilde{\alpha}_3 > 0$. Gleichung (6.58) liefert also die nachfrageseitige Outputbestimmung à la IS–LM. Gleichzeitig lässt sich x aber mit Hilfe von (6.45) auch produktionsseitig bestimmen (wobei inhaltlich natürlich klar ist, dass sich die Produktion jeweils der durch (6.58) bestimmten Nachfrage anpasst):

$$x = \frac{Y}{K} = \left(\frac{A^{\frac{1-\beta+\gamma}{1-\beta}} L_1^d}{K} \right)^{1-\beta}$$

Aus (6.42) folgte: $L_1^d = \frac{1}{1+h} eL$, was in vorstehende Gleichung eingesetzt

$$x = \left(\frac{\frac{1}{1+h} eLA^{\frac{1-\beta+\gamma}{1-\beta}}}{K} \right)^{1-\beta} = \left(\frac{1}{1+h} \right)^{1-\beta} e^{1-\beta} (l^{\mathit{eff}})^{1-\beta}$$

liefert. Mit $\widetilde{h} := \frac{1}{1+h}$ ergibt sich:

$$x = (\widetilde{h})^{1-\beta} e^{1-\beta} (l^{\mathit{eff}})^{1-\beta} \tag{6.59}$$

Gleichsetzen von (6.58) und (6.59) liefert dann:

$$\begin{aligned} (\widetilde{h})^{1-\beta} e^{1-\beta} (l^{\mathit{eff}})^{1-\beta} &= \widetilde{\alpha}_0 + \widetilde{\alpha}_1 m + \widetilde{\alpha}_2 \pi^e - \widetilde{\alpha}_3 (\delta + \omega^{\mathit{eff}} l^{\mathit{eff}} e) \\ \Leftrightarrow (\widetilde{h})^{1-\beta} (l^{\mathit{eff}})^{1-\beta} e^{1-\beta} + \widetilde{\alpha}_3 \omega^{\mathit{eff}} l^{\mathit{eff}} e &= \widetilde{\alpha_0} + \widetilde{\alpha}_1 m + \widetilde{\alpha}_2 \pi^e \end{aligned} \tag{6.60}$$

Da außer e hierin neben den Modellparametern nur noch die dynamisch endogenen Variablen $l^{\mathit{eff}}, \omega^{\mathit{eff}}, m$ und π^e vorkommen, die in jedem konkreten Zeitpunkt gegeben sind, liegt mit (6.60) eine Bestimmungsgleichung für e vor. Da die linke Seite eine strikt monoton steigende Funktion in e darstellt und für $e \in [0, \infty)$ alle nichtnegativen reellen Zahlen annehmen kann, ist bei einer positiven rechten Seite eine eindeutige Lösung für e gewährleistet. Sinnvollerweise sind dann die Modellparameter so zu wählen, dass $e < 1$ gesichert ist.

Setzen wir den ermittelten Beschäftigungsgrad e nun wieder in Gleichung (6.58) ein, so erhalten wir umgehend das zugehörige x. Damit wiederum ergibt sich über Gleichung (6.57) die Profitrate ρ. Aus Gleichung (6.11) folgt ferner für den kurzfristigen Zinssatz r:

$$r = \beta_0 - \beta_1 m + \beta_2 \pi^e + \beta_3 \rho, \quad \beta_1, \beta_2, \beta_3 > 0.$$

Den soeben ermittelten Wert für ρ eingesetzt liefert diese Gleichung dann sofort den entsprechenden Wert für r, der wiederum über $r^* = b_0 + b_1 r$ den langfristigen Nominalzinssatz r^* festlegt.

Mit Ausnahme von u sind nun bereits alle übrigen Variablen aus (6.53) – (6.56) (e, ρ und r^*) mit Hilfe der durch das System für jeden Zeitpunkt bestimmten dynamischen Variablen $\omega^{\mathit{eff}}, \pi^e, l^{\mathit{eff}}$ und m berechnet worden. Für den Auslastungsgrad des Kapitalstocks, u, gilt wie bisher: $u = \frac{x}{x^p}$ mit x als IS–LM–seitig bestimmtem tatsächlichen Output und x^p als profitseitig, d.h. über die Grenzproduktivitätsregel, abgeleitetem Potenzialoutput. Da sich der Reallohn. ω^{eff}, wie gesagt, auf jeweils eine Effizienzeinheit bezieht, ist die Produktionsfunktion folgerichtigerweise auch nach der Anzahl der Effizienzeinheiten abzuleiten. Ist mit

$$Y^p = K^\beta (A^{\frac{1-\beta+\gamma}{1-\beta}} L_1^p)^{1-\beta} = K^\beta (E_1^p)^{1-\beta} \tag{6.61}$$

der zu bestimmende Potenzialoutput und mit E_1^p die zugehörige Anzahl an Effizienzeinheiten gegeben, so folgt:

$$\frac{dY^p}{dE_1^p} = \omega^{\mathit{eff}} \Leftrightarrow (1-\beta)K^\beta (E_1^p)^{-\beta} = (1-\beta)\left(\frac{K}{E_1^p}\right)^\beta = \omega^{\mathit{eff}},$$

woraus sich

$$\frac{E_1^p}{K} = \left(\frac{1-\beta}{\omega^{\mathit{eff}}}\right)^{\frac{1}{\beta}} \tag{6.62}$$

ergibt.

Aus $x^p = \frac{Y^p}{K}$ folgt über (6.61):

$$x^p = \frac{Y^p}{K} = K^{\beta-1}(E_1^p)^{1-\beta} = \left(\frac{E_1^p}{K}\right)^{1-\beta},$$

was zusammen mit (6.62)

$$x^p = \left(\frac{1-\beta}{\omega^{eff}}\right)^{\frac{1-\beta}{\beta}} \tag{6.63}$$

liefert. Über $u = \frac{x}{x^p}$ ist dann auch die letzte statisch endogene Variable bestimmt; $\bar{u}$ ist, wie zuvor auch, eine Konstante.

Betrachten wir anschließend den Steady State des Systems (6.53) – (6.56), so ergibt sich unmittelbar, dass mit Ausnahme der Tatsache, dass ω_o^{eff} und l_o^{eff} sich jetzt jeweils auf die Effizienzeinheiten beziehen, rein formal alles beim alten geblieben ist, womit zugleich nachgewiesen wäre, dass eine Integration endogenen Wachstums in das langfristige IS–LM–PC–Modell problemlos möglich ist. Inhaltlich ergibt sich jedoch ein neuer Aspekt, wenn man Gleichung (6.50) betrachtet: Demnach hängt die Steady–State–Wachstumsrate des technischen Fortschritts, $(\widehat{A})_o$, proportional von der Wachstumsrate des Kapitalstocks, $(\widehat{K})_o = i_o$, ab. In dem Spezialfall $\gamma = 0$, also einer Situation ohne Externalität, würden beide Raten sogar exakt übereinstimmen.

Rein formal gesehen ergäbe sich dann ein vergleichbares Resultat wie bei dem früher betrachteten endogenen Bevölkerungswachstum n, nur dass es hier eben der technische Fortschritt ist, der sich dem Trendwachstum des Kapitalstocks anpasst. Ähnliches gilt für den Pro–Kopf–Output $y = x\frac{K}{L}$, für dessen Wachstum sich $\widehat{y} = \widehat{x} + \widehat{K} - \widehat{L}$ ergibt. Da die Bevölkerungszahl L jetzt annahmegemäß konstant ist und im Steady State wegen $x = x_o$ zudem $\widehat{x} = 0$ gelten muss, ergibt sich jetzt $\widehat{y} = (\widehat{K})_o = i_o$. Gleiches gilt auch für den Pro–Kopf–Konsum $\frac{C}{L} = \frac{C}{K}\frac{K}{L}$. Hieraus folgt $(\widehat{\frac{C}{L}}) = (\widehat{\frac{C}{K}}) + \widehat{K} - \widehat{L}$, und wegen $\widehat{L} = 0$ sowie $(\frac{C}{K})_o = c(x_o - \delta - \bar{t})$ ergibt sich im Steady State letztlich $(\widehat{\frac{C}{L}})_o = \widehat{K}_o = i_o$. Da bei $\gamma = 0$, wie gesagt, zudem $i_o = (\widehat{A})_o$ gilt, folgt hieraus die bereits aus dem neoklassischen Solow–Modell bekannte Tatsache, dass Pro–Kopf–Output und Pro–Kopf–Konsum im Steady State mit der Rate des technischen Fortschritts wachsen. Dort allerdings passte sich die Wachstumsrate des Kapitalstocks an den exogen gegebenen technischen Fortschritt an, während die Kausalität im vorliegenden Fall genau umgekehrt ist. Man beachte ferner, dass ein höherer Wert für i_o sowohl die Steady–State–Wachstumsrate des technischen Fortschritts $(\widehat{A})_o$ als auch die Investitionsquote $(\frac{I}{Y})_o = \frac{i_o}{x_o} = \frac{i_o}{\frac{\bar{g} - c\bar{t} + i_o}{1-c} + \delta}$ steigen lässt, was gut zur positiven empirischen Korrelation zwischen beiden Größen passt.[36]

Analog zum Lucas–Modell des vorangegangenen Abschnitts bleibt allerdings auch hier die Wachstumsrate $(\widehat{A})_o$ bei Vorhandensein einer positiven Externalität des Standes der Technik ($\gamma > 0$) hinter dem Wachstum des Pro–Kopf–Kapitalstocks zurück, welches aufgrund der angenommenen konstanten Bevölkerungszahl gleich der Wachstumsrate des gesamten Kapitalstocks ist. Gleiches gilt für den Pro–Kopf–Output und den Pro–Kopf–Konsum, deren Wachstumsrate wieder mit der des Per–capita–Kapitalstocks übereinstimmt und daher ebenfalls die Rate des technischen Fortschritts übertrifft.

[36] Vgl. Mankiw (1994, S.302).

Abschließend bleibt festzuhalten, dass in der vorliegenden Erweiterung des IS–LM–PC–Modells im Vergleich zum Lucas–Modell noch ein Aspekt fehlt, nämlich eine endogene Bestimmung von $\frac{L_2^d}{L^d}$, also dem Anteil der im Technologiesektor Beschäftigten an der gesamten Beschäftigtenzahl. Zuvor jedoch wäre das Modell in seiner bisherigen Form auf seine dynamischen Implikationen hin zu überprüfen. Bereits dies dürfte zumindest einen nicht uninteressanten Tatbestand offenlegen, nämlich ein konjunkturabhängiges Schwanken der Rate des technischen Fortschritts, da diese gemäß Gleichung (6.44) positiv abhängig vom Beschäftigungsgrad e ist. Somit würden Konjunkturschwankungen von Schwankungen des technischen Fortschritts begleitet, wobei die Kausalität jetzt aber genau umgekehrt wäre wie bei den in Abschnitt 6.4.1 vorgestellten RBC–Ansätzen.

6.4.5 Fazit

Wir haben in diesem Kapitel Ansätze zu einer keynesianisch orientierten Wachstumstheorie dargestellt und ausgebaut und mit ihren neoklassischen Alternativen verglichen. Dabei sollte deutlich geworden sein, dass dem Investitionsverhalten der Unternehmungen, welches vom Sparverhalten der Haushalte zu trennen ist, eine zentrale Bedeutung zukommt. Zum einen deshalb, weil die Investitionen einen dualen Charakter aufweisen, da sie zugleich Determinante der effektive Güternachfrage und über ihren Kapazitätseffekt auch Determinante des potentiellen Angebots der Unternehmungen sind. Und zum anderen müssen nach Keynes'scher Theorie[37] die Investitionen als *im wesentlichen unabhängige Variable* des in diesem Buch erfassten Makrogeschehens und seiner Interdependenzen angesehen werden, die nur z.T. von Zinsentwicklung sowie Preis- und Lohninflation beeinflusst werden und daher auch nur bedingt durch wirtschaftspolitische Maßnahmen steuerbar sind.

Diesem Sachverhalt wurde in diesem Kapitel nur in sehr vorläufiger Form Rechnung getragen, indem wir einen Teil der Investitionen mit einem exogenen Wachstumstrend versehen haben. Aber selbst diese grobe Annahme ist in unseren Augen deutlich relevanter als ihre neoklassische Alternative, bei der die Investitionen, wenn sie überhaupt als eigenständige Größe Berücksichtigung finden, einen exogenen Trendterm hinzugefügt bekommen, der durch die natürliche Wachstumsrate (der Arbeitsbevölkerung) bestimmt ist (wie es z.B. in Sargent (1987, Kap.5) geschieht). Gleichwohl kann das in diesem Kapital als Alternative zum neoklassischen Wachstumsmodell Vorgestellte nur als Beginn einer keynesianischen Konjunktur- und Wachstumstheorie angesehen werden. IS-LM-Wachstumstheorie ist ein sehr vernachlässigtes Gebiet der Makroökonomik (ganz zu schweigen von einer keynesianischen Theorie endogenen Wachstums, vgl. hier Abschnitt 6.4.4) und das nicht erst heutzutage, wo die keynesianische IS-LM Analyse (oder allgemeiner gesprochen: die Ana-

---

[37] Vgl. hierzu insbesondere 6.1.1.

lyse des Zusammenwirkens von Vermögens- und Gütermärkten) nicht mehr im Zentrum makroökonomischer Forschung steht.

Dieses Buch hat versucht, auf Lehrbuchniveau dieser Entwicklung mit einer ausgebauten IS-LM-Analyse der kurzen, mittleren und langen Frist zu begegnen, also ihr eine keynesianische Theorie temporärer Gleichgewichte und ihrer Entwicklung in der Zeit entgegenzustellen. Weiterentwicklungen des hier entwickelten Ansatzes zu einer keynesianischen monetären Wachstumstheorie findet der Leser in Chiarella/Flaschel (1996a) und in Chiarella/Flaschel (1996b), wo diese Wachstumstheorie sowohl auf den Fall kleiner offener Volkswirtschaften erweitert wird[38] wie auch für den Fall interagierender Ökonomien Reformulierung findet.

Wir hoffen, dass dieses Buch bisher gezeigt hat, dass auf Basis der üblichen IS-LM-Modellierung der kurzen Frist gehaltvolle Analyse sowohl der mittleren Sicht als auch der langen Sicht möglich ist, die den auf Inflationserwartungen Bezug nehmenden und die Lohn-Preis-Dynamik verkomplizierenden Mundell-Effekt nicht einfach aus der Analyse ausblendet und die nicht einfach behauptet, dass die lange Sicht (eines IS-LM Wachstumsmodells) durch das neoklassische Modell des wirtschaftlichen Wachstums gut repräsentiert wird, sondern die diese unbewiesene Behauptung begründet in Zweifel zieht.

---

[38] Auch im Lichte eines kleinen makroökonometrischen Modells für die australische Volkswirtschaft.

7

Ausblick: Gereifter Keynesianismus

In diesem abschließenden Kapitel werden wir in seinen späteren Abschnitten Entwicklungen der Makroökonomik und insbesondere der Konjunktur- und Inflationstheorie darstellen, auch was eigene Arbeiten angeht, die seit der ersten Auflage dieses Buches stattgefunden haben und die unseres Erachtens dazu geführt haben, dass es heute zwei grundlegende, einerseits strukturell gesehen sehr verwandte Modellierungsansätze keynesianischer Theorie gibt, die aber andererseits aufgrund ihrer sehr unterschiedlichen Behandlung der Erwartungsbildung der Wirtschaftssubjekte an Arbeits- und Gütermärkten diametral entgegengesetzte Lösungsstrategien zur Ermittlung ihrer Implikationen entwickelt haben. Die resultierenden Konjunkturtheorien, mit perfekter Rationalität einerseits bzw. graduellen Ungleichgewichtsverhaltens andererseits, weisen fast nichts an Gemeinsamkeiten auf. Sie sind deshalb im Grundsätzlichen im Prinzip als genauso konträr zueinander stehend einzuschätzen, wie es der Fall war, als das helio- und geozentrische Bild des Universums der Kopernikanischen Sicht der Planetenbewegungen gegenüberstand.

Wir wollen und können hier nicht auf eine Aufarbeitung des Paradigmenwechsels im wissenschaftlichen Verständnis des Universums und der Planetenbewegungen eingehen, sondern verweisen den Leser an dieser Stelle nur auf die weiter unten genannte Quelle für einen Einstieg in dieses Thema. Darüberhinaus gilt auch, dass Analogien und Unterschiede zu einem möglichen, ähnlich gelagerten Paradigmenwechsel in der Sicht der gesamtwirtschaftlichen Funktionsweise kapitalistischer Marktwirtschaften sehr sorgfältig reflektiert werden müssen, was jenseits der Möglichkeiten dieses abschließenden Kapitels ist. Die Rolle des hier Festgestellten ist deshalb mehr die eines Anstoßes zur weiteren Reflexion solcher Vergleiche im Lichte der Konjunkturtheorien, die wir in diesem Kapitel kurz kontrastieren werden.[1] Wie beim geozentrischen Weltbild mag es zudem eine Frage der Zeit und der Konjunktur von Konjunkturtheo-

[1] Einen andersartigen Ansatz mit gleicher Intention findet der Leser in Taylor (2004).

rien sein, die Klarheit über den hier thematisierten Paradigmenvergleich (der auch auf der Mikroebene ein Pendant dazu aufweist) schafft.

Copernican system

In 1543 the geocentric system met its first serious challenge with the publication of Copernicus's *De revolutionibus orbium coelestium*, which posited that the Earth and the other planets instead revolved around the Sun. The geocentric system was still held for many years afterwards, as at the time the Copernican system did not offer better predictions than the geocentric system, and it posed problems for both natural philosophy and scripture.

With the invention of the telescope in 1609, observations made primarily by Galileo Galilei (such as that Jupiter has moons) called into question some of the tenets of geocentrism but did not seriously threaten it.

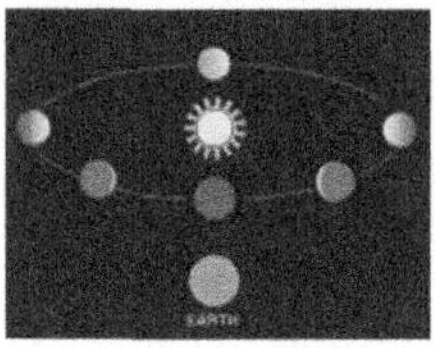

Phases of Venus

In December 1610, Galileo Galilei used his telescope to show that Venus went through phases, just like the Moon. This observation was incompatible with the Ptolemaic system.

Abb. 7.1. Das ptolemäische Weltbild und seine Überwindung (aus Wikipedia, 30.3.2007)

Wir werden im Folgenden zunächst Keynes' Sichtweise des Konjunkturzyklus darstellen. Dem Leser soll hierdurch ein Eindruck vermittelt werden, wie Keynes auf Basis seiner mit Blick auf die kurze Frist entwickelten Theorie der Beschäftigung, des Zinses und des Geldes das Konjunkturgeschehen systematisierte und analysierte.

Keynes fundiert seine Erörterung und Analyse des 'Trade Cycle' auf drei zentrale 'Parameter' seiner Analyse der kurzen Frist, das Konsumverhalten, das Investitionsverhalten und die Geldnachfrage betreffend: Die Parameter c, i_1, h_1 des Kapitels 3, also die Konsumneigung, und die Zins- und Gewinnreagibilität der Investitionen sowie der Geldnachfrage. Die Keynes'sche Sicht des Konjunkturphänomens geht davon aus, dass diese drei Parameter, bei ihm: die marginale Konsumneigung, die Grenzleistungsfähigkeit des Kapitals und die Liquiditätspräferenz, sich systematisch innerhalb des Konjunkturzyklus verschieben, so dass damit dieser Zyklus aus ihren aufeinander bezogenen Veränderungen erklärt werden kann.

7.1 Keynes' 'Notes on the Trade Cycle'

Zur Heranführung des Leser an die Anwendung der Keynes'schen Theorie der kurzen Sicht auf Fragestellungen der mittleren (und langen) Sicht beginnen wir mit der Vorstellung und Kommentierung einiger kurzer Kernaussagen seiner 'Notes on the Trade Cycle' (Keynes, 1936, Kap. 22). Sie sollen belegen, dass es aus Sicht von Keynes systematische Gründe gibt, die in – wirtschaftshistorisch gesehen – spezifisch verknüpfter Weise die Auf- und Abschwünge des Konjunkturzyklus jeweils erklären helfen können. Natürlich ist es empfehlenswert, das Kapitel 22 der 'Allgemeinen Theorie' in seiner Gänze zu studieren, um verdeutlicht zu bekommen, wie das Zusammenspiel der Kernparameter von Keynes' Analyse der kurzen Sicht Auf- und Abschwünge und deren Wendepunkte verständlich werden lässt. Darüberhinaus sei der Leser auf die Abschnitte zum Harrod– und Domar–Modell verwiesen, wo es zu prüfen gilt, inwieweit diese Wachstums- und Stagnationstheorien sich mit der Keynes'schen Sicht von Boom und Depression verbinden lassen.

> 'Since we claim to have shown in the preceding chapters what determines the volume of employment at any time, it follows, if we are right, that our theory must be capable of explaining the phenomena of the Trade Cycle. If we examine the details of any actual instance of the Trade Cycle, we shall find that it is highly complex and that every element in our analysis will be required for its complete explanation. In particular we shall find that fluctuations in the propensity to consume, in the state of liquidity-preference, and in the marginal efficiency of capital have all played a part. But I suggest that the essential character of the Trade Cycle and, especially, the regularity of time-sequence and of duration which justifies us in calling it a *cycle*, is mainly due to the way in which the marginal efficiency of capital fluctuates. The Trade Cycle is best regarded, I think, as being occasioned by a cyclical change in the marginal efficiency of capital, though complicated and often aggravated by associated changes in the other significant short-period variables of the economic system.' (Keynes, 1936, S.313)

In Bezug auf das Phänomen des Konjunkturzyklus fährt Keynes dann fort:

> 'By a *cyclical* movement we mean that as the system progresses in, e.g. the upward direction, the forces [p.314] propelling it upwards at first gather force and have a cumulative effect on one another but gradually lose their strength until at a certain point they tend to be replaced by forces operating in the opposite direction; which in turn gather force for a time and accentuate one another, until they too, having reached their maximum development, wane and give place to their opposite. We do not, however, merely mean by a *cyclical* movement that upward and downward tendencies, once started, do not persist for ever

in the same direction but are ultimately reversed. We mean also that there is some recognisable degree of regularity in the time-sequence and duration of the upward and downward movements. There is, however, another characteristic of what we call the Trade Cycle which our explanation must cover if it is to be adequate; namely, the phenomenon of the *crisis* the fact that the substitution of a downward for an upward tendency often takes place suddenly and violently, whereas there is, as a rule, no such sharp turning-point when an upward is substituted for a downward tendency.'

Die Theorie des Konjunkturzyklus bei Keynes ist somit charakterisiert durch eine systematische Anwendung seiner Theorie der kurzen Sicht, der Theorie des Zinses, des effektiven Einkommens und der Beschäftigung (und deren Erklärung mittels der zugrundeliegenden Fundamentalparameter c, i_1, h_1) und liest sich auf dieser Basis in ihren Grundzügen wie folgt:

'The later stages of the boom are characterized by optimistic expectations as to the future yield of capital-goods sufficiently strong to offset their growing abundance and their rising costs of production and, probably, a rise in the rate of interest also. It is of the nature of organized investment markets, under the influence of purchasers largely ignorant of what they are buying and of speculators who are more concerned with forecasting the next shift of market sentiment than with a reasonable estimate of the future yield of capital-assets, that, when disillusion falls upon an over-optimistic and over-bought market, it should fall with sudden and even catastrophic force. Moreover, the dismay and uncertainty as to the future which accompanies a collapse in the marginal efficiency of capital naturally precipitates a sharp increase in liquidity-preferenceand hence a rise in the rate of interest. Thus the fact that a collapse in the marginal efficiency of capital tends to be associated with a rise in the rate of interest may seriously aggravate the decline in investment. But the essence of the situation is to be found, nevertheless, in the collapse in the marginal efficiency of capital, particularly in the case of those types of capital which have been contributing most to the previous phase of heavy new investment. Liquidity-preference, except those manifestations of it which are associated with increasing trade and speculation, does not increase until *after* the collapse in the marginal efficiency of capital.
It is this, indeed, which renders the slump so intractable. Later on, a decline in the rate of interest will be a great aid to recovery and, probably, a necessary condition of it. But, for the moment, the collapse in the marginal efficiency of capital may be so complete that no practicable reduction in the rate of interest will be enough. If a reduction in the rate of interest was capable of proving an effective remedy by itself; it might be possible to achieve a recovery without the elapse of any considerable interval of time and by means more or less directly

> under the control of the monetary authority. But, in fact, this is not usually the case; and it is not so easy to revive the marginal efficiency of capital, determined, as it is, by the uncontrollable and disobedient psychology of the business world. It is the return of confidence, to speak in ordinary language, which is so insusceptible to control in an economy of individualistic capitalism. This is the aspect of the slump which bankers and business men have been right in emphasizing, and which the economists who have put their faith in a 'purely monetary' remedy have underestimated.' Keynes (1936, S.315 – 317)

Das hier Zitierte liefert einen komplizierten und variantenreichen Ausgangsrahmen zur Analyse des Konjunkturgeschehens, der in der Konjunkturtheorie fast völlig vernachlässigt worden ist. Insbesondere die systematische Variation der Kernparameter des Keynes'schen 'Trade Cycles' ist natürlich modellmäßig und auch empirisch nur sehr schwer zu erfassen und auch im Wesentlichen noch nicht erfasst worden. Es ist deshalb sehr von Interesse, diesen Ausgangspunkt einer Theorie des Konjunkturzyklus mit der Entwicklung dieser Theorie nach dem Erscheinen von Keynes' (1936) 'Allgemeiner Theorie' zu kontrastieren und zu vergleichen, was im Folgenden in knapper und eingegrenzter Form geschehen soll.

7.2 Neoklassische Synthesen: Keynes und die Klassik

Die erste Aufarbeitung der Kontroverse und auch Synthese zwischen Keynes (1936) und den 'Klassikern' hat bereits Hicks (1937) geliefert und damit insbesondere die sogenannte IS-LM Analyse aus der Taufe gehoben. Zu diesem Sachverhalt findet man auf der Webpage der Keynes-Gesellschaft[2] die folgenden weiterführenden Ausführungen:

> 'Die ersten Versuche, die zentrale Aussage von Keynes, dass es auch bei flexiblen Preisen und Löhnen keine automatische Rückkehr zur Vollbeschäftigung gibt, durch den Pigou-Effekt auszuhebeln, wurden bis in die 50er Jahre von den Keynesianern entschieden abgewehrt und konnten sich nicht durchsetzen. Dies änderte sich in der nächsten Diskussionsrunde, in der es darum ging, die Theorie von Keynes mit der traditionellen Preis- und Werttheorie in Übereinstimmung zu bringen.
> Auslöser dieses erneuten Versuchs, Keynes in die neoklassische Welt zurückzuholen, war zum einen das Buch von Don Patinkin (1956) „Money, Interest und Prices" mit dem viel sagenden Untertitel „An Integration of Monetary and Value Theory" und zum anderen die Forderung nach einer Mikrofundierung der Makroökonomie; dafür sollte

[2] http://www.keynes-gesellschaft.de/Hauptkategorien/Neoklassische-Uminterpretation/NeoklassischeSynthese.html

allerdings nur die neoklassische Mikroökonomie dienen, die auch der „Allgemeinen Gleichgewichtstheorie" zugrunde liegt.
In seinem Buch hat Patinkin seine Position zur „General Theory" von Keynes bezüglich der Wirkungen flexibler Preise deutlich modifiziert: Er ersetzt den Pigou-Effekt, den der Schuldner-Effekt direkt kompensieren kann, durch den Real-balance-effekt bzw. Realkasseneffekt. Dieser beruht nur noch auf der Steigerung des realen Wertes des Bestandes an Bargeld; diesem steht kein Schuldner gegenüber, der auf den gestiegenen Realwert seiner Schulden reagieren müsste, sondern die Zentralbank.
Was die Wirkung des Realkasseneffektes betrifft, so trennt Patinkin – ohne dies deutlich zu sagen – zwischen der wirtschaftspolitischen und der wirtschaftstheoretischen Ebene. Auf die Wirtschaftspolitik gemünzt schreibt er in der 1. Auflage von 1956 und unverändert in der veränderten 2. Auflage von 1965 (S. 237 bzw. S. 339): "..,even if monetary policy could definitely restore the economy to full employment, there would still remain the crucial question of the length of time it would need. There would still remain the very real possibility that it would necessitate subjecting the economy to an intolerably long period of dynamic adjustment: a period during which wages, prices, and interest would continue to fall, and – what is most important – a period during which varying numbers of workers would continue to suffer from involuntary unemployment."
Für die theoretische Ebene erklärt er im unmittelbar anschließenden Absatz, „der Realkasseneffekt zwinge die Keynesianer, die klassische Behauptung zu akzeptieren, es bestünden stabilisierende Kräfte, denen es am Ende gelingt, das Einkommen auf das Vollbeschäftigungsniveau zu heben" (unsere Übersetzung).
Von den drei möglichen Interpretationen der Keynes'schen Theorie, die Patinkin 1958 formuliert hatte (s. die vorangehende Rubrik), beschränkt er sich jetzt auf diejenige, die der klassischen Theorie am nächsten kommt und damit so nahe, dass man sie kaum noch als keynesianisch bezeichnen kann.'

Auch bei diesem Zitat ist dem Leser natürlich empfohlen, den Text der Webpage der Keynes-Gesellschaft in Gänze zu lesen. Für unsere Zwecke reicht es hier jedoch hin, von diesem Ausgangspunkt aus das vollständige Kernmodell der alten neoklassischen Synthese,[3] so wie es in Sargent (1987) seine vielleicht detaillierteste formale Behandlung gefunden hat, darzustellen und zu kommentieren. Neben diesem Textbuch (Kapitel 1 bis 5) sei hier empfohlen die klassischen Arbeiten von Hicks (1937) und Patinkin (1965) als Lektüre heranzuziehen sowie die Kapitel 2 und 3 von Snowden, Vane und Wynarczyk (1994): A Modern Guide to Macroeconomics.

[3] Die neue neoklassische Synthese wird später in diesem Kapitel kurz behandelt und mit der alten Synthese verglichen werden.

7.3 Textbook-Keynesianismus: Das logische Versagen der alten neoklassischen Synthese

In diesem Abschnitt präsentieren und untersuchen wir kurz das traditionelle AS-AD Modell der alten Neoklassischen Synthese. Diese Synthese integriert das Hicks'sche IS-LM Modell des Teils III dieses Buches mit dem monetaristischen Basismodell des Teils V und dem neoklassischen Modell des wirtschaftlichen Wachstums, das wir zu Beginn des Teils VI dargestellt hatten. Keynesianische IS-LM Analyse wird damit um eine Lohn-Phillipskurve erweitert (die Preis-Inflationserwartungen à la Friedman enthält) und um die AS-Kurve des Solow-Modells (wie sie entsteht, wenn die Nominallöhne kurzfristig rigide sind). Die AS-Kurve ist von Keynes (1936, S.17) ausdrücklich akzeptiert worden (wenn auch kausal anders interpretiert worden), so dass diese neoklassische Komponente der keynesianischen AS-AD Theorie als Baustein des Gesamtmodells in dieser Hinsicht gerechtfertigt zu sein scheint. Wir werden in diesem Abschnitt jedoch zeigen, dass die dahinterstehende, vom Typ her walrasianische Beziehung (Preisniveau=Grenzkosten in der Produktion) die Achillesferse dieser Form der AS-AD Synthese darstellt und nicht so sehr die neoklassische Darstellung der Produktions- und Wachstumsseite des angestrebten IS-LM-WPC Wachstumsmodells. Kurz gesagt bedeutet die Keynes'sche Akzeptanz des ersten klassischen Postulats (Preis=Grenzkosten) den Syntheseversuch zwischen kompetitiven Preisbildungen und Keynes'schen Nachfrage- und Einkommensrestriktionen, der an der Inkompatibilität dieser grundverschiedenen Theoriegebilde scheitert.

7.3.1 Das Modell der alten neoklassischen Synthese

Das Modell, das wir in diesem Unterabschnitt betrachten wollen, kann als die kanonische Synthese oder Integration aller Lehrbuchdarstellungen betrachtet werden, die davon ausgehen, dass das IS-LM Modell in angemessener Weise die kurze Sicht, das monetaristische Inflationsmodell in grundsätzlicher Weise die mittlere Frist und das Solow Modell im Prinzip die lange Frist beschreibt. Wir werden aber hier erneut sehen, dass das Zusammenfügen des IS-LM Modells, des monetaristischen Basismodells und des neoklassischen Wachstumsmodells keine konsistente AS-AD-PC Wachstumstheorie liefert, somit darauf kein 'integrated view', wie in Blanchard (2006, S.xiv) behauptet, aufgebaut werden kann.

Das keynesianische AS-AD Modell (der alten Neoklassischen Synthese), auf dem Sargents (1987) Analyse myopisch perfekter Inflationserwartungen aufsetzt, besteht aus den folgenden Modellbausteinen:[4]

$$
\begin{aligned}
Y &= F(K, L^d) && (7.1)\\
w/p &= F_L(K, L^d) && (7.2)\\
C &= c(Y - T - \delta K), \quad 1 > c > 0 && (7.3)\\
I/K &= i((F_K(K, L^d) - \delta) - (r - \pi^e)) + n, \quad i > 0 && (7.4)\\
Y &= C + I + \delta K + G && (7.5)\\
M &= pm^d(Y, r) && (7.6)\\
\hat{M} &= n && (7.7)\\
\hat{w} &= \beta_w(L^d/L - 1) + \pi^e, \quad \beta_w > 0 && (7.8)\\
\pi^e &= \hat{p}_+ && (7.9)\\
\hat{L} &= n = const. && (7.10)\\
\hat{K} &= I/K && (7.11)
\end{aligned}
$$

Dieser Modellrahmen modifiziert das Neoklassische Wachstumsmodell, indem er von temporär fixen Nominallöhnen ausgeht und auch die Koordination von im Prinzip voneinander unabhängigem Spar- und Investitionsverhalten in seinem temporären Gleichgewichtsblock verlangt. Dieser IS-LM Teil des Modells ist hier gegenüber dem auch in diesem Buch benutzten konventionellen Rahmen dieser temporären Gleichgewichtsposition dahingehend erweitert, als noch angenommen wird, dass Investitionen auch von der Rendite des eingesetzten Kapitals abhängen, genauer gesagt in diesem Modell von dem Überschuss der aktuell erzielten Profitrate über den erwarteten Realzins.[5] Diese Erweiterung des IS-LM Modells integriert somit gewissermaßen die Ertragsrate des Kapitals im Solowschen Wachstumsmodell mit den Kosten der Investition des IS-LM Modells. Damit ist die Verbindung der Modellierung der langen mit der der kurzen Sicht hergestellt und es genügt jetzt, die mittlere Sicht, d.h. die Inflationsdynamik über eine konventionelle Lohn-Phillipskurve einzufügen, die in monetaristischer Tradition akzeleratorhaft erwartungserweitert ist, also mit adaptiven oder rationalen Preisinflations-Erwartungen additiv versehen ist. Dies ist im Prinzip die Einfügung der mittleren Sicht, d.h. des monetaristischen Basismodells, wie wir es im Teil V des Buches diskutiert haben, nur dass jetzt die Grenzkostentheorie (7.2) anstelle von 'average markup-pricing'

[4] Die dabei benutzten Annahmen über exogenes Trendwachstum $n = \hat{M} = (I/K)^o$ und exogene Fiskalparameter $\bar{t}, \bar{g}$ sind hier nur der Einfachheit halber übernommen worden.

[5] Die mikroökonomische Herleitung einer solchen Investitionsfunktion findet man in Sargent (1987). Für die Geldnachfragefunktion $m^d(Y, r)$ wird im Folgenden die Gestalt $Ye^{-\alpha r}$ unterstellt werden.

uns vom Lohnniveau zum Preisniveau führt, also walrasianisch/kompetitive Firmen unterstellt werden. Dieser geringfügig wirkende Unterschied wird jedoch in gewissen Idealsituationen das Modellverhalten drastisch ändern und uns letztlich zu der Schlussfolgerung führen, dass diese Art der Synthese des Keynesianismus, des Monetarismus und der neoklassischen Wachstumstheorie zum Scheitern verurteilt ist, da die Textbuchdarstellung von Blanchard (2006) und ihre zahlreichen z.T. sehr prominenten Vorgänger keinen Weg hin zu einer integrierten Darstellung von Unterbeschäftigung, Inflation und Wachstum zu liefern in der Lage sind.

In Bezug auf das Buch von Blanchard (2006) sollte jedoch festgehalten werden, dass es hier primär versäumt, die ihm eigene Sicht der Interaktion von Löhnen und Preisen systematisch in das obige Modell – als Alternative zu kompetitiven Gütermärkten – einzubauen, wodurch die noch darzustellenden Implikationen der traditionellen AS-Kurve vermieden werden könnten. Allerdings würde dies auch bedeuten, dass der destabilisierende Mundell-Effekt des Teils 5 unseres Buches zur Kenntnis genommen werden müsste und dass darüberhinaus das Solow Modell mit nichtkompetitiven Güter- und Arbeits-Märkten in einer Geldwirtschaft abzuhandeln wäre, was keine triviale, sondern eine anspruchsvolle Modellvariation darstellt. Wir werden dies im Verlaufe dieses Kapitels mit unser Sicht der Lohn-Preis-Spirale durchführen und zeigen, dass dies ein hochdimensionales dynamische Modell impliziert, dass allerdings in seinen grundsätzlichen Implikationen auch in einem 'intermediate textbook' dargestellt werden kann und das die Aussagen der konventionellen Textbuchanalyse von Beschäftigung, Inflations- und Wachstumsprozessen nicht unterstützt.

Das obige AS-AD Wachstumsmodell wird in Sargent (1987) dadurch komplettiert, dass der Markt für staatliche Wertpapiere und der Aktienmarkt der Firmen über Walras' Gesetz der Bestände und die Annahme der perfekten Substituierbarkeit hinsichtlich dieser beiden Finanzaktiva in den Modell-Hintergrund verwiesen werden, was in der Tat geht, wenn man eine Rückwirkung der Erträge auf diese Finanzaktiva auf Konsum und Investition ausklammert und zudem der Einfachheit halber auch annimmt, dass sowohl Pauschalsteuern abzüglich staatlicher Zinszahlungen als auch die Staatsausgaben pro Kapitaleinheit konstant gehalten werden, also Fiskalpolitik auf der Ebene der Solowschen Intensivform durch gegebene Parameterwerte gekennzeichnet ist.

Die etwas ungewohnte Annahme im obigen Modell mag jedoch die Annahme (7.9) sein, die besagt, dass myopisch perfekte Voraussicht (die Rechtsableitung des Preisniveaubewegung) die Erwartungsbildung der Wirtschaftssubjekte in Phillips-Kurve und Investitionsfunktion charakterisiert. Diese Annahme verschärft jedoch nur die Ergebnisse der Analyse (schneller) adaptiver Erwartungen, man siehe hierzu Chiarella, Flaschel und Franke (2005, Kap. 2), und bringt deshalb die dortige Instabilitätsanalyse nur schneller und radikaler auf den Punkt. Außerdem ist diese Annahme natürlich im Sinne der Hypothese rationaler Erwartungen einfach die 'more fashionable one' und deshalb in ihren Implikationen gegebenenfalls von mehr Interesse als der Fall einer adaptiven Revision von Güterpreis-Inflationserwartungen. Wir werden jedoch zeigen, dass das obige Modell bei rationalen Erwartungen nicht mehr in logisch konsistenter Weise gelöst werden kann und damit als historisch überkommen anzusehen ist. Dies ist natürlich eine starke Aussage, da hiermit die gängige Textbuch-Praxis (die traditionelle 'Synthese' aus Keynes, Friedman und Solow der obiges Modell in der üblichen Weise parzellierenden Art) ebenfalls als überkommen anzusehen ist. Es genügt somit anstelle einer ausführlichen Analyse das obige Modell diesbzgl. nur kurz auszuwerten, um es dann ad acta legen zu können. Insbesondere unterstellen wir hierbei, dass der Leser aufgrund der anderen Teile diese Buches mit den Komponenten dieses Modells bereits sehr vertraut ist und wir uns deshalb im Folgenden auf das Wesentliche konzentrieren können.

7.3.2 Intensive Form und Steady State Bestimmung

Um die Existenz eines Steady State des obigen Modells zu gewährleisten, der als Start- und Referenzpunkt benötigt wird, nimmt man üblicherweise an, dass die neoklassische Produktionsfunktion konstante Skalenerträge aufweist und auch die Geldnachfragefunktion $m^d(\cdot, r)$ linear homogen in der Transaktionskassennachfrage ist. Dann lassen sich alle extensiven Variablen mittels teilen durch den Kapitalstock K in intensive Variable überführen, wo sie mit entsprechenden Kleinbuchstaben bezeichnet werden. Man erhält auf intensiver Ebene die folgenden zum Solow Modell verwandten Modellgleichungen, vgl. Sargent (1987, S.114):[6]

$$y = f(l^d), f^{'}(l^d) > 0 \tag{7.12}$$
$$w/p = f^{'}(l^d), f^{''}(l^d) < 0 \tag{7.13}$$
$$c = c(y - \bar{t} - \delta), \quad \bar{t} = T/K = const. \tag{7.14}$$
$$\hat{K} = i(f(l^d) - f^{'}(l^d)l^d - \delta - (r - \pi^e)) + n \tag{7.15}$$
$$y = c + \hat{K} + n + \delta + \bar{g}, \quad \bar{g} = G/K + const. \tag{7.16}$$
$$ml = pye^{-\alpha r}, \quad m = M/L, \quad l = L/K \tag{7.17}$$
$$\hat{M} = \mu = n \tag{7.18}$$
$$\hat{w} = \beta_w(l^d/l - 1) + \pi^e, \quad l = L/K \tag{7.19}$$
$$\pi^e = \hat{p}_+ \tag{7.20}$$
$$\hat{l} = n - \hat{K} = -i(\cdot) \tag{7.21}$$

Für den Steady State des Modells gilt zunächst aufgrund der getroffenen Trendannahmen, dass es im Steady State keine Inflation gibt und dass die realen Größen alle mit der Rate des natürlichen Wachstums wachsen:

[6] Man beachte im Folgenden, dass die Relationen $\bar{t}, \bar{g}$ als gegebene Parameter des Modell behandelt werden.

$$\hat{w} = \pi^e = \hat{p} = 0, \quad \hat{K} = \hat{L^d} = \hat{Y} = n.$$

Im Detail ergibt sich für den Steady State ansonsten:

$$y^o = \frac{n + \bar{g} + \delta - c(\delta + \bar{t})}{1 - c}, l^{do} = f^{-1}(y^o) = l^o,$$

was das Output-Kapital Verhältnis und die Arbeitsintensität angeht (die demnach nachfragedeterminiert sind). Und für die Einkommensverteilung ergibt sich auf dieser Basis im Steady State:

$$\omega^o = f'(l^o), r^o = y^o - \delta - \omega^o l^o.$$

Für einen beliebigen wählbaren (Anfangs-)Wert der Realkasse m ergibt sich schließlich als Steady-State Preisniveau: $p^o = ml^o e^{\alpha_r r^o}/y^o$ und damit $w^o = p^o \omega^o$.[7]

Wir haben in diesem Modell – neben dem Einfluss des exogen gegebenen natürlichen Wachstumstrends – eine keynesianisch orientierte Bestimmung des Output-Kapital Verhältnisses y^o, die über die Produktionsfunktion die Arbeitsintensität l^o bestimmt, aus der dann der Reallohn als Grenzprodukt der Arbeit an dieser Stelle ermittelt werden kann. Im gewissen Sinne ist dies die 'Kausalkette' des Keynes'schen Ansatzes, allerdings auf die Steady State Position der Wirtschaft bezogen. Die Steady State Lage der Wirtschaft wird andererseits gegenüber dem Solow Modell nur um fiskalische Parameter ergänzt, aber nicht fundamental verändert.

So wie das Modell jetzt reformuliert worden ist, weist es drei dynamische Variablen auf, den Reallohn ω, die (Vollbeschäftigungs-)Arbeitsintensität l und das Preisniveau p, welches allerdings in der vorliegenden Modellformulierung noch in impliziter Form (über das Investitionsverhalten) beschrieben ist. Die beiden folgenden Unterabschnitte dieses Abschnitts werden die dynamischen (Nicht-)Interaktionen zwischen diesen drei Zustandsvariablen jetzt Schritt für Schritt analysieren und zeigen, dass das Modell in der vorliegenden Form (aufgrund der von Sargent getroffenen Annahmenn) keinerlei keynesianische Schlussfolgerungen mehr zulassen wird.

7.3.3 Neoklassische reale Wachstumsdynamik

Die grundlegende Annahme in Bezug auf die Behandlung myopisch perfekter Voraussicht bei der Preisniveauentwicklung ist, Sargent (1987, Ch.V) folgend, dass der Reallohn eine dynamisch endogene (stetig-differenzierbare) Variable ist. Dann folgt, dass Gleichung (7.19) wie folgt umgeformt werden kann:[8]

---

[7] Alternative kann man statt obigem exogenen m auch m durch $M/p/K$ definieren und anstelle von p als endogene Variable benutzen.

[8] Wenn man im Unterschied zu Sargent (1987, Ch.V) – im Ausgangsmodell verbleibend – den Nominallohn w weiterhin als dynamisch endogen und das Preisniveau p als statisch endogen bestimmt betrachtet, ergibt sich, dass das Modell indeterminiert sein kann, also keine einheitliche Theorie des Preisniveaus liefern muss.

$$\hat{\omega} = \beta_w(l^d/l - 1), \quad \omega = w/p. \tag{7.22}$$

Dies liefert eine erste Differentialgleichung zur Behandlung der Anpassungsprozesse dieses AS-AD-PC Wachstumsmodells. Und für die Zustandsvariable $\hat{l} = n - \hat{K}$ ergibt sich aufgrund der Gleichungen (7.12), (7.14), (7.16) und (7.21) als zweite Differentialgleichung:

$$\hat{l} = n - [y - c - \bar{g} - \delta] = n - [f(l^d) - c(f(l^d) - \bar{t} - \delta) - \bar{g} - \delta] \tag{7.23}$$

Invertierung der Gleichung (7.13): $l^d = (f^{'})^{-1}(\omega)$ ergibt damit, dass (7.22), (7.23) ein autonomes nichtlineares Differentialgleichungssystem in den Zustandsvariablen ω und l darstellt (da – gemäß Sargent (1987, Ch.V) – die Variablen $\bar{t}$ und $\bar{g}$ als gegeben unterstellt sind). Dieses System kann wie üblich gelöst werden, wenn die Startbedingungen gegeben sind. Darüberhinaus kann man über Olechs Theorem (oder mittels Liapunov-Funktionen) leicht zeigen, dass der Steady State dieser Kerndynamik des betrachteten AS-AD-PC Modells global asymptotisch stabil ist, da die Jacobi–Matrix J des Systems (7.22),(7.23) qualitativ gesehen wie folgt charakterisiert werden kann

$$J = \begin{pmatrix} - & - \\ + & 0 \end{pmatrix}$$

und zwar im gesamten positiven Orthanten des $\mathbb{R}^2$. Für jeden gegebenen Vektor $(\omega_0, l_0) \in \mathbb{R}^2_+$ an Anfangsbedingungen (zum Zeitpunkt $t = t_0$) haben wir deshalb einen eindeutig bestimmten positiven Lösungspfad $(\omega(t), l(t)), t_0 \leq t < \infty$, der gegen (ω_o, l_o) für $t \to \infty$ konvergiert.

Das erreichte Resultat zeigt somit, dass der sich Realteil des Modells unter myopisch perfekter Voraussicht von der AD-Kurve separieren lässt und zu einer Verallgemeinerung des neoklassischen Wachstums-Modells führt, die das Solow Modell des Kapitels 6 um eine Reallohn-Phillipskurve (also Reallohnrigiditäten) erweitert und damit interessanter werden lässt. Außer der marginalen Konsumneigung ist dabei jedoch nichts mehr von der AD-Seite des Modells präsent, also die neoklassische Wachstumstheorie zwar realistischer, aber eben nicht keynesianischer geworden, sondern genauso angebotsorientiert wie das Solow Modell selbst geblieben ist.

Die Unterstellung der üblichen (positiv geneigten) AS-Kurve der Textbücher verselbständigt sich also im Kontext einer gegebenen Reallohn-Phillipskurve von der AD-Seite des AS-AD-PC Modells zu einer Wirtschaftsdynamik, die vom Investitionsverhalten der Firmen und von der Liquiditätspräferenz der Haushalte völlig unabhängig ist. Was aber bleibt dann als Konsequenz für diese Verhaltensfunktionen und die damit (über IS-LM Gleichgewicht) definierte AD-Kurve, dem Textbuchbaustein, der den Keynesianismus repräsentieren soll? Um dies in einfacher und durchsichtiger Form zu bestimmen, nehmen wir jetzt für den soeben diskutierten realen Anpassungsprozess an, dass er zum Abschluss gekommen ist, die Realseite der Ökonomie sich also im Steady State befindet.

7.3.4 Nominelle Anpassungsprozesse und die Methode der rationalen Erwartungen

Im Steady State des Realteils des Modells – den wir hier der Einfachheit halber generell zum Ausgangspunkt nehmen – gelten die Beziehungen: $I/K = S/K = n, i(\cdot) = 0$, ergibt sich also folglich als Konsequenz dieser IS-Beziehung:

$$\hat{p} = r - \rho^o, \qquad \rho^o = y^o - \delta - \omega^o l^o \tag{7.24}$$

Und in Bezug auf die LM-Kurve ergibt sich mittels der unterstellten Cagan Geldnachfragefunktion:

$$r = (\ln p + \ln y^o - \ln(M/K))/\alpha, \tag{7.25}$$

wobei wegen $\hat{K} = n$ der Ausdruck $\ln(M/K)$ in der Zeit konstant ist. Ineinander eingesetzt ergibt sich damit:

$$d\ln p/dt = (\ln p + \ln y^o - \ln(M/K))/\alpha - \rho^o \quad \text{or} \quad \dot{q} = q/\alpha + const. \tag{7.26}$$

Dies ist eine lineare Differentialgleichung in der Zustandsvariablen $q = \ln p$ und der stationären Lösung $\ln p^o = \alpha\rho^o - \ln y^o + \ln(M/K))$, aus der sich ein positiver Wert des Steady State Preisniveaus p^o ermitteln lässt. Dieser stationäre Punkt ist jedoch offensichtlich global instabil und liefert damit das Ergebnis, dass der Realteil des Modells global stabil und der Nominalteil des Modells total instabil ist, eine Implikation des betrachteten IS-LM-PC Wachstumsmodells, die mit Keynes' Sicht des Trade Cycle, die wir am Anfang dieses Kapitels kurz betrachtet haben, nichts mehr gemein hat, da weder die Grenzleistungsfa
ähigkeit der Investitionen noch die Liquiditätspräferenz der Haushalte hier real Auswirkungen haben und zudem der Preisniveau-Anpassungsprozess jenseits des Steady State total explosiv ist.

Allerdings ist dieses Ergebnis auch aus Sicht der neoklassischen Wachstumstheorie kein akzeptables Resultat. Der Ausweg der Neoklassik aus dieser Situation ist seit Sargent und Wallace (1973) von der Art, dass instabiles Verhalten vorwärtorientierter Zustandsvariablen dadurch unterbunden wird, dass man solche Variable als nicht prädeterminiert ansieht und ihr Verhalten als nicht-explosiv einfordert. Konkret heißt dies, dass man nach beschränkten Lösungen der obigen Differentialgleichung sucht, ohne eine Anfangsbedingung zu fordern. Darüberhinaus wird Eindeutigkeit gefordert, um eine determinierte Reaktion dieser Lösungen bei exogenen Schocks des gegebenen dynamischen Systems zu erhalten. Durch dieses Postulat werden aus der Vielfalt der Pfade der myopisch perfekten Voraussicht solche Pfade herausgefiltert, wo das – in unserem Falle – Preisniveau unmittelbar dem Schock folgend auf einen (der Hoffnung nach: eindeutigen) Wert springt, von dem aus es keinerlei explosiver Tendenz mehr unterliegt. Im Falle nichtantizipierter Schocks heißt dies im vorliegenden Fall, dass das Preisniveau unmittelbar in seinen neuen Steady

State Wert springen muss. Die Geldmenge ist damit in diesem Kontext wirklich nur als Schleier zu verstehen, der keinerlei reale Effekte bewirken kann. Da der Reallohn von Sargent – wie oben ausgeführt – als dynamisch endogene Variable angenommen wird, folgt daraus, das auch das Lohnniveau in seinen neuen Steady State Wert springen muss, somit Geldmenge, Preis- und Lohnniveau sich um den gleichen Prozentsatz verändern und sonst nichts passiert (keine realen Effekte auftreten).

Die Resultate dieses Abschnitts liefern damit Klassik pur im Rahmen der keynesianischen Variante der alten neoklassischen Synthese, so wie sie in Sargent (1987, Kap. 1) begründet wird und auch in diesem Buch im Kontext der kurzen Frist betrachtet worden ist. Dieses Resultat wird aber letztlich erzielt, indem man die Ausgangsbedingungen des Modells (7.1) – (7.11) geeignet außer Kraft setzt und damit in der Tat zur klassischen Variante der alten neoklassischen Synthese zurückkehrt, also deren bekannte Neutralitätsaussagen der keynesianischen Variante dieser neoklassischen Synthese einfach unterschiebt.

Wenn gemäß der Logik der rationalen Erwartungen das Preisniveau direkt in seinen neuen Steady State Wert springen kann, so muss – wie gesehen –auch das Nominallohn-Niveau eine solche Bewegung ausführen können, da die angemmene Reallohn-Phillipskurve keine Sprünge beim Reallohn zulässt. Damit ist aber die eingangs unterstellte Nominallohnrigidität qua Annahme aufgehoben worden, d.h. die keynesianischen Variante der alten neoklassischen Synthese durch Modelländerung außer Kraft gesetzt worden.

Dies ist das logische Versagen der alten neoklassischen Synthese, die sie nicht nur als überholt, sondern auch noch als inkonsistent formuliert kennzeichnet. Der hier dazu betrachtete Fall myopisch perfekter Voraussicht ermöglicht diese Schlussfolgerung in besonders plastischer Weise. Sie gilt aber in modifizierter Form auch im Falle adaptiver Erwartungen, wi z.B. in Chiarella, Flaschel und Franke (2005) gezeigt wird. Wir werden im nächsten Unterabschnitt dieses Kapitels den zentralen Grund für das logische Versagen der alten neoklassischen Synthese ermitteln und den Ausweg aus dieser Situation aufzuzeigen versuchen.

7.3.5 Schlussfolgerungen

Wir haben in den vorausgegangenen Unterabschnitten gesehen, dass der Ausgangspunkt der dargestellten Dichotomisierung des keynesianischen AS-AD Modells das Zusammentreffen der AS-Theorie dieses Ansatzes (Preis = Grenzkosten bei abnehmenden Grenzerträgen) mit der bei myopisch perfekter Voraussicht durch die Lohn-Phillipskurve implizierten Reallohn-Dynamik ist. Die Nominallohn-Phillipskurve ist nun einerseits ein empirisch validiertes Konzept, dass auch beim Ignorieren von myopischen Erwartungsfehlern theoretisch sinnvoll verwendbar bleiben sollte. Demgegenüber hat die negative Korrelation zwischen Reallohn und Beschäftigung, die die Grenzproduktivitätstheorie (also die Bedingung Preis = Grenzkosten) erzeugt schon bald nach

Keynes (1936) Zweifel an ihrer empirischen Gültigkeit hervorgerufen. Gleichwohl ist dieser Ansatz, der als Resultat von Gewinnmaximierung bei Preisnehmerverhalten auch heute noch aus theoretischer Sicht oft benutzt wird, fester Bestandteil der makroökonomischen Literatur geblieben, was sich im Hinblick auf keynesianische AS-AD Analyse auf diesbzgl. klare Worte von Keynes (1936, S.17) berufen kann:

> 'In emphasising our point of departure from the classical system, we must not overlook an important point of agreement. For we shall maintain the first postulate as heretofore, subject only to the same qualifications as in the classical theory; and we must pause, for a moment, to consider what this involves.
> It means that, with a given organisation, equipment and technique, real wages and the volume of output (and hence of employment) are uniquely correlated, so that, in general, an increase in employment can only occur to the accompaniment of a decline in the rate of real wages. Thus I am not disputing this vital fact which the classical economists have (rightly) asserted as indefeasible. In a given state of organisation, equipment and technique, the real wage earned by a unit of labour has a unique (inverse) correlation with the volume of employment. Thus if employment increases, then, in the short period, the reward per unit of labour in terms of wage-goods must, in general, decline and profits increase. This is simply the obverse of the familiar proposition that industry is normally working subject to decreasing returns in the short period during which equipment etc. is assumed to be constant; so that the marginal product in the wage-good industries (which governs real wages) necessarily diminishes as employment is increased. So long, indeed, as this proposition holds, any means of increasing employment must lead at the same time to a diminution of the marginal product and hence of the rate of wages measured in terms of this product.'

In gewissem Sinne hat Keynes damit selbst den Grundstein für das gerade betrachtete logische Versagen der alten neoklassischen Synthese gelegt, indem er eine Marginalbedingung, die aus dem Kontext von Preisnehmerverhalten resultiert, in einen güternachfragebeschränkten Kontext eingebunden hat. Am Gütermarkt rationierte Unternehmungen, die diese Signale auch verarbeiten, können nicht als preisnehmende Wirtschaftseinheiten begriffen und modelliert werden und müssen deshalb in der einen oder anderen Form als Preissetzer behandelt werden. Es folgt, dass das grundlegende neoklassische Modell des Wirtschaftswachstum, das Solow Modell, nicht mit der keynesianischen IS-LM Analyse oder AD Theorie synthetisierbar ist, so wie dies viele Lehrbücher der Makroökonomik suggerieren, so ganz explizit das ansonsten sehr lesenswerte Textbuch von Blanchard (2006).[9] Eine grenzkostenorientierte

[9] Das – wie wir gesehen haben – allerdings bei der Behandlung von Inflationserwartungen einiges zu wünschen übrig lässt.

Preisniveau-Theorie ist also aus einem keynesianischen Kontext herauszunehmen, was bei Blanchard (2006) in der kurzen und mittleren Sicht im Prinzip auch geschieht, aber eben bei seiner Betrachtung der langen Sicht nicht in angemessener Weise Berücksichtigung findet. Derartiges AS-AD Denken ist nicht rettbar, da es walrasianische Aspekte in ein einkommensrestringiertes keynesianisches Modell (oder umgekehrt) zu integrieren versucht. Dieses logisches Scheitern eines unangemessenen Syntheseversuchs ist im Folgenden der Ausgangspunkt zur Betrachtung alternativer Möglichkeiten, eine Keynes' (1936) Theorie der effektiven Güternachfrage berücksichtigende Analyse von Beschäftigung, Inflation und Wachstum zu formulieren.

7.4 Der Neu-Keynesianismus: Determiniertheits-Analysen der neuen neoklassischen Synthese

Seit geraumer Zeit ist der sogenannte Neu-Keynesianische und, im allgemeinen, der *Dynamic Stochastic General Equilibrium* (DSGE) Ansatz immer mehr in den Mittelpunkt der akademischen Diskussion über wirtschaftspolitische Fragen gerückt und somit quasi der Standard-Modellrahmen für die makroökonomische Analyse moderner Volkswirtschaften geworden.

Dieser Modellierungsansatz, dessen Hauptmerkmal die konsistente Mikrofundierung der Entscheidungen aller Akteure in einer Volkswirtschaft ist, basiert auf den folgenden drei Annahmen:

- Rationale Erwartungen aller Wirtschaftssubjekte bzgl. vergangener, aktueller und zukünftiger Entwicklungen
- Intertemporaler Nutzen- und Profit-Maximierung aller Agenten
- Imperfekter Wettbewerb in den Märkten.

Obwohl miteinander konsistent und in sich geschlossen, ist die Motivation bzw. die Rechtfertigung dieser Annahmen jedoch unterschiedlich: Während die erste Annahme aus der *rational expectations revolution* der 70er Jahre entstammt und einen systematischen Fehler in der Erwartungsbildung der Wirtschaftssubjekte *per Definition* ausschliesst, entspricht die zweite Annahme dem Anspruch der Literatur aus den letzten dreißig Jahren, jegliches Verhalten der Wirtschaftssubjekte als "mikrofundiert", d.h. als das Ergebnis von Nutzen/Profitmaximierung, darzustellen.

Diese ersten zwei Annahmen, Rationale Erwartungen und Intertemporale Optimierung, erwiesen sich jedoch in Modellen mit perfektem Wettbewerb – den sogenannten *Real Business Cycles* (RBC) Modellen von Kydland und Prescott[10] – als unzureichend wenn es darum ging, mit ihrer Hilfe wichtige stilisierte Fakten von Inflation, Arbeitslosigkeit und Output zu erklären.

[10] Kydland und Prescott (1982).

Erst die Einführung von imperfektem, monopolistischem Wettbewerb in den Gütermärkten – mit Firmen als Preissetzer – in früheren Neu-Keynesianischen Modellen wie in Blanchard und Kiyotaki (1987) ermöglichte die Mängel des RBC Ansatzes bis zu einem gewissen Grad zu beheben und diesen theoretischen Rahmen mehr in Einklang mit der Empirie zu bringen.

Da der Neu-Keynesianische Ansatz in einer didaktischen und ausführlichen Art in verschiedenen Lehrbüchern wie Walsh (2003), Carlin und Soskice (2006) und Arnold (2006) dargestellt und diskutiert wird, empfehlen wir dem Leser die Lektüre dieser Werke und beschränken uns hier darauf, einige Mängel dieses theoretischen Modellrahmens zu erläutern und zu diskutieren.

Wir nehmen hier gleich einen Modelltyp, in dem sich sowohl Löhne als auch das Preisniveau verzögert anpassen, zum Einen um der im vorausgegangenen Abschnitt untersuchten nicht überzeugenden Asymmetrie bei Löhnen (verzögerte Anpassungsprozesse) und Preisen (unmittelbare vollständige Anpassung) aus dem Wege zu gehen und zum Anderen, da das in Textbüchern verwandte 'Baseline New Keynesian Model' gerade die umgekehrte Asymmetrie verwendet, also von verzögerten Anpassungsprozessen bei Preisen und vollständiger momentaner Anpassung bei Löhnen ausgeht, ein Ansatz, der das Gegenteil der traditionellen Asymmetrie darstellt und der als Übergang von neuklassischer Modellbildung zu Neu-Keynesianischer verstanden werden kann.

Als theoretischer Ausgangspunkt und sozusagen *baseline* DSGE Modellansatz kann der von Erceg et al. (2000) dargestellte Rahmen angesehen werden. In diesem grundsätzlichen 'New Keynesian Model with staggered wage and price setting' (der keynesianischen Version der Neuen Neoklassischen Synthese) wird angenommen, dass sowohl Firmen als auch Haushalte monopolistische Preis- bzw. Nominallohnsetzer sind, da sie differenzierte Güter bzw. Arten von Arbeit anbieten. Darüberhinaus wird dort angenommen, dass in jeder Periode nur eine Fraktion von Firmen und Haushalten ihre Preise bzw. Löhne reoptimieren kann, wie modelliert z.B. in Calvo (1983).[11]

Die loglineare Approximation dieses Lohn- und Preissetzungsverhaltens liefert eine Lohn- und eine Preis-Phillips-Kurve Gleichung die, verknüpft mit einer dynamischen IS-Kurve und einer (hier noch statischen) Zinssteuerungs-

[11] Dieses theoretische Konstrukt, welches jedoch *ad hoc* eingeführt wird, ermöglicht, dass eine gewisse Persistenz in dem aggregierten Preisniveau im Modell vorhanden ist.

Regel, siehe Woodford (2003, S.225ff.), in einem Periodenmodell mit der Periodenlänge h, wie folgt dargestellt wird:

$$\pi_t^w \overset{WPC}{=} E_t(\pi_{t+h}^w) + \beta_{wy} h \ln Y_t - \beta_{w\omega} h \ln \omega_t, \quad \pi_t^w = \frac{w_t - w_{t-h}}{w_{t-h} h} \quad (7.27)$$

$$\pi_t^p \overset{PPC}{=} E_t(\pi_{t+h}^p) + \beta_{py} h \ln Y_t + \beta_{p\omega} h \ln \omega_t, \quad \pi_t^p = \frac{p_t - p_{t-h}}{p_{t-h} h} \quad (7.28)$$

$$\ln Y_t \overset{IS}{=} E_t(\ln Y_{t+h}) - \alpha_{yr} h(r_t - r_o - E_t(\pi_{t+h}^p)) \quad (7.29)$$

$$r_t \overset{TR}{=} r_o + \beta_{rp} \pi_t^p + \beta_{ry} \ln Y_t \quad (7.30)$$

In diesen Gleichungen bezeichnen wir mit π_t^p die annualisierte Preis-Inflationsrate zum Zeitpunkt t, die in diesem Modell mit der Frequenz h durch einen Teil der Firmen upgedatet wird. Diese gegenwärtige Inflationsrate hängt in vorausschauender Weise von der ihr nachfolgenden erwarteten Inflationsrate $E_t(\pi_{t+h}^p)$ ab sowie dem momentanen Output Gap $\ln Y_t$, was als neukeynesianisches Analogon zu einer konventionellen Phillipskurve verstanden werden kann. Da hier auch Löhne verzögerter Anpassung unterworfen sind, kommt in dieser Phillipskurve über ihre Mikrofundierung noch der Logarithmus des Reallohns ω mit einem positiven Vorzeichen hinein, was im Lichte unserer späteren Alternativmodellbildung von Interesse sein wird. Die staggered wage Phillipskurve ist in analoger Weise aufgebaut, so dass die momentane Lohninflation π_t^w auch hier von der zukünftig erwarteten Lohninflation $E_t(\pi_{t+h}^p)$ abhängt und wieder positiv vom Output Gap und negativ vom Reallohn-Gap $\ln \omega_t$. Auch die IS-Kurve $\ln Y_t$ ist vorwärtsschauend und hängt – wie auch sonst üblich – negativ vom erwartetem Realzins $r_t - r_o - E_t(\pi_{t+h}^p)$ ab. Die Zinssteuerungsregel r_t ist von einem konventionell üblichen Typ, wobei man hier beachten muss, dass das Inflationsziel der Zentralbank als Null angenommen worden ist und auch der Logarithmus des stationären Outputwerts Null ist.

Wir werden im Folgenden nur den deterministischen Grundfall dieses Modelltyps diskutieren, was uns erlaubt, den Erwartungsoperator E_t zu eliminieren. Darüberhinaus werden wir die folgenden Kürzel benutzen: $y_t = \ln Y_t$, $\theta_t = \ln \omega_t = \ln w_t - \ln p_t$. Für die Veränderung der Variablen θ_t impliziert dies

$$\begin{aligned}
\theta_{t+h} - \theta_t &= \ln w_{t+h} - \ln p_{t+h} - (\ln w_t - \ln p_t) \\
&= \ln w_{t+h} - \ln w_t - (\ln p_{t+h} - \ln p_t) \\
&\approx h\frac{w_{t+h} - w_t}{w_t h} - h\frac{p_{t+h} - p_t}{p_t h} = h\pi_{t+h}^w - h\pi_{t+h}^w
\end{aligned}$$

als Beziehung zwischen dieser Veränderung und den annualisierten Lohn- und Preis-Inflationsraten. Diese approximative Beziehung wie auch das Faktum, dass das Modell in loglinearisierter Form dargestellt ist, legt nahe, dass die

Periodenlänge h, mit der das Modell iteriert wird, genügend klein gewählt werden sollte, im Einklang mit dem empirischen Faktum, dass der Prozess der Datenerzeugung ein täglicher ist und auch der Prozess der Datenermittlung mit zunehmender Frequenz vonstatten geht. Im Fazit heißt dies, dass – beim Zugrundeliegen von annualisierten Inflations- und Zinsraten, das Modell mit der Schrittweite $h = 1/365$ zu iterieren wäre.

Das obige Modell repräsentiert – in einfacher Form – ein implizites Differenzengleichungssystem. Mit Hilfe der TR und der PPC Gleichungen kann es aber schnell in ein explizites System von Differenzengleichungen wie folgt transformiert werden:

$$\begin{aligned}
\pi^w_{t+h} &= \pi^w_t - \beta_{wy} h y_t + \beta_{w\omega} h \theta_t \\
\pi^p_{t+h} &= \pi^p_t - \beta_{py} h y_t - \beta_{p\omega} h \theta_t \\
y_{t+h} &= y_t + \alpha_{yr} h(\beta_{rp}\pi^p_t + \beta_{ry} y_t - \pi^p_t + \beta_{py} h y_t + \beta_{p\omega} h\theta_t) \\
\theta_{t+h} &= \theta_t + h(\pi^w_{t+h} - \pi^p_{t+h}) \\
&= \theta_t + h[\pi^w_t - \beta_{wy} h y_t + \beta_{w\omega} h\theta_t - (\pi^p_t - \beta_{py} h y_t - \beta_{p\omega} h\theta_t)]
\end{aligned}$$

Wir gehen hier davon aus, dass ein Periodenmodell mit kleiner Schrittweite h die Eigenschaften seines zeitstetigen Grenzfalls besitzen sollte, bzgl. der Details dazu vgl. man Flaschel, Franke und Proaño (2008) sowie Asada et al. (2010). Wir bekommen damit als deutlich vereinfachte Endform des Ausgangsmodells das folgende 4D Differentialgleichungssystem:

$$\begin{aligned}
\dot{\pi}^w &= -\beta_{wy} y + \beta_{w\omega}\theta \\
\dot{\pi}^p &= -\beta_{py} y - \beta_{p\omega}\theta \\
\dot{y} &= \alpha_{yr}(\beta_{rp}\pi^p + \beta_{ry} y - \pi^p) \\
\dot{\theta} &= \pi^w - \pi^p
\end{aligned}$$

Da das gegenwärtige Modell drei vorausschauende Variable aufweist, während der Reallohn aufgrund des staggering prädeterminiert ist, ist es gemäß der Methode der rationalen Erwartungen – wie im vorausgegangenen Abschnitt das Preisniveau – primär nach vorne gerichtet zu lösen und zwar in eindeutiger Weise. Das impliziert, dass drei Eigenwerte der Jacobi–Matrix J dieses linearen Modells instabil sein müssen, während einer negativ (stabil) sein muss. Genau dann gibt es nach einem realen oder monetären Shock einen eindeutig determinierten Rücksprung auf den eindimensionalen stabilen Unteraum des stabilen Eigenwerts als begrenzte Systemreaktion auf den Shock, also im Sprachgebrauch der New Keynesian zu Indeterminiertheit keinen Anlass. Die drei nichtprädetermierten Variablen plazieren sich nach jedem Shock als erneut auf einen eindeutig bestimmten Punkt der stabilen Mannigfaltig der betrachteten (ansosnsten explosiven) Sattelpunktdynamik und konvergieren von da aus wieder zurück in die Steady-State Position des vier-dimensional Gesamtsystems.

Die zur Debatte stehenden 4 Eigenwerte sind die Wurzeln λ der folgenden 4D Eigengleichung:

$$\det(\lambda I - J) = \det\left[\lambda \begin{pmatrix} 1\,0\,0\,0 \\ 0\,1\,0\,0 \\ 0\,0\,1\,0 \\ 0\,0\,0\,1 \end{pmatrix} - \begin{pmatrix} 0 & 0 & -\beta_{wy} & \beta_{w\omega} \\ 0 & 0 & -\beta_{py} & -\beta_{p\omega} \\ 0 & \alpha_{yr}\,(\beta_{rp}-1) & \alpha_{yr}\beta_{ry} & 0 \\ 1 & -1 & 0 & 0 \end{pmatrix}\right]$$

Asada et al. (2010) zeigen, dass die gewünschte Struktur der Eigenwerte des betrachteten Systems erzielt wird, wenn (mit leichten Einschränkungen) das sog. (verallgemeinerte) Taylorprinzip gilt: $\beta_{rp} + \beta_{rp} > 1$ (welches sich jetzt natürlich auf Lohn- und Preisdynamik bezieht, anstelle von nur Preisdynamik im baseline model der New Keynesians). Wenn wir also unterstellen, dass Geldpolitik in diesem Sinne hinreichend aktiv ist und damit der private Sektor der betrachteten kapitalistischen Marktwirtschaft sich domestiziert verhält, so gibt es aber dennoch das Problem, dass aus Sicht von Keynes (1936, Kap. 22) die dabei zugrundeliegende Methode der rationalen Erwartungen die systematische, deterministische Reaktion des Modells weitgehend trivialisiert, da sie im gewählten (nicht anspruchslosen) Modellrahmen keine Konjunkturphänomene zulässt. Dies steht im krassen Kontrast zu den Aussagen von Keynes über den Konjunkturzyklus, die wir am Anfang dieses Kapitels kurz diskutiert haben. Es ergibt sich somit im Fazit, dass die Bezüge des um Lohnrigiditäten erweiterten Grundmodells der New Keynesians zur General Theory von Keynes ausgesprochen vage (da praktisch strukturlos) sind und dass darüberhinaus das Lohn-Preis 'Baseline' Modell dieser Modellierung von ' Kapitalismus' keine verlässliche (determinierte) Form zu besitzen braucht (wenn Politik hinreichend inaktiv ist).

Wir betrachten deshalb im nächsten Abschnitt eine alternative Modellierung keynesianischer Lohn-Preis Dynamik, die formal gesehen starke Ähnlichkeiten mit der in diesem Abschnitt betrachteten neukeynesianischen Dynamik aufweist, die aber aufgrund ihrer andersartigen Erwartungsbildungshypothesen (modellkonsistent statt rational) völlig andere Eigenschaften aufweist.

7.5 IS-LM-2PC Ungleichgewichtsanalyse: 'Baseline' Szenarien

Wir stellen in diesem Abschnitt zunächst ein keynesianisches Modell vor, das sich eng am Modell des vorausgegangenen Abschnitts orientiert, das aber eine Lohn-Preis-Spirale formuliert, bei der der Kostendruck (neben dem Nachfragedruck) im Arbeitsmarkt – die Lebenshaltungskosten – aus dem Gütermarkt resultiert und umgekehrt der Kostendruck am Gütermarkt (die Lohnkosten) sich aus dem Arbeitsmarkt ergibt. Wir erhalten damit eine überkreuz verknüpfte Lohn-Preis Dynamik mit angenommener perfekter Voraussicht auf die im Kommen begriffenen Kostenterme und mit einer neuklassischen Datierung bei den Erwartungstermen anstelle einer neukeynesianischen strikt vorwärtsschauenden Datierungsweise. Im darauffolgenden Unterabschnitt werden wir diese Lohn-Preis Spirale dann in das Modell der alten neoklassischen Synthese des Abschnitts 7.3 einbauen, um damit dann aufzeigen zu können, dass die festgestellten Konsistenzprobleme damit überwunden werden können. Eine Weiterentwicklung der keynesianischen Variante der alten neoklassischen Synthese beseitigt damit im Zusammenhang mit der Grenzproduktivitätstheorie festgestellte Mängel dieser Variante und führt sie in eine Form über, die sie als an ihren Problemen gereift erscheinen lässt und die die klassische Variante der alten neoklassischen Synthese, den Fall perfekt flexibler Preise und Löhne, als – wie schon von Keynes (1936, Kap. 1) behaupteten – extremen und unrealistischen Spezialfall erkennbar werden lässt.

7.5.1 Die Lohn-Preis Spirale im dynamischen AD-Modell

In diesem Unterabschnitt schlagen wir eine Modifikation des 'New Keynesian Baseline' Modells vor, die zeigen wird, dass es dann – trotz vorwärtsschauender modell-konsistenter Erwartungen – in der traditionellen Art mit nur prädeterminierten Variablen gelöst werden kann, also keine Annahme braucht, die aus allen modell-konsistenten Entwicklungspfaden der Volkswirtschaft in einem ansonsten instabilen Umfeld dem Anspruch nach eine einzige stabile Lösung durch einen eindeutigen Sprung der Ökonomie auf diesen Lösungspfad aussondern muss. Im direkten Vergleich zum Ansatz der New Keynesians des vorherigen Abschnitts lautet die von uns angestrebte Modellstruktur wie folgt:

$$\pi^w_{t+h} = \tilde{\pi}^p_{t+h} + \beta_{wy} y_t - \beta_{w\omega}\theta_t, \quad \pi^w_{t+h} = (w_{t+h} - w_t)/(w_t h) \tag{7.31}$$

$$\pi^p_{t+h} = \tilde{\pi}^w_{t+h} + \beta_{py} y_t + \beta_{p\omega}\theta_t, \quad \pi^p_{t+h} = (p_{t+h} - p_t)/(p_t h) \tag{7.32}$$

$$y_{t+h} = y_t - h\alpha_{yr}(r_t - \pi^p_{t+h} - r_o) \tag{7.33}$$

$$r_t = r_o + \beta_{rp}\pi^p_t + \beta_{ry} y_t \tag{7.34}$$

In Bezug auf den Einfluss der Preisinflation auf die Lohninflation (und v.v) nehmen wir hier zusätzlich an, dass er nicht nur temporärer (myopisch perfekter) Natur ist, sondern auch durch Systemträgheiten beeinflusst wird. Diese Trägheiten messen wir im Modell durch einen Index, den wir als Inflationsklima π^c_{t+h} bezeichnen wollen, und der zum Ausdruck bringt, dass die Wirtschaftssubjekte sich nicht nur an temporären Geschehen orientieren, sondern auch das Umfeld der ablaufenden Inflationsprozesse berücksichtigen. Zum Beispiel gehen damit temporäre Lohninflationsschocks nicht unmittelbar und in Gänze in die Preisinflationsrate ein, sondern werden durch das Umfeld dieser Schocks abgemildert. Es ist naheliegend anzunehmen, dass sich Umfeldeinflüsse adaptiv weiter entwickeln, also im Lichte der aktuellen Entwicklung upgedatet werden, so z.B. durch den üblichen adaptiven Prozess

$$\pi^c_{t+h} = \pi^c_t + h\beta_{\pi^c}(\pi^p_t - \pi^c_t) \tag{7.35}$$

Auf dieser Basis definieren wir dann die noch undefinierten Variablen $\tilde{\pi}^p_{t+h}$, $\tilde{\pi}^w_{t+h}$ des obigen Modells durch die Ausdrücke:

$$\tilde{\pi}^p_{t+h} = \alpha_p \pi^p_{t+h} + (1-\alpha_p)\pi^c_{t+h}, \quad \tilde{\pi}^w_{t+h} = \alpha_w \pi^w_{t+h} + (1-\alpha_w)\pi^c_{t+h} \quad (7.36)$$

mit $\alpha_p,\alpha_w \in (0,1)$.

In stetiger Zeit kann das obige dynamische Modell dann wie folgt dargestellt werden [wenn man die Ausdrücke π^wund π^p zur Darstellung der momentanen Lohn- und Preis-Inflationsraten (der rechtsseitigen Ableitung von $\ln w$ und $\ln p$) benutzt]:

$$\begin{aligned}
\pi^w &= \alpha_w \pi^p + (1-\alpha_w)\pi^c + \beta_{wy} y - \beta_{w\omega}\theta \\
\pi^p &= \alpha_p \pi^w + (1-\alpha_p)\pi^c + \beta_{py} y + \beta_{p\omega}\theta \\
\dot{y} &= -\alpha_{yr}((\beta_{rp}-1)\pi^p + \beta_{ry} y) \\
\dot{\pi}^c &= \beta_{\pi c}(\pi^p - \pi^c) \\
\dot{\theta} &= \pi^w - \pi^p
\end{aligned}$$

Die ersten zwei Gleichungen dieses dynamischen Modells lassen sich leicht bzgl. der zwei Variablen π^w-π^c, π^p-π^c explizit lösen und ergeben (mit $\alpha = \frac{1}{1-\alpha_p\alpha_w}$):

$$\begin{aligned}
\pi^w - \pi^c &= \alpha[\beta_{wy} y - \beta_{w\omega}\theta + \alpha_w(\beta_{py} y + \beta_{p\omega}\theta)] \\
\pi^p - \pi^c &= \alpha[\beta_{py} y + \beta_{p\omega}\theta + \alpha_p(\beta_{wy} y - \beta_{w\omega}\theta)] \\
\pi^w - \pi^p &= \alpha[(1-\alpha_p)(\beta_{wy} y - \beta_{w\omega}\theta) - (1-\alpha_w)(\beta_{py} y + \beta_{p\omega}\theta)]
\end{aligned}$$

Wir erhalten also:

$$\begin{aligned}
\pi^w &= f^w(y,\theta) + \pi^c, \quad f^w_y > 0, f^w_\theta \gtreqless 0 \\
\pi^p &= f^p(y,\theta) + \pi^c, \quad f^p_y > 0, f^p_\theta \gtreqless 0 \\
\pi^w - \pi^p &= \dot{\theta}(y,\theta), \quad \dot{\theta}_y \gtreqless 0, \dot{\theta}_\theta < 0
\end{aligned}$$

Im Hinblick auf $\dot{\theta}_y$, der Abhängigkeit der Wachstumsrate des Reallohns von der ökonomischen Aktivität, nehmen wir an – im Einklang mit dem, was über die Prozyklizität der Reallöhne bekannt ist – dass diese partielle Ableitung positiv ist. Das zu untersuchende dynamische System lautet dann:

$$\begin{aligned}
\dot{y} &= -\alpha_{yr}((\beta_{rp}-1)(f^p(y,\theta) + \pi^c) + \beta_{ry} y) \\
\dot{\pi}^c &= \beta_{\pi^c} f^p(y,\theta) \\
\dot{\theta} &= \dot{\theta}(y,\theta)
\end{aligned}$$

und es weist den selben Steady State wie das zuvor betrachtete neukeynesianische Modell auf. Für die Jacobi–Matrix J dieser Dynamik ergibt sich hier aber im Falle einer aktiven geldpolitischen Regel (β_{rp}>1):

$$J = \begin{pmatrix} - & - & ? \\ + & 0 & ? \\ + & 0 & - \end{pmatrix}$$

Wenn man die linearen Abhängigkeiten der betrachteten Dynamik in ihrer Jacobischen geeignet ausnutzt, erhält man für das charakteristische Polynom der Matrix J:

$$\lambda^3 + a_1\lambda^2 + a_2\lambda + a_3, \quad a_1, a_2, a_3 > 0.$$

Des Weiteren taucht der Parameter α_{ry} nur und zwar positiv in a_1,a_2 auf. Indem man ihn hinreichend groß wählt, kann man somit auch die Bedingung a_1a_2-$a_3>$ 0 sicherstellen. Dies und mehr wird in Asada et al. (2010) im Detail gezeigt und liefert mittels dieser sog. Routh-Hurwitz Bedingungen die Aussage, dass die untersuchte Dynamik global asymptotisch stabil ist.

Diese kurzen Ausführungen müssen hier genügen, um zu verdeutlichen, dass das vorliegende dynamische Modell ganz andere Eigenschaft aufweist, als das ihm vorausgeschickte New Keynesian Makromodell. Seine Lösungskurven sind unter bestimmten Annahmen über die Parameter des Modells konvergent, ohne es irgendwelcher Auswahlkriterien über Anfangsbedingungen bedarf. Es gibt Parameterkonstellationen, insbesondere was die Anpassungsstärke des Inflationsklimas angeht, wo die Dynamik zu gedämpften Schwingungen übergeht und schließlich über konzentrische Orbits (durch eine sog. degenerierte Hopf-Bifurkation) zu explosivem Verhalten führt. Details dazu findet der Leser in Asada et al. (2010). Des Weiteren lässt sich zeigen, dass solche Stabilitätsverluste insbesondere durch Lohnrigiditäten nach unten begrenzt werden können und somit persistente Konjunktur aus globalen Aspekten und Begrenzern hergeleitet werden kann.

Wir schlussfolgern, dass es ein zum neukeynesianischen Modell strukturverwandtes Modell mit traditionellen Bausteinen gibt, das bereits im deterministischen Setup eine gehaltvolle Theorie des Konjunkturzyklus impliziert (mit gedämpften oder sogar persistenten Schwingungen in volkswirtschaftlicher Aktivität und Inflationsdynamik) im strikten Unterschied zum Modell der New Keynesians mit sowohl staggered wage als auch staggered price setting. In diesem Modell haben wir sowohl den Realzinskanal der konventionellen keynesianischen IS-Analyse vorliegen wie auch eine Reallohn Wirkungskette, die allerdings verschiedene Verlaufsmuster zeigen kann, wie aus den weiter oben festgestellten Uneindeutigkeiten bei den Vorzeichen in der reduzierten Form des Modells hervorgeht.

Es gibt somit eine Alternative zur Theorie der New Keynesians, die in der Tradition der alten neoklassischen Synthese in ihrer keynesianischen Ausprägung steht und die trotz der Annahme myopisch perfekter Voraussicht die diskutierten Fehler der alten Synthese vermeidet. Im nächsten, das Kapitel im Wesentlichen abschließenden Abschnitt werden wir dies anhand dieses Ausgangs-Modells noch zeigen und damit sehen, wie dieses organisch hin zu einem konsistenten dynamischen AD-AS Modell weiterentwickelt werden kann, anstelle des vollständigen Bruchs, den die New Keynesians im Hinblick auf die alte neoklassische Synthese vollzogen haben. Wir werden dabei der Klarheit und Vergleichbarkeit wegen im folgenden Unterabschnitt zum Gebrauch einer konventionellen LM-Kurve zurückkehren (anstelle der Verwendung einer Taylor Zinssteuerungsregel) und auf die Reallohneffekte in der Lohn- und Preis-Phillipskurve verzichten, da diese erst durch einen Ansatz von Blanchard und Katz (1999) mikrofundiert und damit in die konventionelle Diskussion der Bestimmungsgründe der Lohn-Preis Dynamik eingeführt worden sind.

7.5.2 Das gereifte keynesianische AD-AS Modell

Das AD-AS Modell, das wir in diesem Abschnitt kurz darstellen wollen, beruht auf dem Modell, das in Asada et al. (2006a,b) breit diskutiert worden ist. Wir verweisen deshalb den Leser hier auf diesen Artikel hinsichtlich weiterer Details zu dem im Folgenden Dargestellten. Das Modell kann als Realisation der Integrationsbemühungen von Blanchard (2006) angesehen werden, was die kurze, mittlere und lange Sicht angeht und ist im Grundsätzlichen mit der von Blanchard (2006) angestrebten Reformulierung des AS Seite der keynesianischen Ökonomik vereinbar. Es synthetisiert auch die Ansätze, die wir in diesem Buch in den Kapiteln 3, 5 und 6 verfolgt haben und liefert damit den geeigneten Abschluss für dieses Buch.[12]

Wir starten wie zuvor von der Gegebenheit einer Lohn- und einer Preis-Phillipskurve, jetzt aber frei von der uniformen Verwendung eines einzigen Output-gaps in sowohl der Lohn- als auch der Preisdynamik. Stattdessen verwenden wir in Bezug auf den Arbeitsmarkt jetzt den Beschäftigungsgap $e - \bar{e}$ und in Bezug auf den Gütermarkt den Kapazitätsauslastungsgap $u - \bar{u}$, wobei die jeweiligen Referenzgrößen die NAIRU des Arbeitsmarktes und die NAIRU des Gütermarktes repräsentieren. Das Inflationsklima π^c spielt hierbei die gleiche Rolle wie im vorherigen Abschnitt und wird weiter unten durch einen adaptiven Anpassungsprozess bestimmt werden.

$$\hat{w} = \beta_w(e - \bar{e}) + \kappa_w \hat{p} + (1 - \kappa_w)\pi^c,$$
$$\hat{p} = \beta_p(u - \bar{u}) + \kappa_p \hat{w} + (1 - \kappa_p)\pi^c.$$

Diese Gleichungen lassen sich zu zwei linearen Gleichungen in den Unbekannten $\hat{w} - \pi^c$ und $\hat{w} - \pi^c$ umformen. Sie ergeben aufgelöst die beiden folgenden marktübergreifenden Phillipskurven (als sog. reduzierte Formen der ursprünglichen Phillipskurven), die in signifikanter Weise das in der Literatur übliche Szenario einer einzigen konventionellen Phillipskurve in reduzierter Form (die rein arbeitsmarktorientiert ist) verallgemeinern:

$$\hat{w} = \kappa[\beta_w(e - \bar{e}) + \kappa_w \beta_p(u - \bar{u})] + \pi^c,$$
$$\hat{p} = \kappa[\beta_p(u - \bar{u}) + \kappa_p \beta_w(e - \bar{e})] + \pi^c,$$

[12] Weitere grundlegende und weiterführende Literatur zum Thema dieses Abschnittes findet der Leser in Chiarella und Flaschel (2000), Asada, Chiarella, Flaschel und Franke (2010) und Chiarella, Flaschel und Semmler (2012).

Voneinander abgezogen liefern diese beiden Gleichungen als Bewegungsgesetz für den Reallohn $\omega = w/p$:

$$\hat{\omega} = \kappa[(1-\kappa_p)\beta_w(e-\bar{e}) - (1-\kappa_w)\beta_p(u-\bar{u})], \quad \kappa = 1/(1-\kappa_w\kappa_p).$$

Wir betonen hier, dass das Inflationsklima bei dieser Bestimmungsgleichung für die Wachstumsrate des Reallohns keine Rolle spielt (sich weggekürzt hat). Wir betonen des Weiteren erneut, dass die obigen Phillipskurven in ihrer reduzierter Form auf einer jeweils sehr spezifischen Mixtur aus Arbeitsmarkt- und Gütermarkt-Daten beruhen und eben in diesem Sinne als marktüberspannend anzusehen sind.

Für die Entwicklung des Inflationsklimas nehmen wir wie im vorherigen Unterabschnitt an, dass es einem adaptiven Anpassungsmechanismus unterliegt, d.h. hier insbesondere, dass gilt:

$$\dot{\pi}^c = \beta_{\pi^c}(\pi - \pi^c), \quad \pi = \hat{p}.$$

Neben diesen Klimaprozess wollen wir hier zur Vereinfachung der statischen Beziehungen des Modells noch einen gleichartigen Prozess, der das Investitionsklima bestimmt, stellen und zwar:

$$\dot{\xi}^c = \beta_{\xi^c}(\xi - \xi^c), \quad \xi = \rho + \hat{p} - r,$$

der von völlig analoger Natur ist. Das Investitionsklima (welches später bei der Formulierung der Investitionsfunktion Verwendung finden wird) folgt damit dem momentanen 'Zinsdifferential' $\xi = \rho - (r - \hat{p}))$, dem Überschuss der aktuellen Profitrate ρ über den aktuellen Realzins $r - \hat{p}$, mit einer gewissen Verzögerung, die durch die Anpassungsstärke β_{ξ^c} gemessen wird. Die Investitionspläne der Firmen sind auf Basis eines solchen Differentials im Folgenden noch sehr regulär in ihrem Verhalten formuliert, was aber durch eine zusätzliche Abhängigkeiten vom Auslastungsgrad der Firmen und weiteren Erweiterungen verändert werden kann. Im Moment gehen wir jedoch einfach von einer Investitionsfunktion des folgenden einfachen Typs $I/K = i\xi^c + n$ anstelle der in Abschnitt 7.3 verwandten Investitionsfunktion $I/K = i\xi + n$ aus.

Wir haben damit alle Elemente eingeführt, die zu einer grundsätzlichen Überwindung der in Abschnitt 7.3 dargestellten extremen Eigenschaften des konventionellen AS-AD Modells (bei myopisch perfekter Voraussicht) der alten neoklassischen Synthese benötigt werden. Das Modell basiert jetzt auf gradueller Lohn- und Preisanpassung und einer gewissen Trägheit, was Kostendruckelemente und Überschussrenditen angeht. Bei Sargents (1987) ursprünglicher Modellierung keynesianischer AS-AD Dynamik galt $\beta_{\xi^c}, \beta_{\pi^c}, \beta_p = \infty$, was bedeutet das nur gegenwärtige Inflationsraten und Überschussrenditen die Evolution der Ökonomie bestimmen und dass die Güterpreise perfekt flexibel sind, so dass die Auslastung der Unternehmen stets optimal ist. Dieser hypothetische Grenzfall hat jedoch wenig gemein mit den Eigenschaften des Modells dieses Unterabschnitts und ist deshalb von in die Irre führender Art, insbesondere wenn er auf aktuelles ökonomisches Geschehen Anwendung findet.

Dies bringt uns zu einem Punkt, wo noch eine Definition und ihre Erklärung erforderlich wird, nämlich das in diesem Modell (in dem wir eine neoklassische Produktionsfunktion im Hintergrund haben) verwandte Konzept des Auslastungsgrades der Firmen. Wir haben hier die Situation stetiger Faktorsubstitution zu verbinden mit dem keynesianischen Gedanken, dass auch Firmen – wie das Arbeitsangebot – Leerkapazitäten aufweisen können (oder überbeschäftigt sein können). Der tatsächliche Gebrauch des Kapitalstocks K ist in diesem keynesianischen Modellansatz natürlich durch den aktuellen Output Y bestimmt. Als Maß des potentiellen Outputs $Y^p(\omega)$ werden wir hier den zu laufenden Preisen und Löhnen bestimmten profit-maximierenden Output verwenden. Die Kapazitätsauslastung der Firmen ist somit durch $Y/Y^p(\omega)$ zu definieren und deshalb bestimmt durch:[13]

$$u = Y/Y^p \quad \text{mit} \quad Y^p = F(K, L^p),\ \omega = F_L(K, L^p).$$

wobei Y durch den IS-LM Gleichgewichtsblock in der üblichen Weise zu bestimmen ist. Wir haben in der Preis-Phillipskurve als normale Rate der Kapazitätsauslastung eine Rate von kleiner als 1 unterstellt und nehmen daher hierbei an, dass der Nachfragedruck am Gütermarkt zu Preisinflation führt, bevor der gegenwärtig profitmaximale Output erreicht wird. Die Idee hinter dieser Annahme ist, dass im Kontext von imperfektem Wettbewerb auf dem Gütermarkt die Firmen die Preise anheben, bevor die marginalen Gewinne Null geworden sind. Wir haben damit das Resultat, dass die Keynes'sche Akzeptanz des Preis=Grenzkosten-Postulats in der kurzen Frist nicht erfüllt ist und im Steady State (in der langen Frist) nur angenähert gilt.

Es gibt noch einen anderen Weg, die imperfekte Preisanpassung, die wir hier modelliert haben, zu motivieren. Aus Gründen der Einfachheit unterstellen wir im Folgenden den Fall einer Cobb-Douglas-Produktionsfunktion, also $Y = K^\alpha L^{1-\alpha}$. Gemäß Obigem bekommen wir damit

$$p = w/F_L(K, L^p) = w/[(1-\alpha)K^\alpha (L^p)^{-\alpha}]$$

Dies definiert für gegebene Löhne und Preise die potentielle (maximale) Beschäftigung der Firmen. In ähnlicher Weise definieren wir das kompetitive Preisniveau durch das Niveau p_c so dass

$$p_c = w/F_L(K, L^d) = w/[(1-\alpha)K^\alpha (L^d)^{-\alpha}].$$

gilt. Auf Grund dieser Definitionen erhält man dann die Beziehung

[13] In intensiver Form ergibt dies $u = y/y^p$ mit $y^p = f((f')^{-1}(\omega))$ in Bezug auf die Notation des Abschnittes 7.3.

$$\frac{p}{p_c} = \frac{(1-\alpha)K^\alpha (L^d)^{-\alpha}}{(1-\alpha)K^\alpha (L^p)^{-\alpha}} = (L^p/L^d)^\alpha.$$

Mittels dieser Ausdrücke erhalten wir durch die Definitionen von L^d, L^p und ihrer Implikation $Y/Y^p = (L^d/L^p)^{1-\alpha}$ eine Formel, die das obige Preisverhältnis in Beziehung setzt zur in diesem Abschnitt weiter oben definierten Auslastungsrate u des Kapitalstocks K:

$$\frac{p}{p_c} = \left(\frac{Y}{Y^p}\right)^{\frac{-\alpha}{1-\alpha}} \quad \text{or} \quad \frac{p_c}{p} = \left(\frac{Y}{Y^p}\right)^{\frac{\alpha}{1-\alpha}} = (u)^{\frac{\alpha}{1-\alpha}}.$$

Somit erhalten wir (für $\bar{u} = 1$), dass eine nach oben gerichtete Anpassung des Auslastungsgrades des Kapitalstocks hin zu seiner Vollauslastung positiv korreliert ist mit einer nach unten gerichteten Anpassung des aktuellen Preisniveaus hin zum kompetitiven Preisniveau und vice versa. Im Spezialfall $\alpha = 0.5$ würden wir insbesondere als reformulierte Preisdynamik die folgende Gleichung bekommen (man vgl. Gleichung (7.37), wobei $\bar{u}$ durch $(p_c/p)_o)$ ersetzt wird):

$$\hat{p} = \beta_p(p_c/p - (p_c/p)_o) + \kappa_p \hat{w} + (1-\kappa_p)\pi^c.$$

Dies korrespondiert deutlich zur 'New Phillips Curve' der New Keynesians, soweit die Wiedergabe von Nachfragedruck-Termen betroffen ist, die dort ebenfalls auf Abweichungen von den realen Lohngrenzkosten umgeformt bzw. durch diese erklärt werden. Preisinflation ist folglich ansteigend, wenn die kompetitiven Preise (und damit die nominalen Lohngrenzkosten) oberhalb der aktuellen liegen und im Gegenfall abnehmend (wobei wir hier von konstant gehaltenen Kostendruck-Termen ausgehen). Dies zeigt dass unsere Definition und Interpretation der Auslastungsrate des Kapitalstocks im Falle einer neoklassischen Produktionsfunktion eng verwandt ist mit dem Verständnis von Nachfragedruck, wie sie bei den New Keynesians anzutreffen sind. Zu beachten ist hierbei jedoch, dass wir als Normalauslastung einen Wert, der kleiner als 1 ist, unterstellt haben, somit die Preise zu steigen beginnen, bevor wir – von unten kommend – das kompetitive Preisniveau erreicht haben. Des Weiteren zeigt sich hier erneut, was von Keynes' Akzeptanz der Grenzproduktivitätstheorie übrig geblieben ist (die er inzwischen sicherlich auch in Richtung einer Theorie monopolistischen Wettbewerbs oder verwandter Ansätze umformuliert hätte).

Wir bemerken kurz, dass der Steady State der hier betrachteten keynesianischen Dynamik derselbe ist, wie der AS-AD Dynamik, die wir in Abschnitt 7.3 betrachtet haben, allerdings jetzt ergänzt durch

$$\xi_o^c = 0, u^o = \bar{u}, e^o = \bar{e}, y_o^p = y_o/u^o, l_o^p = f^{-1}(y_o^p)).$$

Des Weiteren müssen die obigen dynamischen Gleichungen natürlich durch diejenigen, die unmodifiziert geblieben sind, ergänzt werden. Die intensive

Form aller damit resultierenden statischen und dynamischen Beziehungen ist weiter unten dargestellt. Die Modifikationen des AS-AD Modells des Abschnitts 7.3, die wir in diesem Abschnitt durchgeführt haben, implizieren im Grundsätzlichen, dass es nicht mehr einer Dichotomie unterliegt und dass es keine Notwendigkeit mehr gibt, die inhaltlich kaum motivierte Sprung-Variable Technik der Rationalen Erwartungsschule anwenden zu müssen. Wir haben jetzt nicht mehr mit Zustandsvariablen zu arbeiten, die als nicht prädeterminiert angesehen werden müssen, um das dynamische System gehaltvoll lösen zu können, sondern können stattdessen das System auf die folgenden fünf prädeterminierten Zustandsvariablen reduzieren, die in der üblichen historischen Weise (auf Basis gegebener Anfangsbedingungen) miteinander interagieren: Der Reallohn, die Realkasse pro Kapitaleinheit, die Vollbeschäftigungs-Arbeitsintensität, sowie die Ausdrücke für das Inflations- und das Investitionsklima.

Zusammengefasst besteht das dynamische AS-AD Modell dieses Abschnitts also aus den folgenden fünf Bewegungsgesetzen:

$$\hat{\omega} = \kappa[(1-\kappa_p)\beta_w(l^d/l - \bar{e}) - (1-\kappa_w)\beta_p(y/y^p - \bar{u})], \tag{7.37}$$

$$\hat{l} = -i\xi^c, \tag{7.38}$$

$$\hat{m} = -\hat{p} - i\xi^c, \tag{7.39}$$

$$\dot{\pi}^c = \beta_{\pi^c}(\hat{p} - \pi^c), \tag{7.40}$$

$$\dot{\xi}^c = \beta_{\xi^c}(\rho + \hat{p} - r - \xi^c) \tag{7.41}$$

in denen die Preis-Phillipskurve in ihrer reduzierten Form

$$\hat{p} = \kappa[\beta_p(y/y^p(\omega) - \bar{u}) + \kappa_p\beta_w(l^d/l - \bar{e})] + \pi^c$$

zur Vervollständigung des Systems einzusetzen ist. Des Weiteren ist das vorliegende dynamische System noch durch die folgenden statischen Beziehungen für den aktuellen und den potentiellen Output (pro Kapitaleinheit) und die Zinsrate sowie die Profitrate zu ergänzen:

$$\begin{aligned}
y &= \frac{1}{1-c}[i\xi^c + n + g - t] + \delta + t,\\
y^p &= f((f')^{-1}(\omega)), \quad F(1, L^p/K) = f(l^p) = y^p, F_L(1, L^p/K)) = f'(l^p) = \omega,\\
l^d &= f^{-1}(y),\\
r &= r_o + (h_1 y - m)/h_2,\\
\rho &= y - \delta - \omega l^d,
\end{aligned}$$

Diese Beziehungen müssen in die fünf Differentialgleichungen noch geeignet eingesetzt werden, damit man ein autonomes Differentialgleichungssystem bekommt. Dieses System ist in natürlicher oder intrinsischer Form zudem ein nichtlineares Differentialgleichungssystem.

Für dieses Modell lässt sich wieder zeigen, dass es im Bereich moderater Anpassungsstärken asymptotisch stabil ist, aber in zyklischer Weise seine Stabilität verliert, wenn bestimmte Parameter, insbesondere die Anpassungsgeschwindigkeit des Inflationsklimas, hinreichend hoch werden. Lohnstarrheiten nach unten – aber auch andere Verhaltens-Nichtlinearitäten genügend weit weg vom Steady State der Dynamik – ermöglichen es dann aber in der Regel, die Systemdynamik im ökonomisch relevanten Teil des Phasenraumes begrenzt zu halten, indem dadurch eine persistente Schwingung (ein Grenzzyklus) oder sogar eine irreguläre Konjunkturdynamik (ein seltsamer Attraktor) erzeugt wird.

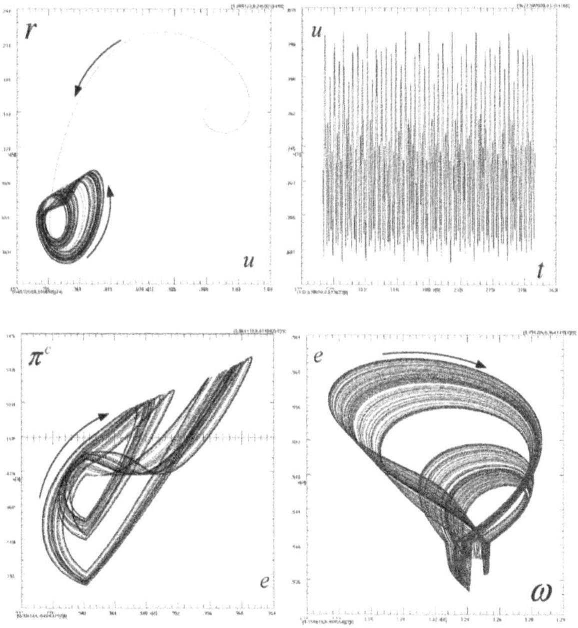

Abb. 7.2. Komplexe deterministische Makrodynamik (bei 'geknickter Lohn-Phillipskurve, vgl. Kap. 5.)

In Abhängigkeit von der Art der Nichtlinearität in der Lohn-Phillipskurve, man vgl. dazu Rose (1967), kann sich dabei auch ergeben, dass der irreguläre Attraktor in einem Depressionsbereich unterhalb des Steady States gerät (siehe Abb. 7.2.) und dort verbleibt, wenn der Nominallohn dort wieder flexibel wird (und partiell Lohndeflation auftritt) und die Aufschwünge zu schwach sind, um aus diesem Bereich wider herausführen zu können. Der Leser kann aber an dieser Stelle hinsichtlich solcher Sachverhalte nur auf die Literatur verwiesen werden, so insbesondere auf Asada et al. (2006a,b), Chen et al. (2006) und als Ausgangspunkt für diese Arbeiten auf Chiarella und Flaschel (2000).

Zusammenfassend wollen wir hier feststellen, dass wir in diesem abschließenden Abschnitt des Buches eine Modellierungsstufe bei keynesianischer AS-AD Theorie erreicht haben, die deutlich komplexer, aber auch deutlich ausgewogener und überzeugender ist als die asymmetrische Modellierung des Lohn-Preis-Moduls der alten neoklassischen Synthese in ihrer keynesianischen Ausprägung. Wir haben nunmehr 5 statt nur 3 Bewegungsgleichungen in der Formulierung der Dynamik eines solchen Systems, möchten hierbei aber betonen, dass solche Bewegungsgesetze oft leichter zu analysieren sind als es bei weniger Bewegungsgesetzen, aber verschlungeneren Gleichgewichtsbeziehungen der Fall sein kann. Myopisch perfekte Voraussicht hat im jetzt vorliegenden Modellierungskontext keine systemsprengende Wirkung mehr (wie dies im Abschnitt 7.3 der Fall war). Auslastungsgradschwankungen beim Faktor Arbeit wie auch beim Faktor Kapital sind nunmehr in angemessener Weise integriert (und existieren Seite an Seite trotz der Unterstellung einer neoklassischen Produktionsfunktion). Wir haben nunmehr graduelle Lohn- und Preisanpassungen mit Kostendruckausdrücken, die sowohl vorwärts als auch rückwärts ausgerichtet sind und die die Unterscheidung zwischen temporären und permanenten Inflationsschocks gestatten. Das Modell weist eine eindeutige innere Steady State Position auf, um die herum (oder auch unter der) Konjunkturschwankungen persistenter Art generiert werden können, die kurzfristige Output und Zinseffekte mit mittelfristigen Inflationsmustern integrieren. Unsere gereifte AS-AD-PC Wachstumsdynamik weist damit eine Vielfalt von Features auf, vgl. hierzu insbesondere Chiarella, Flaschel und Franke (2005), die deutlich näher an Keynes' (1936) Analyse des 'Trade Cycles' liegen (vgl. hierzu 7.1) als es bei der alten neoklassischen Synthese der Fall gewesen ist. So wie das Modell jetzt reformuliert vorliegt, weist es neben dem hinreichend bekannten Realzinskanal auch eine (eigentlich bekannte, aber) in der theoretischen Analyse oft ignorierte Reallohn-Wirkungskette auf. Neben destabilisierenden Mundell-Effekten haben wir in unserem gereiften AS-AD Modell nunmehr auch die Möglichkeit adverser (aber auch normaler) Rose (1967) Reallohn-Effekte, man vgl. hierzu die folgende Abb. 7.3. und hinsichtlich der Grundlagen für solche Feedback-Muster auch erneut Chiarella und Flaschel (2000). Das Modell weist also nunmehr die Interaktion von drei Feedback-Mustern auf, den bekannten stabilisierenden Keynes-Effekt und den durch den gleichen Kanal wirkenden Mundell-Effekt (der – wie wir in Kapitel 5 gesehen haben – die stabilisierende Wirkung des Keynes-Effekts aushebeln kann) und jetzt den distributiv orientierten Rose-Effekt, den wir in Kapitel 6 schon kennengelernt haben. Da wir ausgehend vom Modell der alten neoklassischen Synthese nur den Fall betrachtet haben, wo die aggregierte Nachfrage über das Investitionsverhalten der Firmen negativ vom Reallohn abhängt, also profitgeführt ist, haben wir in diesem Kontext nur zwei Ausprägungen des Rose-Effekts, eine stabilisierende, wenn die Lohnflexibilität die Preisflexibilität dominiert und eine destabilisierende im umgekehrten Fall. Im Falle einer lohngeführten Ökonomie, wo der positive Konsumeffekt von Reallohn-Ände-

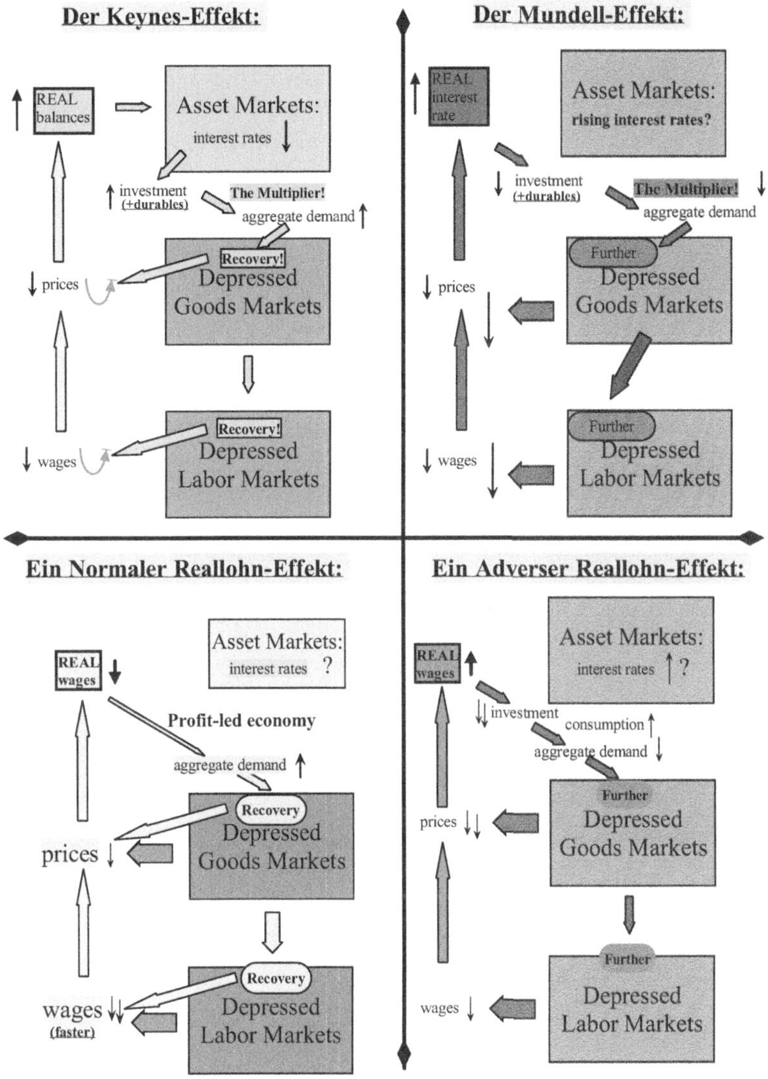

Abb. 7.3. Feedbackmuster der keynesianischen Makrodynamik: Keynes-Effekt (Kapitel 2), Mundell-Effekt (Kapitel 5) und Rose-Effekt (Kapitel 6).

rungen den negativen Investitionseffekt dominiert, finden wir dann natürlich gerade entgegengesetzte Stabilisierungsmuster.

Damit wollen wir aber nun die Analyse von keynesianischen Modellen, die die kurze, mittlere und lange Sicht wirklich integrieren, beenden und verweisen den Leser auf Chiarella, Flaschel und Franke (2005), d.h. auf einen dies ausbauenden Analyserahmen, der erneut die Schwächen sowohl der alten wie auch der neuen neoklassischen Synthese zum Ausgangspunkt nimmt, um dann eine keynesianische Theorie des ungleichgewichtigen Wachstums (mit Blanchard und Katz (1999) Error Correction und Zinssteuerungsregel wie hier im Abschnitt 7.4) durch Erweiterung des obigen Modells zu formulieren, die zudem für die US-Ökonomie erfolgreich kalibriert werden kann.

Teil III

Übungsmaterialien

8

Übungsaufgaben

8.1 Übungsaufgaben 1

Die folgenden Fragen beziehen sich auf den in Kapitel 2 diskutierten Text von Wolfram Engels:

1. Ermitteln Sie die theoretischen Aussagen von W. Engels zu den Ursachen von 'Arbeitslosigkeit' (seine Diagnose) und versuchen Sie daraus ein einheitliches Bild zu erstellen. Prüfen Sie, ob Engels stets miteinander konsistente Aussagen macht. Trennen Sie dabei in Aussagen, die sich auf Nominallöhne und solche, die sich auf Reallöhne, die Kaufkraft der Nominallöhne, beziehen.

2. Können Sie mittels des in der Mikrotheorie Gelernten eine formale oder grafische Analyse dieser 'Theorie der Arbeitslosigkeit' erstellen, die mittels Nominallöhnen argumentiert? Welche wichtige Annahme wird in der Mikrotheorie bei einer solchen Analyse gemacht?

Können Sie demgegenüber mittels des in der Mikrotheorie Gelernten eine formale oder grafische Analyse dieser 'Theorie der Arbeitslosigkeit' erstellen, die mittels Reallöhnen argumentiert? Auf welchen Fundamenten beruht diese Theorie?

Was müsste eine dem Problem der Arbeitslosigkeit sich stellende Arbeitnehmerschaft in diesem Kontext bewerkstelligen können?

3. Besagen die auf Seite 6 des Textes von W. Engels angeführten Zitate wirklich dasselbe?

4. Wie lauten auf Basis der betrachteten Diagnose der Ursachen von Arbeitslosigkeit von W. Engels seine Therapievorschläge? Auf welche der obigen Modellvarianten beziehen sich diese Vorschläge?

5. Das 'Saysche Gesetz' besagt in einfachen Worten, dass jedes gesamtwirtschaftliche Güterangebot sich eine entsprechend hohe Güternachfrage selbst schafft (deren Struktur nicht unbedingt stets der des Angebots entsprechen

muss). Versuchen Sie diese Aussage zu untermauern oder zu entkräften. Was ist W. Engels Haltung in Bezug auf das Saysche Gesetz?

Lösungsskizzen

1. Die zentrale Ursache für Arbeitslosigkeit ist nach W. Engels ein im Vergleich zur Produktivität zu hoher Lohnsatz, wobei er in Bezug auf letzteren in seinen Aussagen abwechselnd den Nominallohn und den Reallohn meint. So sagt er z.B. mit Blick auf den Nominallohn:
„An fast allen Märkten sinkt der Absatz, wenn die Preise steigen. Wenn Bananen, Teppichböden oder Eisenbahnfahrten teurer werden, dann werden weniger Bananen, Teppichböden oder Eisenbahnfahrten abgesetzt. Für Arbeit gilt dasselbe. Wenn die Löhne steigen, dann sinkt die Nachfrage nach Arbeitskräften.“ (Vgl. S.8), während er hinsichtlich des Reallohns ausführt:
„In ihrer einfachsten Form besagt die Lohnformel, dass die Reallöhne um den Produktivitätszuwachs steigen können, wenn im Ausgangszeitpunkt Vollbeschäftigung herrscht und wenn Vollbeschäftigung erhalten werden soll.“ (Vgl. S.13).
Solange sich die Produktivität nicht ändert, kann die Arbeitslosigkeit also nur durch Reallohnsenkungen behoben werden (vgl. S.7 und vorangegangenes Statement), wobei Engels' Ausführungen bezüglich des Nominallohns damit nur dann in Einklang zu bringen sind, wenn zusätzlich entweder ein fixes Preisniveau unterstellt wird (welches Nominallohnsenkungen 1:1 in Reallohnsenkungen transferiert) oder im Falle flexibler Preise anderweitig sichergestellt ist, dass die Preise im Gefolge einer Senkung des Nominallohns prozentual schwächer fallen als dieser.

2. Grundlage: partialanalytisches Marktgleichgewicht für ein Gut i (z.B. Bananen). p_i : Preis für Gut i; x_i : Menge des Gutes i. Wichtige Annahme hierbei: Konstanz aller übrigen Preise $p_j \neq p_i$ ($\rightarrow$ ceteris-paribus-Analyse). Variationen dieser anderen Preise würden die Angebots- und Nachfragefunktion für Gut i in Abb. 8.1 i.a. verschieben.

Von Engels wird diese Analyse nun auf den Arbeitsmarkt übertragen, das Gut i also einfach durch das Gut „Arbeit“ und der Preis p_i durch den Nominallohn w ersetzt.
Demgegenüber: Herleitung der Arbeitsnachfragekurve in Abhängigkeit vom Reallohn ω über Profitmaximierung preisnehmender Firmen:

$$\text{Gewinn} = \bar{p}Y - wL^d = \bar{p}F(L^d) - wL^d \rightarrow \text{max!}$$

$$\Rightarrow \bar{p}F'(L^d) = w \Leftrightarrow F'(L^d) = w/\bar{p} = \omega \quad \text{(Grenzproduktivitätsregel bei } K = \bar{K}\text{)}$$

Aufgrund der Eigenschaften der unterstellten neoklassischen Produktionsfunktion ($F' > 0, \quad F'' < 0$) ergibt sich hieraus eine fallende Arbeitsnachfragefunktion in Abhängigkeit vom Reallohn: $L^{d\prime}(\omega) < 0$.

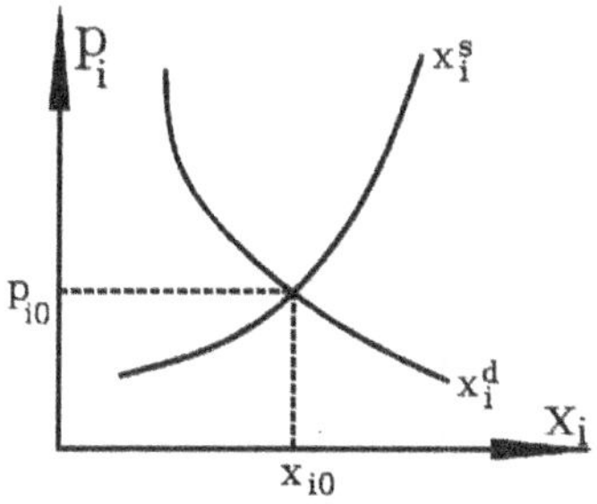

Abb. 8.1.

Das Arbeitsangebot ließe sich aus einem Nutzenmaximierungskalkül der Haushalte herleiten, bei dem es um die optimale Aufteilung der Zeit (z.B. eines Tages) auf Arbeit (→ Lohneinkommen) und Freizeit geht. Je nach dem, ob dabei der Substitutions- oder der Einkommenseffekt einer Reallohnvariation dominiert, ergibt sich daraus ein positiv oder negativ vom Reallohn ω abhängiges Arbeitsangebot. Der Einfachheit halber kann man auch von einem reallohnunelastischen Arbeitsangebot ausgehen, was dann gerade den Fall repräsentiert, in dem sich die beiden genannten Effekte die Waage halten.

In letzterem Fall folgt für den Arbeitsmarkt:

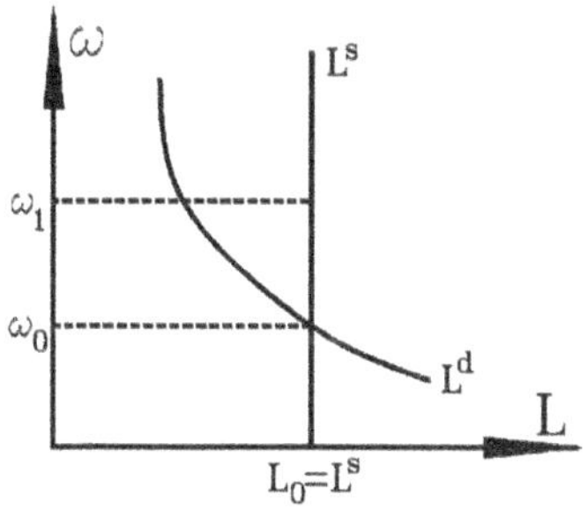

Abb. 8.2.

Arbeitslosigkeit setzt hier also das Vorhandensein eines zu hohen Reallohns (etwa ω_1) voraus, so dass die Arbeitnehmerschaft zur Überwindung der Unterbeschäftigung in der Lage sein müsste, den *Real*lohn ω zu senken.

3. Im Unterschied zum Statement von L. von Mises, in dem ein *Kausalzusammenhang* zwischen Höhe des Reallohns und Beschäftigung unterstellt wird, behauptet Keynes lediglich eine *Parallelität* zwischen Reallohn- und Beschäftigungsentwicklung (auch wenn dies im vorliegenden, dem Zusammenhang entzogenen Zitat nicht unbedingt leicht zu erkennen ist). Wie an späterer Stelle noch deutlich wird, stellt die Reallohnbestimmung bei Keynes nur das letzte

Glied einer Wirkungskette zur Ermittlung von Einkommen und Beschäftigung dar.

4. Therapievorschläge von Engels (vgl. S.7 und S.13 ff.):

- Zurückbleiben der Nominallohnsteigerungen hinter der Summe aus Produktivitätsfortschritt und Preisinflation
- Erhöhung der Sachkapitalrendite im Vergleich zu den Kapitalkosten (was natürlich auch durch Lohnzurückhaltung zu erreichen ist, da dies ceteris paribus die Sachkapitalrendite erhöht), um dadurch die Investitionstätigkeit anzuregen, die ihrerseits für eine höhere Produktivität sorgt.

Grundlage für diese Empfehlungen bildet also u.a. das 'Reallohn - Arbeitsmarkt -Diagramm' aus Aufgabe 2, wobei wie im Statement von L. von Mises von einem Ursache-Wirkungs-Zusammenhang zwischen Höhe des Reallohns und Beschäftigungsniveau ausgegangen, die Grafik also von der Ordinate hin zur Abszisse gelesen wird.

5. Eine Begründung für das Saysche Theorem kann darin gesehen werden, dass niemand sich der Mühe der Güterproduktion unterziehen wird, wenn er nicht beabsichtigt, sich mit dem Verkaufserlös irgendetwas zu kaufen. Auf der anderen Seite scheint dieser Zusammenhang zwischen Produktion und Nachfrage in dem Augenblick in Frage gestellt zu sein, wo ein Teil des Einkommens gespart und somit der (direkten) Güternachfrage entzogen wird. Sofern diese Ersparnis jedoch am Kapitalmarkt angelegt wird und ein flexibler Zinssatz für eine entsprechend hohe Kreditnachfrage sorgt, fließt dieser Teil des Einkommens dann letzten Endes doch in die Güternachfrage, so dass auch hier die Gültigkeit des Sayschen Theorems aufrechterhalten bleibt. Anders sieht es aber offenbar aus, wenn bestimmte Wirtschaftssubjekte wie z.B. die privaten Haushalte beabsichtigen, einen Teil der (geplanten) Ersparnis in Form von Geld zu halten bzw. die Geldhaltung daraus resultiert, dass aus irgendwelchen Gründen nicht die gesamte Ersparnis am Kapitalmarkt angelegt werden kann; dann wird der dem entsprechende Teil des (erwarteten) Einkommens effektiv der Nachfrage am Gütermarkt entzogen.

Engels geht jedoch prinzipiell von der Gültigkeit des Sayschen Theorems aus, das er in seinen Ausführungen auf S.10/11 auch recht anschaulich beschreibt. Nichtsdestoweniger scheint er mit Blick auf das Geschehen am Kapitalmarkt aber auch Ungleichgewichtskonstellationen („Störungen" infolge von „Konjunkturschwankungen") für möglich zu halten.

8.2 Übungsaufgaben 2

1.a) Reproduzieren Sie die beiden Versionen des neoklassischen Basismodells anhand seiner Bestimmungsgleichungen. Welche Variablen sind jeweils endogen, welche exogen? Diskutieren Sie insbesondere die zugrundeliegenden Annahmen bzgl.

– der Produktionstechnologie, der Marktform auf den Gütermärkten und des

sich daraus
ergebenden Optimierungskalküls der Unternehmen
– der Rolle des Geldes in der betrachteten Ökonomie
– des Geschehens auf dem Kapitalmarkt
b) Versuchen Sie, das sich ergebende Gleichgewicht auf Basis der Modellgleichungen grafisch herzuleiten.
c) Gesetzt den Fall, der Preisbildungsprozess startet bei einem $p_0 > p_{GG}$ mit p_{GG} als Gleichgewichtspreis. Wie lässt sich die bestehende Ungleichgewichtssituation inhaltlich erklären? Was spricht für eine Anpassung des Preisniveaus an seinen Gleichgewichtswert p_{GG}? Welche Annahme liegt dieser Anpassung zugrunde?

2. Spielen Sie die Konsequenzen der folgenden Veränderungen (statisch) exogener Variabler im Rahmen einer komparativ-statischen Analyse für beide Modellversionen durch:
a) Erhöhung der Geldmenge ($\bar{M} \uparrow$)
b) lokale Parallelverschiebung der Produktionsfunktion nach oben
c) Erhöhung des Arbeitsangebots ($\bar{L} \uparrow$)
d) Rechtsverschiebung der Sparfunktion ($S(r) \uparrow \forall r > 0$)
e) Was bewirkt in der Modellvariante mit fixem Nominallohn eine Senkung desselben ($\bar{w} \downarrow$)?
Nutzen Sie dabei die in 1 b) hergeleiteten grafischen Zusammenhänge. Versuchen Sie aber auch jeweils eine kurze inhaltliche Begründung für die Resultate zu geben.

3. Welche Implikationen bzgl. des Problems der Arbeitslosigkeit ergeben sich aus dem neoklassischen Basismodell? Diskutieren Sie dabei auch den Begriff der „unfreiwilligen Arbeitslosigkeit“ und überlegen Sie, welche möglichen Unterschiede sich dabei ergeben können, je nachdem, ob man sich dabei auf ein einzelnes Individuum oder auf die Arbeitnehmerseite im Aggregat bezieht.

4. Multiple-choice-Aufgabe:
Gegeben sei ein Gleichgewicht bei Unterbeschäftigung in der „$\bar{w}$-Variante“ des neoklassischen Basismodells. Infolge einer Veränderung der Zahlungsgewohnheiten kommt es zu einer Senkung der Umlaufgeschwindigkeit des Geldes (um ein Prozent). Gleichzeitig reduziert die Notenbank die Geldmenge (um den gleichen Prozentsatz). Des Weiteren erhöht sich das Angebot an Arbeitskräften. Dann gilt:
a) Dies ist ohne Bedeutung für Output und Beschäftigung, da sich die ersten beiden Effekte gerade gegenseitig aufheben und das Arbeitsangebot bei schon bestehender Unterbeschäftigung sowieso keine Rolle spielt.
b) Die Arbeitslosenrate $U = (\bar{L} - L^d)/\bar{L}$ steigt an, während Preisniveau und Grenzprodukt der Arbeit sinken.
c) Reallohn und durchschnittliche Arbeitsproduktivität Y/L^d steigen, die Beschäftigung geht zurück und der Vollbeschäftigungsoutput steigt.
d) Zinssatz und Preisniveau steigen, wohingegen Output und Beschäftigung sinken.

Lösungsskizzen

1.a)

$$\begin{aligned} L^d &= L^d(w/p) = (F')^{-1}(w/p) \\ Y &= F(L^d) = F((F')^{-1}(w/p)) \\ pY &= \bar{v}\bar{M} \\ I(r) &= S(r) \end{aligned}$$

Dies sind die Modellgleichungen für den Fall flexibler Nominallöhne. Exogen vorgegeben sind $\bar{v}, \bar{M}$ und $\bar{L}$, endogen w, p, L^d und Y, wobei aufgrund der vollkommenen Preis- und Lohnflexibilität $L^d = \bar{L}$ gilt und der resultierende Output somit sein Vollbeschäftigungsniveau erreicht.

Bei fixem Nominallohn ist w durch $\bar{w}$ zu ersetzen, endogen bleiben jetzt also nur p, L^d und Y, wobei L^d und Y jetzt typischerweise von ihren Vollbeschäftigungswerten abweichen werden.

Produktionstechnologie: Neoklassische Produktionsfunktion mit den üblichen Eigenschaften, insbesondere

- positive, aber abnehmende Grenzerträge
- konstante Skalenerträge.

Marktform: Vollkommene Konkurrenz, d.h. der Preis stellt für die Unternehmen ein Datum dar, woraus sich die Preis=Grenzkosten-Regel ergibt. Rolle des Geldes:

- Recheneinheit
- Transaktionsmittel
- kein Wertaufbewahrungsmittel.

Bei flexiblen Löhnen und Preisen resultiert hieraus die „Neutralität des Geldes", d.h. reale Größen wie Y, L^d und $\omega = w/p$ werden durch die Geldmenge nicht beeinflusst. Bei fixem Nominallohn dagegen hat Geld reale Effekte.

Kapitalmarkt: Die gesamte Ersparnis wird dort angelegt, und ein völlig flexibler Zinssatz bringt Sparpläne der Haushalte und Investitionspläne der Unternehmen in Einklang. Der Nachfrageausfall durch die Ersparnis am Gütermarkt wird also gerade durch eine entsprechend hohe Investitionsgüternachfrage geschlossen (Say's Gesetz).

b) AS-Kurve: $\frac{dY}{dp} = \frac{d}{dp}F(L^d(w/p)) = F'(.)L^d(.)(-\bar{w}/p^2)$. Wegen $F'(.) > 0$ und $L^{d'} < 0$ folgt: $\frac{dY}{dp} > 0$ bzw. $\frac{dp}{dY} > 0$ bei fixem Nominallohn. Da umgekehrt bei flexiblem Nominallohn der Reallohn $\omega = w/p$ stets sein arbeitsmarkträumendes Niveau annimmt, ist in diesem Fall Y völlig preisunelastisch bzw. p völlig einkommensunelastisch.

QT-Kurve: $pY = \bar{v}\bar{M} \Rightarrow p = \frac{\bar{v}\bar{M}}{Y}$ (Hyperbel). Hieraus folgt:

c) $\bar{M}$ reicht bei gegebenem $\bar{v}$ nicht aus, um alle Transaktionen abzuwickeln. Obwohl Say's Gesetz nach wie vor gilt, kommt es zu technischen Störungen im

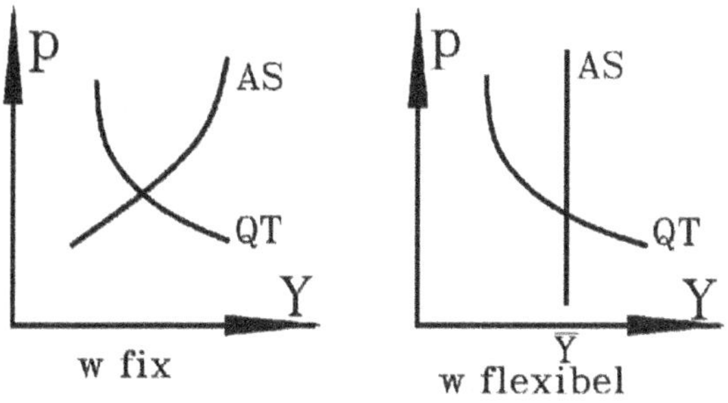

Abb. 8.3.

Zirkulationsprozess, vergleichbar mit einem Motor, der zuwenig Öl hat. Für die Unternehmen äußert sich dies in Absatzproblemen (trotz Say's Gesetz !), was sie dazu veranlasst, ihre Preise zu senken. Eine wichtige Annahme dabei ist, dass keine Transaktionen stattfinden, bevor der Preissenkungsprozess abgeschlossen ist.

2.a) Verschiebung der QT-Kurve nach rechts. Bei flexiblem Nominallohn steigt neben diesem nur das Preisniveau, bei fixem Nominallohn steigen Preise, Output und Beschäftigung. Letzteres ist dadurch bedingt, dass wegen $\bar{w}$ die Preissteigerungen den Reallohn senken und damit mehr Beschäftigung für die Unternehmen profitabel machen.

b) Verschiebung der AS-Kurve nach rechts, da zu jedem Preisniveau zwar die gleiche Anzahl an Arbeitskräften beschäftigt wird wie zuvor, diesem Arbeitsinput jetzt aber eine höhere Produktionsmenge zugeordnet wird. Bei flexiblen Nominallöhnen kommt es zu $p \downarrow$ und $Y \uparrow$. Da nach wie vor Vollbeschäftigung herrscht und sich $\bar{L}$ nicht verändert hat, muss auch $\omega = w/p$ konstant geblieben sein, so dass w prozentual gleich wie p gefallen sein muss. Bei fixem Nominallohn folgt dagegen: $p \downarrow, Y \uparrow, \omega = (\bar{w}/p) \uparrow$ (wegen $p \downarrow) \Rightarrow L^d \downarrow$.

c) Bei flexiblem Nominallohn verschiebt sich die AS-Kurve nach rechts. Die Folge: $p \downarrow, Y(= \bar{Y}) \uparrow, L^d = \bar{L} \uparrow \Rightarrow \omega \downarrow$. Die Nominallöhne müssen also stärker fallen als das Preisniveau, damit das höhere Arbeitsangebot von den Unternehmen auch nachgefragt wird. Bei fixem Nominallohn erhöht sich lediglich $\bar{Y}$, also der Vollbeschäftigungsoutput. Die Werte für p, Y, ω und L^d bleiben dagegen unverändert, da sich weder AS- noch QT-Kurve verschieben.

d) In beiden Fällen folgt lediglich $r \downarrow$, was aber für die übrigen Variablen des Modells ohne Bedeutung ist, da dem Zinssatz außer der Kapitalmarkträumung keine weitere Funktion zukommt.

e) Verschiebung der AS-Kurve nach rechts mit der Folge $p \downarrow, Y \uparrow, (\bar{w}/p) \downarrow, L^d \uparrow$. Das Preisniveau fällt also weniger stark als $\bar{w}$, woraus über $\omega \downarrow$ der positive Beschäftigungseffekt resultiert.

3. Bei flexiblen Nominallöhnen herrscht stets Vollbeschäftigung. (Läge eine positive Abhängigkeit des Arbeitsangebots vom Reallohn vor, ergäbe sich

zwar Arbeitslosigkeit, die aber freiwillig wäre, weil die Arbeitslosen zum herrschenden Reallohn nicht arbeiten wollen.) Bei fixem Nominallohn hingegen existieren Arbeitskräfte, die beim herrschenden Reallohn arbeiten wollen, aber keine Stelle finden. Aus Sicht des einzelnen Arbeitslosen handelt es sich also durchaus um unfreiwillige Arbeitslosigkeit, wenn man davon ausgeht, dass er aufgrund institutioneller Gegebenheiten (Tarifverträge, Gesetze etc.) keinen Einfluss auf $\bar{w}$ hat. Anders sieht es jedoch aus, wenn man die Arbeitnehmerseite als Aggregat betrachtet. Da sie über die Gewerkschaften einen Einfluss auf die Höhe des Nominallohns hat, resultiert die vorliegende Arbeitslosigkeit aus der Weigerung der Arbeitnehmer, Nominallohnsenkungen hinzunehmen und kann aus diesem Blickwinkel betrachtet als „freiwillig" bezeichnet werden.

4. $\bar{M} \downarrow$ und $\bar{\nu} \downarrow$ verschieben beide die QT-Kurve nach links. Die Folge: $p \downarrow, \omega \uparrow, L^d \downarrow, Y \downarrow$. Aufgrund der fallenden Grenzerträge des Faktors Arbeit hat letzteres (bei gegebenem Kapitalstock) eine Erhöhung der durchschnittlichen Arbeitsproduktivität Y/L^d zur Folge, wie man sich auch leicht grafisch veranschaulichen kann. Da wegen $\bar{L} \uparrow$ auch der Vollbeschäftigungsoutput $\bar{Y}$ ansteigt, ist c) die richtige Antwortvorgabe.

8.3 Übungsaufgaben 3

1.a) Leiten Sie die Kausalkette des Keynes'schen Basismodells grafisch her und versuchen Sie sie inhaltlich zu erläutern.
b) Worin unterscheidet sich die Argumentationskette von der des neoklassischen Basismodells in seiner „$\bar{w}$-Version"?

2. Führen Sie komparativ-statische Analysen bezüglich folgender exogener Veränderungen durch und vergleichen Sie die Ergebnisse mit denen, die sich in den entsprechenden Fällen in der „$\bar{w}$-Variante" des neoklassischen Basismodells ergaben.
a) Erhöhung der Investitionsneigung ($I(r) \uparrow \forall r > 0$)
b) Erhöhung der Sparneigung ($S(Y, r_0) \uparrow \forall Y > 0$)
c) Senkung des Nominallohns ($\bar{w} \downarrow$)
d) Erhöhung des Arbeitsangebots ($\bar{L} \uparrow$).

3. Welche Annahmen sind im Keynes'schen Basismodell entscheidend, um Say's Gesetz aus den Angeln zu heben?

4. *Multiple-choice-Aufgabe:*
Welche Aussage in Bezug auf das Keynes'sche Basismodell ist zutreffend?
a) Eine Erhöhung der Sparneigung führt zwar über die Bondnachfrage zu einem niedrigeren Zinssatz, lässt jedoch Investitionen, Einkommen und Beschäftigung unverändert.
b) Eine Senkung der Bondnachfrage zu jedem Zinssatz führt zu niedrigeren Investitionen, einem niedrigeren Output und höherer Arbeitslosigkeit.
c) Unterbeschäftigung kann in diesem Modellrahmen nur entstehen, wenn zusätzlich eine linear-limitationale Produktionsfunktion angenommen wird.

d) Eine Erhöhung der Investitionsbereitschaft bei jedem Zinssatz lässt die Ersparnis steigen. Gemäß Sparparadox müssen dann aber Output und Beschäftigung zurückgehen.

Lösungsskizzen

1.a) Bezüglich der grafischen Herleitung vergleiche man die entsprechende Abbildung in Kapitel 2. Inhaltlich betrachtet wird am Bondmarkt zuerst der Gleichgewichtszinssatz ermittelt, der seinerseits die Höhe der Investitionen festlegt. Diese wiederum bestimmen die Höhe der gleichgewichtigen Ersparnis ($I = S$), die ihrerseits aufgrund ihrer Einkommensabhängigkeit den Gleichgewichtsoutput determiniert. Über die Produktionsfunktion wird dann in einem letzten Schritt die zugehörige Beschäftigung ermittelt.

b) Während im neoklassischen Basismodell (nach Abschluss einer unendlich schnellen Preisanpassung) der Output letztlich über den Arbeitsmarkt bestimmt wird, wird, wie in a) bereits ausgeführt, das Keynes'sche Basismodell vom Bondmarkt her geschlossen.

2.a) $I \uparrow \Rightarrow S(Y) \uparrow \Rightarrow Y \uparrow \Rightarrow L^d \uparrow$. $I \uparrow$ hat jetzt also einen expansiven Effekt, während es im neoklassischen Basismodell nur die Aufteilung des bereits bestimmten Gleichgewichtsoutputs veränderte, ansonsten aber völlig wirkungslos blieb.

b) Da sich an I nichts ändert, muss im Gleichgewicht auch das tatsächliche Sparvolumen konstant bleiben (Sparparadox). Aufgrund der Einkommensabhängigkeit der Ersparnis ist der Gleichgewichtsoutput jetzt niedriger. Im neoklassischen Basismodell dagegen hatte eine Erhöhung der Sparneigung die gleiche qualitative Wirkung wie eine Erhöhung der Investitionsneigung (vgl. a)).

c) Da $\bar{w}$ bei der Bestimmung des Gleichgewichtsoutputs überhaupt nicht vorkam, ändert sich letzterer auch infolge von $\bar{w} \downarrow$ nicht (Lohnparadox). Im neoklassischen Basismodell dagegen hatte eine Nominallohnsenkung expansive Effekte auf Output und Beschäftigung.

d) Dies hat weder hier noch im neoklassischen Basismodell (in der $\bar{w}$-Version) irgendeine Auswirkung auf die modellendogenen Variablen. Nur die Arbeitslosenrate steigt aufgrund des größer gewordenen Arbeitskräftepotenzials.

3. Es handelt sich um die Einkommensabhängigkeit der Ersparnis in Verbindung mit der Tatsache, dass i.a. nicht mehr die gesamte Ersparnis am Bondmarkt angelegt wird, sondern ein Teil in die Geldhortung fließt.

4. Eine Senkung der Bondnachfrage erhöht r, dies führt zu $I \downarrow$ und über $S(Y, r) = I(r)$ zu $Y \downarrow$ und $L^d \downarrow$. Letzteres lässt die Arbeitslosigkeit ansteigen. Also ist b) die richtige Antwort.

8.4 Übungsaufgaben 4

1.a) Leiten Sie auf Basis der Modellgleichungen aus der Vorlesung die IS- und LM-Kurve grafisch und analytisch her und zeichnen Sie anschließend beide in ein Diagramm. Was beschreiben diese Kurven inhaltlich?
b) Was hat sich gegenüber dem Keynes'schen Basismodell geändert?
c) Wodurch sind Situationen jeweils oberhalb und unterhalb jeder der beiden Kurven gekennzeichnet (Begründung)? Welche Reaktionen von Einkommen und Zinssatz sind in den entsprechenden Bereichen zu erwarten?

2. Bestimmen Sie die Konsequenzen der folgenden Parametervariationen für Y und r im IS-LM-Modell:
a) Erhöhung der Sparneigung ($s = 1 - c \uparrow$)
b) Erhöhung des autonomen Investitionsterms ($i_0 \uparrow$)
c) Senkung der Zinsreagibilität der Investitionen ($i_1 \downarrow$)
d) Erhöhung der Einkommensabhängigkeit der Geldnachfrage ($k \uparrow$)
e) Senkung der Zinssensitivität der Geldnachfrage ($h_1 \downarrow$)

3. Leiten Sie aus dem IS-LM-Modell durch parametrische Preisvariation die AD-Kurve her. Zeichnen Sie anschließend in das gleiche Diagramm die bereits aus dem Keynes'schen Basismodell bekannte AS-Kurve (linearlimitationale Produktionsfunktion, Markup-Pricing) ein. Gibt es wieder ein Lohnparadox?

4. *Multiple-choice-Aufgabe:*
Berechnen Sie das simultane Geld- und Gütermarktgleichgewicht für die folgenden Parameterwerte:
$c = 0.75$; $\delta = 0.1$; $\bar{K} = 14000$; $\bar{T} = \bar{G} = 810$; $i_0 = 1014$; $i_1 = 40$; $\bar{\pi}^e = 0.05$;
$k = 0.032$; $h_0 = 995$; $h_1 = 1500$; $\frac{\bar{M}}{p} = 970$; $p = 35$.
Im Gleichgewicht sind dann folgende Werte richtig:
a) Reales Bruttosozialprodukt = 6250; Realzinssatz = 0.1;
reale Ersparnis = 1562.5
b) Realer Konsum = 3030; reale Nettoinvestitionen = 1008;
Nominalzinssatz = 0.1
c) Reales Bruttosozialprodukt = 6250; reale Nettoinvestitionen = 1010;
nominale Geldnachfrage = 970
d) Reales Nettosozialprodukt = 4850; Nominalzinssatz = 0.15;
reale Bruttoinvestitionen = 2410.

Lösungsskizzen

1.a) IS-Kurve: $Y = C + I + \delta\bar{K} + \bar{G}$ (Gütermarktgleichgewicht)
Verhaltensfunktionen eingesetzt liefert:

$$r = -\frac{1-c}{i_1}Y + \frac{(1-c)\delta\bar{K} + \bar{G} - c\bar{T} + i_0 + i_1\pi^e}{i_1}$$

LM-Kurve: $(\bar{M}/p) = (M^d/p) = kY + h_0 - h_1 r$

$$\Rightarrow r = \frac{k}{h_1} Y + \frac{h_0 - (\bar{M}/p)}{h_1}$$

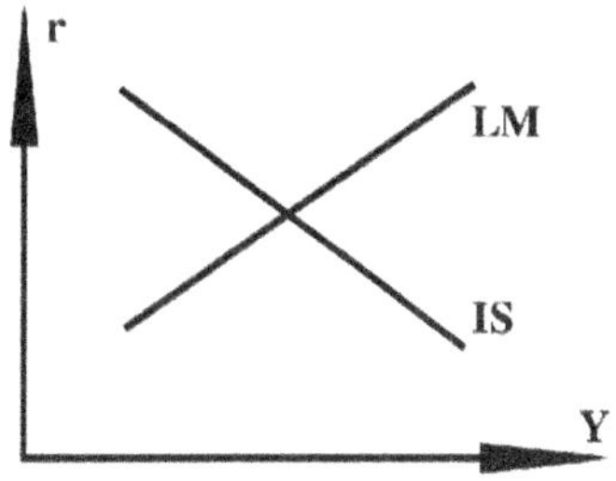

Abb. 8.4.

IS: $\{(r, Y) \in R^2 |$ Gütermarkt im Gleichgewicht$\}$
LM: $\{(r, Y) \in R^2 |$ Geldmarkt im Gleichgewicht$\}$

b) Gegenüber dem Keynes'schen Basismodell wurde eine konkrete Geldnachfragefunktion $M^d = M^d(Y, r)$ eingeführt mit der Folge eines nunmehr endogenen Zinssatzes r.

c)

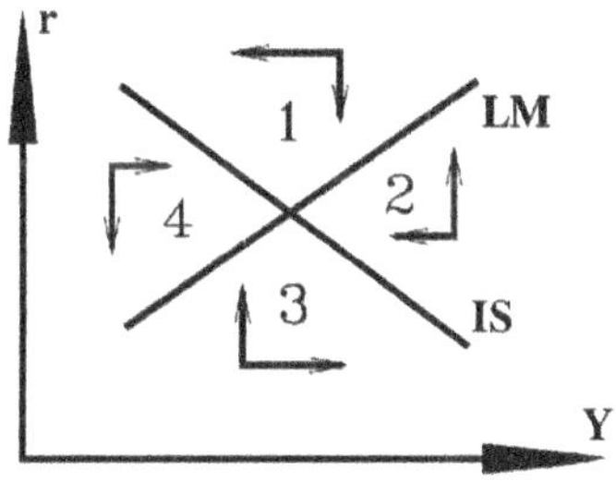

Abb. 8.5.

1: Überschussangebot auf dem Gütermarkt $\Longrightarrow Y \downarrow$
Überschussangebot auf dem Geldmarkt $\Longrightarrow r \downarrow$
2: Überschussangebot auf dem Gütermarkt $\Longrightarrow Y \downarrow$
Überschussnachfrage auf dem Geldmarkt $\Longrightarrow r \uparrow$
3: Überschussnachfrage auf dem Gütermarkt $\Longrightarrow Y \uparrow$
Überschussnachfrage auf dem Geldmarkt $\Longrightarrow r \uparrow$
4: Überschussnachfrage auf dem Gütermarkt $\Longrightarrow Y \uparrow$
Überschussangebot auf dem Geldmarkt $\Longrightarrow r \downarrow$

2.a) Drehung der IS-Kurve bei $Y = \bar{T} + \delta\bar{K}$; steilerer Verlauf. Folge für $Y > \bar{T} + \delta\bar{K} : Y_0 \downarrow, r_0 \downarrow$. Wegen $r_0 \downarrow$ folgt aber $I(r_0) \uparrow$, so dass im Endeffekt über $S = I$ ein höheres Sparvolumen resultiert.

b) Parallelverschiebung der IS-Kurve nach rechts. Folge: $Y_0 \uparrow, r_0 \uparrow$.

c) Drehung der IS-Kurve bei $r = \pi^e$; steilerer Verlauf. Folge für $r > \pi^e$: $r_0 \uparrow, Y_0 \uparrow$.

d) Drehung der LM-Kurve nach oben. Folge: $r_0 \uparrow, Y_0 \downarrow$.

e) Drehung und Verschiebung der LM-Kurve nach oben. Folge: $r_0 \uparrow, Y_0 \downarrow$.

3. Eine sukzessive Erhöhung des Preisniveaus verschiebt die LM-Kurve immer weiter nach links. Die Folge: $r_0 \uparrow, Y_0 \downarrow$. Somit ergibt sich eine negative Abhängigkeit des Gleichgewichtsoutputs Y_0 vom Preisniveau p. Die AD-Kurve ist daher negativ geneigt. Die AS-Kurve ($p = (1 + a)\bar{w}/\bar{y}$) ist eine Parallele zur Abszisse.

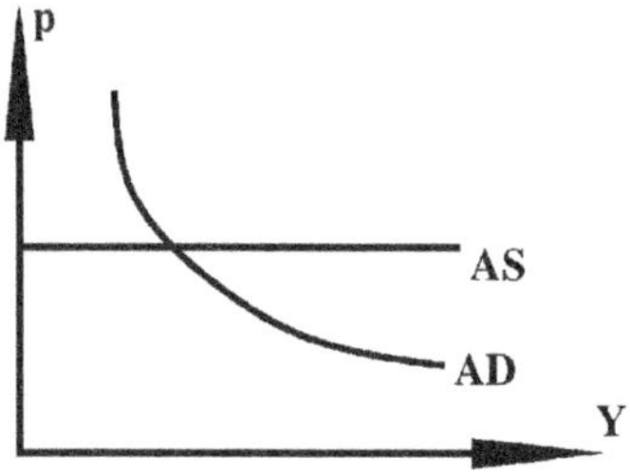

Abb. 8.6.

Ein fallender Nominallohn verschiebt die AS-Kurve nach unten. Aufgrund der negativen Neigung der AS-Kurve hat dies eine Erhöhung des Outputs und damit der Beschäftigung zur Folge (Keynes-Effekt). Das Lohnparadox gilt jetzt also nicht mehr.

4. IS-Kurve: $Y = C + I + \delta\bar{K} + \bar{G} = ... = 6274 - 160r$
LM-Kurve: $(\bar{M}/p) = (M^d/p) \Rightarrow ... \Rightarrow Y = (1/0.032)(-25 + 1500r)$
Daraus folgt:
Reales BSP $= Y_0 = 6250$
Reales NSP $= Y_0 - \delta\bar{K} = 6250 - 1400 = 4850$
$r_0 = 0.15$
Reale Nettoinvestitionen = 1014 -40(0.15 - 0.05) = 1010
Reale Bruttoinvestitionen = Reale Nettoinvestitionen + Abschreibungen = 1010 + 1400 = 2410
Also ist d) die richtige Antwort.

8.5 Übungsaufgaben 5

1.a) Formulieren Sie das IS-LM-Modell als dynamisches System, indem Sie das Einkommen in geeigneter Weise auf die Überschussnachfrage am Gütermarkt und den Zinssatz auf die Überschussnachfrage nach Geld reagieren lassen. Was stellen IS- und LM-Kurve aus mathematischer Sicht dar?
b) Überprüfen Sie anhand der Spur und der Determinante der Systemmatrix die Stabilität des IS-LM-Gleichgewichts.
c) Für welche Parameterwerte ergibt sich eine monotone, für welche eine zyklische Konvergenz? In welcher Weise hängt die Beantwortung dieser Frage von den Anpassungsgeschwindigkeiten ab?

2.a) Berechnen Sie auf Basis der Gleichungen des IS-LM-Modells explizit die Gleichgewichtswerte für Y und r. Zeigen Sie, dass diese sich in der Form

$$Y = \phi \frac{\bar{M}}{p} + \eta \bar{\pi}^e + \xi$$

$$r = \sigma \frac{\bar{M}}{p} + \tau \bar{\pi}^e + \varrho$$

angeben lassen. Woraus setzen sich die Koeffizienten $\phi, \eta, \xi, \sigma, \tau$ und ϱ zusammen?
b) Vergleichen Sie auf dieser Grundlage nacheinander die Effekte einer Geldmengenerhöhung, einer Preisniveausenkung und einer Erhöhung der erwarteten Inflationsrate auf Y_0 und r_0.
c) Welchen Einfluss haben diese Effekte auf die Lage der IS-, LM- und AD-Kurve?

3. *Multiple-choice-Aufgabe:*
Gehen Sie von dem AS-AD-Modell aus Aufgabe 3. auf Übungsblatt 4 aus. Welche Konsequenzen hat eine Erhöhung des Markup-Faktors a auf die Gleichgewichtswerte des Einkommens Y, des Nominalzinssatzes r, der Investitionen I, der realen Transaktionskasse M_T^d/p und der Ersparnis S?

a) $Y\uparrow,\quad r\downarrow,\quad I\uparrow,\quad M_T^d/p\uparrow,\quad S\uparrow$

b) $r\uparrow,\quad Y\downarrow,\quad S\downarrow,\quad M_T^d/p\downarrow,\quad I\downarrow$

c) $M_T^d/p\uparrow,\quad I\downarrow,\quad Y\downarrow,\quad r\uparrow,\quad S\downarrow$

d) $S\uparrow,\quad r\uparrow,\quad I\downarrow,\quad M_T^d/p\uparrow,\quad Y\uparrow$

Lösungsskizzen

1.a) Überschussnachfrage auf dem Gütermarkt:

$$\begin{aligned} Y^d - Y &= C + I + \delta\bar{K} + \bar{G} - Y \\ &= (c-1)Y - i_1 r - c(\delta\bar{K} + \bar{T}) + i_0 + i_1\pi^e + \delta\bar{K} + \bar{G} \\ \Longrightarrow \dot{Y} &= \beta_Y(Y^d - Y) \\ &= \beta_Y[(c-1)Y - i_1 r - c(\delta\bar{K} + \bar{T}) + i_0 + i_1\pi^e + \delta\bar{K} + \bar{G}] \end{aligned}$$

Überschussnachfrage auf dem Geldmarkt:

$$\frac{M^d}{p} - \frac{\bar{M}}{p} = kY + h_0 - h_1 r - \frac{\bar{M}}{p}$$

$$\Longrightarrow \dot{r} = \beta_r\left(\frac{M^d}{p} - \frac{\bar{M}}{p}\right) = \beta_r[kY - h_1 r + h_0 - (\bar{M}/p)]$$

IS-Kurve entspricht $\dot{Y} = 0$-Isokline
LM-Kurve entspricht $\dot{r} = 0$-Isokline.

b) $\text{sp}J = \beta_Y(c-1) - \beta_r h_1 < 0$
$\det J = \beta_Y\beta_r[(1-c)h_1 + i_1 k] > 0$
Der Steady State ist also (global) asymptotisch stabil.
c) $4\Delta = sp^2 - 4det = ... = [\beta_Y(1-c) - \beta_r h_1]^2 - 4\beta_Y\beta_r i_1 k$
Es folgt: Eine (hinreichend starke) Erhöhung von $\beta_Y, (1-c), \beta_r$ und h_1 führt zu $4\Delta > 0$ und damit zu einer monotonen Konvergenz, wohingegen eine starke Erhöhung von i_1 und k $4\Delta < 0$ und damit eine zyklische Konvergenz nach sich zieht.
2.a)

$$\begin{aligned} Y_0 &= \frac{i_1}{(1-c)h_1 + i_1 k}\frac{\bar{M}}{p} + \frac{i_1 h_1}{(1-c)h_1 + i_1 k}\bar{\pi^e} \\ &\quad + \frac{h_1[(1-c)\delta\bar{K} + \bar{G} - c\bar{T} + i_0] - i_1 h_0}{(1-c)h_1 + i_1 k} = \phi\frac{\bar{M}}{p} + \eta\bar{\pi^e} + \xi \\ r_0 &= \frac{-(1-c)\bar{M}/p}{(1-c)h_1 + i_1 k} + \frac{i_1 k\bar{\pi^e}}{(1-c)h_1 + i_1 k} \\ &\quad + \frac{k[(1-c)\delta\bar{K} + \bar{G} - c\bar{T} + i_0] + (1-c)h_0}{(1-c)h_1 + i_1 k} \\ &= \sigma\frac{\bar{M}}{p} + \tau\bar{\pi^e} + \varrho \end{aligned}$$

b) $\bar{M}\uparrow$ bzw.$p\downarrow \Longrightarrow Y_0\uparrow, r_0\downarrow$
$\bar{\pi^e}\uparrow \Longrightarrow Y_0\uparrow, r_0\uparrow$
c) $\bar{M}\uparrow \Longrightarrow$ Verschiebung der LM- und der AD- Kurve nach rechts
$p\downarrow \Longrightarrow$ Verschiebung der LM-Kurve nach rechts; Bewegung entlang der AD-Kurve nach unten.
$\bar{\pi^e}\uparrow \Longrightarrow$ Verschiebung der IS- und der AD-Kurve nach rechts.
3. $a\uparrow \Longrightarrow p = (1+a)\bar{w}/\bar{y}\uparrow$ (Parallelverschiebung der AS-Kurve nach oben)
$p\uparrow \Longrightarrow Y\downarrow, r\uparrow \Longrightarrow I\downarrow \Longrightarrow S\downarrow$

$Y \downarrow \Longrightarrow (M_T^d/p) \downarrow$
Also ist b) die richtige Antwort. Die aufgezeigte Wirkungskette spiegelt im übrigen nichts anderes als den Keynes-Effekt wider.

8.6 Übungsaufgaben 6

1. Gegeben sei das IS-LM-Modell für den Fall zinsunelastischer Investitionen ($i_1 = 0$).
a) Wie sieht jetzt die IS-Kurve aus?
b) Welchen Effekt hat unter diesen Bedingungen eine Erhöhung der Geldmenge?
c) Um wieviele Einheiten steigt das Gleichgewichtseinkommen, wenn die Investitionen dauerhaft um eine Einheit zunehmen? Wie hoch ist die gesamte Einkommenssteigerung nach $t = 4$ Perioden, wenn die Zunahme der Investitionen in $t = 0$ einsetzt und die marginale Konsumneigung c den Wert 0.75 hat?
d) Stellen Sie den durch die Erhöhung der Investitionsausgaben initiierten Anpassungsprozess zum neuen Gleichgewicht grafisch, z.B. im „45°-Diagramm", dar.
e) Welchen Effekt hat eine einmalige Erhöhung der Staatsausgaben (bei Konstanz aller übrigen Parameter)? Berücksichtigen Sie bei Ihrer Antwort die zeitliche Dimension der Betrachtung.
f) Durch welchen (in dem Modell nicht betrachteten) Zusammenhang könnte es in e) zu einer dauerhaften Expansion kommen?
g) Was bewirkt eine permanente Erhöhung der Staatsausgaben in der Zeit und insgesamt?
h) Was ändert sich gegenüber g) bei einer vollständigen Steuerfinanzierung der Staatsausgabenerhöhung? Wieso kommt selbst hier eine expansive Wirkung auf das Einkommen zustande?
i) Ist neben dem Fall zinsunelastischer Investitionen noch eine andere Konstellation denkbar, bei der sich die gleichen Resultate ergeben würden?

Gehen Sie bei den Fragen c), d), e), g) und h) von einem Einkommens-Ausgaben-Lag (Robertson-Lag) von einer Periode aus.

2. *Multiple-choice-Aufgabe:*
Ersetzen Sie in dem Modell aus Aufgabe 1 die Pauschalsteuern $\bar{T}$ durch eine proportionale Einkommensteuer $tY, \quad t \in (0,1)$. Berechnen Sie auf dieser Basis den Staatsausgabenmultiplikator und die Ableitung des staatlichen Budgetdefizits BD nach dem Steuersatz t. Die richtigen Ergebnisse lauten:

a) $\dfrac{dY_0}{dG} = \dfrac{1}{1-c+ct}; \qquad \dfrac{dBD}{dt} = \dfrac{1-c}{1-c(1-t)}Y_0$

b) $\dfrac{dY_0}{dG} = \dfrac{1}{1-c(1-t)}; \qquad \dfrac{dBD}{dt} = \dfrac{c-1}{1-c(1-t)}Y_0$

c) $\dfrac{dY_0}{dG} = \dfrac{c}{1-c(1-t)}$; $\dfrac{dBD}{dt} = \dfrac{1-c}{1-c(1-t)}Y_0$

d) $\dfrac{dY_0}{dG} = \dfrac{c}{1-c(1-t)}$; $\dfrac{dBD}{dt} = \dfrac{c-1}{1+c(1-t)}Y_0$

Lösungsskizzen

1.a) Die IS-Kurve verläuft jetzt senkrecht.

b) $\bar{M} \uparrow$ führt jetzt ausschließlich zu $r \downarrow$, was wegen $i_1 = 0$ aber keinerlei Auswirkungen auf I und Y hat.

c)

$$\Delta Y_0 = \frac{1}{1-c}\Delta i_0$$

$$\sum_{t=0}^{4} \Delta Y_t = \Delta i_0 \sum_{t=0}^{4} c^t = \frac{1-c^{4+1}}{1-c}\Delta i_0 = \frac{1-0.75^5}{0.25}1 = 3.05.$$

d)

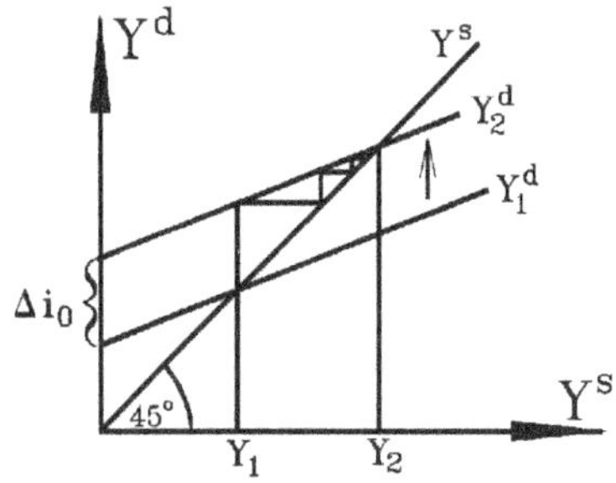

Abb. 8.7.

e)

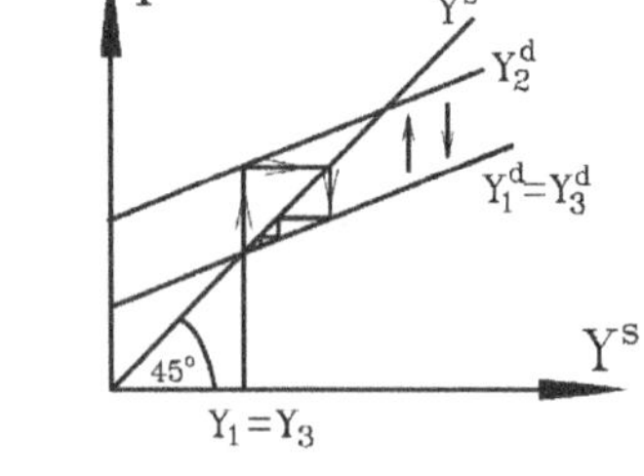

Abb. 8.8.

Also: Zuerst expansiver Effekt, dann durch die Wiederzurücknahme der Staatsausgabenerhöhung kontraktiver Prozess zurück zum alten Gleichgewicht (Strohfeuereffekt).

f) Falls z.B. die einmalige Staatsausgabenerhöhung die Investitionstätigkeit dauerhaft anregt (Initialzündung). Die Investitionen müssten dann allerdings u.a. auch von Y abhängen.

g) Es ergäbe sich die gleiche Wirkung wie bei einer dauerhaften Erhöhung der Investitionen, also das gleiche Szenario wie unter c) bzw. d).

h) $\Delta\bar{G} \uparrow = \Delta\bar{T} \uparrow \Longrightarrow \Delta Y = \frac{1}{1-c}\Delta\bar{G} + \frac{-c}{1-c}\Delta\bar{T} = 1\Delta\bar{G}$ (bzw. $1\Delta\bar{T}$)
Es ergibt sich also ein abgeschwächter, aber immer noch positiver expansiver Effekt. Der Grund für letzteres ist darin zu sehen, dass der Staat im Unterschied zu den Haushalten nicht spart, d.h.:

- $\Delta\bar{T}$ führt nur zu einem Nachfrageeinbruch in Höhe von $c\Delta\bar{T}$
- $\Delta\bar{G}$ erhöht die Nachfrage dagegen um den vollen Betrag.

i) Eine Liquiditätsfalle (horizontale LM-Kurve) würde die gleichen Resultate liefern.

2.

$$
\begin{aligned}
T = tY \Longrightarrow Y &= c(Y - \delta\bar{K} - tY) + i_0 + \delta\bar{K} + \bar{G} \\
\Longrightarrow Y_0 &= \frac{1}{1-c(1-t)}[i_0 + (1-c)\delta\bar{K} + \bar{G}] \\
\Longrightarrow \frac{dY_0}{d\bar{G}} &= \frac{1}{1-c(1-t)} \\
BD &= \bar{G} - tY_0 \\
\Longrightarrow \frac{dBD}{dt} &= 0 - (Y_0 + t\frac{dY_0}{dt}) = \ldots = \frac{c-1}{1-c(1-t)}Y_0
\end{aligned}
$$

Also ist b) die richtige Antwort.

8.7 Übungsaufgaben 7

1. Gegeben sei das IS-LM-Modell in Standardform.
a) Welche Wirkung hat eine permanente Erhöhung der Staatsausgaben auf das Gleichgewichtseinkommen Y_0 und den Gleichgewichtszinssatz r_0? Vergleichen Sie den Multiplikator mit demjenigen aus Aufgabe 1 g) des vorigen Übungsblatts. Worin liegt der Unterschied begründet?
b) Stellen Sie den Anpassungsprozess hin zum neuen Gleichgewicht für den Fall einer unendlich hohen Anpassungsgeschwindigkeit des Zinssatzes dar und versuchen Sie ihn inhaltlich zu kommentieren.
c) Wie haben sich Ersparnis und Investitionen verändert?
d) Welche Höhe hat jetzt der Multiplikator für eine steuerfinanzierte Staatsausgabenerhöhung ($d\bar{G} = d\bar{T}$)?

2. a) Wie wirkt sich eine Erhöhung der Geldmenge aus und wie kommt diese Wirkung zustande? Bestimmen Sie auch hier den Multiplikator und erläutern Sie den Anpassungsprozess.
b) Bestimmen Sie den Multiplikator einer geldfinanzierten fiskalischen Expansion ($d\bar{G} = d\bar{M}$).
c) Vergleichen Sie das Ergebnis mit Aufgabe 1 a) und d). Wodurch ist die unterschiedliche Wirkung zu erklären?

3. *Multiple-choice-Aufgabe:*
Mit Blick auf die möglichen Extremfälle im IS-LM-Kontext ist die folgende Feststellung zutreffend (da jeweils nur auf eine Kurve Bezug genommen wird, ist hinsichtlich der anderen Normalform unterstellt):

a) Bei einer horizontalen LM-Kurve wirkt Fiskalpolitik in Höhe des Multiplikators $\frac{1}{1-c}$; bei einer horizontalen IS-Kurve erhöht eine Geldmengenexpansion den Output um $\frac{1}{kp}\Delta\bar{M}$.

b) Bei einer vertikalen IS-Kurve ist Geldpolitik in Bezug auf den Output wirkungslos; bei einer vertikalen LM-Kurve erhöht eine expansive Fiskalpolitik den Output in Höhe des Multiplikators $\frac{1}{1-c}$.

c) Bei einer vertikalen IS-Kurve führt expansive Fiskalpolitik zu einem totalen Crowding-out, welches jedoch durch eine ebenfalls expansive Geldpolitik ganz oder teilweise verhindert werden kann.

d) Bei einer horizontalen IS-Kurve wirkt Geldpolitik in Höhe des Multiplikators $\frac{1}{kp}$; bei einer vertikalen LM-Kurve steigert eine Geldmengenerhöhung den Output um $\frac{\Delta M}{1-c}$.

Lösungsskizzen

1.a)

$$\bar{G} \uparrow \Longrightarrow Y_0 \uparrow, r_0 \uparrow$$

$$\frac{dY}{d\bar{G}} = \frac{1}{1-c+i_1 k/h_1} < \frac{1}{1-c} \quad \text{(bei senkrechter IS-Kurve)}$$

Der Unterschied kommt durch die Zinseffekte zustande, die die Investitionen zurückgehen lassen (partielles Crowding-out).

b)

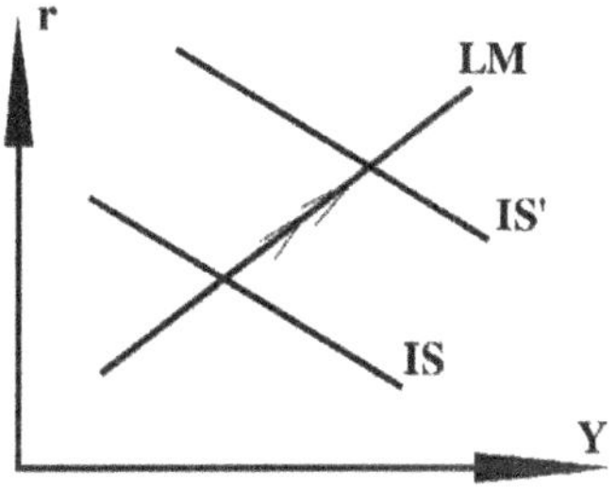

Abb. 8.9.

$Y^d \uparrow \Rightarrow Y^d > Y \Rightarrow Y \uparrow \Rightarrow M_T^d/p \uparrow \Rightarrow B^d \downarrow \Rightarrow p_b \downarrow \Rightarrow r \uparrow \Rightarrow I(r) \downarrow \Rightarrow Y^d \downarrow$ solange, bis die Überschussnachfrage auf dem Gütermarkt verschwunden ist.

c) $I \downarrow \Longrightarrow [S = S_p \uparrow + S_g \downarrow] \downarrow$

d)

$$\left.\frac{dY_0}{d\bar{G}}\right|_{d\bar{G}=d\bar{T}} = \frac{1-c}{1-c+i_1k/h_1} < 1 \quad \text{(Ursache wieder Zinseffekte)}$$

2.a)

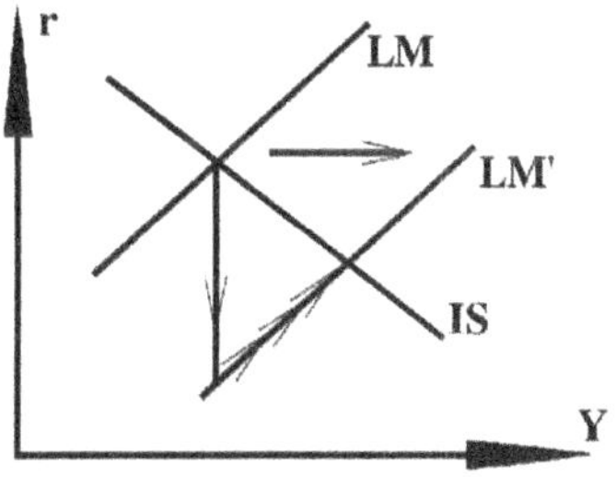

Abb. 8.10.

$\bar{M} \uparrow \Longrightarrow Y_0 \uparrow, r_0 \downarrow$

Zuerst kommt es durch die anfängliche Zinssenkung zu einer starken Erhöhung der Investitionsnachfrage und hierüber zu einer Überschussnachfrage am Gütermarkt. Dann folgt ein Prozess wie unter b) hin zum neuen Gleichgewicht.

$$\frac{dY_0}{d\bar{M}} = \frac{i_1/(ph_1)}{1-c+i_1k/h_1}$$

b)

$$\left.\frac{dY_0}{d\bar{G}}\right|_{d\bar{G}=d\bar{M}} = \frac{1+i_1/(ph_1)}{1-c+i_1k/h_1} > \frac{1}{1-c+i_1k/h_1} > \frac{1-c}{1-c+i_1k/h_1}$$

c) Der Multiplikator bei Geldfinanzierung ist nach b) also größer als der bei Bondfinanzierung und dieser wiederum größer als bei Steuerfinanzierung. Ursache:

- bei Geldfinanzierung noch Zinssenkungseffekt
- bei Bondfinanzierung keine Zinssenkungen
- bei Steuerfinanzierung keine Zinssenkungen und Reduktion des disponiblen Einkommens der Haushalte.

3. Bei einer horizontalen LM-Kurve gibt es keine Zinseffekte, so dass $\bar{G} \uparrow$ mit dem Multiplikator $1/(1-c)$ wirkt (vgl. Übungsaufgaben 6, Aufgabe 1.c) und i)). Bei einer horizontalen IS-Kurve kommt es ebenfalls nicht zu Zinsänderungen, so dass aus der Geldmarktgleichgewichtsbedingung $\bar{M}/p = kY + h_0 - h_1 r$ folgt: $\Delta Y = (1/kp)\Delta M$. Also ist a) die richtige Antwort.

8.8 Übungsaufgaben 8

1. Gegeben sei das IS-LM-Modell mit zinsunelastischen Investitionen und Außenhandel.
a) Bestimmen Sie mithilfe der Funktionen für A und $(S - i_0)$ grafisch das Gütermarktgleichgewicht.
b) Erläutern Sie in Analogie zu Aufgabe 1.g) auf Übungsblatt 6 den zeitlichen Verlauf einer permanenten (und schuldenfinanzierten) Staatsausgabenerhöhung und vergleichen Sie das Endergebnis mit dem des IS-LM-Modells ohne Außenhandel. Wodurch ist der Unterschied zu erklären?
c) Wie verändert sich der Außenbeitrag?

2. Gehen Sie nun vom Fall zinsabhängiger Investitionen und eines Regimes fixer Wechselkurse bei Berücksichtigung vollkommener Kapitalmobilität aus.
a) Diskutieren Sie unter Zuhilfenahme des IS-LM-Diagramms die Wirkungen einer expansiven Fiskalpolitik sowohl hinsichtlich der ablaufenden Anpassungsprozesse als auch bezüglich des Endeffekts.
b) Führen Sie die gleichen Überlegungen wie in a) jetzt in Bezug auf eine expansive Geldpolitik durch.

3. Gegeben sei nun der Fall flexibler Wechselkurse. Stellen Sie für diese Situation die gleichen Überlegungen wie in Aufgabe 2 an und vergleichen Sie die Ergebnisse.

4. *Multiple-choice-Aufgabe:*
Für das IS-LM-Modell einer kleinen offenen Volkswirtschaft mit zinsabhängigen Investitionen ist die folgende Aussage zutreffend:

a) Bei flexiblen Wechselkursen unterscheidet sich das neue Gleichgewicht nach einer Erhöhung der Staatsausgaben vom alten u.a. durch einen geringeren Außenbeitrag, eine höhere Geldmenge und einen höheren Devisenbestand der Zentralbank.

b) Bei fixen Wechselkursen unterscheidet sich das neue Gleichgewicht nach einer Erhöhung der Geldmenge vom alten u.a. durch ein höheres Einkommen, eine Verringerung des Devisenbestandes der Zentralbank und einen höheren Außenbeitrag.

c) Bei flexiblen Wechselkursen unterscheidet sich das neue Gleichgewicht nach einer Erhöhung der Geldmenge vom alten u.a. durch ein höheres Einkommen, einen niedrigeren Außenbeitrag und eine Verringerung des Devisenbestandes der Zentralbank.

d) Bei fixen Wechselkursen unterscheidet sich das neue Gleichgewicht nach einer Steuersenkung vom alten u.a. durch ein höheres Einkommen, einen niedrigeren Außenbeitrag und einen höheren Devisenbestand der Zentralbank.

Lösungsskizzen

1.a)

$$A = \bar{X} - J = \bar{X} - \bar{J} - jY; \quad S - i_0 = s(Y - \delta\bar{K} - \bar{T}) + \bar{T} - \bar{G} - i_0$$

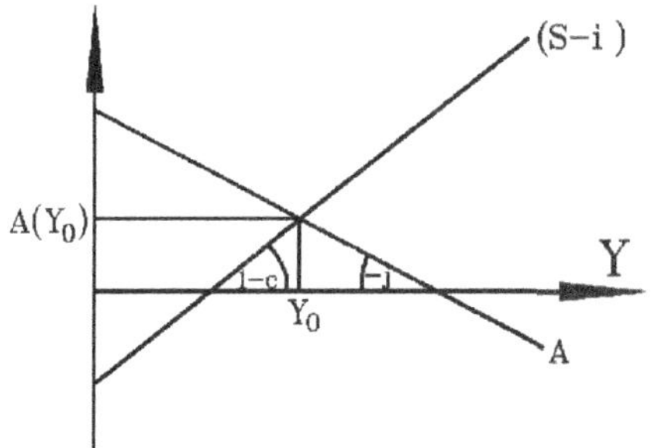

Abb. 8.11.

b)

$$\sum_{t=1}^{n} \Delta Y_t = \Delta\bar{G} \sum_{t=0}^{n-1} (c-j)^t = \frac{1-(c-j)^n}{1-(c-j)} \Delta\bar{G}$$

Bei $|c - j| < 1$ folgt:

$$\lim_{n\to\infty}\sum_{t=1}^{n}\Delta Y_t = \Delta\bar{G}\lim_{n\to\infty}\frac{1-(c-j)^n}{1-(c-j)} = \frac{1}{1-c+j}\Delta\bar{G}$$

Der Unterschied zur geschlossenen Volkswirtschaft ist darin zu sehen, dass sich ein Teil der Einkommenserhöhung in einer erhöhten Importnachfrage niederschlägt, der Nachfrage nach dem inländischen Gut also verlorengeht.

c)

$$\frac{dA}{d\bar{G}} = (-j)\frac{dY}{d\bar{G}} = (-j)\frac{1}{1-c+j} < 0$$

2.a)

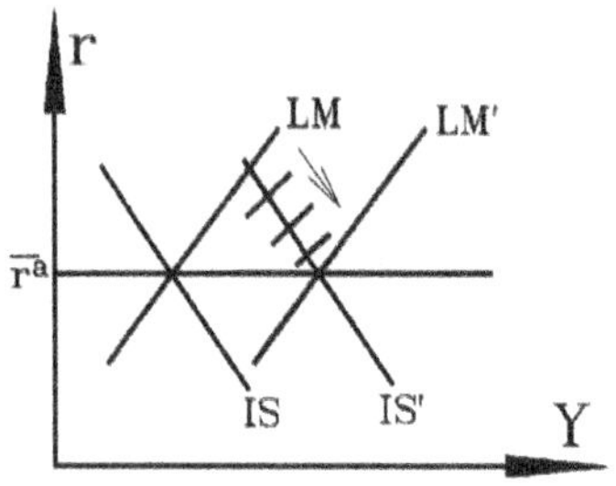

Abb. 8.12.

Wirkungskette: $\bar{G}\uparrow\Rightarrow Y\uparrow, r\uparrow\Rightarrow r > \bar{r^a}\Rightarrow$ Nettokapitalimport $\Rightarrow$ Überschussangebot an Dollar $\Rightarrow$ Zentralbank muss Dollar aufkaufen $\Rightarrow$ $M\uparrow$ Dieser Prozess dauert so lange, bis das Zinsdifferential wieder verschwunden ist.

b)

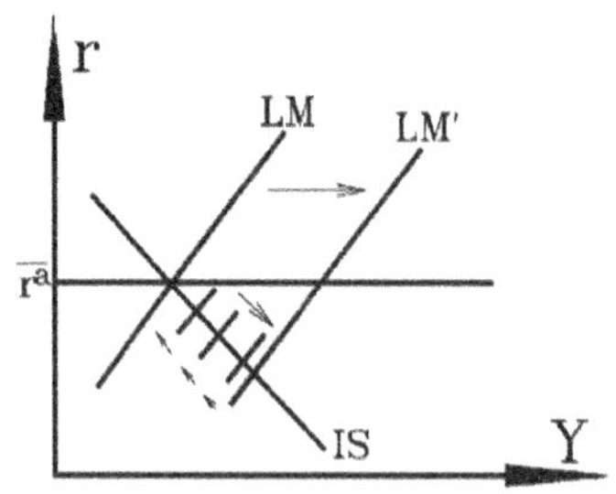

Abb. 8.13.

Wirkungskette: $\bar{M}\uparrow\Rightarrow Y\uparrow, r\downarrow\Rightarrow r < \bar{r^a}\Rightarrow$ Nettokapitalexport $\Rightarrow$ Überschussnachfrage nach Dollar $\Rightarrow$ Zentralbank muss Dollar verkaufen $\Rightarrow$

$M \downarrow$ Dies setzt sich solange fort, bis wieder $r = \bar{r^a}$ gilt und das alte Gleichgewicht wiederhergestellt ist.

3.a)

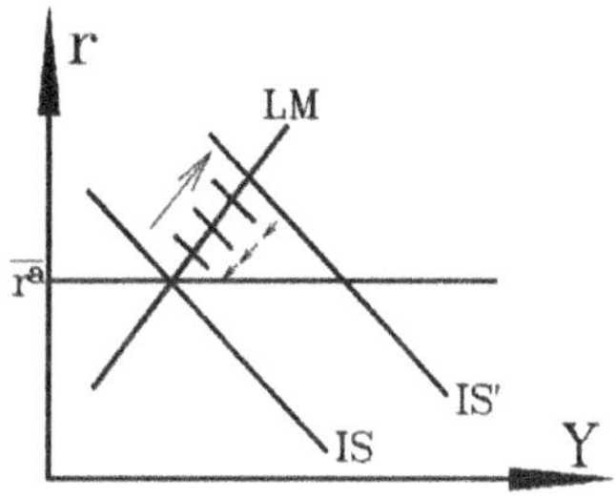

Abb. 8.14.

Wirkungskette: $\bar{G} \uparrow \Rightarrow Y \uparrow, r \uparrow \Rightarrow r > \bar{r^a} \Rightarrow$ Nettokapitalimport $\Rightarrow$ Überschussangebot an Dollar $\Rightarrow \epsilon \downarrow \Rightarrow A \downarrow$ so lange, bis wieder $r = \bar{r^a}$ gilt und das alte Gleichgewicht wieder erreicht ist.

b)

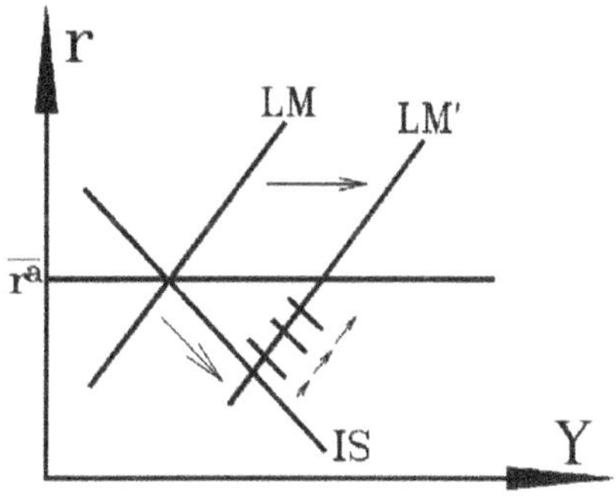

Abb. 8.15.

Wirkungskette: $\bar{M} \uparrow \Rightarrow Y \uparrow, r \downarrow \Rightarrow r < \bar{r^a} \Rightarrow$ Nettokapitalexport $\Rightarrow$ Überschussnachfrage nach Dollar $\Rightarrow \epsilon \uparrow \Rightarrow A \uparrow$ so lange, bis im neuen Gleichgewicht $r = \bar{r^a}$ erreicht ist.

Während also bei fixen Wechselkursen Fiskalpolitik effektiv und Geldpolitik ineffektiv ist, kehren sich diese Verhältnisse im Falle flexibler Wechselkurse gerade um.

4. Antwort d) ist richtig, da eine Steuersenkung in diesem Modellrahmen die gleiche *qualitative* Wirkung hat wie eine Staatsausgabenerhöhung und sich daher die gleichen Effekte wie unter 2.a) ergeben.

8.9 Übungsaufgaben 9

1.a) Berechnen Sie, zunächst mithilfe der üblichen Ableitungsregeln oder logarithmischer Differentiation, die Wachstumsraten für die folgenden Funktionen: $z(t) = x(t)y(t)$; $z(t) = \frac{x(t)}{y(t)}$ $(y(t) \neq 0 \quad \forall t)$; $z(t) = (x(t))^a$.
Welche allgemeinen Regeln ergeben sich?
b) Berechnen Sie unter Anwendung dieser Regeln nun die Wachstumsraten der folgenden Variablen:
$M = \bar{k}pY$; $\frac{e}{\bar{e}} = \left(\frac{Y}{Y^*}\right)^a$ (mit $\hat{Y}^* = \bar{\gamma}$); $p = (1+a)\frac{wL^d}{Y}$ $(Y/L^d = \bar{y})$; $\omega = w/p$.

2. Herleitung der vier Bestimmungsgleichungen des monetaristischen Basismodells:
a) Betrachten Sie zunächst das IS-LM-Modell für den Fall einer normal geneigten IS- und einer vertikalen LM-Kurve. Wie lässt sich unter diesen Bedingungen der Zusammenhang zwischen Geldmenge und Einkommen formalisieren? Woran erinnert dieser Zusammenhang? Woraus setzt sich unter diesen Bedingungen die Wachstumsrate der Geldmenge zusammen?
b) Leiten Sie unter Verwendung der erweiterten (Nominallohn-)Phillipskurve und des Markup-Pricings bei einer linear-limitationaler Technologie die Preis-Phillipskurve her.
c) Welcher Zusammenhang zwischen der Wachstumsrate des Beschäftigungsgrades und der des Outputs folgt aus der linear-limitationalen Technologie, wenn zusätzlich $\bar{Y}(= \bar{y}\bar{L}) = Y^p(= \bar{x}K)$ und $\hat{\bar{Y}} = \hat{Y}^p = \bar{\gamma}$ angenommen wird? Wie lässt sich vor diesem Hintergrund die Zeitableitung der Arbeitslosenrate approximieren? Welchen Zusammenhang liefert im Vergleich dazu das Gesetz von Okun?
d) Was sind adaptive Inflationserwartungen und wie lässt sich der Fall perfekter Voraussicht daraus herleiten?

3. *Multiple-choice-Aufgabe:*
Welche der folgenden Aussagen für das monetaristische Basismodell (mit adaptiven Inflationserwartungen) ist zutreffend?

a) Die Einbeziehung von π^e in die Phillipskurve führt dazu, dass langfristig U nicht von $\bar{U}$ abweichen kann.

b) Geld ist in diesem Modellrahmen auch kurzfristig völlig neutral.

c) Eine höhere Geldmengenwachstumsrate ($\bar{\mu}$) führt zu einer geringeren „natürlichen“ Arbeitslosenrate ($\bar{U}$).

d) Die adaptiven Erwartungen führen zusammen mit den übrigen Modellgleichungen in jedem Zeitpunkt zu perfekter Voraussicht der Inflationsrate.

Lösungsskizzen

1.a)

$$\ln z = \ln(xy) = \ln x + \ln y \Longrightarrow \frac{d\ln z}{dt} = \frac{\dot{z}}{z} = \hat{z} = \hat{x} + \hat{y}$$
$$\ln z = \ln(x/y) = \ln x - \ln y \Longrightarrow \hat{z} = \hat{x} - \hat{y}$$
$$\ln z = \ln(x^a) = a\ln x \Longrightarrow \hat{z} = a\hat{x}$$

b)

$$\hat{M} = \hat{\bar{k}} + \hat{p} + \hat{Y} = \hat{p} + \hat{Y}$$
$$\widehat{(e/\bar{e})} = a(\widehat{Y/Y^*}) = a(\hat{Y} - \hat{Y^*}) = a(\gamma - \bar{\gamma})$$
$$\hat{p} = \widehat{(1+a)} + \hat{w} + \hat{\bar{y}} = \hat{w}$$
$$\hat{\omega} = \hat{w} - \hat{p}$$

2.a)

$$\Delta(\bar{M}/p) = k\Delta Y \quad \text{Analogie zur Quantitätstheorie:}$$
$$M(1/k) = pY \Longrightarrow \hat{M} = \hat{p} + \hat{Y} = \hat{p} + \gamma$$

b)

$$\hat{w} = (-\beta_w)(U - \bar{U}) + \pi^e \quad \text{(erweiterte Lohn- Phillipskurve)}$$
$$p = (1+a)w/\bar{y} \Longrightarrow \hat{p} = \hat{w} = (-\beta_w)(U - \bar{U}) + \pi^e$$

c)

$$e = \frac{L^d}{\bar{L}} = \frac{\bar{y}L^d}{\bar{y}\bar{L}} = \frac{Y}{\bar{Y}} \Rightarrow \hat{e} = \hat{Y} - \hat{\bar{Y}} = \gamma - \bar{\gamma}$$
$$\Longrightarrow \dot{e} = e(\gamma - \bar{\gamma})$$
$$U = 1 - e \Rightarrow \dot{U} = -\dot{e} = -e(\gamma - \bar{\gamma}) \approx (-1)(\gamma - \bar{\gamma})$$

Aus Okuns Gesetz ergab sich demgegenüber:
$\hat{e} = a(\gamma - \bar{\gamma})$ mit $a \approx 0.35$.

d) Adaptive Erwartungen:

- im diskreten Kontext: $\pi^e_{t+1} = \alpha\pi_t + (1-\alpha)\pi^e_t$
- im stetigen Kontext: $\dot{\pi^e} = \beta_{\pi^e}(\pi - \pi^e)$.

Übergang zu perfekter Voraussicht ($\pi^e = \pi$):

$$\dot{\pi^e} = \beta_{\pi^e}(\pi - \pi^e) \Leftrightarrow \frac{\dot{\pi^e}}{\beta_{\pi^e}} = \pi - \pi^e \Rightarrow 0 = \lim_{\beta_{\pi^e} \to \infty} \frac{\dot{\pi^e}}{\beta_{\pi^e}} = \pi - \pi^e.$$

3. Antwort a) ist richtig, da die Inflationserwartungen π^e in der Lohndynamik dafür sorgen, dass sich die Phillipskurve im Zeitablauf verschiebt und daher langfristig der Trade-off zwischen Arbeitslosigkeit und Inflation aufgehoben ist.

8.10 Übungsaufgaben 10

1.a) Fassen Sie noch einmal die auf dem vorigen Übungsblatt hergeleiteten vier Bestimmungsgleichungen des monetaristischen Basismodells zusammen.
b) Reduzieren Sie nun dieses System auf zwei Differentialgleichungen in den Variablen π und U.
c) Wodurch ist der Steady State dieses Systems gekennzeichnet?
d) Zeigen Sie, dass der Steady State lokal asymptotisch stabil ist.

2.a) Zeichnen Sie das Phasenporträt des in Aufgabe 1 analysierten Systems.
b) Ordnen Sie den sich ergebenden vier Teilbereichen des Phasenraums die Konjunkturphasen *Boom, Stagflation, Stagnation* und *Erholung* zu (mit Begründung).
c) Vollziehen Sie anhand des Phasenporträts die Konsequenzen einer Erhöhung der Geldmengenwachstumsrate ($\bar{\mu} \uparrow$) nach und erläutern Sie die Abläufe kurz. Gehen Sie dabei auch auf das sog. Kurzfrist-Theorem und das Akzelerationstheorem und die dabei zugrundegelegten Annahmen ein.
d) Was ändert sich bei perfekter Voraussicht der Inflationsrate anstelle von adaptiven Erwartungen?

3. *Multiple-choice-Aufgabe:*
Gegeben sei die folgende konkrete Spezifizierung des monetaristischen Basismodells:

$$\begin{aligned}
\bar{\mu} &= \hat{p} + \gamma \quad \text{mit} \quad \bar{\mu} = 0.05 \\
\hat{p} &= -0.56(U - \bar{U}) + \pi^e \quad \text{mit} \quad \bar{U} = 0.04 \\
\dot{U} &= -(\gamma - \bar{\gamma}) \quad \text{mit} \quad \bar{\gamma} = 0 \\
\dot{\pi^e} &= 0.13(\hat{p} - \pi^e)
\end{aligned}$$

Der Steady State des sich hieraus ergebenden zweidimensionalen Systems ist
a) monoton instabil
b) zyklisch stabil
c) monoton stabil
d) zyklisch instabil

Lösungsskizzen

1.a)

$$\begin{aligned}\bar{\mu} &= \hat{p} + \gamma \\ \hat{p} &= -\beta_w(U - \bar{U}) + \pi^e \\ \dot{U} &= -(\gamma - \bar{\gamma}) \\ \dot{\pi^e} &= \beta_{\pi^e}(\hat{p} - \pi^e)\end{aligned}$$

b)

$$\begin{aligned}\dot{U} &= (-1)(\bar{\mu} - \bar{\gamma} - \pi) \\ \dot{\pi} &= \beta_w(\bar{\mu} - \bar{\gamma} - \pi) - \beta_{\pi^e}\beta_w(U - \bar{U})\end{aligned}$$

c)

$$\begin{aligned}\text{Steady State:} \quad \dot{U} = 0 &\Longleftrightarrow \pi_0 = \bar{\mu} - \bar{\gamma} \\ \dot{\pi} = 0 &\Longleftrightarrow U_0 = \bar{U}\end{aligned}$$

d) sp$J = -\beta_w < 0$, det$J = \beta_{\pi^e}\beta_w > 0$
Der Steady State ist also global asymptotisch stabil.

2.a)

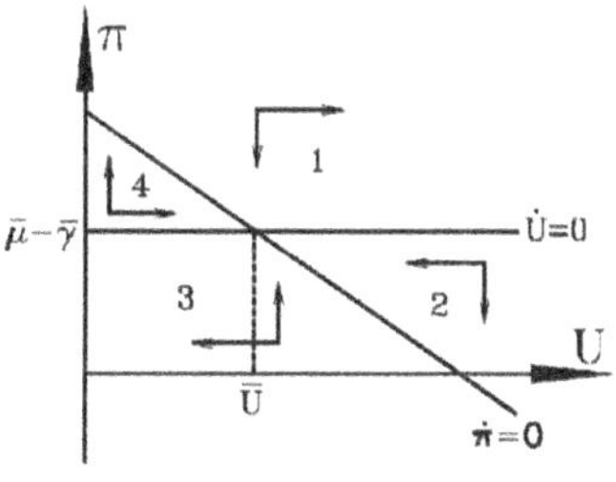

Abb. 8.16.

b)

1. Stagnation (da $U \uparrow, \pi \downarrow$)
2. Erholung (da $U \downarrow, \pi \downarrow$)
3. Boom (da $U \downarrow, \pi \uparrow$)
4. Stagflation (da $U \uparrow, \pi \uparrow$)

c)

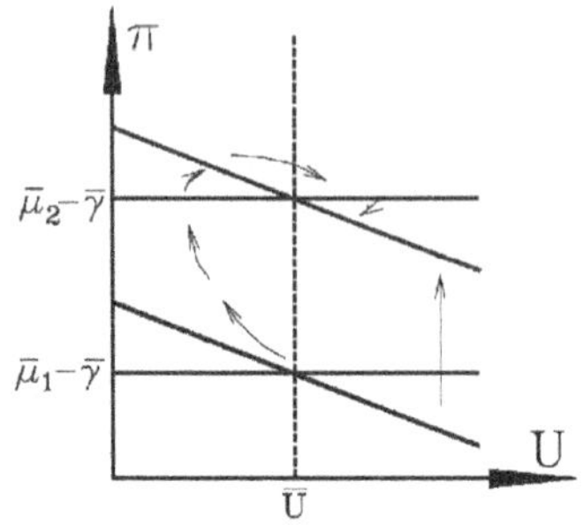

Abb. 8.17.

Der alte Steady State wird durch $\bar{\mu}\uparrow$ zu einem temporären Gleichgewicht in einer Boom-Phase. Der zunächst expansive Effekt ($U\downarrow$) erschöpft sich langfristig (d.h. im neuen Gleichgewicht) jedoch in einer höheren Inflationsrate, während die Arbeitslosenrate auf ihr „natürliches" Niveau zurückkehrt. Ein $U_0 < \bar{U}$ ließe sich demgegenüber nur bei einer beständigen Steigerung von $\bar{\mu}$, also einer gleichmäßigen Beschleunigung des Geldmengenwachstums und damit nur um den Preis einer akzelerierenden Inflation erreichen.

d) Wegen $\pi^e = \pi$ in diesem Fall führt jeder (monetäre) Schock sofort zum neuen Gleichgewicht. Geld ist hier also auch kurzfristig superneutral.

3. Die reduzierte Form ergibt sich aus Aufgabe 1.b). Für Δ folgt daraus:
$\Delta = sp^2/4 - det = \beta_w(\beta_w/4 - \beta_{\pi^e})$
$\beta_w = 0.56, \quad \beta_{\pi^e} = 0.13 \quad \Longrightarrow \Delta > 0.$
Der Steady State ist also monoton stabil.

8.11 Übungsaufgaben 11

1.a) Listen Sie die Bausteine auf, aus denen das IS-LM-PC-Modell zusammengesetzt ist.
b) Begründen Sie, ohne die entsprechenden Formeln explizit hinzuschreiben, warum im IS-LM-Modell der kurzen Frist ein (affin-)linearer Zusammenhang zwischen Y und den beiden Variablen M/p und π^e besteht:

$$Y = \beta_0 + \beta_1(M/p) + \beta_2\pi^e$$

c) Warum gilt ein analoger Zusammenhang in Bezug auf die Abhängigkeit des Beschäftigungsgrades e von $m := M/w$ und π^e : $\quad e = a_0 + a_1 m + a_2\pi^e$?
d) Welche Effekte können durch die Variablen m und π^e erfasst werden?
e) Leiten Sie nun unter Verwendung der in c) angegebenen Gleichung aus den

Modellbausteinen ein zweidimensionales Differentialgleichungssystem in den Variablen m und π^e her.

2.a) Bestimmen Sie die Nullisoklinen für $\dot{m}$ und $\dot{\pi}^e$ unter der vereinfachenden Annahme von $\mu = 0$. Worauf ist besonders zu achten?
b) Zeichnen Sie die Nullisoklinen in den (m, π^e)–Phasenraum ein und skizzieren Sie die Bewegungsrichtungen der Dynamik in den jeweiligen Teilräumen.
c) Bestimmen Sie für jeden dieser Teilbereiche, ob der Nominallohn w steigt oder fällt und ob der Beschäftigungsgrad e größer oder kleiner als $\bar{e}$ ist.

3. *Multiple-choice-Aufgabe:*
Gehen Sie von dem in 1.e) hergeleiteten Differentialgleichungssystem für das IS-LM-PC-Modell aus. Der ökonomisch relevante Steady State wird (lokal) instabil, wenn
a) die Anpassungsstärke bei den Inflationserwartungen, β_{π^e}, einen bestimmten Wert überschreitet
b) die Anpassungsgeschwindigkeit des Nominallohns, β_w, einen bestimmten Wert unterschreitet
c) die Anpassungsstärke bei den Inflationserwartungen, β_{π^e}, einen bestimmten Wert unterschreitet
d) die Anpassungsgeschwindigkeit des Nominallohns, β_w, einen bestimmten Wert überschreitet.

Lösungsskizzen

1.a)

1. IS-LM-Modell der kurzen Frist
2. Linear-limitationale Produktionsfunktion
3. Markup-Pricing
4. Erweiterte Lohn-Phillipskurve
5. Adaptive Inflationserwartungen

b) Y hängt linear von π^e und r ab (IS-Kurve) und r linear von Y und M/p. Dann muss Y auch linear von M/p und π^e abhängen. (Vgl. auch Übungsaufgaben 5, Aufgabe 2.a)).

c) Aufgrund des Markup-Pricings ($p = (1 + a)w/\bar{y}$) ist $m := M/w$ eine lineare Transformation von M/p. Dann lässt sich Y auch wie folgt schreiben:

$$Y = \beta_0 + \beta_1 \frac{\bar{y}}{1+a} m + \beta_2 \pi^e$$

Für e folgt dann:

$$e = L^d/\bar{L} = \bar{y}L^d/\bar{y}\bar{L} = Y/\bar{y}\bar{L} = a_0 + a_1 m + a_2 \pi^e$$

d) m : Keynes-Effekt $(m \uparrow \rightarrow r \downarrow \rightarrow I \uparrow \rightarrow Y \uparrow)$
π^e : Mundell-Effekt $(\pi^e \uparrow \rightarrow (r - \pi^e) \downarrow \rightarrow I \uparrow \rightarrow Y \uparrow)$

e)

$$\begin{aligned} m = M/w \Longrightarrow \hat{m} &= \hat{M} - \hat{w} = \mu - \beta_w(e - \bar{e}) - \pi^e \\ &= \mu - \beta_w(a_0 + a_1 m + a_2\pi^e - \bar{e}) - \pi^e \\ \Longrightarrow \dot{m} &= [\mu - \beta_w(a_0 + a_1 m + a_2\pi^e - \bar{e}) - \pi^e]m \end{aligned}$$

$$\begin{aligned} \dot{\pi^e} &= \beta_{\pi^e}(\pi - \pi^e) = \beta_{\pi^e}(\hat{p} - \pi^e) = \beta_{\pi^e}(\hat{w} - \pi^e) \\ &= \beta_{\pi^e}(\beta_w(e - \bar{e}) + \pi^e - \pi^e) = \beta_{\pi^e}\beta_w(a_0 + a_1 m + a_2\pi^e - \bar{e}) \end{aligned}$$

2.a)

$$\dot{m} = 0 \quad \Longrightarrow \quad (i) \qquad m = 0 \quad \text{oder}$$

$$(ii) \qquad \mu - \beta_w(a_0 + a_1 m + a_2\pi^e - \bar{e}) - \pi^e = 0$$

$$\mu = 0 \Longrightarrow ... \Longrightarrow \pi^e_{01} = \frac{\bar{e} - a_0 - a_1 m}{1/\beta_w + a_2}$$

Es gibt also zwei $\dot{m} = 0$–Isoklinen !

$$\dot{\pi^e} = 0 \Longrightarrow \pi^e_{02} = \frac{\bar{e} - a_0 - a_1 m}{a_2}$$

b)

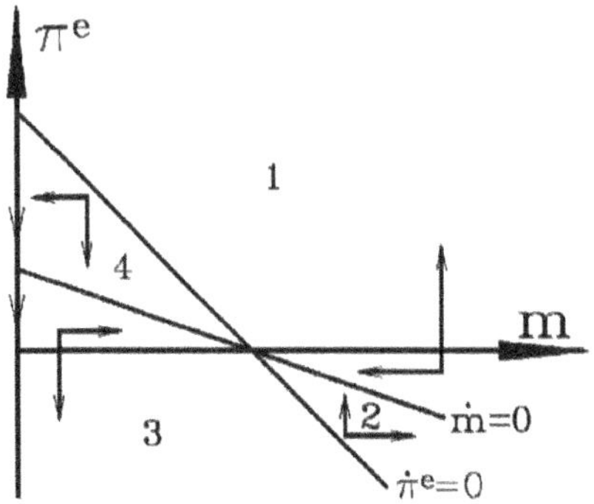

Abb. 8.18.

c) Aus 1.e) folgt:

$$\hat{m} = -\hat{w} \quad (\text{bei } \mu = 0), \text{ d.h.}$$

$$\dot{m} \gtreqless 0 \Longleftrightarrow \dot{w} \lesseqgtr 0$$

$$\dot{\pi^e} \gtreqless 0 \Longleftrightarrow e \gtreqless \bar{e}$$

Also:

1. $w \uparrow, \quad e > \bar{e}$
2. $w \downarrow, \quad e > \bar{e}$
3. $w \downarrow, \quad e < \bar{e}$
4. $w \uparrow, \quad e < \bar{e}$

3. Aus dem in 1.e) angegebenen Differentialgleichungssystem folgt für die Jakobi-Matrix J:

$$spJ = \beta_w[\beta_{\pi^e} a_2 - m_0 a_1]$$
$$detJ = \beta_{\pi^e} \beta_w a_1 m_0 > 0$$

Für $\beta_{\pi^e} > \frac{a_1}{a_2} m_0$ wird die Spur also positiv und der Steady State damit (lokal) instabil. Also ist Antwort a) richtig.

8.12 Übungsaufgaben 12

1.a) Rekapitulieren Sie Annahmen und Konsequenzen des Domar-Modells. In welcher Beziehung steht es zum Keynes'schen Modell der kurzen Frist?
b) Welcher Modellbaustein ist zu verändern (und in welcher Weise), um vom Domar-Modell zum Harrod-Modell zu gelangen?
c) Gegeben sei das Harrod-Modell mit $\widehat{I/K} = 3(u - 1)$. Wie hoch ist die Wachstumsrate des Kapitalstocks, $\hat{K}$, im Steady State, wenn die Sparneigung 25 % und $\beta_g = 15$ beträgt?

2.a) Skizzieren Sie die Annahmen des Solow-Modells mit positiver Abschreibungsrate δ und positivem Bevölkerungswachstum n_1 und leiten Sie die Dynamik der Kapitalintensität $k = K/L$ her.
b) Warum taugt das Solow-Modell nur bedingt zur Kritik des Ansatzes von Harrod?
c) Gegeben seien die folgenden Daten für das Solow-Modell:
$F(L, K) = 3L^{0.5}K^{0.5}$; $s = 0.1$; $\delta = 0.1$; $n_1 = 0.09$. Bestimmen Sie, ob bei einer Kapitalintensität von $k = 2$ der Pro-Kopf-Output y steigt, fällt oder konstant bleibt.

3. *Multiple-choice-Aufgabe:*
Gegeben sei folgende Produktionsfunktion: $F(L, K) = 1.4L^{2/3}K^{1/3}$. Das Wachstum des Arbeitsangebots betrage $n_1 = 0.05$, die Abschreibungsrate $\delta = 0.1$ und die Konsumneigung $c = 0.8$. Für den Steady State des Solow-Modells ergeben sich dann die folgenden Werte für die Kapitalintensität k_0, den Pro-Kopf-Output y_0 und die Pro-Kopf-Ersparnis:

a) $k_0 = 4$; $y_0 = 2.22$; Pro-Kopf-Ersparnis $= 0.44$

b) $k_0 = 8$; $y_0 = 2.8$; Pro-Kopf-Ersparnis $= 0.56$

c) $k_0 = 4$; $y_0 = 2.22$; Pro-Kopf-Ersparnis $= 0.364$

d) $k_0 = 8$; $y_0 = 2.8$; Pro-Kopf-Ersparnis $= 0.4$

Lösungsskizzen

1.a) Einkommensbestimmung über vereinfachtes Keynes-Modell der kurzen Frist:
$Y_0 = \frac{1}{s} I$ (Einkommenseffekt der Investitionen).
Jetzt zusätzlich: $I = \dot{K}$ (Kapazitätseffekt der Investitionen).

$$Y^p = \bar{x}K; \quad u = \frac{Y_0}{Y^p} = \frac{(1/s)I}{\bar{x}K}$$
$$\Rightarrow \hat{u} = \hat{I} - \hat{K} = \hat{I} - \frac{I}{K} = \hat{I} - \frac{sY_0}{(1/\bar{x})Y^p} = \hat{I} - s\bar{x}u$$

Mit $\hat{I} = \bar{\gamma}$ folgt daher: $\hat{u} = \bar{\gamma} - s\bar{x}u$.
Steady State: $u_0 = 0$ und $u_0 = \frac{\bar{\gamma}}{s\bar{x}}$.
Der zweite Steady State ist stabil und im Falle $\bar{\gamma} < s\bar{x}$ ergibt sich somit eine stabile Depressionslage.

b) Übergang zu Harrod-Modell: $\hat{I}$ jetzt variabel.

$$\widehat{(I/K)} = \beta_g(Y/K - Y^p/K) = \beta_g \left(\frac{Y}{K}\frac{K}{Y^p} - 1 \right) \frac{Y^p}{K} = ... = \beta_g \bar{x}(u-1)$$
$$\Rightarrow \hat{u} = \widehat{(I/K)} = \beta_g \bar{x}(u-1)$$

Steady State: $u_0 = 0$ und $u_0 = 1$.
Der zweite Steady State repräsentiert Vollauslastung, ist aber instabil („Wachstum auf des Messers Schneide“).

c) Im Steady State gilt: $\hat{K} = s\bar{x}$; $s = 0.25$; $\bar{x} = ?$
Es gilt: $\widehat{(I/K)} = \beta_g \bar{x}(u-1) = 3(u-1)$

$$\Longrightarrow \beta_g \bar{x} = 3 \Longrightarrow \bar{x} = 3/\beta_g; \quad \beta_g = 15 \Longrightarrow \bar{x} = 0.2$$
$$\Longrightarrow \hat{K} = s\bar{x} = 0.05.$$

2.a) Solow-Modell:

- Keynesianische Sparfunktion: $S = s(Y - \delta K)$
- Gültigkeit von Says Gesetz: $S \equiv I$
- Vollbeschäftigung zu jedem Zeitpunkt
- Neoklassische Produktionsfunktion $Y = F(K, L)$
- Bevölkerungswachstum: $\hat{L} = n_1$

Mit $k := K/L$ und $f(k) = (1/L)F(K,L)$ folgt:

$$\begin{aligned}\hat{k} &= \hat{K} - \hat{L} = \frac{\dot{K}}{K} - n_1 = \frac{I}{K} - n_1 = \frac{s(Y - \delta K)}{K} - n_1 \\ \Longrightarrow \dot{k} &= \hat{k}k = \hat{k}\frac{K}{L} = sf(k) - s\delta k - n_1 k \\ &= sf(k) - (s\delta + n_1)k\end{aligned}$$

b) Da stets die Gültigkeit des Sayschen Theorems vorausgesetzt wird, werden Probleme defizitärer Nachfrage per Annahme bereits ausgeschlossen.

c)

$$\begin{aligned}F(K,L) &= 3L^{0.5}K^{0.5} \Longrightarrow f(k) = 3k^{0.5} \Longrightarrow f(2) = 3\sqrt{2} \\ \dot{k} &= sf(k) - (s\delta + n_1)k \\ &= 0.13\sqrt{2} - (0.10.1 + 0.09)2 > 0 \\ \Longrightarrow \quad k \uparrow \quad \Longrightarrow \quad y &= f(k) \uparrow .\end{aligned}$$

3. $f(k) = 1.4k^{1/3}$

Steady State: $sf(k_0) = (s\delta + n_1)k_0 \quad \Longleftrightarrow \quad 0.21.4k_0^{1/3} = (0.20.1 + 0.05)k_0$

$\Longrightarrow \quad k_0 = 8 \quad \Longrightarrow \quad y_0 = f(k_0) = 1.48^{1/3} = 2.8$

$(S/L)_0 = s(y_0 - \delta k_0) = 0.2(2.8 - 0.18) = 0.4$

Also ist d) die richtige Antwort.

9

Multiple-Choice Klausuraufgaben

9.1 Multiple Choice: Ein eindeutiges Klausurprinzip

9.1.1 Vorbemerkungen

Diese Klausur basiert auf dem Lehrbuch 'Keynesianische Makroökonomik. Unterbeschäftigung, Inflation und Wachstum' der Autoren dieses Beitrags (erste Auflage). In diesem Lehrbuch wird das kurzfristige IS-LM-Modell der konventionellen Lehrbuchliteratur in der einfachen linearen Form, wie es z.B. in Dornbusch/Fischer (1995) breit dargestellt ist, und ohne Bruch als Basis der Analyse der mittleren und der langen Frist herangezogen und entsprechend weiterentwickelt.

In der mittleren Frist bedeutet dies, wie bei Dornbusch-Fischer (1995), dass folgende Elemente dem Modell der kurzen Frist hinzuzufügen sind:

- eine Bestimmungsgleichung für die Lohndynamik (die um Inflationserwartungen erweiterte Phillipskurve)
- eine Bestimmungsgleichung für das Preisniveau (Aufschlagspreisbildung mit einem konstantem Aufschlagssatz)
- eine Bestimmungsgleichung für die Bildung von Inflationserwartungen (z.B. adaptive Erwartungsbildung).

Diese Erweiterung ist identisch mit der bei Dornbusch/Fischer (1995) vorgenommenen Erweiterung der kurzen Frist, nur dass bei diesen Autoren der beim Investitionsverhalten auftretende Realzinseffekt (der sogenannte Mundell-Effekt) in unzulässiger Form in einen Nominalzins-Effekt (der Basis des sogenannten Keynes-Effekts) und einen nachgelagerten Inflationserwartungseffekt auf die Investitionen zerlegt wird, der nicht mehr auf die mittelfristige Interaktion von Output, Inflation und Inflationserwartungsbildung zurückwirkt. Das von Dornbusch/Fischer (1995) unterstellte Investitionsverhalten erlaubt aber keine solche Separation dieser beiden Effekte, d.h. die Analyse von Dornbusch/Fischer (1995) muss dahingehend korrigiert werden, dass Keynes- und Mundell-Effekt notwendigerweise stets simultan auftreten.

Eine solche, vom Aufwand her gesehen geringfügige und zudem offensichtliche Korrektur hat jedoch weitreichende Konsequenzen für die mittelfristige Lohn-Preis-Dynamik. Der stabilisierende Keynes-Effekt von Preisniveauerhöhungen bekommt einen Widerpart im destabilisierenden Effekt steigender Inflationserwartungen, was neben monoton oder zyklisch verlaufenden Anpassungen hin zum Gleichgewicht nunmehr auch von diesem wegführende Verlaufsmuster ermöglicht. Und selbst wenn die Lohn-Preis-Dynamik in der Nähe ihres Gleichgewichts (lokal) stabilisierend wirkt, kann man jetzt zeigen, dass sie diese Eigenschaft *nie* global aufweist. Als Konsequenz ergeben sich eine ganze Reihe von weiterführenden und gleichwohl elementaren dynamischen Überlegungen, die hier jedoch nicht weiter dargestellt werden können. Diese Korrektur der Inflationsanalyse von Dornbusch/Fischer (1995) führt zu dem in unserem Lehrbuch sogenannten IS-LM-PC-Modell.[1]

Die langfristige Analyse ergibt sich auf Basis des gewählten Ausgangspunktes durch Hinzufügen der Wachstumsgesetze für die Produktionsfaktoren Kapital und Arbeit zum IS-LM-PC-Modell, also ebenfalls durch eine elementare Erweiterung des Modells um zusätzliche endogene, vom Modell erklärte Variablen. Dies besagt wiederum, dass herkömmliche Lehrbücher der Makroökonomik hier eine Bruchstelle aufweisen, da sie in der Regel behaupten, dass die langfristigen Anpassungs- und Gleichgewichtsmuster des IS-LM-Modells sich durch die Dynamik, die das angebotsorientierte Solowsche Wachstumsmodell generiert, abbilden oder annähern lassen. Ein Beweis einer solchen Sichtweise ist unseres Wissens nach in der Literatur nicht existent.

Aus der bisherigen Darstellung von Kernargumenten unseres Lehrbuchs ist ersichtlich, dass es sich hierbei nicht durchweg um Lehrinhalte des Grund-(Bachelor-)Studiums handeln kann, sondern dass dieser Text, ähnlich wie das damalige Lehrbuch von U. Westphal (1994) als studienbegleitender Text (Masterstudium umfassend) angelegt worden ist.[2] Für die nachfolgende Grundstudiumsklausur ist deshalb nur der Kern der mittelfristigen Analyse, der auch eine Konfrontation des IS-LM-PC-Modells mit dem sog. monetaristischen Basismodell umfasst, relevant. Der wachstumstheoretische Teil, der neben dem Solow-Modell und den Ansätzen von Harrod und Domar auch eine detaillierte Darstellung der Wachstumstheorie des IS-LM-PC-Modells enthält, ist demgegenüber eher auf das Hauptstudium hin ausgerichtet.

Aus dem Dargestellten geht hervor, dass diese Klausur auch Fragen beinhaltet, die in der Makroliteratur unüblich sind. Dies aber spiegelt lediglich die Tatsache wider, dass viele Fragestellungen in der makroökonomischen Theorie

---

[1] Wobei hier PC (als Abkürzung von 'Phillips-Curve) für den Lohn-Preis-Sektor oder das PC-Modul steht.

[2] Wir fügen hier an, dass unseres Erachtens das Lehrbuch von Westphal (1994) viele Paralellitäten mit unserem Buch aufweist, jedoch anstelle eines engen in sich stimmigen Modellrahmens durch die ihm eigene, wichtige empirische Orientierung eher die Vielfalt der unterstellbaren Verhaltensweisen der Wirtschaftssubjekte betont.

kontrovers diskutiert werden, woran sich auch in Zukunft wohl nichts ändern dürfte.

Zum Abschluss sei hier noch einmal betont, dass die in den verschiedenen Aufgaben erfragten Sachverhalte keine Wissensfragen darstellen, sondern in der Regel kurzen Modellierungsskizzen (auf dafür beigelegten, nicht zu bewertenden Leerseiten) erfordern , aus denen sich dann grafisch oder analytisch die Antwort erschließen lassen sollte. Man hätte also auch die richtige Antwort in der Form: 'Zeigen Sie, dass abfragen können, steht dann allerdings vor der Aufgabe, zu beurteilen, ob die gelieferte Antwort, ganz oder halb oder noch weniger richtig formuliert worden ist, ein oft nur sehr schwer über alle gegebenen Lösungsdarstellungen richtig zu entscheidender Sachverhalt. In dieser Hinsicht ist eine Multiple Choice Frage absolut trennscharf in der Bewertung, aber eben leider auch sehr gnadenlos im Hinblick auf die Möglichkeit vorhandenen Teilwissens.

9.1.2 Multiple-Choice Klausur

Von den jeweils angegebenen 4 Antworten ist stets genau eine richtig. Unter realen Klausurbedingungen kann dabei z.B. von folgendem Punkteschema ausgegangen werden:

richtig = +1 Punkt,	kein Kreuz = 0 Punkte,	falsch = -0,5 Punkte.

Die Existenz von Maluspunkten ist dabei in dem hier vorliegenden Umfang der Fragen völlig ausreichend, bei großer Unsicherheit über die Antwort deren Nichtbeantwortung lohnend zu machen. Es ist deshalb hier eine rationale Strategie, nur Fragen zu beantworten, bei denen man sich relativ sicher ist. Eine Reihe von Anregungen für eine solche Klausurform haben wir von Dr. Matthias Raith erhalten, dem wir dafür danken und der natürlich für die hier vorgelegte Form der Klausur keine Verantwortung trägt.

Klausurfragen und Antworten:

1. Im neoklassischen Basismodell mit flexiblen Nominallöhnen bewirkt eine höhere Investitionsneigung
a) kurzfristig in Bezug auf Gleichgewichtseinkommen und Preisniveau nichts
b) ein höheres Gleichgewichtseinkommen bei niedrigerem Preisniveau
c) ein höheres Gleichgewichtseinkommen bei höherem Preisniveau
d) ein niedrigeres Gleichgewichtseinkommen bei höherem Preisniveau

1a!: Im neoklassischen Basismodell ist die Zinstheorie dem Rest des Modells nachgelagert.

2. Im neoklassischen Basismodell mit fixem Nominallohn und bereits bestehender Arbeitslosigkeit bewirkt ein Anstieg der Umlaufgeschwindigkeit des Geldes u.a.
a) einen Anstieg des Preisniveaus, der Beschäftigung und der Geldmenge
b) eine Abnahme des Preisniveaus sowie einen Anstieg des Outputs und des

Zinssatzes
c) einen Anstieg des nominalen Sozialprodukts, der Ersparnis sowie eine Abnahme des Nominallohns
d) eine Abnahme des Reallohns sowie einen Anstieg des Outputs und des Preisniveaus

2d!: Gemäß Quantitätstheorie steigt das Preisniveau, was bei gegebenem Nominallohn den Reallohn senkt und über die Grenzproduktivitätstheorie die Beschäftigung und den Output erhöht.

3. Für das neoklassische Basismodell mit fixem Nominallohn seien folgende konkrete Werte gegeben:
$M\bar{v} = pY$ mit $M = 50$ und $\bar{v} = 4$ (Quantitätstheorie)
$p = 0.001Y^2\bar{w}$ mit $\bar{w} = 0.2$ (aggregiertes Angebot)
Das gleichgewichtige Einkommen und das gleichgewichtige Preisniveau betragen:
a) $Y = 150$; $p = 2$
b) $Y = 100$; $p = 4$
c) $Y = 100$; $p = 2$
d) $Y = 150$; $p = 4$

3c!: Es sind hier 2 Gleichungen mit 2 Unbekannten in elementarer Weise zu lösen.

4. Auf welchen Wert muss die Geldmenge in Aufgabe 3 steigen, wenn das Einkommen verdoppelt werden soll?
a) 200
b) 400
c) 600
d) 800

4b!: Analog. Die Antwort hängt nicht von der Antwort in 3. ab.

5. Im Keynes'schen Basismodell bewirkt eine Senkung des Nominallohns
a) ein höheres Einkommen, eine höhere Beschäftigung und ein niedrigeres Preisniveau
b) ein höheres Einkommen und eine höhere Beschäftigung bei unverändertem Preisniveau
c) einen Rückgang von Einkommen, Beschäftigung und Preisniveau
d) einen Rückgang des Preisniveaus bei gleichbleibendem Einkommen und unveränderter Beschäftigung

5d!: Im Keynes'schen Basismodell wird das Preisniveau als letztes Glied einer Kausalkette bestimmt und übt damit keinen Feedback auf die restlichen endogenen Größen des Modells aus.

6. Gegeben seien die folgenden Gleichungen für das Keynes'sche Basismodell:

$$S(r,Y) = -30 + 50r + 0.25Y$$
$$I(r) = 65 - 150r$$
$$B^d = -50 + 7000r$$
$$B^s = 950 - 3000r$$

Das Gleichgewichtseinkommen Y_0 beträgt
a) 150
b) 200
c) 300
d) 450

6c!: Aus den letzten beiden Gleichungen berechnet man den Gleichgewichtszins und aus der Gleichheit von I und S daran anschließend das Gleichgewichtseinkommen.

7. Das Keynes'sche Basismodell liefert eine
a) völlig preisunelastische
b) unendlich preiselastische
c) negativ vom Preisniveau abhängige
d) positiv vom Preisniveau abhängige
aggregierte Nachfrage.

7a!: Die aggregierte Nachfragekurve (der Gleichgewichtswert von Y) des Keynes-Modells ist, wie z.B. Aufgabe 6 zeigt, nicht vom Preisniveau abhängig.

8. Gegeben sei das Keynes'sche Basismodell mit einer linear-limitationalen Produktionsfunktion und Markup-Pricing. Eine Erhöhung des Markup-Faktors a hat zur Folge, dass
a) das Preisniveau sinkt und der Reallohn sowie das Einkommen konstant bleiben
b) das Preisniveau steigt, der Reallohn sinkt und das Einkommen konstant bleibt
c) das Preisniveau und der Reallohn konstant bleiben und das Einkommen sinkt
d) das Preisniveau steigt, der Reallohn sinkt und das Einkommen steigt

8b!: Erneut ist die Bestimmung des Preisniveaus letztes Glied in der Argumentationskette. Es steigt mit dem Markup Faktor, d.h. der Reallohn sinkt, ohne dass sich sonst etwas ändert.

9. Die LM-Kurve ist die Menge aller Kombinationen aus
a) Zinssatz und Einkommen, bei denen der Gütermarkt geräumt ist
b) Preisniveau und Einkommen, bei denen der Geldmarkt geräumt ist
c) Preisniveau und Einkommen, bei denen der Gütermarkt geräumt ist
d) Zinssatz und Einkommen, bei denen der Geldmarkt geräumt ist

9d!: Eine reine Definitionsfrage.

10. Im Bereich oberhalb der IS- und unterhalb der LM-Kurve herrscht
a) ein Überschussangebot auf dem Gütermarkt und eine Überschussnachfrage auf dem Geldmarkt
b) ein Überschussangebot auf dem Gütermarkt und ein Überschussangebot auf dem Geldmarkt
c) eine Überschussnachfrage auf dem Gütermarkt und ein Überschussangebot auf dem Geldmarkt
d) eine Überschussnachfrage auf dem Gütermarkt und eine Überschussnachfrage auf dem Geldmarkt

10a!: Rechts von der IS-Kurve herrscht bei einer marginalen Konsumneigung kleiner als eins Überschussangebot und unterhalb der LM-Kurve aufgrund der für ein Gleichgewicht auf dem Geldmarkt zu niedrigen Zinsen Überschussnachfrage nach Geld.

11. Im IS-LM-Modell (der kurzen Frist) führt ein Anstieg der erwarteten Inflationsrate zu
a) einem niedrigeren Einkommen und einem höheren Nominalzinssatz
b) einem höheren Einkommen und einem niedrigeren Nominalzinssatz
c) einem höheren Einkommen und einem höheren Nominalzinssatz
d) einem niedrigeren Einkommen und einem niedrigeren Nominalzinssatz

11c!: Ein Anstieg der erwarteten Inflationsrate verschiebt die IS-Kurve nach rechts.

12. Im IS-LM-Modell (der kurzen Frist) gilt im Falle zinsunelastischer Investitionen für den Staatsausgabenmultiplikator bei ausgeglichenem Budget ($d\bar{G} = d\bar{T}$)
a) $dY/d\bar{G} < 1$
b) $dY/d\bar{G} = 1$
c) $dY/d\bar{G} > 1$
d) $dY/d\bar{G} = 0$

12b!: Das Haavelmo-Theorem.

13. Gegeben sei das folgende, vereinfachte IS-LM-Modell:

$$
\begin{aligned}
C &= 0.8(Y - \bar{T}), \qquad \bar{T} = 100; \\
I &= 200 - 200(r - \pi^e), \qquad \pi^e = 0.05; \\
\bar{G} &= 100; \\
Y &= C + I + \bar{G} \qquad (\text{Abschreibungsrate} \quad \delta = 0) \\
\frac{M^d}{p} &= 0.5Y + 700 - 4500r; \\
\frac{M}{p} &= 525; \qquad p = 3
\end{aligned}
$$

Für das simultane Geld- und Gütermarktgleichgewicht ergeben sich dann die folgenden Werte:
a) Reales Einkommen = 1500; Realzins = 0.2
b) Reales Einkommen = 1000; Nominalzins = 0.1
c) Reales Einkommen = 1000; Nominalzins = 0.15
d) Reales Einkommen = 1500; Realzins = 0.1

13c!: Diese Aufgabe wird gelöst durch Aufstellen der IS- und LM-Gleichung, also auf Basis zweier linearer Gleichungen in den zwei Unbekannten Einkommen und Zins.

14. Im IS-LM-Modell von Aufgabe 13 beläuft sich die nominale gesamtwirtschaftliche Ersparnis auf
a) 180
b) 540
c) 200
d) 600

14b!: Auch ohne Kenntnis der Lösung von Aufgabe 13 lässt sich diese Frage aufgrund folgender Überlegung beantworten: Die Definition der gesamtwirtschaftlichen Ersparnis lautet $S = Y - C - \bar{G}$. Nur bei Y=1000 ist einer der vier angegebenen Werte möglich, nämlich $pS = 540$. Man beachte, dass nach der nominalen Ersparnis (pS), nicht der realen Ersparnis (S) gefragt wurde!

15. Im IS-LM-Modell (der kurzen Frist) führt eine Steuersenkung zu
a) einem Rückgang des Sozialprodukts, einer Erhöhung der Investitionen und einer niedrigeren Ersparnis der privaten Haushalte
b) einem Anstieg des Sozialprodukts, einem Rückgang der Investitionen und einer höheren Ersparnis der privaten Haushalte
c) einem Anstieg des Sozialprodukts, einer Erhöhung der Investitionen und einer höheren Ersparnis der privaten Haushalte
d) einem Rückgang des Sozialprodukts, einer Verminderung der Investitionen und einer niedrigeren Ersparnis der privaten Haushalte

15b!: Eine Pauschalsteuersenkung wirkt expansiv und steigert damit die private Ersparnis aufgrund der unterstellten Form der Konsumfunktion und zudem auch die Nominalzinsen, was wiederum bei gegebenen Inflationserwartungen die Investitionen reduziert. Wichtig: Ein Teil der Ersparnis der privaten Haushalte wird zur Deckung des staatlichen Defizits verwendet.

16. Bei einem Überschussangebot an Devisen
a) muss die Zentralbank, wenn sie den Wechselkurs konstant halten will, Devisen verkaufen, wodurch es zu einer Ausweitung der inländischen Geldmenge kommt
b) muss die Zentralbank, wenn sie den Wechselkurs konstant halten will, Devisen ankaufen, wodurch es zu einer Reduktion der inländischen Geldmenge kommt
c) kommt es bei flexiblen Wechselkursen zu einer Aufwertung der inländischen

Währung
d) kommt es bei flexiblen Wechselkursen zu einer Abwertung der inländischen Währung

16c!: Klar! Die Frage bezieht sich auf Grundwissen.

17. Im IS-LM-Modell einer kleinen offenen Volkswirtschaft ist
a) Geld- und Fiskalpolitik bei fixen Wechselkursen ineffektiv
b) Geldpolitik bei flexiblen und Fiskalpolitik bei fixen Wechselkursen ineffektiv
c) Geld-und Fiskalpolitik bei flexiblen Wechselkursen ineffektiv
d) Geldpolitik bei fixen und Fiskalpolitik bei flexiblen Wechselkursen ineffektiv

17d: Bei dieser wie den folgenden Fragen zur offenen Volkswirtschaft wird stets perfekte internationale Kapitalmobilität sowie die Nichtanwendung von Sterilisierungspolitik seitens der Zentralbank unterstellt. Bei fixen Wechselkursen wird dann z.B. eine Geldmengenausdehnung und damit einhergehende Zinssenkung durch erzwungene Devisenverkäufe der Zentralbank wieder rückgängig gemacht. Bei flexiblen Wechselkursen dagegen wird eine fiskalische Verschiebung der IS-Kurve durch gegenläufige Wechselkurseffekte wieder aufgehoben.

18. Im IS-LM-Modell einer kleinen offenen Volkswirtschaft führt bei flexiblen Wechselkursen eine Geldmengenerhöhung zu
a) einer Abwertung der inländischen Währung und einem höheren Sozialprodukt
b) einer Aufwertung der inländischen Währung und einem höheren Sozialprodukt
c) einer Abwertung der inländischen Währung und einem gleichbleibenden Sozialprodukt
d) einer Aufwertung der inländischen Währung und einem gleichbleibenden Sozialprodukt

18a!: Eine Geldmengenerhöhung hat die Tendenz, die Nominalzinsen zu senken und dadurch ein Zahlungsbilanzdefizit herbeizuführen, was durch Wechselkurserhöhungen, d.h. eine Abwertung, beseitigt wird. Die Konsequenz: Steigerung des Außenbeitrags und hierüber des Sozialprodukts.

19. Das monetaristische Basismodell geht von einer
a) stets konstanten
b) zinsabhängigen
c) langfristig, aber nicht kurzfristig konstanten
d) langfristig steigenden
Umlaufgeschwindigkeit pY/M des Geldes aus.

19a!: Gemäß der Konstruktion dieses Modells in Flaschel/Groh (1996).

20. Gegeben sei das auf zwei Differentialgleichungen reduzierte monetaristische Basismodell in der folgenden Form:

$$\dot{U} = \pi - (\bar{\mu} - \bar{\gamma}) \quad \text{mit} \quad \bar{\mu} = 0.02 \quad \text{und} \quad \bar{\gamma} = 0$$
$$\dot{\pi} = -0.1U - 0.4\pi + 0.4(\bar{\mu} - \bar{\gamma}) + 0.1\bar{U} \quad \text{mit} \quad \bar{U} = 0.05$$

Im vorliegenden konkreten Fall ist der Steady State
a) monoton stabil
b) zyklisch stabil
c) monoton instabil
d) zyklisch instabil

20b!: Für die Systemmatrix J des Modells gilt in der dargestellten Situation: $\text{spur}J < 0$, $\det J > 0$ und $(\text{spur}J)^2 < 4 \det J$.

21. Im monetaristischen Basismodell (bei adaptiven Inflationserwartungen) befinde man sich zunächst im Steady State. Eine Erhöhung der Wachstumsrate der Geldmenge bewirkt dann
a) kurzfristig eine höhere Inflationsrate, langfristig ausschließlich eine niedrigere Arbeitslosenrate
b) kurzfristig eine niedrigere Arbeitslosenrate, langfristig ausschließlich eine niedrigere Inflationsrate
c) kurzfristig eine höhere Inflationsrate, langfristig ausschließlich eine höhere Arbeitslosenrate
d) kurzfristig eine niedrigere Arbeitslosenrate, langfristig ausschließlich eine höhere Inflationsrate

21d!: Der monetäre Impuls teilt sich kurzfristig in einen expansiven Outputeffekt und eine Steigerung der Inflationsrate auf, während Geld in diesem Modell langfristig superneutral ist.

22. Der Mundell-Effekt besagt, dass
a) eine Erhöhung des Preisniveaus den Nominalzins erhöht, dadurch die Investitionen zurückgehen und Einkommen und Beschäftigung sinken
b) eine Erhöhung der erwarteten Inflationsrate die LM-Kurve nach links verschiebt, dadurch die Investitionen zurückgehen und Einkommen und Beschäftigung sinken
c) eine Erhöhung des Preisniveaus den Reallohn senkt und dadurch Einkommen und Beschäftigung steigen
d) eine Erhöhung der erwarteten Inflationsrate den Realzins senkt, dadurch die Investitionen zunehmen und Einkommen und Beschäftigung steigen

22d!: Ausgehend von einem exogenen Anstieg der Inflationserwartungen findet eine expansiv wirkende Rechtsverschiebung der IS-Kurve statt, die zwar den Nominalzins erhöht, aber aufgrund gestiegener Investitionstätigkeit den Realzins gesenkt haben muss.

23. Das IS-LM-PC-Modell beinhaltet die folgenden Bausteine:
a) IS-LM-Modell der kurzen Frist, Quantitätstheorie, Phillipskurve, neoklassische Produktionsfunktion, Markup-Pricing
b) IS-LM-Modell der mittleren Frist, Lohn-Phillipskurve, linear-limitationale Produktionsfunktion, Markup-Pricing, Say'sches Theorem
c) IS-LM-Modell der kurzen Frist, adaptive Inflationserwartungen, konstante Kapitalauslastung (Y/K), Markup-Pricing, Phillipskurve
d) IS-LM-Modell der kurzen Frist, Lohn-Phillipskurve, Markup-Pricing, adaptive Inflationserwartungen, konstante Arbeitsproduktivität

23d!: Gemäß der in der Einleitung geschilderten Form des IS-LM-PC-Modells.

24. Das IS-LM-PC-Modell unterscheidet sich vom monetaristischen Basismodell u.a. dadurch, dass
a) im IS-LM-PC-Modell der ökonomisch relevante Steady State im allgemeinen nicht mehr lokal asymptotisch stabil ist
b) im IS-LM-PC-Modell von der Quantitätstheorie des Geldes ausgegangen wird
c) im IS-LM-PC-Modell nicht mehr vom Markup-Pricing ausgegangen wird
d) im IS-LM-PC-Modell eine hinreichend niedrige Anpassungsstärke bei den adaptiv gebildeten Inflationserwartungen zu lokaler Instabilität führt

24a!: Im IS-LM-PC-Modell geht der Keynes-Effekt negativ und der Mundell-Effekt positiv in die Spur der Systemmatrix ein, was bei hinreichend starker Anpassungsstärke der Inflationserwartungen eine positive Spur und damit Instabilität ergibt.

25. Gegeben sei das bereits auf zwei Differentialgleichungen in den Variablen $m(= M/w)$ und π^e reduzierte IS-LM-PC-Modell:

$$\dot{m} = [\mu - \beta_w(e - \bar{e}) - \pi^e]m$$
$$\dot{\pi^e} = \beta_{\pi^e}\beta_w(e - \bar{e})$$

mit $e = a_0 + a_1 m + a_2\pi^e$. Bezüglich des Phasenporträts ist die folgende Aussage richtig:
a) Oberhalb der $\dot{m} = 0$-Isokline sinkt m, unterhalb der $\dot{\pi^e} = 0$-Isokline sinkt π^e.
b) Oberhalb der $\dot{m} = 0$-Isokline steigt m, oberhalb der $\dot{\pi^e} = 0$-Isokline steigt π^e.
c) Unterhalb der $\dot{m} = 0$-Isokline steigt m, unterhalb der $\dot{\pi^e} = 0$-Isokline steigt π^e.
d) Unterhalb der $\dot{m} = 0$-Isokline steigt π^e, oberhalb der $\dot{\pi^e} = 0$-Isokline sinkt m.
(Mit der $\dot{m} = 0$-Isokline ist hier natürlich nicht die triviale – die Ordinate – gemeint).

25a!: Hier ist das Phasendiagramm des angesprochenen dynamischen Systems unter Verwendung von partiellen Gleichgewichtskurven, sog. Isoklinen, zu skizzieren und daraus 25a zu deduzieren.

Diese Klausur ist in leicht modifizierter Form am Ende der Vorlesungszeit des Wintersemesters 1995/96 an der Universität Bielefeld gestellt worden. Bei maximal 25 möglichen Punkten wurde die folgende Bewertungsskala verwendet. Die dritte Spalte dieser Tabelle zeigt die prozentual dabei erzielten Ergebnisse.

Note	Punkte	Prozent der Teilnehmer
1	22,5 – 25	7,14
2	18 – 22	26,79
3	13,5 – 17,5	28,57
4	10,5 – 13	20,54
5	0 – 10	16,96

9.2 Multiple Choice Klausurbeispiele

Von den im Nachfolgenden jeweils angegebenen 4 Antworten ist stets genau eine richtig. Unter realen Klausurbedingungen kann z.B. von folgendem Punkteschema ausgegangen werden:

richtig = +1 Punkt, kein Kreuz = 0 Punkte, falsch = -0,5 Punkte.

Die Klausuren 1a und 1b beziehen die IS-LM-PC Analyse des fünften Kapitels und die Harrod-Domar-Solow Debatte über die Grundlagen der Wachstumstheorie ein (des damaligen Diplomstudiengangs), während die Klausuren 2a und 2b nur im Hinblick auf Teil I des Buches konzipiert worden sind (dem Bachelor-Studiengang entsprechend).

9.2.1 Version 1a (1996)

1. Im neoklassischen Basismodell mit flexiblen Nominallöhnen bewirkt eine höhere Investitionsneigung
a) kurzfristig in Bezug auf Gleichgewichtseinkommen und Preisniveau nichts
b) ein höheres Gleichgewichtseinkommen bei niedrigerem Preisniveau
c) ein höheres Gleichgewichtseinkommen bei höherem Preisniveau
d) ein niedrigeres Gleichgewichtseinkommen bei höherem Preisniveau

2. Im neoklassischen Basismodell mit fixem Nominallohn und bereits bestehender Arbeitslosigkeit bewirkt ein Anstieg der Umlaufgeschwindigkeit des Geldes u.a.
a) einen Anstieg des Preisniveaus, der Beschäftigung und der Geldmenge
b) eine Abnahme des Preisniveaus sowie einen Anstieg des Outputs und des

Zinssatzes
c) einen Anstieg des nominalen Sozialprodukts, der Ersparnis sowie eine Abnahme des Nominallohns
d) eine Abnahme des Reallohns sowie einen Anstieg des Outputs und des Preisniveaus

3. Für das neoklassische Basismodell mit fixem Nominallohn seien folgende konkrete Werte gegeben:
$\bar{\nu}M = pY$ mit $M = 50$ und $\bar{\nu} = 4$ (Quantitätstheorie)
$p = 0.001Y^2\bar{w}$ mit $\bar{w} = 0.2$ (aggregiertes Angebot)
Das gleichgewichtige Einkommen und das gleichgewichtige Preisniveau betragen:
a) $Y = 150$; $p = 2$
b) $Y = 100$; $p = 4$
c) $Y = 100$; $p = 2$
d) $Y = 150$; $p = 4$

4. Auf welchen Wert muss die Geldmenge in Aufgabe 3 steigen, wenn das Einkommen verdoppelt werden soll?
a) 200
b) 400
c) 600
d) 800

5. Im Keynes'schen Basismodell bewirkt eine Senkung des Nominallohns
a) ein höheres Einkommen, eine höhere Beschäftigung und ein niedrigeres Preisniveau
b) ein höheres Einkommen und eine höhere Beschäftigung bei unverändertem Preisniveau
c) einen Rückgang von Einkommen, Beschäftigung und Preisniveau
d) einen Rückgang des Preisniveaus bei gleichbleibendem Einkommen und unveränderter Beschäftigung

6. Gegeben seien die folgenden Gleichungen für das Keynes'sche Basismodell:

$$S(r, Y) = -30 + 50r + 0.25Y$$
$$I(r) = 65 - 150r$$
$$B^d = -50 + 7000r$$
$$B^s = 950 - 3000r$$

Das Gleichgewichtseinkommen Y_0 beträgt
a) 150
b) 200

c) 300
d) 450

7. Das Keynes'sche Basismodell liefert eine
a) völlig preisunelastische
b) unendlich preiselastische
c) negativ vom Preisniveau abhängige
d) positiv vom Preisniveau abhängige
aggregierte Nachfrage.

8. Gegeben sei das Keynes'sche Basismodell mit einer linear-limitationalen Produktionsfunktion und Markup-Pricing. Eine Erhöhung des Markup-Faktors a hat zur Folge, dass
a) das Preisniveau sinkt und der Reallohn sowie das Einkommen konstant bleiben
b) das Preisniveau steigt, der Reallohn sinkt und das Einkommen konstant bleibt
c) das Preisniveau und der Reallohn konstant bleiben und das Einkommen sinkt
d) das Preisniveau steigt, der Reallohn sinkt und das Einkommen steigt

9. Die LM-Kurve ist die Menge aller Kombinationen aus
a) Zinssatz und Einkommen, bei denen der Gütermarkt geräumt ist
b) Preisniveau und Einkommen, bei denen der Geldmarkt geräumt ist
c) Preisniveau und Einkommen, bei denen der Gütermarkt geräumt ist
d) Zinssatz und Einkommen, bei denen der Geldmarkt geräumt ist

10. Im Bereich oberhalb der IS- und unterhalb der LM-Kurve herrscht
a) ein Überschussangebot auf dem Gütermarkt und eine Überschussnachfrage auf dem Geldmarkt
b) ein Überschussangebot auf dem Gütermarkt und ein Überschussangebot auf dem Geldmarkt
c) eine Überschussnachfrage auf dem Gütermarkt und ein Überschussangebot auf dem Geldmarkt
d) eine Überschussnachfrage auf dem Gütermarkt und eine Überschussnachfrage auf dem Geldmarkt

11. Im IS-LM-Modell (der kurzen Frist) führt ein Anstieg der erwarteten Inflationsrate zu
a) einem niedrigeren Einkommen und einem höheren Nominalzinssatz
b) einem höheren Einkommen und einem niedrigeren Nominalzinssatz
c) einem höheren Einkommen und einem höheren Nominalzinssatz
d) einem niedrigeren Einkommen und einem niedrigeren Nominalzinssatz

12. Im IS-LM-Modell (der kurzen Frist) gilt im Falle zinsunelastischer Investitionen für den Staatsausgabenmultiplikator bei ausgeglichenem Budget ($d\bar{G} = d\bar{T}$)
a) $dY/d\bar{G} < 1$
b) $dY/d\bar{G} = 1$
c) $dY/d\bar{G} > 1$
d) $dY/d\bar{G} = 0$

13. Gegeben sei das folgende, vereinfachte IS-LM-Modell:

$$
\begin{aligned}
C &= 0.8(Y - \bar{T}), \qquad \bar{T} = 100; \\
I &= 200 - 200(r - \pi^e), \qquad \pi^e = 0.05; \\
\bar{G} &= 100; \\
Y &= C + I + \bar{G} \qquad (\text{Abschreibungsrate} \quad \delta = 0) \\
\frac{M^d}{p} &= 0.5Y + 700 - 4500r; \\
\frac{M}{p} &= 525; \qquad p = 3
\end{aligned}
$$

Für das simultane Geld- und Gütermarktgleichgewicht ergeben sich dann die folgenden Werte:
a) Reales Einkommen = 1500; Realzins = 0.2
b) Reales Einkommen = 1000; Nominalzins = 0.1
c) Reales Einkommen = 1000; Nominalzins = 0.15
d) Reales Einkommen = 1500; Realzins = 0.1

14. Im IS-LM-Modell von Aufgabe 13 beläuft sich die nominale gesamtwirtschaftliche Ersparnis auf
a) 180
b) 540
c) 200
d) 600

15. Im IS-LM-Modell (der kurzen Frist) führt eine Steuersenkung zu
a) einem Rückgang des Sozialprodukts, einer Erhöhung der Investitionen und einer niedrigeren Ersparnis der privaten Haushalte
b) einem Anstieg des Sozialprodukts, einem Rückgang der Investitionen und einer höheren Ersparnis der privaten Haushalte
c) einem Anstieg des Sozialprodukts, einer Erhöhung der Investitionen und einer höheren Ersparnis der privaten Haushalte
d) einem Rückgang des Sozialprodukts, einer Verminderung der Investitionen und einer niedrigeren Ersparnis der privaten Haushalte

16. Bei einem Überschussangebot an Devisen
a) muss die Zentralbank, wenn sie den Wechselkurs konstant halten will, Devisen verkaufen, wodurch es zu einer Ausweitung der inländischen Geldmenge kommt
b) muss die Zentralbank, wenn sie den Wechselkurs konstant halten will, Devisen ankaufen, wodurch es zu einer Reduktion der inländischen Geldmenge kommt
c) kommt es bei flexiblen Wechselkursen zu einer Aufwertung der inländischen Währung
d) kommt es bei flexiblen Wechselkursen zu einer Abwertung der inländischen Währung

17. Im IS-LM-Modell einer kleinen offenen Volkswirtschaft ist
a) Geld- und Fiskalpolitik bei fixen Wechselkursen ineffektiv
b) Geldpolitik bei flexiblen und Fiskalpolitik bei fixen Wechselkursen ineffektiv
c) Geld-und Fiskalpolitik bei flexiblen Wechselkursen ineffektiv
d) Geldpolitik bei fixen und Fiskalpolitik bei flexiblen Wechselkursen ineffektiv

18. Im IS-LM-Modell einer kleinen offenen Volkswirtschaft führt bei flexiblen Wechselkursen eine Geldmengenerhöhung zu
a) einer Abwertung der inländischen Währung und einem höheren Sozialprodukt
b) einer Aufwertung der inländischen Währung und einem höheren Sozialprodukt
c) einer Abwertung der inländischen Währung und einem gleichbleibenden Sozialprodukt
d) einer Aufwertung der inländischen Währung und einem gleichbleibenden Sozialprodukt

19. Im IS-LM-Modell einer kleinen offenen Volkswirtschaft führt eine Erhöhung des autonomen Teils der Investitionen bei fixen Wechselkursen zu
a) einem gleichbleibenden Einkommen, einer gleichbleibenden Geldmenge und einer Senkung des Außenbeitrags
b) einer Erhöhung des Einkommens und der Geldmenge und einer Erhöhung des Außenbeitrags
c) einer Erhöhung des Einkommens, einer gleichbleibenden Geldmenge und einem gleichbleibenden Außenbeitrag
d) einer Erhöhung des Einkommens und der Geldmenge und einer Senkung des Außenbeitrags

20. Das monetaristische Basismodell geht von einer
a) stets konstanten
b) zinsabhängigen

c) langfristig, aber nicht kurzfristig konstanten
d) langfristig steigenden
Umlaufgeschwindigkeit pY/M des Geldes aus.

21. Gegeben sei das auf zwei Differentialgleichungen reduzierte monetaristische Basismodell in der folgenden Form:

$$\dot{U} = \pi - (\bar{\mu} - \bar{\gamma}) \quad \text{mit} \quad \bar{\mu} = 0.02 \quad \text{und} \quad \bar{\gamma} = 0$$
$$\dot{\pi} = -0.1U - 0.4\pi + 0.4(\bar{\mu} - \bar{\gamma}) + 0.1\bar{U} \quad \text{mit} \quad \bar{U} = 0.05$$

Im vorliegenden konkreten Fall ist der Steady State
a) monoton stabil
b) zyklisch stabil
c) monoton instabil
d) zyklisch instabil

22. Im monetaristischen Basismodell (bei adaptiven Inflationserwartungen) befinde man sich zunächst im Steady State. Eine Erhöhung der Wachstumsrate der Geldmenge bewirkt dann
a) kurzfristig eine höhere Inflationsrate, langfristig ausschließlich eine niedrigere Arbeitslosenrate
b) kurzfristig eine niedrigere Arbeitslosenrate, langfristig ausschließlich eine niedrigere Inflationsrate
c) kurzfristig eine höhere Inflationsrate, langfristig ausschließlich eine höhere Arbeitslosenrate
d) kurzfristig eine niedrigere Arbeitslosenrate, langfristig ausschließlich eine höhere Inflationsrate

23. Der Mundell-Effekt besagt, dass
a) eine Erhöhung des Preisniveaus den Nominalzins erhöht, dadurch die Investitionen zurückgehen und Einkommen und Beschäftigung sinken
b) eine Erhöhung der erwarteten Inflationsrate die LM-Kurve nach links verschiebt, dadurch die Investitionen zurückgehen und Einkommen und Beschäftigung sinken
c) eine Erhöhung des Preisniveaus den Reallohn senkt und dadurch Einkommen und Beschäftigung steigen
d) eine Erhöhung der erwarteten Inflationsrate den Realzins senkt, dadurch die Investitionen zunehmen und Einkommen und Beschäftigung steigen

24. Das IS-LM-PC-Modell unterscheidet sich vom monetaristischen Basismodell u.a. dadurch, dass
a) im IS-LM-PC-Modell der ökonomisch relevante Steady State nicht mehr global asymptotisch stabil ist
b) im IS-LM-PC-Modell von der Quantitätstheorie des Geldes ausgegangen

wird
c) im IS-LM-PC-Modell nicht mehr vom Markup-Pricing ausgegangen wird
d) im IS-LM-PC-Modell eine hinreichend niedrige Anpassungsstärke bei den adaptiv gebildeten Inflationserwartungen zu lokaler Instabilität führt

25. Die Dynamik im IS-LM-PC-Modell wird beeinflusst
a) nur vom Mundell-Effekt
b) nur vom Keynes-Effekt
c) vom Keynes- und vom Mundell-Effekt
d) von keinem dieser beiden Effekte

Lösungen: 1.a), 2.d), 3.c), 4.b), 5.d), 6.c), 7.a), 8.b), 9.d), 10.a), 11.c), 12.b), 13.c), 14.b), 15.b), 16.c), 17.d), 18.a), 19.d), 20.a), 21.b), 22.d), 23.d), 24.a), 25.c).

9.2.2 Version 1b (1996)

1. Im neoklassischen Basismodell mit flexiblen Nominallöhnen kommt es zu einer Erhöhung der Umlaufgeschwindigkeit des Geldes. Die Folge ist
a) ein höheres reales Sozialprodukt und ein steigendes Preisniveau
b) ein gleichbleibendes reales Sozialprodukt und ein steigendes Preisniveau
c) ein niedrigeres reales Sozialprodukt und ein steigendes Preisniveau
d) ein gleichbleibendes reales Sozialprodukt und ein gleichbleibendes Preisniveau

2. Gegeben sei das neoklassische Basismodell mit fixem Nominallohn in der folgenden Form:

$$\bar{v}M = pY \qquad \text{(Quantitätstheorie)}$$
$$p = 0.02\bar{w}Y \qquad \text{(aggregiertes Angebot)}$$

Wie hoch muss bei einem Nominallohn $\bar{w}$ in Höhe von 5 und einer Umlaufgeschwindigkeit $\bar{v}$ von 4 die Geldmenge M sein, um ein gleichgewichtiges Preisniveau p in Höhe von 10 sicherzustellen?
a) 250
b) 300
c) 350
d) 400

3. Gegeben sei das neoklassische Basismodell mit fixem Nominallohn und bereits bestehender Unterbeschäftigung. Eine Senkung des Nominallohns hat im neuen Gleichgewicht
a) eine höhere reale Geldmenge, ein höheres reales Sozialprodukt und eine höhere reale Ersparnis zur Folge
b) einen niedrigeren Reallohn, ein höheres Preisniveau und einen höheren

Zinssatz zur Folge
c) ein niedrigeres Preisniveau, einen niedrigeren Reallohn und ein höheres reales Sozialprodukt zur Folge
d) eine höhere reale Geldmenge, einen niedrigeren Reallohn und ein höheres nominales Sozialprodukt zur Folge

4. Im Keynes'schen Basismodell mit linear-limitationaler Produktionsfunktion und Markup-Pricing kommt es zu einer Erhöhung des Nominallohns. Dies bewirkt, dass
a) das Preisniveau und der Zinssatz steigen und das Realeinkommen zurückgeht
b) die Sparneigung zurückgeht und das Realeinkommen und die Beschäftigung steigen
c) das Preisniveau steigt und die Beschäftigung sowie der Zinssatz konstant bleiben
d) das Investitionsvolumen sinkt und das Realeinkommen und die Beschäftigung zurückgehen

5. Gegeben seien die folgenden Gleichungen für das Keynes'sche Basismodell:

$$\begin{aligned} S(r,Y) &= -46 + 40r + 0.2Y \\ I(r) &= 53 - 20r \\ B^d &= -20 + 2000r \\ B^s &= 505 - 1500r \end{aligned}$$

Das Gleichgewichtseinkommen Y_0 beträgt
a) 200
b) 250
c) 300
d) 450

6. In Bezug auf das Keynes'sche Basismodell mit linear-limitationaler Produktionsfunktion und Markup-Pricing ist die folgende Aussage zutreffend:
a) Die Wirkungsrichtung einer Senkung des Nominallohns auf das reale Sozialprodukt ist die gleiche wie die einer Steigerung der Arbeitsproduktivität
b) Eine Senkung des Gleichgewichtszinssatzes am Bondmarkt und eine Verminderung des Markup-Faktors haben die gleiche qualitative Wirkung auf die Beschäftigung
c) Ein Rückgang der Investitionen und ein Rückgang der marginalen Sparneigung haben die gleiche qualitative Wirkung auf die Beschäftigung
d) Die Wirkungsrichtung eines Anstiegs der Konsumneigung auf das reale Sozialprodukt ist die gleiche wie die eines Rückgangs des Preisniveaus.

7. Gegeben sei das folgende, vereinfachte IS-LM-Modell:

$$C = 0.75(Y - \bar{T}), \qquad \bar{T} = 200;$$
$$I = 220 - 400(r - \pi^e), \qquad \pi^e = 0.05;$$
$$\bar{G} = 200;$$
$$Y = C + I + \bar{G} \qquad (\text{Abschreibungsrate} \quad \delta = 0)$$
$$\frac{M^d}{p} = 0.2Y + 470 - 3200r; \qquad p = 2$$

Welchen Wert muss das Geldangebot M haben, um ein reales Gleichgewichtseinkommen Y_0 in Höhe von 1000 zu ermöglichen?
a) $M = 350$
b) $M = 700$
c) $M = 1050$
d) $M = 1400$

8. Gegeben sei das IS-LM-Modell der kurzen Frist für den Fall völlig zinsunelastischer Investitionen ($i_1 = 0$). Die marginale Konsumneigung betrage 0.75. Wie hoch ist (unter Zugrundelegung eines Einkommens-Ausgaben-Lags von einer Periode) die kumulierte Einkommenssteigerung nach $t = 3$ Perioden, wenn die Investitionen in $t = 1$ um $\Delta i_0 = 4$ Einheiten zunehmen und anschließend auch auf dem höheren Niveau verbleiben?
a) $\sum_{t=1}^{3} \Delta Y_t = 3.50$
b) $\sum_{t=1}^{3} \Delta Y_t = 5.25$
c) $\sum_{t=1}^{3} \Delta Y_t = 7.50$
d) $\sum_{t=1}^{3} \Delta Y_t = 9.25$

9. Bei einer vertikalen LM-Kurve und einer normal geneigten IS-Kurve im IS-LM-Modell der kurzen Frist
a) liegt eine Liquiditätsfalle vor
b) führt eine expansive Fiskalpolitik zu einem totalen Crowding-out
c) ist expansive Geldpolitik nur in Verbindung mit einer ebenfalls expansiven Fiskalpolitik effektiv
d) führt eine Steuererhöhung zu einem Rückgang des Einkommens

10. Man vergleiche im IS-LM-Modell der kurzen Frist die Multiplikatoreffekte einer steuer-, einer schulden- und einer geldfinanzierten Staatsausgabenerhöhung. Es gilt:
a) Der Multiplikator ist bei Schuldenfinanzierung am größten.
b) Der Multiplikator ist bei Geldfinanzierung genauso groß wie bei Steuerfinanzierung.
c) Der Multiplikator hat bei Steuerfinanzierung stets den Wert 1.
d) Der Multiplikator ist bei Geldfinanzierung größer als bei Schuldenfinanzierung.

11. Im IS-LM-Modell der kurzen Frist kommt es zu einem (exogenen) Preisanstieg und einer (ebenfalls exogenen) Erhöhung der erwarteten Inflationsrate. Dennoch bleibt das reale Gleichgewichtseinkommen konstant. Bei unveränderten Verhaltensfunktionen des privaten Sektors
a) bedeutet dies, dass bei unveränderter Fiskalpolitik der Nominalzins um den gleichen Betrag wie die erwartete Inflationsrate gestiegen sein muss.
b) bedeutet dies, dass bei unveränderter Fiskalpolitik die Geldmenge um den gleichen Prozentsatz wie das Preisniveau gestiegen sein muss.
c) bedeutet dies, dass bei unveränderter Fiskalpolitik die Geldmenge prozentual stärker gestiegen sein muss als das Preisniveau.
d) ist dies völlig unmöglich, wenn die Fiskalpolitik unverändert bleibt.

12. Im IS-LM-Modell einer kleinen offenen Volkswirtschaft werden die Steuern gesenkt. Dies führt im neuen Gleichgewicht
a) bei fixen Wechselkursen zu einem höheren realen Sozialprodukt und einer Erhöhung des Devisenbestandes der Zentralbank.
b) bei flexiblen Wechselkursen zu einem gleichbleibenden realen Sozialprodukt und einer Abwertung der inländischen Währung.
c) bei fixen Wechselkursen zu einem gleichbleibenden realen Sozialprodukt und einer Erhöhung des Devisenbestands der Zentralbank.
d) bei flexiblen Wechselkursen zu einem höheren realen Sozialprodukt und einer Aufwertung der inländischen Währung.

13. Im IS-LM-Modell einer kleinen offenen Volkswirtschaft mit fixen Wechselkursen reduziert die Zentralbank die Geldmenge. Diese Maßnahme
a) muss durch höhere Staatsausgaben ausgeglichen werden, wenn das reale Gleichgewichtseinkommen konstant bleiben soll.
b) führt zu einem niedrigeren realen Gleichgewichtseinkommen, was durch Fiskalpolitik nicht zu verhindern ist.
c) erfordert keine fiskalpolitischen Aktivitäten, wenn das reale Gleichgewichtseinkommen konstant bleiben soll.
d) darf nur in Verbindung mit einer Steuersenkung durchgeführt werden, wenn das reale Gleichgewichtseinkommen konstant bleiben soll.

14. Im IS-LM-Modell einer kleinen offenen Volkswirtschaft mit flexiblen Wechselkursen führt eine Erhöhung der Staatsausgaben im neuen Gleichgewicht zu
a) einem höheren realen Sozialprodukt und einem höheren Außenbeitrag.
b) einem unveränderten realen Sozialprodukt und einem niedrigeren Außenbeitrag.
c) einem niedrigeren realen Sozialprodukt und einem unveränderten Außenbeitrag.
d) einem höheren realen Sozialprodukt und einem unveränderten Außenbeitrag.

15. Akzelerierende Inflation kommt im monetaristischen Basismodell dann zustande, wenn
a) die Anpassungsgeschwindigkeit des Nominallohns hinreichend groß ist.
b) die Umlaufgeschwindigkeit des Geldes oberhalb eines 'kritischen Wertes' liegt.
c) die Zentralbank versucht, die Arbeitslosenrate auf Dauer unter ihrem 'natürlichen' Niveau zu stabilisieren.
d) die Anpassungsstärke bei den Inflationserwartungen hinreichend niedrig ist.

16. Gegeben sei das auf zwei Differentialgleichungen reduzierte monetaristische Basismodell in der folgenden Form:

$$\dot{U} = \pi - (\bar{\mu} - \bar{\gamma}) \quad \text{mit} \quad \bar{\mu} = 0.03 \quad \text{und} \quad \bar{\gamma} = 0$$
$$\dot{\pi} = -0.18U - 0.9\pi + 0.9(\bar{\mu} - \bar{\gamma}) + 0.18\bar{U} \quad \text{mit} \quad \bar{U} = 0.06$$

Im vorliegenden konkreten Fall ist der Steady State
a) monoton stabil
b) zyklisch stabil
c) monoton instabil
d) zyklisch instabil

17. Welche der folgenden Aussagen bezüglich des monetaristischen Basismodells ist falsch?
a) Die langfristige Arbeitslosenrate kann nicht durch eine höhere Anpassungsgeschwindigkeit der Nominallöhne gesenkt werden.
b) Eine langfristig niedrigere Inflationsrate ist ohne eine Reduktion der Geldmengenwachstumsrate nicht möglich.
c) Die konstante Umlaufgeschwindigkeit des Geldes hat zur Folge, dass Geld weder kurz- noch langfristig die Produktion beeinflusst.
d) Die Verwendung einer linear-limitationalen Produktionsfunktion und des Markup-Pricings bewirken eine Konstanz des Reallohns.

18. Das IS-LM-PC-Modell beinhaltet die folgenden Bausteine:
a) IS-LM-Modell der kurzen Frist, Quantitätstheorie, Phillipskurve, neoklassische Produktionsfunktion, Markup-Pricing
b) IS-LM-Modell der mittleren Frist, Lohn-Phillipskurve, linear-limitationale Produktionsfunktion, Markup-Pricing, Say'sches Theorem
c) IS-LM-Modell der kurzen Frist, adaptive Inflationserwartungen, konstante Kapitalauslastung (Y/K), Markup-Pricing, Phillipskurve
d) IS-LM-Modell der kurzen Frist, Lohn-Phillipskurve, Markup-Pricing, adaptive Inflationserwartungen, konstante Arbeitsproduktivität

19. Gegeben sei das bereits auf zwei Differentialgleichungen in den Variablen $m(= M/w)$ und π^e reduzierte IS-LM-PC-Modell:

$$\dot{m} = [\mu - \beta_w(e - \bar{e}) - \pi^e]m$$
$$\dot{\pi^e} = \beta_{\pi^e}\beta_w(e - \bar{e})$$

mit $e = a_0 + a_1 m + a_2 \pi^e$. Bezüglich des Phasenporträts ist die folgende Aussage richtig:
a) Oberhalb der $\dot{m} = 0$-Isokline sinkt m, unterhalb der $\dot{\pi^e} = 0$-Isokline sinkt π^e.
b) Oberhalb der $\dot{m} = 0$-Isokline steigt m, oberhalb der $\dot{\pi^e} = 0$-Isokline steigt π^e.
c) Unterhalb der $\dot{m} = 0$-Isokline steigt m, unterhalb der $\dot{\pi^e} = 0$-Isokline steigt π^e.
d) Unterhalb der $\dot{m} = 0$-Isokline steigt π^e, oberhalb der $\dot{\pi^e} = 0$-Isokline sinkt m.
(Mit der $\dot{m} = 0$-Isokline ist hier natürlich nicht die triviale – die Ordinate – gemeint).

20. Gegeben seien wieder die beiden Differentialgleichungen aus Aufgabe 19, jetzt mit der Vereinfachung $\mu = 0$. Mit m_0 und π_0^e seien die Werte der beiden dynamischen Variablen im ökonomisch relevanten Steady State gegeben. Eine Erhöhung der Staatsausgaben $\bar{G}$ und damit ein größerer Wert für a_0 führt dann zu
a) einem größeren Wert für m_0 und einem größeren Wert für π_0^e.
b) einem kleineren Wert für m_0 und einem unveränderten Wert für π_0^e.
c) einem größeren Wert für m_0 und einem kleineren Wert für π_0^e.
d) einem unveränderten Wert für m_0 und einem größeren Wert für π_0^e.

21. Gegeben sei das Harrod-Modell mit $Y = \frac{1}{1-c}I, \quad c = 0.9$ als realisiertem Output und $Y^p = 0.5K$ als Potenzialoutput. Das Investitionsverhalten sei mit $\widehat{I/K} = 1.25(Y/K - Y^p/K)$ beschrieben. Im Steady State wächst dann der Kapitalstock K mit der Rate
a) $\hat{K} = 0.025$
b) $\hat{K} = 0.040$
c) $\hat{K} = 0.050$
d) $\hat{K} = 0.065$

22. Gegeben sei folgende Produktionsfunktion: $F(K, L) = 1.2L^{2/3}K^{1/3}$. Die Abschreibungsrate δ sei Null und das Bevölkerungswachstum $n_1 = 0.045$. Wie hoch muss im Solow-Modell mit diesen Daten die Sparneigung s sein, um im Steady State einen Pro-Kopf-Output y_0 in Höhe von 2.4 zu erreichen?
a) $s = 0.10$
b) $s = 0.15$
c) $s = 0.20$
d) $s = 0.25$

23. Wenn im Solow-Modell bei einer Abschreibungsrate von $\delta = 0$ das Bevölkerungswachstum sinkt, hat dies
a) eine höhere Kapitalintensität und eine höhere Wachstumsrate des Kapitalstocks
b) eine niedrigere Kapitalintensität und eine unveränderte Wachstumsrate des Kapitalstocks
c) eine höhere Kapitalintensität und eine niedrigere Wachstumsrate des Kapitalstocks
d) eine niedrigere Kapitalintensität und eine niedrigere Wachstumsrate des Kapitalstocks
im neuen Steady State zur Folge.

24. Das Say'sche Theorem gilt u.a.
a) im monetaristischen Basismodell und im IS-LM-PC-Modell.
b) im IS-LM-Modell der kurzen Frist und im monetaristischen Basismodell.
c) im IS-LM-Modell der kurzen Frist und im Domar-Modell.
d) im neoklassischen Basismodell und im Solow-Modell.

25. 'Eine höhere Sparneigung führt zu einem niedrigeren realen Sozialprodukt.' Diese Aussage trifft u.a. zu im
a) neoklassischen Basismodell bei fixem Nominallohn, im Keynes'schen Basismodell und im IS-LM-Modell der kurzen Frist.
b) Keynes'schen Basismodell, im IS-LM-Modell der kurzen Frist und im Solow-Modell.
c) Keynes'schen Basismodell, im IS-LM-Modell der kurzen Frist und im IS-LM-Modell einer kleinen offenen Volkswirtschaft bei fixen Wechselkursen.
d) monetaristischen Basismodell, im Harrod-Modell und im Solow-Modell.

Lösungen: 1.b), 2.a), 3.c), 4.c), 5.d), 6.a), 7.b), 8.d), 9.b), 10.d), 11.a), 12.a), 13.c), 14.b), 15.c), 16.a), 17.c), 18.d), 19.a), 20.b), 21.c), 22.b), 23.c), 24.d), 25.c).

9.2.3 Version 2a (2006)

1. Gegeben sei das neoklassische Basismodell mit fixem Nominallohn und bereits bestehender Unterbeschäftigung. Eine Erhöhung des Nominallohns hat im neuen Gleichgewicht
   - ☐ a) eine niedrigere reale Geldmenge, ein niedrigeres reales Sozialprodukt und eine niedrigere reale Ersparnis zur Folge.
   - ☐ b) einen höheren Reallohn, ein niedrigeres Preisniveau und einen niedrigeren Zinssatz zur Folge.
   - ☐ c) eine niedrigere reale Geldmenge, einen höheren Reallohn und ein niedrigeres nominales Sozialprodukt zur Folge.

☐ d) ein höheres Preisniveau, einen höheren Reallohn und ein niedrigeres reales Sozialprodukt zur Folge.

2. Im neoklassischen Basismodell mit flexiblen Nominallöhnen kommt es zu einer Erhöhung des Arbeitsangebots. Die Folge ist
   ☐ a) ein gleichbleibendes nominales Sozialprodukt und ein niedrigerer Reallohn.
   ☐ b) ein gleichbleibendes nominales Sozialprodukt und ein gleichbleibender Reallohn.
   ☐ c) ein gleichbleibendes reales Sozialprodukt und eine höhere Arbeitslosenrate.
   ☐ d) ein gleichbleibendes reales Sozialprodukt und eine niedrigere Arbeitslosenrate.

3. Mit dem Begriff "Sparparadox" ist im Keynes'schen Basismodell der Tatbestand gemeint, dass
   ☐ a) im Gütermarktgleichgewicht der Output umso geringer ist, je höher das Sparvolumen ist.
   ☐ b) ein Anstieg der Investitionen im neuen Gütermarktgleichgewicht ein geringeres Sparvolumen zur Folge hat.
   ☐ c) trotz höherer Sparneigung im Gütermarktgleichgewicht das Sparvolumen konstant bleibt.
   ☐ d) eine niedrigere Sparneigung im Gütermarktgleichgewicht zu einem höheren Sparvolumen führt.

4. Im Keynes'schen Basismodell bei linear-limitationaler Produktionsfunktion und Markup-Pricing kommt es zu einem Anstieg der Arbeitslosigkeit. Als mögliche Ursache kommt dafür in Betracht:
   ☐ a) eine Erhöhung des Nominallohns.
   ☐ b) ein Anstieg der marginalen Konsumneigung.
   ☐ c) ein Anstieg der Arbeitsproduktivität.
   ☐ d) eine Erhöhung der Bondnachfrage (zu jedem Zinssatz).

5. Gegeben sei das folgende, vereinfachte IS-LM-Modell (einer geschlossenen Volkswirtschaft):

$$\begin{aligned} C &= 0.8(Y - \bar{T}), \qquad \bar{T} = 170; \\ I &= 182 - 300(r - \pi^e), \qquad \pi^e = 0.03; \\ \bar{G} &= 170; \\ Y &= C + I + \bar{G} \qquad (\text{Abschreibungsrate} \quad \delta = 0) \\ \frac{M^d}{p} &= 0.3Y + 360 - 2200r; \qquad p = 4 \end{aligned}$$

Welchen Wert muss das nominale Geldangebot $\bar{M}$ haben, um ein reales Gleichgewichtseinkommen Y_0 in Höhe von 900 zu ermöglichen?
☐ a) $\bar{M} = 300$
☐ b) $\bar{M} = 750$
☐ c) $\bar{M} = 1200$
☐ d) $\bar{M} = 1650$

6. Im IS-LM-Modell (einer geschlossenen Volkswirtschaft) führt eine expansive Fiskalpolitik zu einem <u>totalen</u> Crowding-out, wenn
☐ a) die Geldnachfrage völlig zinsunelastisch ist.
☐ b) das Geldangebot völlig zinsunelastisch ist.
☐ c) die Geldnachfrage unendlich zinselastisch ist.
☐ d) die Investitionen völlig zinsunelastisch sind.

7. Im IS-LM-Modell (einer geschlossenen Volkswirtschaft) mit normal geneigten Kurven gilt:
☐ a) Der Staatsausgabenmultiplikator ist bei Steuerfinanzierung größer als bei Schuldenfinanzierung.
☐ b) Der Staatsausgabenmultiplikator ist bei Schuldenfinanzierung genauso groß wie bei Geldfinanzierung.
☐ c) Der Staatsausgabenmultiplikator ist bei Steuerfinanzierung genauso groß wie bei Geldfinanzierung.
☐ d) Der Staatsausgabenmultiplikator ist bei Geldfinanzierung größer als bei Steuerfinanzierung.

8. Im IS–LM–Modell (einer geschlossenen Volkswirtschaft) steigen das Preisniveau und die Staatsausgaben. Im neuen Gleichgewicht ergibt sich dann <u>*in jedem Fall*</u>
☐ a) eine höhere private Ersparnis.
☐ b) eine niedrigere gesamtwirtschaftliche Ersparnis.
☐ c) eine höhere gesamtwirtschaftliche Ersparnis.
☐ d) eine niedrigere private Ersparnis.

9. Im IS–LM–Modell (einer geschlossenen Volkswirtschaft) führt eine Steuersenkung zu
   - ☐ a) einem Anstieg des Sozialprodukts, einem Rückgang der Investitionen und einer höheren privaten Ersparnis.
   - ☐ b) einem Rückgang des Sozialprodukts, einer Erhöhung der Investitionen und einer niedrigeren privaten Ersparnis.
   - ☐ c) einem Anstieg des Sozialprodukts, einer Erhöhung der Investitionen und einer höheren privaten Ersparnis.
   - ☐ d) einem Rückgang des Sozialprodukts, einem Rückgang der Investitionen und einer niedrigeren privaten Ersparnis.
10. Im IS-LM-Modell einer kleinen offenen Volkswirtschaft mit perfekter internationaler Kapitalmobilität werden die Staatsausgaben erhöht. Bei fixen Wechselkursen führt dies im neuen Gleichgewicht zu
   - ☐ a) einer unveränderten Geldmenge und einem unveränderten Zinssatz.
   - ☐ b) einer höheren Geldmenge und einem unveränderten Zinssatz.
   - ☐ c) einer niedrigeren Geldmenge und einem höheren Zinssatz.
   - ☐ d) einer unveränderten Geldmenge und einem niedrigeren Zinssatz.

11. Im IS-LM-Modell einer kleinen offenen Volkswirtschaft mit perfekter internationaler Kapitalmobilität führt eine Erhöhung der Geldmenge bei flexiblen Wechselkursen im neuen Gleichgewicht zu
   - ☐ a) einem sinkenden Devisenbestand der Zentralbank und einem gleichbleibenden Außenbeitrag.
   - ☐ b) einem gleichbleibenden Devisenbestand der Zentralbank und einem niedrigeren Außenbeitrag.
   - ☐ c) einem höheren Devisenbestand der Zentralbank und einem höheren Außenbeitrag.
   - ☐ d) einem gleichbleibenden Devisenbestand der Zentralbank und einem höheren Außenbeitrag.

12. Gegeben sei das IS–LM–Modell (einer geschlossenen Volkswirtschaft) unter Gültigkeit der Permanenteinkommenshypothese. Letztere führt
   - ☐ a) sowohl kurzfristig als auch langfristig zu einem geringeren Multiplikator
   - ☐ b) kurzfristig zum gleichen, langfristig aber zu einem höheren Multiplikator
   - ☐ c) kurzfristig zu einem niedrigeren, langfristig aber zum gleichen Multiplikator
   - ☐ d) sowohl kurzfristig als auch langfristig zu einem niedrigeren Multiplikator

   im Vergleich zum IS–LM–Modell in Standardform.

13. Im IS–LM–Modell (einer geschlossenen Volkswirtschaft) mit endogenem Geldangebot führt eine Erhöhung der Staatsausgaben zu
    □ a) einer Erhöhung des Umfangs der Depositen ($D \uparrow$).
    □ b) einer Reduktion des Geldangebots ($M \downarrow$).
    □ c) einer Abnahme des Bargeldumlaufs ($CU \downarrow$).
    □ d) einer Erhöhung der Zentralbankgeldmenge ($H \uparrow$).
14. Die "modifizierte Phillipskurve" von Solow und Samuelson
    □ a) bezieht die erwartete Inflationsrate explizit in den Preisbildungsprozeß mit ein.
    □ b) besagt, dass eine niedrigere Arbeitslosenrate nur bei einer höheren Inflationsrate zu haben ist.
    □ c) beschreibt einen negativen Zusammenhang zwischen der Wachstumsrate des Nominallohns und der Arbeitslosenrate unter Zugrundelegung konstanter Preise.
    □ d) besagt, dass die Arbeitslosenrate weder kurzfristig noch langfristig von ihrem natürlichen Niveau abweichen kann.
15. Im monetaristischen Ansatz bewirkt eine Erhöhung der Wachstumsrate der Geldmenge
    □ a) kurzfristig eine höhere Arbeitslosenquote, langfristig ausschließlich eine niedrigere Inflationsrate.
    □ b) kurzfristig eine niedrigere Inflationsrate, langfristig ausschließlich eine niedrigere Arbeitslosenquote.
    □ c) kurzfristig eine niedrigere Inflationsrate, langfristig ausschließlich eine höhere Arbeitslosenquote.
    □ d) kurzfristig eine niedrigere Arbeitslosenquote, langfristig ausschließlich eine höhere Inflationsrate.
16. Gegeben sei folgende Produktionsfunktion: $F(L, K) = 2L^{3/4}K^{1/4}$. Das Wachstum des Arbeitsangebots betrage $n_1 = 0.02$, die Abschreibungsrate $\delta = 0.05$ und die marginale Konsumneigung $c = 0.9$. Für die Kapitalintensität im Steady State des Solow-Modells, k_0, ergibt sich dann folgender Wert:
    □ a) $k_0 = 8$
    □ b) $k_0 = 16$
    □ c) $k_0 = 24$
    □ d) $k_0 = 32$

Lösungen: 1d, 2a, 3c, 4c, 5c, 6a, 7d, 8b, 9a, 10b, 11d, 12c, 13a, 14b, 15d, 16b.

9.2.4 Version 2b (2006)

1. Das neoklassische Basismodell bei fixem Nominallohn liege in der folgenden konkreten Form vor:

$\bar{v}M = pY$ (Quantitätstheorie)

$Y = F(L^d) = 20\sqrt{L^d}$ (Neoklassische Produktionsfunktion)

Wie hoch muss bei einem Nominallohn $\bar{w}$ in Höhe von 8 und einer Umlaufgeschwindigkeit $\bar{v}$ von 6 die Geldmenge M sein, um ein gleichgewichtiges Preisniveau p in Höhe von 12 sicherzustellen?

☐ a) $M = 500$
☐ b) $M = 550$
☐ c) $M = 600$
☐ d) $M = 650$

2. Im neoklassischen Basismodell mit flexiblem Nominallohn wird die Geldmenge erhöht. Die Folge ist
   ☐ a) Ein höheres nominales Sozialprodukt, ein unveränderter Zinssatz und eine unveränderte Beschäftigung.
   ☐ b) Ein gleichbleibendes reales Sozialprodukt, ein niedrigerer Zinssatz und eine unveränderte Beschäftigung.
   ☐ c) Ein gleichbleibendes nominales Sozialprodukt, ein unveränderter Zinssatz und eine unveränderte Beschäftigung.
   ☐ d) Ein höheres reales Sozialprodukt, ein niedrigerer Zinssatz und eine höhere Beschäftigung.

3. Im Keynes'schen Basismodell mit linear-limitationaler Produktionsfunktion und Markup-Pricing kommt es zu einer Senkung des Markup-Faktors. Dies bewirkt, dass
   ☐ a) die Sparneigung steigt und das Realeinkommen und die Beschäftigung zurückgehen.
   ☐ b) das Preisniveau sinkt und die Beschäftigung sowie der Zinssatz konstant bleiben.
   ☐ c) das Preisniveau und der Zinssatz sinken und das Realeinkommen ansteigt.
   ☐ d) das Investitionsvolumen steigt und das Realeinkommen und die Beschäftigung zunehmen.

4. Im Keynes'schen Basismodell mit linear-limitationaler Produktionsfunktion und Markup-Pricing kommt es zu einer Erhöhung des Nominallohns und zu einem Anstieg der Arbeitsproduktivität. Die Folge ist
   ☐ a) ein höherer Reallohn und eine gleichbleibende Beschäftigung.
   ☐ b) ein niedrigerer Reallohn und eine höhere Beschäftigung.
   ☐ c) ein höherer Reallohn und eine niedrigere Beschäftigung.
   ☐ d) ein niedrigerer Reallohn und eine gleichbleibende Beschäftigung.

5. Gegeben sei das IS-LM-Modell (einer geschlossenen Volkswirtschaft) für den Fall völlig zinsunelastischer Investitionen. Die marginale Konsumneigung betrage 0.75. Wie hoch ist (unter Zugrundelegung eines Einkommens-Ausgaben-Lags von einer Periode) die kumulierte Einkommenssteigerung nach $t = 3$ Perioden, wenn die Investitionen in $t = 1$ um $\Delta i_0 = 4$ Einheiten zunehmen und anschließend auch auf dem höheren Niveau verbleiben?
   - ☐ a) $\sum_{t=1}^{3} \Delta Y_t = 3.50$
   - ☐ b) $\sum_{t=1}^{3} \Delta Y_t = 5.25$
   - ☐ c) $\sum_{t=1}^{3} \Delta Y_t = 7.50$
   - ☐ d) $\sum_{t=1}^{3} \Delta Y_t = 9.25$

6. Im IS-LM-Standardmodell (einer geschlossenen Volkswirtschaft) kommt es zu einer Erhöhung des Kassenhaltungskoeffizienten. Dies führt zu einer neuen Gleichgewichtslage mit
   - ☐ a) höherem Einkommen und einer höheren Nachfrage nach Transaktionskasse.
   - ☐ b) höherem Einkommen und einer niedrigeren Nachfrage nach Transaktionskasse.
   - ☐ c) geringeren Einkommen und einer geringeren Nachfrage nach Transaktionskasse.
   - ☐ d) geringeren Einkommen und einer höheren Nachfrage nach Transaktionskasse.

7. Im IS-LM-Modell (der kurzen Frist) mit normal geneigten Kurven gilt für den Staatsausgabenmultiplikator bei ausgeglichenem Budget ($d\bar{G} = d\bar{T}$):
   - ☐ a) $\frac{dY}{d\bar{G}} > 1$
   - ☐ b) $\frac{dY}{d\bar{G}} = 1$
   - ☐ c) $\frac{dY}{d\bar{G}} < 1$
   - ☐ d) $\frac{dY}{d\bar{G}} = 0$

8. Gegeben sei das folgende, vereinfachte IS-LM-Modell:

$$
\begin{aligned}
C &= 0.8(Y - \bar{T}), \qquad \bar{T} = 150; \\
I &= 190 - 200(r - \pi^e), \qquad \pi^e = 0.05; \\
\bar{G} &= 150; \\
Y &= C + I + \bar{G} \qquad \text{(Abschreibungsrate} \quad \delta = 0) \\
\frac{M^d}{p} &= 0.5Y + 700 - 4500r; \\
\frac{\bar{M}}{p} &= 525; \qquad p = 4
\end{aligned}
$$

Für das simultane Geld- und Gütermarktgleichgewicht ergeben sich dann die folgenden Werte:

☐ a) Nominales Einkommen = 4000; Realzins = 0.1
☐ b) Reales Einkommen = 1000; Nominalzins = 0.1
☐ c) Nominales Einkommen = 1000; Realzins = 0.15
☐ d) Reales Einkommen = 1500; Nominalzins = 0.2

9. Bei welcher der nachfolgend aufgeführten Konstellationen im IS-LM-Modell (einer geschlossenen Volkswirtschaft) gilt unter sonst jeweils normalen Bedingungen das "Sparparadox"? Es gilt
   ☐ a) bei einer horizontalen IS-Kurve, aber auch bei einer horizontalen LM-Kurve.
   ☐ b) bei einer horizontalen IS-Kurve, aber auch bei einer vertikalen LM-Kurve.
   ☐ c) bei einer vertikalen IS-Kurve, aber auch bei einer vertikalen LM-Kurve.
   ☐ d) bei einer vertikalen IS-Kurve, aber auch bei einer horizontalen LM-Kurve.

10. Im IS-LM-Modell einer kleinen offenen Volkswirtschaft mit perfekter internationaler Kapitalmobilität wird die Geldmenge erhöht. Bei flexiblen Wechselkursen führt dies mit Blick auf das neue Gleichgewicht zu
    ☐ a) einem höheren Investitionsvolumen.
    ☐ b) einer höheren gesamtwirtschaftlichen Ersparnis.
    ☐ c) einer unveränderten Beschäftigung.
    ☐ d) einer Aufwertung der inländischen Währung.

11. Im IS-LM-Modell einer kleinen offenen Volkswirtschaft mit perfekter internationaler Kapitalmobilität werden die Steuern gesenkt und die Geldmenge erhöht. Im neuen Gleichgewicht ist das Einkommen gesunken. Dies ist
    ☐ a) sowohl bei fixen als auch bei flexiblen Wechselkursen
    ☐ b) nur bei fixen Wechselkursen
    ☐ c) nur bei flexiblen Wechselkursen
    ☐ d) weder bei fixen noch bei flexiblen Wechselkursen
    möglich.

12. Im Vergleich zum IS-LM-Modell (einer geschlossenen Volkswirtschaft) in Standardform führt die zusätzliche Berücksichtigung des Realvermögenseffekts in der Konsumfunktion dazu, dass jetzt
    ☐ a) eine Senkung des Preisniveaus bei einer unendlich zinselastischen Geldnachfrage expansiv auf das reale Sozialprodukt wirkt.
    ☐ b) eine Steuersenkung bei einer völlig zinsunelastischen Geldnachfrage expansiv auf das reale Sozialprodukt wirkt.

☐ c) eine Erhöhung der Staatsausgaben bei unendlich zinselastischen Investitionen expansiv auf das reale Sozialprodukt wirkt.

☐ d) eine Reduktion der Geldmenge bei völlig zinsunelastischen Investitionen expansiv auf das reale Sozialprodukt wirkt.

13. Im IS-LM-Modell (einer geschlossenen Volkswirtschaft) kommt es aufgrund veränderter Zahlungsgewohnheiten zu einer Senkung des Bargeldkoeffizienten ($\bar{cu} \downarrow$). Dies bewirkt u.a.

☐ a) ein höheres Geldangebot ($M \uparrow$) und ein höheres reales Sozialprodukt ($Y \uparrow$).

☐ b) ein höheres Geldangebot ($M \uparrow$) und ein niedrigeres reales Sozialprodukt ($Y \downarrow$).

☐ c) ein niedrigeres Geldangebot ($M \downarrow$) und ein höheres reales Sozialprodukt ($Y \uparrow$).

☐ d) ein niedrigeres Geldangebot ($M \downarrow$) und ein niedrigeres reales Sozialprodukt ($Y \downarrow$).

14. Im monetaristischen Basismodell ist die Phase der Stagflation u.a. gekennzeichnet durch

☐ a) eine steigende, aber noch unterhalb der NAIRU liegende Arbeitslosenrate, eine steigende Inflationsrate sowie sinkende Inflationserwartungen.

☐ b) eine steigende, aber noch unterhalb der NAIRU liegende Arbeitslosenrate, eine steigende Inflationsrate sowie steigende Inflationserwartungen.

☐ c) eine fallende und unterhalb der NAIRU liegende Arbeitslosenrate, eine steigende Inflationsrate sowie steigende Inflationserwartungen.

☐ d) eine fallende, aber noch oberhalb der NAIRU liegende Arbeitslosenrate, eine sinkende Inflationsrate sowie sinkende Inflationserwartungen.

15. Im monetaristischen Basismodell wird die Wachstumsrate der Geldmenge von 4% auf 6% erhöht. Im neuen Steady State

☐ a) ist die reale Geldmenge $\frac{M}{p}$ genauso hoch wie im alten Steady State.

☐ b) ist die reale Geldmenge $\frac{M}{p}$ um 50% höher als im alten Steady State.

☐ c) ist die reale Geldmenge $\frac{M}{p}$ um 50% niedriger als im alten Steady State.

☐ d) wächst die reale Geldmenge $\frac{M}{p}$ um 2 Prozentpunkte schneller als im alten Steady State.

16. Gegeben sei das Solow-Modell mit neoklassischer und linear-homogener Produktionsfunktion $F(K, L)$ und den Parametern s (marginale Sparneigung), δ (Abschreibungsrate) und n_1 (Wachstumsrate der Bevölkerung),

von denen alle strikt positiv seien. Im Steady State beträgt dann die Wachstumsrate des Kapitalstocks ($\hat{K}$)

☐ a) Null
☐ b) $s\delta + n_1$
☐ c) n_1
☐ d) $s - n_1$

Lösungen: 1c, 2a, 3b, 4c, 5d, 6d, 7c, 8a, 9d, 10b, 11d, 12a, 13a, 14b, 15a, 16c.

Literaturverzeichnis

ABEL, A. und B. BERNANKE (2005): *Macroeconomics.* New York: Pearson.

ACKLEY, G. (1964): *Macroeconomic Theory.* New York: Macmillan.

ARNOLD, L. (2006): *Makroökonomik. Eine Einführung in die Theorie der Güter-, Arbeits- und Finanzmärkte.* Tübingen: Mohr Siebeck.

ARROW, K. (1962): The economic implications of learning by doing. *Review of Economic Studies*, 29, 155 – 173.

ASADA, T., C. CHIARELLA, P. FLASCHEL und R. FRANKE (2003): *Open Economy Macrodynamics : An Integrated Disequilibrium Approach.* Berlin: Springer.

ASADA, T., CHEN, P., CHIARELLA, C. und P. FLASCHEL (2006a): AD-AS and the Phillips curve. A baseline disequilibrium approach. In: C. Chiarella, P. Flaschel, R. Franke und W. Semmler (Hrsg.): *Quantitative and Empirical Analysis of Nonlinear Dynamic Macromodels.* Contributions to Economic Analysis (Series Editors: B. Baltagi, E. Sadka und D. Wildasin). Amsterdam: Elsevier.

ASADA, T., CHEN, P., CHIARELLA, C. und P. FLASCHEL (2006b): Keynesian dynamics and the wage-price spiral: A baseline disequilibrium model. *Journal of Macroeconomics* , 28, 90 – 130.

ASADA, T., C. CHIARELLA, P. FLASCHEL und R. FRANKE (2010): *Monetary Macrodynamics.* London: Routledge.

BAILY, M.N. und P. Friedman (1991): *Macroeconomics, Financial Markets, and the International Sector.* Boston: Irwin.

BARNA, T. (1975): Quesnay's Tableau in Modern Guise. *The Economic Journal*, 85, 485 – 496.

BARRO, R. (1990): *Macroeconomics*, 3. Auflage. New York: John Wiley.

BARRO, R. (1994): The Aggregate-Supply / Aggregate-Demand Model. *Eastern Economic Journal*, 20, 1 – 6.

BARRO, R. und V. GRILLI (1994): *European Macroeconomics.* London: Macmillan.

BARTLING, H. und F. Luzius (2002): *Grundzüge der Volkswirtschaftslehre*, 14. Auflage. München: Verlag Vahlen.

BLANCHARD, O.J. und N. KIYOTAKI (1987): Monopolistic Competition and the Effects of Aggregate Demand. *American Economic Review*, 77/4, 647 - 66.

BLANCHARD, O.J. und S. FISCHER (1989): *Lectures on Macroeconomics.* Cambridge, Mass.: The MIT Press.

BLANCHARD, O. und X. KATZ (1999): Wage dynamics. Reconciling theory and evidence. *American Economic Review. Papers and Proceedings*, 69 – 74.

BLANCHARD, O. (2006): *Macroeconomics*, 4. Auflage. New Jersey: Prentice Hall.

BLANCHARD, O. und G. ILLING (2006): *Makroökonomie*, 4. Auflage. München: Pearson Studium.

CALVO, G. (1983): Staggered Prices in a Utility Maximizing Framework. *Journal of Monetary Economics*, 12/3, 383 – 98.

CARLIN, W. und D. SOSKICE (2005): *Macroeconomics. Imperfections, Institutions and Policy.* Oxford: Oxford University Press.

CHEN, P., CHIARELLA C., FLASCHEL, P. und W. SEMMLER (2006): Keynesian Macrodynamics and the Phillips Curve. An estimated baseline macro-model for the U.S. economy (with). In: C. Chiarella, P. Flaschel, R. Franke und W. Semmler (Hrsg.): *Quantitative and Empirical Analysis of Nonlinear Dynamic Macromodels.* Contributions to Economic Analysis 277 (Series Editors: B. Baltagi, E. Sadka und D. Wildasin), Elsevier, Amsterdam, 2006, 229 – 284.

CHIARELLA, C. und P. FLASCHEL (1996a): Keynesian Monetary Growth Dynamics. Macrofoundations. Buchmanuskript: Universität Bielefeld / UTS Sydney (erschienen als Chiarella und Flaschel (2000)).

CHIARELLA, C. und P. FLASCHEL (1996b): Keynesian Monetary Growth Dynamics in Open Economies. Buchmanuskript: Universität Bielefeld / UTS Sydney (erschienen als Asada et al. (2003).

CHIARELLA, C. und P. FLASCHEL (2000): *The Dynamics of Keynesian Monetary Growth: Macro Foundations.* Cambridge, UK: Cambridge University Press.

CHIARELLA, C., FLASCHEL, P. und R. FRANKE (2005): *Foundations for a Disequilibrium Theory of the Business Cycle. Qualitative Analysis and Quantitative Assessment.* Cambridge, UK: Cambridge University Press.

CHIARELLA, C., FLASCHEL, P. und W. SEMMLER (2012): *Reconstructing Keynesian Macroeconomics. Partial Approaches.* London: Routledge.

CROUCH, R. (1972): *Macroeconomics.* New York: Harcourt Brace Jovanovich.

DOMAR, E.D. (1946): Capital expansion, rate of growth, and employment. *Econometrica*, 14, 137 – 147.

DONGES, J.B., W. HAMM, W. MÖSCHEL, M.J.M. NEUMANN und O. SIEVERT (1995): *Arbeitslosigkeit und Lohnpolitik - Die Tarifpolitik in der Bewährungsprobe.* Frankfurter Institut: Argumente zur Wirtschaftspolitik, Nr. 52.

DORNBUSCH, R. (1976): Expectations and exchange rate dynamics. *Journal of Political Economy*, 84, 1161 – 76.

DORNBUSCH, R. (1980): *Open Economy Macroeconomics.* New York: Basic Books.

DORNBUSCH, R. und S. Fischer (1995): *Makroökonomik*, 6. Auflage. München: Oldenbourg.

ENGELS, W. (1984): *Arbeitslosigkeit. Woher sie kommt und wie man sie beheben kann.* Frankfurter Institut: Schriftenreihe, 5.

ERCEG, C., D.W. HENDERSON und A.T. LEVIN (2000): Optimal monetary policy with staggered wage and price contracts. *Journal of Monetary Economics*, 46, 281 - 313.

FELDERER, B. und S. Homburg (2005): *Makroökonomik und Neue Makroökonomik*, 9. Auflage. Berlin: Springer.

FLASCHEL, P. und G. GROH (1996): *Keynesianische Makroökonomik. Unterbeschäftigung, Inflation und Wachstum.* Erste Auflage. Heidelberg: Springer.

FLASCHEL, P., GROH, G., PROAÑO, C. und W. SEMMLER (2007): Topics in Applied Macrodynamic Theory. In: S. Mitnik, und W. Semmler (Hrsg.): *Dynamic Modeling and Econometrics in Economics and Finance.* Heidelberg: Springer, forthcoming.

FLASCHEL, P., FRANKE, R. und C. PROAÑO (2008): On Equilibrium Determinacy of New Keynesian Models with Staggered Wage and Price Setting. *The B.E. Journal of Macroeconomics*, 8, is. 1 (Topics), article 31.

FRIEDMAN, M. (1957): *A Theory of the Consumption Function.* Princeton, NJ: Princeton University Press.

FRIEDMAN, M. (1968): The Role of Monetary Policy. *American Economic Review*, 58, 1 – 17.

FRIEDMAN, M. (1969): The optimum quantity of money. In: M. Friedman (1969): *The Optimum Quantity of Money and Other Essays.* Chicago: Aldine Publishing Company.

FRISCH, H. (1980): *Die neue Inflationstheorie.* Göttingen: Vandenhoeck & Ruprecht.

FROYEN, R. (1993): *Macroeconomics. Theories and Policies*, 2. Auflage. New York: Macmillan.

GANTMACHER, F.R. (1971): *Matrizenrechnung, Teil II: Spezielle Fragen und Anwendungen.* Berlin: VEB Deutscher Verlag der Wissenschaften.

HALL, R.E., TAYLOR, J.B. und D. PAPELL (2005): *Macroeconomics. Economic Growth, Fluctuations and Policy.* New York: Norton.

HANSEN, B. (1970): Excess demand, unemployment, vacancies and wages. *Quarterly Journal of Economics*, 84, 1 –23.

HARROD, R. (1939): An essay in dynamic economic theory. *The Economic Journal*, 49, 14 – 33.

HASLINGER, F. (1984): *Volkswirtschaftliche Gesamtrechnung*, 4. Auflage. München: Oldenbourg.

HENS, T. und C. STRUB (2004): *Grundzüge der analytischen Makroökonomie.* Heidelberg: Springer.

HICKS, J. (1937): Mr. Keynes and the 'Classics': A suggested interpretation. *Econometrica*, 5, 147 – 159.

HICKS, J. (1950): *A Contribution to the Theory of the Trade Cycle.* Oxford: Oxford University Press.

HOFMANN, W. (1971): *Theorie der Wirtschaftsentwicklung. Vom Merkantilismus bis zur Gegenwart.* Berlin: Duncker & Humblot.

JARCHOW, H.-J. und P. RÜHMANN (1994): *Monetäre Außenwirtschaft I, Monetäre Außenwirtschaftstheorie*, 4. Auflage. Göttingen: Vandenhoeck & Ruprecht.

JONES, H.G. (1975): *An Introduction to Modern Theories of Economic Growth.* London: Thomas Nelson & Sons.

KARAKITSOS, E. (1992): *Macrosystems. The Dynamics of Economic Policy.* Oxford: Basil Blackwell.

KEYNES, J.M. (1936): *The General Theory of Employment, Interest and Money.* New York: Macmillan.

KUCZYNSKI, M. und R. MEEK, Hrsg. (1972): *Quesnay's Tableau Economique.* London: Macmillan.

KUH, E. (1967): A productivity theory of wage levels – An alternative to the Phillips curve. *Review of Economic Studies*, 333 – 360.

KYDLAND, F.E. und E.C. PRESCOTT (1982): Time to Build and Aggregate Fluctuations. *Econometrica*, 50/6, 1345 - 70.

LESLIE, D. (1993): *Advanced Macroeconomics. Beyond IS / LM.* New York: McGraw-Hill.

LUCAS, R. (1988): On the mechanics of economic development. *Journal of Monetary Economics*, 22, 3 – 42.

LIPSEY, R.G. (1960): The relationship between unemployment and the rate of change of money wage rates in the UK, 1961 – 1957: A further analysis. *Economica*, 27, 1 – 32.

MALLIAROPULOS, D. (1994): A small econometric model of the financial sector. London, Guildhall University: Mimeo.

MANKIW, G. (2003): *Makroökonomik*, 5. Auflage. Stuttgart: Schäffer-Poeschel.

MCCALLUM, B. (1989): *Monetary Economics. Theory and Policy.* New York: Macmillan.

NELSON, C.R. und C.I. PLOSSER (1982): Trends and random walks in macroeconomic time series: Some evidence and implications. *Journal of Monetary Economics*, 10, 139 – 162.

PHELPS, E.S. (1966): Models of technical progress and the golden rule of research. *Review of Economic Studies*, 33, 133 – 145.

PHILLIPS, A.W. (1958): The relation between unemployment and the rate of change of money wage rates in the United Kingdom, 1861 – 1957. *Economica*, 25, 283 – 299.

OKUN, A. (1970): *The Political Economy of Prosperity.* Washington, D.C.: The Brookings Institutions.

PATINKIN, D. (1965): *Money, Interest and Prices.* New York: Harper and Row.

ROMER, D. (2005): *Advanced Macroeonomics.* 2. Auflage. New York: McGraw-Hill.

ROMER, P. (1986): Increasing returns and long-run growth. *Journal of Political Economy*, 94, 1002 – 1037.

ROSE, H. (1967): On the non-linear theory of the employment cycle. *Review of Economic Studies*, 153 – 173.

ROSE, H. (1990): *Macroeconomic Dynamics. A Marshallian Synthesis.* Cambridge: Basil Blackwell.

ROTHSCHILD, K. (1978): Arbeitslose: Gibt's die? *Kyklos*, 31, 21 – 35.

ROWTHORN, B. (1980): Conflict, inflation and money, in: B. Rowthorn: *Capitalism, Conflict and Inflation. Essays in Political Economy.* London: Lawrence and Wishart.

ROTEMBERG, J. und M. WOODFORD (1997): An optimization-based econometric framework for the evaluation of monetary policy. *NBER Macroeconomics Annual*, 12, 297 – 346.

SAMUELSON, P. und R. SOLOW (1960): The problem of achieving and maintaining a stable price level: Analytical aspects of anti-inflation policy. *American Economic Review*, 50, 177 – 194.

SARGENT, TH.J. (1973): Interest rates and prices in the long run: A study of the Gibson paradox. *Journal of Money, Credit, and Banking*, 5, 385 – 449.

SARGENT, T. (1987): *Macroeconomic Theory*, 2. Auflage. New York: Academic Press.

SARGENT, T. und N. WALLACE (1973): The stability of models of money and growth with perfect foresight. *Econometrica*, 41, 1043-1048.

SCARTH, W.M. (1996): *Macroeconomics. An Integration of New Classical and New Keynesian Insights.* Toronto: Harcourt Brace.

SCHNEIDER, J. und T. ZIESEMER (1994): *What's new and what's old in New Growth Theory: Endogenous Technolgy, microfoundations and growth rate predictions.* Diskussionspapier, Maastricht Economic Research Institute on Innovation and Technology.

SHELL, K. (1967): A model of inventive activity and capital accumulation. In: K. Shell (Hrsg.): *Essays in the Theory of Optimal Growth*. Cambridge, MA: MIT Press.

SHESHINSKI, E. (1967): Optimal accumulation with learning by doing. In: K. Shell (Hrsg.): *Essays in the Theory of Optimal Growth*. Cambridge, MA: MIT Press.

SNOWDON, B., H. VANE und P. Wynarczyk (1994): *A Modern Guide to Macroeconomics. An Introduction to Competing Schools of Thought*. Aldershot: Edward Elgar.

SOLOW, R. (1956): A contribution to the theory of economic growth. *The Quarterly Journal of Economics*, 70, 65 – 94.

SVENSSON, L. (1999): Inflation targeting as a monetary policy rule. *Journal of Monetary Economics*, 43, 607 – 654.

TAYLOR, J. (1993): Discretion vs. policy in practice. *Carnegie-Rochester Conference Series on Public Policy*, 39, 195 – 214.

TAYLOR, L. (2004): *Reconstructing Macroeconomics. Structuralist Proposals and Critiques of the Mainstream*. Cambridge, MA: Harvard University Press.

TOBIN, J. (1958): Liquidity preference as behavior towards risk. *Review of Economic Studies*, 25, 65 – 86.

RICHTER, R., U. SCHLIEPER und W. FRIEDMANN (1975): *Makroökonomik. Eine Einführung*, 2. Auflage. Heidelberg: Springer.

TAYLOR, L. (2004): *Reconstructing Macroeconomics. Structuralist Proposals and Critiques of the Mainstream*. Cambridge, MA: Harvard University Press.

TU, P. (1994): *Dynamical Systems. An Introduction with Applications to Economics and Biology*, 2. Auflage. Heidelberg: Springer.

UZAWA, H. (1965): Optimum technical change in an aggregative model of economic growth. *International Economic Review*, 6, 18 – 31.

WALSH, C. (2003): *Monetary Theory and Policy*, 2. Auflage. Cambridge: MIT Press.

WESTPHAL, U. (1994): *Makroökonomik. Theorie, Empirie und Politikanalyse*, 2. Auflage. Heidelberg: Springer.

WOHLTMANN, H.-W. (1994): *Grundzüge der makroökonomischen Theorie*. München: Oldenbourg Verlag.

WOODFORD, M. (2003): *Interest and Prices. Foundations of a Theory of Monetary Policy*. Princeton: Princeton University Press.

Sachverzeichnis

Überschussprofitrate, 21

Abwertung, 135, 147, 153–155, 159, 160, 300, 302, 305, 312
Abwertungserwartungen, 157
Akzelerationsphase, 234
Akzeleratorhypothese, 316
Angebot, Überschuss–, 114
Angebot, aggregiertes, 41, 47, 48, 76, 106, 176, 218
Angebotsschocks, 251, 353, 355, 356
Arbeitsangebot, 22, 26, 36, 39, 57, 60, 62, 76, 91, 94, 98, 102, 103, 178, 213, 241, 244, 246, 326, 327, 340, 343, 349, 350, 353, 354, 356, 400
Arbeitsintensität, 22, 322, 329, 335, 368, 385, 402
Arbeitslosenrate, natürliche, 188, 194, 294
Arbeitslosigkeit, 25, 30, 32, 33, 40, 61, 64, 65, 76, 94, 180, 189, 193, 212, 214, 228–231, 234, 236, 244, 289
Arbeitslosigkeit, freiwillige, 60, 62
Arbeitslosigkeit, friktionelle, 60, 61, 212
Arbeitslosigkeit, Such-, 61, 212
Arbeitslosigkeit, unfreiwillige, 61–63, 77, 80, 106
Arbeitsmarkt, 11, 21, 30, 33–36, 40–42, 47, 49, 56, 60, 62–64, 79, 88, 90, 91, 98, 102, 105, 113, 132, 188, 206, 211, 212, 216, 226, 241–244, 258, 264, 284, 286, 288, 320, 328, 333, 336, 342, 343, 345, 346, 358, 394, 398
Arbeitsnachfrage, 11, 27, 29, 33, 39, 42, 48, 60, 61, 77, 100, 241, 243
Arbeitsproduktivität, 22, 32, 36, 38, 39, 78, 79, 100, 178, 188, 215, 218, 285, 286, 322, 333, 344
Aufwertung, 135, 152, 156, 300, 302, 306, 312
Auslastungsgrad, 21, 81, 105, 132, 200, 216, 219, 220, 251, 284, 286, 287, 294, 295, 317–319, 343, 344, 348, 351, 371, 399–401
Außenhandel, 134
Außenbeitrag, 300
Außenhandel, 307

Bargeldkoeffizient, 170, 171, 174
Barro-Ricardianisches Äquivalenztheorem, 165
Baumol–Tobin–Modell, 275
Beschäftigtengrad, 21, 105, 213, 226, 239, 257, 258, 286, 289, 292, 294, 295, 297, 305, 308, 333, 342, 344, 360
Bondmarkt, 53–56, 71–73, 76, 80–82, 85, 98, 99, 102, 112, 114
Boom, 61, 168, 193, 214, 229, 267, 377, 378
Bruttoinlandsprodukt, 135, 147, 153, 160, 186
Bruttosozialprodukt, 14, 133, 186
Budgetrestriktionen, 90

Charakteristisches Polynom, 50

Cobb-Douglas-Produktionsfunktion, 27, 400
Cold turkey, 235, 236
Cost–Push–Term, 214, 219
Crowding–Out, 86, 141, 142, 154, 162

Deflation, 36, 42, 75, 81, 261, 263, 267, 325, 403
Deflationsspirale, 79, 263, 268, 269, 282
Demand–Pull–Term, 214, 219, 251
Depressionsgleichgewichte, 262
Determinante, 50, 122, 281, 293, 313, 338
Devisenmarkt, 150–153, 185
Dienstleistungsbilanz, 184
Differentialgleichungssystem, 41, 43, 49–51, 122, 228, 229, 250, 254, 257, 259, 288, 293, 301, 311, 330, 338, 358, 360, 368, 386, 393, 402
Diskriminante, 123, 301
Domar–Modell, 315, 316, 318–321
Domar–Modell), 319

Effizienzeinheiten, 37, 322, 335, 364, 368, 370–372
Effizienzlöhne, 63
Eigenwerte, 50, 228, 236, 311, 338–340, 358, 393
Einkommen, 5, 8, 9, 13, 14, 21, 34, 52, 55, 67–70, 72–75, 84, 91, 97, 98, 101–103, 105, 111, 114, 125, 127, 131, 136, 138, 161–166, 173, 174, 184, 186, 190, 195–197, 206, 207, 256, 266, 275, 295, 364, 378, 380
Einkommen, Faktor-, 34, 186
Einkommenseffekt, 142, 319, 354
Entscheidungslag, 168
Erholung, 106, 193, 230, 233, 263, 269
Erkenntnislag, 168
Ersparnis, geplante, 69
Ersparnis, gesamtwirtschaftliche, 14, 21, 52, 66–68, 70, 75, 85, 108, 137, 183, 184, 196, 253, 318
Erwartungen, adaptive, 220, 221, 225, 326
Erwartungen, asymptotisch rationale, 224, 236, 237
Erwartungen, rationale, 221
Erwartungen, regressive, 157, 158

Exportnachfrage, 135, 137, 147

Faktorsubstitution, 400
Faktorsubstitution, im IS-LM-PC-Modell, 349
Fisher'schen Geldverkehrsgleichung, 205
Fisher–Effekt, 176, 337
Fiskalpolitik, 10, 14, 86, 87, 123, 128, 130, 132, 138, 140, 142, 143, 145, 149, 150, 152, 154, 155, 160, 163, 169, 205, 207, 244, 246–248, 251, 269, 327
Fixpreisbonds, 165, 275, 276
Flexpreisbonds, 11, 275

Geldangebot, 21, 99, 101, 104, 114, 152, 206, 207, 210, 262, 270, 312, 355
Geldangebot, endogenes, 170
Geldmarktgleichgewicht, 43, 46, 47, 92, 93, 98, 99, 101–103, 105–107, 109, 110, 114, 150, 153, 207, 279, 282, 296, 307, 313, 331
Geldnachfrage, 11, 13, 73, 91, 92, 99, 103–105, 114, 117, 134, 139, 142, 190, 226, 274, 276, 376
Geldpolitik, 35, 36, 39, 64, 65, 76, 138, 140–143, 145, 149, 151, 153, 154, 159, 160, 191, 205, 208, 222, 231, 233–236, 245, 251, 269, 289, 300, 303, 305, 327, 333
Geldschleiertheorie, 206
Gleichgewicht, temporäres, 25, 56, 59, 66, 73, 80, 81, 85, 88, 100, 101, 106, 115, 122, 178, 203, 226, 227, 249, 258, 264, 276, 285, 315, 342, 347, 374
Globalsteuerung, 132, 161
Gradualismus, 236, 245, 270
Grenzerträge, 28
Grenzkosten, 28, 29, 45, 75, 78
Grenzprodukt der Arbeit, 27, 29, 33, 66, 100
Grenzprodukt des Kapitals, 83
Grenzproduktivitätstheorie, 29, 40, 45, 47, 60, 70, 78, 83, 100
Gütermarktgleichgewicht, 55, 70, 72, 85, 87, 92, 101, 102, 107, 108, 137, 138, 148, 154, 271, 296, 331, 348, 349

Gütermarktungleichgewicht, 305

Handelsbilanz, 7, 136, 148, 156, 184, 185
Harrod-Modell, 316
Harrod-neutraler technologischer Wandel, 335, 350, 352
Humankapital, 363–366

Importe, 135–138, 148, 153
Indifferenzkurven, 68
Inflation, akzelerierende, 194, 231, 234, 236
Inflationserwartungen, 22, 102, 104, 116, 139, 189, 191, 193, 204, 213, 220, 225, 227, 231, 233, 235, 257, 260, 264, 267, 273, 274, 283, 293, 310, 312, 326, 341, 345, 347, 382, 389
Inflationsspirale, 261
Inlandskonzept, 186
Inländerkonzept, 186
Innenlag, 168
intensive Form, 328
Investitionen, Brutto-, 81, 181, 196
Investitionen, Netto-, 81, 181, 184
Investitionsfunktion, 84, 103, 280, 327, 328, 334, 343
IS-Kurve, 70, 107–110, 112, 114, 125, 137, 138, 142, 164, 205, 252, 265, 269, 332
IS-LM-Modell, 97, 99, 101, 122, 141, 149, 156, 158, 167, 172, 175, 179, 181, 184, 226, 284
Isoklinen, 122, 229, 235, 259, 261, 262, 265–267, 269, 272, 298, 360

Jacobi-Matrix, 259, 271, 338, 341, 386, 393, 396

Kapazitätseffekt, 81, 187, 195, 203, 319, 341, 373
Kapitalakkumulation, 144, 195, 321, 348, 367
Kapitalintensität, 22, 38, 195, 197, 199, 322–324, 336, 363
Kapitalmobilität, 146, 151, 156, 157, 160, 300, 301, 303, 305
Kapitalproduktivität, 38, 79, 317
Kapitalverkehrsbilanz, 184
Kaufkraftparität, 298
Keynes'sches Basismodell, 73
Keynes-Effekt, 106, 116, 139, 144, 164, 264, 266, 297, 310, 349, 357, 404
Komparative Statik im neoklassischen Basismodells, 56
Komparative Statik, im IS-LM-Modell, 123, 138, 139, 141, 144
Komparative Statik, im Keynes'schen Basismodell, 80
Konjunkturzyklus, 181, 192, 264, 362, 376–378, 397
Konsumfunktion, 67, 69, 84, 164
Konsumneigung, marginale, 22, 67, 69, 100, 104, 108, 125, 133, 176

Lebenszyklushypothese, 161, 163, 169
Leistungsbilanz, 148, 184
Liquiditätsfalle, 142
Liquiditäsprämie, 278
Liquiditätsfalle, 120, 133, 164, 175, 205–207, 260, 268, 269, 274
Liquiditätsprämie, 281, 282
LM-Kurve, 86, 105, 107, 110–112, 114, 138, 141, 146, 150, 173, 174, 205, 226, 265, 274, 278, 325, 332, 353
Lohnparadox, 75, 133, 144, 205
Lohnquote, 21, 40, 286, 287
Lohnstückkosten, 78

Märkte-Sektoren-Schema, 12
Makroökonomik, 16
Markträumungsansätze, 89, 94
Mindestreservesatz, 171, 174
Monetaristisches Basismodell, 219, 225, 228, 239
Multiplikatoreffekte, 123
Multiplikatorunsicherheit, 174
Mundell-Effekt, 87, 116, 139, 176, 247, 254, 255, 257, 261, 263, 265–268, 278, 292–294, 307, 310, 313, 325, 326, 329, 334, 339, 341, 348, 349, 357

Nachfrage nach Geld, Über-, 114
Nachfrage, aggregierte, 76, 106, 120, 166, 180, 199, 254, 296, 313, 348, 404

NAIRU, 219, 268, 283–286, 290, 291, 294, 333, 398
Neoklassische Synthese, 174, 175, 177
Neoklassisches Basismodell, 25, 56, 70
Nettosozialprodukt, 26
Neuklassische Makroökonomik, 240
Nominallohn, 12, 13, 16
Normaloutput, 217, 224, 296, 298, 300, 303, 313

Okuns Gesetz, 205, 208, 215, 217, 218, 225, 228, 230, 236, 237, 239, 287, 288, 292, 344
Output–Inflation–Tradeoff, 248, 249
Output-Kapital Verhältnis, 22, 336, 385

p–Stern–Konzept, 209
Partialanalyse, 1, 3
Perfekte Voraussicht, 222, 313
Permanentes Einkommen, 161, 163, 164
Perpetuities, 118
Phasendiagramm des IS–LM–PC–Modells, 260
Phasendiagramm des IS–LM-PC–Modells, 262
Phasendiagramm des monetaristischen Basismodells, 229
Phasendiagramm des realen keynesianischen Wachstumsmodells, 361
Phillipskurve, 86, 193, 212, 344
Phillipskurve, erweiterte, 189, 191, 192, 207, 213, 214, 218, 220, 227
Phillipskurve, geknickte, 265, 267, 283, 303
Phillipskurve, Lohn-, 210, 218, 238, 245, 256, 261, 283, 285, 325, 345, 360, 381, 388
Phillipskurve, modifizierte, 189, 218
Phillipskurve, originäre, 188, 211
Phillipskurve, Preis-, 218, 245, 288, 292, 294, 345, 351, 398, 400, 402
Phillipskurve, Reallohn-, 386, 388
Physiokraten, 3, 8
Pigou–Effekt, 164, 175
Potenzialoutput, 21, 103, 113, 178, 180, 208–210, 216, 225, 237, 342, 343, 350
Preisniveaubestimmung, klassische, 34
Pro–Kopf–Konsum, 335
Pro–Kopf–Output, 195, 197, 199, 335
Produktionsfaktoren, 26, 27, 38, 83
Produktionsfunktion, linear-limitationale, 79, 216, 218, 219, 239, 292, 316
Produktionsfunktion, neoklassische, 27, 241, 322, 323, 335, 350
Profitquote, 21, 219
Profitrate, 21, 83, 343, 347, 352, 370, 399, 402

Quantitätstheorie, 16–18, 34–36, 39, 42, 46, 48, 70, 73, 75, 86, 100, 142, 155, 189–191, 206, 208, 209, 213, 216, 225, 226, 233, 249, 250, 285

Random–Walk, 354, 355
Rationierungsmodelle, 177, 178
Real-business-cycle-theory, 353, 354
Realkasse, 110, 113, 164, 165, 247, 257, 258, 270, 311, 327, 329, 333, 347
Reallohn, 21, 27, 28, 31, 33, 39, 40, 46, 47, 59, 60, 65, 77, 78, 83, 84, 91, 93
Realzinseffekte, 253
Regelbindung, 168, 169
Reserven–Einlagen–Relation, 171
Robertson–Lag, 125
Rose–Effekt, 348, 349
Routh–Hurwitz–Bedingungen, 309, 310, 313, 397

Satz über implizite Funktionen, 20, 43, 44, 70
Says Gesetz, 16–18, 51, 52, 55, 66, 69, 72, 75, 77, 81, 82, 84, 88
Schock, Ölpreis–, 251
Separatrix, 261
Sichteinlagen, 170, 171
Solow–Modell, 86, 195, 197, 321–324, 328, 335, 336, 341, 349, 350, 363, 365, 366, 372
Sparfunktion, 57, 67–69, 80, 84, 85, 87, 88, 108, 196, 197, 321, 322, 349
Sparguthaben, 276
Sparparadox, 75, 133, 144
Spekulationskasse, 104, 117, 120, 122, 134

Spur, 50, 122, 123, 228, 254, 259, 260, 281, 293, 301, 309, 310, 338, 339, 341
Staatsausgaben, 10, 21, 101, 128, 141, 207, 251, 327
Staatsausgaben, geldfinanzierte, 145
Staatsausgaben, schuldenfinanzierte, 165
Staatsausgaben, steuerfinanzierte, 129
Staatsausgaben–Multiplikator, 127, 128, 144, 145, 167
Stabilität, lokale asymptotische, 50
Stabilitätsanalyse im IS–LM–Modell, 122
Stabilitätsanalyse im IS–LM–PC–Modell, 259
Stabilitätsanalyse im IS–LM–PC–Wachstumsmodell, 331
Stabilitätsanalyse im IS–MR–PC–Modell, 272
Stabilitätsanalyse im IS-LM-PC-Wachstumsmodell, 338
Stabilitätsanalyse im monetaristischen Basismodell, 228
Stabilitätsanalyse im neoklassischen Basismodell, 49
Stabilitätsanalyse im Solow–Modell, 89, 323
Stabilitätsanalyse im Verteilungskonfliktmodell, 290
Stagflation, 17, 193, 229, 231, 233, 234, 236, 251, 252, 291
Stagnation, 17, 193, 229, 231, 233–236, 251, 252, 377
Steady–State im IS–LM–PC–Modell, 258, 259
Steady–State im IS–LM–PC–Wachstumsmodell, 327, 331
Steady–State im IS–MR–PC–Modell, 272
Steady–State im monetaristischen Basismodell, 228
Steady–State im Solow–Modell, 89, 199, 323
Steady–State im Verteilungskonfliktmodell, 289
Steuern, 6, 7, 9, 10, 14, 22, 101, 103, 104, 129, 131, 165, 167, 182, 247, 275
Superneutralität des Geldes, 207

Tableau economique, 3
Technologieschock, 353, 354
Technologiesektor, 364, 366, 367, 373
Teilarbeitsmarkt, 33, 42, 212
Totalanalyse, 1
Transaktionskasse, 104, 110, 117, 121, 134

Umlaufgeschwindigkeit, 92, 190, 200, 206–208, 210
Unterauslastung, 124, 289
Unterbeschäftigungsgleichgewicht, 57, 90, 115, 239

Vermögenseffekt, 176, 177
Verteilungskonflikt, 283
Volkswirtschaft, offene, 137, 138, 146, 148, 153, 155, 157, 158, 160, 181, 184, 296, 307, 308
Volkswirtschaftliche Gesamtrechnung, 181
Vollauslastung, 39, 124, 318, 319, 351
Vollbeschäftigung, 30, 31, 33, 34, 36, 38–40, 42, 46–48, 57–59, 65, 75, 83, 106, 175, 196, 249, 294, 324, 350, 353

Wachstum, 87, 195, 197, 315, 316, 321, 325
Wachstum, endogenes, 352, 362, 367
Walras' Gesetz der Bestände, 103, 121, 184
Walras' Gesetz der Ströme, 98, 99
Wandel, technologischer, 38, 39, 76, 87, 318, 322, 362
Wechselkurs, 134, 135, 146–148, 300–302, 305
Wechselkurs, realer, 147, 149, 155, 298
Wechselkursdynamik, 306
Wechselkurse, feste, 148–151, 154, 181
Wechselkurse, flexible, 149, 151–155, 183–185
Wechselkurse, überschießende, 155, 296
Wechselkurserwartungen, 155, 296
Wertpapierkurse, 117
Wirkungsverzögerungen, 161, 163, 167
Wirtschaftskreislauf, 8

Zahlungsbilanz, 148, 149, 152, 155, 181, 184
Zahlungsbilanzüberschuss, 149
Zentralbankgeld, 170, 172, 173
Zins, gleichgewichtiger, 111, 270
Zinsdifferential, 149–151, 156, 157, 160
Zinslücke, 275–278, 282, 292, 295
Zinsparität, 160, 296, 300, 308, 311, 313
Zinssatz, kurzfristiger, 276, 282
Zinssatz, langfristiger, 276, 277, 279, 282
Zinssensitivität der Geldnachfrage, 205, 260
Zinssensitivität des Einkommens, 174

The manufacturer's authorised representative in the EU is Springer Nature Customer Service Centre GmbH, Europaplatz 3, 69115 Heidelberg, Germany. If you have any concerns regarding our products, please contact ProductSafety@springernature.com

Printed and bound by CPI Group (UK) Ltd, Croydon, CR0 4YY

30/04/2026

02100198-0002